V

Z. 2501.
ano L. 6:

45567

LA
PARFAITE
INTELLIGENCE
DU
COMMERCE.

TOME PREMIER.

1785.

LA PARFAITE
INTELLIGENCE
DU
COMMERCE

OU SE TROUVENT

Les Connoiffances & les Renfeignemens les plus utiles
à diverfes Claffes de Citoyens, & particuliérement
aux *Armateurs*, *Négocians*, *Navigateurs*, *Commiffionnaires*, *Agens*, *Courtiers* de Commerce, *Fabricans*,
Artifans, *Commis*, *Gens d'affaires*, &c.

LE TOUT DISTRIBUÉ DE MANIERE A FACILITER
LES RECHERCHES DES LECTEURS.

Par M. MALISSET.

DEUX VOLUMES in-8°. *prix* 9 *liv. chacun.*

TOME PREMIER.

❋

Imprimé à ANDENARDE, & fe vend à PARIS,

Chez { LAMY, Libraire, Quai des Auguftins ;
L'AUTEUR, maifon de M. DEVILLE, Agent de Change,
rue Montmartre, vìs-à-vis le Cul-de-fac Saint-Pierre ;

Et chez les principaux Libraires des Villes les plus Commerçantes
de l'Europe.

M. DCC. LXXXV.
Avec Approbation, & Privilege du Roi.

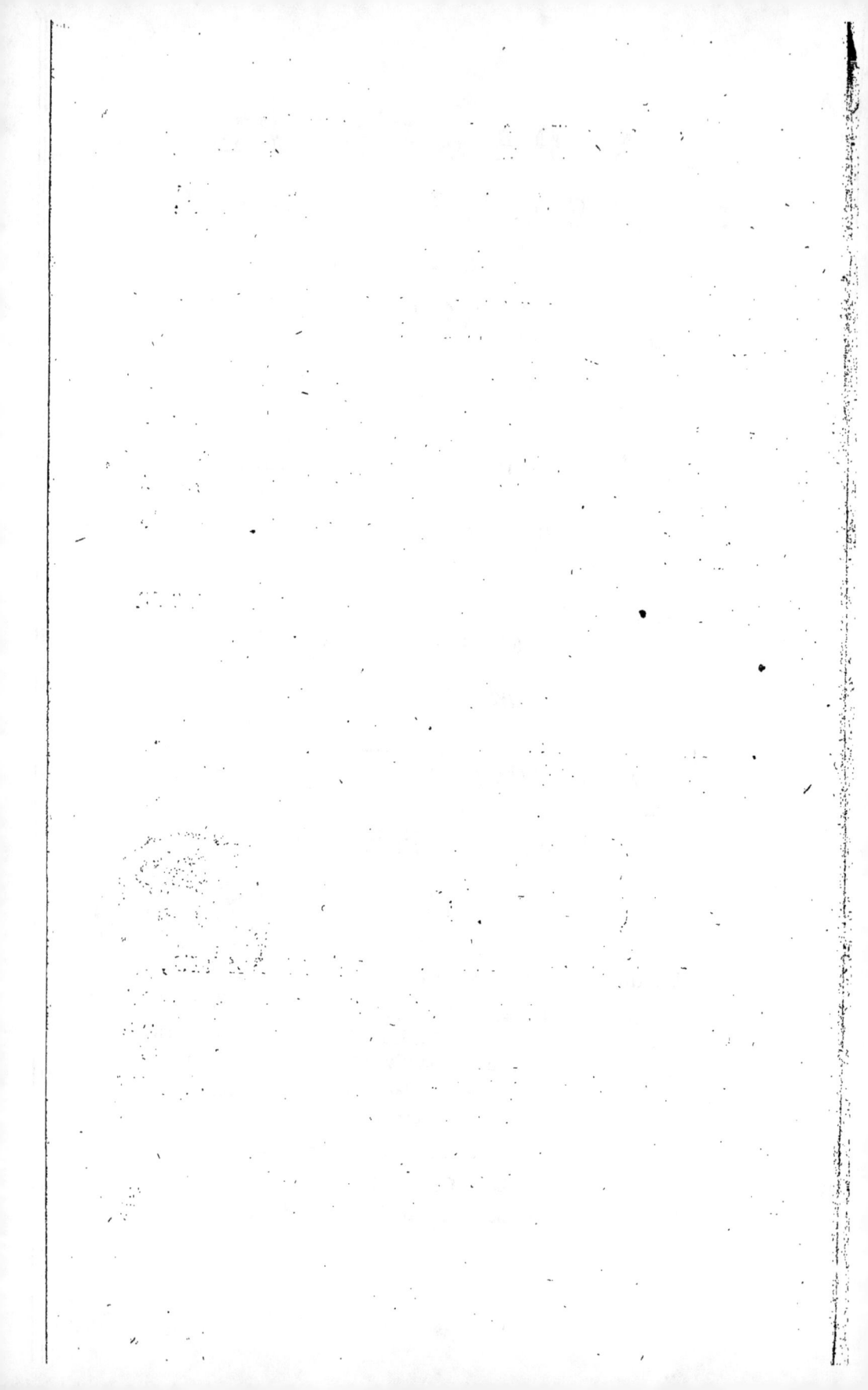

INTRODUCTION.

IL éxifte fans doute, en différens genres &
fous diverfes formes des Ouvrages fur le Commerce : beaucoup d'Auteurs fe font occupés
du foin de procurer, fur cette branche fi effen-
tielle au foutien & à la force des Etats, des
renfeignemens pour en faciliter les opérations & en accroître l'étendue ; mais on ne peut
encore convenir que ce dernier But foit atteint ; & l'on voit au contraire que prefque
tous les Ouvrages, fur cette Partie, contiennent plus d'opérations abftraites de Calculs que
de renfeignemens précieux aux Spéculateurs,
aux Navigateurs, & à toutes les claffes des
Citoyens Commerçans.

L'inutilité de ces opérations pour les Négocians éclairés, qui n'y ont jamais recours,
& la difficulté d'être conçues par des gens
moins inftruits, ont fait préfumer qu'un Traité
qui réuniroit toutes les connoiffances & les
détails qui ont trait aux diverfes branches de
Commerce, (en préfentant chaque objet fous des Formes & des Tableaux auffi faciles à la conception que clairs
& précis au coup-d'œil.) feroit très-convenable à
inftruire & former de jeunes Négocians, &
qu'il abrégeroit aux plus éclairés le temps
précieux qu'ils employent à des recherches

que la réunion de tous les Ouvrages sur cette partie ne leur donne pas toujours.

C'est un nouveau Traité dans ce genre que nous présentons ici au Public, en l'assurant qu'il peut entiérement compter sur l'éxactitude des matières qu'il contient, parce qu'en même temps que leur réunion est le fruit d'un travail pénible & laborieux de plus de huit années, on atteste qu'elles ne font puisées que dans des matériaux & des mémoires aussi fûrs que corrects.

On ne s'étendra point en discours supperflus pour démontrer le plus ou moins d'utilité dont peut être cet Ouvrage, on laisse au Lecteur à en juger ; mais on croit pouvoir dire avec certitude, qu'il est peu de classes de citoyens auxquelles il ne convienne & que tous Armateurs, Négocians, Navigateurs, Commissionnaires, Agens & Courtiers de Commerce ; ainsi que des Fabricans, Commis, Gens d'affaires &c. y trouveront chacuns des détails qui leurs feront plus ou moins néceffaires ; ce dont on peut s'affurer par le Plan & la Distribution fuivante de cet Ouvrage.

Sa division est en quatre parties, composées de différens Chapitres, & précédée d'un petit vocabulaire technique en Tableau.

LA PREMIERE PARTIE

Contient un Précis de la Géographie Moderne, distribué en huit Chapitres, savoir:

CHAPITRE I. Indication & signification des principaux termes de Géographie, pour préparer à l'intelligence des Chapitres suivans.

NOTA Aux mots milles & lieux, contenus en ce Chapitre, on trouve une Table de leurs étendues dans les divers Etats de l'Europe.

CHAPITRE II. Description du Globe.

CHAPITRE III. Divisions de l'Europe, où se trouvent à chaque différent Etat, un détail de leur Commerce particulier & des Tableaux contenans. 1°. Leurs divisions & sous-divisions, soit en Royaumes particuliers, ou Gouvernemens &c. 2°. Les Provinces ou Quartiers qui y sont enclavées. 3°. Les Villes & principaux lieux qui en dépendent & 4°. Les Ports de Mer & Rivieres qui les traversent ou les avoisinent.

CHAPITRE IV. Divisions de l'Asie, où l'on indique une Possession de la Maison d'Autriche, non désignée dans aucun autre Ouvrage.

CHAPITRE V. Divisions de l'Afrique.

CHAPITRE VI. Divisions de l'Amérique, où l'on rend compte des treize Etats-Unis, qui forment une nouvelle Puissance.

CHAPITRE VII. détails sur les Terres Polaires.

Et CHAPITRE VIII. Table Géographique sur les situations locales & l'étendue. 1°. Des différentes Mers; 2°. des Golfes; 3°. Des Caps; 4°. Des Fleuves; 5°. Des Lacs; 6°. Des Détroits; 7°. Des principales Rivieres; & 8°. Des places Maritimes les plus fréquentées des quatre Parties du Monde.

NOTA. Nous indiquons, le plus clairement possible, dans ce Précis, les Districts que les Puissances d'Autriche, de Russie & de Prusse possédent en Pologne depuis le démembrement de ce Royaume : ceux que la Russie vient d'acquerir de la Turquie par son dernier Traité de Paix du mois de Décembre 1783, & nous donnons a l'article des nouveaux Etats-Unis de l'Amérique un Tableau de leurs divisions & sous-divisions.

Enfin nous offrons a chaque Etat de l'Europe une idée générale de leur Commerce & de leurs Productions que nous faisons suivre d'un Tableau particulier des divisions & sous-divisions desdits Etats.

LA SECONDE PARTIE,

Est un Dictionnaire contenant les Renseignemens les plus utiles sur plus de 1000. Villes, Lieux & Contrées commerçantes des quatre parties du Globe où se trouve aux plus considérables de ces Villes tout le détail suivant :

1°. LEUR situation Géographique & leurs distances de Paris & autres principales Villes de Commerce. 2°. Leurs Productions locales & d'Industrie, & leurs objets de Commerce intérieur & extérieur. 3°. La Dénomination de toutes les espéces de Monnoies étrangères (frappées jusqu'au premier août de la présente année 1784.) tant réelles que de change & de comptes, leur valeur numéraire, leurs divisions & sous-divisions en argent du Pays & leur réduction en argent de France : la variation des changes étrangers avec celui de Paris, & les places par lesquelles Paris change avec les Villes étrangères : (Ces détails, indiqués a 120 Villes les plus commerçantes du monde entier, sont tous mis en Tableaux qui les présentent réunis au coup-d'œil.) 4°. Les rapports des Poids, Mesures, des Grains & des Liquides, ainsi que des aunages étrangers, comparés aux Poids, Mesures & aunages de Paris. 5°. La maniere dont chaque Ville étrangère tient ses écritures de Commerce, les usages de leurs payemens, leurs usances sur diverses Places, les jours de faveur ou de grace, usités dans chaque Ville conséquente de Commerce ; & 6°. L'indication des Consuls François chez l'Etranger, celle des Consuls étrangers & des Jurisdictions consulaires en France ; celles des Agens de Change,

Chambres de Commerce & d'Affurances; enfin le départ de leurs Couriers de Paris, & l'indication de leurs Foires & Marchés.

NOTA. On obferve fur divers articles de cette partie;

I°. Que celui de *Paris* offre, entr'autres détails intéreffans, un Tableau important fur les fix Corps & Communautés d'Arts & Métiers, leurs différens droits pour réception, confirmation, réunion & admiffion dans lefdits fix Corps, le tout conformément aux Edits de 1776 & 1777, à la déclaration du premier May 1782., à l'Edit du mois d'Août fuivant & autres poftérieurs, rendus à leur égard.

2°. Que celui de *Lyon* contient des détails précieux fur cette Ville & dont aucun livre ne fait mention.

3°. Que dans celui de *Bordeaux* eft inféré un Tableau intéreffant fur les Droits de Comptablie qui fe perçoivent fur les Liquides de cette Ville, dont le Commerce, fur-tout en Vins, eft immenfe.

4°. Que celui de *Conftantinople* contient un Tarif très-utile fur les Droits de Doüane qui s'y perçoivent fur toutes les Marchandifes & Denrées qu'on y porte en échange contre les productions du Levant.

5°. Que l'Article *d'Amfterdam* renferme un Tableau conféquent des Droits d'Amirauté, que la Hollande perçoit fur toutes Marchandifes & Denrées.

6°. Que ceux de *Pétersbourg*, *d'Archangel* & autres Villes Ruffes contiennent avec des détails fort étendus fur l'immenfe Commerce de la Ruffie, des Etats tant fur les droits que fur les prix courans des Marchandifes d'importation & d'exportation & particuliérement des Fourrures; objet fur lequel les Ouvrages antérieurs à celui-ci donnent peu de renfeignemens.

7°. Que ceux de *Bofton* & *Philadelphie* indiquent les ufages, la Monnoye & le Commerce particulier de la nouvelle Puiffance des treize Etats-Unis de *l'Amérique*.

8°. Que les articles de *Bruxelles*, *Gand*, *Anvers*, *Bruges*, *Oftende*, *Nieuport* & *Tournay*, indiquent auffi avec beaucoup d'exactitude le Commerce renaiffant des belles Provinces des Pays-Bas Autrichiens; leurs divers ufages, Fabriques & Lieux d'armemens &c., & l'ordonnance, pour la Police maritime, rendue par Sa Majefté l'Empereur le 12.

Décembre 1782. & publiée par le Gouvernement de Bruxelles. Les détails de ces divers articles font d'autant plus intéressans que ces Villes figurent peu dans les anciens Ouvrages de Commerce.

9°, Et qu'enfin l'on rend compte à plusieurs autres Villes capitales, des augmentations, diminutions ou modifications survenues depuis peu sur divers Droits relatifs à toutes Marchandises & Denrées d'importation comme d'exportation ainsi que des nouveaux encouragemens donnés au Commerce par divers Souverains de l'Europe ; connoissances d'autant plus utiles aux Spéculateurs, que tous les précédens livres de Commerce ne donnent aucuns renseignemens à cet égard.

LA TROISIEME PARTIE,

Consiste en un Dictionnaire essentiel tant pour les termes Généraux de Commerce de Terre & de Mer, leurs diverses applications & les détails les plus intéressans sur chacun de ces termes, que pour divers Réglemens (particuliérement pour la France) Traités de Commerce entre les Puissances Européenes, Statuts, Ordonnances, Loix, Compagnies de Commerce, Chambres d'Assurances, Police des Vaisseaux, Ports, Places Maritimes & Navigation ; Voitures par Eau & par Terre, Formalités à observer pour l'ordre des Ecritures ; modeles de Livres, Regles &c. ; autres Formalités à suivre en cas de faillite, Cession, Rescision, Séparation de biens, Sociétés, Solidaires ; Sûreté & Usure &c.

NOTA. On obferve qu'entre les détails que contient cette Partie, on y trouvera.

Au mot *Fret*, une Table du prix ordinaire du Fret pour toutes les parties de la terre.

Au mot *Affurances*, une autre Table du prix des diverfes Affurances & des détails fur les reglemens qui y ont rapport, tant en France qu'en Hollande &c.

Au mot *Cargaifon*, des modeles de Tableaux de Cargaifon.

Au mot *Factures*, des modeles de Factures de plufieurs fortes de Marchandifes.

Aux mots *Traite des Negres*, des détails intéreffans & divers Tableaux relatifs à cette Traite.

Aux mots *Agens de Change* eft indiqué le prix de leurs Droits & Courtages dans les principales Villes de Commerce.

Au mot *Regles* font des Regles raifonnées & pofées de maniere à être conçues au coup d'œil, & à s'opérer fans aucun befoin de Maîtres.

Au mot *Livres* font des modeles qui indiquent la tenue des Livres de Commerce dans la forme la plus claire & la plus fimple.

Au mot *Pavillons* eft une indication des divers Pavillons des Nations les plus commerçantes.

Au mot *Pêches* eft auffi une indication des Pêches les plus importantes au Commerce, & quelques détails relatifs à chacune.

Sous le mot *Comptes* font des modeles de Comptes en Commerce & Finance.

Sous celui de *Députés* eft une Table des Villes & Chambres de Commerce de France, qui ont droit d'avoir des Députés au Confeil.

Sous les mots *Traités de Commerce* &c. fe trouvent indiqués les derniers Traités entre la France, l'Angleterre, l'Efpagne, les nouveaux Etats-Unis de l'Amerique &c.

Sous le mot *Octroi*, on rend compté des nouveaux Octrois accordés par diverfes Puiffances, à des Compagnies importantes de Commerce Maritime.

Sous le mot *Comptoir* eft une lifte des Comptoirs Européens, répandus dans les diverfes contrées de l'Afie, de l'Afrique & de l'Amérique, & particuliérement dans les deux Indes.

Enfin fous le mot *Spéculation* font des avis importans fur les principes, qui doivent l'établir & la bien diriger.

LA QUATRIEME ET DERNIERE PARTIE,

Est distribuée en 17 Chapitres, qui forment autant de Tables ou de Tableaux intéressans, dont le détail suit, savoir :

CHAPITRE I. Table de rapport des poids, avec des observations sur divers poids étrangers, les lieux où ces derniers sont usités, & leur réduction en livres de marc.

NOTA. Cette Table donne environ 100. Comparaisons ou rapports deplus que toutes celles dont les Auteurs ont traités jusqu'a ce jour ; & l'on y trouve en outre une Réduction de diverses livres étrangeres en onces, gros & fractions de la livre, poids de marc.

CHAPITRE II. Table de rapport des aunages, avec des observations ou détails sur diverses mesures d'étendues pour toiles, étoffes, bois, terres &c. Les lieux où ces dernieres mesures sont usitées & leurs réductions en toises, aunes, pieds, pouces, lignes & fractions de la ligne de France.

NOTA. Cette Table offre, ainsi que la précédente, un plus grand nombre de rapports que celles connues jusqu'a ce jour.

CHAPITRE III. Table de rapport des mesures pour les grains, avec des observations sur diverses mesures pour sel, charbon, bois, plâtre, chaux, pierres &c.

NOTA. Cette Table donne environ 200. rapports de plus que celle des Auteurs précédens.

CHAPITRE IV. Table de rapport des mesures pour les Liquides, & observations sur les tonneaux de Mer, soit pour fret ou nolis.

CHAPITRE V. Table considérable de rapport des monnoies étrangeres à celles de France, & leurs réductions en livres, sols, deniers & fractions de deniers tournois

NOTA. Cette Table ne contient pas, comme les anciennes en ce genre, une quantité de Monnoies non ufitées, elle n'indique, au contraire que celles actuellement en ufage dans toutes les parties commerçantes du Globe.

CHAPITRE VI. Table très-confidérable des Foires & Marchés de l'Europe.

NOTA. Cette Table amplifie beaucoup fur les renfeignemens connus jufqu'a lors fur les Foires & Marchés, & fa diftribution en Tableaux facilite beaucoup mieux les recherches que les Etats en difcours, qui ont été donnés fur ce fujet.

CHAPITRE VII. Indication alphabétique des productions locales & d'induftrie des quatre Parties du Monde, les lieux où elles fe trouvent, ceux où l'on en tient magafins & quelques détails fur leur nature & propriété.

NOTA. Ce Chapitre, fait auffi en forme de Tableau abfolument neuf en fon genre, donne des renfeignemens intéréffans fur le Commerce des Vins, fur-tout en France, & fur les Laines d'Efpagne, & il indique (outre les productions locales & d'induftrie) les Banques les plus connues, les Places qui font le plus d'armemens & celles qui font dans l'ufage d'affurer.

CHAPITRE VIII. Table alphabétique des Droits perçus en France fur toutes les Marchandifes nationales & étrangères, tant à leur importation qu'à leur exportation, avec des détails fur les Marchandifes prohibées & fur quelques Droits particuliers.

NOTA. On ofe dire avec affurance que cette Table n'éxifte dans aucun Ouvrage fur le Commerce.

CHAPITRE IX. Tarifs des prix de l'or & de l'argent.
CHAPITRE X. Tarif des prix des diamans.

NOTA. Ces Tarifs auffi exacts qu'utiles, ne fe trouvent dans aucun Ouvrage & n'ont jamais été imprimés.

CHAPITRE XI. Tarifs des prix du tain & des glaces.

CHAPITRE XII. Tableau des Confuls François chez l'étranger & des Confuls étrangers en France, les lieux de leurs réfidences, les Etats dont ils protégent le Commerce & les qualités qui leurs font données.

CHAPITRE XIII. Tableau des Jurifdictions confulaires en France, avec leur ordre de création jufqu'en 1783, & une obfervation intéreffante fur leurs fonctions.

CHAPITRE XIV. Tableau de l'arrivée & départ des Couriers de Paris pour toute l'Europe, où se trouvent : 1°. Les noms des Villes & Bourgs. 2°. Leurs distances de Paris. 3°. Les Etats & Provinces dont elles dépendent. 4°. Les jours de départ & d'arrivée & ceux qui s'employent en route. 5°. L'indication des lettres à affranchir & le prix de leur affranchissement ; &c. 6°. La taxe de celles ordinaires, avec des observations intéressantes sur le tout.

CHAPITRE XV. Tableau Alphabétique du service des Diligences, Carosses, Fourgons & Messageries Royales de France, les jours de leurs départs de Paris & de la Province, ceux qui s'employent en route & le prix des places & du port des effets.

NOTA. Ce Tableau, qui ne se trouve dans aucun Ouvrage, devient d'autant plus intéressant qu'il est rédigé d'après les changemens survenus dans les six derniers mois de 1783.

CHAPITRE XVI. Autre Tableau alphabétique du service du Roulage de France, tant pour l'intérieur du Royaume que pour l'étranger ; le plombage des Marchandises, le prix du transport par quintal, le nombre de lieues de route, les jours de marche qu'employent les Rouliers ; & quelques détails sur la nature, l'utilité, la Police & les divers Edits rendus sur cet établissement.

NOTA. Ce Chapitre, du plus grand intérêt pour le Commerce, n'existe dans aucun Ouvrage.

CHAPITRE XVII. & dernier. Indication alphabétique des découvertes les plus modernes en Physique, Géographie, Méchanique, &c. Les lieux où elles se font faites & où l'on peut se procurer les connoissances détaillées de leurs effets ou productions.

NOTA. On a cru que ce Chapitre, absolument neuf en son genre, seroit d'autant mieux placé à la suite de cet Ouvrage, qu'il intéresse à la fois les principales sciences & les Arts les plus utiles : c'est aussi dans ce même Chapitre que se trouvent des avis très précieux aux Navigateurs, & quelques détails sur l'affinage des Métaux.

TElle est la réunion de renseignemens que nous avons crue préférable, pour les commerçans & toutes autres classes de Spéculateurs, à des Ouvrages dont le principal intérêt se trouve borné à des simples rapports de poids, mesures, changes & égalités de Monnoyes des principales Villes de Commerce.

On peut puiser, dans ce nouveau Traité, des idées de spéculations, par la connoissance qu'on y trouve de toutes les productions de la nature & de l'art; les lieux où peuvent se faire leurs achats & leurs consommations; les renseignemens généraux & particuliers qui doivent guider les opérations spéculatives; les Termes, les Usages & les Formalités qui dévelopent toute l'intelligence du Commerce &c.

Tous ces objets, contenus en deux Volumes d'un nouveau genre d'impression en Tableaux, sans lesquels six Volumes rendroient à peine les mêmes détails, sont distribués si clairement que nous croyons pouvoir dire que, l'homme le moins instruit du Commerce, les pourra concevoir aussi facilement qu'un habile Négociant; & qu'enfin on trouvera réuni, dans cet Ouvrage, toutes les connoissances qui peuvent former & familiariser le fils du plus simple Artisan au Commerce le plus difficile & même le plus étendu.

AVERTISSEMENT.

NOus nous proposions de placer ici le Vocabulaire Technique de cet Ouvrage, tel que nous l'avions annoncé, parce que notre intention étoit de faire paroître les deux Volumes ensemble; mais le désir Public, de recevoir promptement le premier Volume, nous force de ne donner ce Vocabulaire qu'avec le second; & pour laisser à chacun la liberté de le placer à la tête ou à la fin de cet Ouvrage ; nous le donnerons dans un Cayer détaché que l'on pourra adapter où l'on le jugera le plus convenable.

LA
PARFAITE INTELLIGENCE
DU
COMMERCE.

PREMIERE PARTIE.

Précis de la Géographie Moderne, diftribué en huit Chapitres qui ont pour objets : 1°. La fignification des termes de Géographie &c. 2°. La Defcription du Globe 3°. Les divifions de l'Europe. 4°. Celles de l'Afie. 5°. Celles de l'Afrique. 6°. Celles de l'Amérique. 7°. Détails fur les Terres Polaires. & 8°. Table Géographique pour l'indication des principales Mers, Rivieres & Places Maritimes des quatre Parties du Monde, ainfi que celles des principaux Golfes, Caps, Fleuves, Détroits & Lacs les plus fréquentés.

CHAPITRE PREMIER.

Indication & fignification des principaux termes communs entre la Géographie & la Géométrie pour préparer à l'Intelligence des Chapitres fuivans.

A

AGACS. *Voyez* Latitude.
ANSE. Petite avance de Mer dans la Terre. *V.* Baye.

ANSEATIQUE. *V.* Hanféatique.
ANTARCTIQUE. *Voyez* Arctique.
ANTIPODES, Nom qu'on

donne aux habitans des deux parties opposées du Globe terrestre, qui sont sous le même méridien & qui ont la même élévation de leurs différens Pôles, quoiqu'ils vivent dans différens Hémispheres. Les uns de ces peuples ont le jour pendant que les autres ont la nuit, ce qui leur donne aussi les saisons à rebours.

ARCHIPEL, Lieu de la Mer où se trouve nombre d'Isles.

ARCTIQUE, Nom donné au Pôle septentrional, ce qui fait surnommer Antarctique le Pôle méridional.

ARISTOCRATIQUE, sorte de Gouvernement politique, dont le pouvoir réside dans les mains des personnes les plus distinguées, en naissance & sagesse, d'une République.

AXE, Ligne qui traverse un centre : les deux Pôles sont les extrêmités de l'Axe de la terre.

B

BANC, Se dit d'un tas, ou d'une hauteur de Sable, ou de Limon appellé Vâse, qui se trouve dans la Mer & les Rivieres, &, par là même, devient nuisible à la Navigation.

BARRE, s'entend aussi d'un amas de Sable, ou de Vâse, ainsi que d'une chaîne de rochers qui gênent l'entrée d'un Port ou d'une Riviere ; en sorte que pour désigner un Port ou une Riviere dont l'entrée ne se peut faire qu'avec la marée haute, on dit *Port - de - Barre*, *Riviere de Barre*.

BAYE, Espéce de petit Golfe, où la surface d'eau est moindre qu'au Golfe, & plus étroite à l'entrée qu'en dedans.

BOSPHORE. *Voyez* Détroit.

BOUCHE. *Voyez* Embouchure.

BRAS. *Voyez* Détroit.

C

CANAL, Riviere artificielle entierément faite par la main des hommes. *Voyez* Le mot Canal a la table des Rivieres, page 253 de ce Volume.

CAP. *Voyez* Promontoire.

CERCLE, Figure comprise sous une seule ligne dont le centre est également éloigné de toutes les Parties : tout Cercle se divise en 360. parties qu'on appelle dégré, ainsi ce qu'on entend par un quart de Cercle est 90. dégrés.

CHERSONÉSE, *Voyez* Peninsule.

CLIMAT, Espace de terre compris entre deux Cercles paralleles à l'Equateur, & tellement éloignés l'un de l'autre qu'il n'y a qu'une demie heure de différence entre leurs plus courts & leurs plus longs jours.

COL. *Voyez* Passe-au-Col.

CONFLUENT, Jonction d'une Riviere à une autre.

CONSTELLATION, terme

d'Astronomie *Voyez* Zodiaque.

CONTINENT, ou *Terre ferme*, vaste partie de la terre contenante plusieurs Régions non séparées par les Mers : on ne compte que deux Continens sur le Globe terrestre, l'ancien & le nouveau : l'ancien comprend *l'Europe*, *l'Asie* & *l'Afrique*, & le nouveau comprend *l'Amérique*.

CONTRÉE, Région, Province, Etat, certaine étendue de Pays.

CÔTE, se dit en général de chaque Rivage de la Mer.

D

DEGRÉ, En Géométrie partie de Cercle, & en Géographie on appelle dégré de longitude une portion de terre entre deux méridiens, & dégré de latitude la même portion de terre entre deux paralleles. Le dégré est de 20. lieues de 3000. pas géométriques de 5. pieds chacun.

DEMOCRATIQUE, Sorte de Gouvernement dont le pouvoir réside dans les mains du Peuple même.

DETROIT, Mer resserrée entre deux terres.

DUNE, Colline de sable sur le bord de la Mer : *Dune* se dit aussi pour signifier des Rochers escarpés. Enfin le nom de Dunes se donne particuliérement aux côtes de Flandre entre Dunkerque & Nieuport ; ainsi qu'à une très grande Rade sur les côtes Orientales d'Angleterre.

E

ÉCHELLE, Nom donné à divers Ports de Mer du Levant.

ÉCLIPTIQUE. *Voyez* Zodiaque.

ECLUSE, Clôture pratiquée sur une Riviere ou un Canal pour en retenir ou lâcher les eaux à volonté.

EMBOUCHURE, ou Bouche, se dit de l'endroit où un Fleuve, & une Riviere sortent de leur lit pour se perdre dans la Mer, ou dans un autre Fleuve, Lac ou Riviere.

ÉQUATEUR Nom du grand Cercle également éloigné des deux Pôles du Monde, ou qui a les mêmes Pôles que le Monde: ce Cercle est coupé deux fois l'année par le Soleil aux temps des Equinoxes, ce qui le fait nommer ligne Équinoxiale, ou simplement la ligne : enfin ce Cercle divise le Globe en deux hémispheres du Nord & du Midi.

ÉQUINOXE, Se dit des deux Epoques annuelles où le Soleil parcourt la ligne Equinoxiale, ce qui arrive les 21. mars & 21. septembre.

EST, Nom d'un des quatre vents ou points Cardinaux de l'horison ; il est le point du levant ou de l'orient opposé à l'ouest qui est celui du couchant ou de l'occident.

EURIPE. *Voyez* Détroit.

F

FALAISE, Se dit d'une montagne escarpée sur le bord de la Mer.

FANAL, Feu que l'on entretient dans des grosses Lanternes placées, sur de hautes Tours à l'entrée des Ports, &c.

FLEUVE, Grande Riviere dont la décharge est toujours à la Mer.

FLUX & REFLUX, Le premier de ces termes signifie le gonflement réglé de la Mer, de maniére à s'épancher & submerger les côtes basses, & le second est la signification opposée à l'autre, puisqu'il indique que ce gonflement est abaissé & les côtes découvertes d'eaux : les remarques presque générales sur la durée du Flux & du Reflux sont que la Mer est 6. heures à monter & 6. autres à descendre.

G

GAVE, Nom donné quelquefois à des courans d'eau, lequel est suivi du lieu qui en est le plus voisin ; en sorte que pour dire le courant de Pau, ou d'Oleron &c. On dit le Gave de Pau, le Gave d'Oleron &c.

GEOGRAPHIE, Description du Globe terrestre.

GEOMETRIE, Science de mesurer la Terre.

GLOBE, Corps de figure sphérique ou circulaire : il y en a deux, le Céleste qui contient les Etoiles fixes, & le Terrestre qui renferme la description de la Terre & de tous les Pays & Contrées.

GOLFE, ou GOLPHE, Se dit en général d'une avance considérable de la Mer dans les Terres.

GOS. *Voyez* Latitude.

GUE, Endroit d'un Fleuve, d'une Riviere, &c. où l'eau est si basse que l'on peut y passer sans bac ni batteau.

H

HANSEATIQUE, ou Hanse Teutonique, Chacun de ces mots signifie une Ville libre, *d'Allemagne* & du *Nord*, associée à diverses autres pour le Commerce.

HAVRE, Se dit en général de tous Ports où les Vaisseaux peuvent ancrer avec sûreté.

HAVRE-DE-BARRE, Signifie un Port barré par des bancs de sable, de sorte que les Vaisseaux n'y peuvent entrer & sortir qu'à l'aide de la Marée.

HAUTS-FONDS, Lieux de la Mer où les eaux ont très peu de profondeur.

HEMISPHERE, Moitié d'une Sphère ou d'un Globe.

HORIZON, (l') Terme qui, en Astronomie, signifie un des grands Cercles qui coupent la Sphere en deux parties égales ou deux Hémisphères. Horizon, vulgairément dit, est ce qui borne la partie de la Terre que nous voyons autour de nous, & la divise de celle que nous n'appercevons pas, on nomme ce dernier Horizon, *Horison Visuel* ou Sensible.

HORIZONTAL, Signifie ce qui est parallele à l'Horizon.

I

IMPERIALE, Titre de plusieurs Villes *d'Allemagne* indépendantes de tous Souverains & qui se gouvernent par elles-mêmes, elles sont sous la protection immédiate de l'Empereur, & ont séance & droits de suffrage aux diétes de l'Empire.

ISLE, Portion de Terre environnée d'eau.

ISTHME, Autre portion de Terre resserrée entre deux Mers & qui unit un continent, ou presqu'Isle, à la Terre ferme.

L

LAC, Grande étendue d'eau qui ne tarit jamais.

LAGUNES, Parties de la Mer, proche les Terres, elles ont peu de profondeur & forment des espéces de Marais.

LANDES, Nom de Terres très stériles & couvertes de bruyeres.

LATITUDE, Distance com-

prise d'un point de la Terre, ou du Ciel, à la ligne équinoxiale; elle se nomme septentrionale ou méridionale, suivant que ce point est compris entre la ligne & le pôle Arctique, où entre la ligne & le pôle Antarctique, & des deux côtés elle se compte sur les dégrés du Méridien: la latitude se mesure de l'Est à l'Ouest, & son dégré, sur les cartes Géographiques, est de 25. lieues de France *Voyez* Longitude pour les dégrés.

LEVANT, Ce mot signifie proprement le côté de la Terre où le Soleil se leve; il s'applique ensuite à une partie des côtes d'Afrique, le long de la Méditerranée, & à toute la Turquie Asiatique.

LIEUE. *Voyez* Mesures Géographiques.

LIGNE. *Voyez* Equateur.

LONGITUDE, Distance du méridien d'un lieu particulier au Ier. méridien, pour fixer la situation d'une place & chercher sa longitude & sa latitude: la longitude se prend & se mesure du Nord au Sud, & ses dégrés sont marqués, sur les cartes Géographiques, au haut & au bas desdites cartes, tandis que ceux de latitude sont placés à leur droite & à leur gauche.

M

MANCHE, Bras de Mer,

ou détroit qui sépare la *France* de *l'Angleterre*.

MAPPEMONDE, Description de la figure du Monde sur une carte Géographique, il y en a qui sont composées de deux Cercles & qui représentent les deux Hémispheres.

MÉRIDIEN, Nom donné à tous les Cercles de la Sphere. On compte 360. Méridiens qui répondent aux 360. dégrés de la Sphere, & ce nom leur est donné, parce que lorsque le Soleil parvient à ce point du Ciel, il est Midi dans tous les endroits de la Terre qui sont sous le même Méridien.

On appelle 1er. Méridien un grand Cercle figuré sur le Globe terrestre pour compter de là les dégrés de longitude : beaucoup de Géographes ont choisis les Isles Canaries, à l'Ouest de *l'Afrique* pour le 1er. Méridien. Les *Hollandois* le font passer par le Cap-verd, les *François* par l'Isle de Fer, & les *Portugais* le prennent dans l'Isle de Tercere, une des açores.

MÉRIDIONAL, Côté de la Terre que l'on appelle plus communément le Midi ou le Sud.

MESURES GEOGRAPHIQUES, pour les distances d'une Ville à une autre.

En *France, Espagne, Suéde, Danemarck & Suisse,* on compte par lieues

En *Italie, Allemagne, Hongrie, Bohême, Russie, Po-*logne *, Prusse, Angleterre & Hollande* on compte par mille.

Voici l'étendue des lieues & milles en Toises de 6. pieds ou pas géométriques de 5. pieds

La Lieue commune de *France* est de 2739. pas géométriques de 5. pieds de Roi chacun, ainsi cette lieue est de 13695. pieds ou 2282. Toises $\frac{1}{2}$; mais elle varie dans beaucoup de Provinces, où elle va de 2200. à 3000. Toises.

La Lieue *d'Espagne* est communément de 3428. pas ou 2856. Toises.

Celles de *Danemarck,* de *Suéde,* & de *Suisse* sont comptées être de 4166. Toises chacunes.

Etendue des Milles.

	Toises
Le Mille *d'Hongrie* & de *Bohême* est de...	5000.
Mille *d'Allemagne.* grand	4166.
Mille *d'Allemagne.* moyen	3750.
Mille *d'Allemagne.* petit	2000.
Le Mille *d'Hollande* est de	2916.
Celui de *Pologne* & de *Prusse*	2500.
Celui *d'Angleterre*	2041.
d'Irlande & *d'Ecosse*	1250.
- - - *d'Italie*	833.
- - - de *Suéde*	5000.
- - - de *Moscovie*	625.
- - - de *Lithuanie*	3083.
- - - de *Perse*	3125.

Et le Mille de *Turquie* & *d'Egypte,* est de 4166.

Aux renseignemens ci-dessus, nous croyons devoir joindre la table suivante sur ce que le dégré de Latitude comporte de mesures de distances géographiques dans les diverses contrées du Globe.

Le dégré de Latitude est généralement marqué sur les cartes pour 25. lieues communes de France ou 20. lieues seulement de Marine.

Enfin le dégré de Latitude est composé de 250. Lis *Chinois*.

104. Werts de *Russie*.

85. $\frac{3}{4}$ Milles de *Turquie*.

56. $\frac{1}{4}$ Milles *d'Arabie*.

44. $\frac{5}{9}$ Coss *Indiens*.

25. „ Lieues communes de *France*.

22. $\frac{2}{9}$ Parasanges de *Perse*.

20. Lieues Marines de *France*.

17. $\frac{1}{2}$ Idem . . *Portugaises*.

17. $\frac{1}{2}$ Idem . . *Espagnoles*.

60 „ Milles *d'Italie*.

15. „ Milles *d'Allemagne*.

26. $\frac{1}{2}$ Lieues légales de *Castille*.

18. „ Idem de *Portugal*.

19. „ Milles *d'Hollande*.

533. „ Stades . . . $\Big\}$ *d'Egypte*
11. $\frac{1}{9}$ Schoenes . .

34. „ Lieues du *Japon*.

69. $\frac{1}{2}$ Milles statués *d'Angleterre*.

50. „ Milles $\begin{cases} \text{communs \&} \\ \text{les plus en} \\ \text{usage en } An\text{-} \\ gleterre, \text{ } E\text{-} \\ coffe \text{ \& } Ir\text{-} \\ lande. \end{cases}$

3. „ Parasanges de *Tartarie*.

30. Petites lieues de *France*.

10. $\frac{1}{2}$ Milles de *Suéde*.

12. $\frac{1}{2}$ Lieues de *Pologne*.

13. $\frac{1}{2}$ Id. de *Danemarck*.

85. $\frac{1}{2}$ Werts de *Pologne*.

12. $\frac{3}{4}$ Lieues $\begin{cases} d'Hongrie, \\ de \text{ } Bohéme \\ \text{\& de } Suisse. \end{cases}$

20. „ Lieues communes de *Pologne*.

90. „ Werts de *Turquie*.

27. $\frac{3}{11}$ Lieues de *Surinam*.

60. „ Grands $\Big\}$ $\left.\begin{array}{l} de \text{ } Tu\text{-} \\ nis, Tri\text{-} \\ poly Al\text{-} \\ ger, Fez \\ \text{\& } Ma\text{-} \\ roc \text{ en} \\ Barba\text{-} \\ rie. \end{array}\right.$

70. „ Petits

60. „ M^{le}. pas géométriques

10. „ Gôs $\begin{cases} \text{mesures de Ma-} \\ \text{rine sur les cô-} \\ \text{tes de } Malabar \\ \text{\& de } Coroman\text{-} \\ del. \end{cases}$

95. „ Milles grecs, d'usage en *Turquie*.

18. „ Milles de *Prusse*.

20. „ Milles de *Lithuanie*.

75. $\frac{1}{3}$ Milles *Romains* & *Milanois*.

70. Milles *Venitiens*.

50. „ Milles *Piémontois*.

22. $\frac{1}{2}$ Lieues d'une *Heure*.

35. „ Lieues *Siamoises*.

10. „ Lieues communes de *Norwege*.

22. „ Lieues $\begin{cases} \& \\ des \text{ } Pays\text{-} \\ Bas \text{ } Autri\text{-} \\ chiens. \end{cases}$

MIDI. *Voyez* Sud.

MILLE. *Voyez* Mesures géographiques.

MINUTE , Soixantiéme partie d'un dégré de Cercle.

MÔLE, Rempart naturel, ou forte muraille qui garantit les Ports de Mer contre l'impétuosité des vagues.

MONARCHIE, Se dit d'un grand Etat gouverné par un chef, en qui réside l'autorité souveraine.

N

NADIT. *Voyez* Zénith.

NORD , Un des quatre Points du Monde , opposé au Midi ; on entend par Nord , sur l'Océan, le Pôle septentrional qui est élevé sur notre horizon : on donne aussi le nom de Nord à un Vent froid qui vient de ce côté-là , & qui est un des quatre Vents cardinaux indiqués & détaillés sous les mots *Points cardinaux* que l'on trouvera à la lettre P, suivante.

O

OCCIDENT , Lieu du coucher du Soleil , & qui est à l'opposite de l'Orient.

OCEAN, Nom de la Mer, ou assemblage universel de toutes les eaux qui environnent la terre: il se dit quelquefois pour une plus grande partie de la Mer , comme on appelle *Océan atlantique,* la Mer de l'Ouest qui est entre l'Europe & l'Afrique, & *Océan germanique*, la Mer de l'Est de l'Amérique.

OBLIQUE , Ligne opposée à celle perpendiculaire.

ORIENT , Lieu du lever du Soleil.

OUEST , Nom d'un des quatre Vents primitifs. *Voyez* points Cardinaux.

OSTRO. *Voyez* Midi & Points Cardinaux.

P

PALUS - MEOTIDE. *V.* ces mots aux articles des Mers & des Golfes.

PARAGE , Se dit d'un espace de Mer sous quelque latitude que ce soit.

PAS - AU - COL , Passage étroit dans les Montagnes.

PENINSULE. *Voyez* presqu'Isle.

PERTUIS , Passage qu'on pratique , dans les Rivieres & près des Moulins, pour faciliter la Navigation en resserrant l'eau & la faisant monter par le moyen d'une écluse qui en arrête le cours, ou le lui rend à volonté.

PHARE , Nom qui , ainsi que celui de Fanal, se donne à une Tour élevée sur laquelle on allume des feux à l'entrée des Ports, &c. *Voyez* Fanal.

PLAGE , Se dit d'une Mer basse , vers un rivage plat, où les Navires ne peuvent aborder faute d'eau ou de profondeur.

POINTS CARDINAUX ; ce sont le Septentrion, le Midi, l'Orient & l'Occident ; On les appelle aussi, Vents Cardinaux ou le Nord, le Sud,

l'Est

l'Eſt & l'Oueſt: l'Orient eſt le point de la Terre, où le Soleil ſe leve; l'Occident eſt le point du coucher ; le Septentrion eſt le point le plus éloigné au-deſſus de l'Orient & de l'Occident, il ſe prend près d'un amas d'étoiles ou conſtellations, dites les *Sept Triones*, d'où il tire ſon nom, il eſt au haut des cartes géographiques, & le midi placé au bas deſdites cartes, eſt le point oppoſé au Septentrion : les vents cardinaux ci-deſſus dénommés ont après eux pour vents intermédiaires le Sud-Eſt, le Sud-Oueſt, le Nord-Oueſt, & le Nord-eſt, & ces derniers vents ſe diviſent en huit autres moindres appellés. 1°. L'Eſt-Sud-Eſt. 2°. Le Sud-Sud-Eſt. 3°. Le Sud-Sud-Oueſt 4°. l'Oueſt-Sud-Oueſt. 5°. L'oueſt-Nord-Oueſt. 6°. Le Nord-Nord-Oueſt. 7°. Le Nord-Nord-Eſt. & 8°. L'Eſt-Nord-eſt.

NOTA. Que ſur la Mer méditerranée, le Nord eſt appellé Tramontana, le Sud ou Midi, Oſtro, l'Oueſt Ponente, & l'Eſt Levante.

PÔLES, Nom qui ſe donne aux deux extrémités de la Terre, ou aux points de l'axe imaginaire ſur lequel les géographes font tourner notre Globe : l'un de ces Points ſe nomme *Pôle arctique*, ou ſeptentrional, ou du Nord ; & l'autre ſe nomme *Pôle antarctique*, ou du Sud ; mais on appelle ſimplement Pôle, le Pôle Arctique parce qu'il eſt celui ſur lequel nous habitons & le ſeul qui nous ſoit viſible.

PONENTE. *Voyez* Points Cardinaux.

PONT-EUXIN. *Voyez* Mer noire à l'article des Mers Chapitre 8. de cette Partie.

PORT de Mer *Voyez* havre.

PRESQU'ISLE, Partie de terre preſqu'entourée d'eau, & qui ne tient au continent que par une langue de terre.

PROMONTOIRE, Portion de terre qui avance dans la Mer, on l'appelle Cap, quand il a la forme d'une montagne, & il ſe nomme Pointe, lorſqu'il a peu d'élévation.

R

RADE, Lieu où les Vaiſſeaux ſont à l'abri des vents & peuvent mouiller l'ancre avec une certaine ſûreté.

REGION. *Voyez* Contrée.

S

SECHES, Hauts-fonds, ou bancs de ſable, endroits de la Mer où il y a peu d'eau,

SEPTENTRION, ou Nord, Partie du Globe terreſtre qui eſt entre l'Equateur & le Pôle Arctique.

SEPTENTRIONAL, Ce qui appartient au Septentrion.

SOLSTICE. *Voyez* Tropiques.

SPHERE, Inſtrument compoſé de Cercles, & d'un Axe qui le traverſe, avec un petit Globe au milieu, qui ſert à repréſenter la machine du monde & les mouvemens Céleſtes : Sphere ſe dit auſſi du Globe matériel qui, ſuivant ſes rapports à la ſituation de diverſes Parties de la Terre, prend les noms de Sphere Droite, Sphere Oblique, & Sphere Parallele : la droite eſt celle où l'Equateur coupe l'Horizon à angles droits, l'Oblique celle où l'Equateur tombe obliquement ſur l'Horizon, & la Parallele celle où l'Equateur eſt Parallele à l'Horizon.

Sud, Partie méridionale de la terre : le Vent du Sud eſt auſſi celui du Midi.

Quoique nous ſoyons entrés dans quelques détails ſur les Vents, ſous les mots Points-Cardinaux, nous croyons devoir encore dire ici un mot ſur des diviſions particulieres a chaque Vent principal.

Sud-est & Sud-ouest, ſont deux Vents Collatéraux qui tiennent également, le premier, du Sud & de l'Eſt, & le ſecond, du Sud & de l'Oueſt : il y a des quarts de ce Vent, comme des trois autres Vents Cardinaux ; ceux du Sud ſont appellés 1°. Sud quart-de-Sud-Eſt. 2°. Sud-Eſt quart de-Sud. 3°. Sud-Eſt quart-d'Eſt, & 4°. Sud-quart de Sud-Oueſt &c. il en eſt ainſi des autres Vents.

T

Terre-ferme. *Voyez* Continent.

Topographie, Deſcription d'un Lieu, un Pays, une Ville & ſes environs.

Tramontana. *Voyez* Points Cardinaux.

Tropiques, (les) Déſignent deux Cercles paralleles à l'Equateur dont ils ſont éloignés de 23. dégrés $\frac{1}{2}$: il y en a deux, l'un appellé Septentrional, ou Tropique du Cancer & d'Eté, & l'autre nommé Méridional, ou Tropique du Capricorne & d'Hyver.

V

Volcan, Nom donné à une Montagne qui renferme dans ſon ſein des mines de ſouffre & de bitume ainſi que des matières Métalliques & Salines, & vomit par intervalles des tourbillons de flammes, de fumée & de cendres.

Z

Zabache, Nom de Mer. *Voyez* Palus méotide à l'article des Mers.

Zenith, Point du Ciel qui eſt perpendiculaire ſur notre tête, & qui ſe trouve directement oppoſé au Nadir, autre point du Ciel.

Zodiaque, (le) Grand Cercle placé obliquement entre les deux Pôles du Monde, il renferme les douze ſignes appellés le *Belier*, le *Taureau*, les *Gemeaux*, le *Lion*, la *Vierge*, le *Scorpion*, la *Sagittaire*, le *Capricorne*, le *Verſeau* & les *Poiſſons* : il a 16. dégrés de largeur , 8. du côté du Septentrion & 8. du côté du Midi , enfin la ligne repréfentée au milieu du Zodiaque eft divifée en 360. dégrés & marque la route du Soleil; on l'appelle écliptique en ce que les éclipfes du Soleil arrivent , proche ou dans cette même ligne.

ZONES, Bandes ou Ceintures de la Terre , terminées par deux Cercles paralleles : il y a cinq Zones qui divifent le Globe. Une dite *Torride* ou *Brulée* , deux dites Tempérées & deux dites *Glaciales*.

La *Zone Torride* , Se trouve entre les deux Zones tempérées & les deux tropiques , elle a 47. dégrés , de 25. lieues chacun de largeur.

Les *Zones Tempérées* , Sont entre la Torride & les Glaciales , ou entre les Tropiques & les Cercles Polaires ; elles ont chacune 43. dégrés.

Enfin les *Zones Froides* , ou Glaciales font enfermées entre les Cercles Polaires & les Pôles.

CHAPITRE SECOND.

Défcription du Globe.

LE GLOBE TERRESTRE eft évalué à 7200. Lieues de circonférence de 3000. pas Géométriques de 5. pieds de Roi, pour chaque lieue. Il eft divifé en Terre & en Eau : l'étendue des Terres connues eft moins confidérable que celle d'Eau, mais, comme il y a beaucoup de Terres inconnues, on ne peut affurer fi la furface des Eaux l'emporte fur celle de la Terre.

La Terre contient le Monde ancien & nouveau , & celui qui nous refte à découvrir.

Le Monde ancien renferme un continent & des Ifles.

Le Continent , & fes Ifles , comprennent les trois premieres Parties de la Terre , appellées *l'Europe, l'Afie & l'Afrique.*

Le Monde nouveau , dit la quatrieme Partie de la Terre , eft *l'Amérique.*

Il refte encore deux parties du Globe prefqu'inconnues, l'une appellée *Terres Pôlaires Arctiques & Antarctiques, & l'autre* , dite , *Terres Auftrales.*

Les Chapitres fuivans indiquent les divifions de chacune de ces parties de la Terre.

CHAPITRE TROISIEME,

Divisions de l'Europe & de ses Isles.

L'EUROPE, la plus belle partie de la Terre, est bornée au Nord par la Mer Glaciale, au Sud par le détroit de *Gibraltar*, & la Méditerranée qui la sépare de *l'Afrique* ; à l'Est par le détroit de *Gallipoli*, la Mer noire, le Don & les *Monts Poyas* qui la sépare de *l'Asie* ; & à l'Ouest par l'Océan.

Elle contient 1950. lieues de long, (chaque lieue de 3000. pas Géométriques) depuis les extrémités de la Province de *Dwina* en *Russie* jusqu'au Cap *St. Vincent* en *Portugal* : sa largeur est de 800. lieues, depuis le Cap *Matapan* en *Morée* jusqu'au Nord Cap en *Norwége*.

Elle a plus de 4500. lieues de côtes sur l'Océan, environ 700. sur la Mer Baltique, & plus de 3000. sur la Méditerranée, en sorte quelle contient, avec ses Isles, sans comprendre les Mers, 356, 000. lieues quarées.

Elle se divise en plusieurs grandes Régions, que l'on subdivise ensuite.

LES REGIONS D'EUROPE

Sont :

1°. *l'Allemagne* qui se divise en neuf Cercles.

2°. La *Bohéme*, la *Hongrie* & la *Transilvanie*.

3°. Les *Pays - Bas* & la *Hollande*.

4°. La *France*.

5°. *l'Angleterre*, *l'Ecosse* & *l'Irlande*.

6°. La *Pologne*.

7°. La *Prusse*.

8°. La *Suisse* & les *Grisons* &c.

9°. Le *Danemarck*, la *Norwege* & *l'Islande*.

10°. La *Suéde*.

11°. La *Russie* & la *Moscovie*.

12°. *l'Espagne*.

13°. Le *Portugal*.

14°. *l'Italie* qui se divise en 15. Etats particuliers.

Et 15°. La *Turquie Européene*.

Ses Isles sont, partie sur l'Océan, & partie sur la Méditerranée.

Celles de l'Océan.

Renferment la grande *Bretagne*, l'*Irlande* & l'*Ecoffe*, (indiquées aux Régions ci-deffus) & les Ifles de la Mer Baltique.

Celles fur la Méditerranée.

Contiennent *Majorque*, *Minorque*, la *Corfe*, la *Sardaigne*, la *Sicile* & *Malthe* : elles font toutes décrites aux Etats dont elles dépendent.

Quant aux Rivieres elles font trop multipliées pour en parler ici, on les trouvera indiquées en Partie au Tableau de chaque Etat particulier, &, plus en détail, à la Table Géographique qui forme le Chapitre 8. de cette Partie.

Nous allons ranger par article les Defcriptions, Détails & Divifions des régions Européenes dénommées ci-deffus.

DESCRIPTIONS, DÉTAILS ET DIVISIONS

DES

ETATS DE L'EUROPE.

ARTICLE PREMIER.

De l'Allemagne.

CEt Empire, fitué au milieu de l'Europe, eft borné à l'Eft par la *Hongrie* & la *Pologne*, au Nord par la *Mer Baltique* & le *Danemarck*, à l'Oueft par les *Pays-Bas*, la *France* & la *Suiffe*, & au Sud par les *Alpes* ou l'*Italie*, & la partie méridionale de la *Suiffe*. Il a environ 200. lieues en longueur de la Mer Baltique aux Alpes, & 190. lieues de largeur du Rhin à la *Hongrie*; en forte que l'on lui donne 680. lieues de tour & en tout 26000. lieues quarées.

Il fe divife en neuf Cercles, (*) ou grandes Provinces, qui font 1ª l'*Autriche*. 2°. La *Baviere*. 3°. La *Franco-*

(*) NOTA. Deux excéllens Ouvrages modernes, l'un fur la Géographie, & l'autre fur le Commerce, divifent mal-a-propos l'Empire d'Allemagne en dix Cercles, puifque celui de Bourgogne (qui comprenoit les Pays-Bas & la Franche Comté a été démembré de cet Empire a deux époques différentes. 1°. par la Ceffion que Charles-Quint fit, a fon Fils Philippe II. des Pays-Bas, & 2ª. par la réunion que Louis XIV. fit de la Franche Comté, a fa Couronne, par le traité de Paix de Nimégue en 1678.

nie. 4°. La *Souabe*. 5°. Le *Bas-Rhin*. 6. Le *Haut-Rhin*. 7°. La *Weftphalie*. 8°. La *Haute Saxe* & 9°. La *Baſſe Saxe*. Pour les Rivieres & Fleuves, *Voyez* les Tableaux des divers Cercles, & la Table Géographique de cette premiere Partie; nous obſerverons ſeulement ici que les Fleuves & Rivieres les plus conſidérables de *l'Allemagne* ſont: le *Danube*, l'*Elbe*, le *Necker*, l'*Oder*, l'*Hiſer*, le *Rhin*, le *Weſer* & la *Meuſe* &c.

Productions Locales & d'Induſtrie des Etats de l'Allemagne.

Les Productions intérieures de cet Empire ſont auſſi abondantes que multipliées.

On y trouve du Chanvre, du Lin, du Tabac, du Houblon, de la Garance, de l'Anis, du Cumin & du Safran; la Vigne que l'on y cultive en pluſieurs endroits donne des Vins qui pourroient aller de pair avec ceux de *France* & *d'Hongrie*, particuliérement ceux du *Bas-Rhin* & de la *Moſelle*: cet Empire renferme des terres rares, dites Glaiſes ſigillées & autres, convenables à la Porcelaine & au Tripoly: on y trouve de l'Albâtre, de l'Ardoiſe & pluſieurs ſortes d'Agates: parmi ſes Minéraux, on y diſtingue les Sels acides & ceux de roche & de fontaine, le Vitriol, l'Alun, le Salpêtre, le Charbon de terre, le Soufre, le Vif-argent, le Cinabre, le Plomb, l'Antimoine, le Kobold, le Biſmuth & l'Arſénic: Enfin, parmi les Métaux, dont cet Empire abonde plus que les autres Etats de l'Europe, on y compte l'Or qui ſe trouve non ſeulement dans les Mines, mais auſſi dans les Fleuves & principalement le Rhin & l'Oder, l'Argent, l'Etain, le Cuivre, l'Acier & le Fer: & ces dernieres productions ſont la plus grande richeſſe de cet Empire.

Les objets d'Induſtrie qu'il produit conſiſtent en Toiles de toutes eſpeces, beautés & qualités; coutils; autres Toiles rayées, à carreaux, gommées, cirées, peintes, teintes & imprimées; Papiers de toutes ſortes, peint, doré, argenté, marbré, brouillard, brocard & autres pour l'impreſſion, l'écriture & l'emballage: on y cultive la Soye; on y coule des glaces d'une grande beauté; on y fabrique des Porcelaines & Fayances très eſtimées; le Fil s'y employe de toutes manieres pour Galons, Dentelles, Rubans &c.; la préparation du Chanvre, du Tabac & de la Garance en eſt renommée; celle du Cinabre, de l'Amidon, de l'Acier, du Smalt, du Soufre, du Salpêtre, de l'Alun

du Vitriol & de l'Arſénic ne l'eſt pas moins ; on y employe l'Or & l'Argent à toutes ſortes d'uſages ſoit en feuilles, en paillettes, en fil, en étoffes, galons, franges, treſ-
ſes, broderies & ouvrages d'Orphevrerie : les Métaux compoſés, comme Laiton, Pinchebec, Tombac ou Similor, l'A-
cier ; & ceux non-compoſés, comme Etain, Plomb, Cuivre
& Fer, y ſont employés avec beaucoup d'intelligence &
à tous les uſages poſſibles : les Peaux & les Tanneries fourniſſent toutes ſortes de Cuirs : les Laines y ſont fabriquées
avec ſoin ſoit en Draps, Ratines, Étoffes, Tapiſſeries, Bas,
Bonnets, Camiſoles &c. On les employe ou ſeules, ou
mêlées de ſoye ou de fil ; enfin la Soye, la Cire blanche,
teinte & modelée de toutes manieres ; les Cheveux, les
Crins, & les Poils de bêtes ajoutent encore, ainſi que les
Rafineries de Sucre, à l'étendue du Commerce *d'Allemagne* dont l'exportation comme l'importation ſont facilitées
par Terre, par des routes & voitures publiques aſſez
commodes, & par Eau, par la *Mer du Nord*, la *Mer
Baltique*, le *Golfe* de *Veniſe* & les divers Fleuves qui traverſent cet Empire.

N O T A.

Comme nous ne donnons dans cette premiere Partie, qu'une idée
générale des Productions & du Commerce de chaque Etat de l'Europe
ſeulement, nous prévenons nos Lecteurs que ce qui auroit pû échap-
per à nos recherches dans ce Précis de Géographie, ſe trouvera indiqué ſoit aux Villes qui forment la ſeconde Partie de ce Volume,
ſoit au Chapitre VII. de notre Tome ſecond.

DÉTAILS DES CERCLES DE L'ALLEMAGNE.

1°. Du Cercle d'Autriche.

Ce Cercle, qui se divise en Haute & Basse Autriche sépa-rées par le Danube, a 100. lieues de longueur sur 70. de largeur.

Vienne, Ville Capitale de toute l'Autriche, est située en longitude à 34. dégrés 34. minutes, & en latitude à 48. dég. 15^m.

L'Intz, Capitale, de la Haute, est aux dégrés 38-8.^{m} de longitude & 48-16. de latitude.

TABLEAU DES DIVISIONS,
& sous - Divisions de ce Cercle.

ETATS.	DIVISIONS.		VILLES &c.	PORTS ET RIV.
1°. *Archidu-ché d'Autriche.*	*Basse.*		*Vienne* . . .	sur le Danube.
			Neustadt . .	point de Riviere.
			St. Pelten . .	sur le Drasain.
			Krems . . .	proche le Danube.
	Haute.		*L'Intz*	sur le Danube.
			Ens	. . . . Idem.
2°. *Duché de Stirie.*	1°.*La Stirie.*	*Haute*	*Judembourg.*	sur la Muer.
			Seckaw . . .	sur la Gay.
			Bruck, ou *Puckander.*	sur la Muer.
		Basse	*Gracz*	sur la Muer.
			Rockelsburg	au mil. de la Muer.
			Petaw	sur la Drave.
Stirie.	2°. *Comté de Cilley.*		*Cilley*	sur la Saan.
			Rain	sur la Save.

3°. Duché

ETATS.	DIVISIONS.	VILLES &c.	PORTS. ET RIV.
3°. Duché de Carinthie.	1°. Basse Carinthie.	Clagenfurt. . .	fur le Glan.
		St. Veit, au confluent du Glan & du Wunich.	
		Gurck.	fur la Gurck.
		Lavamynd, au confl. du Lavant & la Drave.	
		Wolfsberg. . .	fur le Lavant.
	2. Haute Carinthie.	Ortnburg. . .	fur la Drave.
		Ponteba. . .	fur la Fella.
4°. Duché de Carniole.		Lanbach . . .	fur la Lanbach.
		Gorice	fur le Lifenzo.
		Duino . fur le Golfe de Venife.	
		Czirnitz. fur un Lac de même nom.	
		Metling	fur le Kulp.

NOTA. Quelques Géographes comprennent l'Istrie Autrichienne dans ce Duché, mais comme elle forme réellement une prefqu'ifle de l'Italie, dans l'Etat de Venife, nous croyons devoir la placer à la fuite des Duchés de Milan & de Mantoue.

ETATS.	DIVISIONS.	VILLES &c.	PORTS. ET RIV.
5°. Comté de Tirol.		Infpruck . . .	fur l'Inn.
		Rotnburg . . .	point de Riviere.
		Kulfftain . . .	fur l'Inn.
6°. Evéchés de Trente & de Brixen.		Trente.	fur l'Adige.
		Brixen. au confluent de la Rientz & de l'Eifoch.	
Et 7°. Souabe, ou Suabe Autrichienne.		Fribourg. . . .	fur le Threfein.
		Brifach. . . .	fur le Rhin.
		Rinfeld. . . .	fur le Rhin.
		Lauffemburg	fur le Rhin.
		Seckingen. dans une petite Ifle du Rhin.	
		Waldshut, au confl. de la Schut & du Rhin.	
		Conftance, près du Lac Conftance.	
		Nellembourg. point de Riviere.	
		Obersdorf & Orb. fur le Necker.	

ETATS.	DIVISIONS.	VILLES &c.	PORTS ET RIV.
Suite de la Souabe, ou Suabe Autrichienne.		*Rotweil.* Ville libre, voyez Page 22. article de la Souabe, aux Villes libres de ce Cercle.	
		Bregentz, près du Lac Conſtance.	
		Guntzbourg, près du confluent du Guntz dans le Danube.	

2°. Du Cercle de Baviere.

Ce Cercle contient 55. lieues de longueur ſur 40. de largeur : il eſt compoſé du Duché de Baviere, du haut Palatinat, du Land-graviat de Leuchtenbourg, & de la principauté de Mindelheim &c.

Munich en eſt la Capitale ſituée à 29. dég. 15. min. de long. & 48. dég. 2. de latitude.

TABLEAU DES DIVISIONS,
& ſous-Diviſions de ce Cercle.

ETATS.	DIVISIONS.	VILLES &c.	PORTS ET RIV.
1°. Etats du Duc de Baviere.		*Munich*	ſur l'Iſer.
		Ingloſtat. . . .	ſur le Danube.
		Straubing . . .	. . . . idem.
		Landshut. . .	ſur l'Iſer.
		Burckanſen .	ſur le Staltzach.
		Chiemſée, dans l'Iſle du Lac Chiemſée.	
		Amberg	ſur le wils.
		Leuchtenberg proche la Riviere de Nab.	
		Donavert. . .	ſur le Danube.
2°. Duché de Neubourg & principauté de Sultzbach.		*Neubourg.* . .	ſur le Danube.
		Hochſtet. . . .	ſur le Danube.
		Sultzbach . . .	point de Riviere.

ETATS.	DIVISIONS.	VILLES &c.	PORTS. ET RIV.
3°. Archevéché de Saltzbourg....			fur le Saltzbach.
4°. Evéché de Fréfingen..........			proche l'Ifer,
5°. Evéché de Ratisbonne.	Werth......		fur le Danube.
	Ratisbone,..		fur le Danube.
6°. Evéché de Paffaw.	Paffaw....	Ces Villes, qui fe touchent toutes, font fituées au confluent du Danube, de l'Inn & de l'Iltz.
	Inflat &	
	Ilflat......	

3°. Du Cercle de Franconie,

Ce Cercle a 35. lieues du Midi au Nord, & 38. du Levant au Couchant. Il eft partagé en plufieurs Etats indiqués dans le Tableau fuivant.

Bamberg, fa principale Ville, eft fituée à 12. lieues de Nuremberg, long. 28. dég. 30. min. latitude 50 dégrés.

TABLEAU DES DIVISIONS, & fous - Divifions de ce Cercle.

ETATS.	DIVISIONS.	VILLES &c.	PORTS ET RIV.
1°. Evéché de Bamberg.		Bamberg, au Confluent du Mein & du Reidnitz.	
		Cronack, au confluent des Rivieres de Radach, de Haflach & de Cronack.	
2°. Evéché de wirtzbourg.	Evéché de wirtzbourg.	Wirtzbourg.	fur le Mein,
		Carlflat....	fur le Mein,
		Kiffing	fur la Salla.

ETATS.	DIVISIONS.	VILLES &c.	PORTS ET RIV.
Suite de l'Eveché de Wirtzbourg.	*Etats voisins de wirtzbourg.*	Meinungen..	sur la Werra.
		Romhilt....	sur la werra.
		Hildbourghausen	sur la Werra.
		Coburg	sur le Ietz.
		Smalkalden.	sur la werra.
		Mergenteim, ou *Mariental* sur le Tauber.	
		Erpach, entre le Mein & le Necker.	
3°. Evéché de *Aichstet*			sur l'Athuimil.
4°. Marquisat de Bareith.		Bareith, ou *Beirut* point de Riv.	
		Culembach sur une Branche du Mein.	
5°. Marquisat d'Anspach.		Anspach sur la Riviere d'Anspach.	
		Schwabach. sur la même Riviere.	
Et 6°. Villes Impéria-les de la Franconie.		Nuremberg..	sur le Preignitz.
		Altorf, à un quart de lieue de la Russ.	
		Schweinfurt.	sur le Mein.
		Weinsheim..	point de Riviere.
		Francfort...	sur le Mein.

4°. Du Cercle de Souabe, ou Suabe.

La Souabe a 72. lieues de longueur sur 66. de largeur : elle renferme nombre d'Etats dont les principaux sont ; le Duché de Wurtemberg, le Marquisat de Bade, les principautés de Hohen-Zotern, Doestingen & de Mindelheim, & les Evêchés d'Ausbourg, de Constance & de Coire.

Wurtemberg ou *Wirtemberg*, une des Capitales de ce Cercle, est à 220. lieues de *Paris*.

Bade, autre Capitale, est à 5. lieues de *Strasbourg*, longitude 25-54. latitude 48 - 47.

TABLEAU DES DIVISIONS.
& sous-Divisions de ce Cercle.

ETATS.	DIVISIONS.	VILLES &c.	PORTS ET RIV.
1°. *Duché de Wirtemberg.*		*Stutgard....* *Tubingen...* *Montbelliard*	près du Necker. sur le Necker. à une lieue du Doux & au confluent de l'Alan & de la Rigole.
2°. *Principauté & Comté de Furstemberg........*			proche le Danube.
3°. *Marquisat de Bade.*		*Durlach,* ou *Dourlach,* point de Riviere. *Bade.....* *Rastat. ...* *Fort-kell* dans une Isle du Rhin.	proche le Rhin. sur la Murg.
4°. *Evéché d'Ausbourg.*		*Dilligen* à une demie lieue du Leck & 2. du Danube. *Augsbourg.* VOYEZ, les Villes libres de ce Cercle. *Fuessen....*	sur le Leck.
5°. *Abbaye de Kempten,* VOYEZ, les Villes libres de ce Cercle			
6°. *Evéché de Constance.*		*Constance,* VOYEZ le Cercle, d'Autriche. *Mersebourg* proche le Lac Constance.	
& 7°. *Vill. libres & Impériales de la Souabe.*	1°. *Villes entre le Danube & la Baviere.*	*Kempten...* sur l'Iller. *Isny.* sur le Ruisseau d'Isna. *Memingen...* proche l'Iller. *Ausbourg,* sur le leck à l'emb. du wertach.	

ETATS.	DIVISIONS	VILLES &c.	PORTS ET RIV.
Villes Impériales de la Suabe. (Suite des)	*2°. Vill. entre le Necker & la Franconie.*	Ulm.......	fur le Danube.
		Nordlingen..	fur l'Egre.
		Hall.......	fur le Koker.
		Hailbron près du Neckre.	
		Esling.....	fur le Neckre.
		Rotweil près la fource du Neckre.	
	3°. Villes entre le Necker & l'Alface.	Weyl......	point de Riviere.
		Zell,..... Gengenbach & Offenburg.	Ces trois Villes font fituées proche du Rhin.

5°. & 6°. Des Cercles des Haut & Bas Rhin.

Ces Cercles confiftent en différens Etats fitués le long du Rhin, Fleuve confidérable, qui prend fa fource dans la *Suiffe*, traverfe la *Souabe*, *l'Alface*, & le Cercle de *weftphalie*, & fe perd dans l'Océan au-deffous de *Leyde* en *Hollande*.

Les principaux lieux de ces Cercles font indiqués dans les Tableaux fuivans.

TABLEAU DES DIVISIONS
du Cercle du haut Rhin.

ETATS.	DIVISIONS.	VILLES &c.	PORTS ET RIV.
1°. *l'Evêché de Worms,*	Worms....	fur le Rhin.	
	Durnftein..	point de Riviere.	
	Ladenbourg.	fur le Neckre.	
2°. *l'Evêché de Spire,*	Spire Ville libre fur le Rhin.		
	Philisbourg .	......idem.	
	Bruschal....	point de Riviere.	

ETATS.	DIVISIONS.	VILLES &c.	PORTS ET RIV.
3°. l'Evéché de Bâle.		Porentru. ou Brondrut. fur l'Hallen.	
		Franquemont.	fur le Doux.
4. Duc. des Deux Ponts.		Deux-Ponts.	fur l'Erbach.
		Birkenfeld...	proche la Nave.
4°. Duché de Sim-meren.		Simmeren. fur une Riviere de même nom.	
		weldentz....	point de Riviere.
		Lautereck...	. . . . . Idem.
		Sponheim, Comté divifé entre plufieurs Princes de l'Allemagne	
		Traerbach..	fur la Mofelle.
		Crentzach...	fur la Nave.
6°. Le Land-graviat de Heffe & la wettéravie	1°. La Heffe.	Caffel......	fur la Fulde.
		Efweghe....	proche la Verra.
		Rottenbourg.	fur la Fulde.
		Treyfa.....	fur la Schwalm.
		Marprug...	fur le l'Hon.
		Creutzberg.	point de Riviere.
		Hirfchfeld..	fur la Fulde.
		Gieffen......	fur le l'Hon.
		wetzlaer, où wesflard Ville libre &c.	
	2°. La Wetté-ravie.	Hanaw	fur le Mein.
		Gelenhaufen. Ville libre fur le Kintzig.	
		Francfort...	idem. fur l'Oder.
		Fridberg	. . . . . . idem.
		Hombourg...	point de Riviere.
		Darmftat... fur une Riviere, du même nom.	
		Rinfels. fur la droite du Rhin.	
		St. Goar, ou Gewer. fur le Rhin.	
7°. Le Comté de Naffau.		Naffau....	fur le l'Hon.
		Dietz......	idem.
		Ufingen	point de Riviere.
		Weilbourg..	fur le l'Hon.
& 8°. l'Evêché de Fulde............. fur la Fulde.			

TABLEAU DES DIVISIONS
du Cercle du Bas Rhin.

ETATS.	DIVISIONS.	VILLES &c.	PORTS ET RIV.
1°. *Electorat de Mayence.*		*Mayence* ..	fur le Rhin.
		Bingen, au confluent de la Nave	
		Afchaffenbourg fur le Mein.	
2°. *Electorat de Treves.*		*Treves*	fur la Mofelle.
		Coblentz, au confluent de la Mofelle, & du Rhin.	
		Hermanftein.	fur le Rhin.
3°. *Electorat de Cologne.*		*Andernach* .	fur le Rhin.
		Bone	idem.
		Cologne	Ville libre, idem.
		Nuys. au confl. de l'Erts & du Rhin.	
& 4°. *Palatinat du Rhin.*		*Manheim*, à l'embouch. du Neckre dans le Rhin	
		Heidelberg . .	fur le Neckre.
		Baccarach . .	fur le Rhin.

7°. Du Cercle de Weftphalie.

Ce Cercle comprend l'Evêché de *Liege*, le Duché de *Juliers*, ceux de *Bergue*, de *Weftphalie* & de *Cleves*, l'Evêché de *Munfter*, ceux de *Paderborn* & d'*Ofnabruck*, la principauté de *Minden*, les Comtés de *Ravensberg*, d'*Oye* & d'*Oldembourg*; enfin le Duché de *Ferden* & la principauté de *Ooft-frife*.

Arensberg, Capitale de ce Cercle, eft à 15. lieues de *Cologne*, longitude 25 - 48. latitude 51 - 24.

TABLEAU DES DIVISIONS,
& fous-divisions de ce Cercle

ETATS.	DIVISIONS.	VILLES &c.	PORTS ET RIV.
1°. l'Evêché de Liege.		Liege . . . . Huy . . . . Tongres . . . . Horn . . . . Spa . . . Lieu remarquable par ses eaux, connues de toute l'Europe. Dinan	fur la Meufe. . . . . . idem. fur le Jars. proche la Meufe. proche la Meufe.
2°. Duché de Juliers.		Juliers . . . . . Aix-la Chapelle, Ville libre & remarquable par fes eaux Minérales.	fur la Roer.
3°. Duché de Berg.		Duffeldorf, fur la Riviere d'Uffel, qui fe jette dans le Rhin proche cette Ville.	
4°. Duché de Weftphalie, dit le Saureland.		Arensberg, fur la Roer qui fe jette dans le Rhin.	
5°. Duché de Cleves & Comté de la Marck.		Cleves, à 5 quarts de lieue du Rhin. Emmeriek . . . . fur le Rhin. Wefe proche le Rhin & la Lippe. Ham . . . . . . Dortmund . .	fur la Lippe. fur l'Imfle.
6°. Evéché de Munfter.		Munfter . . . . fur l'Aa. Meppen, au confluent de l'Ems & de l'Heffe.	
7°. Evéché de Paderborn.		Paderborn . . Lemgaw . . .	fur la Padera. fur la Bege.
8°. Evéché d'Ofnabruck		. . . . . .	fur l'Hafe.

ETATS.	DIVISIONS.	VILLES &c.	PORTS ET RIV.
9°. *Principauté de Minden & Comté de Ravensberg.*	*Minden* . . .	fur le Wefer.
	Ravensberg.	près l'Heffel.
	Herworde . . .	point de Riv.
10°. *Comtés d'Hoye & de Diepholt.*	*Hoye*	fur le Wefer.
	Nienburg, au confluent de l'Ovre & du Wefer.
	Vecht	à trois lieües du Lac du Mer.
	Fredeberg . .	point de Riv.
	Diepholt . . .	près le Lac Dumer.
11°. *Duché de Ferden.*	fur l'Aller.
12°. *Comté d'Oldembourg.*	*Oldembourg.*	fur le Hont.
	Delmenhort.	fur le Dermen.
& 13°. *Principauté d'Ooft-frife.*	*Emben*	Port fur l'Ems.
	Aurack . . .	fur l'Ems.

8°. & 9°. *Des Cercles des Haute & Baffe Saxe.*

Le Cercle de *haute Saxe* contient l'Electorat de *Saxe* & de *Brandebourg*, les Duchés de *Poméranie*, de *Saxe-Altenbourg*, de *Saxe-Weimar*, de *Saxe-Gotha*, & de *Saxe-Cobourg*. Les Evêchés de *Meiffen*, de *Mersbourg*, de *Naubourg* & de *Camin*; ainfi que diverfes autres petites Souverainetés.

Le Cercle de *baffe Saxe* confifte dans les Duchés de *Brunswick*, *Meclenbourg*, *Holftein* & *Magdebourg*; l'Evêché de *Hildefeim*, celui de *Lubeck* & la principauté de *Halberftat*.

Leurs Villes Capitales font Brandebourg & Brunswick, fituées comme fuit.

Brandebourg, Capitale de la *Haute Saxe*, eſt à 10. lieues de *Berlin* & 220. de *Paris*. long. 30 - 45. latit. 52 - 16.

Brunswick, Capitale de la *Baſſe Saxe*, eſt à 25. lieues de *Magdebourg*. long. 28 - 15. latit. 52 - 15.

NOTA. Pour plus de détail, conſultez les Tableaux ſuivans.

TABLEAU DES DIVISIONS,
& ſous - Diviſions du Cercle de haute Saxe.

ETATS.	DIVISIONS.		VILLES &c.	PORTS ET RIV.
1°. De la Saxe.	1ᵃ. *Duché de Saxe.*		*Witemberg* .	ſur l'Elbe.
			Torgaw . .	idem.
			Hall	ſur la Salle.
	2°. *La Miſnie.*	Miſnie propre.	*Dreſde* . . .	ſur l'Elbe.
			Leipſic . . .	ſur le Pleiſs.
			Meiſſen . .	ſur l'Elbe.
			Zeitz . . .	ſur l'Eiſter.
			Mersburg .	
			Naumburg ..	ſur la Salla.
			Weiſenfels ..	
		l'Ertze-burg.	*Fridberg* . . .	point de Riv.
			Zuickaw, ſur la Mulda Scheneberg.	
		le Voigt-land.	*Plawen* . . .	ſur l'Eiſter.
			Reichenbach .	. . . . idem
			Gera	. . . . idem
		l'Oſter-land.	*Altenbourg* ..	ſur le Pleiſſ.
	3°. & 4°. *la Thu-ringe. & Prin-*	La Thuringe.	*Erfort*	ſur le Gera.
			Duderſtat . .	ſur la Wiper.
			Weinar . . .	ſur l'Ilm.
			Jena	proche la Salla.
			Gotha . . .	ſur la Neſſa.
			Eyſenach . .	. . . . idem.
			Mulhauſen, Ville libre ſur l'inſtrut.	
			Northauſen, autre Ville libre.	
			Mansfeld . .	près le Wiper.
			Eisleben . . .	près d'un Lac.

ETATS.	DIVISIONS.		VILLES &c.	PORTS ET RIV.
Suite de la Saxe.	cipau-té d'han halt.	Principauté d'Anhalt.	Deſſaw, au confluent de la Riviere d'Elbe & de la Mulde.	
			Bernburg . .	ſur la Sala.
			Coethen . . .	point de Riviere.
			Zerbeſt	. . . . idem.
2°. La Marche de Brandebourg.			Berlin	ſur la Sprée.
			Francfort . .	ſur l'Oder.
			Brandebourg	ſur la Havel.
			Potzdam . .	id. { Cette Ville eſt la réſidence du Roi de Pruſſe.
			Rupin ou Rapin, ſur un Etang.	
			Le Buſſ . . . . . ſur l'Oder.	
			Kuſtin, à la jonction de la Warta & de l'Oder.	
			Lansperg . .	ſur la Warta.
			Stendel	ſur l'Ucht.
			Havelberg . .	ſur l'Havel.
			Prenſlow, à un quart de lieue du Lac d'Uker.	
& 3. Du-ché de Po-méranie.	1°. Pomé-ranie Pruſ-ſienne.		Stetin, Port à l'embouchure de l'Oder.	
			Anclam	ſur la Penée.
			Stargaret . . .	ſur l'Ihne.
			Camin	proche la Mer.
			Colberg, à l'embouchure de la Perſante dans la Mer Baltique.	
			Rugenwald . . . ſur le Wiper.	
			d'Uſedom & Wollin, Iſles ſi-tuées à l'embouchure de l'Oder.	
	2°. Pomé-ranie Sué-doiſe.		Stranſund . .	port de Mer.
			Gripswalde,	autre Port.
			Gutskow . . .	ſur la Penée.
			Bergen	dans l'Iſle de Rugen.

TABLEAU DES DIVISIONS

du Cercle de basse Saxe.

ETATS.	DIVISIONS.	VILLES &c.	PORTS. ET RIV.
1.° *Duché de Brunswick.*		*Brunswick* .	fur l'Ocker.
		Wolfenbutel	. . . idem.
		Goffard, Ville libre & Impériale.	
		Bevern . . . proche le Wefer.	
		Holtzmunden . . . . . idem.	
2.° *l'Evéché de Hildeshem* . . . . . fur l'Innerfte.			
3.° *Principauté d'Hal-berftat.*		*Halberftat.*	fur l'Holtkein.
		Gruningen.	fur la Felke
		Vernigerod ou *Vermingrod*, point de Riviere.	
4.° *Duché de Mag-debourg.*		*Magdebourg*	fur l'Elbe.
		Borg.	. . . . . idém.
5.° *Etats de la Maifon de Brunfwick - Hanovre, ou d'Hanovre - Lunebourg.*		*Hanover*, ou *Hanovre* fur la Leine.	
		Hamelen . .	fur le Wefer.
		Eimbec	proche l'Ilm.
		Gottingen . .	fur la Leine.
		Zell	fur l'Aller.
		Ultzen	fur l'Emenow.
		Lunebourg . .	. . . . idem.
		Stade, près l'embouchure de l'Elbe.	
		Bréme, Ville libre, fur le Wefer	
		Lawembourg	fur l'Elbe.
		Ratsbourg . .	fur un Lac.
6.° *Duché de Mecklenbourg.*		*Swerin* . . .	fur le bord d'un Lac.
		Guftrow . . .	. . . . idem.
		Roftoc . . . port fur la Warne.	
		Wifmar . port fur la Mer Bal-tique.	

ETATS.	VILLES &c.	PORTS ET RIV
7°. Duché d'Holſtein.	Glucſtadt . . .	à l'mb. de l'Elbe dans l'Océan.
	Kiell	proche la Mer Baltique.
	Ploen	ſur le Lac de Ploen.
	Hambourg, Ville anſéatique. bon port, ſur l'Elbe, où les grands vaiſſeaux remontent de l'Océan.	
	Lubec, 1re. Ville libre & anſéatique, ſituée au confluent de la Trave & du Wackenitz.	
8°. Evéché de Lubec.	Lubec, voyez ci-deſſus.	
	Eutin . . . . . point de Riv.	

Villes Anſéatiques d'Allemagne.

Ces Villes, autrefois en grand nombre, ſe trouvent réduites aujourd'hui aux quatre ſuivantes.

Bremen, ſituée en longitude 26 deg. 20 & lati. 53 - 10.
Hambourg, idem . . . . . . 27 —— 28 & —— 53 - 52.
Lubec, idem . . . . . 28 —— 25 & —— 53 - 58.
& Dantzic, idem . . . . . 36 —— 40 & —— 54 - 22.

NOTA. Les trois premieres Villes ſont en Allemagne, & la derniere en Pologne : c'eſt par ces quatre Villes que ſe fait preſque tout le Commerce de l'Allemagne & une partie de celui de la Pologne.

ARTICLE II.

DE LA BOHÉME, LA HONGRIE, L'ESCLAVONIE ET LA TRANSILVANIE

1°. De la Bohéme

CE Royaume, qui contient 70. lieues de longueur ſur 60. de largeur, eſt borné au Nord par la Miſnie, & la Luſace à l'Eſt par la Siléſie & la Moravie, au Sud par l'Autriche, & à l'Oueſt par la Baviere : les principales Rivieres de la *Bohême* & de fes dépendances font le Muldaw, l'Elbe, l'Oder & la Morave indiquées à la Table Géographique, Chapitre 8, de cette Partie.

Productions Locales & d'Induſtrie
des Etats de la Bohéme & de la Siléſie &c.

La *Bohéme* propre & la *Moravie* font fertiles en feigle, orge, froment, millet, pois & houblon : Il y croit du vin mais de médiocre qualité : on y trouve beaucoup de mines d'or, d'argent & autres métaux, ainſi que pluſieurs fortes de pierres précieuſes : Il y a des verreries célebres dont les plus renommées font celles de *Winterbourg*, *Chemnitz*, *Herrolecz*, *Grunſvalde* & *Kreibitz* : la taille & le poli des verres & criſtaux s'y font avec la plus grande intelligence : on y trouve quantité de moulins à poudre & papier, des fabriques de lames d'épées & de couteaux & quelques auttres en aſſez beaux draps fins, dont les préférés font ceux de *Reichenbach*, *Neuhaus* & *Leypa* ; enfin, on y trouve auſſi des fabriques de cuirs de vaches dont les qualités diﬀérent peu du cuir de *Rouſſi* ou de *Moſcovie* : c'eſt par la Ville de *Prague* que ſe fait tout le Commerce de la *Bohéme*, *Voyez* cette Ville au Dictionnaire de la ſeconde Partie.

La *Siléſie* eſt auſſi très abondante en grains, on y cultive la garance dont on fait un grand débit pour la teinture ; on y fait le Commerce de fer en barres & de la cire, mais les plus riches productions de ce Duché font le lin & le chanvre qui donnent lieu à un immenſe Commerce de fil, de toiles & linons, dont la beauté eſt difficilement égalée par les autres Etats de l'Europe : outre les quantités de fabriques de toiles du Duché de Siléſie, on y en trouve beaucoup d'autres en laines, en draps & diverſes eſpeces d'étoffes de laines : on y fabrique auſſi des bas, du marroquin, des cuirs pour femelles, d'autres cuirs qui ſe vendent à la livré, des peaux de veaux apprêtées à l'angloiſe, & des ouvrages d'acier & de verres aſſez eſtimés.

Enfin, la *Luſace* a les mêmes productions & objets de Commerce que la Siléſie, elle y joint la culture du tabac & un grand nombre de verreries, de tanneries, de blanchiſſeries de toile & de cire, & des moulins à poudre, à foulon pour les draps, & d'autres à papier.

La Ville la plus commerçante de la Siléſie, eſt Breſlaw, & pour la Luſace ce ſont celles de Bautzen, Gorlitz & Luben, *Voyez* ces Villes dans la 2me. Partie de ce Volume.

TABLEAU DES DIVISIONS
& fous-divifions de la Bohême.

ETATS.	DIVISIONS.	VILLES &c.	PORTS ET RIV.
I°. La Bohême propre.		Prague.......	fur le Muldaw.
		Konigengretz,	fur l'Elbe.
		Kuttenberg.	point de Riv.
		Czaflow....	fur la Crudmiska.
		Letombritz, ou Leutmaritz, fur l'Elbe.	
		Elbogen...	fur l'Eger.
		Egra........	........idem.
		Pilfen, entre les Rivieres de Mifâ & de Wata.	
		Pifeck....	point de Riv.
		Glatz......	fur la Neiffe.
2°. Marquifat de Moravie.		Olmulz....	fur la Morave.
		Hradifch..	..... idem.
		Brinn, au confluent de la Zuitta & la Swarta.	
		Iglaw....	fur l'Iglaw.
		Znaim....	fur la Teya.
3°. Duché de Siléfie.	1° Baffe Siléfie.	Croffen....	fur l'Oder.
		Glogaw...	... idem.
		Lignitz, fur le Ruiffeau d'Eicha.	
	2° Moyenne Siléfie.	Breflaw...	fur l'Oder.
		Schweidnitz.	fur la Weiftritz.
		Brieg.....	fur l'Oder.
	Haute Siléfie. Siléfie Pruffienne.	Oppelen...	fur l'Oder.
		Neiffe....	fur la Neiffe.
		Ratibor...	fur l'Oder.
	Siléfie Autrichienne	Jegerifdorf.	fur l'Oppa.
		Zucmentel..	point de Riv.
		Tropaw...	proche l'Oppa.
		Teffchen...	fur l'Elfe.
		Bilitz.....	point de Riv.

ETATS.	DIVISIONS.	VILLES &c.	PORTS ET RIV.
& 4.º Marquifat de Luface.	Haute.	Bautzen, ou Budiffen, fur la Sprée.	
		Gorlitz	fur la Neiffe.
		Lauban . . .	fur la Queis.
		Zittaw	fur la Neiffe.
	Baffe.	Luben	fur la Sprée.
		Guben . . .	fur la Neiffe.
		Soraw . . .	près la Bober.
		Cothuffy, ou Cotwitz. fur la Sprée.	
		Petze	. . . . idem.

2°. De la Hongrie, l'Efclavonie & la Tranfilvanie.

Cɛs Etats, fitués fur le Danube, font bornés au Nord par la Pologne, à l'Oueft par l'Allemagne, à l'Eft & au Sud par la Turquie Européene.

La *Hongrie & l'Efclavonie* ont 120. lieues de longueur, 110. de largeur & 340. de tour; elles fe divifent en Comtés ou Provinces défignés dans le Tableau ci-après.

La *Tranfi'vanie*, comprife auffi dans le Tableau fuivant, porte 60. lieues de longueur 56. de largeur & 170. de tour.

Les Principales Rivie es de ces Etats font le Danube, la Save & la Drave, indiquées au Chapitre 8. de cette Partie.

Productions Locales & d'Induftrie defdits Etats.

La Hongrie & fes dépendances font très abondantes en toutes efpéces de grains; elles ont en outre pour productions particulieres celles du fafran, du tabac, d'herbes Medici-

nales, de légumes & sur-tout des vins délicieux, qui forment
le principal Commerce de ce Royaume, d'autant mieux que
leur qualité est souvent préférée à celle des vins d'Espagne:
les plus renommés, de vins d'Hongrie, sont ceux de Toc-
kai dont la qualité approche & dispute l'excéllence à ceux
de Canarie; ensuite viennent les vins de Tarnaer & du gros
Waradin, ceux du voisinage d'Edenbourg, de Gubelin,
& des territoires de Bude & de Grichisch-Weissenbourg;
enfin ceux d'Ausbruch, d'Austich, de Goldberg, de Bai-
moc, Dioleck, Reisendorf, Erlan, Funskirchen & Presbourg &c. Ces vins sont si délicats que souvent on les con-
fond avec ceux de Tockay : quoiqu'il en soit de l'excéllence
de ces vins, ils sont peu connus dans les diverses parties de
l'Europe & nullement en Asie, ni en Amérique; la consommation ne s'en faisant que dans la Hongrie même, la Pologne, l'Autriche & quelques cantons de l'Allemagne.

L'Esclavonie vient de découvrir (en 1783.) un nouvel objet de Commerce en perles qui se trouvent dans les coquillages que les Rivieres fournissent en assez grande quantité;
il y a de ces perles du poids commun de 2. grains, & dont
la beauté est presqu'égale à celle des perles d'Orient.

Quant aux fabriques & manufactures de ces Etats, elles
sont peu conséquentes : les plus remarquables sont celles de
cuivre, de feutre qu'on y employe à quantité d'usage &
qu'on y vend à l'aunage comme le drap ; il y a ensuite
des fabriques de coton, d'autres de potache ou cendre gravelée d'une qualité très estimée ; quelques manufactures
de cuir & une fabrique toute nouvelle, de Soude dont la
qualité peut au moins se comparer à celle d'Espagne.

Presbourg, Bude & Hermanstadt sont les Villes les plus
considérables de ces Etats.

Presbourg, Capitale de la haute Hongrie, est à 30. lieues
de Vienne, long. 31-15. larg. 48--14.

Bude, Capitale de la Basse, est à 40 lieues de Vienne, long.
36--45. lattit. 47--20.

Et Hermenstadt, Capitale de la Transilvanie, est située
à 120. lieues de Vienne par 41-dég.-14. min. de longitude &
46-dég.-24. min. de latitude.

Toutes ces Villes, comprises au Tableau qui suit, sont les
plus commerçantes de la Hongrie, de l'Esclavonie & de la
Transilvanie.

TABLEAU DES DIVISIONS,

de la Hongrie & ſes dépendances.

PROVINCES.	VILLES. &c.	PORTS ET RIV.
1°. Haute Hongrie.	Presbourg . .	ſur le Danube.
	Neuhauſel . .	ſur la Neytrach.
	Caschau , ou Caſſovie , point de Ri- viere.	
	Tokai , au confluent du Bodrog & de la Teiſſe.	
	Agria ou Erlan . , ſur l'Agria.	
	Peſt	ſur le Danube.
	Coloçza	. . . . . . idem.
	Segedin	ſur la Teiſſe.
	Grand-Waradin . . ſur le Kéres.	
	Temesvar . . . . . . ſur le Temes.	
2°. Baſſe Hongrie.	Bude , ou Offen . . ſur le Danube.	
	Grand, ou Strigonie . . . idem.	
	Komorre , à la réunion des deux bran- ches du Danube.	
	Javarin , ou Raab , au confluent du Raab & du Rabnitz.	
	Sarvar , au confluent du Raab & du Gudnez.	
	Caniſcha , près la jonction de la Muer à la Drave.	
	Albe + Royale . . . ſur la Salvite.	
	Cinq - Egliſes , ou Funſkirch , point de Riviere.	
3°. De l'Eſclavonie.	Zagrabia , ou Agram , ſur la Salve.	
	Creutz , ou Sainte-Croix , point de Riviere.	
	Waraſdin . . . . ſur la Drave.	
	Poſſega . . . . ſur l'Orlava.	
	Walpo , entre la Drave & la Save.	
	Eſſeck . . . . . . ſur la Drave.	
	Szerem , ou Sirmich , près la Save.	
	Peter Varadin , près le Danube.	
	Carlowitz . . . . . . ſur le Danube.	

PROVINCES	VILLES &c.	PORTS ET RIV.
4°. De la Transilvanie.	Wafferthely, ou Neumarck, fur la Marifch.	
	Hermanfiadt . . . . . fur la Ceben.	
	Cronftat, ou Braffaw, fur le Ruiffeau de Burcz.	
	Weiffenbourg, ou Albe-Jule, fur la Riviere d'Ompay près celle de Maros.	
	Clauffenbourg, ou Colofwar.	

NOTA. On obferve que de toutes les Rivieres indiquées ci-deffus, il n'y a que l'eau du Danube qui puiffe fe coire, & que les autres font très préjudiciables à la fanté.

ARTICLE III.

Des Pays-Bas & la Hollande.

1.° Des Pays-Bas Autrichiens.

CEs Pays, fitués entre l'Allemagne, la France & la Hollande, contiennent le Duché de Brabant, le Marquifat d'Anvers & de Malines; une partie de la Flandre & du Hainault, le Comté de Namur, le Duché de Luxembourg, partie du Duché de Limbourg & la Ville de Ruremonde dans la Gueldre : ils ont enfemble 62. lieues de longueur fur 25. de largeur.

Leurs principales Rivieres, indiquées à la Table Géographique, Chapitre 8. de cette Partie, font : la Meufe, l'Efcaut, la Lys, la Scarpe, la Dylle, la Sambre & la Senne.

Productions Locales & d'Industrie
des Pays-Bas Autrichiens.

Les principaux objets de Commerce de ces Pays font des lins en abondance & particuliérement ceux des territoires de Malines & du Pays de Waes, des tabacs qui fe cultivent à Warvick, des beurres & fromages façon d'Hollande & de Brie, des huiles très propres pour le favon, du houblon très recherché & auquel l'excéllente & renommée bierre de Louvain doit fa réputation ; de la graine de lin, des colzats ; & des bleds en abondance : on y éleve beaucoup de beftiaux & particul'ierement des chevaux eftimés & de bons bœufs dont on fait de forts envois en France.

L'Induftrie y eft actuellement très active, elle y entretient des fabriques en divers genres, telles que des rafineries de fucre & de fel, des fabriques de favon & d'amidon, des forges, quantité de moulins à huile, à papier & à poudre; des manufactures de fayance, falpêtre, porcelaine & tabac; beaucoup de brafferies, de tanneries & de fabriques de genievre ou eaudevie de grains, d'autres fabriques pour tap'fferies façon d'haute liffe, cuirs dorés, peaux apprêteés avec art ; enfin diverfes fabriques de velours de coton très beaux, de foyeries un'es & d'étoffes de Laines à l'inftar de celles d'Angleterre: les plus rénommées de ces fabriques font celles des draps de Limbourg, des camelots de Bruxelles, des velours, draps de foye & to'les peintes d'Anvers & de Gand, des bazins & fiamoifes de Bruges, Ypres & Tournay, de la porcelaine de cette derniere Ville, des linges de table damaffés & autres de Courtray, & des toiles bleues d'Aloft: la branche la plus éffentielle de Commerce eft en général celle des fils & toiles ; toutes les campagnes de ces Pays s'occupent de leur fabrication, & les Villes de leur blanchiffage: cette branche qui embraffe tous les genres poffibles de toiles, plutôt fines que communes, & celle des dentelles, dont les réputations font faites fous les noms de Malines & de Bruxelles, forment en quelque forte la bafe de tout le Commerce de ces Pays qui, pour la France, & l'Allemagne, fe fait par les Villes de Bruxelles, de Gand, de Courtray & d'Aloft ; & pour l'Efpagne, l'Angleterre, la Hollande, le Nord, l'Italie & les Ifles, fe fait par les Ports de Bruges, Anvers & Oftende : *Voyez*, ces diverfes Villes dans la feconde Partie de ce Volume.

Bruxelles, Capitale de ces Pays, eft fituée à 40. lieues de la Haye, 227 de *Vienne* & 64. de *Paris*. long. 21 56. latit. 50-51.

TABLEAU DES PAYS-BAS ESPAGNOLS,
ou Autrichiens.

PROVINCES &c.	VILLES &c.	PORTS ET RIVIERES.
1°. Duché de Brabant.	Bruxelles	sur la Senne.
	Nivelle	point de Riviere.
	Gemblours	sur l'Orne.
	Grimberg	point de Riviere.
	Louvain	sur la Dille.
	Arschot	sur la Géette.
	Tillemont	sur la même Riviere.
	Indogne	
2°. Duché de Luxembourg.	Luxembourg	sur l'Elfe.
	Arlon	point de Riviere.
	Baflogne	point de Riviere.
	Durbu	sur l'Ourte.
	St. Weyt	. . . . . idem.
	Bouillon	sur le Semoy.
3°. Duché de Limbourg.	Limbourg	proche la Vefe.
	Fauquemont, ou Falkembourg, sur la Gueule.	
	Dalem	sur la Bervine.
4°. La Gueldre Meridionale.	Ruremonde	au confl. de la Meufe & la Roer.
	Gueldre, sur la petite Riviere de Niers.	
	Venlo	sur la Meufe.
	Stephanfwert, dans une Ifle de la Meufe.	
5°. Comté de Flandre.	1°. Quartier de Gand.	Gand	sur l'Efcaut & la Lys.
		St. Nicolas	sur la Meurte.
		Teuremonde, ou Dendermonde, au confluent de la Dendre & de l'Efcaut	
		Alofte	sur la Dendre.
		Ninove	idem.
		Audenarde	sur l'Efcaut.
		Courtray	sur la Lys.
		Menin	
NOTA. A l'Orient de ce Comté eft le Pays de Waes le plus	2°. Quartier de Bruges.	Bruges, port	sur le Canal de Gand.
		Oftende	Port de Mer.
		Nieuport, sur un Canal qui va à la Mer	
		Dixmude	sur l'Yperlé.

PROVINCES.	QUARTIERS.	VILLES &c.	PORTS ET RIV.
riche de la Flandre, pour les grains & les excéllens pâturages · on y recueille auffi beaucoup de lin très beau & très eftimé.	3°. Quart. d'Ypres.	Ipres . . . . . Laquenoke. Furnes	fur l'Yperlé. . . . Fort fur le Canal de Dunkerque.
	4°. Tour. naifis.	Tournay . . .	fur l'Efcaut.
6°. Comté de Hainault.		Mons . . . . St. Guillain Leffines . . . Enguien . . . Hall . . . . . Ath . . . . . Binche, ou Braine le Comte, à 5. lieues de Bruxelles	fur la Trouille. fur l'Aifne. fur la Dendre. point de Riviere. fur la Senne. fur la Dendre.
7°. Comté de Namur.		Namur, au confluent de la Sambre & de la Meufe. Charleroy . . . . fur la Sambre.	
8°. & 9°. Seigneuries d'Anvers & de Malines.		Anvers . . . . fur l'Efcaut. Lierre, au confluent des deux Neethes, qui fe jettent dans la Dylle. Malines . . . . fur la Dylle.	

2°. Des Pays-Bas Hollandois, ou Provinces-Unies.

CEs Pays, contigus aux Pays-Bas Autrichiens, & fitués entre l'Allemagne & la Mer du Nord, contiennent la majeure partie du Duché de Gueldre, les Comtés de Hollande, de Zélande & de Zutphen, & les Seigneuries de Frife, d'Utrecht, d'Overyffel & de Groningue : ces Etats portent 65. lieues de long. 38. de large, & 165. de tour : il n'en exiſte pas d'auſſi peuplés & dont les Villes ſoient auſſi proches & auſſi multipliées que dans ces Provinces Unies.

Ces Pays, entourés de pluſieurs côtés par la Mer, ont pour principales Rivieres le Rhin & la Meuſe, qui, coupées en diverſes branches, prenent chacune des noms différens & arroſſent les canaux ſans nombre qui traverſent toutes les Villes de ces Provinces: *Voyez*, d'ailleurs le Chapitre 8. de cette Partie pour plus de renſeignemens.

Productions Locales & d'Induſtrie
deſdites Provinces.

Leur Commerce eſt le plus conſidérable du Monde entier, quoique leurs productions ſoient très peu importantes puiſqu'elles ne conſiſtent qu'en quelque-peu de froment, de feves, de haricots, de tabac, de garance, de lin, de cire, de beurre & de fromages ; mais les manufactures & moulins ſans nombre qu'elles entretiennent, dans tous les genres poſſibles, par les matiéres premieres & les denrées qu'elles ſe procurent de toutes les parties de la Terre, y donnent lieu au Commerce le plus étendu & le plus conſidéré de l'Univers : ce ſont de ces Provinces que preſque tous les Etats Européens reçoivent les épiceries & les drogues médicinales, ainſi qu'une grande partie des Productions des deux Indes : ce ſont leurs pêches immenſes de hareng, de morüe & de baleine qui fourniſſent auſſi à plus de la moitié des beſoins de l'Europe méridionale : c'eſt de leurs Fabriques que ſortent les ſuperbes draps & ratines connus ſous les noms d'Hollande & de Leyde : ce ſont leurs moulins à papier qui procurent les beaux papiers connus en tous les Etats ſous le nom d'Hollande : c'eſt de leurs blanchiſſeries que ſortent auſſi les belles toiles connues ſous le même nom d'Hollande, & ſous celui d'Harlem ; & c'eſt par l'entremiſe de leurs Vaiſſeaux que ſe fait un tiers du Cabotage de l'Europe.

Si cette Eſquiſſe peut donner une idée du Commerce de la République des Provinces-Unies, on ne peut douter un inſtant qu'il n'embraſſe, à lui ſeul toutes les branches & claſſes poſſibles de Commerce de toutes les parties connues de notre Globe.

On trouvera aux articles d'Amſterdam, Rotterdam &c, dans la ſeconde partie de ce Volume, des détails très étendus, ſur le Commerce de cette République, & par conſéquent bien plus ſatſfaiſans que ceux ci-deſſus.

Amsterdam, Capitale de tous les Pays-Bas Hollandois, est située a 12. lieues de Rotterdam & 109. de Paris, long. 22--39. latit. 52--22.

Nous obferverons feulement ici que l'on vient d'établir tout récemment dans l'Ifle de Schowen en Zélande une fuperbe manufacture d'Indigo, dont la meilleure qualité fe vend 40. florins & l'inférieure 19. argent d'Hollande; ce florin équivaut à 2. 2. 9. de France.

TABLEAU DES PAYS-BAS HOLLANDOIS.

PROVINCES.	QUARTIERS.	VILLES &c.	PORTS ET RIV.
1°. *Gueldre Hollandoife*, ou *Septentrionale.*	1°. *Quartier de Nimégue.*	*Nimégue*...	fur le Vauhal.
		Bommel...	.... idem.
		Buren....	point de Riv.
	2°. *Quartier d'Arnheim.*	*Arnheim*, à la jonction de l'yffel & du rhin.	
		Harderwyk.. fur le Zuyderzée.	
	3°. *Quartier de Zutphen.*	*Zutphen*...	fur l'Iffel.
		Doesbourg..	.... idem.
		Groll......	fur la Slinck.
2°. *La Hollande.*		*Horn*. Port, fur le Zuyderzée.	
		Amsterdam. Port, fur l'Amftel.	
		Alcmaer.... point de Riviere.	
		Enckufen... Port, fur le Zuyderzée.	
		Harlem.. fur le Lac d'Harlem.	
		Leyde... fur le Rhin.	
		La Haye... à une lieue de la Mer.	
		Rotterdam..... Port, fur la Meufe.	
		Delft.... fur la Schie.	
		Goude, ou *Targeau*... fur l'Iffel.	
		La Brille... Port, dans l'Ifle de Worn.	

PROVINCES.	QUARTIERS.	VILLES &c.	PORTS ET RIV.
Suite de la Hollande.		Dort . . . . fur la Meufe. Gorcum . . . . idem. Leerdam . . . . fur la Ling.	
3°. La Zélande.		Midelbourg . . . Port dans l'Ifle de Walcheren. Fleffingue . . . . . Port à l'embou-chure de l'Efcaut. Zirizée . . . Port dans l'Ifle de Schowen. Goes fur un canal qui va à la Mer. Tolen . . . . dans l'Ifle de Tolen.	
4°. Province d'Utrecht.		Utrecht . . . . Amersford. . Montfort . . . Rhenen	fur le Rhin. dans l'Eem. fur l'yffel. fur le Rhin.
5°. La Frife.		Lewarde . . . traverfée par plu-fieurs Canaux. Harlingen, Port fur le Zuy-derzée. Staveren, fur le Zuyderzée.	
6°. Province d'Overiffel.		Deventer . . Zwol . . . . Kempen, Port à l'embonchure de l'Iffel. Oldenzee . . . Covorden . .	fur l'Ifel. proche l'Aa point de Riv. . . . . idem.
7°. Province de Groningue.		Groningue, fur les Ruiffeaux d'Hunes & d'Aa. Dam, fur la d'Amfter.	
8°. Flandre Hollandoi-fe & Bra-bant Hol-landois.	1°. Flandre Hollandoi-fe.	l'Eclufe, fur un Canal qui fe perd dans la Mer à 2. lieues de l'Eclufe. Le Sas de Gand, fur deux Canaux, l'un allant à Gand & l'autre à la Mer. Axel, & Huft, ni Ports ni Ri-vieres.	

PROVINCES.	QUARTIERS.	VILLES &c.	PORTS. ET RIV.
Flan-dre Hollan doife & Bra-bant Hollan dois.	2°. Brabant Hollan-dois.	Breda . . . . fur la Merck. Berg - op - Sum, un Canal qui fe joint à l'Efcaut. Bois - le - Duc, fur le Dom-mel. Raveftein . . . . fur la Meufe. Eyndoven, au confluent du Dommel & de Leyns. Grave . . . . fur la Meufe.	
	3°. La Gueldre.	Venlo, & Stepanfvert, voyez la Gueldre Méridionale aux Pays - Bas Autrichiens	
	4°. Le Limbourg.	Fauquemont, Dalem, voyez comme deffus, au Duché, de Limbourg.	
	5°. l'Evê-ché de Liége.	Maftrecht . . . . fur la Meufe.	

Suite de la

ARTICLE IV.

De la France.

CE Royaume, le plus beau de l'Europe, a environ 220. lieues de longueur fur 180. de largeur & près de 660. de circonférence ; 250 lieues de Côtes fur l'Océan & 100. fur la méditerranée : il eft fitué entre le 13e· & le 23e· dé-gré de longitude & entre le 44e· & le 54e· de latitude., & fe trouve borné au Nord par les Pays-Bas, à l'Eft par l'Al-lemagne, les Suiffes, la Savoye & les Alpes, au Sud par la Mer méditérranée & les Pyrenées & à l'Oueft par l'Océan.

Il a quatorze Ports de Mer fur l'Océan qui font : Dun-kerque, Calais, Gravelines, Dieppe, le Havre, St. Malo, Breft, l'Orient, Port-Louis, la Rochelle, Rochefort, Bor-deaux, Bayonne & St. Jean de Luz : trois Ports fur la méditérranée qui font Cette, Toulon & Marfeille.

F 2

Les Fleuves & principales Rivieres de la France font: la Seine, la Loire, le Rhône, la Garonne, la Somme, la Marne, l'Aifne, la Meufe, la Mofelle, la Villaine, la Mayenne, la Sarte, le Loir, le Cher, l'Indre, la Creufe, la Vienne, l'Yonne, la Saone, le Doux, la Dordogne, le Lot, le Tarn, l'Adour, l'Allier & la Durance: toutes ces Rivieres font indiquées au Chapitre 8. de cette Partie.

Enfin ce Royaume fe divife en 32. Gouvernemens généraux, ou principales Provinces, dont le Tableau eft ci-après.

Productions Locales & d'Induftrie de la France.

Les productions de ce Royaume font confidérables en toutes efpéces de denrées: celles dont les importations font les plus conféquentes confiftent en grains, vins, (dont nous parlerons au Chapitre 7. de la 4e. Partie de cet Ouvrage) eaux-de-vie de vins, farines économiques, fels marin & de fource, huiles, fafran, cidres, olives, légumes, fruits fecs, câpres, oranges, citrons & grenades: l'induftrie y eft auffi active que fes productions font renommées & recherchées par divers Etats de l'Europe & plufieurs contrées de l'Amerique: les tapifferies les plus riches, d'autres plus communes; les glaces les plus belles; les draps & toutes efpéces d'étoffes de laines, foies & coton; les articles de bonneterie en tous genres; les dentelles, batiftes & linons; les toiles à voiles & autres foit de lin, foit de chanvre, la parfumerie, la clincaillerie, la diftilation en toutes efpéces de liqueurs, firops & vinaigres; la confifferie; la Sellerie; la mégifferie; la Tannerie; l'amidonnerie; la gravure; le deffein; la peinture; la ferrurerie; la coutellerie; les forges & fonderies; les moulins à foulons; à poudre & à papier; les fabriques de favon; celles d'acier & d'armes blanches; l'arquebuferie; les manufactures de papier peint, velouté &c. Celles de porcelaine, de toiles peintes, de cuivre pour tous les ufages poffibles; celles de fer blanc & de fer battu; celle de vaiffelle doublée d'argent, une autre d'un métal compofé qui a les mêmes proprietés que l'argent; celles de fparterie; de fayance; de poteries de terres diverfes; les verreries; les fabriques de perles; de galons, d'ouvrages tiffus & brochés en or & argent, d'autres brodés en tous genres; les magafins, fans nombre, d'ouvrages de cheveux & de modes pour les hommes & les femmes; la chapletterie la plus renommée; la tabletterie, & généralement tous les ouvrages de luxe, & de gout dans ce genre ; enfin l'horlogerie, l'orphevrerie, la bijouterie, la jouaillerie & la librairie &c. procurent à ce Royaume un Commerce des plus confidérables & d'autant plus étendu que fes productions d'induftrie, ainfi que fes vins, fes huiles, fes eau-de-vie & fes farines économiques font recherchées de toutes les parties de la terre.

Voyez, pour plus de détails, les Villes de Paris, Lyon, Marfeille, Bordeaux, Rouen &c. dans le Dictionnaire qui forme la feconde Partie de ce Volume.

TABLEAU DES DIVISIONS,
& fous-Divifions de la France.

GOUVERNEM.	PROVINCES.	VILLES &c.	PORTS ET RIV.
	Flandre.	Dunkerque	Port fur la manche.
		Gravelines,	autre Port.
		Lille	fur la Deule.
		Douay	fur la Scarpe.
1°. La Flandre.	Cambraifis.	Cambray	fur l'Efcaut.
		Cateau-Cambraifis.	
	Hainault.	Valenciennes	fur l'Efcaut.
		Condé,	au confluent de l'Haifne & l'Efcaut.
		Maubeuge	fur la Sambre.
		Avefnes	fur l'Afpre.
		Landreci	fur la Sambre.
		Charlemont	fur la Meufe.
		Givet	proche la Meufe
2°. Le Gouvernement d'Artois.		Arras	fur la Scarpe.
		St. Omer	fur l'Aa.
		Aire & St. Venant,	fur la Lys.
		Hesdin	fur la Canche.
		Bapaume	point de Riv.
		Lillers	point de Riv.
		Bethune	fur la petite Riviere de Brette.

GOUVERNEM.	PROVINCES.	VILLES &c.	PORTS ET RIV.
DES HUIT GOUVERNEMENS SEPTENTRIONAUX DE LA FRANCE.			
3°. La Picardie. — Basse.	Paysconquis	Calais, Port, sur la Manche.	
	Boulonnois.	Boulogne . . . idem.	
	Le Ponthieu.	Abbeville . . . sur la somme qui y porte des gros Vaisseaux.	
	Le Vineux . .	St. Vallery . . . Port à l'embouchure de la somme.	
3°. La Picardie. — Haute.	Amiennois . .	Amiens . . .	sur la Somme.
	Santerre . . .	Peronne . . .	. . . . . idem.
	Vermandois .	St. Quentin .	. . . . . idem.
	Tiérache . . .	Guise	sur l'Oise.
4°. La Normandie. — Haute.	Vexin Normand.	Rouen, sur la Seine qui a flux & Reflux.	
	Roumois.	Quillebeuf, les Vaisseaux y abordent par la Seine.	
	Pays de Caux.	Dieppe, Port sur la Manche.	
		Le Havre, autre Port idem.	
	Le Bray.	Gournay . . .	sur l'Epte.
4°. La Normandie. — Basse.	Diocèse de Sées.	Sées	sur l'Orne.
		Alençon . . .	sur la Sarte.
	Diocèse de Bayeux.	Bayeux . . .	sur l'Aure.
		Caen	sur l'Orne.
	Diocèse d'Avranches.		sur la Gée.
	Diocèse de Coutances ou le Contentin.	Granville . .	bon Port.
		Coutances . .	sur la Soule.
		St. Lô	sur la Vire.
	Diocèse de Lisieux		sur la Tonque.
	Diocèse d'Evreux		sur l'Iton.
5°. l'Isle de France.	1°. l'Isle de France propre.	Paris, Capitale du Royaume, sur la Seine.	
		St. Denis . .	sur la Clond.
		Dammartin .	point de Riv.
		Lusarches . .	
	2°. La Brie Françoise.	Corbeil	sur la Seine.
		Villeroy, à 2 lieües de Corbeil.	
		Brie - Comte - Robert.	
		Lagny	sur la Marne.
		Crécy	sur le Morin.

GOUVERNEM.	PROVINCES.	VILLES &c.	PORTS ET RIV.
DES HUIT GOUVERNEMENS SEPTENTRIONAUX DE LA FRANCE.	3°. Le Gaſtinois François.	Melun . . . . , ſur la Seine. Fontainebleau, point de Riviere. Nemours . . . . ſur le Loing. Pont-Sur Yonne, ſur l'yonne. Coutenay, ſur le Ruiſſeau de Clairy	
	4°. Le Hurepoix..	Dourdan . . . . ſur l'Orge. Montfort-Lamaury. Arpajon . . . ſur l'Orge. Montlheri, à 3. lieues de la Seine	
	5°. Le Mantois.	Mantes, Meulan & Poiſſy, ſur la Seine. St. Germain, en Laye, à un quart de lieue de la Seine. St. Cloud . . ſur la Seine. Verſailles, ſejour du Roi. Houdan . . .	ſur la Vegre. Dreux	ſur la Blaiſe.	
	6°. Le Vexin François.	Pontoiſe . . . . . ſur l'Oiſe. Magny & Chaumont, point de Riviere.	
	7°. Le Beauvoiſis.	Beauvais & Bouſlers, ſur le Therin. Clermont. . .	point de Riv. Warty . . .	ſur la Breſche.	
	8°. Le Valois.	Creſpy . . . . point de Riv. Le Ferté-Milon, ſur L'orque. Senlis	ſur la Nouette. Compiégne . .	ſur l'Oiſe.	
	8°. Le Soiſſonnois.	Soiſſons, Vailli, ou Veilli, ſur l'Aiſne.	
	10°. Le Laonnois.	Laon	point de Riv. Noyon	proche l'Oiſe. Chauny . . .	ſur l'Oiſe.	

GOUVERNEM.	PROVINCES.	VILLES &c.	PORTS ET RIV.
DES HUIT GOUVERNEMENS SEPTENTRIONAUX DE LA FRANCE. 6°. La Champagne & la Brie.	**Haute.** 1°. Le Remois.	Reims . . . . S. Menehould Epernay . .	sur la Vesle. sur l'Aisne. sur la Marne.
	2°. Le Pertois	Vitry le François & St. Dizier, sur la Marne.	
	3°. Le Réthélois.	Réthel Mazarin , sur l'Aisne. Chateau Porcien , . . . idem. Sedan . . . . . . sur la Meuse. Mezieres & Charleville , sur la Meuse, Rocroi , à deux lieues & demie de la Meuse.	
	Basse. 1°. La Champagne propre.	Troyes . . . Arcis . . . . Châlons . . .	sur la Seine. sur l'Aube. sur la Marne.
	2°. Le Vallage.	Joinville . . Vassy . . . . Bar . . . . . Château - Villain , sur l'Aujon.	sur la Marne. sur la Blaise. sur l'Aube.
	3°. Le Bassigny.	Vaucouleurs . sur la Meuse Langres . . . proche la Marne. Bourbonne les bains ; il y à des eaux célébres. Chaumont , proche la Marne.	
	4°. Le Sénonois.	Sens , au confluent de l'Yonne & la Vanne. Joigny . . . . . sur l'Yonne. St. Florentin, & Tonnerre , sur l'Armançon qui se jette dans l'Yonne. Chablis . . , point de Riviere.	
	Brie Champenoise. Haute	Meaux . . . Lizy	sur la Marne. sur l'Ourque.
	Basse	Provins. sur la Vouzie , qui joint la Seine Sezanne , sur une petite Riviere , idem. Coulomiers . Montereau . .	sur le Morin. sur la Seine.

GOUVERNEM.	PROVINCES.	VILLES &c.	PORTS ET RIV.
Suite de la Champagne & la Brie.	Pouilleuse.	*Château Thierry*, sur la Marne.	
		Rebais . . . . sur la Seine.	
		Nancy . . .	près la Meurte.
		Nomeny . .	sur la Seille.
		Luneville . .	sur la Vesouze.
		Mirecourt .	sur la Maidon.
		Remiremont.	sur la Moselle.
		Vaudrevange, sur la Sarre.	
		Sarrelouis . . . . sur la Sarre.	
		Sarguemines, au confluent de la Sarre & la Blisse.	
	1°. *Le Duché de Lorraine*	*Saralbe* . .	près la Sarre.
		Vic	sur la Seille.
		Moyenvic, Marsal, & Château Salins, Ces trois Villes, dont la première est sur la Seille, sont remarquables par leurs abondantes salines	
7°. *La Lorraine & les Trois Evéchés*		*Hombourg*	Cette Ville comprise, dans la Wéteravie, au Cercle du haut Rhin, fait partie du Duché de Lorraine, & appartient comme telle, à la France.
	2°. Les 3. Evéchés. { I. *Le Messin.*	*Metz*, au confluent de la Moselle & la Seille.	
		Thionville .	sur la Moselle.
		Montmedy .	sur la Chier.
	2°. *Le Verdunois:*	*Verdun* sur la Meuse.	
	3°. *Le Toulois :*	*Toul* sur la Moselle.	
	3°. *Le Duché de Bar.*	*Bar-le-Duc*	sur l'Orney.
		Ligny . . .	sur la même Riv.
		Grondrecourt	sur l'Orney.
		Commercy . .	sur la Meuse.
		St. Michel . .	sur la Meuse.
		Pont-à-Mousson, sur la Moselle.	

GOUVERNEM.	PROVINCES.	VILLES &c.	PORTS ET RIV.
DES HUIT GOUVER. SEP. &c. & 8°. l'Alsace	1°. Haute.	Colmar	Proche l'Ill.
		Neuf-Briffack,	proche le Rhin.
		Enfis-Heim . . .	fur l'Ill.
	2ª. Baffe.	Strasbourg, fur l'Isle, & à un quart de lieue du Rhin.	
		Saverne . . .	fur la Soer.
		Scheleftat . .	fur l'Ill.
		Phalsbourg, à 2. lieues de la Soer	
		Hagueneau, fur la Moter.	
		Lauterbourg, fur l'Auter, proche le Rhin.	
		Fort-Louis, dans une Ifle du Rhin.	
		Weiffembourg. fur l'Auter.	
		Landaw . . . . fur la Queich.	
	3°. Le Stungaw.	Bedford, à 4. lieues de la Laine.	
		Huningue . . . fur le Rhin.	
DES TREIZE GOUVERNEM. DU MILIEU DE LA FRANCE 1°. La Bretagne.	1°. Haute.	Rennes . . .	fur la Villaine.
		Vitré	. . . . idem.
		Nantes . . .	fur la Loire, où les groffes barques & les petits vaiffeaux peuvent monter.
		Ancenis . .	fur la Loire.
		Le Crofic . .	petit port de Mer
		St. Malo .	bon port de Mer.
		St. Brieu .	autre port très bón.
		Lamballe, à 5. lieues de St. Brieu.	
		Quintin . . . . fur la Goy.	
	2°. Baffe.	Vannes . . .	port de Mer.
		Port-Louis .	. . . . . idem.
		Auray . . .	petit Port.
		L'Orient . .	Port conféquent
		Pontivi & Hennebon, fur le Blavet.	
		Belle-Ifle, petite ifle en Mer.	
		Quimper, au confluent de l'O. der & de Benaudet.	
		Breft, Port célébre pour les vaiffeaux de Roi.	
		Morlaix, Port à 2. lieues de la Mer.	

GOUVERNEM.	PROVINCES.	VILLES &c.	PORTS. ET RIV.
	1°. Haut.	Le Mans ...	fur la Sarte.
		Sablé	... idem.
		Chateau du Loir,	fur le Loir.
		Ferté-Bernard,	fur l'Huines.
2°. Le Maine.	2°. Bas.	Mayenne, fur la Mayenne. Beaumont le Vicomte, fur la Sarte. Laval ... fur la Mayenne.	
	3°. Le Perche.	Mortagne ..} Belefme ...} point de Riv. Nogent le Rotrou, fur l'Huines.	
3°. l'Anjou	Haut.	Angers, fur la Mayenne, proche fon conft. avec le Loir & la Sarte & à 1 lieue & demie de la Loire. La Fléche. fur le Loir. Chateau Gontier, ... fur la Mayenne. Beaufort ... fur l'Authion. Beaujé. ... fur le Coefnon. Le Ludé .. fur le Loir.	
	Bas.	Saumur ... fur la Loire. Fontevraud à une lieue de la Loire Montreuil Bellay, fur le Thoué Doué, à 2. lieues de la Loire. Pont-de-Cé fur la Loire. Briffac. ... fur l'Aubance.	
4°. La Tour-raine.	Haute.	Tours, entre la Loire & le Cher. Langets... fur la Loire. Luines. ... fur la Loire. Chateau renaud, .. idem.	
	Baffe.	Amboife .. fur la Loire. Chatillon .. } Loches. ... } fur l'Indre. Montbazon . La Haye .. fur la Creufe. Chinon. ... fur la Vienne. Preuilly ... fur la Claife. Ifle-bouchard fur la Vienne.	

GOUVERNEM.	PROVINCES.	VILLES &c.	PORTS ET RIV.
5°. l'Orlea-nois	**1°. l'Orleanois propre.**	Orleans . . . / Meun . . . . / Beaugenci . .	} sur la Loire.
		Pitiviers, sur la petite rivière de l'Oeuf.	
		Gregeau & Sully, sur la Loire.	
	2°. La Beauſſe	Chartres . . / Nogent leroy / Maintenon	} sur l'Eure.
		Vendôme . . .	sur le Loir.
	3°. Le Blaiſois.	Blois	sur la Loire.
		Romorantin en Sologne, au confl. du Morantin, qui se perd dans la Saudre.	
		Mer, à une lieue de la Loire.	
	4°. Le Gaſtinois.	Montargis . .	sur le Loing.
		Eſtampes . .	sur l'Etampes.
		Châtillon . .	sur le Loing.
		Gien	sur la Loire.
		Briare, sur un beau Canal du même nom.	
6°. Le Berry.	**Haut.**	Bourges . . .	sur l'Yevre.
		Sancerre . .	proche la Loire
		Mehun . . .	sur l'Yevre.
	Bas.	Iſſoudun . . .	sur le Theols.
		Charoſt. . . .	sur l'Arnon.
		St. Aignan . .	sur le Cher.
		Argenton . . .	sur la Creuſe.
		La Chaſtre. .	sur l'Indre.
7°. Le Nivernois.		Clamecy, au conſt. du Beuvron & l'Yonne.	
		Vezelay, près la rivière de Cure	
		Coſne, la Charité & Nevers, sur la Loire.	
		Chateau chinon, près la source de l'Yonne.	
		Decize. . . .	proche la Loire.

GOUVERNEM.	PROVINCES.	VILLES &c.	PORTS ET RIV.
DES TREIZE GOUVERNEMENS DU MILIEU DE LA FRANCE. 8°. La Bourgogne	1°. *Pays de la Montagne.*	*Chatillon-sur-Seine Bar-sur-Seine* . .	fur la Seine.
	2° *l'Auxerrois.*	*Auxerrre, & Crevant,* fur l'Yonne *Vermanton* .	fur la Cure.
	3°. *l'Auxois.*	*Semur* . . . . *Noyers* . . . *Avalon* . . .	fur l'Armanſon. fur le Serin. fur le Couſin.
	4°. *Le Dijonnois.*	*Dijon.* . . . . . fur l'Ouche. *Auxonne,* & *St. Jean de Laune* . . . . . . fur la Saône. *Beaune,* à trois lieues de la Saône. *Nuits,* fur le ruiſſeau de Muzin.	
	5°. *l'Autunois.*	*Autun* . . . . fur l'Arroux. *Bourbon-Lanci,* à une lieue de la Loire.	
	6°. *Le Châllonois.*	*Chalon S. S. Seure* . . . . *Verdun,* au confluent de la Saône & du Doux.	fur la Saone.
	7°. *Le Charollois.*	*Charolles* . . . fur la Reconce. *Parai-le-Moriel,* fur la Bourbince. *Semur,* fur l'Armançon. Il ne faut pas confondre cette Ville, avec celle du même nom, en Auxois.	
	8°. *Le Mâconnois*	*Macon,* & *Tournus,* fur la Saône. *Cluni* . . . . fur la Groſne.	
	9°. *La Breſſe.*	*Bourg* . . . . *Mont-Luel.* .	fur la Reſſouſe. fur la Séraine.

GOUVERNEM.	PROVINCES.	VILLES &c.	PORTS ET RIV.
Suite de la Bourgogne.	**& 10°. le Bugey.**	Belley, à 2. lieues du Rhone. Seissel . . . . sur le Rhone. Lacluse, Fort important, sur le Rhone.	
	11°. La Principauté de Dombes : Trévoux, sur la Saône.		
9°. La Franche Comté.	**1°. Bailge d'Amont.**	Vesoul	proche la durgeon
		Luxeuil . . .	proche l'Antone
		Gray	sur la Saône.
	2°. Baillage de Besancon. .		sur le Doux.
	3°. Baillages de	Dole	sur le Doux.
		Ornans. . . .	sur la Louve.
	& 4°. Baillage. d'Aval.	Salins . . . . sur la Furieuse. Arbois, renommée par ses Vins. Poligny . . . sur un ruisseau qui se perd dans le Doux. Lons-le-Saunier . . . . sur la Solvan. St. Claude . .	sur le Lison. Pontarlier . .	sur le Doux.	
10°. Le Poitou.	**Haut.** . . . NOTA. Les deux dernieres Villes sont du Bas-Poitou.	Poitiers . . . sur le Clain. Mirebeau, en Mirebalais. Moncontour . . . sur la Dive. Châtellerault . . sur la Vienne. Richelieu, sur l'Amable & la Vende. Thouars. . .	sur le Thoué. Parthenay. .	. . . . idem. Niort & St. Maixant, sur la Sevre. Lusignan. . . . sur Lavone. La Tremouille, sur la Benaise. Fontenai le Comte . . . . sur la Vendrée. Maillezais, entre la Sevre, & l'Anthie.	

GOUVERNEM.	PROVINCES.	VILLES &c.	PORTS ET RIV.

DES HUIT GOUVERN. DU MILIEU DE LA FRANCE.

Suite du Poitou.	Bas.	Lucon. . . . à 2. lieues de la Mer.	
		Sables d'Olonne , port de Mer.	
		Roche - fur - Yon , fur l'Yon.	
		l'Ifle - Dieu. , port, fur l'Océan.	
		Noirmoutier. Ifle de la Loire.	
11°. l'Aunis.		La Rochelle. } ports de Mer.	
		Rochefort . . }	
		Marans. . . fur la Sevre.	
		Brouage . . . petit port de Mer.	
		Soubife . . . . . fur la Charente.	
		Marennes. . . proche la Mer.	
		Ifle de Ré . . dans l'Océan.	
		Oleron , Ifle de l'Océan fur les Côtes de l'Aunis & de la Saintonge.	
12°. La Marche.	Haute.	Gueret , proche la fource de la Gartempe.	
		Ahun . . . . fur la Creufe.	
		Bourganeuf . proche la Taurien	
		Aubuffon . . . fur la Creufe.	
	Baffe.	Le Dorat . . fur la Sevre.	
		Bellac . . . . fur la Vinfon.	
		Grand - Mont. point de Riv.	
& 13°. Le Bourbonnois.	Haut.	Moulins . . . fur l'Allier.	
		Gannat . . . point de Riv.	
		Vichi . . . . fur l'Allier.	
	Bas.	Bourbon . l'Archambaut.	
		Souvigny . . . . proche l'Allier.	
		St. Amand , & Mont-Luçon , fur le Cher.	
1°. La Saintonge &	1°. La Saintonge.	Haute. Saintes . . . . fur la Charente.	
		Royan , . . . port à l'embouchure de la Gironde.	
		Talmont . . . . fur la Gironde.	
		Pons . . . . . fur la Suigne.	
		Baffe. St. Jean d'Angely , fur la Boutonne.	
		Tonnai , Charente , fur la Charente.	
		Taillebourg . . . . . Idem.	

DES ONZE

GOUVERNEM.	PROVINCES.	VILLES. &c.	PORTS ET RIV.
l'An-gou-mois.	2°. l'An-goumois.	Angouleme . . . proche la Charente. Cognac, & Jarnac . . . fur la Charente. La Roché foucaud . . fur la Tradouere.	
	Haut.	Limoges . . . . St. Leonard . fur la Vienne. St. Yrier de la Perche . fur Lille.	
2°. Le Limofin.	Bas.	Tulle . . . . . fur la Corréze. Uzerche . . . fur la Vefere, qui joint la Dordogne. Brive . . . . fur la Corréze Brivezac . . fur la Dordogne	
	Haute.	St. Flour . . point de Riv. Murat . . . . fur la Lagon. Aurillac . . fur la Jordane.	
3°. l'Auvergne.	Baffe.	Thiers . . . . fur la Durone. Vic le Comte . fur l'Allier. Riòm . . . . point de Riv. Maringue . . . proche l'Allier. Clermont Ferrand , point de Riviere. Iffoire, près le confluent de la Couze & l'Allier. Brioude . . . . . fur l'Allier.	
	1°, Le Lyonnois. propre.	Lyon, au confluent du Rhône & de la Saône. La Brefle . . fur la Tordine. Condrieux . . fur le Rhône. St. Chaumont fur le Giez.	
4°. Le Lyonnois.	2°. Le Forez.	Montbriffon . . fur la Verize. St. Etienne . Sur un ruiffeau appellé Furens, dont l'eau est très favorable à la trempe du fer & de l'acier. Feurs, & Roane, fur la Loire.	

GOUVERNEMENS DU MIDI DE LA FRANCE.

Suite.

GOUVERNEM.	PROVINCES.	VILLES &c.	PORTS ET RIV.
Suite du Lyonnois.	& 3°. Le Beaujolois.	Villefranche.	sur le Morgon.
		Beaujeu . . .	sur l'Ardiere.
		Belleville . .	proche la Saône.
		Charlieu . . .	proche la Loire.
5°. Le Dauphiné.	Haut. 1°. Le Graisivaudan.	Grenoble	sur l'Isére.
		Saffenage, proche le confluent de l'Isére au Drac.	
		Barraux . .	sur l'Isére.
		St. Bonnet . .	sur le Drac.
	2°. Le Royanés.	Pont - de-Royan.	sur la Berne qui se perd dans l'Isére.
	3°. Les Barronies	Le Buis . . .	sur l'Aurez.
		Nihons . . .	sur l'Aigues.
	4°. Le Gapençois.	Gap	sur la Bene.
		Serres . . .	sur le Buch.
		Tallard . . .	sur la Durance.
	5°. l'Embrunois.	Embrun . . .	sur la Durance.
		Guilleftre . .	sur la Guilleftre.
	& 6°. Le Briançonnois.	Briançon.	proche deux ruiffeaux qui forment la Durance.
	Baffe. 1°. Le Viennois.	Vienne. . . .	sur le Rhône.
		Romans . . .	sur l'Isére.
		St. Marcelin	proche l'Isére.
		Cremieu, à une lieue du Rhône.	
		Pont de Beauvoisin, sur le Guyer.	
	2°. Le Valentinois.	Valence . . .	sur le Rhône.
		Montelimart, proche le Rhône.	
		Orange, à 5. lieues d'Avignon.	
	3°. Le Diois.	St. Paul trois Châteaux, à une lieue du Rhône.	
		Dié	sur la Drome.

GOUVERNEM.	PROVINCES.	VILLES &c.	PORTS. ET RIV.
DES ONZE GOUVERNEMENS DU MIDI DE LA FRANCE. 6°. La Guyenne & la Gascogne La Guyenne.	1°. La Guyenne propre.	Bordeaux, sur la Garonne.	
		Libourne.	au confluent de l'Isle & de la Dordogne.
		Bourg. petit Port sur la Dordogne	
		Fronsac. sur la Dordogne.	
		Blaye.	sur la Garonne; il y a un Port considérable pour le Commerce maritime de Bordeaux.
		Coutras, près le confluent de l'Isle & la Dordogne.	
	2°. Le Bazadois.	Bazas, à 3 lieues de la Garonne.	
		Langon, la Réole & Chaumont.	sur la Garonne.
		Castel Géloux, sur l'Avance.	
	3°. Le Perrigord.	Haut. Perrigueux. sur l'Isle.	
		Mucidan. proche l'Isle.	
		Bergerac. sur la Dordogne.	
		Bas. Sarlat. à une lieue & demie de la Dordogne.	
		Montignac. sur la Vesere.	
	4°. l'Agenois.	Agen. sur la Garonne.	
		Villeneuve, & Clerac, sur le Lot.	
		Aiguillon, à l'embouchure du Lot dans la Garonne.	
		Tonneins, & Marmande, sur la Garonne.	
		Ste. Foi. sur la Dordogne.	
		Duras. sur le Drot.	
	5°. Le Guercy.	Haut. Cahors.	sur le Lot.
		Figeac.	sur la Séle.
		Gourdon.	sur le ruisseau de Sor.
		Bas. Montauban. Moissac.	sur le Tarn.

GOUVERNEM.	PROVINCES.	VILLES &c.	PORTS. ET RIV.
Suite de la Guienne / Suite de la Guienne	6°. Le Rouergue.	Rodez . . . . . sur l'Aveiron. Entraigues, au confluent du Lot & de la Truyere.	
	& 7°. La Marche.	Haute. Milhaud . . . sur le Tarn. Vabres . . . sur la Dourdan. Basse. Ville franche / Najac . . . . sur l'Aveiron.	
Suite des onze Gouvernemens du Midi de la France. / Suite de la Guienne & la Gascogne. / La Gascogne.	1°. Les Landes.	Acqs, ou Dax sur l'Adour. Tartas . . . . sur la Midouze.	
	2°. Le Condomois.	Condom, & Nerac, sur la Baise. Gabaret . . . . . sur la Gelise.	
	3°. l'Armagnac.	Auch, & Leictoure . . . sur le Gers. Verdun . . . . sur la Garonne. L'Isle Jourdain, au milieu de la Save, petite rivière. Gimont . . . . sur le Gimont. Castelnau-De-Magnoc, & Fleurance . . . sur le Gers. Mirande . . . . . près la Baise.	
	4°. La Chalosse.	St. Sever, Aire, & Grenade . . . . sur l'Adour. Mont de Marsan . . . sur la Medoube. Roquefort . . . sur la Douze.	
	5°. Le Pays des Basques.	Le Labour. Bayonne, port sur l'Adour, à une lieue de la Mer. St. Jean de Luz, petit port sur la Nivette, proche la rivière. Vicomté de Soule. Mauleon, / De Souve, sur le Gave de Suzon.	
	6°. Le Bigorre.	Tarbe . . . . sur l'Adour. Vic de Bigorre, proche l'Adour. Bagneres . . . sur l'Adour.	

GOUVERNEM.	PROVINCES.	VILLES &c.	PORTS ET RIV.
Suite de la Gascogne.	Suite de la Gascogne.	7°. Le Comminge.	St. Bertrand, proche la Garonne. St. Gaudens, sur la Garonne. Lombez, & l'Isle en Dodon, sur la Sevre. Muret . . . . sur la Garonne.
		& 8°. Le Conserans.	St. Lizier . . . . sur le bord du Salat. St. Girons . . . . sur le Salat.
7°. Le Bearn.	1°. Le Bearn.		Pau . . . . proche le Gave Bearnois. Oleron, & Navarens .. sur le Gave d'Oleron. Orthez . . . sur le Gave Bearnois.
	2°. La Navarre.		St. Jean-pied-Deport, sur la Nive. St. Palais . . . . sur la Bidouze.
8°. Le Comté de Foix.		Foix, Pamiers, Tarascon, Saverdun.	sur l'Ariége.
9° Le Roussillon.	1°. La Vignerie de Perpignan.		Perpignan . . . . sur le Tet. Ene, sur le Tech, & proche la Méditerranée. Colioure port sur le Golfe de Lyon. Rivesaltes . . . sur l'Egli. Port-Vendres . . . port sur la Méditérannée.
	2°. La Vignerie de Conflent.		Ville franche . . . sur le Tet. Prades . . . . proche le Tét.
	& 3°. La Cerdagne françoise.		Mont-Louis . . . . place très Forte pour frontiere.
10°. Le Languedoc.	Haut.	°. Diocèse de Toulouse . . . sur la Garonne.	
	2°. Diocèse de Montauban.	Castel, Sarrazin, Montech	proche la garonne

GOUVERNEM.	PROVINCES.	VILLES &c.	PORTS ET RIV
		3°. Diocèse d'Alby.	Alby, Gaillac & Rabastens, sur le Tarn. Realmont . . . sur la Dadou.
		4°. Diocèse de Castres.	Castres . . . sur l'Agoust. Graulhet . . proche la Dadou
		5°. Diocèse de Lavaur.	Lavaur . . . sur l'Agoust. Revel . . . . proche la Sor.
	Haut.	6°. Diocèse de St. Papoul.	St. Papoul, proche le Canal Royal. Castelnaudary. . . . idem.
		7°. Diocèse de Mirepoix.	Mirepoix . . . Chalabre . . . sur le Lers.
		8°. Diocèse de Rieux, sur la Lise, proche la Garonne.	
		& 9°. Dio. de Comminge.	Valentine . . St. Beat . . . . sur la Garonne.
		1°. Diocèse d'Alet.	Alet . . . . . . sur l'Aude. Limoux, & Quillau . . idem. St. Paul de Fenouilledes . sur l'Egli.
		2°. Diocèse de Carcassonne . . . sur l'Aude.	
		3°. Diocèse de St. Pons de Tommieres, proche le Saur.	
	Bas.	4°. Diocèse de Narbonne . . . sur le canal de la riviere d'Aude.	
		6°. Diocèse de Beziers.	Beziers . . . . proche le canal Royal. Villeneuve . . . . sur le canal Royal.
		6°. Diocèse d'Adge.	Adge . . . . . proche le canal Royal. Cette . . . . Port sur la Méditerranée. Pezenas . . . . sur l'Eraud.
		7°. Diocèse de Montpellier.	Montpellier . . . . sur le Lez & à deux lieues de la Mer. Lunel . . proche la Vidourle. Frontignan & Maguelonne. sur l'étang de Maguelonne.

GOUVERNEM. || PROVINCES. || VILLES &c. || PORTS ET RIV

DES ONZE GOUVERNEMENS DU MIDI DE LA FRANCE.

Suite du Languedoc.

GOUVERNEM.	PROVINCES.	VILLES &c.	PORTS ET RIV.
DES ONZE GOUVERNEMENS DU MIDI DE LA FRANCE. Suite du Languedoc.	Suite du bas Languedoc. 8°. Diocèse de Lodéve.	Lodéve, & Clermont, sur la Lengue. Bedarieux . . . sur l'Orbe.	
	9°. Diocèse de Nismes.	Nismes . . . . Beaucaire . . Aigues - Mortes . . . . à une lieue de la Mer. Sommieres . . sur la Vidourle.	point de Riv. sur le Rhône.
	10°. Diocèse d'Alais.	Alais, & Anduse, sur le Gardon. St. Hypolite, proche la source de la Vidourle.	
	11°. Diocèse d'Uzés.	Uzés . . . . point de Riviere. Pont St. Esprit, célèbre par ses 26 arches sur le Rhône. Bagnols . . . . sur la Cese. Aramon . . . sur le Rhône.	
	& 12°. Les Cévennes. 1°. Le Gévaudan.	Mende . . . . Florac . . . . Langogne . . . Marvejols, sur la Colange, qui joint le Lot.	sur le Lot. proche le Tarn. proche l'Allier.
	2°. Le Vivarais	Viviers, & St. Andeol, sur le Rhône. Joyeuse . . . Aubenas . . Tournon . . . Annonay . .	sur la Beaune. sur l'Ardêche. sur le Rhône. sur la Deume.
	& 3°. Le Velay.	Le Monestier Le Puy . . .	proche la Loire. sur la Loire.
& 11°. La Pro-vence.	Haute.	Sisteron . . . Forcalquier . . Manosque . . Apt . . . . Digne . . . . Seine, sur une petite Riviere qui qui joint la Durance. Senez . . . Castellane, sur le Verdon. Colmar proche les sources du Var.	sur la Durance. point de Riviere. sur la Durance. sur le Calaon. sur la Bleone. point de Riviere.

GOUVERNEM.	PROVINCES.	VILLES &c.	PORTS ET RIV.
	Haute.	*Barcelonette*, point de Riviere. *Riez* . . . . fur l'Auveftre. *Mouftiers*, à 2. lieues de Riez. *Glandeve*, & *Entrevaux*, fur le Var.	
Suite de la Provence.	Baffe.	*Arlès*, & *Tarafcon*, fur le Rhône. *Salon*, fur un bras de la Durance. *Aix*, proche la Riviere d'Arc. *Lambefc* . . | point de Riviere. *Brignoles* . . | fur la Carane. *S. Maximin*, fur l'Argens. *Marfeille* Port célebre fur la Méditéranée. *Le Martigue*, proche la Mer. *La Ciotat*, Port fur la Méditerranée. *Toulon*, fuperbe Port de Roy. *Hyeres*. . . | proche la Mer. *Fréjus* . . . . à demie lieue de la Mer. *Lorgues* . . . proche l'Argens. *Bargemont*, proche la Mer. *St. Tropez*, Port fur la Méditerranée. *Graffe* . . . . point de Riviere. *Antibes*, Port & Place très fortifié. *Vence* à trois lieues de la Mer. *St. Paul* à deux lieues de la Mer.	
	Ifles Lérins.	*St. Honorat.* *Ste. Margueritte.* . . .	Ces Ifles font dans la Méditérannée, le long des côtes de Provence, & les deux premieres ne font qu'a deux lieues d'Antibes.
	Ifles d'Hyeres.	*Portquerolles* *Port-Cros* . . *Ifle Levant.*	

GOUVERNEM.	PROVINCES.	VILLES &c.	PORTS ET RIV.
SUITE DES II. GOUV. DU MIDI &c. Comtat Venaisin & Territoire d'Orange.		Nota. Quoique Le Comtat Venaisin soit rendu au Pape, nous croyons devoir le joindre ici en ce qu'il faisoit partie du Gouvernement de la Provence lorsqu'il appartenoit à la France.	
	Comtat Venaisin.	Carpentras. . . . sur l'Auson.	
		Venasque à une lieue de Carpentras	
		Vaison. . . proche l'Ouvesse.	
		Cavaillon. . sur la Durance.	
		Avignon. . . sur le Rhône.	
	Territoire. d'Orange.	Cette Principauté, enclavée dans la Provence, appartient à la France: son territoire est fort petit & n'a pour lieu remarquable que la Ville d'Orange; déjà citée au Gouvernement du Dauphiné.	

Indépendamment des divisions ci-dessus, la France se divise encore en trente-cinq Généralités ou Intendances, dont nous croyons devoir placer ici le Tableau.

TABLEAU DES INTENDANCES OU GÉNÉRALITÉS ET ELECTIONS DU ROYAUME DE FRANCE.

Numéros.	Noms des Capitales des Généralités.	Etendue de chaque Généralité.	nombre de paroisses.	Parlement d'où ressort chaque Généralité.	Nbre. d'Elections.	Dist. de Paris.
		lieues lieues				
1	Amiens	35 - sur - 16	1971	Paris . . .	6	28
2	Rouen	38 - sur - 30	1845	Rouen. . .	14	28
3	Caen	30 - sur - 29	1228	Rouen . .	9	52
4	Alençon	45 - sur - 22	1770	Rouen . .	9	41
5	Paris	75 - sur - 25	2103	Paris . . .	22	
6	Soissons	30 - sur - 19	1119	Paris . . .	7	22
7	Châlons { sur Marne.	53 - sur - 24	1252	Paris . . .	13 12	80 32
8	Orléans	50 - sur - 48	1152	Paris . . .	16	65
9	Tours	60 - sur - 42	1976	Paris . . .	7	66

Nos	Généralités.	Etendue.	parois.	parlemens	Élec	dist.
		lieues lieues				lieue
10	Bourges	36 - fur - 35	723	Paris	7	66
11	Poitiers	75 - fur - 30	1008	Paris	9	80.
12	La Rochelle.	41 - fur - 32	718	Paris	5	122.
13	Moulins	32 - fur - 30	1218	Paris	7	60.
14	Limoges	48 - fur - 14	907	Paris	5	100.
15	Riom	39 - fur - 28	942	Paris	7	90.
16	Lyon	25 - fur - 23	719	Paris	5	110.
17	Trévoux	10 - fur - 10	80	Paris	1	105.
18	Grenoble . . .	40 - fur - 36	990	Grenoble .	6	139.
19	Bordeaux . .	} 70 - fur - 56 {	1073 }	Bord. . . {	6	128.
20	Bayonne . . .		1001		7	160.
21	Montauban.	48 - fur - 27	2224	Toulouse.	6	160.
22	Aufch	85 - fur - 40	. . . .	Toulouse.	5	150.
23	Pau	22 - fur - 20	. . . .	Pau . . .	2	199.
24	Rennes . . .	77 - fur - 35	1445	Rennes . .	9	79
25	Toulouse . .	40 - fur - 36 }	1183	Toulouse. }	11	159.
26	Montpellier .	52 - fur - 24 {			12	185.
27	Aix	53 - fur - 36	990	Aix . . .	22	185.
28	Perpignan. .	48 - fur - 10	1130	Cour Sou.	3	185.
29	Dijon	55 - fur - 24	2412	Dijon . .	23	72.
30	Befançon. .	36 - fur - 24	1972	Befançon	14	80.
31	Metz	45 - fur - 11	226	Metz . . .	15	62.
32	Strasbourg .	38 - fur - 10	1025	Cour Sou.	13	100.
33	Lille	29 - fur - 16	506	Douay . .	8	52.
34	Valenciennes	26 - fur - 10	331	Douay . .	6	50.
35	Nancy	27 - fur - 30	2563	Nancy .	36	7.

NOTA.

Il y a auffi une intendance à Baftia, Ville Capitale de l'Ifle de Corfe, & l'on y a établi une Cour fupérieure. On trouvera cette Ifle indiquée aux Régions de l'Italie & dans le Dictionnaire qui forme la feconde Partie de ce Volume.

ARTICLE V.

De la Grande - Bretagne qui contient l'Angleterre, l'Ecosse, & l'Irlande.

1°. De l'Angleterre.

CE Royaume qui forme la partie Méridionale de la Grande-Bretagne, une des grandes Isles de l'Océan, a 130 lieues de longueur sur 90. de largeur & 350. de tour : il est borné au Nord par l'Ecosse dont les Rivieres de Solway & de Twede le séparent, & se trouve des autres côtés entouré par la Mer; il le divise en 52. Provinces dont nous donnerons ci-après le Tableau :

Ses principales rivieres sont la Tamise, l'Humber, la Saverne l'Ouse, la Trente & le Medway; on y compte aussi deux principaux Golfes, l'un, dit le Golfe Boston, est situé à l'Orient, & l'autre, dit le Canal de St. Georges, est situé à l'Occident : consultez, à cet égard, le 8me Chapitre de cette Partie.

Productions locales & d'industrie de l'Angleterre.

Ce Royaume est le plus souvent abondant en froment, & toutes sortes de grains, il est aussi très fertile en pâturages, qui doivent leur excéllence aux pluies & surtout aux brouillards presque continuels qui y régnent, ce qui y fait élever de gros & menu bétail, ainsi que des chevaux de prix estimés pour la course; mais ses principales productions locales sont en etain, charbon de terre, plomb, alun, couperose & laine; cette derniere denrée y est aussi belle qu'abondante, cependant la sortie en est défendue avec d'autant plus de rigueur que l'Angleterre s'en procure encore de l'Espagne pour assortir ses manufactures en toutes qualités.

Les Articles d'industrie sont très multipliés dans ce

Royaume & confiftent principalement en une infinité d'étoffes de laines, dont les plus recherchées par l'étranger font les ferges, les camelots, les callemandes, les droguets, la prunelle & la flanelle ; après ces fabriques d'étoffes de laines & de bas très renommés, viennent celles de foie & de coton d'où fortent des moires ondées & tabifées, des taffetas de diverfes qualités, des toiles & bas de foie, des damas, velours, fatins, brocards, peluches, & diverfes autres étoffes, furtout en coton pur & coton mêlé en fil & foie, affez recherchées : d'autres fabriques en toiles de diverfes fortes en lin & chanvre ; cordages, cordes, fil, dentelles très eftimées ; manufactures de toiles à voiles & peintes, d'autres de cuirs, peaux, poils d'animaux, parchemin, velin & cuirs pour toutes fortes d'ufages, & dont l'apprêt eft difficilement égalé par les autres États de l'Europe : d'autres manufactures très célèbres en acier, en fer blanc, en glaces, & quincailleries, en fayance & en inftrumens de Mathématiques & & d'Optiques, comme lunettes, microfcopes & téléfcopes ; toutes les productions de ces manufactures, furtout de celles de Birmingham, Ville du Comté de Warwick, jouiffent de la plus grande réputation comme du plus haut dégré de perfection : on trouve en outre à Londres des artiftes en inftrumens de mufique, particuliérement en Forte-Piano, dont la fupériorité eft très eftimée des connoiffeurs.

Au Commerce immenfe que procurent tous les articles ci-deffus on peut ajouter ceux des fourrures, de la ganterie, de la chapellerie, & de la brafferie dont la bierre, furtout celle de Londres, eft très recherchée ; & joignant enfuite les productions des Indes & des Colonies Angloifes en Amérique, ainfi que celles des pêches en baleine, faumon, morue & harengs ; on peut fe faire une idée de l'étendue du Commerce de l'Angleterre qui, le plus fouvent, joint encore à toutes fes productions celles des Royaumes d'Ecoffe & d'Irlande dont nous parlerons ci-après.

Pour plus de renfeignemens il faut confulter l'Article de Londres au Dictionnaire de la feconde partie.

Cette Capitale de toute l'Angleterre, & en même tems la plus commerçante de la Grande-Bretagne, eft située au 17e. dégré 34. m. de longitude & au 51e. dégré 31. m. de latitude.

TABLEAU DES DIVISIONS,
de l'Angleterre.

DIVISIONS.	PROVINCES.	VILLES. &c.	PORTS ET RIV.
1°. Des six Comtés du Nord.	1°. Northumberland.	Neucastle, Port sur la Tine. Barwick, Port à l'embouchure de la Twede.	
	2°. Cumberland - Carlisle . . .	sur l'Eden.	
	3°. Westmorland. Kendalle . . .	sur le Ken.	
	4°. Durham,	Durham . . .	sur la Were.
	5°. Yorck.	Yorck, ... sur l'Youre. Kingston, Port sur l'Humber. Halifax . . . . près le Calder. Richmond . . sur la Swale.	
	& 6°. l'Ancastre.	Lancastre . . . sur l'An. Preston . . . . sur la Rible. Leverpol, Port près la Riviere de Mersey. Wignan . . . . sur la Duglesf. Manchester . . sur le Speldein.	
2°. Des 18 Comtés du Milieu.	1°. Chester . . .	Chester	Port sur la Dée.
	2°. Darby . .	Darby	sur la Darwe.
	3°. Nottingham, au confluent de Léun & de la Trent.		
	4°. Lincoln . .	Lincoln	sur la Witham.
	5°. Shrop . .	Shrowesbury, dans une Presqu'Isle de la Saverne.	
	6°. Stafford	Stafford entre la Saw & la Trent.	
	7°. Leicester . .	Leicester . . .	sur la Sture.
	8°. Rutland .	Oakam . . .	point de Riv.
	9°. Hereford	Hereford . .	sur la Wie.
	10°. Worcester	Worcester . .	sur la Saverne.
	11°. Warwich	Warwich . . près l'Avon. Coventry . . sur le Sherburn.	
	12°. Northampton	Northampton Peterboroug. .	sur le Nen.

DIVISIONS.	PROVINCES.	VILLES &c.	PORTS ET RIV.
		13°. *Hungtington*	fur l'Oufe.
Suite des 18. *Comtés du milieu.*	14°. *Montmouth* .	*Montmouth*, au confl. de la Wie & de Monnow. *Neuport*. près l'emb. de la Saverne	
	15°. *Glocefter.*	*Glocefter* . . . *Barkley*. . .	fur la Saverne.
	16°. *Oxford*, au confl. de l'Yfe & du Cherwel.		
	17°. *Buckingham*.	fur l'Oufe.	
	& 18. *Bedford*	*Bedford*	fur l'Oufe.
3°. *Des six Comtés de l'Orient.*	1°. *Norfolck*	*Norwich*, au confluent du Wender & la Yare. *Yarmouth*, Port. *Linn*, port à l'embouchure de l'Oufe.	
	2°. *Suffolck.*	*Ipfwich*. . . . *Orford*	Bon Port. Bon Havre
	3°. *Cambridge.*	*Cambridge* . . *Ely*	fur le Cam. fur l'Oufe.
	4°. *Harford.*	*Harford* . . . *St. Albans*. .	fur la Lea fur le Ver.
	5°. *Effex.*	*Colchefter* . . . *Malden* . . . . *Harwich*, Port à l'embouchure de la Stoure.	fur la Colne. fur le Chelmer.
	& 6°. *Midlefex.*	*Londres* . . . . fur la Tamife. *Hanptoncourt*. *Kenfington* . . ,	. . . idem.
4°. *Des dix Comtés du Midi.*	1°. *Kent.*	*Cantorbery*, fur la Stoure. *Douvres*, Port fur le Pas de Calais. *Rochefter*, fur la Medway.	

DIVISIONS	PROVINCES.	VILLES &c.	PORTS ET RIV.
Suite Des dix Comtés du Midi.	2°. Suſſex.	Chicheſter, à 4. lieues de la Mer.	
		Arondell . . . . . . ſur l'Arun.	
		Lewes, à 4. milles de la Mer.	
		Haſting . . . . . . Port de Mer.	
		Winchelſey . . . proche la Rye.	
		La Rye, Port à l'embouchure de la Rye.	
	3°. Surrey . . .	Guilford . . . ſur la Wey.	
	4°. Hant ou Southampton.	Wincheſter . . . . près l'Itching	
		Portsmouth, Port célèbre.	
		Southampton, Port au fond du golfe Hampton.	
	5°. Barck.	Reading, au confluent du Kennèt & la Tamiſe.	
		Windſor . . . ſur la Tamiſe.	
	6° Wilh.	Salisbury . . | ſur l'Avon.	
		Wilton. . . . | ſur le Wiley.	
		Malmesbury | ſur l'Avon.	
	7°. Sommerſet.	Briſtol, près l'emb. de la Saverne	
		Bath . . . . . ſur l'Avon.	
		Wels. ſur un Lac d'eau-vive.	
	8°. Dorſet.	Dorcheſter . . . | ſur la Frome.	
		Weymouth, port à l'emb. du Wey	
	9°. Devon.	Exceſter . . . . | ſur l'Ex.	
		Plimouth, port à l'emb. du Plim,	
		Darmouth, port à l'emb. de la Derte.	
	& 10. Cornouaille.	Lauſtun . . . | proche le Tamer	
		Leſwithiel . . | proche le Fowey	
		Falmouth, Port proche le Cap Lézard.	
5°. Des douze Comtés de la	1°. Angleſey.	Beaumaris, port ſur le détroit de Menay.	
	2°. Carnarvan	Carnarvan . . | ſur le détroit	
		Bangor . . . . | de Menay.	
	3°. Denbich . . . . près de la Cleuid.		

DIVISIONS.	PROVINCES.	VILLES &c.	PORTS ET RIV.
	4°. Flint.	Flint, à l'embouchure de la Dée	
		St. Asaph, sur la Clénid.	
	5°. Merionet.	Harlegh, sur le bord de la Mer.	
	6°. Montgommeri	près la Saverne.	
principauté de Galles.	7°. Cardignan	sur le bord de la Mer.	
	8°. Radnor	point de Riviere.	
	9°. Breknok	point de Riviere.	
	10°. Penbrock	Penbrok au fond du hav. de Milford	
		St. Davids à 5. lieues de la Mer.	
	11°. Carmarden	sur la Towy.	
	& 12°. Clarmorgan.	Cardiff, Port fermé par le Taff.	
		Landaff ..... sur le Taff.	
& 6°. Des Isles, dites Britaniques, ou dépendantes de l'Angleterre.	Isle Man.	Dowglas....	Port de Mer.
		Rushin.....	point de Riv.
	Isles Sorlingues.	Elles font en très grand nombre & forment un rond, situé à 8. lieues de la Province de Cornouaille : les principales font : Ste. Marie, Ste. Helene, St. Martin, Ste. Agnés, Samfon, Silly, Brefar, Rufco & Arthur: elles font toutes environnées de Rochers qui exigent toute l'attention des Navigateurs.	
	Isle Wigt.	Cette Isle fait partie de la Province du Hampshire, elie est située sur la partie meridionale & l'Angleterre.	
	Isle Grenefey	St. Pierre.	Ces Isles, éloignées de 6 lieues l'une de l'autre, font situées sur la côte de la Normandie.
	Isle Ierfey.	St. Helier.	

2°. De l'Ecosse.

CE Royaume qui n'est féparé de l'Angleterre que par les Rivieres de Twede & de Solvay, occupe la Partie

Septentrionale de la Grande-Bretagne : il contient 80. lieues de long, fur 55. de large & 220. de tour ; & fe divife en 35. Provinces diftinguées en Méridionales & Septentrionales dont nous rendons compte dans le Tableau ci après.

Ses principales Rivieres font : le Tay, le Forth, la Spey, la Clyd & la Nith ; que l'on trouvera indiquées au Chapitre 8. de cette partie ; il y a auffi quantité de Lacs qui ne gélent jamais.

Productions locales & d'induftrie de l'Ecoffe.

Le terroir de ce Royaume eft plus fertile en pâturages & menus grains, comme avoine & feigle &c. qu'en froment : fes côtes font couvertes de forêts en merrain & autres bois propres à la menuiferie & au chauffage : on y trouve dans l'intérieur des terres, plufieurs mines de fer & de plomb : fes Ifles, dont les principales font les Wefternes, les Orcades, & les Shetland, font abondantes, en orge, avoine, bêtes à cornes, cochons, beurre, fuif & fel ; la chaffe & la pêche y font très heureufes & procurent quantité de gibiers & d'aigles ainfi que de la morue, des harengs & des cotacées, que l'on trouve dans les eaux qui bordent l'Ifle Minland, l'une des Ifles Stheland, fituée proche des côtes de la Norwège : la pêche, particuliere, du faumon y eft auffi très avantageufe & la préparation que les Ecoffois font à leurs poiffons eft généralement eftimée attendu la bonne qualité du fel qu'ils y emploient & dont il font des fortes exportations ; enfin l'article des laines n'eft pas une des moindres productions de ce Royaume puifqu'il en fournit beaucoup aux fabriques d'Angleterre.

Quant aux objets d'induftrie ils font de peu d'importance ; on y trouve cependant plufieurs fabriques & manufactures renommées telles que celles de toiles, batiftes, mouchoirs & bas d'Edimbourg ; des moulins à fendre & fcier le bois ; des verreries & rafineries de fucre ; des tanneries de cuirs verts d'Irlande ; & diverfes manufactures en ouvrages de fer, verre & fayance des villes de Leith & de Glafcow : l'article des bas eft en quelque forte le plus confidérable de ceux ci-deffus puifqu'il fournit à la majeure partie de ce Commerce en Angleterre.

Edimbourg, Capitale de ce Royaume, eft fituée au 14e. degré 34. m. de longitude & au 55e. dégré de latitude.

TABLEAU DES DIVISIONS
de l'Écosse.

DIVISIONS.	PROVINCES.	VILLES &c.	PORTS ET RIV.
	1ª. Caitneſſ.	Wich, & Thurſo, . Ports de Mer.	
	2°. Stranavern	Tung Point de Riviere &c.	
	3°. Souther-land.	Dornoch...... Port de Mer.	
	4°. Roſſ.	Chanrie.... ſur le golfe Murray. Cromartie..... Port de Mer.	
	5°. Lochaber.	Innerlothe, entre deux Lacs. Megary, & Kilmaroy, Ports de Mer.	
	6°. Albanie.	Killinen. ſur le lac du Tay.	
	7°. Athol.	Blar........ ſur le Gary	
1°. Des treize Provinces, ou Comtés du Septentrion de l'Ecoſſe.	8°. Murray.	Elgin........ ſur la Loſſe. Iverneſſ, à l'embouchure de la Neſſ. Narne, Port ſur le golfe. Murray.	
	9°. Buchan.	Fraſerburg... Port de Mer. Banf...... ſur le golfe Murray, à l'embouchure du Dowern.	
	10°. Marr.	Old-Aberden, à l'embouchure de la Done. New-Aberden, ... Port ſur la Dée.	
	11°. Mernis.	Dunotyr.... point de Riv.	
	12°. Angus.	Brechin.... ſur le South-Esk. Montroſſ..... Port ſur le South-Esk. Dundée...... Port ſur le Tay.	
	& 13. Perth.	Perth.... Dunkeld... ſur le Tay.	

DIVISIONS.	PROVINCES.	VILLES &c.	PORTS ET RIV.
2°. *Des* 22. *Comtés ou Provinces de l'Écosse Méridionale.*	1°. *Stathern.*	*Albernethy.*	fur un Golfe formé par le Tay & l'Erne.
	2°. *Fife.*	*St. Andrè*	à une lieue de la Mer.
	3°. *Meintheyth*	*Dumblain.*	fur le Forht.
	4°. *Sterling.*	*Sterling*	près le Forht.
	5°. *Lothian.*	*Edimbourg*	prés la Mer.
		Lith,	Port fur le Golfe Forth.
		Dunbar	Port de Mer.
	6°. *Marche.*	*Coldingham*	fur la Côte
		Duns	point de Riviere , &c.
	7°. *Twedail.*	*Peblis, & Selkirk,*	fur laTwede
	8°. *Tifedail.*	*Jedburg*	fur la Jed.
	9°. *Lidefdalle,*		traverfée par l'Idelle.
	10°. *Eskedail*	*Reburne*	proche l'Esk.
	11°. *Annadail.*	*Annan*	fur l'Annan.
	12°. *Nidifdail.*	*Dumfreis*	fur la Nyth.
	13°. *Gallovay.*	*Withern, & Wigthoun,* Ports de Mer.	
	14°. *Carrick.*	*Bargeny.*	point de Riviere.
	15°. *Kifle.*	*Ayr,* Port à l'embou. de la Kyle.	
	16. *Clyfdail.*	*Glafcow*	fur la Clyd.
		Hamilton	proche la Clyd.
		Douglas	point de Riviere &c.
	17°. *Cuningham.*	*Urvin*	Port de Mer.
		Reinfrew	fur la Clyd.
	18°. *Lennox.*	*Dumbritton* au confl. du Leven & la Clyd.	
	19. *Argile.*	*Innereyra*	fur le Lac de Finn.
	20°. *Lorn.*	*Dunftafag*	Port de Mer.
	21°. *Cantyr.*	*Dunaworty*	fimple Village.
	& 22°. *Les Ifles d'Arran, & de Buth ou Bot.*		

Div.	Isles Princip.	Lieux Principaux.	Observ. Divers.
& 3°. Des Isles d'Ecosse.	1°. Isles de l'Ouest, ou Westernes.	Isle Lewis. { Sovardel. Forbi. Isle Eust. { Talebourg. Gill. isle de Schie. { Dundonald Isle de Mula. { Arrois. Isle de Jura. { Broectal. Isle d'Yla. { Downowaig.	Ces Isles sont toutes situées sur la côte Occidentale de l'Ecosse.
	2°. Les Orcades.	Kirval est le Lieu le plus considérable de ces Isles.	Ces Isles, dont la principale porte le nom de Mainland, sont situées au 59me. degré de latitude septentrionale.
	& 3°. Les Isles Schetland.	Il n'y a ni Villes ni Bourgs, mais seulement des Villages bien peu conséquens.	Ces Isles sont à 15. lieues au Nord des Orcades, & la plus considérable porte aussi le nom de Mainland : elles sont au nombre de 26. grandes, 40. moyennes & 30. petites.

& 3°. De l'Irlande.

L'Irlande est une Isle de l'Océan (éloignée de 15. lieues de l'Angleterre & de 5. à 6. de l'Ecosse) qui forme le troisieme Royaume de la Couronne d'Angleterre : elle contient 90. lieues de longueur, sur 50. de largeur & 240. de tour, & elle se divise en quatre Provinces dont le Tableau est ci après.

Ses principales rivieres sont le Shanon, le Barow, le Blackwater, la Boyne & la Banne ; & l'on y trouve aussi quantité de Lacs dont les plus considérables sont l'Earne & le Neaught.

Productions locales & d'industrie de l'Irlande.

Cette Isle est plus fertile en pâturages que l'Angleterre ce qui fait qu'on y éleve une très grande quantité de gros & menu bétail dont on fait un Commerce considérable d'exportation & surtout en viandes salées; le bled, les autres grains, les fruits, le saffran, le chanvre & le lin y croissent aussi en abondance & en qualités estimées; le lin, surtout, y est du plus beau silage, & les laines ne cédent rien à celles d'Angleterre, ensorte que l'Irlande s'occupe aussi du soutien de plusieurs manufactures en belles toiles & en frises & draps dont les qualités sont recherchées.

Outre les productions ci-dessus, l'Irlande fournit aussi au Commerce quantité de suif & de chandelles, beurre, fromage, sel, miel, cire, chanvre, toiles à voiles, douves, merrain, couvertures de laines & diverses étoffes de cette matière, surtout des ratines & des frises, des cuirs verts, des fourrures, du saumon, des harengs & autres poissons, ainsi que de l'étain, du plomb & du fer, &c. *Voyez* Dublin au Dictionnaire de la seconde Partie.

Cette Capitale est située au 53e. dégré 14. min. de longitude & au 53. dégré 30, m. de latitude.

TABLEAU DES DIVISIONS ET SOUS-DIVISIONS de l'Irlande

DIVISIONS.	COMTÉS.	VILLES &c.	PORTS. ET RIV.
1°. l'Ultonie, ou l'Ulster.	1°. Donagal.	Dungal. . Port sur le Golfe Donagal.	
	2°. Fermanagh,	Eniskilling sur le Lac Earne.	
	3°. Tyrone.	Dunganon, près le Blackwater. Glogher, & Agher, point de Riviere, &c.	
	4°. Londonnery.	Londonnery sur le Longhfoyle. Colranne . . sur la Banne.	
	5°. Antrim.	Antrim près le Lac Neaught. Carikferjus. , Port de Mer.	
	6°. Downe.	Downe, & Deomore p. de Riv.	

DIVISIONS.	COMTÉS.	VILLES &c.	PORTS ET RIV.
Suite de l'Ultonie ou l'Ulster,	7°. Armagh.	Armagh . . . . fur le Kalin Charlemont fur le Blackwater.	
	8°. Louth.	Louth. . . . . point de Riviere, Dundalke . , . Port de Mer. Drogheda, Port à l'emb. de la Boyne.	
	9°. Monaghan . . . . . point de Riviere , &c.		
	&10°. Cavan.	Cavan, & Kilmore , point de Riviere , &c.	
2°. La Lagenie ou le Leinster.	1°. Longford.	Longford . . fur la Camlin.	
	2°. Weft-meath,	Mullingar point de Riviere	
	3°. Eaft-Meath.	Trim . . . . . fur la Boyne. Navan . . . . } . idem. Slaine . . . }	
	5°. Dublin,	Capitale fur la Liff, proche la Mer.	
	5°. Wiclow . . Port fur le bord de la Mer.		
	6°. Kildare . . . . . , . point de Riviere , &c.		
	7°. Kings-Cownty ;	Kings-Town, ou Philipftown , ... font les lieux principaux.	
	8°. Queenefcowenty. environné de Marais.		
	9°. Kilkenny . . . . fur la Nure.		
	10°. Katerlagh, ou Carlow, fur le Barrow.		
	11°. Wexford . . . . à l'embouchure. du Slany,		
3°. La Momonie ou le Munster.	1°. Waterford	Waterford , Port fur la Shure. Lifmore, idem fur le Blakwater.	
	2°. Typperary , Cashel . . . près la Shure.		
	3°. Corke.	Corke . . . . Port de Mer. Kinfale . . . . idem.	
	4°. Kerry.	Ardart , près le Golfe Shannon. Traly , fur la baie de Traly.	
	5°. Clare.	Clare. . . fur un Lac du Shannon Killalou , . . . fur le Shanon.	
	& 6°. Limmerick . . . . . fur le Shanon.		

DIVISIONS.	COMTÉS.	VILLES &c.	PORTS ET RIV.
& 4°. La Connacie ou le Connaught.	1°. Gallovay.	Gallovay, . . Port de Mer. Athenrey à 4, l. de la Mer. Kilmacough, près le Shanon.	
	2°. Roscommon.	Roscommon, & Elphen, point de Riviere. Athlone . . . . . sur le Shanon.	
	3°. Moy ou Mayo, à l'embouc. du Mayo.		
	4°. Slégo . . . . Port de Mer.		
	& 5°. Letrim,	Letrim . . . . près le Shanon. Achoury . . . . sur le Lac Allyo.	

ARTICLE VI.

De la Pologne.

CE Royaume, avant son démembrement contenoit, y compris le Grand-Duché de Lithuanie, 220 lieues de long, 180. de large & 680. de tour; il s'étendoit du 34e. dégré de longitude au 50e. & du 46e. dégré de latitude au 56e. Il étoit borné à l'Ouest par la Mer Baltique, le Brandebourg & la Silésie; au Sud par la Hongrie, la Transilvanie & la Moldavie; au Nord & à l'Est par les Etats de la Russie; & il se divisoit en quatre grandes parties dites 1°. la grande Pologne, 1°. la petite Pologne, 3°. la Russie Rouge, & 4°. le Grand-Duché de Lithuanie : c'est d'après ces anciennes divisions que nous avons formé le Tableau que l'on trouvera ci-après & dans lequel nous avons eu soin d'indiquer les parties qui, depuis la révolution de ce Royaume & les traités de 1772, & 1773, sont sous les dominations des Maisons d'Autriche & de Brandebourg ainsi que sous celle de la Russie.

　　Ses principales Rivieres sont : la Vistule, le Niemen, le Nieper, le Bug, la Varte, le Niester & la Dwna ou Duina, que l'on trouvera détaillées au Chapitre 8. de cette Partie.

Productions locales & d'industrie de la Pologne & du Duché de Lithuanie.

Ces Etats possèdent d'excellens pâturages ; ils produisent aussi beaucoup de chanvre & de lin, & sont en outre si abondans en bled qu'ils en exportent annuellement plus de 3000 Bateaux à Dantzick & Elbing, Villes & Ports considérables situés dans la Prusse Polonoise ou Royale : la Pologne propre est remplie de terres colorées d'où l'on tirent des locres de diverses couleurs & de la craye ; on y trouve d'assez beau marbre, de l'albâtre, des Rubis & diamans assez ressemblans à ceux de Bohême, de la pierre spéculaire qui, par sa qualité transparente, tient lieu de vitrages aux maisons, & diverses autres pierres rares, du talc, de l'ambre jaune, du vitriol, de l'asphalte sorte de minéral propre au ciment, & de la naphte espèce de bitume ardent propre aux chimistes : les mines de sels sont inépuisables, on y en trouve du gris opaque & du blanc transparent appellé sel de cristal : il y a plusieurs autres mines en fer, plomb, & vif argent : elles sont si abondantes que leur exploitation n'est presque jamais interrompue : les mines de cuivre & celles d'or & d'argent y sont aussi en grand nombre mais très peu en vigueur :

La Pologne produit en outre beaucoup de salpêtre & d'alun, de la manne, des graines de kermés propres à la teinture & la médecine, des bois de constructions en pin, sapin & chêne ; des peaux de diverses bêtes fauves comme bièves, loutres, loups-cerviers, écureuils, martres, renards, & liévres ; on y éleve de nombreux troupeaux de gros & menus bétails & l'on y trouve quantité de brebis, de chèvres, d'élans & de goulus : enfin le commerce général de ce Royaume & du Duché de Lithuanie, qui ne possèdent de manufactures que pour leurs propres besoins, consiste, après les articles ci-dessus, en bestiaux divers, chevaux, mâts, planches, cendres, goudron, peaux de bœufs & autres, laines, suif, cire, miel, houblon, graine de lin, toiles ordinaires, hydromel, sels & divers ouvrages en fer dont les plus estimés, par l'étranger, sont les fusils & Pistolets des fabriques de Kouskil.

Les Villes les plus considérables de ces Etats, & par lesquelles tout le commerce se fait, sont : Cracovie & Warſovie ſituées ſur la viſtule, Elbing & Dantzick dans la Pruſſe Polonoiſe, Lublin dans la petite Pologne, Liebau dans le Duché de Courlande & Wilna capitale de Lithuanie, &c. *Voyez* ces diverſes Villes dans la 2me. partie de ce volume : nous obſerverons ſeulement ici que celle de Dantzick, enclavée dans la Pruſſe Polonoiſe ou royale, eſt abſolument indépendante de toutes Puiſſances quoique priſe ſous la protection du Roy de Pologne.

TABLEAU DES DIVISIONS DE LA POLOGNE ET DU DUCHÉ DE LITHUANIE,

avant le démembrement de la Pologne, & indications des cantons dépendans des Puiſſances d'Autriche, de Ruſſie & de Pruſſe.

GRANDES PROVINCES.	PALATINATS.	VILLES &c.	PORTS. ET RIV.
1°. La Pologne propre.	1°. *Poſnanie.*	*Poſna*, ſur la Varte. *Liſſa*, point de Riviere.	Domination Polonoiſe.
	2°. *Kaliſk*,	*Kaliſk*, ſur le Ruiſſeau de Proſna. *Gneſne*. point de Riviere.	
	3°. *Siradie.*	ſur la Varte.	
	4°. *Lenciza, ou Lencici*, ſur la Bſura.		
	5°. *Rava.*	*Rava* . . . ſur la Rava. *Lowieck* . . . . . ſur la Bſura.	
2. La Cujavie.	1°. *Brzecie* . . . . . . point de Riviere.		
	2°. *Inowladiſlaw* . . . . ſur la Viſtule.		
3°. La Mozavie.	1°. *Mazouie. Warſovie* ſur la Viſtule.		Dominat. Polonoiſe.
	2°. *Ploczko.*	*Ploczk* . . . *Dobrzin* . .	ſur la Viſtule.	
	3°. *Podlaquie Bielsk*, à une ſource du Narew.		

(En marge gauche : 1°. Grande Pologne.)

GRANDES PROVINCES.	PALATINATS.	VILLES &c.	PORTS ET RIV.
SUITE de la GR. POLOG. & 4°. La Prusse royale, ou Polonaise.	1°. Pomerelie.	Dantzick, à l'Emb. de la Vistule.	**Domination Prussienne.**
	2°. Culm.	Culm, & Torn, sur la Vistule.	
	3°. Marien-bourg.	Marienbourg, sur la Noga fermée par un bras de la Vistule. Elbing, Port sur la Mer Baltique.	
	& 4°. War-mie.	Heilsperg... sur l'Alla. Fravenberg.... sur le Golfe Frisch-Haff.	
2°. Petite Pologne.	1°. Cracovie	Cracovie.. sur la Vistule. Wilisca. point de Riv. &c.	**Dominat. Autrichie.**
	2°. Sandomir...... sur la Vistule.		
	& 3°. Lublin... sur la Bystrzna.	Ce Palatinat ne depend que de la Pologne.	
3°. LA RUSSIE ROUGE OU NOIRE. 1°. La Russie propre.	1°. Russie.	Leopold, ou Lemberg, sur la Bug. Premislie, sur le San.	**Domination Autrichienne.**
	& 2°. Beltz.	Beltz,... Zamoski. Chelm...	Ces trois Villes sont dans des Marais.	
2°. La Volhi-nie.	1°. Luck...... sur la Ster.		**Domination Russienne.**
	2°. Kiow...... sur le bord du Nieper.		
& 3°. La Po-dolie.	1°. Podolie.	Kaminieck. proche la Smolrzicz.	
	2°. Braclaw...... sur le Bog.		
1°. La Lithua-nie. & 4°.	1°. Wilna.	Wilna.. sur la Vilia. Braslaw. sur un pet. lac.	
	2°. Troki.	Troki. sur un lac. Drodno. sur le Niemen.	

GRANDES PROVINCES.	PALATINAS.	VILLES &c.	PORTS ET RIV
propre.	3°. *Crzefci.*	*Crzefci*, fur le Boug. *Pinfk*, fur la Pina.	
2°. *La Ruffie Lithua-nienne*	1°. *Novogró-deck.*	La Capitale, du même nom, eft à 6 lienes du Niemen.	
	2°. *Minfki.*	La Capitale porte le même nom.	
	3°. *Mfciflaf.*	*Mfciflaf*, proche le Nieper. *Mihilow*, proche le Nie-per.	
	4°. *Witepfk.*	*Witepfk* fur la Duna.	
	& 5°. *Polocz.*	fur la Duna, à l'emb. de la Polatta.	
2°. *La Samogi-tie.*	1°. *Capitainerie de Rofienne*, fur la Dubina qui fe jette dans le Niemen.		
	2°. *Capitainerie de Medniki*, près la fource du Wirwitz.		
	& 3°. *Capitainerie de Poniewef.*		
4°. *La Livonie Polo-noife.*	*Dunebourg*, Capi-tale de la Livonie Polo-noife, fe trouve située fur le Duna.	Cette partie de la Li-vonie qui étoit reftée à la Pologne à été de nouveau conquife par la Ruffie qui la poffede de-puis 1771.	
& 5°. *Le Du-ché de Curlan-de.*	1°. *La Semigalle*, *Mittaw*, fur le Bol-dereau.		
	& 2°. *La Cur-landepropre.*	*Goldingen*. fur la Wéde ou Weta Port. *Windau*, Port fur la Mer Baltique.	

& 4°. LE GRAND DUCHÉ DE LITHUANIE.

Domination Ruffienne.

Domination Polonoife.

Domination Polonoife.

ARTICLE VII.
De la Prusse.

LEs Etats du Roi de Pruſſe ſont ſi multipliés qu'on ne peut donner ici une juſte idée de leur étendue, mais leur déſignation eſt : 1°. la Marche & l'Electorat de Brandebourg. 2°. la Poméranie. 3°. le Territoire de Hall. 4°. le Comté de Manſeld. 5. La majeure partie de la Siléſie. 6°. le Comté de Glatz en Bohême. 7°. Gottburs en baſſe Luſace. 8°. Partie du Comté de Hohenſtein. 9°. Droit de Protection, ſeulement, ſur la Ville de Nordhauſen ſituée en Thuringe dans le Cercle de haute Saxe. 10°. Propriété du Duché de Magdebourg. 11°. La Principauté d'Alberſtadt. 12°. Celle de Minden. 13°. Le Comté de Ravensberg. 14°. La Ville de Rinſtadt ou Lippe. 15°. Le Comté de la Marck 16°. Celui de Meurs & partie de la Gueldre Eſpagnole. 17°. Les Principautés de Neufchâtel & de Vallengiu en Suiſſe ; enfin le Royaume de Pruſſe diviſé en Pruſſe Royale ou Polonoiſe & Pruſſe Ducale ou Royaume.

La Pruſſe Royale contient les Palatinats, détaillés au Tableau de la Pologne, ſous les dénominations de Culm, Warmie, Marienbourg & la Poméranie.

La Pruſſe Ducale, dite le Royaume de Pruſſe, eſt bornée au Nord par la Mer Baltique, à l'Eſt par la Lithuanie & la Samogitie ; au Sud par la Pologne & à l'Oueſt par le Brandebourg, la Poméranie & la Caſſubie ; nous en donnons ci-après le Tableau.

La Siléſie, indiquée au Tableau de la Bohême, page 32. de ce Volume, ſe diviſe en deux parties, l'une Orientale & l'autre Occidentale, ſéparées par l'Oder ; Breslaw en eſt la capitale ſituée aux dégrés 34-40. de longitude, & 51-4. de latitude.

La Poméranie, Brandebourg & Magdebourg, indiqués au Cercle de haute Saxe, page 28. de ce Volume ont, 95 lieues de longueur ſur 38. de largeur & 235. de tour.

La Siléſie porte 66. lieues de long ſur 30. de large & 160. de tour.

Enfin les Pruſſes Royale & Ducale, ou le Royaume de Pruſſe entier, comportent 65. lieues de long. 38. de large & 185. de tour.

Productions Locales & d'Industrie des Etats du Roi de Prusse.

LA plûpart des cantons de la Prusse sont fertiles en froment, seigle, orge, avoine, Sarrazin, millet, lin, chanvre,
houblon, tabac, pois, légumes, manne & pacages excellens : on y éleve beaucoup de bestiaux, quantité d'abeilles
qui procurent de la cire & du miel en abondance ; on y trouve
de vastes forêts dont on tire quantité de bois de chauffage & de
constructions, mais peu de beaux chênes ; les bords de la
Mer Baltique procurent en plusieurs cantons un ambre jaune
assez estimé & très transparent, il s'y en trouve aussi du
blanc, desquels minéraux l'on fabrique de jolis ouvrages
soit au tour, soit autrement ; enfin l'intérieur des terres,
renferme de nombreuses & abondantes mines de fer dont
l'espèce est connue sous le nom de pierre de Marais ou
Rasenstein.

Les Objets d'Industrie commencent à jouir de quelque
réputation dans les divers Etats du Roi de Prusse & s'y
multiplient chaque jour dans presque tous les genres &
tous les cantons : les principales manufactures & fabriques
consistent en forges & fourneaux à fer, verreries, papeteries, moulins à poudre & autres usages, forges pour cuivre & airain, rafineries de sucre ; fabriques de porcelaine,
tabac, draps, camelots, bas & superbe linge de table &
autres qui se tirent de la Siléfie Prussienne, dont les toiles
sont les plus renommées de l'Europe ; on doit aussi considérer, comme une des Productions recherchées de ces Etats,
le Bleu de Prusse qui, après celui dit Bleu-d'outre-Mer,
est le plus estimé par tous les artistes.

Les Villes les plus commerçantes & les plus considérables
des Etats Prussiens sont : Konisberg, capitale du Royaume de Prusse, Memel, Kilsit, Elbing, Marienbourg, Berlin, Stetin & Colberg, que l'on trouvera indiquées au
Dictionnaire qui forme la seconde Partie de ce Volume.

TABLEAU PARTICULIER,
de la Prusse Ducale, ou du Royaume de Prusse.

CERCLES OU PROVINCES.	VILLES &c.	Ports & Riv. &c.
1°. *Cercle de Samland.*	*Koenisberg*, Port à l'embouchure du Pregel. *Pillau* . . . . . , autre Port. *Memel*, Port sur la Mer Baltique. *Labiau*, sur le Lac de Curlande.	
2°. *Cercle de Natangen.*	*Brandebourg*, Port à l'embouchure du Pregel. *Bartenstein* . .	sur l'Alle qui se jette dans le Pregel.
	Lick, principale Ville de la Sudavie.	
& 3°. *Cercle de Hockerland.*	*Neidenbourg*, Principale Ville de la Galindie, près de Saldaw. *Marienwerder*, proche la Vistule. *Holland*, proche d'Elbing. *Elbing*, Port sur la Mer Baltique.	Cette Ville, déja comprise au tableau de la Pologne, est cependant en partie soumise au Roi de Prusse.

ARTICLE VIII.

De la Suisse, des Grisons & de la
République de Geneve.

§━━━━━━━━━━━§

LA Suisse contient 75. lieues en longueur & 50. en largeur : elle est bornée au Nord par le Sundgaw, la Forêt noire & une partie de la Souabe ; au Sud par la Savoye & le Milanez ; à l'Est par le Tirol & à l'Ouest par la

Franche - Comté ; elle eſt de toutes parts ſéparée de ſes voiſins par de hautes Montagnes ; & elle ſe diviſe en treize cantons indiqués dans le Tableau ci-après.

Les Griſons, réputés ſujets des Suiſſes, occupent une étendue de Pays, dans les Alpes, d'environ 35. lieues de longueur, dont la Ville de Coire eſt la Capitale.

Les Alliés des Suiſſes ont de très petits territoires que l'on trouvera indiqués dans le Tableau ſuivant.

Enfin la République de Geneve, compriſe auſſi dans le Tableau ci-après, eſt d'un très petit eſpace qui contient 13. Paroiſſes autour de la Ville de Geneve ſituée ſur le Rhône à 142. lieues de Paris, aux dégrés 23-50. de longitude & 86-13. de latitude.

Ces divers Pays ſont coupés par nombre de Lacs & & de Rivieres : les Lacs principaux ſont ceux de Conſtance, de Geneve de Neufchâtel, de Zurich & de Lucerne ; & les principales Rivieres ou Fleuves, qui prennent preſque tous leurs ſources dans ces Pays, ſont le Rhône, le Rhin, le Danube, le Teſſin, l'Aar & la Ruſſ, dont nous rendons compte au Chapitre 8. de cette Partie.

Productions locales & d'induſtrie des Cantons Suiſſes &c.

La Suiſſe n'exportant aucune denrée, qu'elle recueille cependant en tous genres mais qu'elle conſomme elle-même, ſauf ſes fromages délicieux connus de preſque toute l'Europe & dont elle fait des forts envois ; nous ne parlerons que de ſes productions d'induſtrie : les principales ſont des toiles peintes, & autres en coton non teintes mais très convenables à ces uſages, les meilleures ſe fabriquent dans les Cantons d'Appeznel, de St. Gall & de Berne ; les piéces portent 32. aunes de France en longueur, mais la vente eſt plus grande en demies piéces de 16. aunes qu'en piéces entieres : après ces fabriques viennent celles des mouſſelines, des draps & diverſes étoffes de laine, fil, ſoie & coton mêlés & non mêlés, d'autres très conſidérables en bas, toiles de lin & de chanvre, bazins, linge de table, rubans de fleuret & de fil, fleuret & papier, futaines, limoges & cotonines, ſuperbe coton filé, couvertures de laine qui ſe tirent de Mulhauſen Ville alliée des Suiſſes dans la Haute Alſace ; quelques ouvrages de fonte qui ſe font particuliérement à Schaffouſe ; enfin une immenſe quantité d'horlogerie en tous genres dont la réunion est presqu'entiérement dans la Ville & le petit territoire de la République de Geneve qui depuis ses derniers troubles à porté une partie de son industrie en Irlande.

Basle, Berne & Geneve sont les Villes les plus commerçantes de ces Pays : *Voyez* les deux premieres Villes au Dictionnaire suivant, elles indiquent les franchises dont jouissent en France les marchandises Suisses.

TABLEAU DES CANTONS SUISSES, & de leurs sujets & Alliés.

Cantons, Gouvernemens, Comtés, Baillages &c.	Villes & lieux principaux.	Lacs, Riv. &c.
1º. Canton d'Uri.	Altorf.... proche le Russ.	
2º. Cant. Dundervald..	Saniz. à une lieue du Lac des 4. Cantons.	
3º. Cant. de Schwitz...	Schiwtz.....: proche le Lac.	
4º. Cant. de Zug....	Zug..... proche le Lac	
5º. Cant. de Fribourg.	Fribourg....... sur la Sane. Gruyeres, renommée par ses fromages.	
6º. Cant de Soleure....	Soleure & Oltein sur l'Aar.	
7. Cant. de Lucerne...	Lucerne, sur le Ruisseau, où il sort du Lac Lucerne.	
8º. Cant Glaris......	Glaris...... proche la Lint.	
9º. d'Appenzel........	Appenzel, sur le Sitter.	
10º. Cant. de Zurich.	Zurich..... sur le Limat. Winterthour, sur la petite riviere d'Enlach. Stein.... sur le Rhin.	
11º. Cant. de Basle.....	Basle..... sur le Rhin.	

Nota. Entre les Cantons de Basle & de Schaffouse sont quatre Villes d'Allemagne où les Suisses ont droit de garnison : ces Villes situées sur le Rhin sont appellées *Rhinfeld, Sekuigen, Laussen & Walsgus,* & l'on les surnomme toutes du nom de *Forestieres.*

Cantons, Gouvernemens, Comtés, Baillages &c.	Villes&lieux principaux.	Lacs, Riv. &c.
12°. Cant. de Schaffouse.	Schaffouze....	fur le Rhin.
&13. Canton de Berne.	Berne......	fur l'Aar.
	Erlach, ou Cerlier......	fur le Lac de Bienne.
	Arau......	fur l'Aar.
	Habsbourg..	proche l'Aar.
	Lausane...	située dans le Pays de Vaud, proche le Lac de Geneve.

SUITE DES 13. CANT. SUISSES.

DES SUJETS DES SUISSES.

Côté de l'Allemagne.

1°. Comtè de Bade.	Bade....	fur le Limat.
2°. Offices libres.	Bremgarten.	fur le Russ.
3°. Le Turgow....	Frawenfeld.	près le Thur.
4°. Le Reinthal...	Reineck, proche l'entrée du Rhin dans le Lac Constance.	
5°. Comté de....	Sargans, à 5. lieues de Coire	
6°. Le Gaster....	Utznach.... lieu principal.	
& 7°. la Ville de Rapperscheweil, fur le Lac Zurich.		

Côté de la France.

1°. Baillage de Morat........ proche le Lac Morat.		
2°. Baillage de Granson... fur le Lac de Neufchâtel.		
3°. Baillage d'Orbe, près le canal des Lacs de Geneve & de Neufchâtel.		
& 4°. Baillage de Schwarzenbourg, point de Lacs, ni Riviere &c.		

Côté d'Italie.

1. Gouvernement de	Lugano, près le Lac Lugano
2°. Gouvernement de	Locarno, fur le Lac Majeur.
& 3°. Baillages de..	Bellizone, fur le bord du Téfin. Val-Brenna, & Rivierra. proche le Téfin.

NOTA. Ces trois Baillages dépendent des cantons d'Uri, de Schwitz & d'Undervald.

Gouvernemens, Comtés, Baillages, &c.	Villes, &c.	Lacs, Riv.&c.
DES HUIT ALLIÉS DES SUISSES. 1°. & 2°. *Ville & Abbaye de St. Gall.*	*St. Gall*, à 3. lieues de Constance. *Wyl, & Lichtensteg*, sur le Thur.	
3°. *Les Grisons.*	*Coire* . . . . . . sur le Rhin. *Ilantz* . . . . sur le bas Rhin. *Meyenfeld* . . . sur le Rhin. *Sondrio* . . . . . sur l'Adda.	
4°. *Le Valais.*	*Sion* - ou *Sitten & St. Maurice* . . . . sur le Rhône.	
5°. *La République de Geneve* sur le Rhône Près le Lac de Geneve.		
6°. *La Principauté de Neufchâtel.*	*Neufchâtel* . . sur le Lac Neufchâtel. *Vallangin* . . à 1. lieue dudit Lac	
7°. *la Ville de Bienne* ou *Biel*, sur la Suze, au bord du Lac de Biel.		
& 8°. *La Ville de Mulhausen*, en Alsace, sur l'Ill.		

ARTICLE IX.

Du Danemarck, la Norwege & l'Islande.

L E Danemarck est borné à l'Est par la Mer Baltique, à l'Ouest & au Nord par l'Océan, & au Sud par l'Allemagne : il se divise en Terre-Ferme à l'Occident & en Isles à l'Orient.

La Terre-Ferme consiste dans le Jutland qui a 95. lieues de long. 46. de large & 335. de tour.

Les Isles, indiquées dans le Tableau suivant, sont en grand nombre ce qui nous force à ne rendre compte que des principales.

La Norwege, féparée du Dannemarck par un efpace de Mer de 30. lieues de large, fe trouve fituée entre la Suede & la Mer, où elle forme une longue côte de 400. lieues fur une largeur fort inégale, qui va de 3. à 4. lieues & jufqu'à 70. : elle fe divife en quatre Gouvernemens indiqués au Tableau fuivant.

Enfin l'Iflande, éloignée de 180. lieues des côtes de la Norwege, comporte 130. lieues de longueur fur 76. de largeur & 325. de tour ; le Tableau fufdit rend compte auffi de fes divifions.

Les rivieres de ces Etats font peu confidérables, mais es Mers, & fur-tout la Baltique, baignent les murs de prefque toutes leurs principales Villes.

Quant aux productions locales & d'induftrie de ces Etats, nous allons les divifer en trois claffes.

1°. *Du Danemarck.*

Le Commerce d'importation de ce Royaume eft affez confidérable, & confifte en diverfes productions & denrées de la Chine, des Indes & de l'Amérique méridionale où les Danois ont des poffeffions particulieres & des factories ou comptoirs ; peu d'articles y font d'ailleurs importés des autres Etats de l'Europe : les denrées ou marchandifes qui forment le Commerce d'exportation confiftent en bœufs & autres beftiaux du Jutland, bled & divers autres grains, eau-de-vie de grains, dite Geniévre, qui eft fort eftimée, bierre excéllente mais dont la confommation eft bornée aux feuls Etats Danois, cuirs, toiles groffieres & à voiles, gants & bas de fil & de laine, toiles peintes & diverfes étoffes des fabriques de Copenhague, qui ne fe confomment que pour le Pays & dans les Poffeffions & Colonies Danoifes ; porcelaine de Rônne Ville Capitale de l'Ifle de Bornholm, elle eft affez belle, mais peu connue en Europe ; fucre raffiné, armes diverfes qui fe fabriquent près d'Elfeneur, papiers, chapeaux & verreries de l'Ifle de Séeland qui poffede une fuperbe fonderie de canons ; charbon de terre auffi eftimé que celui d'Angleterre & dont l'Ifle de Bornholm a plufieures mines abondantes : enfin les productions de la Norwege & de l'Iflande dont nous

allons rendre compte ci-deſſous, & celles des fabriques
d'amidon & des Tanneries d'Altona, n'ajoutent pas peu
à l'étendue de ce Commerce d'exportation. Pour plus de
détails *voyez* Copenhague au Dictionnaire ſuivant.

2°. *De la Norwege.*

Les productions de ce Royaume ſont conſéquentes en
ſapin, mâts, poutres, lattes & autres bois de conſtructions ainſi qu'en goudron : on y exploite de très abondantes mines de fer & de cuivre, les Villes de Koniſberg &
Tonsberg en poſſedent d'autres en argent, & l'on trouve
dans divers lieux, d'aſſez bonnes ſalines : les pêches du
hareng, de la morue, de la merluche, du ſaumon, du
maquereau, des homars, ſorte d'écreviſſe de mer, & d'autres poiſſons que l'on ſale & ſeche avec ſoin, ſont très
abondantes : la préparation de la rave ou Rogue, qui ſe
tire de la femelle & ſert d'appas pour la pêche de la
ſardine ; & la pêche des perles qui ſe fait aux environs
de Chriſtianſand procurent à ce Royaume une de ſes principales branches de Commerce : la poix, les fourrures &
peaux de chevre, enfin l'alun & le vitriol renommés de
la Ville de Chriſtiana, ou d'Aſlo, ſe joignent avec avantage
au Commerce de la Norwege.

Pour avoir plus de détails il faut conſulter l'Article de
Bergen au Dictionnaire ſuivant.

& 3°. *de l'Iſlande.*

LE Commerce de cette Iſle conſiſte en divers poiſſons
ſecs & ſalés, dénommés à l'Article ci-deſſus, bœufs & porcs
ſalés, huiles de baleine & de poiſſons, pelleteries diverſes,
plumes & duvet dont l'eſpéce la plus recherchée eſt appellée Edredon, très bon beurre ſalé, cuirs aſſez eſtimés &
quelques Articles de laines fabriquées en draps groſſiers, bas,
gants & camiſolles, &c.

Ce Commerce eſt actuellement dans la plus grande dé-
treſſe depuis le déſaſtre affreux que cette Iſle a éprouvée

en 1783; fes habitations font prefque toutes brulées, les terres les plus fertiles fe trouvent deffechées ainfi que le grand Fleuve Shapta, & les violentes fecouffes de tremblemens de terre, qui s'y font fait fentir pendant plufieurs mois, femblent avoir fait retirer, de ces parages malheureux, les poiffons dont la pêche faifoit la principale reffource des Iflandois.

TABLEAU DES DIVISIONS,
du Danemarck, de la Norwege & de l'Iflande.

ETATS	DIVIS.	PROVINCES.	VILLES. &c.	PORTS ET RIV.
LE DANEMARCK.	I.° La Terre Ferme.	1°. Le Nord-Jutland.	*Albourg* ... fur un petit bras de Mer. *Wibourg* ... fur le Lac Water. *Arrhufen*, Port à l'embouchure de la Gude. *Warden*, à l'em. du Warden. *Rypen* Port fur la Mer Baltique.	
		2°. Le Sud-Jutland.	*Hadersleben* .... proche la Baltique. *Appenrade*. Port fur la Baltique *Tonderen* ou *Tondern*, fur le Widaw. *Flensbourh* .. Port de Mer. *Hufum* ... fur le Golfe d'Hever. *Sleswick* .. fur le Golfe de Slie. *Tonning* .... Port de Mer. *Frédéric-Stad* ... fur l'Ider. *Ekelenfort* ... très bon Port.	
	2.° Ifles Danoifes.	*Ifles de Seeland.*	*Copenhague*.. Port célebre. *Koge* ...... autre Port. *Rofchild* .. au fond d'un petit Golfe. *Elfeneur*.. Port fur le détroit du Sund. *Cronenbourg,* Forterèffe qui garde le paffage de Sund.	C'eft le lieu où les vaiffeaux font obligés d'acquitter le péage du Sund.

DIVISIONS.	PROVINCES.	VILLES &c.	PORTS ET RIV.
SUITE DU DANEM. — Isles Danoises.	Isles de Fiunie, ou Funen.	Odensée . . . Ville située à 26. lieues de Copenhague. Nibourg . . . Port où s'acquite un péage. Assens . . . . autre Port.	
	Isle Laland.	Naxkow . .	bon Port.
	Isle Falster.	Nikoping . .	Port de Mer.
	Isle Bornholm, Rönne en est le lieu principal.		
DE LA NORWEGE	1°. Gouvernement d'Aggerhus.	Tonsberg & Konigsberg, remarq. par leurs abond. mines d'Arg. Christiana ou Anslo, Po. de M. Fridericks-Hall, près l'embouchure du Glamer.	
	2°. Gouvernement de Bergen.	Bergen, Ville Anséantique. } grand Port de Mer Stavanger . .	autre Port.	
	3°. Gouvernement de	Drontheim, Port sur un Golfe.	
	& 4°. Gouvernement de Wardhus.	Wardus, château situé dans une Isle, l'on y paye un droit sur toutes les Marchandises qui viennent de la Russie & d'Archangel. NOTA. Dans ce Gouvernement se trouvent comprises diverses petites Isles, situées le long de la côte, dont la principale est appellée Loffouren.	
DE L'ISLANDE — Isles.	L'Isle d'Islande.	Skalholt, & } font les lieux les Besesteda . . . } plus considérables de cette Isle. Hola . . . . . Port de Mer. Gils . . . sur le Golfe Gils.	
	Isles de Fero, NOTA. Ces Isles sont comprises dans le Gouvernement de l'Islande.	Elles font au nombre de douze (situées entre l'Islande & les Isles Schetland dans la Mer d'Ecosse.) dont les principales sont Stromo, Ostro, & Sando &c. Elles n'ont toutes que des petits Villages & Hameaux.	

Indépendamment des Etats ci-dessus, le Roi de Danemarck possede en Allemagne le duché de Holstein & les comtés d'Oldembourg & de Delmenhorst qui se trouvent indiqués aux Tableaux des Cercles de l'Allemagne.

ARTICLE X.

De la Suede.

C E Royaume, l'un des plus septentrionaux de l'Europe, est borné au Nord par la Laponie Danoise, au Sud par la Baltique & le Golfe de Finlande, à l'Est par la Russie & à l'Ouest par la Norwege, le Sund & le Categat : il contient 280. lieues de longueur sur 200. de largeur & 745. de tour; & il s'étend du 29me. au 40me. dégrés de longitude & du 55me. au 69me. de latitude.

Ses divisions & possessions détachées sont indiquées dans le Tableau suivant.

Enfin ce Royaume est entrecoupé d'une infinité de Lacs & de Rivieres, dénommés au Tableau de ses divisions, & ses divers Ports, situés sur la Mer Baltique, procurent à son Commerce maritime la plus grande facilité.

Productions locales & d'Industrie de la Suede.

Les productions de ce Royaume & de ses dépendances consistent en fer, acier, cuivre, laiton, sapin & autres bois de charpente & de construction, bray, goudron, poix, chaux, soufre, poudre à canon, cordages, Potasses ou cendres calcinées & tabac dont l'exportation est considerable surtout en barres de fer dont la qualité est la plus estimée de toute l'Europe.

Ce Royaume possede en outre une immense quantité de forges & de martinets ou le fer & le cuivre sont employés pour tous les usages dont ils sont susceptibles : on trouve ensuite des moulins à papier & à poudre, des fonderies à canons, des fabriques d'huile de poissons, des raffineries de sucre, des Fabriques d'armes, dont les plus renommées sont à Jon Kioping ; d'autres fabriques en verres & porcelaines, des manufactures de laines, soies, toiles à voiles & autres peintes & blanches; d'autres en bazin, Indienne, marroquin & tabac : la Laponie ajoute à ce Commerce celui de ses fourrures ou pelleteries, des pelisses & peaux de Rennes, des cuirs non ouvrés & d'autres employés en souliers & bottes, des fromages, sur - tout de la viande fumée dont la consommation est très salutaire en

Mer : enfin la pêche du hareng, du faumon, & de la Baleine dont on détache le lard & le blanc avec art, forment auffi une forte branche du Commerce de la Suede.

Stockolm, Gothenbourg, Marftrand, Carlfcrona & Abo, indiquées au tableau fuivant font les Villes & Ports les plus Commerçants de ce Royaume.

TABLEAU DES DIVISIONS DE LA SUEDE & fes Dépendances.

DIVISIONS.	PROVINCES.	VILLES &c.	PORTS ET RIV.
1°. DE LA SUEDE.			
1°. La Suede propre.	1°. L'U-plande.	Stockolm, Port à l'embouchure du Lac Meller. Upfal . . . . . fur la Sala.	
	2°. La Sudermanie.	Nicoping . . . . . . Port de Mer. Strengnés . . . fur le Lac Meller. Trofa . . . . fur une Riviere de même nom.	
	3°. La Nericie.	Orebro . . . . . fur la Trofa.	
	4°. La Wefmanie, Wefteras, près le Lac Meller.		
	& 5°. Le Wemerland.	Carlftad . . fur le Lac Wener.	
2°. Le Nordland.	1°. Dalécarlie.	Hedemora . . . fur la Dala. Coperberg, elle a d'abondantes mines de cuivre.	
	2°. Geftricie.	Gefle ou Geval . . . Port fur le Golfe de Bothnie.	
	3°. L'Heffingie.	Hudwiskftal Port fur le Golfe de Bothnie.	
	4°. Medelpadie.	Indal . . . . proche l'Indal. Sundfwal . . proche le Golfe.	
	5°. Jemptie.	Refundt . . . . lieu principal.	
	&6. Harndall	Underfaker . . lieu principal.	

DIVISIONS.	PROVINCES.	VILLES &c.	PORTS ET RIV.
2°. DE LA GOTHIE. 1°. Le Weftro-gothland.	1°. Le Wef trogotgland, propre.	Gothenbourg . . . . . Port à l'embouchure du Gothelba. Scara . . . . . fur l'Ider.	
	2°. La Dalie.	Daleborg, & Wenersbourg, fur le Lac Wener.	
2°. l'Of-trogoth-land.	1°. l'Oftro-gothland, propre.	Norkoping . . . fur un Golfe de la Baltique. Linkoping, à l'embouchure de la l'Ida dans le Wener. Stegeborg, Port fur la Mer Baltique.	
	2°. Le Smaland.	Calmar, Port fur la Mer Baltique. Wexio . . . . . fur le Lac Salen.	
& 8°. Le Sud-gothland.	1°. Le Halland.	Halmftad . . . . fur le Catégat. Warberg, Port fur la Mer Baltique.	
	2°. La Ska-nie ou le Schonen.	Lunden, à fept lieues de Copenhague. Chriftianftat, à quatre lieues de la Mer. Landscron, Port fur le Sund.	
	3°. Le Bleking.	Chriftiánopel, Port de Mer. Carlscrona, fur la Mer Baltique.	
	4°. Le Terri-toire de Bahus.	Bahus, ou Bohus. . . . Maelftrand.	fur la Gothelba, dans une Ifle.
3°. DE LA LAPONIE. La Lapo-nie Suédoife fe divife en fix Marcks, ou Préfectu-res indiqués ci-contre.	1°. Afele-Lap-Marck.		NOTA. Ces Préfectures (dans lef-quelles font de riches mines d'ar-gent, de plomb, de fer&de cuivre) n'ont pour princi-paux Lieux que des Bourgs peu conféquens, mais elles font toutes traverfées par de fortes rivieres qui communiquent à la Mer.
	2°. Umea-Lap-Marck.		
	3°. Pitea-Lap-Marck.		
	4°. Culea-Lap-Marck.		
	5°. Torno-Lap-Marck.		
	& 6°. Kimi-Lap-Marck.		

DIVISIONS.	PROVINCES.	VILLES &c.	PORTS ET RIV.
1°. Bothnie Occidentale.	1°. l'Angermanie	Hernofand, Ville fur la Mer
	2°. Weftro-Bothnie.	Torno, Port à l'emb. du Torno Calix, Lulea, Pitea & Umea.	Bourgs à l'emb. de diverfes riv.
3°. Bothnie Orientale.	1°. l'Oftro-Bothnie.	Kimi . . . Ulabourg . . Braheftad, Vafa &c.	à l'emb. du Kimi. fur le Golfe. idem.
	2°. la Cajanie	Cajanebourg. .	fur le Lac d'Uia.
Ce Pays eft fitué au midi de la Bothnie, entre les Golfes de Bothnie & de Finlande.	1°. La Finlande propre.	Abo, Port à l'embouchure de l'Aurajoki. Biorneborg, ou Bierno fur le Golfe de Bothnie.
	2°. Le Nyland.	Rafebourg, fur le Golfe de Finlande. Helfingfors, fur le Golfe ci-deffus Borgo, fur le bord dudit Golfe.
	3°. La Tavaftie.	Tavafthus . . .	fur une petite riviere qui fe perd dans le Lac de Vana.
	4°. Le Savolax, V. Nislot, au Tableau de la Ruffie, article du Gouvernement de Wibourg.		
	& 5°. La Carelie.	Kimmenegard. lieu principal.	
Ifles de Suede, dites Aland, Gothland & Oeland.	L'Aland . . . eft fituée entre la Finlande & la Suede propre, elle n'a que des Villages & un Château.		
	Gothland.	Visby, petit Port ou Rade.	Ces deux Ifles font près de l'Oftrogothland, dans la Mer Baltique
	d'Oeland.	Borckolm, & Ottenby, fur la Mer.	

Le Royaume de Suede a auffi diverfes poffeffions en Allemagne, favoir : la Ville & Port de Wismar, compris au duché de Mecklenbourg, indiqués au Cercle de baffe-Saxe.

La principauté de Rugen, déja citée au Cercle de haute Saxe, & la Poméranie Occidentale, ou Suedoise, qui est aussi comprise au dit Cercle de haute Saxe.

ARTICLE XI.

De la Russie & de ses dépendances.

AYant eu soin d'indiquer au Tableau de la Pologne, & dans celui de Suede, (art. du Savolax en Finlande) les districts qui s'y trouvent sous la Domination Russe nous ne traiterons ici que de l'Empire particulier de la Russie & de ses nouvelles posséssions acquises par le dernier Traité de Paix avec la porte Ottomane, & l'accord précédent fait avec la Perse.

1°. De l'Empire de Russie.

Ce vaste Empire, peut avoir 1400. lieues de longueur d'Orient en Occident, 600 de largeur du septentrion au midi & environ 3800. de tour.

Il se divise en deux parties appellées Russie Européene & Russie Asiatique :

L'Européene, dont les Divisions sont indiquées dans le Tableau ci-après, a pour bornes la Mer Glaciale, la Suede, la Mer Baltique, la Courlande & la Pologne :

L'Asiatique se divise en cinq Gouvernemens Généraux appellés Astracan, Casan, Orenbourg, Tobolsk & Irkutzk en Sibérie, lesquels se subdivisent ensuite en plusieurs autres petits Gouvernemens ou Provinces.

Enfin cet Empire est traversé par une infinité de Rivieres de Lacs, & trois grands Canaux :

Le premier Canal commence à l'entrée de la Riviere de Néva & se perd dans celle de Wolchova.

Le second commence à la Riviere de Twersa qui tombe dans le Volga qu'elle joint avec l'Emsta.

Et le troisieme qui commence près la source du Volga, & va

jufqu'à la Riviere de Mofca , forme une communication entre Petersbourg & Mofcow.

Les principales Rivieres font le Volga , le Dniéper , la Duna , le Don , la Dwina & le Bog, &c. On peut confulter à leur égard la Table qui forme le 8e. Chapitre de cette Partie.

Les principaux Lacs font ceux de Ladoga , d'Onega , de Czucko , ou Peipus , d'Ilmen & de Biéla-Ozero , c'eſt-à-dire Lac blanc.

Productions locales & d'induſtrie de la Ruſſie &c.

Le commerce de cet Empire eſt d'autant plus confidérable qu'il eſt alimenté par la pluspart des productions de la Perfe , de la Turquie , de la Chine & de fes Provinces ou Gouvernemens situés tant dans fa partie Européene que dans celle Afiatique , ainfi que dans la Pologne & la Suéde :

Nous indiquerons feulement ici les objets de commerce de fes principaux Gouvernemens.

Des Gouvernemens de Tobolsk & d'Irkutzk qui comprennent la Sibérie & partie de la presqu'Iſle de Kamtchatka.

La *Sibérie* eſt abondante en mines d'Or, d'Argent , de Plomb , de Cuivre , de Fer & de Talc , forte de minéral dont on fait des Lanternes & Carreaux de Vitres.

Les Mines d'Or font dans le territoire de Kolivan & Catherinenbourg.

Les Mines d'Argent-Vierge fe trouvent près Kolivan & Keſtfchinz.

Celles de Plomb & de Cuivre font auſſi dans le Terri toire de Keſtfchinz.

Celles de Talc fe trouvent dans le Jakutzk , au bord du Fleuve Witim.

Et celles de Fer fe rencontrent dans presque tous les diſtricts de la Sibérie ; elles font toutes aſſez confidérables & l'on diſtingue comme les plus importantes , celles dites de Neſtfchinz & des Monts-Ourals en ce qu'elles occupent un très grand nombre de Fonderies & de Forges dont l'exploitation annuelle eſt de 25 mille ponds Ruſſes, en Fer ouvré ce qui répond à 8, 250, 000. livres poids de marc. Ainfi l'on peut dire que le produit des Mines de la Sibérie & les superbes fourrures forment ensemble la principale richesse de ce Pays qui fournit en outre de la Rhubarbe excéllente, que l'on préfére à celle de la Chine ; des bourses de Musc, du Castoreum, sorte de Drogue qui se tire du Castor ; des os de Mamont ou de Vâches marines & des dents de Walros.

C'est par la Ville de Tobolsk que se fait tout le commerce de cette contrée d'Asie : cette Ville, considérée comme la Capitale de la Sibérie, est située sur l'Itis à 400. lieues de Moscov. long. 85-58 : latitude 58·12.

La Presqu'Isle de Kamtchatka, dont le Commerce ne se fait que par une compagnie du même nom, procure aussi une grande partie de fourrures & particuliérement des peaux de zibelines, de loutres, de renards noirs & de Castors &c.

Les Gouvernemens de Moscow, de Novogorod & de Smolensko, possédent de riches fabriques & manufactures en laine, soie, fil, marroquin & Cuirs estimés de l'Europe, particulierement le cuir dit de Roussi : on trouve aussi des fabriques de toiles très recherchées puisque celles dites Calaminck, Ravendœck, s'exportent en partie pour l'Espagne, l'Angleterre, la France & la Hollande même ; il y a à Toula des fabriques assez considérables de Savon très estimées & de quincailleries qui embrassent toutes sortes d'instrumens en Fer & en cuivre ; enfin les mâts, les diverses bois de constructions, la Poix, la Cire, le miel, le Chanvre, le Lin & le Froment font les productions particulieres du Nowogorod

Le Gouvernement d'Archangel est abondant en Froment, Seigle, Lin, Suif, Goudron, bray, & viande salée de Bœuf & Cochon : il produit en outre du Minium, sorte de Plomb pulvérisé ; du vermillon, du bleu & de la Térébentine & l'on s'y occupe assez avantageusement de la pêche de Baleine, de celle du Chien de Mer & du raffinage du sucre pour lequel il y a depuis peu à Archangel une superbe raffinerie semblable à celle de Moscow.

Celui de *St. Petersbourg* renferme quantité de manufactures & fabriques pour Tapisseries, Glaces & Miroirs, bas de soye, chapeaux, cordages goudronnés & autres, cuirs, chandelle, colle de poisson, soie de porc, tabac, huile de Chien de Mer, de lin & de chenevis ; savon, Nattes, toiles à voiles & autres, cire, suif, draps tant pour l'intérieur de l'Empire que pour exporter en Perse & en Chine, & divers articles de luxe ou d'agrémens : tous ces objets forment, avec les diverses autres productions des Etats & Possessions Russes, le commerce immense de St. Petersbourg Ville Capitale de ce Gouvernement.

Les planches, le goudron & la poix résine forment presque le seul, Commerce du *Gouvernement de Wibourg*.

Le lin, le bled, le Chanvre, la graine de lin, le chenevis, le miel & la cire sont les principaux objets de Commerce de la *Livonie, ou du Gouvernement de Riga; Voyez* la Ville de ce nom au Dictionnaire suivant.

Et *l'Ethiopie*, plus connue sous le nom de *Gouvernement de Revel*, n'a pour productions particulières que que du bois de construction, du lin, du seigle & de l'eau-de-vie de grains.

Quant au Commerce extérieur de cet Empire, nous croyons inutile de rendre compte ici des articles qui le composent puisque nous aurons lieu d'en traiter au Dictionnaire suivant sous les noms d'Archangel, de Moscow, de St. Petersbourg & de Riga Villes les plus considérables & les plus commerçantes de la Russie.

2°. *Des nouvelles Possessions acquises, par la Russie, sur l'Empire Ottoman, en vertu du Traité de Paix signé à Constantinople en Decembre 1783. & de celles pareillement acquises sur les Provinces Persannes du Ghilan & du Masenderan, par un Traité fait avec Abdul-Fat-Kan Régent de la Perse.*

DESCRIPTIONS ET PRODUCTIONS DESDITES POSSESSIONS.

De la *Crimée*, (surnommée depuis peu la *Tauride*) Province considérable de la petite *Tartarie*.

LEs Villes & Lieux principaux de cette contrée sont: Bachaseray, Capitale, située sur la Karbata.
Backan-Lava, Port ou l'on construit des Navires.
Caffa, sur la Mer noire, Port d'où l'on peut se rendre en trois jours à Constantinople.

Cherſoneſe, ou vieux Cherſon: ancien Havre ſur la Mer noire, à 20. lieues de l'embouchure du Dniéper dans la Mer : la Ruſſie ſe propoſe d'y former un Port ſuſceptible de ſervir d'entrepôt, & de ſoutien même, au Commerce de ces parages.

Cherſon, (Ville neuve de) cette Ville ſituée à l'embouchure du Dniéper ou Niéper, & près l'endroit où cette Riviere ſe réunit au Bog, commence à devenir floriſſante, en ce quelle peut ſervir d'entrepôt au Commerce d'importation & d'exportaion.

Akarsky, Port ſur le golfe de Cherchona : les Ruſſes viennent d'y établir un ſuperbe chantier d'où l'on pourra lancer des Vaiſſeaux de 74. canons ; la ſituation de ce Port eſt d'autant plus favorable, à la conſtruction des Navires, qu'il ſe trouve être voiſin de très vaſtes, & très belles forêts de bois convenable à la Marine.

NOTA. La petite Tartarie poſſéde encore quelques autres Villes que l'on trouvera indiquées au Tableau de la Turquie Européenne

Les productions locales de cette contrée ne conſiſtent encore qu'en bois de conſtruction & en chevaux dont on y fait d'immenſes éleves, mais la Ruſſie eſpere de tirer parſuite un bien meilleur parti de ce ſol ſuſceptible d'une heureuſe fertilité.

2°. Du Cuban, ou Kuban, & de l'Iſle de Taman.

LA partie du Cuban cédée à la Ruſſie eſt celle qui ſe trouve au-de-la de la riviere du même nom, elle eſt contigue à l'Iſle de Taman, pareillement cédée à la Ruſſie, de laquelle elle n'eſt ſéparée que par la riviere.

Ces Territoires n'ont encore aucunes productions n'y Commerce : les Peuples du Cuban ne connoiſſent que la vente des eſclaves circaſſiennes, que la Ruſſie éteindra ſans doute pour y ſubſtituer un Commerce moins répugnant à l'humanité ; Et les habitans de Taman ne s'occupent que d'une pêche proportionnée à leurs beſoins journaliers.

& 3°. *Des Poſſeſſions acquiſes ſur les Provinces Perſannes du Ghilan & du Maſenderan.*

LA Ruſſie s'occupe de conſtruire dans ces Provinces trois places fortes, deux dans le Maſenderan & une 3ᵐᵉ. à Enieeli, petite Iſle de la Mer Caſpienne, vis-à-vis la Ville de Reſhd Capitale du Ghilan; la ſituation de ces places ſera très convenable pour procurer aux Ruſſes le Commerce excluſif des Provinces ſeptentrionales de la Perſe & la Navigation de la Mer Caſpienne.

Les Productions du *Ghilan* conſiſtent en vins, huile, riz, houblon, chanvre, ſoie en grande abondance, tabac, excellent fruits divers, grenades, melongêne, ſumach, fruit propre à faire du vinaigre & tenir lieu de préſervatif contre la dyſſenterie; & poivre d'Eſpague; on y trouve des mines de ſouffre, & l'on peut auſſi tirer des cuirs & fourrures de cette Province où ſe trouve une infinité de quadrupédes & particuliérement des écureuils, des blaireaux, des martes & hermines &c.

Le *Maſenderan* produit auſſi beaucoup de ſoie, en qualité inférieure à celle du Ghilan, du coton, du ſucre, de bons fruits & ſurtout des raiſins qu'on y ſeche & dont on fait un objet de Commerce, beaucoup de graines, du riz, quantité de tortues & du ſel qui s'y trouve ſans aucune préparation : cette Province bordée par la Mer Caſpienne eſt conſidérée comme la clef de la Perſe, d'où on y apporte les marchandiſes ainſi que celles des Indes, & c'eſt l'entrepôt le plus commode pour les Européens, ce qui fait préſumer que la Ruſſie nemanquera pas, ſous peu, de tirer le plus grand parti de ſes petites poſſeſſions dans cette Contrée d'Aſie.

TABLEAU DES DIVISIONS
de la Ruffie Européenne.

GOUVERNEM.	PROVINCES.	VILLES &c.	PORTS. ET RIV.
I. Gouvernement de St. Peterfbourg.	I°. l'Ingrie.	St. Petersbourg, Port à l'embouchure de la Néva. Cronslot, fur le golfe Finlande. Kopore, proche le dit Golfe.	
	2°. Le Wirland	Norva, fur la Narva.	
	& 3°. La Carelie Orientale	Kexholm, fur le Lac Ladoga. Stentelbourg, proche ledit Lac.	
2°. Gouvernement de Wibourg.		Wibourg, ou Wiborg, fur le Golfe Finlande. Nislot, (en Savolax) dans le Lac Lap Wefi. Wilmanftrand, au Sud dudit Lac. Frederichchamn, Ville fortifiée.	
3°. Gouvernement de Revel, ou de l'Ethiopie.		Revel, Ville Anféatique & Port fur le Golfe Finlande. Hapfal .... fur la Mer.	
4°. Gouvernement de Riga, ou de la Livonie.		Riga, près l'embouchure de la Duna. Dinamond, fur le Golfe Finlande. Wenden, ... fur l'Aa. Pernau, Port fur la Mer Baltique. Dorpt ... près le Lac Peipus. Arensbourg, dans l'Ifle d'Ofel formée par la Mer Baltique. Dagherft, dans l'Ifle Dagho, formée auffi par la Baltique.	

DES SIX GOUVERNEMENS SEPTENTRIONAUX DE LA RUSSIE.

GOUVERNEM.	PROVINCES.	VILLES &c.	PORTS ET RIV.
SUITE DES SIX GOUVERNEMENS SEPTENTRIONAUX. 5°. Gouvernement de Novogorod.	1°. Novogorod....	Weliki	sur la Wolchova qui se jette dans le Lac Ilmen.
	2°. Plescow, ou Plescove. sur le Welika près le Lac Peipus.		
	3°. Weliki-louki.	Rescow, & Toropec.	proche la Lovast.
	4°. Twer.	Twer . . . . . sur le Volga. Rzeva - Wolodimerskoi, sur le Volga.	
	5°. Biélozero.	Biélozero, proche un Lac du même nom.	
	6°. Olonec.	La Ville du même nom, remarquable par ses forges & sa fonderie de canons, est à l'Est du Lac Ladoga.	
	7°. Kargapol	La Ville du même nom est près d'un Lac d'où sort la Riviere d'Onega, qui se jette dans la Mer Blanche.	
& 6°. Gouvernement d'Archangel.	*Partie Occidentale.* 1°. Pays de la Dwina & La-Vaga.	Archangel Port à l'emb. de la Dwina. Cholmogori . . . . . Idem. Kewrol . . . . . sur la Pinega. Szenkursk . . . . sur la Vaga.	
	2°. Pays de Koskoi, sur une Riv. du même nom		
	3°. L'Us-tioug.	Ustiug, à l'embouchure du Jong dans la Sukona. Solwyczegockaia, à l'embouc. de la Wyczegda. Jarensk . . . . sur la Wyczegda.	
	4°. La Wologda	Wologda . . . sur la Wologda. Totma . . . . sur la Sukona.	
	& 5°. La Principauté de Galicz, sur un Lac.		
	Partie Or. 1°. Province de Mezzen . . sur la Mezzen.		
	2°. Petzora.	Pustokerskoi, proche l'embouchure du Petzora.	

GOUVERNEM.	PROVINCES.	VILLES &c.	PORTS ET RIV.
	1°. Province de Moscow.	Moscow . . .	fur la Moska.
		Colomna . . .	fur le Pruth.
	2°. Province d'Uglicz		fur le Volga.
	3°. Province de Jeroslaw . . .		fur le Volga.
	4°. Province de Koftroma . .		fur le Volga.
1°. Gouvernemient de Moscow.	5°. Prov. de Pereflawzaleskoi.	Pereflawzaleskoi, prés d'un Lac.	
		Roffow, fur le Lac Cotorei.	
	6°. Province d'Yurewpolfkoi.	Entre le Lac Cotorei & la Riviere de Klemfa.	
	7°. Prov. de	Susdal	fur la Klemfa.
	8°. Prov. de	Wolodimer	fur la Klemfa.
	9°. Province de Pereslawriazanfkoi.	Pereslawriazanskoi.	fur l'Oka.
		Rhezan	fur l'Oka.
	10°. Prov. de	Tula	fur l'Upa.
	& 11°. Prov. de Kaluga		fur l'Oka.
2°. Gouvernement de Smolensko.		Smolensk	fur le Dniéper.
		Biela	fur l'Opfcha.
		Pwltava . . .	fur le Worfklow.
3°. Gouvernement de Kiow.		Kiow	fur le Dniéper.
		Czernigow	idem.
4°. Gouvernement de Bielgorod.		Bielgorod . . . près la fource du Donc.	
		Siewsk . . . . . point de Riviere.	
		Orel . . . . fur l'Oka.	
		Archangelgorod. fur la Dwina.	
5°. Gouvernement de Woronez.		Woronez . . . . . près l'emb. du Woronez.	
		Bachmut.	La pluspart de
		Elec.	ces Villes font
		Tambow, ou	voifines de Rivieres qui portent
		Tambof. . . .	les mêmes noms
		Szatsk . . , . .	des dites Villes.

GOUVERNEM.	PROVINCES.	VILLES &c.	PORTS ET RIV.
fuite des 6. Gouv. du Midi **& 6°. Gouvernement de Niznei-Novogorod.**	1°. *Province de la Baſſe-novogorod.*	*Nizneinovogorod.*	ſur la Wolchowa.
	2°. *Province d'Arſamas.*		ſur la Mokſcha-reca.
	& 3°. *Province d'Alatyr*		ſur la Sura.
	NOTA. Dans ce Gouvernement & celui de Caſan, ſitué en Aſie, ſe trouvent répandus quelques parties des Morduas, Peuples Tartares qui n'ont d'habitations qu'au milieu des Forêts.		

ARTICLE XII.
De l'Espagne.

CE Royaume eſt, au Nord, ſéparé de la France par les Pyrrenées, il eſt à borné l'Orient & au midi par la Méditerranée, à l'Occident par le Portugal & au Nord-Oueſt par l'Océan : il s'étend du 9me. au 21me. dégré de longitude & du 35me. au 45me. de latitude : il a 200. lieues de longueur du Cap de Creutz, en Catalogne, au Cap Trafalgar en Adalouſie, 180. lieues de largeur du Cap de Gates, en Grenade, au Cap Ortégal en Galice & 670. lieues de circonférence.

Il ſe diviſe en divers Royaumes & Provinces indiqués dans le Tableau ci-après.

Ses principales Rivieres, ou Fleuves, ſont le Tage, le Guadalviquir, la Guadiana, l'Elbre, le Duero, le Minho, l'Arragon, la Ségurra, & l'Orro &c. que nous indiquons au Chapitre 8. de cette Partie.

Productions Locales & d'Induſtrie de l'Espagne.

Le Commerce de ce Royaume eſt très conſidérable, il conſiſte ; 1°. dans les diverſes productions du Méxique, de la Nouvelle-Eſpagne, de la Havane, de Porto - Rico, de l'Iſle Marguerite, de Buenos-Aires, du Chili, des Iſles Canaries & de l'Iſle St. Domingue ; deſquelles poſ-

feffions l'Efpagne retire de l'or, de l'argent, de la cochenille, de la vanille, des cuirs verds & en poils, du Talap
forte de racine purgative, de la falfepareille, du coton, du
paftel, du beaume, de l'huile de pétrole, du tabac, du
cacao, du fucre, de l'Indigo, du bois de Campêche, du
miel, de la cire, de la caffe, du fuif, des confitures féches,
du gingembre, du maftic, de l'aloës, des écailles de tortues, du gayac, des perles, du quinquina, de l'herbe
du Paraguay & des vins de Canaries.

2°. En productions de fes diverfes Provinces Efpagnoles telles que des laines, (dont les qualités feront indiquées au
Chapitre VII. de la 4me. Partie de cet Ouvrage) d'une
grande beauté, & recherchées de l'Europe entiere, particuliérement celles dites de Ségovie; de la foie, dont la
préférée eft celle de Grenade, du Gordouan, forte de cuir
de chèvre paffé au tan, que l'on tire de Cordoue; du lin
& du chanvre dont les plus eftimés fe tirent de l'Andalousie du cuir & du fer de la Bifcaye, des fruits fecs &
autres de la plus grande excellence, des marrons, des
citrons, des oranges, des pommes de Grenade, du
faffran en très grande abondance; des vins de diverfes
qualités & couleurs dont les plus renommés font ceux
de Navarre & d'Andalousie & fur-tout ceux de Rota
& de Rancio-Peralta; l'exportation de ces vins, fauf ceux
de Malaga eft très petite dans les Etats Méridionaux de
l'Europe, mais très conféquente pour ceux du Nord &
plus encore pour les Poffeffions Efpagnoles d'outre-Mer
ou du Nouveau-Monde; les eaux de vie, le miel, & le
riz qui fe tirent abondamment des Provinces de Valence & de la Catalogne, le Coton de la Province d'Ecija,
les fels de diverfes fortes, de la Kali, parmi lefquels on dif-
tingue ceux dits foude de Barille & foude de Bourdine
dont l'ufage eft pour les Savonneries & les verreries; les
châtaignes & les noix de Bilbao, les noifettes d'Oviedo,
le marroquin de Cordoue, les amandes de Catalogne, le
favon, l'Anis, le cumin & les capres d'Alicante & de Valence, le fel blanc de l'Ifle d'Ybica qui eft très eftimé, &
quelques parties de froment mais qui ne font pas fuffifantes
pour les befoins de la nation: toutes ces fortes de denrées
forment les Productions du crû des Provinces Efpagnoles.

Et 3°. Les articles d'induftrie confiftent en fabriques de
foude de Carthagene qui, jufqu'à ce que celle d'Hongrie
ait été connue, ont joui de la plus grande réputation; étoffes de laines de toutes efpèces & dont les plus renommées font
les draps dits vigogne & autres de Ségovie & de Valence, les

baracans, Bayes, fayettes, ferges, tapis façon de Turquie ſempiternes & tiſſus des nouvelles fabriques de Cuença ; coton des manufactures de Valence & d'Aragon ; ferblanterie, armes, canons, bombes & fuſils des forges & fabriques de l'Andalouſie & de la Biſcaye qui ſuffiſent a peine aux beſoins du Royaume ; étoffes de ſoie, laine, porcelaine à l'inſtar de celles de Saxe, & glaces des fabriques & manufactures de St. Ildefonſe & de San-Fernando ; cables & cordages de Bilbao ; toiles à voiles renommées du Ferol ; autres toiles fort eſtimées de Rivadeo ; raffineries de ſucre de Cadix, Madrid, Valence, Alicante &c. Tannerie & fabriques de marroquin de Cordoüe où il ſe trouve auſſi des manufactures de ſoieries en taffetas simples & doubles, velours & rubans, & des fabriques de filatures & draps grosſiers ; manufactures de verreries, ſoude & ſavon de Carthagene ; fabriques d'eau-de-vie, étoffes & ſur-tout des mouchoirs de ſoie, chapeaux, toiles peintes, bonets, gants &c. en ſoie fil & coton de Barcelonne & diverſes Villes de la Catalogne où l'on trouve auſſi des fabriques de dentelles & rubans en ſoie & fil : il eſt à remarquer que les mouchoirs de ſoie & de fil que fournit cette Province ſont d'une beauté qui les fait rechercher de l'Europe, & que les siamoiſes & diverſes étoffes de coton & fil, qui ſortent dès fabriques de la Catalogne, ſont auſſi fort eſtimées.

Telles ſont les articles & denrées qui compoſent le commerce de l'Eſpagne & ce qui ajoute à ſon importance eſt l'article particulier des piaſtres fortes d'argent & des quadruples d'or qui y ſont apportés, chaque année, du Méxique & du Pérou tant pour compte particulier de la couronne que pour celui du commerce qui vendent enſuite ces ſortes de monnoies, ainsi que des lingots en or & argent purs, à diverſes nations de l'Europe & particuliérement à la France qui, par rapport à ſes fabriques d'etoffes d'or & d'argent & ſes ouvrages de bijouterie &c., en fait une très grande conſommation.

Les Villes les plus conſidérables & les plus commerçantes de l'Eſpagne, & que l'on trouvera indiquées au dictionnaire ſuivant, ſont :

Cadix, ſituée à 356. lieues de Paris, longit.-11-20. latit. 36-25.
Barcelonne .. à 256. idem. - - - - - long. - 19-50. lat. - 41-26.
Madrid ..... à 246. idem. - - - - - long. - 14-30. lat. - 40-26.
Valence, ... à 319. idem. - - - - - long. - 17-28. lat. - 44-55.
Et Alicante . à 344. idem. - - - - - long. - 17-40. lat. - 38-26.

TABLEAU DES DIVISIONS ET SOUS-DIVISIONS DE L'ESPAGNE.

DIVISIONS.	PROVINCES	VILLES &c.	PORTS ET RIV.
1°. La Biscaye.	1°. La Biscaye propre.	Bilbao.. à l'emb. de la Nervio. LaRedo.. il y a un Port proche la Ville. Castro-de-Urdiales. autre Port entre Bilbao & La Redo. Durando, à 4 lieues de Bilbao. Ordugna ... à 12 lieues idem.	
	2°. Le Guipuscoa.	Fonterabie, à l'embouchure de la riviere de Bidaffoa proche la Mer. St. Sebastien, Port à l'embouchure de la Guramea dans l'Océan Quëtaria, Port proche l'embouchure de l'Orio. Deva, Port à l'embouchure de la Deva dans la Mer de Biscaye. Placentia ..... fur la Deva Tolofa, fur l'Araxe & l'Orio. Azpeytia. { Cette Ville eft située, à l'Oueft de Tolofa, dans une très riche vallée. }	
	& 3°. l'Alvala.	Victoria ... { Cette Ville eft célebre par fon commerce de fer de vins &de laines } Salvatierra..... fur l'Elia.	
2°. Les Afturies!	1°. Oviédo.	Oviédo, entre les rivieres d'Ove & de Deva. Avila, Port fur la Baye de Biscaye. Villa-Vifiofa { petit Port fur un golfe où fe jette l'Alta. } Caftropol, point de Riviere.	

DIVISIONS.	PROVINCES.	VILLES &c.	PORTS ET RIV.
Suite des Asturies	2°. Santillane.	Satillane, sur le bord de la Mer. St. Vincent & St. Ander, petits Ports de Mer.	
3°. La Galice.	Cette Province est fertile en vins excellens, on y nourrit beaucoup de bétail sur-tout des chevaux & des mulets très recherchés : l'on y trouve diverses mines de fer, de cuivre, de plomb & de vermillon ; & la pêche des côtes y est assez abondante surtout en anchois.	Compostelle, dans une Presqu'Isle de la Tambra & l'Ulla. La Corogne, Port sur l'Océan. Le Ferrol, Port sur le Golfe de la Corogne. Mondonedo, proche la source de Minho. Ribadeo, sur une rivière du même nom. Lugo . . . . . . sur le Minho. Monfort de Lemos, sur le Cabe. Orense . . . . sur le Minho. Ribadavia, au confluent du Minho & l'Avia. Tuy . . . . . . proche le Minho. Bayonna, Port très commode. Pontevra, près l'embouchure du Loritz. Vigo . . . . Port sur l'Océan. Redondela sur un petit golfe.	elle est remarquable par son abondante pêche d'anchois.
4°. La Navarre.	Ce Pays produit d'excellens vins & fruits : il renferme des mines d'or, d'argent & de Plomb, dont on fait peu valoir l'exportation.	Pampelune . . . . . sur l'Arga. Estella . . . sur le bord de l'Ega. Viana . . . . proche l'Ebre. Tafalla . . . . proche la Cidacao. Olite sur la Cidazo, ou Cidaçao. Sanguesa . . . sur l'Aragon. Tuleda . . . . . . sur l'Ebre.	
5°. l'Aragon.	Ce Pays est peu fertile mais il s'y trouve de bonnes mines	Saragoce . . . . sur l'Ebre. Tarazona . . . sur la Queilles. Castalajud au confluent du Xalon & du Xicola. Albarasin sur le Quadalaviar. Teruel . . . . idem. Mequinença, au confluent de l'Elbre & de la Ségre. Fraga . . . . proche la Cinca.	

DIVISIONS.	PROVINCES.	VILLES &c.	PORTS ET RIV.
Suite de l'Aragon.	de fer assez estimé.	Monçon . . . . . sur la Cinca.	
		Balastro . . . sur la Vero.	
		Ainsa, au confluent de l'Ava & la Cinca.	
		Venasqué . . . sur l'Essera.	
		Jaca . . . . . sur l'Aragon.	
		Huesca . . . . sur l'Ysuela.	
6°. La vieille Castille.	Le seul produit de cette Province est en laines très recherchées.	Burgos . . . . . sur l'Arlançon.	
		Miranda-de-Ebro, sur l'Ebre.	
		Aro, ou Haro. } sur l'Ebre.	
		Logroño. }	
		Sandomingo } sur l'Aglera.	
		de la Calcade. }	
		Callaora . . . . . proche l'Ebre.	
		Soria . . . . . sur le Duero.	
		Valladolid . . sur le Pisverga.	
		Penafield . . . proche le Duero.	
		Roa . . . . . . sur le Duero.	
		Aranda-de- } sur le Duero.	
		Duero, & }	
		Osma. }	
		Calaroga . . . . proche l'Ebre.	
		Siguenza . . . proche l'Hénares.	
		Atienca . . . . point de Riv. &c.	
		Medina Cœli. proche le Xalon.	
		Ségovie . . . . proche l'Atayada.	
		Avila . . . . . sur l'adaja.	
		Pedraca-de-la-Sierra. sur la Duraton.	
7°. La Nouvelle Castille.	1°. L'Al-garie.	Madrid . . sur le Maccanarès.	
		Tolede . . . . . sur le Tage.	
		Talavera-dela-Reyna, idem.	
		Fuente-del-Arcobispo. idem.	
		Ocana . . . . . . près du Tage.	
		Aranjuez . . . . sur le Tage.	
		Maqueda, Presqu'Isle entre 2 petites Rivieres.	
		Escalona . . . sur l'Albérche.	
		Alcala-de-Henarez, sur l'Hénarès.	
		Guadalaxara . . . . idem.	

GOUVERNEM.	PROVINCES.	VILLES. &c.	PORTS ET RIV.
	2°. La Siera.	Cuença . . . . . fur le Xucar.	
		Gueté . . . . . fur la Canda.	
		St. Clemente proche la Zancara	
		Almança à 20. lieues de Valence.	
	3°. La Manche.	Calatrava . .	fur la Guadiana.	
		Ciudad-Real. près Guadiana.	
		Confuegra, entre la Guadiana & le Tage.	
Suite de la Nouvelle Caftille.	& 4°. L'Eftréma-dure.	Badajoz . . . . fur la Guadiana.	
		Xerés-de-los-Cavaleros, fur l'Ardilla.	
		Feria . . . . . près la Guadiana.	
		Medina de las-Torres; à 15. lieues de Badajoz.	
		Elerena, à 21. lieues de Seville.	
		Merida. . . fur la Guadiana.	
		Medelin . . . fur la Guadiana.	
		Alcantara . . . fur le Tage.	
		Valentia, dalcantara, près la Savar.	
		Albuquerque, à 3. lieues de la Riviere Chevora.	
		Truxillo . . . fur l'Almonte.	
		Guadaloupe fur un Ruiffeau.	
		Coria . . . . . fur l'Alagon.	
		Plazentia . . . fur la Xerté.	
8°. Le Royaume de Léon.	Ce Royaume eft affez fertile en bled, on y recueille auffi des vins excellens, dits de Toro, & l'on trouve près Zamora des mines de turquoifes.	Léon entre les fources de l'Elza.	
		Aftorga . . . fur le Tuerta.	
		Benavente . . . . fur l'Elza.	
		Medina-de-Rio-Seco, à 20. lieues de Léon.	
		Vilalpanda . . à 5. lieues du Duero.	
		Palencia . . fur le Carion.	
		Zamora, & Toro. . . fur le Duero.	
		Tordefillas . . . . . idem.	
		Medina-del-campo, fur le Zapardiel, Torrent	
		Salamanque, & Alva-de-Tormes fur la Tormes.	
		Ledefma . . . . . idem.	
		Ciudad-Rodrigo, fur l'Aguada.	

ROYAUMES.	PROVINCES.	VILLES &c.	PORTS ET RIV.
9. l'Andalou-fie.	Cette Provin-ce eft la plus ri-che de l'Efpa-gne : elle produit du bled, des huiles, des vins excellens, & de bons chevaux ; & l'on y trouve des mines de vif - ar-gent, d'airain, d'antimoine, de plomb, d'argent & d'aimant ; en-fin les côtes font abondantes en fel très beau.	Seville . . fur le Guadalviquir. Palos, à l'embouchure de Rio Tinto. Lucena . . . . fur le Tinto. Carmone. à 6. lieues de Seville. Ecija . . . . . fur le Xeuil. Moron. à 12. lieues de Cordoue. Offuna, à 5. lieues du Xeuil. Marchena, à 9. lieues de Seguir-ville. Cordoue, fur le Guadalviquir. Anduxar, & Bacea, idem. Ubeda à 2. lieues du Gudalviquir. Jaen . . à 6. lieues idem. Alcala-laRéal, près la Riv. Salado. St. Lucar de Bara-meda. Le Brixa. Kerésfrontera, fur la Guada-lette. Rota . . . Zahara à la fource de la Gua-dalette. Ste. Marie. Cadix . . . Port fur l'Océan. Medina-Sidonia à 15. lieues de Gibraltar. Gibraltar.	Port de grands Vaiffeaux à l'em. du Gualdaviquir. à 4. lieues de St. Lu-car, c'eft la Ville où fe fabriquent les meilleures huiles de l'Efpagne & même de l'Europe. à 5. lieues de Cadix : ce Bourg eft renom-mé par fon délicieux vin du même nom. Port très bon, à l'embouchure de la Guadalette. Port & Place for-te très célébre près du Détroit du même nom. Cette Place ap-partient aux An-glois.

GRANDES PROVINCES	VILLES &c.	PORTS ET RIV.
Suite de l'Andalousie.	Algezire.	sur un Golfe du Détroit de Gibraltar.
	Tarifa . .	sur ledit Détroit.
10°. Le Royaume de Grenade.	Ce Royaume est abondant en soie, il produit aussi beaucoup de grains, de vin, d'huile, de lin, de chanvre, de grenades, de citrons, de figues, de caprès & d'oranges. Il est en général très fertile,	Grenade . . . sur le Daro.
		Santa-Fé. proche le Xeuil.
		Loxa . . . . sur le Xeuil.
		Antequera, à 12. lieues de Malaga.
		Alhama, à la source du Rio Frio.
		Huescar, proche le Guadadar.
		Almbrie, Adra, Motril, Salobrena, Almunecar & Malaga, Ports sur la méditerranée.
		Monda, à la source du Gualentin.
		Ronda, proche la Rio-Verde.
		Settenil, à 18. lieues de Gibraltar.
11°. Le Royaume de Murcie	Les productions de ce Royaume sont à peu près les mêmes que dessus & il y a de plus des canes de sucre, du miel de la cire, plusieurs roches d'alun & d'amétistes sortes de pierres precieuses : on y file une quantité prodigieuse de soie qui y fait le principal Commerce.	Murcie, sur la Segura.
		Lorca, sur le Guadalentin.
		Cartagene, Port sur un golfe de même nom.
		Almacaron, près l'embouchure du Guadalentin.
12°. Le Royaume de Valence	Ce Royaume est abondant en riz, en dates, en lin, en chanvre, en vins, en huile, & en canes de sucre ; on y pêche d'excellens poissons & l'on y prend des oiseaux de riviere.	Valence . . . près l'emb. du Guadalaviar dans la Méditerranée.
		Liria. Duché au Nord de Valence
		Morvédre, & Segorbe. sur la Morvédre.
		Vila-Hermosa, sur un ruisseau qui joint la Milas.
		Peninscola . . . proche la Mer.
		Xativa. . . . proche la Xucar.
		Montesa. . à 2 lieues de Xativa.
		Grandie. sur l'Alcoy près la Mer.
		Denia. Port sur la Méditerranée.
		Elche. . . . . sur l'Elda.

GRANDES PROVINCES	VILLES &c.	PORTS ET RIV.
Suite de Royaume de Valence.	Altea.	proche la Mer.
	Alicante. .	Port sur la Méditerranée.
	Orihuela.	sur la Ségura.
& 13°. La Principauté de Catalogne.	Barcelonne.	très bon Port de Mer.
	Mataro.	petit Port sur la Méditerranée.
	Vich.	à 11 lieues de Barcelonne, sur une petite Riviere.
	Gironne.	sur le Ther.
	Palamos.	petit Port.
	Ostalric. . . .	sur la Tordera.
	Empurias, & Roses.	Port de Mer.
	Campredon.	entre la Carol & la Ségré.
	Urgel.	sur la Ségré.
	Solsonné.	proche le Cordonnero.
	Cardone.	idem.
	Villa França.	sur la Tormès.
	Cervera. . . .	sur la Cervera.
	Monthlnac.	point de Riviere &c.
	Balaguer. . . .	sur la Ségré.
	Le Rida. . . .	sur la Ségré.
	Taragone . .	Port sur la Méditerranée, mais dont l'entrée est difficile.
	Tortose. . . .	Sur la Rivière de l'Ebre, à 4 lieues de la Mer.

Cette principauté a pour productions des lieges, des bois de charpante & des châtagniers; on y trouve des amétistes, du cristal, de l'azur, de l'albâtre, de l'alun, du vitriol & du fer: on y pêche du corail sur la côte Orientale & l'on y fait un fort Commerce en étoffes & eau-de-vie.

ARTICLE XIII.

Du Portugal.

CE Royaume, le plus occidental de l'Europe, est borné à l'Ouest & au Sud par l'Océan, & à l'Est & au Nord par l'Espagne. Il est situé entre les 8me. & 11me. dégrés de longitude & les 36me. & 42me. de latitude; il porte 125.

licues de longueur fur 60. de largeur & fe divife en plufieurs parties indiquées au tableau ci - aprés.

Ses principales rivieres, ou fleuves, font ; le Tage, la
Guadiana, le Minho & le Duero, &c. *Voyez* la Table Géographique au Chapitre 8. de cette Partie.

Productions Locales & d'Induftrie
du Portugal.

CE Royame n'eft pas fort riche en Productions Locales
& moins encore en Articles d'Induftrie qui eft prefqu'au
berceau malgré les efforts du Grand Miniftre Pombal pour
l'en tirer.

Ce que le Portugal produit confifte en fel marin, beftiaux
& furtout des chevaux eftimés, de belles laines, beaucoup
d'huile & des vins recherchés qui fe tirent particuliérement
de Porto, quantité de miel blanc ainfi que des citrons, des
oranges douces & ameres, des dattes, des amandes, des
figues & des châtaignes & l'on y éleve beaucoup de vers
à foie : on trouve dans quelques rochers des efpéces de rubis,
des emeraudes & des Hyacintes; Il y a quelques mines
d'or & d'argent que l'on néglige, mais on tire un affez
bon parti de celles de plomb, d'étain d'alun & de fer,
qui y font très abondantes.

Les Articles d'Induftrie, prefqu'entierement concentrés
dans les feules Villes de Lisbonne & de Porto, confiftent
en nombre des manufactures de chapeaux eftimés & toiles
blanches affez belles, une autre manufacture de glaces, quelques fabriques en groffes étoffs de laines & de foie, d'autres
en eau-de-vie & bas de foie, quelques tanneries & raffineries
de fucre & divers ouvrages de paille & décorces d'oranges.

Ce qui forme le plus grand Commerce de ce Royaume
font les diverfes denrées du bréfil, des Ifles du Cap - Verd,
de Goa, de l'Ifle de Madere & de celles qui y font adjacentes : Les Portugais retirent du Brésil des fucres, du
tabac finguliérement eftimé, de l'indigo, du beaume de ca-
païva, du rocou, de l'huile & des fanons de baleine, de
l'ivoire, de l'ébene, du cacao, du bois dit de bréfil, propre à la teinture, de l'or, des perles, des diamans & autres
pierres précieufes, des peaux & diverfes fortes d'épiceries
& de drogueries. Les Ifles du Cap - Verd leur produifent
quantité de peaux de chèvres & cabrits & autres cuirs

verds fort estimés, du riz, du mil, du bled de Turquie, des oranges, des annanas & autres fruits excellens & beaucoup de sel : ils tirent de Goa quelque peu d'or & de l'ambre gris : enfin l'Isle de Madere & celles adjacentes leur fournissent du froment, des fruits & des vins délicieux qui donnent lieu à une assez forte branche de Commerce.

Pour plus de détails, *Voyez* les Villes de Lisbonne & de Porto, au Dictionnaire qui forme la seconde Partie de ce Volume.

TABLEAU DES PROVINCES du Portugal.

GRANDES PROVINCES.	VILLES &c.	PORTS. ET RIV.
1°. *De la Province entre Duéro & Minho.*	*Brague*	sur le Cavado.
	Guimaraens . .	sur l'Avés.
	Villa-de-Condé,	à l'embouchure de l'Avés.
	Porto.	à une lieue de l'embouchure du Duero.
	Viana	Port à l'embouchure de la Riviere de Lima.
	Ponte de Lima.	sur la Lima.
	Valença	sur le Minho.
	Villa-Nova de Cervera.	sur le Minho.
	Caminha.	à l'emb. du Minho.
2°. *De la Province de Tra-los-Montes.*	*Bragance.* . . .	sur le Sabord.
	Mirande.	sur le Duero.
	Chaves.	sur la Tamaga.
	Villareal. . . .	au confluent des petites rivieres, dites, la Cargo & la Ribera.
	Villa-Flor.	à 6 lieues de Villa-Real.
	Torre-de-Moncorvo.	proche le Sabor.
	Pinhel	sur une petite Riviere qui se jette dans le Duero.

GRANDES PROVINCES.	VILLES &c.	PORTS ET RIV.
3°. De la Province du Béira.	Lamego. . . . près la Rive gauche du Duero. Aveiro. . . . . Port fur l'Ocean. Viſeo, ou Viſeu. à 18 lieues de Coimbre : fes environs ont de riches mines d'etain. La Guarda, près la ſource de Mondégo. Coimbre . . . . ſur la Riviere de Mondégo. Caſtel-Branco, ſur Leyra. Salvatierra . . . . ſur l'Elia.	
4°. De la Province de l'Eſtramadure	Leiria, à 12 lieues de Coimbre. Tomar, ſur le bord de la Nabaon. Santaren . . . . ſur le Tage. Lisbonne, Port ſuperbe ſur le Tage. Torresverdras, proche le Tage. Alenquer, proche une petite Riviere. Setubal . . . Port à l'embouchure du Zadaon : on y fait un grand commerce de ſel avec les Hollandois. Alcaçer-do-ſal, ſur le Zadaon.	
5°. De la Province de L'Alentéjo	Port-Alegre . . . . . à 10 lieues d'Elvas. Elvas . . . . . près la Guadiana. Campo-major . à 3 lieues d'Elvas. Eſtremoz . . . . ſur la Terra qui tombe dans le Tage. Avis . . . . près la Riviere d'Avis. Villa-vitioſa . . . . à 7 lieues d'Elvas. Olivença, près la Guadiana. Evora, à 20 lieues d'Eluas. Béja, près le Lac de Béja.	

GRANDES PROVINCES	VILLES &c.	PORTS ET RIV.
Suite de la Province de l'Alentéjo	*Serpa* . . . près la Guadiana. *Ourique* . . . à 13. lieues de Lisbonne.	

NOTA. Cette Province eſt réputée être le grenier du Royaume, à cauſe de la quantité de bled qu'elle iournit ; elle eſt auſſi très fertile en vins & en fruits & l'on y élève beaucoup de beſtiaux.

& 6°. De l'Algarve.	*Tavira* . . . . bon Port ſur l'Océan. *Sylves*, á 2. lieues de la Mer. *Lagos* . . . Port très ſûr ; ſon voiſinage procure une abondante pêche de thon & de ſardines. *Faro*, Port, on s'y occupe de la pêche ci-deſſus. *Caſtro-Marino*, près l'embouchure de la Guadiana.	

ARTICLE XIV.

De l'Italie.

CEtte Région, l'une des plus belles de l'Europe, forme une grande Preſqu'Iſle ſituée entre les Alpes & la Mer Méditerranée & entre les 24e. & 47e. dégrés de longitude & les 36e. & 47e. de latitude.

Elle a, ſans y comprendre ſes Iſles, environ 270. lieues de longueur, depuis le Lac de Genève juſqu'à l'extrémité de la Calabre, ſur une largeur fort inégale ; & l'on lui ſuppoſe 620 lieues de circonférence.

Elle ſe diviſe, ainſi que ſes Iſles, en pluſieurs Etats ſouverains qui ſont.

1°. l'Etat Eccléſiaſtique.

2°. Les Royaumes de Naples & Sicile & poſſéſſions qui en dépendent.

Le

3°. Les Etats du Roi de Sardaigne.
4°. Ceux de la République de Venife.
5°. Ceux de la République de Genes.
6°. Le Grand Duché de Tofcane.
7°. Le Duché de Milanez &c. ou les Provinces qui dépendent de la maifon d'Autriche.
8°. Les Etats du Duc de Parme.
9°. Ceux du Duc de Modene.
10°. La République de Lucques.

11°. Celle de Saint Marin. } NOTA: La Républ: de St. Marin eft indiquée au Tableau de l'Etat Eccléfiaftique dans le Duché d'Urbin.

12°. L'Ifle de Malthe.
13°. La République de Raguse.
14°. La Principauté de Monaco.
15°. Celle de Piombino.
& 16°. L'Ifle de Corfe

Nous traiterons ci-après de chaque état en particulier, dans les mêmes formes que celles ci-defius obfervées.

L'Italie eft traverfée par un grand nombre de Rivieres & de Lacs dont les plus confidérables font, l'Ifeo, le Garde, le Cofme, le Peroufe, le Pô, le Tibre, Ladda, le Tefin, l'Adige, l'Arno, le Taro, le Reno, la Trebia, la Silaro, le Volturne, le Galiglan, le Fondi, & l'Offrante &c. *Voyez* la Table Géographique, Chapitre 8 de cette partie.

Idée générale des productions de l'Italie.

Tous les Cantons de cette Région font très fertiles en fruits & légumes excellens, ainfi qu'en bled, riz, vins, olives & Mûriers qui donnent lieu à une riche culture de vers à foie ; les laines, le chanvre & le lin s'y trouvent auffi en belles qualités & en abondance : la Calabre fournit beaucoup de Manne très eftimée, la République de Venife produit beaucoup de térébenthine que tous les étrangers recherchent, & l'on trouve dans divers cantons de très beaux marbres de toutes efpèces, ainfi que des agathes, des Cornalines, des criftaux, des mines d'or, de fer, de vitriol & d'alun & furtout des volcans qui procurent beaucoup de foufre; mais de toutes ces productions la plus riche eft fans contredit la foie qui eft auffi abondante que belle & recherchée.

DESCRIPTIONS, COMMERCE & DIVISIONS DES DIVERS ETATS DE L'ITALIE.

1°. De l'Etat Ecclésiastique.

CEt Etat contient environ 90 lieues de longueur sur de largeur : Il est borné au Nord par la République de Venise, à l'Est par le Royaume de Naples & le Golfe de Venise, au Sud par la Mer de Toscane, & à l'Ouest par les Duchés de Toscane, de la Mirandole & de Mantoue.

On le divise en douze Provinces indiquées dans le Tableau suivant.

Ses productions particulieres, ou les principaux objets de son Commerce consistent en bled, en vins, (dont les préférés sont les muscats du territoire de Montefiascone) en huile, en alun, en laines, en anis, en terre d'ombre pour les couleurs, en chanvre & cire de la Province de la Marche d'Ancone, en lins très blancs qui se tirent de Faenfa & en olives de Forli : on vient aussi de s'y livrer depuis peu (en Décembre 1783.) à la pêche du thon qui pourra par suite mériter quelque considération.

Les Villes les plus considérables & les plus commerçantes de cet Etat sont Bologne, Ancône, Civita-Vechia & Rome &c. que l'on peut consulter, pour plus de détails au Dictionnaire qui forme la seconde partie de ce Volume.

TABLEAU DES DIVISIONS, de l'Etat Ecclésiastique.

GRANDES PROVINCES, &c.	VILLES &c.	PORTS ET RIV.
1°. La Campagne de Rome.	Rome. . . . . sur le Tibre.	
	Ostie. à l'embouchure du Tibre &	
	Albano. sur le Lac d'Albano.	
	Castelgandolphe. près d'un Lac du même nom.	

GRANDES PROVINCES.	VILLES &c.	PORTS ET RIV
Suite de la Campagne de Rome.	Frefcati . . . Paleftrine . . Valeftri . . . Segni. . . . . Terracine. Port proche la Mer. Anagni . . . Fiorentino . . Alatri . . . Veroli . . .	Ces Villes ne font nullement commerçantes. Ces Villes n'ont aucun commerce particulier.
2°. Le Patrimoine de St. Pierre. — Cette Province eft fertile en bled, en huiles, en alun, & en vins mufcats très eftimés.	Viterbe. . à 14 lieues de Rome. Montefiafcone. près le Lac de Bolfena. Civita-Vechia. très bon Port. Bracchiano. . . fur un lac de même nom. Porto. à l'embouchure du Tibre.	
3°. Le Duché de Caftro.	Caftro. . à 4 lieues de la Mer. Ronciglione. . . fur la Tereia.	
4°. l'Orviétan	Orviéte. près le confl. de la Paglia. & la Chiana Aquapendente. à 4 lieues d'Orviéte. Bagnara. fur le bord de la Mer.	
5°. La Terre Sabine.	Magliano. . . près du Tibre. Tivoli. . . . . fur le Tevérone.	
6°. Le Pérouzin. . . . . . Perouze. . . . . . fur le Tibre.		
7°. l'Ombrie. — C'eft de cette Province que fe tire la terre d'ombre.	Spolette. Capitale d'un Duché, près la Riv. Leffino Foligno. . . . proche le Topino. Affife. . . à 4 lieues de Spolette Nocera. . . . à 7 lieues idem. Todi . . . . . proche le Tibre. Narni, & Terni. fur la Nera	
8°. La Marche d'Ancône. — Cette Province eft abondante en bled, en vins, en chanvre & en cire que l'on	Ancône, Fort fur le Golfe de Venife. Jeſi . . . . fur le Fiumefino. Ofimo . . . . . près le Mufone. Macerata, près le Chiento. Recanati . . . près le Mufone.	

GRANDES PROVINCES.		VILLES &c.	PORTS ET RI...
Suite de la marche d'Ancône.	y blanchit avec beaucoup d'intelligence.	Notre Dame de Lorette, sur le Golfe de Venise. Fermo, à 3. milles du dit Golfe. Montealto, sur le Monico, 4. lieues d'Ascoli. Ascoli . . . près la Rivière de Tronto. San-Severino, près le Sarno, Camerino . . près le Chiento, Tolentino, sur la gauche du Chiento.	
9°. Le Duché d'Urbin.	Il n'y a dans ce Duché que le territoire de Sinigaglia qui soit fertile, aussi produit-il de fort bon vin très estimé.	Urbin . . . entre le Métro & Foglia. Fossombrone, près le Métro, Sinigaglia . . . Port de Mer, Fano . . . . . . sur la Mer, Pezaro, à l'embouchure de Foglia. St. Martin. Capitale d'une petite République à 4. lieues de R... mini & 5. d'U... bin. Elle est sous la protection du St. Siége.	
1°. La Romagne.	Le produit de cette Province est en vins, grains, olives, & lin d'un très beau blanc.	Ravenne, à une lieue du Golfe de Venise. Rimini, sur la côte du dit Golfe. Cesena . . . . sur le Savio, Faensa . . . . sur l'Amone, Forli . . . à 4. lieues de Faensa, Bertinoro . . . . . proche le Bédese, Méeldola, proche le Bédese.	
11°. Le Bolonois.		Bologne, sur le Reno qui communique au Pô. Fort Urbin, sur le Pauaro.	
12°. Le Ferrarois.		Ferrare . . . proche le Pô. Comachio . . . près le Golfe de Venise.	

NOTA. *Le Pape possede, en outre, le Comtat Venaisin, dont les Villes sont indiquées au Tableau des divisions de la France, pag. 64. de cette Partie. Ce Pays est situé entre la Provence, le Dauphiné, la Durance & le Rhône, sa Ville la plus confidérable & la plus commercante est Avignon que l'on trouvera détaillée dans le Dictionnare suivant.*

2°. *DES ROYAUMES DE NAPLES & SICILE*
& de quelques petites Possessions qui en dépendent.

1°. *Du Royaume de Naples.*

CE Royaume porte 120. lieues de longueur sur 40. de largeur & 290. de tour ; il forme une Presqu'Isle qui a pour bornes le Golfe de Venise au Nord, la Mer de Grèce à l'Orient & la Mer de Naples à l'Occident.

Il se divise en quatre grandes Provinces indiquées dans le Tableau ci-après.

Ses productions & son Commerce consistent en une grande abondance de vins, de soies greges & autres, de manne, & de coton, il y a aussi beaucoup d'anis, de coriandre, de raisins secs, de corinthes, de figues & olives, du soufre crû & sur-tout des huiles dont la seule Ville de Gallipoli fait annuellement plusieurs chargemens complets : on y trouve en outre des mines d'alun & de fer, & l'on vient de découvrir tout récemment dans le territoire de Molfetta une abondante mine de sel de nitre dont la qualité ne céde rien à celui de l'Inde.

Toutes ces productions & celles des belles étoffes de soie, qui se fabriquent à Naples, procurent ensemble un Commerce assez confidérable & dont l'exportation se fait par les Ports de Naples & Bari, Villes les plus importantes de ce Royaume, & qu'il est nécessaire de consulter au Dictionnaire qui suit cette première Partie.

TABLEAU DES DIVISIONS ET SOUS DIVISIONS DU ROYAUME DE NAPLES.

PROVINCES.	DIVISIONS.	VILLES &c.	PORTS ET RI…
1°. La Terre de Labour.	1°. La Terre de Labour propre. Elle est en général très fertile, & l'on y éleve de nombreux troupeaux.	Naples. . très beau Port de Mer Pozzuolo. . . . . . . autre Por… Gaëte. . . . . . proche la Mer… Fundi, ou Fondi près du Lac Fond… Aquino. . près le Gariglan… Arpino. à 3. lieues d'Aquino Sora. . . . . . sur le Gariglian… Capoue. . . . . sur le Volturn… Nola, ou Nole. à 5 lieues de Naples. Sorrento. . . . proche la Mer Ischia. . . . { Dans une Isle riche en diverses productions & surtout en mines d'or, de fer & de sable calamite. Capri. dans une Isle à 8 lieues de Naples Portici. (*) à un Mille de la Mer
NOTA. On remarque que les Terres qui avoisinent le fameux Mont Vésuve en reçoivent un sel de Nitre qui leur fait produire les excellens vins Grecs connus sous les noms de Malatesta & Lacryma Christi.	2°. La Principauté Citérieure.	Salerne. sur le Golfe de Salerne Cava. . . . { à 10 lieues de Naples, on y fabrique de très belles toiles. Amalphi sur le Golfe de Salerne Acerno. à 5. lieues de Salerne Campagna, à 1. lieues idem. Policastro, sur le Golfe Policastro.
	& 3°. La Principauté Ultérieure	Benevent, au confluent du Sabaro, & du Colore Marano, sur la Riviere de Sabaro. Ariano, à 6. lieues de Benevent Conza, près des sources de l'Ofanto. Avelino, à 1. mille du Calore.

(*) NOTA. C'est près de cette Ville que l'on a découvert la Ville souterraine d'Herculanum, que l'on croit avoir été engloutie l'an 63. de Jesus-Christ.

PROVINCES.	DIVISIONS	VILLES &c.	PORTS ET RIV.
	1°. Le Comtat de Molise.	Molise, à 9. lieues de Capoue. Trivento . . . sur le Trigno. Larina . . . . proche le Tiferno. Bojano . . . sur le Tiferno.	
2°. l'Abruzze.	2°. l'Abruzze Citérieure.	Chieti, ou Theate . . . . . sur l'Aterno. Lanciano, sur le Torrent de Feltrino. Ortona, Port très fréquenté par les Dalmatiens. Pescara . . . . sur l'Aterno. Sulmona . . . . . sur la Sora.	
	& 3°. La Bruzze Ultérieure.	Aquila . . . . sur l'Aterno. Atri, à une lieue & demie de la Mer Adriatique. Teramo, au confluent des Riv. de Viciola & Tordino. Campoli . . . point de Riviere. Pescina, ou Piscina, à une demie lieue du Lac Celano.	
3°. La Pouille.	1°. La Capitanate Elle possède de bonnes salines dans le territoire de la Ville de Manfredonia.	Manfredonia, Port de Mer. Termoli . . . . . près la Mer. Mont St. Ange, San-Seviero . . . Ferrentino . . . . Tragonara, & Volturara . . . . } Ces Villes ne sont d'aucune conséquence pour le commerce. Lucera . . . . . . à 12. lieues de Manfredonia. Troïa . . . . sur le Chilaro. Ascol, à 15. lieues de Benevent.	
	2°. La Terre de Bari. On trouve près Molfetta une mine de sel de nitre qui est estimé par sa qualité supérieure.	Bari . . . . Port très fréquenté Trani . . . . . . autre Port. Barletta. sur le Golfe de Venise. Bisegli. sur la côte dudit Golfe. Molfetta . . . . sur ladite côte. Giovenasso . . proche la Mer, Bitonto, ou Bitteto. p. de Riv. Gravina . à 13 lieues de Bari.	

PROVINCES.	DIVISIONS.	VILLES &c.	PORTS ET RIV.
Suite de la Pouille.	& 3°. La Terre d'O- trante. Elle procure au commerce de belles laines qui se vendent à Otrante & Ta- rente.	Brindes, sur le Golfe de Venise. Lecce, à 4. lieues dudit Golfe. Otrante. . Port sur ledit Golfe. Galipoli. proche la Mer, à 11 lieues d'Otrante. Uginto. . à 5 lieues de Galipoli. Aleßano. à 7 lieues d'Otrante. Castro. . . sur la côte du Golfe. Tarente. sur le Golfe Tarente. Matera. . . . sur le Canapra	
& 4°. La Calabre.	1°. La Basilicate.	Cirenza, ou Acerenza. sur le Brandano. Venoza. sur une petite Riviere. Potenza . . près les sources du Basiento. Turci . . . près le Golfe Tarente.	
	2°. La Calabre Citérieure.	Cozenza . . . . { sur la Crate & à 12 milles de la mer de Toscane. Roßano. près le Golfe de Tarente. Altelia. . . . . . sur la Sanuto. Longobuco, & Cerenza. point de Rivières &c. Strongoli. . . . près la Mer	
NOTA. Cette Provin- ce produit du safran, du poi- vre, de belles laines, de l'hui- le, de la soie & beaucoup de man- ne la meilleure connue : on pê- che sur ses côtes la moule appel- lée pinne marine dont les écailles font couvertes d'un poil qui imite la soie.	3°. La Calabre Ultérieure. On fabrique à Régio, bas, gants, camisoles &culot- tes de pinnes-ma- rine, espèce de soie que produit un poisson ainsi nommé ci-contre.	Régio. sur le Phare de Messine. Mileto. à 5 lieues de la Riviere de Metramno. Gierazi. . à 3 milles de la Mer. Squillace. sur un Golfe du même nom. Catazaro. près le Golfe Squilace. San Severina. . près la Néto. Cotrone. point de Rivières &c.	

2°. *Du Royaume de Sicile.*

CEtte Isle, une des plus considérables de la Méditerranée, porte aussi le nom de Royaume : elle est située entre l'Afrique & l'Italie dont elle n'est séparée que par le Fare de Messine, Détroit dangéreux par les deux gouffres qui s'y trouvent: il y a au voisinage de Messine un fanal pour éclairer les vaisseaux pendant la nuit.

On donne à la Sicile 66. lieues de longueur, depuis le Faro jusqu'au Cap Boco, & 45 lieues de largeur depuis Punta-Dimelazzo jusqu'au Cap Passaro : elle se divise en trois Provinces, ou Vallées, détaillées au Tableau ci-après.

Le Commerce de cette Isle consiste dans une si grande abondance de grains que ce Royaume est surnommé le grenier de l'Italie, on y recueille ensuite du vin, des fruits de l'huile, du saffran, du miel, de la cire, du coton & de la soie en grande abondance ; on y pêche de très beau corail, & l'on y trouve des agathes, des éméraudes & des mines d'or, d'argent & de fer.

La soie est sa principale richesse, & l'on y voyoit, avant l'affreux désastre du tremblement de terre de 1783, de superbes manufactures en étoffes de cette matiére.

Palerme & Messine sont les Villes le plus commerçantes de cette Isle, elles sont toutes deux comprises dans le Dictionaire suivant que l'on peut consulter à leur égard.

TABLEAU DES DIVISIONS,

de la Sicile.

PROVINCES OU VALLÉES.	VILLES &c.	PORTS ET RIV.
1°. *Vallée de Démona.*	*Messine*, Port célèbre sur le détroit de Messine. *Taormina*, & *Milazzo*, autres Ports. *Randazo* . . . . sur la Cantara.	

PROVINCES OU VALLÉES.	VILLES &c.	PORTS ET RIV
2°. *Vallée de Noto.*	*Catania*, sur un Golfe du même nom. *Augusta*, & *Saragoça*, Port de Mer. *Noto*, Ville peu éloignée de Mer.	
3°. *Vallée de Mazara.*	*Palerme*, au fond du Golfe Palerme. *Montréal* . . . sur un ruisseau qui joint la Mer. *Trapano*, ou *Trapani* Port de Mer. *Mazara*, bon Port à 10. lieues de Trapani. *Agrigento*, ou *Gergenti* à trois milles lieues de la Mer.	
Isles Lipari.	*Lipari*, est la Capitale; il y en six autres appellées Stromboly Panari, les Salines, Vulcano Félicur & Alicur; elles sont tuées dans la Méditerranée & au Nord de la Sicile dont elle sont très voisines.	

3°. *Des Possessions dépendantes des Royaume de Naples & de Sicile.*

C Es Possessions sont l'Etat de Garnisons, ou Présidi, indiqué au Tableau de Toscane, & les Isles de Lipari, dont les plus grandes sont au nombre de six.

    La principale de ces Isles, appellée aussi Lipari, que nous indiquons au Tableau de la Sicile, a environ 6. lieues de tour; elle abonde en fruits, grains, bithumes, soufre & alun.

3°. *Des Etats du Roi de Sardaigne.*

CEs Etats font la Savoye, le Piémont, la Sardaigne, le Marquifat de Montferrat & partie du duché de milan.

Le *Duché de Savoye* situé entre la France & l'Italie, porte 33. lieues de longueur fur 27. au plus de largeur & 95. de tour.

Il eft borné au Nord par le lac de Geneve, à l'Occident par le Rhone, au Midi par le Dauphiné & à l'Orient par le Piémont & le Vallais : fes principales rivieres font l'Ifere, l'Arve & l'Arche.

Ses Productions font en grains pour la confommation du Pays, vins en affez bonne qualité, fur-tout ceux des environs de Montmélian, & l'on y trouve, près Mouftiers, de fort bon fel de foffile.

Pour plus de détail, *Voyez* Chambery au Dictionnaire fuivant.

Le *Duché de Piémont* eft borné au Nord par le Vallais, à l'Eft par les duchés de Milan & de Montferrat, au Sud par le comtés de Nice & l'Etat de Genes, & à l'Oueft par le Dauphiné & la Savoye; Il y a 70. licues du Sud au Nord & 36. de l'Eft à l'Oueft.

Ses principales rivieres font le Pô, le Tanaro, la Doria la Borna & la Sture.

Ses Productions & fon Commerce confiftent en bleds, vins, fruits & huiles qu'on y recueille avec affez d'abondance ; on fait dans le territoire d'Yvrée de très excellens fromages ; on trouve dans les montagnes des mines d'or, d'argent, de cuivre & de fer ; mais le principal Commerce eft en foies réputées être les meilleures de l'Europe par leur fineffe & leur légéreté, auffi les organfins qui en proviennent font très recherchés en France, en Angleterre, en Allemagne & en Hollande ; les huiles du territoire d'Oneille jouiffent auffi d'une grande réputation, *Voyez* Turin pour plus de détail.

La *Sardaigne*, qui donne à son Souverain le titre de Roi, est une Isle de la Méditerranée qui porte environ 58. lieues de longueur sur 30. de largeur : elle n'est éloignée que de 30. lieues des côtes de l'Afrique & n'est séparée de la Corse que par un détroit de 3. lieues de largeur.

Son territoire sans être bien fertile produit cependant un peu de grains, du vin, du miel, de la cire, du cedre, des oranges, des citrons, des olives & sur-tout du sel, qui se tire des salines de Bosa & dont le Port de Cagliary fait son principal Commerce ; cette Isle est en outre assez abondante en pâturage, on y éleve quantité de bétail & particuliérement des bêtes à cornes, elle renferme quelques mines d'or, d'argent & de plomb, & l'on fait sur ses côtes une pêche fort lucrative en sardines, thon & corail.

Voyez Cagliary pour quelqu'autres détails.

Le *Marquisat de Montferrat* est borné à l'Est par le duché de Milan & une partie de l'Etat de Genes, au Nord par le Verceillois & le Canavez, à l'Ouest par le Piémont & au Sud par l'Etat de Genes : sa longueur est de 22. lieues sur une largeur fort inégale.

Son territoire est fertile en bled, vins & huiles, & l'on s'y occupe de la culture de vers à soie.

Enfin les *Territoires détachés du Duché de Milan*, sont au nombre de huit, ils ont pour bornes le Lac majeur & le Tésin à l'Orient, & le Piémont & le Montferrat à l'Occident.

Pour leurs Productions & Commerce, *Voyez* le Duché de Milan.

Quant aux divisions de ces divers Etats, nous les présentons toutes dans le Tableau qui suit.

TABLEAU DES DIVISIONS.
des Etats du Roi de Sardaigne.

ETATS.	DIVISIONS.	VILLES. &c.	PORTS ET RIV.
1°. Duché de Savoye.	1°. Le Genevois.	Annecy	fur le Lac d'Annecy.
	2°. Le Chablais.	Thonon	fur le Lac de Geneve.
		Evian	au bord dudit Lac.
		Ripaille	proche le Lac de Geneve
	3°. Le Faucigny.	Bonneville	fur l'Arve.
		Clufe	.... idem.
		Bonne	fur le Menaoy.
	4°. La Savoye propre.	Chambery	fur les ruiffeaux de Laiffe & d'Albans
		Montmélian	fur l'Ifere.
	5°. La Tarentaife.	Monfthiers ou Tarentafia	fur l'Ifere.
	6°. La Maurienne.	St. Jean de Maurienne.	fur l'Arve.
2°. Le Piémont.	1°. La Principauté de Piémont.	Turin	fur le Pô.
		Yvrée	fur la Doria-Balta.
		Sufe	fur la Doria-Riparia.
		Pignerol	fur le Clufon.
		Chateau Dauphin, à douze lieues de Briançon.	
		Carignan	fur le Pô.
		Savillan	fur le Meira.
		Coni	fur un Canal.
		Mondovi	Proche l'Elero.
		Quierasque	fur le Tanaro.
	2°. Duché d'Aouft.	Aouft, ou Aoft	fur la Doria-Baltea.
	3°. Seigneurie de Verceil.	Verceil	fur la Sesia qui fe jette dans le Pô.
		Biella	proche la Serva
		Mafferan	a huit lieues de Verceil.
	5°. Marquifat de Saluces	Soluces	Près du Pô.
		Carmagnole.	.... idem.

ÉTATS.	DIVISIONS.	VILLES &c.	PORTS ET RIV.
Suite du Piemont.	& 6°. Comté de Nice.	*Nice*, à une demie lieue de l'embouchure du Var. *Villefranche* . . . . Port sur la Méditerranée. *Tende* . . . . . sur la Roja. *Beuil*, ou *Boglio*, sur la Tinna. *Perinaldo* . . . . à sept lieues de Nice. *Gneille* . . . . . . Port sur la côte de Gênes.	
		Monaco, Port sur la côte de Gênes ; cette Ville est capitale d'une Principauté.	NOTA. Quoique cette Principauté soit enclavée dans le comté de Nice, elle n'est nullement dépendante du Roi de Sardaigne, & appartient à un Prince du même nom qui en est le seul Maître & Souverain.
3°. L'Isle de Sardaigne.	Cap de Cagliari.	*Cagliari* . . . . Port de Mer. *Villa de Glésa*, Ville fortifiée. *Oristagny* . . . . Port de Mer.	
	Cap de Lugodori.	*Saſſary* . . . . . Port de Mer. *Algeri* . . . . . sur le bord de la Mer. *Bosa* . . . . . . Port de Mer. *Castro Aragoneſe*, Place forte.	

An Nord-Ouest de la Sardaigne, on trouve l'île Asinara, & au Nord-Est celles de la Magdeléne ; ces dernieres sont très petites.

4°. Marquiſat de Montferrat	NOTA. Au Midi des territoires d'Acqui & Albe est une contrée appellée les Langhes	*Caſſal* . . . . *Acqui* . . . . *Trino* . . . . *Albe*	sur le Pô. sur la Bormia. proche le Pô. sur le Tanaro.

qui comprend 58. Fiefs relévans de l'Empire, que l'empereur a donnés au Roi de Sardaigne en 1735 : quelques Géographes placent cette contrée dans le Piémont, mais on la croit mieux placée dans ce Duché dont elle est très contigue.

ETATS.	DIVSIONS.	VILLES &c.	PORTS ET RIV.
	1°. *Vallée de Sesia.*	*Verallo* . . .	sur la Sesia.
	2°. *Territoire d'Anghierra.*	*Domo d'Osula* . .	sur le Tosa.
		Arona	sur le Lac majeur.
& 5°.	3°. *Le Novarois.*	*Novare*	à cinq lieues de Verceil.
Territoires.	4°. *Le Vigevanasc.*	*Vigevano*	sur le Tésin.
détachés	5. *La Lamnelinne*	*Valence.*	sur le Pô, & proche sa jonction dans le Tanaro.
du Duché	6°. *L'Alexandrin*	*Alexandrie de la Paille.*	sur le Tanaro.
de	7°. *Le Tortonese.*	*Tortone* . . .	sur le Tanaro.
Milan.	*& 8°. Le Pavese.*	*Voghera* . . .	sur le Staffora.
		Bobio	sur la Trebie.

4°. De la République de Venise.

LEs Etats de cette République contiennent en Terre-Ferme 70. lieues de longueur, 38. de largeur & 180. de tour, non compris les côtes d'Istrie, de la Dalmatie & de l'Albanie, qui obeissent en grande partie à cette République & occupent environ 100. lieues de longueur sur une largeur aussi étroite qu'inégale.

Ses Productions & son Commerce consistent en riz, raisins de Corinthe, tartre, crême de tartre, soies, corail, huiles, Olives, laque fine pour couleurs, anis, orpiment, Coriandre, soufre, térébenthine, qui par sa bonne qualité fait une forte branche du Commerce de cette République, savon & acier fin & estimé : Venise, capitale de cet Etat, a un très grand nombre de manufactures & fabriques dont les principales sont en velours & étoffes d'or, d'argent & de soie, glaces de miroirs très renommées, superbes dentelles de fil, gants & bas de soie & divers ouvrages en cristaux & verreries : la Ville de Verone est renommée par ses soieries & plus encore par ses olives ; l'Isle de Chioggia produit beaucoup de sel, ainsi que les marais salans des environs de Capo - d'Istria ; enfin la Province du Bellunese est abondante en mines de fer.

Pour plus de détail, *Voyez* Venise au Dictionnaire suivant.

TABLEAU DES DIVISIONS
de la Seigneurie & République de Venise.

PROVINCES, OU ETATS.	VILLES &c.	PORTS ET RIV.
1°. Le Bergamasc . . .	Bergame . . . . à dix lieues de Milan.	
2°. Le Crémasc . . .	Creme . . . . sur le Serio qui se jette dans l'Adda.	
3°. Le Bressan	Bresse . . . . sur la Gazza Salo . . . . sur le Lac Garda	
4°. Le Verenois . . .	Verone . . . sur l'Adige. Peschiera . . . sur le Lac Garda	
5°. La Polesine de Rovigo	Rovigo . . . . sur l'Adigeto Adria . . . . sur le Tartaro	
6°. Le Padouan	Padoue . . . . sur le Brientc la Bachiglione.	
7°. Le Dogado . . .	Venise . . . . sur le fameux Golfe de même nom. Chioggia . . . sur l'Adige & le Pô.	
8°. Le Vicentin . . .	Vicence . . . sur le Bac chiglione.	
9°. Le Trévisan	Trevise . . . . sur la petite Riviere de Sile.	

10°. Le

PROVINCES, OU ETATS.	VILLES &c.	PORTS ET RIV.
10°. Le Feltrin	Feltre	fur l'Afona.
11°. Le Bellunefe	Bellune	fur la Piave.
12°. Le Cadorin	La Pieve de Cadore, fur la Piave.	
13°. Le Frioul	Udine . . . . . . fur le Taglimento & le Lifonzo. Palma-Nova, Port près l'embouchure du Lifonzo. Grado . . . . . . dans l'Ifle Grado.	
14°. L'Iftrie	Capo - d'Iftria, dans le Golfe de Triefte. Citta - Nuova, très bon Port de Mer. Pola . . . . . . fur un Golfe.	

NOTA. Cette République a auffi plufieurs Villes en Dalmatie, & les Ifles de Carfou, Ste. Maure & Céphalonie; dont nous rendons compte au Tableau de la Turquie Européenne.

5°. De la République de Genes.

CEt Etat ne confifte que dans la côte de Genes & l'Ifle de Caprala.

La côte de Genes, située fur la Mer méditerranée, a 46. lieues au plus de longueur fur une largeur fort inégale qui va de 6. à 11. lieues; elle eft bordée d'une baye dont la configuration longue & étroite lui fait donner le nom de riviere.

Cette République eft très commerçante par fes grandes relations avec le Levant & la Sicile: des foies de cette derniere Ifle, elle en fabrique de fuperbes étoffes & particulièrement des velours les plus eftimés de l'Europe; elle travaille beaucoup en coton de Smyrne & ce qu'elle ajoute au Commerce, en productions de fon crû, confifte en vins délicats, riz, amandes, citrons & limons, figues, parfums & favon très eftimés, & très beaux marbres, fur-tout le blanc dont il y a plufieurs carrieres aux environs de Genes, cette Ville, que l'on peut confulter au Dictionnaire fuivant, fait auffi un fort Commerce en alun, tartre & crême de tartre d'Italie, bas, gants & autres articles en foieries de fes propres fabriques & fur-tout beaucoup d'huile d'olive & de papier dont on fait affez de cas.

L'Ifle de Capraia, fituée au Nord de celle de Corfe, qui en étoit dépendante avant la ceffion de cette derniere à la France, eft de peu de conféquence, quoiqu'elle porte un circuit de 4. lieues de tour : la capitale, du même nom, eft à 38. lieues de Genes : cette Ifle a les mêmes productions que celle de la Corfe que l'on peut confulter à cet effet.

TABLEAU DES PRINCIPALES VILLES
de la République de Genes.

CÔTES.	TITRES.	VILLES &c.	PORTS ET R...
Riviere du Ponent ou Côte Occidentale.	Archevêché de ...	Genes ...	Port célèbre, très fpacieux, la Méditerranée
	Evêché de ..	Savone,	Port prefque détruit
	Evêché de ..	Noli ...	Bon Port.
	Marquif. de	Final, & Albenga,	fur la Côte
		Genes.	Port à l'emb...
	Evêché de ..	Vintimille .	la Rota dans la Méditerranée
Riviere du Levant ou Côte Orientale.	à l'Orient de Genes, eft au N.-E. de Porto-Fino eft	Porto-Fino .	Port fur la Méditerranée.
		Rapallo . .	fur le Golfe Rapallo
	Evêché de ..	Brugneto .	fur la Voir...
	Ces Villes quoique fortifiées font cependant commerçantes.	Porto-Aenere,	à l'entrée du Golfe Specia.
		Sarazana	Port fur la Méditerranée

6°. *Du Duché de Toscane.*

CE Duché porte 53. lieues de longueur fur 35. de lar-
geur & environ 130. de circonférence : il a pour bornes la
Romagne, le Bolonefe, le Modenois & le Parmefan au
Nord ; la Mer méditerranée au Sud ; le duché d'Urbin,
le Pérugin, l'Orviétan, le Patrimoine de St. Pierre & le
Duché de Caftro à l'Eft ; & la Mer, la République de
Genes & l'Etat de Lucques à l'Oueft.

Il comprend différens Etats indiqués dans le Tableau
ci-après.

Sa principale riviere eft l'Arno, qui eft indiquée au
Chapitre huit de cette Partie.

Ce Duché eft riche en toutes Produttions : fes montagnes
renferment des mines d'argent, d'airain, d'alun & des carrieres de marbre & de Porphyre ; fon territoire eft par tout
abondant en grains, vins, oranges, citrons & autres fruits ;
& fes fabriques procurent de riches étoffes, draps & brocards d'or, d'argent & de foie, des fatins de toutes couleurs, des raz de foies, armoifins, moires & taffetas ; on
trouve à Florence & Livourne, Villes les plus commerçantes & les plus confidérables de cet Etat, des foies
crues & preparées, des laines de Pouille tant en fuin que
lavées, de l'or en trait & filé en bobines, diverfes étoffes
de laines ; enfin des huiles, de l'encens, du corail & divers articles des Produttions du Levant.

Pour plus de détail, *Voyez* Florence & Livourne au
Dittionnaire de la feconde Partie.

TABLEAU DES ETATS,
du Duché de Tofcane.

ETATS.	VILLES &c.	PORTS ET RIV
1°. *Le Florentin.*	*Florence* . . .	fur l'Arno.
	Piftoye	proche la Stella.
	Fiezole . . . à 2. li. de Florence.	
	Monte Pulciano, à 10. lieues de Sienne.	
	Cortone, à 4. milles du lac Peroufe	
	Brogo . . . . . fur le Tibre.	

ÉTATS.	VILLES &c.	PORTS ET RIV.
2°. Le Pifan.	Pife . . . . Bon Port fur l'Arno. Livourne Port fur la Méditerranée. Volterra, à 12. li. de Florence.	
& 3°. Le Siennois.	Sienne. à 12. lieues de Florence. Pienza, à 10. lieues de Sienne. Chiuzi, . . . proche le Chianois. Maffa & Groffetta proc. la Mer.	
4°. État des Garnifons NOTA. Cet État appartient au Royaume de Naples.	Orbitello . . . . | près l'Albegna. Telamone, petit Port à l'embouchure du Torrent d'Offa. Porto-Hercole, Port prefq. rempli.	
2°. Principauté, Piombino, Cet État à fes Princes particuliers fous la Protection du Roy de Naples qui peut mettre Garnifon dans la Forterefse.	Piombino, fur la Mer de Toscane. Porto-Longone } Ports dans Porto-Ferraio. } l'Ifle d'Elbe.	
3°. La République de Lucques. NOTA. 2. L'Article X. des Régions d'Italie nous parlerons de cette petite République.	Lucques . . . . fur le Serchio. Viga-Reggio. . Bon Port.	

Etats enclavés dans le Duché de Toscane.

7°. Des Duchés de Milan, Mantoue &c. ou Provinces qui dépendent de la Maifon d'Autriche.

CEs Provinces font les Duchés de Milan & de Mantoue & Partie de l'Istrie : nous allons traiter fuccintement de chacune.

Le *Duché de Milan* eſt borné au Nord par les Suiſſes & Griſons, à l'Eſt par la République de Veniſe & les Duchés de Parme & de Mantoue, au Sud par le dit Duché de Parme & l'Etat de Genes, & à l'Oueſt par les Duchés de Savoye & de Montferrat : on lui donne environ 27. lieues de longueur ſur 20. de largeur.

Son territoire eſt fertile en bleds, riz, vins, huiles, fruits, ſoies, beſtiaux, cire, miel, Marbres ſuperbes, fromages dits de Parmeſan qui ſe tirent de Lodi, & l'on trouve dans Milan, Ville capitale de ce Duché, de nombreuſes & ſuperbes manufactures & fabriques de galons & broderies d'or & d'argent, des étoffes de ſoies de toutes eſpeces & ſur-tout de magnifiques velours à fleurs ; & l'on s'y occupe fortement de la filature, de la ſoie pour les trames & l'organſin. *Voyez* Milan, pour plus de détails au Dictionnaire de la ſeconde Partie.

Le *Duché de Mantoue* eſt ſitué le long du Pô, qui le coupe en deux Parties ; Il eſt borné au Nord par le Véroneſe ; au Sud par les Duchés de Reggio, de Modene & de la Mirandole ; à l'Eſt par le Ferrarois & à l'Oueſt par le Cremonois : il a 20. lieues de long, ſur 11 de large & 45 de circuit.

Ses Productions & ſon Commerce ſont de peu d'importance, cependant on y fait de belles éleves de beſtiaux & l'on y recueille du bled, des fruits & des très bons vins.

Voyez Mantoue pour plus de Détails ou de Renſeignemens.

La *Partie de l'Iſtrie*, que poſſéde la Maiſon d'Autriche, ſans être conſidérable eſt cependant très précieuſe pour le Commerce & la Navigation que ſes Ports procurent ſur la Méditerrannée ; & elle fournit d'ailleurs quantité de bois de conſtruction pour la marine de cette contrée : ſon Commerce, aſſez floriſſant, ſe fait par les Villes de Trieſte & de Fiume dont nous traiterons dans le Dictionnaire de notre ſeconde Partie. Cette Province eſt percée de grandes routes qui, par leur communication avec Vienne, & Carlſtadt en Hongrie, lui procurent un Commerce de Terre très actif ; elle a de plus un Port appellé Porto-Ré qui peut contenir 20. vaiſſeaux de guerre ſur une ſeule ligne.

Les Diviſions de ces Etats ſont indiquées dans le Tableu ſuivant.

TABLEAU DES DIVISIONS,
des Duchés de Milan & de Mantoue.

ETATS.	DIVISIONS.	VILLES &c.	PORTS ET RIV.
Duché de Milan.	1°. *Milanez*	*Milan* . . . . . sur deux canaux qui joignent l'Adda & Teſſin.	
	2°. *Comasc*	*Côme* . . . . sur un Lac du même nom.	
	3°. *Cremoneſe*	*Cremone* . . . . . . sur le Pô.	
	4°. *Paveſan*	*Pavie* . . . . . sur le Teſſin.	
	5°. *Lodeſan*	*Lodi* . . . . . . sur l'Adda.	

NOTA. On a vu au Tableau des Etats du Roi de Sardaigne le détail des Etats que ce Prince poſſede en ce Duché, ainſi nous croyons inutile de les répeter ici.

ETATS.	DIVISIONS.	VILLES &c.	PORTS ET RIV.
Duché de Milan.	NOTA. Les Villes ci-contre ſont les capitales de tous petits Etats particuliers.	*Mantoue* . . . au milieu d'un Lac de la riviere de Mincio.	
		Caſtiglione . . . . à huit lieues de Mantoue.	
		Solfarino . . . . . près Caſtiglione.	
		Bozzolo . . . . . à ſix lieues de Mantoue.	
		Sabionetta . . . . à 6 lieues de Parme.	

8°. *Du Duché de Parme.*

CE Duché contient ceux de Plaiſance & de Guaſtalle, ainſi que le Marquiſat de Buſſeto.

Le Duché de Parme eſt borné au Nord par le Pô au

Sud par la Toscane, à l'Est par le Duché de Modène, & à l'Ouest par le Duché de Plaisance : il porte 18 lieues de longueur sur 10. de largeur.

Celui de Plaisance est borné à l'Est par le Duché de Parme, au Sud par l'Etat de Gènes, au Nord à l'Ouest par le Duché de Milan : il a 15. lieues de long, sur 12 de large.

Le Duché de Guastalla & le Marquisat de Busseto sont très peu conséquens, quoiqu'ils ayent quelques Villes indiquées, ainsi que celles des deux premiers Duchés, dans le Tableau ci-après.

Tous ces Etats sont très fertiles en bleds, vins excellens, bon pâturages & par conséquent beaucoup de bestiaux, fruits, soies crues & fromages très estimés dont Parme fait de forts envois pour la France : *Voyez* cette Ville au Dictionnaire de la seconde Partie.

TABLEAU DES DIVISIONS
du Duché de Parme.

DIVISIONS OU TITRES.	VILLES &c.	PORTS ET RIV.
1°. *Duché de Parme.*	*Parme*	sur le Parma.
	Colorno . . . ,	proche le Po.
2°. *Duché de Plaisance.*	*Plaisance,* au conf. du Po & la Trebia.	
	Borgo-di-Taro, point de riv.	
3°. *Marquis. de Busseto.*	*Busseto* . . .	proche le Po.
	Borgo-san-Donino, à 5. lieues de Parme	
4°. *Duché de Guastalla.*	*Guastalla* . .	près le Po.
	Luzarra, sur la petite Riv. de Crostolo; & près son embouch. dans le Po.	

9°. Du Duché de Modène.

CE Duché, qui comprend plusieurs petits Etats détaillés au Tableau ci-après, est borné à l'Occident par le

Duché de Parme, au Midi par la Toscane & la République de Lucques, à l'Orient par l'Etat eccléfiaftique, &
au Nord par le Duché de Mantoue : il a 24 lieues de longueur fur 17. de largeur & 70. de tour.

Il produit du bled, du vin, de bons pâturages, un peu
de foie & de très beaux marbres qui fe trouvent dans la principauté de Maffa : *Voyez* Modene au Dictionnaire fuivant.

TABLEAU DES ETATS,
du Duché de Modene.

ETATS.	VILLES CAP.	PORTS ET RIV.
1°. *Duché de Modene*		fur un Canal entre la Sec-chia & le Parano.
2°. *Principauté de Carpi.* . . .		à 3. lieues de Modene.
3°. *Principauté de Reggio.* . . .		à 6. lieues idem.
4°. *Principauté de Corregio* . . .		à 3 lieues & demi de Reggio
5°. *Duché de la Mirandole* . . .		à 7. lieues de Modene.
6°. *Principauté de Novellare.* . .		à 7. lieues de Parme
& 7°. *Principauté de Maffa.* . . .		à une lieue de la Mer elle eft renommée par les Marbres.

10°. De la République de Lucques.

CEtte République eft située entre le Modenois & la
Toscane, elle a 12. lieues de longueur fur 9. de largeur,
& 24 de tour : elle n'a que deux Villes commerçantes qui
font Lucques & Viga-Reggio, nous traiterons de la 1re
au Dictionnaire de la feconde Partie.

Le territoire de cette République eft auffi fertile que
bien cultivé ; il abonde en olives, bled, foies, châtaignes,
millet, lin, huile, cire, miel & beaucoup de légumes que
l'on nomment lupins & faféoles, les premiers font des pois
ameres & les feconds des haricots.

11. De

11°. *De la République de St. Marin.*

CEtte République est enclavée dans le Duché d'Urbin, indiqué au Tableau de l'Etat Ecclésiastique, elle est très petite & ne comporte que deux lieues de long sur une & demie de large. Elle n'intéresse nullement le Commerce par ses Productions qui sont pour ses propres besoins, sauf un peu de soie dont elle fait la vente à Sinigaglia, Port situé dans le susdit Duché d'Urbin.

12°. *De l'Isle de Malthe.*

L'Isle de Malthe est située dans la Méditerranée entre l'Afrique & la Sicile dont elle n'est éloignée que de 15 lieues ; elle porte 7. lieues de longueur sur 5. de largeur & 25 de tour : elle a pour dépendances les Isles St. Michel, ou de la Sangle, Gazzo & Comino ; ces dernieres sont très voisines de celle de Malthe.

Ses Principales Villes sont Malthe, que nous indiquons au Dictionnaire de notre seconde Partie ; & Medina, ou la Citta-Vechia, qui est au milieu de l'Isle.

Toutes ces Isles produisent peu de bled, qu'elles sont obligées de tirer de la Sicile, mais on y recueille de l'avoine, de très beau raisin, du millet, du coton que l'on y file avec art, du cumin, du miel, de la cire & un peu de soie.

13°. *De la République de Raguse.*

CEtte République, dont les principaux Lieux sont indiqués au Tableau de la Turquie Européene, article de Dal-

matie, eſt ſituée ſur les côtes du Golfe de Veniſe, &
porte 22. lieues de longueur ſur 3. de largeur.

L'Iſle de Meleda qui en dépend porte 10. lieues de long
ſur environ 2. de large : Les petites Iſles de la Guſta, de
Gazza & de Cazolo ſont auſſi dépendantes de cette République.

Les Productions de ces Poſſeſſions conſiſtent en quelque
peu de grains, bons pâturages, vins délicats, oranges, citrons & fruits délicieux, olives, miel, cire & ſoies.

La proximité de Raguſe, Port & Ville capitale de cette
République, avec les Provinces de la Turquie Européenne
lui procure un Commerce direct de pluſieurs articles du Levant, ce qui doit la faire conſidérer comme Ville commerçante.

14°. & 15°. Des Principautés de Monaco
& de Piombino.

CElle de Monaco, compriſe au Tableau des Etats du Roi
de Sardaigne article du Comté de Nice, eſt ſituée ſur les
côtes de la riviere de Genes entre Nice & Vlutimite ; elle
a pour principaux Lieux, la Ville & le Port de Monaco
& Lebourg de Manton.

Celle de Piombino, compriſe au Tableau du Duché de
Toſcane, eſt ſituée ſur les côtes de ce Duché : ſes principales Villes ſont Piombino, Porto-Longono & Porto-Fer-
raio, qui ont chacune un Port.

Leur Commerce eſt peu conſéquent, ainſi que leurs Productions qui ſe conſomment tant ſur leurs territoires que
dans leurs voiſinages, cependant Piombino fait un aſſez fort
Commerce en fer.

& 16 De l'Iſle de Corſe.

CEtte Iſle, cédée à la France par les Génois en 1768
(& dont les principaux Lieux ſont indiqués dans le Ta-

bleau fuivant) porte 28. de longueur fur 12. de largeur & 68 de tour : elle eſt ſituée dans la Méditerranée & a pour bornes la Mer de Ligurie, & le Golfe de Genes au Nord, la Mer de Toſcane à l'Orient, au Midi un Détroit, de 10. milles de longueur, qui la ſéparent de l'Iſle de Sardaigne, & la Méditerrance en baigne la côte Occidentale ; enfin elle eſt entrecoupée de pluſieurs Lacs dont les principaux ſont Ino, Crena, Biguglio & Stagno-di-Diana.

Son Commerce commence à devenir floriſſant, il conſiſte en quantité de beſtiaux, & ſur-tout en chêvres ; vins, dont les préférés ſont ceux de Capo-Corſo qui approchent des qualités du Malaga & de Frontignan ; huiles très bonnes, miel, cire, ſoies, ſel que les bords du Lacs Stagno-di-Diana produiſent en abondance, ſans préparation & cependant d'une qualité eſtimée ; châtaigne, raiſins, oranges, amandes & fruits divers ; bois de boue, de chêne & pins : on y trouve du corail & pluſieurs mines & carrieres aſſez précieuſes en plomb, fer, cuivre, argent, porphires & beaux marbres de différentes eſpeces : les fabriques & manufactures commencent à s'y élever, la plus remarquable eſt celle de Fuſils & de Piſtolets dont le travail eſt eſtimé ; il y a des moulins à poudre, des foulons pour draps encore groſſiers, mais que l'on s'occupe de rendre plus beaux ; enfin la Ville de Corté poſſéde une très belle Imprimerie : *Voyez* d'ailleurs Baſtia au Dictionnaire de la ſeconde Partie de ce Volume.

TABLEAU DES DIVISIONS
de l'Iſle de Corſe.

DIVISIONS.	VILLES &c.	PORTS ET RIV.
Cette Iſle ſe diviſe en quatre Parties principales, ſavoir :	*Boniface* . . . . Port de Mer.	
	Adiazzo . . . autre Port ſur le le Golfe Adiazzo.	
	Sagona, Ville preſque détruite	
Au Sud . . . La côte de-là les Monts.	*Corté* . . . . . à onze lieues de Baſtia, dans les Terres.	
A l'Oueſt . . La côte de dehors.	*Accia* . . . . . Ville preſque détruite.	
A l'Eſt . . . La côte de dedans.	*Cavi*, ou *Calveſi*, Port ſur le Golfe Cavi.	
Au Nord . . . La côte de-ça les Monts.	*La Baſtie*, ou *Baſtia*, Port de Mer.	
	San-Fiorenzo, autre Port.	

N 2

ARTICLE XV.

De la Turquie Européene,
ou derniere Région des Contrées de l'Europe.

CEtte Partie de l'Empire Ottoman est située entre les 34me. & 46me. degrés de longitude & entre les 36me. & 49me. de latitude.

Sa longueur du Midi au Septentrion, est de 250. lieues & sa largeur de l'Orient à l'Occident, est de 180. lieues; elle est bornée à l'Occident par le Golfe de Venise, au Midi par la Méditerranée, à l'Orient par la Mer noire, celle d'Azof & le Fleuve Don, & au Nord par la Hongrie, la Transilvanie & la grande Russie.

Elle se divise en deux Parties dites Septentrionale & Méridionale, cette derniere comprend la Terre Ferme & les Isles de la Gréce ainsi qu'on le peut voir par le Tableau qui va suivre.

Enfin les principales Rivieres, ou Fleuves, sont: le Don, le Danube & le Mariza (que l'on trouvera indiqués au Chapitre 8. de cette Partie.

Productions Locales & d'Industrie,

de la Turquie d'Europe.

Toutes les Nations qui commercent avec la Turquie & les diverses Echelles du Levant en retirent des Laines superbes dites pelades & tresquilles; du coton filé extrêmement recherché, des soies en toutes qualités, dites ardasses ou communes, ardassines ou ablaques, & scerbassi tres belles soies de Perse; poils de chameau & de chévre; cire blanche & jaune; noix de galle; peaux de bufles de bœufs & de vaches, apprêtées & en poils; laines de caramanie; magnifiques toiles de coton & mousselines; cendres dites pataches ou potasses; fil tres beau; ambre; musc & diverses drogues medicinales; excellent & renommé caffé moka; nacre de perles, liqueurs extraites de suc d'herbes qui se tirent de Zara en Dalmatie, leur qualité peu connue en Europe est cependant aussi salutaire qu'agréable; vins délicieux que l'on nomme malvoisie parcequ'ils proviennent du territoire de Napoli - de - Malvasie en Morée; sel, grains, huiles, soies, laines & miel excellent de l'Isle de Candie, coton de Negrepont, superbes marbres de l'Isle de Paros, souffre de l'Isle Milo, qui procure en outre à la Turquie quantité de fer dont elle a des mines abondantes &c. *Voyez* pour plus de détails, au Dictionnaire de la seconde Partie, les Villes de Constantinople, Smyrne, le Caire &c. Elles sont des plus Commerçantes de cette contrée, & elles réunissent aux Productions de la Turquie, celles de la Perse & de la Barbarie.

TABLEAU DES DIVISIONS,
de la Turquie Européene.

PROVINCES ET DIVISIONS.		VILLES &c.	PORTS ET RIV.
1°. La petite Tartarie.	Indépendamment des lieux déja cités à la Russie, la petite Tartarie renferme aussi ci-contre.	Or-Precop, dans l'Isthme de ce nom. Baluclawa ou Jambol... Crim, ou Crimenda...	Port sur la Mer noire. sur la Gernkelu.
2°. La Bessarabie.		Oczakow, à l'emb. du Dniéper. Bialogrod, ou Akerman, sur la Mer noire. Bender....	sur le Niester.
3°. La Moldabie.		Jassi..... Choczin... Soczova...	près le Pruth. sur le Niester. sur le Sereth.
4°. La Valaquie.		Tergovisck... Bukorest...	sur le Jalonitz. sur la Dembrochtwitz.
5°. La Croatie.	Croatie Autrichienne.	Carlstad... Sissek.... Segna, proche le Golfe de Venise.	sur le Kulp. sur la Sava.
	Croatie Turque.	Wihitz ou Bihacz....	dans une Isle formée par l'Unna.

TURQUIE SEPTENTRIONALE.

PROVINCES ET DIVISIONS	VILLES &c.	PORTS ET RIV
9° La Bulgarie.	Sophie . . . . sur la Bojana Vidin, & Nicopoli, sur le Danube. Varna, & Mangalia, sur la Mer noire Silistrie . . . . près du Danube	
& 10°. La Romanie. * Nota Ce Détroit fait la communication de l'Archipel à la Mer de Marmora, il est defendu par les deux Châteaux des Dardanelles situés l'un en Europe & l'autre en Asie. Celui d'Europe se nomme Rumélie & l'autre Natolie	Constanti-nople. Andrinople . Philipopoly . Trajanopoly Galipoly . . .	Port, immense & le plus beau de l'univers, situé sur un détroit qui joint la Mer Marmora à la Mer noire. sur la Marize . . . . Idem . . . . idem sur un détroit du même nom. (*)
La 1°. **Terre-** **Ferme,** **de** **Grèce.**	**1°. La Macé-doine, ou le Comenolitari** / *Jambol.*	Salonique, au fond du Golfe Salonique. Philippi, près le Golfe Contessa Contessa ou } à l'emb. de la Stremona . . . } Riv. de Marmi Libanova, à quelque distance du Golfe Contessa. Monte-Santo ou } sur un Golfe du Mont-Athos } même nom.
	Laveria.	Jenizza, au fond du Golfe Salonique Ocrida, ou } sur le Lac Giustandil . . . } d'Ocrida.
	La Jarina	Janna, ou } au milieu d'un Jannina . . . } lac. Larissa . . . sur la Pénée. Forsa, proche le Golfe de Vale

PROVINCES. ET DIVISIONS.	VILLES &c.	PORTS ET RIV.
6° La Dal-matie. 1°. *La Dalmatie Venitienne.*	*Zara* . . Port proche la Mer. *Nona* , sur le Golfe de Venise. *Sebenico*. . | . . . . idem. *Spalatro*. . . | Port de Mer. *Salona* , Ville presque détruite. *Cataro* , sur le Golfe Cataro.	
2°. *La Dalmatie Turque.*	*Mostar*. . . . | sur la Narenta. *Narenta* , sur le Golfe de Venise *Redine* , près du susdit Golfe. *Tredbigno*, sur la Trebinske. *Antivari*. proche un bon Port.	
3°. *La Dalmatie Ragusienne.*	*Raguse* . . . Port de Mer. *Stagno* pet. Port sur le Gol. de Veni. *Isles de* { *Meleda* } dans le { *Agosta*. } dit Golfe.	
4°. *Diverses petites Isles situées le long de Dalmatie qui toutes appartiennent aux Venitiens.*		
7°. La Bosnie.	*Banialuc* ou } *Bagnaluc* . . } sur la Pliva. *Jaicza*. . . . . . sur la Plina *Bosna-Serai* , sur le Migliataska *Orbach* , Ville assez commerçante *Cornich* , ou } Ville forte mais *Yvornick* . . } très peu commer-çante.	
8° La Servie.	*Belgrade* . . . sur le Danube. *Semendrie*. . . . . . . idem. *Passarowitz*. . sur la Morave. *Nissa*. . . . . . sur la Nissava. *Jenibaar*. . { à quelque distan-ce de la Nissava. *Uscopia* . . . sur la Veratazer.	

SUITE DE LA TURQUIE SEPTENTRIONAL.

PROVINCES ET DIVISIONS		VILLES &c.	PORTS ET RIV.

TURQUIE MÉRIDIONALE.

Suite de la Terre-Ferme de Grèce.

2°. l'Albanie.

Haute.

Ville	Description
Scutari	fur le Lac Zent
Croia,	près le Golfe de Veni
Durazzo	Port fur le Golfe.
Lavalonna	autre Port Mer.

Basse.

Ville	Description	
Delvino,	à quelque distance de Chimera,	Na. de villesloi à la Tu quie
Chimera	Port de Mer	
Butrinto,	Port de Mer	Ca. Villes fontan
Larta	fur le Golfe Larta.	Vent tien
La Preveza	idem.	

3°. La Livadie.

Ville	Description
Livadia	Le territoire cette est très f tile en laines bled & riz
Atina, ou *Setines*	fur le Gol. d'E gia
Thiva ou *Stives*	entre deux tes Rivieres
Lepante	à l'entrée du Golfe du mê nom de Lépant

& 4°. La Mórée.

Ville	Description
Coranto, ou *Corinthe*,	l'Ifthme Corinthe.
Patras	fur le Golfe Patr
Modon	Port de Mer
Coron	fur le Golfe Coron
Mistra	fur le Vasilipota
Leontari	à la fource la riviere Rifo.
Napoli de Malvasie,	Po de Mer.
Napoli de Romanie,	Port fond d'un Golfe.
Argo	fur la Plani

PROVINCES OU DIVISIONS.	VILLES &c.	PORTS ET RIV.
2°. Isles de la Grèce. — Isles de la Mer Jonique.	1°. Isl. de Corfou	Port de Mer.
	2°. Isle St. Maure	Rade.
	3°. Isl. Cephalonie	Port de Mer.
	4°. Isle Zante	Port de Mer.
	5°. Isle Cérigo, elle appart. aux Venitiens	
Isles de l'Archipel.	1°. Isle de Candie : Candie, La Canée, Retimo, Sitia, proche le Golphe Sitia.	Ces Villes ont chacune un Port
	2°. Isle Negrepont	sur la Mer.
Isles Cyclades.	1°. Isle Andros	sur la Mer.
	2°. Isle Tine	elle appart. au Venit.
	3°. Isle Naxie	Ces Isles sont en
	4°. Isle Paros	face l'une de l'autre sur la Mer.
	5°. Isle Milo	proche la Mer.
Isles Sporades.	1°. Isle Stalimene	proche la Mer.
	2°. Isle Sciro	Port de Mer.
	3°. Isle Coulouri	dans le Golfe d'Engia.
	4°. Santorin ou Santorini. Cette Isle, dont Scaro est la principale Ville, produit beaucoup d'orge, de coton, des vins très bons, & des pierres de ponce : elle a 3. li. de long fur 3. de large.	Près de Santorini font quatre Isles très petites qui fe font élevées du fein de la Mer.

CHAPITRE IV.
de l'Asie.

❧━━━━━━━━━━━━━━━❧

CEtte seconde Partie de la Terre est bornée au Nord par la Mer Glaciale; à l'Orient par l'Océan Oriental qui fait partie de la Mer du Sud, & par un Détroit qui la separe de l'Amérique; au Midi par la Mer des Indes; & à l'Occident par l'Europe & l'Afrique : elle s'étend, depuis Malaca, qui est la Partie la plus méridionale de son continent, c'est-à-dire, du 2me. au 73me. dégré de latitude & du 43me. au 205me. de longitude, ensorte qu'elle a 2300 lieues de longueur sur 1500 de largeur : elle se divise en plusieurs Régions qui sont : 1°. La Turquie Asiatique. 2°. l'Arabie. 3°. l'Armenie. 4°. La Perse. 5°. l'Inde qui a plusieurs divisions. 6°. La Grande Tartarie. 7°. la Chine. 8°. Le Japon. 9°. La Géorgie. 10°. Le Mogol, & 11°. La Natolie : toutes ces Régions ont ensuite leurs divisions particulieres dont nous rendrons compte ci-après.

Ses Isles sont Ceylan, Sumatra, Bornéo, Java, les Philippines, les Marianes, les Molucques, la Sonde, les Maldives & les Celebes.

Enfin ses principaux fleuves sont le Tigre, l'Euphrate, le Gange; l'Inde, ou l'Indus; le Hoan ou la Riviere jaune; le Kien, ou la Riviere bleue; l'Oby, le Lenea & Jenisea : Voyez à cet égard la Table Géographique qui forme le huitieme Chapitre de cette Partie.

Quant à ses Productions nous en dirons un mot à chacune de ses principales Régions ou Contrées.

═══════════════════════════════

DESCRIPTIONS, DÉTAILS, ET DIVISIONS DES RÉGIONS DE L'ASIE.
ARTICLE I.
De la Turquie Asiatique.

❧━━━━━━━━━━━━━━━❧

CEtte Contrée d'Asie s'étend du 43me. au 67me. dégré de longitude, & du 30me. au 47me. de latitude : elle a environ 400 lieues de longueur sur près de 300 de largeur.

& fe divife en plufieurs Parties que nous allons indiquer par un Tableau particulier. (*)

Ses Productions Locales & d'Induftrie font immenfes, elles alimentent en grande partie le Commerce du Levant auquel elles procurent des cuirs, des marroquins fuperbes & de diverfes couleurs, des tapis & étoffes de foies de Perfe, des camelots de poil, de chèvres, des toiles de coton, du poil de chèvre non ouvré, des vins délicieux & dont les plus renommés font ceux de Tocat & de l'Ifle de Chypre ; d'excellentes piftaches qui fe tirent d'Alep, de très bons fruits, des dattes, diverfes épiceries & drogues médicinales, de très beau coton fort recherché, de la noix de Galle, de bon favon, des cannes de fucre, des figues, des olives & grenades du territoire d'Alep ; quantité de fuperbes foies, des fabres de Damas dont les lames font d'un mérite qui ne peut s'égaler ; de très beaux marbres des Ifles Métélin & Schio ; du vin muscat, de la térébenthine & du maftic de cette derniere Ifle ; de la coloquinte, du vermillon, du ftorax, de la cire, du ladaunum, forte de gomme réfineufe, & de la poudre de Chypre qui fe tire de la Ville de Nicodie Capitale de la Chypre : enfin tous les articles de la Perfe & partie de ceux de l'Inde, fe joignent aux Productions ci-deffus pour accroitre le Commerce de cette Contrée qui fe fait avec prefque toutes les nations Européenes, & dont l'importation comme l'exportation n'ont lieu que par Mer.

Pour plus de détails, *Voyez* Smyrne, Alep & Tripoly &c. au Dictionnaire qui forme notre feconde Partie.

(*) NOTA. Nous cefferons, après ce Tableau, de donner de femblables diftributions aux Etats des autres Contrées de la Terre, pour ne pas nous écarter plus longtems de notre Plan, & il y fera fuppléé par l'indication, toute fimple, des Villes les plus commerçantes de chaque Etat.

TABLEAU DES DIVISIONS,
de la Turquie d'Afie.

DIVISIONS	GOUVERN.	VILLES &c.	PORTS ET RIV
1°. La Natolie.	1. Capitan-Pacha.	Is-Nikmid . . .	bon Port.
		Is-Nik . . .	Ville peu commerçante.
		Smyrne, ou Ismir.	Port célebre.

DIVISIONS.	GOUVERN.	VILLES &c.	PORTS ET RIV.
Suite de la Natolie.	2°. *Anadoli* ou *Kutaih*.	*Kutaye*, ou *Chioutaye*, sur le Purfack. Eski-Hissar . . . . sur le Purfack. *Berroufah*, ou *Burse*, près du Mont-Olympe. *Ankarah*, ou *Angora*	Célèbre par les camelots & poils de chèvre.
	3°. *Sivas*.	*Sivas* . . . . . à dix-huit lieues de Tocat. *Tocat* . . . . . . sur le fleuve Tonsanla. *Amafie* . . . . . près la rivière Cafalmach.	
	4°. *Trébifonde*.	*Trébifonde* . . . . . Port fur la Mer Noire. *Kerafoun*, ou *Cruerehfin*	autre Port idem.
	5°. *Caramanie*.	*Konieh*, ou *Cogni* . . . . *Kaifarieh* . . . . près du Mont Ardgeh.	peu de Commerce.
	6°. *Marasch* ou *l'Aladulie*.	*Marasch* . . . . . à 18. lieues d'Alexandrette. *Malatiah* . . . . sur l'Arzu. *Semifat* . . . . sur l'Euphrate. *Aintab* . . . . . peu commerçante.	
	7°. *Adana*.	*Adana* . . . . . à quatre milles de la Méditerranée. *Anazarb* . . . . . sur le Dgeihan. *Meffis*, ou *Maffiffah*, idem. *Aias*, & *Paias*, Ports de Mer. *Tarfous* . . . . . sur le Cydne.	
	8°. *Cypre* ou *Chypre*. Pays d'Itchili.	*Selefkeh* . . . . . à deux milles de la Mer. *Alanieh* . . . . . près la Mer. *Satalie* . . . . . Port.	

DIVISIONS.	GOUVERNEM.		VILLES. &c.	PORTS ET RIV.
Suite de la Natolie.	*Suite de Cypre ou Chypre.*	Isle de Chypre	*Nicosie*, Ville Capitale & commerçante.	
			Famagouste . . Port de Mer.	
			Porto-Costenza, autre Port.	
2°. La Syrie ou le Sham.	1°. *Alep.*		*Alep*. . . . . . . sur la Koéic.	
			Antioche . . . . . sur l'Oronte.	
			Alexandrette, Port de Mer.	
			Membig & Kilis, point de commerce.	
	2°. *Tripoly.*		*Tripoly* . . . . près la mer.	
			Ladikieh. . . Port de mer.	
			Kanobin . . à quelque distance de la mer.	
			Tadmor . . . à 30 l. de Damas.	
	3°. *Seyde.*		*Seyde* . . . . Port sur la Méditerranée.	
			Beyrout. . . . sur la côte.	
			Acre. . . . . Port à l'entrée d'un petit Golfe peu éloigné de la mer.	
			Deir-Elkamar. à 7 l. de Seyde.	
	4°. *Damas.*		*Damas*. . . . . au pied du Mont-Liban.	
			Baalbeck . *Bosra*. . . . . *Azra*. . . . . } Villes très-peu commerçantes.	
	5°. *Jerusalem.*		*Jerusalem & Eriha*, ou *Jerico*. . . . } point de commerce.	
			Bethléem. } lieu remarquable pour la Chrétienneté.	
			Hebron . . . à 6 lieues de Jerusalem.	
			Jaffa. . . . . Port de mer.	
			Gaza. . . . . autre Port.	
			Naplouse & Sebaste. point de commerce.	
	& 6°. *Adgeloun*.		} ce Gouvernement est peu intéressant au Commerce.	

ÉTATS.	DIVISIONS.	VILLES &c.	PORTS ET RIV...
3°. **La** **Turcoma-** **nie ou** **l'Arménie.**	1°. *Van.*	*Van* . . . . . fur un Lac... même nom. *Betlis* . . . . . près le Lac Van...	
	2°. *Erzerum,* ou *Arzoum.*	*Erzerum,* ou *Arzoum.* près la fource... l'Euphrate	
	3°. Gouvern. de Kars . . . . fur une Rivière même nom.		
	& 4°. *L'Iran, ou la* *Turcomanie* *orientale.*	La Capitale eft Erivan tuée fur l'Araxe.	
4°. **Le** **Diarbeck.**	1°. *Diarbeck* *propre.*	*Diarbekir* . . . . . fur le Tig... *Nesbin & Sinjar,* fur l'Herma... *Moful* . . . . . fur le Tigre... *Ourfa* ou *Urfa* Ville renommée... fes beaux maroqui... jaunes. *Anah,* dans une Isle de l'Euphra...	
	2°. *L'Yracarabi*	*Bagdad* . . . . . . fur le Tig... *Samarah,* à 12 lieues de Bagda... *Hella* . . . . . fur l'Euphra... *Baffora,* près le Confl. du Tig... & l'Euphrate.	
	3°. *Curdiffan, ou* *Pays des* *Curdes.*	*Kerkouk,* à peu de diftance... Betlis. *Betlis* . . . . . fur la Rivie... Bendmahi. *Erbil,* Ville de peu de Commerce...	
5°. **La** **Géorgie.**	Nota. Cette Province fait un très-grand commerce en Soie très-eftimée.	*Savatopoli,* ou *Ifgaour.* fur la Mer Noi... *Curiel,* Capitale d'un pays... du même nom. *Akalzike* . . . . fur le Phafe, o... Rione. *Imirette* . . . Capitale du Pay... même nom. *Cotatis* . . . . . fur le Phafe... *Teflis,* Voyez la Géorgie Pe... fanne.	

DIVISIONS.	GOUVERNEM.	VILLES &c.	PORTS ET RIV
& 6° Isles d'Archipel en Asie.		Isles des Rhodes, Elle à un bon Port, & appartient en tout à l'Ordre de Malthe.	
	Metelin	Cette Isle à de beaux fruits & de beaux Marbres elle porte 45 lieues de Tour?	
	Schio. . . .	Elle porte 90. lieues de tour on y trouve de beaux marbres, de bons vins, du mastic & de la Térébenthine.	
NOTA: Il y à plusieurs autres Isles de l'Archipel en Europe, dont les principales sont indiquées, au Tableau de la Turquie d'Europe, aux Isles de la Grèce.	Samos. . . .	Elle porte 13. lieues de long, sur 9. de large: elle est fertile en fruits & vins.	
	Stanchio . . .	Elle porte 10. lieues de long, sur 4? de large.	
	Patmos. . . .	Elle à 10. lieues de tour.	

ARTICLE II.

de l'Arabie.

CE Pays, dépendant de plusieurs Souverains de l'Asie, & du grand Turc, est une grande Presqu'Isle située entre le 51me. & le 77me. dégré de longitude & entre le 12me. & 34me. dégré de latitude septentrionale: il est borné à l'Occident par la Mer rouge, (qu'on appelle aussi Mer de la Mecque) & par l'Isthme de Suez qui le sépare de l'Afrique; au Midi par la Mer des Indes, à l'Orient par le Golfe Persique & l'Yrac-Arabi; & au Nord par la Syrie & le Diarbeck: il se divise en trois parties appellées l'Arabie Pétrée, l'Arabie Deserte & l'Arabie Heureuse.

Erac ou Crac, & Tor, sont les meilleures Villes de l'Arabie Pétrée.

Jambo, la Mecque & Jodda, les meilleurs Ports & Villes de l'Arabie Deserte.

Enfin, *Moab*, *Comphida*, *Moca*, *Aden*, *Fortach*, *Mafcate* & *Elcatif* font auffi les meilleurs Ports de l'Arabie Heureufe ; la plupart de ces Ports font fitués fur la Mer rouge.

Les Productions & objets de Commerce, de cette Contrée confiftent en perles très groffes & très rondes qui fe pêchent au tour de l'Ifle Bahrein ; caffé très eftimé & connu fous le nom de *Moca*, Myrrhe, encens & parfums de l'Arabie Heureufe ; & en dattes, canelles, beaume, corail, ambre gris, aloès, gomme arabique & diverfes drogues medicinales.

ARTICLE III.
de l'Armenie.

CEtte Contrée, indiquée au Tableau de la Turquie Afiatique fous le nom de Turcomanie, s'étend du 56me. au 60me. degré de longitude & du 37me. au 42me. de latitude, elle à 260. lieues de longueur & environ autant de largeur : elle eft bornée à l'Oueft par l'Euphrate, au Sud par le Diarbeck, le Curdiftan & l'Aderbijan, à l'Eft par le Chirvan ; & au Nord par la Georgie : *Erzerum*, *Ecrivan*, *Bitlis* ou *Betlis* font fes principales Villes.

Le territoire eft fertile en bons pâturages de forte que le Commerce n'y confifte guère qu'en chevaux, moutons & chèvres : les laines & le poil de chèvre y procurent auffi un médiocre avantage.

ARTICLE IV.
de la Perfe.

CE grand Royaume d'Afie porte 510. lieues de long fur 280. de large. Il eft borné au Nord par la Circaffie & la Mer Cafpienne ; à l'Eft par les Etats du Mogol ; au Sud par les Golfes Perfique & d'Ormus & une partie de la Mer des Indes ; & à l'Oueft par la Turquie Afiatique.

Il fe divife en treize Provinces (fans compter la Georgie & la Turcomanie dont quelques Parties en dépendent) à favoir : l'Aderbijan, le Chirvan, le Ghilan, le Mafenderan, le Korafan, le Candahar, l'Yrac-Agemi, le Segeftan, le Sableftan, le Khufiftan, le Farfiftan, le Kerman & le Mecran.

Ses Villes & Ports principaux font Ispahan, Bacu, Tauris, Derbent, Recht, Farabad, Herat, Meched, Candahar, Gazna, Tostar, Chiras, Lar, Kerman, Bender-Abassi, ou Gomron, sur le Golfe persique, & Tix ou Mecran : la plupart de ces Villes ont des ports sur, ou proche, la Mer caspienne & le Golfe persique.

Ce Royaume renferme des mines d'or, d'argent, de fer & de sel minéral.

Son principal Commerce est en soies crues & travaillées de la plus grande beauté, aussi le débit en est-il considérable ; outre la soie, on tire de la Perse de superbes tapis, de magnifiques toiles de coton ; des peaux de chagrin, des amandes & pistaches de Kasvin, des dattes & quelques drogues médecinales.

ARTICLE V.

De l'Inde & de ses Divisions.

CEtte vaste contrée, située au tour du fleuve Indus qui lui a fait donner le nom de l'Inde, se divise en Indes-Orientales & Occidentales.

Les Indes Orientales ont quatre Parties principales appellées l'Indostan ou le Mogol, la Presqu'Isle en-deçà du Gange, la Presqu'Isle au-delà du Gange, & les Isles de la Mer des Indes ; lesquelles Parties se divisent ensuite de la manière que nous allons indiquer.

Les Indes Occidentales comprennent, à proprement parler, les Régions de l'Amérique méridionale dont nous traiterons au Chapitre de l'Amérique ou du nouveau Monde.

Il est bon d'observer ici que souvent, dans le Commerce, on désigne les Indes en grandes ou petites Indes, ce qui n'est nullement convenable à leur juste dénomination ; mais l'usage ayant absolument prévalu à cet égard, nous croyons devoir prévenir qu'en général ce qu'on entend par grandes Indes sont celles Orientales, & par petites Indes, celles Occidentales, où, pour mieux dire, l'Amérique, sur-tout la méridionale.

DIVISIONS DES INDES ORIENTALES,
Surnommées les Grandes Indes.

1°. *Du Mogol*, ou *de l'Indostan*.

CEt Empire, situé entre le 83me· & le 108me. dégré de longitude & le 13me. & 31me. de latitude, porte environ 560.lieues de longueur sur 430. de largeur & 1800. de tour: il est borné à l'Occident par la Perse, au Midi par la Presqu'Isle Occidentale, à l'Orient par la Presqu'Isle Orientale; & au Nord, par plusieurs Etats de la Tartarie indépendante.

Il se divise en 23. Provinces ou Gouvernemens qui sont: Delhi, Agra, Guzarat ou Guzurat; Malua ou Malva, Patana ou Patna, Bazar, Brampour, Baglana, Rugemal, Mulan ou Moultan, Cabul ou Caboul, Tala ou Tata, Lahor, Asmir ou Asmer, Bacar, Ugen, Vrécha, Cachemire, Décan, Nandé, Bengale, Visapour & Golconde; mais ces deux derniers, qui ont le titre de Royaume, ne doivent être considérés que comme appartenans à la Presqu'Isle Orientale en de-çà du Gange: ses principales Villes sont: la Hor, sur le Ravi; Delhi & Agra, sur le Gemna; Daca & Ongly, sur le fleuve Daca; Chandernagor dans le Bengale; Amadabab; Cambaye, près le Golfe du même nom; Surate, sur le Tapti, Cabul, & Tata vers l'embouchure du fleuve Indus ou de l'Inde.

Ses Productions & Objets de Commerce consistent en une grande quantité de soie & de coton, de l'indigo, du salpêtre, du musc, de la rhubarbe de la Tartarie; des velours, brocards & camelots de Chandernagor; drogueries, épiceries, perles & diamans, & magnifiques étoffes d'or de Surate: ce Commerce se fait moins en échange de Productions contre d'autres qu'en payant en argent comptant ou en lingots d'argent.

2° *De la Presqu'Isle Occidentale* *en de-çà du Gange.*

CEtte Presqu'Isle est située entre le 70me. & le 20me. dégré de latitude septentrionale sur sa longueur, & elle s'étend en largeur du 90.meau 105me. dégré de longitude;

elle se trouve entiérement dans la Zône Torride & a pour Divisions principales les Royaumes de Visapour, de Golconde & de Bisnagar; & les côtes de Malabar, Coromandel & de Maduré, desquelles Divisions nous allons rendre compte le plus succintement possible.

Le Royaume de Visapour contient 120. lieues de longueur & 95. de largeur.

Ceux de Golconde & de Bisnagar, ont ensemble, 200. lieues de longueur sur 120. de largeur.

La côte de Malabar porte 140. lieues de longueur & renferme différentes Tribus.

Celles de Coromandel & de Maduré, ont ensemble 100. lieues de longueur, elles renferment différens Etats dans lesquels se trouvent plusieurs établissemens ou comptoirs Européens.

Les Principales Villes de ces contrées sont: Daman sur la riviere du même nom, Bacaim, Bombain, ou Bombay & Chaul qui sont en partie soumises au Portugal; Vingrêla sous la domination Hollandoise; Goa Port immense & superbe sous la domination Portugaise: toutes ces Villes, ainsi que celles de Visapour & de Raolconde, sont dans le Royaume de Visapour, dont le Roi ne possède en toute souveraineté que les deux dernieres.

Onor, Barcelor & Mangalor, sont trois Ports de la côte de Canara qui appartiennent aux Hollandois.

Cananor, Calicut, Mahé, Cochin & Cranganor sous les meilleurs Ports & Villes de la côte de Malabar, ils ne sont fréquentés que par les Hollandois qui en possèdent même quelques-uns.

Golconde, Masulipatan & Coulour dépendent du Royaume de Golconde.

Bisnagar, ou Chandegry, & Paliacate sont soumises à l'Obéissance du Roi de Bisnagar; Madras Ville du même Royaume est possédée par les Anglois, & Meliapur ou St. Thomé appartient aux Portugais.

Dans la Partie Méridionale des côtes de Maduré & de Coromandel se trouvent les Villes suivantes.

Gingi, qui appartient à un Prince Indien.

Pondichéry, qui est possédée par les François.

Tanjoar, appartient à un Prince Indien.

Trangobar, est aux Danois.

Karakal est un Port François.

Negapatan, Port Hollandois.

Maduré, Ville Capitale d'un Royaume de l'Inde, & Tutucurin forment ensemble une possession Hollandoise.

Les Productions & objets de Commerce de cette Presqu'Isle consistent en cocos qui s'y recueille en abondance ; diamans dont il y a plusieurs mines, la plus célèbre est dans le territoire de Raolconde ; poivre & riz de la côte de Canara & divers autres cantons ; épiceries, coton & noix d'Inde de la côte de Malabar ; bois d'Ebene de Cananor ; sel & superbes toiles peintes de Golconde & Masulipatan, les toiles de toutes espèces de cette dernière Ville, jouissent par-tout de la plus grande réputation ; perles superbes du Cap Camorin & des environs de Tutucurin ; enfin les mousselines & autres étoffes de coton de Trangobar jouissent aussi de beaucoup de célébrité.

3°. De la Presqu'Isle Orientale
au - de - là du Gange.

L'Etendue de cette Presqu'Isle sur sa longueur va du 2me. au 27me. dégré de latitude septentrionale, & sa largeur est du 110me. au 126me. dégré de longitude ; de sorte que l'on lui donne 650. lieues de longueur sur 450. dans sa plus grande largeur.

Elle renferme nombre d'Etats particuliers, dont les principaux font ; ceux d'Ava & de la Cochinchine, & les Royaumes de Siam, de Camboye & de Tunquin dont nous allons décrire l'étendue.

Les Etats d'Ava ont 300. lieues de longueur sur 200. de largeur, ils comprennent les Royaumes de Pégù, d'Arracan, d'Azem & de Tipra.

Ceux de la Cochinchine font divisés en douze Provinces, qui ont ensemble 200. lieues de long, & 100. de large.

Le Royaume de Siam & la Presqu'Isle de Malaca, qui en dépend, portent environ 340. lieues de longueur sur 180. de largeur.

Le Royaume de Camboye ou Camboge, tributaire de celui de Siam, n'a que 130. lieues en longueur sur 60. en largeur

Enfin celui de Tunquin porte aussi 130. lieues de long sur 100. de large.

Les principaux lieux & Villes des Etats de cette Presqu'Isle font :

Chamdara , Capitale du Royaume d'Afem.
Marcaban , Capitale du Royaume de Tipra.
Aracan , Capitale du Royaume d'Aracan.
Ava & Baca , dans le Royaume d'Ava.
Pégû , Capitale du Royaume de Pégû.
Leng , Capitale du Royaume de Laos.
Siam , Louvo , & Mergni , dans le Royaume de Siam.
Kecho , ou Checo , & Héan , dans le Royaume de Tun-
    quin.
Hué , ou Kehué , & Port-Faio , dans la Cochinchine.
Enfin Camboge , ou Camboye dans le Royaume de Cam-
    boye.

Les Productions de cette Presqu'Isle confistent en quantité de riz & de fruits excellens qui se tirent du Royaume
d'Aracan , ainfi que des Bufles ; bleds , fruits , épiceries ,
martres zibelines & civettes , turquoifes , faphirs , émeraudes
& rubis les plus beaux de l'Afie , qui se tirent du Royaume
d'Ava où se trouvent auffi des bézoars , ou pierres médecinales
du benjoin forte de réfine , & des mines d'or , d'argent , de
cuivre & de plomb : le Royaume de Pegou ou Pégû a
pour objets particuliers de Commerce beaucoup de riz , de
fuperbes porcelaines , du mufc , de la laque , de l'or , de
l'argent & des pierreries fur-tout des rubis : le Royaume de
Laos procure beaucoup d'ivoire ; celui de Siam , quantité
de beau coton , d'écailles , de tortues & de l'étain ; la Province de Cham produit du poivre , des dattes & autres fruits
fecs & délicieux , du thé , des vulnéraires très eftimés , & de
l'aloës ; enfin la Cochinchine fournit au Commerce du fucre ,
de la foie , de l'ébene & autres bois odoriférens qui se tirent
du Port-Faio dans la Cochinchine.

Et 4°. Ifles de la Mer des Indes.

CEs Ifles contiennent 1°. Le Japon. 2°. Les Ifles philippines ou manilles. 3°. Les Mariannes ou Larrons. 4°. Les
Molucques. 5°. Sumatra. 6°. Borneo. 7°. Java. 8°. Ceylan ;
& 9°. Les Maldives : les cinq dernieres forment les Ifles
de la Sonde ; nous donnons , ci-après , les principaux ren-
fe'gnémens fur ces diverfes Ifles.

1°. du Japon.

Cet Empire est composé des Isles de Niphon, Sikok ou Xicoco, Ximo & Saïkof.

Celle de Niphon a 258. lieues de longueur, 110. de largeur, & 600. de tour.

L'Isle de Ximo porte 148. lieues de tour ; elle se divise en 9. Provinces, & celle de Xicoco n'en contient que quatre.

Cés Isles sont situées entre les 146me. & 159me. dégrès de longitude & entre les 31me. & 41me. dégrès de latitude septentrionale.

Leurs Ports & Lieux principaux sont : Yedo, Meaco & Osacca dans l'Isle de Niphon ; Nangaïaki, & Fucheo ou Funai dans l'Isle Xicoco ; & Bungo dans l'Isle Ximo.

Les Hollandois sont les seuls Peuples d'Europe qui commercent avec cet Empire d'où ils tirent des porcelaines superbes, de très belles soies, des peaux de boucs, des agathes, des perles rouges & quelquefois de l'or & de l'argent en lingots, mais ces métaux ne s'exportent qu'avec permission expresse du Gouvernement Japonois.

On trouve, en outre, dans le Japon une étoffe décorce d'arbre qui est très estimée, de bon thé, du camphre, de l'huile de baleine, divers ouvrages de bijouterie en or, argent, acier & autres métaux, & particuliérement des lames dont la trempure est très bonne ; on y fabrique de très riches étoffes en or & argent & l'on en tire des objets de curiosité très récherchés en Europe.

2°. des Isles Pilippines ou Manilles.

Ces Isles sont au nombre d'environ 1200., toutes situées entre les 132me. & 145me. dégrés de longitude & entre les 6me. & 19me. dégrés de latitude septentrionale.

Les principales se nomment Manille ou Luçon, Mindanao, Ibabao, Leyte, Paragna, Mindoro, Panay, Sébu, Boel & l'Isle des noirs ; après celles-ci on en compte beaucoup d'autres connues sous le nom de nouvelles Pilippines, mais elles sont de très peu d'importance.

Lucon ou Manille, la plus considérable des Isles ci-desfus., porte 160. lieues de long fur 67. de large, & 450. de tour; elle eſt ſituée à 120. lieues des côtes de la Chine

Les principaux Ports & Villes de ces Iſles ſont : Manille, nouvelle Ségovie, Caſéres & Cavite dans l'Iſle de Luçon, poſſédée par les Eſpagnols.

Mindanao, ou Tabouc, dans l'Iſle Mindanao qui appartient a un Roi particulier.

Nom de Jeſus, dans l'Iſle de Sébu, eſt aux Eſpagnols. Enfin, Guinan eſt la meilleure Ville de l'Iſle de Samar.

Les Productions de toutes ces Iſles conſiſtent en or, argent, perles, bled, riz, fruits, noix muſcade, cloux de géroſle & autres épicéries, ſoiéries de la Chine, étoffes des Indes, Mouſſelines & toiles peintes, cochenille, confitures & merceries : toutes ces Productions, ſauf l'or, l'argent & les perles, ne ſont enlevées que pour le Commerce du Pérou & du Mexique.

3°. Des Iſles Mariannes, ou des Larrons.

Ces Iſles ſont auſſi en très grand nombre, mais fort petites ſauf celles de Guam ou Guan, qui contient environ 30. lieux de tour; elle appartient aux Eſpagnols & a pour Ville principale St. Ignatio de Agand : les Productions de cette Iſle ſont en riz & éleves de beſtiaux ſur-tout en bœufs, cochons ſauvages & volailles.

4°. Des Iſles Molucques.

On diviſe ces Iſles en grandes & petites : les grandes ſont Célébes ou Macaſſar, Ceram, Timor & Gillolo ; & les petites ſont Ternate, Tidor, Bachian, Motir, Machian, Amboine & Banda.

Toutes ces Iſles ſont ſituées entre les 134me. & 153me. dégrés de longitude & entre le 2me. dégré de latitude ſeptentrionale & le 11me. de méridionale.

La plus conſidérable de ces Iſles eſt Célébes, ou Macaſſar, qui porte 200. lieues de long ſur 80. de large; elle a pour Villes & Ports Macaſſar & Jompandam; cette derniere Ville eſt aux Hollandois qui tiennent auſſi une fortereſſe dans la premiere.

Ces Iſles ont pour Productions tout ce qui eſt néceſſaire

à la vie, & de plus des fruits excellens, des bois rares, dits Calambouc & Sandal ; elles abondent en bœufs, vaches, chevaux, bufles, cerfs & sangliers, & l'on y trouve des carrieres de très belles pierres, ce qui est fort rare dans les Indes : Amboyne & Banda produisent particuliérement du gérofle, de la noix muscade, du macis, & l'on pêche, près la premiere, de très beau corail.

5°. de l'Isle de Sumatra.

Cette Isle, une des plus grandes de la Sonde, porte 300. lieues de longueur 70. de largeur & 600. de tour ; elle est séparée de la Presqu'Isle Orientale de l'Inde par les détroits de Malaca & de Singapura.

Ses principales Villes sont Achem, qui est très fréquentée par plusieurs nations de l'Europe, Andragiri, Manincabo, Indapour, Jambi & Palimban : les Hollandois ont des comptoirs dans presque toutes ces Villes, & ils en retirent un très excellent poivre, de l'or, de l'argent & autres métaux ainsi que des peaux de bufles, de bœufs, de daims & de sangliers &c.

6°. de l'Isle de Borneo.

Cette deuxieme Isle de la Sonde a 220. lieues de long, sur une circonférence d'environ 600. lieues : ses principales Villes, dont les Hollandois font seuls le Commerce, sont Borneo, Sambas, Benjarmassen & Hermata : ses Productions sont en mines d'or & de diamans ; la derniere est près de Sambas ; on y trouve en outre d'excellens fruits, du riz, du sucre, du poivre, du camphre, de la casse, de la cire, des drogues pour la teinture & de superbes bois de construction pour les vaisseaux.

7°. de l'Isle de Java.

Cette troisieme Isle de la Sonde est séparée de celle de Sumatra par le détroit de la Sonde ; elle a 210. lieues de long & environ 600. de tour : ses principales Villes, soumises aux Hollandois, sont Batavia, Bantam & Materan.

Ses Productions sont en riz, sucre, benjoin, poivre très estimé, gingembre, fruits excellens, thé, porcelaine, épiceries, soies & coton ; on y pêche de belles perles, & l'on y trouve, en outre, des mines précieuses en or, argent, cuivre, rubis, diamans & très belles émeraudes.

8°. De l'Isle de Ceylan.

L'Isle de Ceylan, située au sud-est de la Presqu'Isle en de-çà du Gange, dont elle est séparée par le détroit de Manar, porte 90. lieues de long sur 59. de large & 250. de tour : elle a pour Villes principales, & soumises aux Hollandois, Jafanapatan, Negombo, Colombo, Pontogale, Batecalo, Trinquemale & Candy.

Ses Productions sont en épiceries & sur-tout en canelle très estimée, on y trouve des pierres précieuses, & l'on y pêche des perles près de Jafanapatan & de l'Isle Manar : des coquilles de ces perles, on retire la nacre de perle, dont on fait des ouvrages très recherchés.

Nouvelles Possessions de la Maison d'Autriche, en Asie.

Au midi de l'Isle de Ceylan se trouvent celles de Nicobar situées sur le Golfe de Bengale vers la Partie septentrionale de Sumatra : on en compte cinq, nommées Mancaveri, Souri, Iricute, Catesiout & Nicobar ; elles sont voisines les unes des autres & vulgairement appellées toutes du nom de Nicobar qui en est la principale : cette derniere porte 10. lieues de longueur sur 4. de largeur, elle est très fertile en cacao. Ces Isles, & une grande étendue de pays du côté de Mongator & de Carwar dans le Royaume de Cawazar, sont autant de possessions cédées par le feu Prince Indien (Hyder-Aly.) à sa Majesté l'Empereur & Roi des Romains, ce qui forme aujourd'hui une colonie Autrichienne en Asie.

9°. Des Isles Maldives.

Ces Isles sont en grand nombre, mais toutes très petites elles s'étendent du 8me. dégré de latitude septentrionale au 3me. de latitude méridionale : Mâle est la plus considérable de ces Isles, quoiqu'elle ne porte qu'une lieue & demie de tour : les Portugais, qui y font seuls le Commerce, en tirent des oranges, des cocos, du corail, de l'ambre gris & des écailles de tortues les plus belles des Indes.

ARTICLE VI.

De la grande Tartarie.

CEtte Région est si considérable, qu'elle occupe seule la moitié de l'Asie : sa latitude septentrionale est du 24me. au 75me. dégré, & sa longitude est du 62me. au 205me. dégré en y comprenant les découvertes du Nord & de la Sibérie.

Elle se divise en trois Parties, appellées Tartarie Chinoise, Tartarie Indépendante & Tartarie Russienne, que nous allons traiter par paragraphes séparés.

I°. De la Tartarie Chinoise.

CEtte Partie de la Tartarie est à l'Orient de celle dite la Tartarie Indépendante, & elle n'est séparée de la Chine que par la grande muraille de cet Empire ; il y a plusieurs Gouvernemens qui se divisent ensuite en plusieurs districts, dont les principaux lieux sont Chiniang, Kirin, Tutcicar & Urga : les Productions de cette contrée sont, de très belles perles qui se pêchent dans le fleuve Amur & vers le Nord, des grains, fruits, légumes & de la précieuse plante de Genseng, qui se tire du Gouvernement de Chiniang, des plantes médecinales du territoire de Kirin-Oula ; de beaux bois de constructions & des mines d'étain du Pays des Mugales Noirs ; enfin de la poudre d'or qui se trouve dans une petite riviere du canton de Kokonor.

2°. De la Tartarie Indépendante.

LEs bornes de cette Tartarie font la Ruffie Afiatique au Nord, les Indes & la Perfe au Midi, & la Mer noire à l'Occident : elle fe divife en deux Parties dites l'Orientale & l'Occidentale ; la premiere comprend divers Etats appellés le Contaifch, ou Pays de Calmoucks, le Tibet, le Turkeftan & le Pays des Usbecks ; l'Occidentale, fituée entre les Mers cafpienne, noire & d'Azof, comprend le Dageftan, la Circaffie, & les Pays des peuples libres des environs du Mont-Caucafe, ou d'Elbours, & tous ces Etats ont enfuite diverfes divifions.

Les principaux Lieux de ces Pays font : Harcas, ou Viga, & Cialis dans le Pays des Calmoucks, Yarken, Cachgar, ou Hafiçar, & Choeten, ou Cotan dans la petite Bukarie ; Turfan, Hami, ou Camul font encore des Villes du Pays des Calmoucks.

Eskerdon, ou Tibet, Latak, ou Ladak, Caparengue, Tonker, ou Laffa, dans le Tibet.

Samarcand, Balck & Bokara dans la grande Bukarie, Corcang, ou Urgens, dans le Karafm Province qui, ainfi que la grande Bukarie, eft dépendante du Pays de Usbecs. Tarcou dans le Dageftan ; Terki, Cabarda, ou Cabarta, Befini, Taman & Ladda dans la Circaffie.

Les Productions de ces Pays font en fruits délicieux, des environs de Samarcand Ville où l'on fabrique le plus beau papier de foie connu ; on y trouve beaucoup de belles foies dont on fait de petites & jolies étoffes à Balck ; la Circaffie a de bons pâturages où l'on fait des éleves de chevaux eftimés en Afie, & l'on y trouve des mines d'argent qui font fort mal exploitées.

3°. De la Tartarie Ruffienne,
ou de la Ruffie Afiatique.

CEtte derniere Partie de la grande Tartarie a autant d'étendue que les deux précédentes : elle eft bornée à l'Eft par l'Océan Oriental, au Sud par les Tartaries Chinoife

& Indépendante, à l'Ouest par la Russie, & au Nord par l'Océan Glacial : elle comprend quatre Gouvernemens nommés Caſan, Orenbourg, Aſtracan & Tobolsk ou Sibéne.

Leurs principaux Ports & Villes ſont :

Dans *le Gouvernement de Caſan.*

Solkamskala, ou Solkansko, ſur le Kama.

Czerdin, au Nord Oueſt de Solkansko.

Chlinow, ou Glinof, ſur la Viatka.

Caſan, ſur la Rive gauche du Wolga.

Suiajesk, ſur la droite dudit Wolga.

Simbirsk, au midi de Caſan.

Et Penza, ou Pinsk, au Sud Oueſt de Suiajesk.

Dans *le Gouvernement d'Orenbourg.*

on ne compte qu'Orenbourg, ſur le Jaick & Uſa, ſur l'Uſa.

Dans *le Gouvernement d'Aſtracan.*

Il n'y a que la Ville de ſon nom, qui ſoit reputée commerçante, elle eſt ſituée dans l'Iſle de Dolgoy, formée par le Wolga, & près ſon embouchure dans la Mer caſpienne.

Dans *le Gouvernement de Tobolsk,* ou *de la Sibérie,* on trouve les Villes ſuivantes.

Tobolsk, près l'embouchure du Tobol dans l'Irtiz.

Tiumen, ou Tumen, ſur la Tura.

Verchoture, eſt une Ville où ſe trouve le Bureau de Douane pour le paſſage dans la Ruſſie Européene.

Bereſow & Surgut, ſur l'Oby.

Jeniſeick & Kraſnoiarsk, ſur la Jeniſea.

Tomsk, ſur la Tom qui ſe perd dans l'Oby.

Jakuſtk, ou Yakouſtk, ſur la Lena.

Irkuſtk, ſur l'angara & près le Lac Baïkal.

Selinginsk, ſur la Selinga qui ſe perd dans le Lac Baïkal.

Nertſinsk, ſur la Schilska. Okhato, ou Okhotsk, Port ſur le golfe d'Amur, ou la Mer de Kamtſchatka.

Bolſchala-Reca, autre Port.

Kamtſchatka, Port ſitué preſqu'au milieu de cette Preſqu'Iſle & à l'embouchure d'une riviere du même nom qui ſe jette dans le Canal du détroit.

Et Avatcha, ou St. Pierre & St. Paul, eſt un Port du même Gouvernement : *Nota* ce Gouvernement renferme trois Provinces aſſez étendues.

Les Productions, & Objets de Commerce, de la Tartarie Ruſſienne conſiſtent en une grande abondance de ſel, des environs de Solkansko, & de la Partie méridionale du Gouvernement d'Aſtracan ; cire, miel & beurre du territoire de Chlnof ; bois de conſtruction des environs de Caſan ; eſturgeons ſalés & autres, caviar ou œufs d'Eſturgeons prépa-

rés : fer, cuivre & argent des mines de la Sibérie ; agathes &
autres pierres fines, rouges, blanches & tranſparentes,
qui ſe trouvent ſur les rives de l'Oby dans la Province
de Tobolsk ; Asbeſte, pierre, qui ſe trouve dans une mon
tagne du Voiſinage de Verchoture, de laquelle on a l'art
de fabriquer une toile qui ne ſe conſume point au feu ;
enfin tous ces Gouvernemens fourniſſent des belles fourrures dont les plus eſtimées ſont celles de la Preſqu'Iſle de Kamtschatka où l'on trouve les plus beaux caſtors connus & de
riches mines en divers métaux & pierres ci-deſſus dénommés.

ARTICLE VII.

De la Chine.

CE vaſte Empire d'Aſie eſt borné à l'Eſt par la Mer,
au Nord par une grande muraille de près de 500. lieues
qui le ſépare de la Tartarie, à l'Oueſt par de hautes montagnes & des deſerts, & au Sud par l'Océan & les Royaumes de Tonquin, de Cochinchine, de Lao & autres : il
a 680. lieues de long ſur 440. de large & environ 1700.
de tour.

Il eſt diviſé en deux grandes Parties par le fleuve Kiang, &
ces deux Parties contiennent 16 grandes Provinces & Capitales appellées ; Pekin, Oanſi, Xenſi, Chanton, Honan,
Suchuen, Huquang, Chianſi, Nanquin, Chekian, Fokien, Quanton, Kanſi, Junnan, Queïchau, & le Pays
de Leaotoun.

Indépendamment des Capitales & Ports des Provinces
dénommés ci-deſſus on compte auſſi comme Villes conſidérables celles ſuivantes ; ſavoir : Singan, ſur la riviere
d'Hoei ou Guëi ; Nimhia, Tayven, Tſinan, Tchingtou,
Caifong, Voutchan ſur le Kiang, Nantchang, Hangtcheou
à l'embouchure du Cienton, Foutcheou, Taiouan (autre
fois nommée Fort de Zélande) bon Port très fréquenté ;
Kiuncheou, Macao Capitale d'une Iſle de même nom
occupée par les Portugais, mais ſoumiſe à l'Empereur de
la Chine qui y perçoit tous droits d'entrée & de ſortie ;
Queiling ſur le Ta, Queyan & Kingkitao dans une Preſ-

qu'Isle nommée Corée par les Europeéns , & Kaoli par les habitans du lieu &c. On compte ensuite plusieurs Isles situées tant à l'Est qu'au Nord - Est de l'Isle de Formose : ces Isles se nomment Leion - Kieou , ou Liquejo ; la principale à 62. lieues en longueur sur une largeur fort inégale & peu connue : il y a aussi un nombre d'autres petites Isles dans le voisinage de celles ci - dessus qui , comme elles , sont dépendantes de la Chine.

Productions Locales & d'Industrie de la Chine.

Les Productions de cet Empire sont aussi riches que , multipliées : On y trouve une infinité de mines d'or , d'argent , & de rubis , dont les plus beaux sont dans l'Younan ou Junnan ; de topases , de pierres d'aimant , de vif - argent , de mercure , de plomb , d'étain , de fer , & de cuivre ; des carrieres de marbre & de jaspes de diverses couleurs sur - tout dans le territoire de Chansi où l'on trouve aussi une pierre bleue très propre à colorer les porcelaines : plusieurs des Côtes procurent de belles perles , sur - tout dans la Corée : parmi les Isles du Voisinage de Liquejo on en remarque une remplie de mines de soufre. l'ivoire , les bois odoriférans se trouvent dans plusieurs cantons où l'on les employe avec art à divers ouvrages aussi curieux que recherchés , particuliérement ceux de la Province de Canton ; mais de toutes les Productions de cet Empire , celles qui intéressent le plus le Commerce d'Europe sont la canelle du Quansi , qui est supérieure à celle de Ceylan ; la belle porcelaine Kiangsi ; les magnifiques satins unis & à fleurs de Nanquin ; les belles soies , & les plus blanches connues , se tirent des territoires de Tsinan & Tchingtou ; le thé le plus délicieux de l'Univers est fort abondant dans cet Empire où se trouvent aussi des bois très rares , tels que l'Aloës , le bois d'aigle , le calambouck , le calamba & le sapao , ce dernier est très utile pour la teinture ; enfin on recueille , en Chine , du sel , du sucre , du musc , de l'ambre gris , diverses sortes d'épiceries , du superbe lin , du coton très estimé dont on fabrique une infinité d'étoffes recherchées ; & l'on y fait le plus beau vernis possible pour la porcelaine.

ARTICLE VIII.
Du Japon.

Nous renvoyons, pour cet Article, à la page 166. de cette premiere Partie.

ARTICLE IX.
De la Georgie.

CEtte contrée est partagée entre le Turc & le Persan, elle s'étend du 58me. au 65me. dégré de longitude & du 38me. au 46me. dégré de latitude ; elle a 280. lieues de longueur, sur 210. de largeur : Elle se divise en deux Parties l'une Orientale & l'autre Occidentale.

Les Turcs possédent la Partie Occidentale, qui est indiquée au tableau de la Turquie Asiatique ; & les Perses occupent la Partie Orientale qu'ils divisent en deux Provinces, savoir ; le Carduel au Midi ; & le Caket au Nord. La principale Ville de cette derniere Partie est Teflis où il se fait un grand Commerce de soies de bonnes qualités.

ARTICLE X.
Du Mogol.

Voyez, ci-devant, page 162.

ARTICLE XI.
De la Natolie, ou derniere Région de l'Asie.

LA Natolie, anciennement Asie Mineure, est une Presqu'Isle située entre la Mer noire, la Méditerranée, l'Archipel & la Mer de Marmara : elle se divise en plusieurs

Parties indiquées ci - devant, au Tableau de la Turquie Afiatique.

Sa principale Ville eft Kutaieh ou Chioutayé, fur le Purfak qui fe jette dans le fleuve Sakari. Il s'y fait un fort Commerce de divers articles des Productions du levant; *Voyez* Smyrne, à cet égard, dans le Dictionnaire fuivant.

CHAPITRE CINQUIEME.

De l'Afrique.

§══════════════§

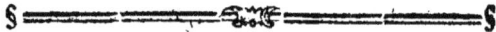

CEtte Partie du Monde s'étend depuis le 1er. jufqu'au 70me. dégré de longitude: l'Equateur la coupe en deux Parties prefque égales dont l'une prend du 1er. au 35me. dégré de latitude méridionale & l'autre du 1er. au 37me. de latitude feptentrionale: Elle forme une grande Prefqu'Ifle qui eft jointe au continent de l'Afie par l'Ifthme de Suez & elle n'eft féparée de l'Europe que par le détroit de Gibraltar: on lui donne 1500. lieues d'étendue du Midi au Septentrion, 1360. de l'Orient à l'Occident, & environ 3800. de côtes.

Ses principales Contrées & Régions font 1°. L'Egypte. 2°. La Barbarie. 3°. Le Bilédulgerid. 4°. Le Sahara ou Defert. 5°. La Nigritie. 6°. La Guinée. 7°. Le Congo. 8°. La Cafrerie. 9°. Le Monomotopa. 10°. Le Monoëmugi. 11°. Le Zanguebar. 12°. La côte d'Ajan. 13°. L'Abyffinie. 14°. La Nubie. 15°. L'Abex. 16°. L'Ethiopie. & 17°. Les Ifles; lefquelles contrées ont plufieurs divifions dont nous allons rendre compte.

Les principales rivieres & fleuves de l'Afrique font le Nil, le Niger, le Sénégal, le Zaïre, le Coenza & le Cuama ou Zambéze.

On y remarque trois fameux Caps, favoir: le Cap-Verd fitué à l'Occident; le Cap de Bonne - Efpérance au Midi, & le Cap Guardafuy à l'Orient.

Enfin on y trouve deux chaines confidérables de montagnes, l'une, au Nord appellée le Mont - Atlas; & l'autre, près le tropique du Cancer, fe nomme le Mont-Amédéde.

DES

DESCRIPTIONS, DÉTAILS ET DIVISIONS DES RÉGIONS DE L'AFRIQUE.

ARTICLE I.

De l'Egypte.

CEtte contrée a 150. lieues de longueur, 100. de largeur & 500. de tour : elle eſt bornée au Nord par la Méditerranée, à l'Orient par l'Arabie Petrée & la Mer rouge, au Midi par la Nubie & à l'Occident par la Barbarie : elle ſe diviſe en trois parties appellées haute, moyenne & baſſe, & elle eſt traverſée du Nord au Sud par le Nil : ſes Villes & Lieux principaux ſont: Girgé ; Siout ou Aſiot ; Kéné ou Gous ; Aſna ; Souena ou Aſſvan ; Ibrim ; le Caire ſur le Nil le Suez, Port ſur la Mer rouge ; Alexandrie Port ſur la Méditerranée ; Alberton autre Port Roſette, Port proche le Nil ; & Diamette ou Damiat ſur le Nil.

Les Productions & Objets de Commerce de l'Egypte conſiſtent en bled, riz, dates, olives, féné, caſſe, beaume excellent, ſuperbe lin, belles toiles & laines de Girgé & Aſiot, magnifiques tapis du Caire ; & une grande partie des riches Productions de l'Arabie, & quelque peu de celles de l'Inde.

Pour plus de détails, *Voyez* le Caire au Dictionaire de la deuxieme Partie.

ARTICLE II.

De la Barbarie.

LA Barbarie a 900. lieues de côtes en longueur & 155. lieues dans ſa plus grande largeur ; elle eſt ſituée entre l'Océan Atlantique, la Mer méditerannée, l'Egypte & la Nigritie: elle ſe diviſe en deux Parties ſéparées par le Mont-Atlas ; la premiere renferme divers Etats appellés le Pays de Derne ou de Barca, les Royaumes ou Républiques de Tripoli, de

Tunis, d'Alger & de Maroc ; la feconde s'appelle le Bilédulgerid, dont nous parlerons dans l'article fuivant, ce Pays comprend auffi plufieurs Etats dont quelques uns dépendent de ceux ci-deffus.

Les Villes & principaux Lieux de cette contrée font Derne, Tolometa, Grene ou Curen dans le Pays de Barca.

Tripoli, Lebda, Zoara, Zerbi ou Gerbe dans le Royaume, ou République, de Tripoli.

Tunis, Porto-Farina, Soufa, Caïroan & Cafsa dans le Royaume ou République de Tunis.

Alger, Bone, le Baftion de France, Bugie, Tremecen ou Tlemfen, Oran & Marfalquivir ou Lamarca dans le Royaume ou République, d'Alger.

Fez, Miquenez ou Meknez, Melila, Ceuta Port fur le détroit de Gilbraltar, Tanger, Tétouan, la Rache Port fur l'Océan, Salé autre Port, Maroc, Safié fur l'Océan & Magazan dans le Royaume de Maroc.

Cette Contrée a pour Productions & Objets de Commerce, quantité de maïs & de bled, de bons vins, de bons fruits, des amandes, des olives, des dates, des chevaux fort eftimés que l'on appelle Barbes, des peaux de marroquin, des plumes d'autruches du Bilédulgérid, de l'or en poudre, de la cire, de l'étain, de l'indigo, du fafran qui fe tire de Tripoli & paffe pour le meilleur connû ; & l'on y pêche, près le baftion de France, quantité de corail : *Voyez* les Capitales des Etats ci-deffus au Dictionnaire de la feconde Partie.

ARTICLE III.

Du Bilédulgerid,

CE Pays, qui forme à proprement parler la Partie méridionale de la Barbarie, porte environ 60. lieues de longueur fur autant de largeur : il contient plufieurs Etats appellés les Royaumes de Sus, de Tafilet & de Sugulmeffe, le Tagorin, le Zab, le Bilédulgerid propre, le Royaume du Faifan & les Pays d'Ouguelan & de Siouah qui font partie du defert de Barca.

Ses Villes & principaux lieux font, Sus, ou Tarudan, Tafilet & Kiteva qui dépendent du Royaume de Maroc.

Sugulmeſſe, Chef-lieu d'un territoire occupé par les Arabes. Touſera dans le Bilédulgcrid propre. Tocorte, ou Tecort qui dépend du Royaume de Tunis. Tagorarin, le Zab & Peſcara qui dépendent d'Alger. Enfin Quadume, Ouguela & Siouah qui dépendent de Tripoli.

Le Commerce du Bilédulgerid confiſte dans une partie des productions de la Barbarie & en Chameaux & Autruches dont les plumes ſont très eſtimées : le Royaume de Faiſan produit beaucoup de ſéné & de dates ; & celui de Fugulmeſſe renferme des mines de fer, de plomb & d'antimoine.

ARTICLE IV.

Du Sahara ou Déſert.

LE Sahara occupe une étendue de Pays de 800. lieues de longueur ſur 150. de largeur : il ſe diviſe en cinq Déſerts appellés Zanhaga, Zuenziga, Targa, Lemta & Berdoa.

Le Zanhaga contient deux Caps remarquables, l'un, dit le Cap-Bojador, & l'autre, dit le Cap-Blanc ; il s'y trouve de vaſtes forêts deſquelles on retire beaucoup de gomme.

Le Zuenziga renferme d'abondantes mines de ſel foſſile qui ſe tire des roches de Tegaſa.

Le Targa a quelques pâturages & produit d'excéllente manne qu'on tranſporte à Agadés, Chef-lieu d'un Royaume voiſin de la Nigritie.

Le Lemta n'offre rien d'utile au Commerce, & ne ſuffit même pas aux beſoins eſſentiels de ſes habitans qui ne ſubſiſtent que de ce qu'ils peuvent dérober aux Caravanes.

Enfin le Berdoa n'eſt guère plus intéreſſant que le Lemta, on y trouve ſeulement des dates dans quelques cantons.

ARTICLE V.

De la Nigritie & du Sénégal.

LA Nigritie, que l'on appelle auſſi Pays des Nègres, eſt bornée au Nord par le Sahara ou Déſert, à l'Eſt par la

Nubie & l'Abyssinie, au Sud par la Guinée & à l'Ouest par le Sénégal & autres Pays de Guinée; on lui donne 880. lieues d'étendüe le long du fleuve Niger, qui la traverse, & 240. lieues environ de largeur: elle se divise en plusieurs Royaumes dont les plus connus sont Gaoga, les Mandingues; Bournou, Guinbula, Tombut, Wangara, Agadés, Courourfa & Gorrham.

Les lieux principaux de ces Royaumes sont Bambouc & & Sango dans le pays des Mandingues, Tombut, Tocrur & Cadra dans le Royaume de Tombut; Agadés dans le Royaume du même nom; & Bournou, ou Karné, dans le Royaume de Bournou.

Ces divers Lieux produisent du riz, du millet, du lin, du coton, des dates, des cuirs verds, de l'ivoire, de la gomme, de l'ambre gris, de la poudre d'or, du cuivre de Tombut, de la manne & du séné d'agadés; & de l'or des mines de Bournou & de Tombut; mais le principal Commerce est en Esclaves ou Negres que toutes les nations Européenes vont y chercher, en échange de marchandises, pour répandre ensuite dans leurs Colonies.

Du Sénégal.

Nous placerons ici le Sénégal en ce que ce fleuve, qui est, à proprement parler, un bras du Niger, se trouve situé en longueur dans la Nigritie; mais ce que nous en allons dire ne sera relatif qu'à l'Isle du Sénégal & non au fleuve de ce nom, que nous indiquerons au Chapitre huit de cette Partie.

On trouve à l'embouchure du Sénégal une Isle du même nom, appellée quelquefois l'Isle St. Louis, nom d'un Fort que les François y ont construit: cette Isle, distante de 40. lieues du Cap-Verd est aujourd'hui sous la domination Angloise, en vertu du Traité de Paix de 1783. elle est très favorable pour la traite des Negres & l'on en tire, en outre, de la poudre d'or & quantité de gomme.

ARTICLE VI.
De la Guinée.

ON appelle Guinée un grand Pays d'Afrique qui se trouve entre la Nigritie, la Cafrerie & l'Abyssinie: il se divise en deux parties appellées l'une septentrionale & l'autre méridionale.

La septentrionale comprend les Royaumes d'Ouale ou de Brac, des Foules ou de Siratique, & de Galam : dans le premier Royaume les François possédent l'Isle de Gorée auprès du Cap-Verd, & ils ont un Fort dans le Royaume de Juda.

La Guinée méridionale renferme les côtes : dites de Malaguette ou du Poivre, celle de Guinée qui s'entend aussi par la Guinée propre, & le Royaume de Benin.

Les principaux Lieux de la Guinée sont Bourre & le Cap-Tangrin dans la *Guinée* septentrionale, le Port du petit Dieppe, celui du grand Sestre dans la côte de Malaguette ; la Mine, le Fort-Nassau, Cabo-Corse, Christianbourg dans la Guinée propre : Benin, Ouvere, Juda, & Ardre dans le Royaume de Benin.

Le principal Commerce de cette contrée est la traite des noirs dont l'espece est recherchée ; la Guinée produit abondamment du riz, du millet, de l'orge, du poivre dont le plus estimé est celui de Malaguette, & des cannes à sucre. Les Européens en tirent, outre les Esclaves & les Productions ci-dessus, de la poudre d'or, de la cire, du miel, de l'ambre, du coton, des cuirs, des dents d'éléphant, des perroquets, des noix de cocos, de l'indigo, & des rafraichissemens en grosse viande, volailles, fruits & vins de palmier que les vaisseaux trouvent à vil prix à Bourre & Tangrin : enfin la Guinée propre renferme plusieurs mines d'or dont la plus considérable est dans le territoire du lieu dit Lamine, place forte où les Hollandois tiennent une garnison.

ARTICLE VII.

Du Congo.

CE Pays, que quelques géographes nomment Basse Guinée, forme une des grande régions de l'Afrique à laquelle on donne 350. lieues de longueur sur 180. de largeur : il a pour divisions principales les Royaumes de Loango, du Congo propre, d'Angola & de Benguela. On y trouve enſuite ceux de Caconga & d'Angoy, mais ces derniers ſont de peu d'importance.

Les principaux lieux de ces Royaumes ſont, Loango Capitale du Royaume du même nom. St. Salvador dans le Congo propre, cette Ville eſt en grande partie ſoumiſe aux Portugais.

Saint Paul de Loanda ſoumiſe aux Portugais, & Mapungo dans le Royaume d'Angola.

Benguela ou St. Philippe, & vieux dans le Royaume de Benguela. La 1re. eſt ſous la domination Hollandoiſe.

Le principal Fleuve eſt le Zaire qui traverſe preſque la totalité de ce Pays, Les productions du Congo conſiſtent en millet, maïs, fruits excéllens, vins de palmiers, cannes à ſucre, fèves, poivres blanc d'Angola, ſel de Benguela, & pluſieurs mines en fer, cuivre, & argent, celle d'argent eſt aux environs du fort St. Philippe dans le Royaume de Benguela; mais le principal Commerce eſt en eſclaves dont les préférés ſont ceux d'Angola.

ARTICLE VIII.
De la Cafrerie.

ON donne à cette contrée 900. lieues de côtes, elle eſt ſituée entre le Congo, la Nigritie, l'Abyſſinie & la Mer; pluſieurs géographes la diviſent en Cafrerie pure, & Cafrerie mélangée. La 1re. eſt celle dont nous traitons ici, & la cafrerie mélangée eſt à proprement parler les côtes de Zanguebar & d'Ajan, dont nous traiterons aux articles 11. & 12. ſuivans.

La Cafrerie pure ſe diviſe en trois parties dites, ſeptentrionale, méridionale & orientale.

La ſeptentrionale comprend divers Royaumes qui ne ſont connus pour ainſi dire que de nom : Ces Royaumes ſont Mujac & Biafara, près du Royaume de Benin, Gingiro ou Gingirbomba, près de l'Abyſſinie; Macoco, ou d'Anzico au Nord-Eſt du Congo: le Monoemugi, ou Nimeamaie, dont nous traiterons à l'article 10. ſuivant; les Royaumes de Maravi & d'Abutua & les terres du Muzumbo-Acalunga: de tous ces Pays on ne connoit de productions importantes que dans le Royaume d'Abutua que l'on dit être fort abondant en or.

La Cafrerie méridionale, plus connue que la précédente, située entre le Congo & le Monomotapa, s'étend du Cap-Negre à la rivière de Manica ou du St. Efprit, elle comprend plusieurs Caps, favoir : le Cap de Bonne Efpérance qui appartient aux Hollandois ; nous aurons lieu d'en parler au Dictionnaire de la 2me. partie de ce Volume : après ce Cap font, le Cap-Fourchu, le Cap des Aiguilles & Cabo-Falio. Cette partie de la Cafrerie produit dans divers cantons des beftiaux, entr'autres des brebis fans laine, beaucoup de bœufs, des bleds, des fruits & des vins eftimés qu'on appelle vins du Cap.

Enfin la Cafrerie orientale, fituée entre la rivière du St. Efprit & celle de Zambeze ou Cuama, contient les Royaumes de Manica, Sofala, ou Quitevé, Sabia & Imhambane : on y comprenoit autre fois le Monomotapa que nous traiterons à l'article 9. fuivant ; Manica, Zimboé, Sofala, Maubone, Tonge & le Fort d'Inhagua appartenant aux Portugais font les principaux lieux de ces Royaumes.

On tire de ces Pays de l'or des mines de Manica, & de l'ivoire de Sofala.

ARTICLE IX.

Du Monomotapa.

CE Royaume d'Afrique eft très confidérable, il eft environné en grande Partie par le Fambere, & fe trouve fitué entre le 44me. & le 53me. dégré de longitude & entre le 16me. & le 25me. de latitude méridionale.

Ce Royaume en comprend plufieurs auffi peu connus que peu conféquens & qui dépendent tous de l'Empereur de Monomotapa.

Les Portugais font les feuls Européens qui fréquentent cette contrée, ils portent à Zimbave qui eft la Ville la plus confidérable de cet Empire, des draps & divers uftenciles de fer, qu'ils échangent contre de l'or, de l'ivoire, quelquefois du riz & des plumes d'Autruches.

ARTICLE X.

Du Monoemugy.

CEt Empire peu connu est situé à quelques dégrés au delà de l'équateur dans la Basse Ethiopie entre le Royaume de Maroco & la Côte de Zanguebar : on le dit aussi éten du que l'Allemagne , il a de riches mines d'or , d'argent & de cuivre , il produit aussi beaucoup de miel & de cire.

ARTICLE XI.

De la Côte du Zanguebar.

CEtte Côte , que l'on dit faire partie de la Cafrerie mé langée , s'étend depuis le Golfe , de Sofala jusqu'à l'équa teur : elle comprend plusieurs Royaumes dont les principaux sont , Mosambique , Moruca , Mougale , Quiloa , Monbaze & Melinde : on trouve au nord de cette Côte les petites Isles de Lamo , Ampazé & Paté , qui sont soumises aux Portugais.

Mosambique , soumis aussi aux Portugais , procure par ses gras pâturages , quantité de bœufs , de brebis , de chevres & de cochons ; mongale , frequenté par les Portugais , est abondant en or ; Monbaze possède un excéllent port son territoire est fertile en quantité de denrées nécessaires à la vie Melinde est abondant en bestiaux , surtout en moutons , mais les autres Royaumes sont de peu d'importance pour le Commerce.

ARTICLE XII.

De la Côte d'Ajan.

CEtte Côte , située au Nord de celle du Zangebar porte 200. lieues d'étendue du 2me. au 12me. dégré de la titude : elle renferme divers Etats dont les principaux sont

Brava, Magadoxo, & Adel ils ont pour Villes & Ports, Brava & Magadoxo dans les deux premiers Etats, & Aucagurelle, Zeila & Barbora dans le Royaume d'Adel.

Les Productions de cette Côte font abondantes en beftiaux, bled, orge, fruits & l'on en tire beaucoup d'or d'ivoire, d'ambre gris, d'encens, & diverfes marchandifes de l'Arabie & des Indes.

ARTICLE XIII.

De l'Abyffinie.

CE Pays porte 400. lieues de long fur 280. de large : il est borné au Nord par la Nubie, à l'Eft par la Mer rouge, au Sud par le Royaume d'Adel & à l'Oueft par la Nigritie : les Etats que contient ce Pays font les Royaumes de Tigré & de Dambea, les Provinces de Bagemder & de Gojam, & la Côte d'Abech ou d'Abex dont la partie feptentrionale appartient aux Turcs qui y ont pour principales Villes Suaquem, Macua, & Arcoua ou Erkiko; il s'y trouve auffi le Royaume de Dancali, dont la Capitale eft Baylur, ou Vella, port fitué près du détroit de Babelmandel qui fépare l'Afrique de l'Arabie : les Productions de cette Contrée font de l'or, de l'argent, du cuivre, du fer, du plomb & du fouffre dont il y a plufieurs mines; celles d'or fe trouvent dans la Province de Bagemder; les rivieres roulent dans leur lit quantité de paillettes d'or : on y récolte au moins deux fois l'année, en certains cantons, de l'orge, du maïs, des cannes à fucre, une graine étrangère à tous autres Pays que l'on appelle Tef, & qui tient lieu de froment; enfin on y recueille quantité de miel, de coton, de lin, de cire, de féné, & de plantes médicinales, les Portugais font de tous les Européens ceux qui fréquentent le plus cette contrée.

ARTICLE XIV.

De la Nubie.

LA Nubie est un grand Royaume d'Afrique borné au Nord par l'Egypte ; à l'Est par la Mer rouge, au Sud par l'Abyssinie & le désert de Gorham, & à l'Ouest par la Nigritie ; le Nil la traverse du Sud au Nord : ses principales Villes, Capitales de deux Royaumes qui y sont enclavés, sont Seymar & Dongola ou Dungala, par lesquelles passe tout le Commerce de cette Contrée qui consiste, en or, musc, ivoire en quantité, bois de sandal, cannes à sucre, & chevaux estimés &c. C'est par la voye du Caire que les Européens reçoivent ces diverses Productions qui y sont apportées des Villes susdites.

ARTICLE XV.

De l'Ethiopie.

COmme ce Pays est à proprement parler la majeure partie de l'Abyssinie & de la Nubie ; contrées dont nous venons de traiter, nous croyons devoir renvoyer nos Lecteurs à ces deux articles, sans nous arrêter à l'incertitude des géographes qui donnent le nom général d'Ethiopie à la majeure partie de l'Afrique & particulierement de la Guinée, tandis que d'autres entendent par ce nom celui de l'Abyssinie entiere & une partie de la Nubie.

Les anciens géographes donnoient à l'Ethiopie deux principales divisions, l'un dite haute & l'autre basse Ethiopie qu'ils estimoient être ensemble entre le 23me. dégré de latitude septentrionale & le 35me. de latitude méridionale ; & entre les 33me. & 60me. dégrés de longitude.

ARTICLE XVI.

De la Côte d'Abex ou d'Abech.

§══════════❧══════════§

CEtte Côte, dejà citée à l'article de l'Abiffinie, fe trouve fituée le long de la Mer rouge entre le 17me. dégré & demi, & le 23me. & demi de latitude, en forte qu'on lui donne environ 200. lieues de longueur.

Suaquem eft fa principale Ville éloignée de 250. lieues du Caire ou elle envoye fes Productions indiquées au fufdit article de l'Abyffinie, page 185.

ARTICLE XVII.

Des Ifles de l'Afrique.

§══════════❧══════════§

Les Principales de ces Ifles font au nombre de douze que nous allons indiquer par paragraphes particuliers.

1º. De l'Ifle de Mafcareigne

ou de Bourbon.

Cette Ifle, située à l'Orient de Madagafcar, a environ 15. lieues de longueur, fur 10. de largeur & 40. de tour: elle appartient aux François qui y ont un Gouvernement & trois Bourgades ; elle fert d'Entrepôt aux Vaiffeaux qu'ils envoyent aux Indes Orientales. On trouve dans cette Ifle quantité de bois de conftruction, des mâtures & des planches, de l'ébène, du benjoin, beaucoup de cotonniers, fes autres productions confiftent en bled, riz, poivre blanc, aloës, tabac, caffé très recherché & le meilleur connu après celui de l'Arabie : on y trouve aussi quantité de tortues & l'on ramasse sur les Côtes de l'ambre gris, du corail & de beaux coquillages.

2.º *Des Isles Canaries.*

Les principales sont au nombre de sept, savoir, Palme, Fer, Gomer, Ténérife, la grande Canarie, Forlaventura & Lencerotte, il y en a quelques autres mais très petites : toutes ces Isles sont situées entre le 1er. méridien & le 4me. & entre le 27me. dégré 50. minutes & le 28me. 50. de latitude. La plus orientale de ces Isles est à environ 40. lieues des Côtes de l'Afrique, les plus considérables sont Canarie & Ténérife ; c'est dans cette derniere que se trouve la fameuse montagne du Pyc de Teyde une des plus hautes de la terre : Palme, Canarie & Laguna sont les ports & Villes les plus fréquentés de ces Isles qui sont pour la pluspart soumises aux Espagnols.

On tire des canaries, du bled, des vins excellens, surtout ceux de Palme & de la grande Canarie, des bestiaux du miel, de la cire, du sucre, des fruits de toutes sortes, du fer & des peaux de daims qui se trouvent particuliérement à Gomer, mais le principal Commerce est en vins dont on exporte chaque année 16000. tonneaux.

Les François ont un Consul résident en la Ville de Palme.

3°. *Des Isles du Cap-Verd.*

Ces Isles, au nombre de dix, sont situées entre le 15me. & le 18me. dégré de latit. & entre le 352me. & 355me. de longit. Les Portugais qui les ont decouvertes en 1460. & les possédent encore aujourd'hui, les nomment Sal ou Sel, Bonnavisto ou Bonneviste, Mayo ou May, Jan-Jago, Fuego ou Fogo, Brava, St. Nicolas, St Vincent, Ste. Lucie & St. Antoine ; en général leur situation est très favorable pour raffraichir en toutes choses les Vaisseaux qui vont en Guinée & aux Indes Orientales : la plus considérable de ces Isles est San-Jago ou St. Jacques dont Ribeira est la Ville Capitale. Leurs Productions consistent en riz, maïs, ba-

nanes, sel en abondance , limons, citrons, oranges, grenades, noix de cocos, fruits divers, cotons, sucres, volailles en abondances, tortues en si grande quantité qu'on
en fait des chargemens pour l'Amérique, peaux de chèvre qu'on y prépare avec beaucoup d'intelligence; enfin on
y trouve aussi quantité de chevaux & de chèvres.

4°. De l'Isle de France ou de Maurice.

Cette Isle, située à l'entrée de l'Océan Indien & à l'est de Madagascar, vers le 20me. dégré 30. minutes de latitude méridionale & le 74me. de longitude, porte environ 30. lieues
de tour. Elle appartient aux François qui y ont un Gouvernement & en ont fait le lieu de rafraichissemens pour les
Vaisseaux qui viennent de la Côte de Coromandel : elle est
presque couverte de bois d'ebène, & très fertile en riz,
bled, maïs, manioc pour le pain des negres, caffé, sucre, coton & indigo; ces trois dernieres productions y
font rafinées & le coton mis en œuvre; on y trouve quantité de bétail pour la nouriture, des tortuës, des rayes &
des chevaux marins; il y a aussi des mines de fer.
Cette Isle n'est éloignée que de 40. lieues de celle de
Bourbon & de 180. de celle de Madagascar.

5°. Des Isles de Comore.

Elles font situées dans le Canal Mozambique entre le
Zanguebar & l'Isle de Madagascar : les principales se nomment Comore & Angasia ou Anjouan , cette derniere a un
bon mouillage qui sert parfois de relâche aux vaisseaux qui
vont aux Indes. Elles font habitées par des petits Princes
tributaires des Portugais. Leurs Productions font abondantes en riz, oranges, citrons, bananes, sucre, coco & gingembre que les habitans échangent aux Portugais contre
des marchandises Européennes.

6°. & 7°. De l'Isle de Madagascar & de celle de Ste. Marie.

Madagascar est située sur les côtes orientales de l'Afrique, entre les 59me. & 67me. dégrés de longitude & entre le 12me. & le 26me. de latitude méridionale : on lui donne 336. lieues de longueur sur 120. de largeur & environ 800. de tour : elle a trois Caps remarquables, l'un au Nord nommé St. Sebastien, l'autre dit St. Romain au Midi & le 3me. nommé St. André à l'Occident : elle est divisée entre plusieurs petits Souverains & les Européens n'y ont aucunes possessions ; ils la fréquentent cependant & en tirent de très bons fruits sur-tout des ananas délicieux, du riz, du coton, du poivre blanc : diverses sortes de miel dont une espéce provenante de la *Mouche Sacondro* est un remède souverain pour l'asthme & les maladies de poitrine ; des bois rares, dits, ébène, sandal & brésil, on y trouve des palmiers ; plusieurs minéraux, diverses pierres précieuses, diverses espéces de vivres pour les Navires, & particuliérement des bœufs.

A l'Est de cette Isle est celle de Ste. Marie qui appartient aux François, elle sert de débouché au Commerce de cette nation avec les divers peuples de l'Isle de Madagascar.

8°. & 9°. Des Isles de Madere & de Porto - Santo.

L'Isle de Madere, située au Nord des précédentes & à 60. lieues des Canaries, porte environ 35. lieues de circuit ; elle appartient aux Portugais ainsi que la suivante. Elle est extrémement fertile & abondante en bled, bananes, oranges, cannes-à-sucre, & elle produit l'excéllent vin connu sous le nom de Madere ; c'est à Fonchal ou Funchal que se fait tout le Commerce de cette Isle.

La petite Isle de Porto-Santo, ou Port-Saint, située au Nord-Est & à 13. lieues de Madere, est aussi très fertile en bled, on y éléve des bestiaux, mais son principal Commerce est en miel & cire également recherchés par leurs qualités, & en gomme dont on fait le sang de dragon qui s'employe en médecine.

10°. *De l'Isle de Ste. Helene.*

Cette Isle située dans la Mer Atlantique a environ 6. lieues de tour: elle est importante aux Anglois qui la possédent, en ce que les vaisseaux des Indes y trouvent toutes sortes de vivres & de rafraichissemens & qu'en outre la salubrité de l'air est on ne peut plus favorable aux rétablissemens des équipages attaqués de maladies quelconques.

Elle se trouve à 150. lieues du Cap - Negro, 762. du Cap - Verd, & 580. du Cap - de - Bonne - Espérance.

11°. *De l'Isle St. Thomas & celles Adjacentes.*

Ces Isles sont au nombre de six, savoir, St. Thomas, l'Isle du Prince Fernand - Pô; Annobon, St Mathieu, & l'Ascension; elles sont situées au Sud - Est de la Guinée vers le Congo. La plus considérable est St. Thomas ou St. Thomé, dont Pavoacan est la Capitale, on lui donne 15. lieues de tour: elle est très fertile en sucre de bonne qualité, on y trouve de la canelle & l'on prétend qu'elle renferme des mines d'or aussi pur que celui du brésil. l'Isle du Prince, très petite, est au Nord-Est de la précédente, son terroir est semblable à celui de St. Thomas.

l'Isle Fernand-Pô, près des côtes de Benin, porte environ 4. lieues de long sur 2. de large; elle a trois bayes pour le mouillage des Navires, dont la meilleure est celle de Cumberland : elle produit quantités de plantes & l'on y trouve beaucoup de chevres sauvages, de veaux, & de lions marins, dont on tire beaucoup d'huile; on fait près de cette Isle, une pêche assez abondante en morues & autres poissons.

l'Isle d'Annobon est fort petite mais très fertile en oranges & en coton qui est son produit principal.

St. Mathieu & l'Ascension, sont deux petites Isles à l'Orient des précédentes; elle n'ont d'autre importance que de servir de relâche pour peu de jours à des vaisseaux fatigués qui reviennent des Indes Orientales.

Toutes ces Isles appartiennent aux Portugais.

& 12°. *De l'Isle de Socotora.*

Cette Isle, dépendante d'un Roi de l'Arabie, se trouve entre l'Arabie heureuse & l'Afrique, à 60. lieues du Cap Guardafuy & 180. du détroit de Babelmandel; on lui donne 20. lieues de longueur sur 9. de largeur; Tamara ou Tamarin en est le Port & la Capitale : cette Isle très stérile ne produit guères que de l'encens & de l'aloès que les Portugais vont y chercher & qu'ils estiment beaucoup par leurs qualités.

Isles des Açores.

Nous croyons devoir placer ici ces Isles en ce qu'elles n'appartiennent ni à l'Afrique ni à l'Amérique, étant au contraire situées entre ces deux Parties de la terre.

Elle font au nombre de neuf, appellées Tercere, St. Michel, Ste. Marie, le Pic, Fayel, St. George, la Gracieuse, Corvo & Flores : on compte qu'elles ne sont éloignées que d'environ 200. lieues à l'Ouest de Lisbonne.

La plus considérable de ces Isles est Tercere qui a pour Capitale la Ville d'Angra, par laquelle les Portugais, seuls maîtres de ces Isles, font tout le Commerce qui consiste en bled, vins, fruits, quantité de pastel, & beaucoup de bétail.

CHAPITRE SIXIEME.

De l'Amérique ou *du Nouveau Monde.*

L'Amérique, que l'on surnomme Indes Occidentales, est la quatrieme & la plus grande partie de la terre; elle est bornée de tous côtés par l'Océan suivant les nouvelles découvertes des Capitaines Anglois, Cook & Clarke, qui en

1778. & 1779. ont dépassé le détroit qui sépare l'Amérique de l'Asie sous le 25me. dégré de latitude & le 206.me. de longitude à l'Est de l'Isle de Fer : Ces célebres navigateurs pousserent leur course dans l'Océan septentrional jusqu'au 70me. dégré, 45mi. de latitude où ils furent arrêtés par des glaces fixes & impénétrables qui s'étendoient du Continent de l'Amérique à celui de l'Asie. On divise l'Amérique en méridionale & septentrionale séparées par le golfe du Mexique & l'Isthme de Panama qui n'a qu'environ 7. lieues de largeur & se trouve sous le 9me. dégré de latitude : outré ces deux parties on considere comme dépendantes de l'Amérique une infinité d'Isles qui l'entourent dans l'un & l'autre Océan.

L'Amérique septentrionale connue s'étend du 11me. au 75me. dégré de latitude ; elle comprend le Mexique, la Californie, la Louisiane, la Floride, le Canada, l'Acadie, ou nouvelle Ecosse, Terre neuve, les Nouveaux Etats Unis, l'Isle Royale ou du Cap-Breton, St. Jean, Anticosti ou l'Assomption, les Lucayes, les Bermudes, les Antilles qui se distinguent en grandes & petites & comprenent les Isles de Barlo-Vento, Soto-Vento, Cuba, St. Domingue &c. Quelques Geographes y ajoutent les Isles Açores ou Terceres, déja citées à la page précédente.

La méridionale s'étend du 12me. dégré septentrional au 60me. dégré Méridional : ses principales parties sont la Terre Ferme, le Perou, le Chily, le Paraguay, la Guyane, la Terre Magellanique, le Brésil & les Pays des Amazones ; desquelles parties, ainsi que des précédentes, nous rendrons compte par articles séparés.

Les Caps, Golfes, Lacs, & principales Rivieres de l'Amérique sont le Cap Breton, le Cap de la Floride, & le Cap St. Augustin ; les Golfes de St. Laurent & du Mexique : les Lacs dit, Supérieur, Michigan, Huron, Erié & Ontario : les Rivieres sont les Amazones, St. Laurent, le Mississipi & la Plata que nous indiquerons mieux au Chapitre 8. de cette Partie.

Enfin c'est dans cette partie de la terre que se trouvent les fameuses montagnes appellées les Cordillieres, où les Andes, situées dans le Perou, le Chily & le Brésil.

Nous ne suivrons dans les détails suivans que l'ordre des divisions de l'Amérique & non celui des possessions Européennes dans cette partie du Monde, desquelles possessions nous rendrons compte en abrégé sous le mot Comptoirs que l'on trouvera indiqué dans la 3me. Partie de cet ouvrage.

DESCRIPTIONS, DÉTAILS ET DIVISIONS DES RÉGIONS DE L'AMÉRIQUE SEPTENTRIONALE.

ARTICLE I.

Du Mexique.

ON entend par le mot Mexique deux Pays distincts & séparés dans l'Amérique septentrionale que nous allons diviser en paragraphes particuliers.

1°. De l'Empire du Mexique ou la nouvelle Espagne.

Ce Pays presqu'entiérement situé sous la Zône torride est borné au Nord par le nouveau Mexique, à l'Est par le golfe du même nom & la Mer du Nord, au Sud & à l'Ouest par l'Amérique méridionale & la Mer du Sud : on lui donne environ 500. lieues de longueur sur 200. de largeur : il se divise en trois Audiences ou Gouvernemens appellés Mexico, Guatimala, & Guadalajara, lesquels se subdivisent ensuite en 23. Provinces dont les plus considérables sont la Galice, Lyucatan, Tabasco, le nouveau Royaume de Léon, la Tlascala, la Guaxaca ou Loaxaca, la nouvelle Biscaye, l'Honduras, la Nicaragua, la Costarica, ou Côte riche, la Californie & la Louisiane occidentale ; nous traiterons de ces dernieres aux articles 2. & 3. suivans.

Les principales Villes & Ports de cet Empire sont Mexico sur un lac du même nom, Acapulco sur la Mer du Sud, Machoacam ou Valladolid, Merida, Campêche, Tabasco, Pamico, la nouvelle Orléans, Tlascala, Vera-Crux, Guaxaca, Antequera, Guadalajara, Cinaloa ou St. Jacques, Culiacan, Compostelle, Ste. Barbe, le Cap St. Lucas, Notre Dame de Lorette, Guatimala, Chiapa-el-Real, Chiapalos-Judos, Valladolid, Truxello, St. Leon de Nicaragua,

Grenade, Cartage, Honduras & Oaxaca : c'eſt par les Villes de Mexico, Oaxaca, Vera-Crux & Honduras, que ſe fait la plus forte partie du Commerce du Mexique.

Les Productions de ce vaſte Empire, entierement ſoumis aux Eſpagnols, conſiſtent en bled, maïs, cacao, fruits exquis, beaume excéllent, cuirs eſtimés, quantité de cochenille, d'indigo & de ſoie, bois de campêche, tabac du territoire de Vera-Crux, coton de la Province de Cinaloa, poudre d'odeur très recherchée de Guaxaca, & ſucre de la Province de Chiapa ; mais les principales richeſſes de cette contrée ſont les mines d'or de Tlaſcala, de Lyucatan, du Popayan & du Choco, dont on fabrique des monnoies à Tlaſcala & à Mexico : les mines d'argent multipliées & les plus conſidérables ſont celles de Lyucatan, de Culiacan, de Ste. Barbe, de Guaxaca, & de la Côte riche : le nouveau Royaume de Grenade fournit quantité d'emeraudes, & l'on trouve en divers cantons de cet Empire pluſieurs mines de fer & d'alun : on voit en quelques Villes des manufactures de ſoieries, d'étoffes de coton & de beaux draps, particuliérement à Mexico, & Tlaſcala, & cette derniere Ville poſſede de plus une très belle verrerie.

2°. Du nouveau Mexique.

Cette contrée appellée nouvelle Grenade porte 250 lieues de longueur ſur environ 200. de largeur : elle eſt bornée au Nord par le Quivira, au Sud par l'ancien Mexique, à l'Eſt par la Louiſiane, & à l'Oueſt par la Mer & la Californie.

Elle eſt fertile en gras pâturages & produit des maïs & diverſes ſortes de fruits & de légumes : on y trouve quelques mines d'or & d'argent, ainſi que des turquoiſes, des éméraudes, des perles & du cryſtal : ſa principale Ville, ſoumiſe aux Eſpagnols, eſt Santafé ſituée près la riviere de Norte : c'eſt par cette Ville que ſe fait tout le Commerce du Nouveau Mexique. à l'Oueſt de cette contrée, ſur la Mer Vermeille, ſe trouvent des parties détachées du nouveau Mexique, que l'on nomme Nouvelle Navarre & Sonora, elles ſont aux Eſpagnols, & n'ont ni Places ni productions importantes.

ARTICLE II.
De la Californie.

LA Californie est une grande Presqu'Isle dépendante de l'Audience de Guadalajara dans le Mexique, on lui donne 4. à 500. lieues de longueur sur une largeur fort inégale : elle s'avance vers le Sud-Est, jusqu'au de la du Tropique du Cancer, entre la Mer du Sud qui la baigne à l'Occident, & la Mer vermeille, appellée aussi Golfe de Californie, qui la sépare à l'orient du Mexique.

Ses principales Villes sont le Cap St. Lucas & notre Dame de Lorette, elles appartiennent aux Espagnols qui tirent de cette Presqu'Isle de la cochenille, de la muscade, de très belles perles, des coquillages rares & toutes sortes de rafraîchissemens pour les Vaisseaux qui relâchent au Cap St. Lucas pour se rendre de là aux Isles Philippines & aux deux Mexiques.

ARTICLE III.
De la Louisiane ou le Mississipi.

CEtte contrée enveloppée par la Floride, la Caroline, le Mexique & le Canada, porte environ 600. lieues de longueur sur 200. de largeur : elle est traversée presqu'au milieu par le Mississipi qui la coupe du Nord au Sud, & elle comprend divers Pays habités par les Illinois, les Natchés, les Naguitoches, les Chichaces & divers autres Peuples sauvages. Les François qui en étoient les possesseurs avant 1763. en ont cédé la partie orientale aux Anglois & la partie occidentale à l'Espagne.

Les principaux lieux de cette contrée sont : la nouvelle Orleans, située à 30. lieues de l'Océan & 500. de Quebec; la Mobile & divers Forts répandus le long du Mississipi.

Ses Productions & Objets de Commerce consistent en palmiers, en chênes, en chataigniers, en muriers, & en diverses simples : on y recueille du riz , du maïs , du seigle , de l'orge , de l'avoine , du coton , du tabac , de la cire végétale produite par un arbre appellé Cirier qui se trouve dans la Caroline , & l'on en tire aussi de très bonnes pelleteries ou fourrures ; enfin l'Isle ou se trouve la Nouvelle Orléans , & qui porte environ 60. lieues de longueur , sur une très petite largeur , posséde une centaine d'habitations ou la culture & la fabrique de l'indigo font assez abondantes.

ARTICLE IV.

Du Canada , ou la nouvelle France , &

& de plusieurs Territoires Adjacens.

CE Pays de l'Amérique septentrionale porte environ 600 lieues de l'Orient à l'Occident & 250. du Septentrion au Midi. il est traversé du Sud-Ouest , au Nord-Est , par le Fleuve St. Laurent , & se trouve borné à l'Est par l'Océan , à l'Orient par le Mississipi , au Sud par les Colonies Angloises & au Nord par des Pays qui nous font encore inconnus : enfin ce Pays est situé au milieu de la Zône tempérée & l'on y trouve une grande quantité de lacs & de forêts immenses : ses principales Villes & Ports font Quebec , Montréal ou Ville Marie , & la Ville , dite , des Trois - Rivieres.

Nous devons observer ici que la Ville de Montréal , que nous venons de citer , est la Capitale d'une Isle du Canada , formée par le Fleuve St. Laurent ; on lui donne 10. lieues de long sur 4. de large : elle est à 60. lieues de Quebec & les Anglois , auxquels elle appartient , en tirent des bestiaux , des salaisons , des grains , du fer , du chanvre , des bois de construction & beaucoup de peaux que des Peuples sauvages viennent y échanger contre des vins & eaux - de vie de France ; des armes , des munitions de chasse & diverses marchandises de premiere nécessité.

Près de cette Contrée , à l'Ouest du Lac supérieur & au-dessus du Mississipi , font des territoires découverts par les François en 1738 , où se trouvent plusieurs Lacs sur les bords desquels font situés six Forts construits par les François , savoir : le

Fort St. Pierre fur le Lac Tacamamioüen ou de la Pluie
le Fort St. Charles, fur le Lac Minittie ou des Bois; le
Fort Maurepas à l'Oueft du précédent; le Fort la Reine
fur la Riviere St. Charles ou des Affiniboils, entre l'Ifle
Biche & l'Ifle des Prairies qui font au Nord, & les Forts
Dauphin & de Bourbon fitués au Midi du lac du même
nom. Tous ces territoires, ainfi que le Canada même, font
fous la domination Angloife depuis la paix de 1763. on tire de
ces divers Pays de beaux froments qui fe fement en May
& fe récoltent en Août; du fer & du cuivre dont il y a
plufieurs mines; de très beaux bois de conftruction, du lin
du chanvre, du tabac, des farines qui s'exportent aux Indes Occidentales, de la thérébenthine connue fous le nom
de Canada, & diverfes plantes précieufes entr'autres le gin-
feng: on y fabrique dans les principales Villes, des toiles
& étoffes communes pour la confommation des fauvages de
cette contrée, mais le principal Commerce eft en peaux
falaifons, beftiaux, cuirs & fourrures.: les plus eftimées de
ces dernières marchandifes font les peaux d'ours, d'élans
de cerfs, de loutres, de martres & fur-tout de caftors dont
le débit eft immenfe. La pêche de la morue & de quelque
peu de baleine fe joignent aux productions ci-deffus pour
accroitre le Commerce de cette vafte contrée & des Ifles &
territoires adjacens; Commerce qui étoit très actif avant l'indépendance des Treize Etats-Unis, mais qui depuis eft
confidérablement diminué par l'intelligence de ces Nouveaux
Etats.

 Outre les poffeffions ci-deffus les Anglois font auffi maitres
du Pays de Neuw-Galles & de la Baye d'Hudfon. Ils ont
pour factoreries les Forts d'Yorck & de St. Alban. Les productions qu'ils en tirent confiftent en fer, plomb, cuivre
talc, criftal de roche en diverfes couleurs, & albefte, forte
de lin incombuftible dont nous avons déja parlé.

 C'eft particulierement par le Fort d'Yorck que fe fait le
Commerce très important de la Baye d'Hudfon de laquelle
on tire quantité de belles fourrures, des côtes & huiles de baleine, des plumes d'oye, & du caftoreum.

 A l'Oueft & au Nord-Oueft du Canada font diverfes
découvertes dont une partie tient au Canada & l'autre fait
connoître la proximité que l'Amérique a avec l'Afie du
côté du Nord-Oueft.

 Ces découvertes font 1°. La Mer de l'Oueft, 2°. Les
découvertes Ruffes. 3°. Celles de l'Amiral de Fonte Efpag-
nol & 4°. Les Pays des environs de la Baye de Baffin.

Nous parlerons à la table Géographique de la Mer de l'Ouest dont nous éviterons ici le détail.

Les découvertes Russes n'offrent pas encore d'intérêt & se bornent à annoncer l'existence de quelques côtes de l'Amérique : l'une est située à 55. dégrés 36. minutes de latitude septentrionale, ou environ 14. dégrés au Nord - Ouest de la partie septentrionale de la Californie ; l'autre se trouve être la partie méridionale de la grande Presqu'Isle qui est à l'Est de la Sibérie. Antérieurement à ces découvertes les Russes avoient touché & descendu dans une Isle & une grande terre située à l'Est du Cap Chalaginsko, Cap le plus oriental de l'Asie, duquel ils ne sont parvenus à l'Isle de la grande terre, susdite, qu'après un demi jour de navigation ; un habitant de cette grande terre, rencontré par hazard par les navigateurs Russes, a fait entendre qu'elle pouvoit procurer beaucoup de fourrures ; ce sont ces mêmes navigateurs qui ont donné une connoissance certaine du détroit du Nord qu'on appelloit ci-devant *d'Anian*, en assûrant que ce détroit est au 66me. ou 67me. dégré de latitude méridionale & qu'il peut avoir entre 40. & 50. lieues de largeur.

Les principales découvertes de l'Amiral Espagnol sont les Isles appellées l'Archipel St. Lazare, situées à près de 260. lieües d'une grande riviere nommée Rio - los Reyes ; le lac Fonte qui communique par 8. cataractes à la riviere Parmentier. Ce lac contient plusieurs Isles fertiles & peuplées & abonde de plus en morues de bonnes qualités : on doit aussi à cet Amiral, & à l'un de ses Capitaines, la découverte du lac Ronquillo, du fameux lac Valasco, dont la longueur de 430. lieues enferme plusieurs Isles & au milieu du quel se trouve une Presqu'Isle très peuplée appellée Conchasset ou Connibasset.

A l'Est des découvertes de l'Amiral. de Fontê, & autour des Bayes de Hudson & de Baffin se trouvent les Pays suivans. 1°. l'Isle James ou Jacques habitée par des sauvages, elle est située au Nord - Est de la Baye d'Hudson & à l'entrée de celle de Baffin, & 2°. le Groenland.

Le Groenland, ou la Terre Verte, est un grand Pays situé au Nord - Est de l'Amérique septentrionale entre la Baye de Baffin, le détroit de Davis, l'Islande & le Spitzberg ; & dont les bornes à l'Est & à l'Ouest sont totalement ignorées. Ce Pays soumis aux Danois & aux Norwegiens est situé sous le 70me. dégré de latitude à environ 100. lieues au Nord de l'Islande & 640. lieues de Paris : on y trouve des carrieres de marbres de diverses couleurs, d'excéllens pâturages & par conséquent beaucoup de gros & menu bétail & de très-belles fourrures : ſes côtes ſont très favorables pour la pêche de la baleine , du cachalot, de la morue, de la raye & autres poiſſons. Cette pêche & la quantité d'huile qu'elle procure , ainſi que le blanc de baleine qui ſe tire de la tête du cachalot , forment enſemble la principale branche de Commerce de ce Pays qui n'eſt fréquenté que par les Danois & les Norwegiens.

ARTICLE V.

De l'Acadie ou nouvelle Ecoſſe.

L'Acadie eſt une Preſqu'Iſle ſituée ſur les frontieres du Canada entre Terre neuve & la nouvelle Angleterre ; elle porte environ 120. lieues de longueur. ſur 40. de largeur.

Les Anglois, qui la poſſédent, y ont pour lieux principaux Annapolis & Hallifax ; cette derniere Ville eſt auſſi riche que Commerçante.

On tire de l'Acadie des morues, de l'huile , des poiſſons, des maquereaux ſalés , des Côtes de baleine , de belles planches, des bois de conſtruction , des mâts & quelques fourrures.

ARTICLE VI.

Des Nouveaux Etas - Unis , de l'Amérique.

CEs Etats qui , avant leur indépendance , déclarée en leur congrès le 4. Juillet 1776 , & reconnue des Puiſſances Européennes en 1783, formoient la plus riche partie des poſſeſſions Angloiſes dans l'Amérique ſeptentrionale, forment aujourd'hui Treize Etats particuliers , mais unis pour leur ſoutien réciproque.

Le Tableau ſuivant préſente au coup - dœil l'abrégé de leurs Deſcriptions Géographiques & de leurs productions particulieres.

TABLEAU DES DIVISIONS &c.
des Etats-Unis de l'Amérique septentrionale.

Etats.	Productions.	Principales Villes & Ports.
Ier. *New-Hampshire.* Cette Province s'étend depuis la Baye de Massachuset jusqu'au fleuve St. Laurent: elle comprend cinq beaux Comtés appellés Straford, Rockingam, Hillsborouq. Gratfon & Cheshire.	Les productions consistent principalement en cacao, café & coton, ainsi qu'en partie des objets détaillés aux Etats suivans.	Portsmouth, Ville capitale & Port le plus conséquent de cette Province est situé dans le havre de Pistaqua à 60. milles au Nord de Boston.
II. *Massachuset.* Cet Etat est borné au Nord par celui de New-Hampshire; à l'Est & au Sud par le Continent & l'Océan atlantique, & à l'Ouest par la nouvelle Yorck. il a 112. milles de longueur sur 38. de largeur.	On y trouve des mines de fer les plus estimées du monde, d'autres en cuivre, beaucoup de mâtures & autres bois de charpente, du merrain, de la poix, du goudron, de la thérébenthine, de la résine, des viandes salées, des pelleteries & sur-tout de la morue, dont la pêche est considérable. La Ville de Boston possede une superbe Imprimerie & une immense manufacture d'acier dont il est sorti en 1783. de très beaux ouvrages de contellerie &c.	Boston & Cambridge sont les Villes les plus commerçantes & les plus considérables de cet Etat, sur-tout Boston qui se trouve située sur une presqu'Isle inclinée du côte de la Mer.

Etats.	Productions.	Principales Villes & Ports.
III. *Rhode-Island.* Cet Etat situé sur le Mount-Hope, tire son nom d'une Isle placée dans la Baye de Massachuset.	Les chevaux, les porcs, les bois de constructions ; les salaisons, le maïs, le bled, le fromage, le beurre, les œufs, & d'excéllens legumes procurent à cet Etat un Commerce considérable ainsi que les constructions des vaisseaux qui s'y font en grand nombre.	Les Villes les plus considérables sont Neuwport, Warwich & la Providence : cette derniere est située sur la riviere de Patuxis, à la tête d'un Golfe qui se trouve entre Massachuset, Connecticut & Rhode-Island.
IV. *Connecticut.* Cette Province est bornée à l'Ouest par celle de New-York & la Riviere de Hudson, au Sud par la Mer, à l'Est par Rhode-Island, & au Nord par la Baye de Massachuset. Elle tire son nom d'une Riviere qui traverse du Nord au Sud toute la nouvelle Angleterre.	Cette Province est une des plus abondantes de la nouvelle Angleterre : elle possede des bois de constructions du goudron, de la thérébenthine du froment le plus beau connu, du maïs, du sassafras sorte d'arbre aromatique, une espéce d'arbre cirier dont on tire de belle cire que l'on y employe aux bougies, l'érable y est très beau & sa liqueur sucrée délicieuse, enfin le chataignier & le noyer y sont si beaux que de leurs bois, on fait quantité de meubles Anglois très estimés.	New-Haven & Harfort, sont les Villes les plus commerçantes du Connecticut ; la derniere, considérée comme la Capitale, est située sur les bords de la Riviere dit le Connecticut, qui porte à la Ville même des bateaux d'environ 150. tonneaux : on y fait d'assez forts armemens pour toutes les Contrées de l'Amérique.

Etats.	Productions.	Principales Villes & Ports.
V. *New-Yorck & l'Isle longue.*		

Ces territoires qui ne forment qu'un même Etablissement ou Etat appellé autrefois la Nouvelle Hollande, font situés comme suit. New-Yorck entre le Canada, la Nouvelle Angleterre, la Penfilvanie, la Mer du Nord & La Nouvelle Jeriey : l'Isle Longue, appellée quelquefois l'Isle Naffau, eft en face de la Nouvelle Yorck, elle eft divi.ée en trois beaux comtés appellés Suffolk, Richemont, & Queen, Sconty.

Les productions font abondantes, elles confiftent en poix, farine, feigle, bled, pommes, légumes, bons bois, chevaux, moutons bœufs, porcs, beurres, fromages, falaifons & huitres; mais le principal commerce eft en fourrures, lin, chanvre & tabac d'une qualité renommée.

Les principaux lieux de cet Etat font, Suffolk, Richemont, Queen Sconty & New-York, qui en eft la capitale. Cette derniere eft fituée à 2 milles de l'embouchure de la riviere d'Hudfon ; fa rade eft dans toutes les faifons, acceffible aux plus grands vaiffeaux.

La principale ville de l'Isle Longue eft Grawefend, fituée à 6. lieues de New-Yorck.

| **VI.** *New-Jerfey.* | | |

Cette République, autrefois appellée Nouvelle Suede, eft fituée fur les confins de New-Yorck qui la bornent au Nord, comme la

On trouve dans le territoire de cette République des pâturages auffi excellens qu'abondans qui donnent lieu à de fortes éleves de

Prince-Town & Amboi font les principaux lieux & Ports de cet Etat qui fait auffi des exportations en fourrures, tabac, poix

Etats.	Productions.	Principales Villes & Ports.
Delaware à l'Ouest, la Mer à l'Est, & au Sud la baye de la Delaware & la Mer. On lui donne 120. milles de longueur fur 100. de largeur.	beſtiaux. Il eſt de plus abondant en grains & en chanvre & l'on y exploite avec ſuccès une forte mine de cuivre.	& goudron, comme la plupart des villes des Nouveaux Etats-unis.

VII.
Delaware.

Cet Etat, enclavé dans la Penſilvanie, comprend les comtés de Newcaſtle, Kent & Suſſex, ſitués ſur la riviere de la Delaware, dont cette Colonie prend le nom.	Les productions & objets de Commerce de cet Etat ſont conformes en tout à ceux de Penſilvanie, détaillés dans l'article ſuivant.	Kent, Suſſex & Newcaſtle ſont les ports & villes de la Delaware, dont le Port le plus fréquenté eſt Newcaſtle.

VIII.
Penſilvanie.

Cette République, la plus heureuſe & la plus fertile des 13. Etats Unis, eſt ſituée entre le 39me. & le 42me. dégré de latitude. Elle eſt bornée au Nord par les Iroquois, au Sud par le Maryland, à l'Eſt par le Jerſeys & à l'Oueſt par les Illinois : ſa principale riviere eſt la Delaware, appellée auſſi Suſque-Saha-	Le territoire de cet Etat eſt riche en productions ou denrées de 1re néceſſité ; les plus abondantes ſont le chanvre & le lin que l'on y manufacture avec autant d'intelligence qu'en Europe, les laines & le coton y ſont pareillement mis en œuvres : à ces objets ſe joignent les grains, les farines, le beurre, le biſ-	Les divers Comtés de cette République ont chacun une Capitale de leur nom, mais le lieu le plus conſéquent pour le Commerce eſt Philadelphie, dite, la Ville des Freres, ſituée au confluent de la-

Etats.	Productions.	Principales Villes & Ports.
nok. On eſtime que le territoire de cette belle Province porte 100. lieues de longueur ſur 70. de largeur ; il ſe diviſe en onze Comtés, ſavoir ; Philadelphie, Bucks, Cheſter, Lancaſtre, Yorck, Cnmberland, Berks, Northampton, Bedfort, Northumberland & Weſtmoreland.	cuit, le fromage, les ſüifs, les viandes ſalées, la bierre, le cidre, le goudron, la poix, les bois de conſtruction, les marbres de couleurs qui ſe trouvent aux environs de Philadelphie & qui enſemble concourent à procurer à cet Etat un Commerce des plus importans.	Delaware & du Schuylkill qui communiquent à la Mer.

IX.
Maryland.

Les bornes du Maryland ſont la Virginie au Sud, l'Océan Atlantique à l'Eſt, la Penſilvanie au Nord, & la Riviere de Latowmeck à l'Oueſt: il eſt traverſé du Nord au Sud par le Golfe de Cheſapeack & ſe diviſe en pluſieurs Comtés appellés Cheſapeack, Ste. Marie, Charles, Prince-George, Calvert, Anne, Arundel, Battimore, Sommerſet, Dorcheſter, Talbot, Kent & Cecil ; mais leur éten-	L'induſtrie eſt très active dans cet Etat, on y trouve quantité de fabriques qui conſiſtent en bas & étoffes de laine, de coton, de ſoie, de clinquaillerie & d'armes-à-feu aſſez eſtimées : quant aux productions du ſol, la plus heureuſe eſt celle du tabac qui approche de la qualité de celui de Virginie. La plûpart des autres denrées communes aux territoires des Nouveaux Etats-Unis	Ste. Marie, Annapolis & Batimore ſont les Villes les plus commerçantes du Maryland : Battimore eſt le Port le plus fréquenté ; il eſt, ainſi

Etats.	Productions.	Principales Villes & Ports.
due ie réduit à un petit territoire autour de chacune de leurs Capitales qui portent les noms mêmes desdits Comtés.	ie trouvent auſſi dans le Maryland & avec aſſez d'abondance.	que les autres Villes, ſitué ſur laBaye de Chéſapeack.
X. *Virginie.* Cette Province ſituée entre le 56e. & le 39e. dégré de latitude eſt bornée au Nord par le Maryland, à l'Eſt par la Mer, au Sud par la Caroline, & à l'Oueſt par les monts Apalaches : ſes principales Rivieres ſont James & Yorck.	Son territoire eſt fertile en excéllens pâturages, lin, chanvre,bled,maïs, quantité de coton, tabac délicieux & fort recherché, particuliérement celui qui croît entre les Rivieres Yorck & James, ſuperbes bois de conſtruction, fruits, légumes,poix,goudron, bonnes ſalaiſons, & l'on y trouve auſſi d'aſſez belles fourrures.	Jam-Town, Williambourg, Yorck, Nortfork & Edenton ſont les meilleurs lieux de cette Province dont le principal Commerce eſt en tabac & en conſtruction de navires.
XI. *Caroline ſeptentrionale.* Cet Etat, un des plus étendus de l'Amérique, eſt borné au Nord par la Virginie, au Sud par la Géorgie, à l'Eſt par la Mer & à l'Oueſt par les Apalaches : il comprend ſix Provinces appellées	Cette Colonie procure au Commerce des cuirs, de la cire, du goudron, de la poix, de la térébenthine, des peaux de daims, des bois de toutes les ſortes,mais dont les chênes ſont trop gras pour la conſtruction des vaiſſeaux ; quelques fourrures, 10. à 12. millions de tabac par année, du co-	Wilwington, eſt la Capitale de cette Colonie, mais ſon Port le plus fréquenté eſt Brunſwick ſitué preſque à l'embouchure du Cap - Fear, vers l'extrémité méri-

Etats.	Productions.	Principales Villis & Ports.
Albermale, Claren-don, Claven, Bar-kley, Colleton & Clarteret.	chon salé, des lé-gumes secs, du maïs & quelque peu de farines de qua-lité très médiocre.	dionale de la Pro-vince.
XII. *Caroline Méri-dionale.* Cette partie de la Caroline est com-prise dans la des-cription ci-dessus pour ses limites & les divisions.	Le Commerce de cette Province est en partie composé des mêmes produc-tions que dessus; mais en très petite quantité en ce qu'il n'y a guères que le quart de son terrein en cultures dont les plus avantageuses sont en riz de bon-ne qualité & en trois espéces d'indigo, appellées Indigo François, ou d'Hispaniola, Gua-timala ou vrai Bu-hama, & indigo sauvage, produc-tion indigene de cette Contrée: cette culture est après celle du riz la plus lucrative de cette Colonie qui possè-de en outre deux espéces de coche-uilles susceptibles d'une abondante propagation.	On ne compte dans cette Provin-ce que trois Villes & Ports principaux savoir : George-Town, située à l'em-bouchure de la Ri-vière de Black, Beaufort, ou Port-Royal, dont la rade est très sûre, Charles-Town, ca-pitale de la Colo-nie, est située au confluent de l'Ast-hey, & de la Co-per deux rivieres très navigables & qui communiquent à la Mer.
XIII. & dernier. *Géorgie.* La Géorgie est située entre la Flo-	Ses productions consistent en riz, qui se cultive dans les terres basses, indigo supérieur à	Savannah est la Capitale & le Port le plus fréquenté de cette Colonie, il est situé sur les

Etats.	Productions.	Principales V.lles & Ports.
ride & la Caroline, elle a la Riviere de Savannah au Nord, & celle de Tahama au midi & elle se trouve entre le 31me. & le 33me. dégré de latitude : on lui donne 500. milles de longueur sur 250. de largeur.	celui de la Caroline, cuirs verds, merrains chevaux, salaisons, tabac excellent, chanvre, cotou, fer dont les mines sont abondantes, beaux bois de construction pour les plus grands vaisseaux, pins, pour planches, (*)	bords de la Savannah à 10. milles de la Mer à laquelle cette Riviere communique.

(*) de 30. à 50. pieds de longueur, poix & goudron : on s'y occupe aussi de la culture du ver à soie, enfin cette Province possède des beaux bassins & chantiers, où l'on construit des forts vaisseaux marchands : c'est par la Riviere de Savannah que se fait son exportation qui est très considérable.

ARTICLE VII.

De la Floride.

NOus entendons parler par cette dénomination d'une Presqu'Isle située a l'Ouest de la Caroline & qui s'avance jusqu'au canal de Bahama : elle est bornée à l'Occident par la Louisiane, à l'Orient par la Caroline & la Mer du Nord, & au Midi par le Golfe du Mexique ; elle se divise eu deux parties appellées l'une orientale & l'autre occidentale, qui depuis la paix de 1783. sont restées sous la domination Espagnole.

Les principaux lieux de cette Colonie sont St. Augustin, dans la Floride orientale ; le Fort Mobile & Pensacola, dans la Floride occidentale.

Ses productious consistent en grains, riz, indigo, soies, vins, cochenille, tabac, sucre & safafras sorte d'arbre dont la fleur prise en infusion tient lieu de thé, la décoction de la racine de ce même arbre est employée avec succès dans les fiévres intermittentes : c'est sur-tout dans la partie occidentale que se trouve cet arbre & la plûpart des productions ci-dessus.

ARTICLE VIII.

De la Terre Neuve.

ON appelle Terre Neuve une grande Isle de l'Océan, située sur la côte orientale de l'Amérique septentrionale, à l'entrée du Golfe de St. Laurent, & environ 16. lieues de l'Isle du Cap Breton; elle est séparée de la côte de Labrador par le détroit de Belle-Isle, & on lui donne environ 300. lieues de tour. Plaisance est le lieu le plus considérable de cette Isle, qui est depuis longtemps soumise aux Anglois, & facilite la pêche du grand banc dont nous allons parler.

Au Sud-Ouest de Terre Neuve & près de ses côtes se trouvent les petites Isles de St. Pierre & de Miquelon, situées toutes deux dans le Golfe St. Laurent, lesquelles appartiennent aux François & servent d'abri & de protection à leur pêche du grand banc.

Le grand banc, si précieux pour la pêche de la morue dont l'Europe entiere & partie des régions de l'Amérique se trouvent approvisionnées, est situé à 60. lieues au Sud est de l'Isle de terre Neuve & porte 200. lieues de longueur sur environ 400. de tour.

Quoique ce banc soit fréquenté par plusieurs Nations Européennes néanmoins elles n'y peuvent pêcher que par accord avec les Anglois, les François, & les nouveaux Etats-unis de l'Amérique qui en sont en quelque sorte les seuls possesseurs.

La pêche Angloise & des Etats-Unis occupe la plus grande partie de ce banc & s'etend jusques dans le Golfe St. Laurent, celle Françoise commence au Cap St. Jean, traverse la partie du Nord & descend la côte occidentale de l'Isle de Terre Neuve jusqu'au Cap Raye situé au 47me. dégré 50. m. de latitude, qui est sa derniere limite.

Le Commerce de Terre Neuve ne consiste que dans la pêche susdite de morue, celle de la baleine & de divers poissons dont on tire un nombre considérable de tonnes d'huile

---

ARTICLE IX.

De l'Isle Royale ou du Cap Bréton.

§————————✦————————§

CEtte Isle, située au Sud Ouest de Terre Neuve, à l'entrée du Golfe de St. Laurent, n'est séparée de l'Acadie que par un détroit de 3. à 4. lieues : elle a environ 45. lieues de longueur sur 30. de largeur, elle possede plusieurs Ports dont le plus fréquenté, par les François auxquels cette Isle appartient, est Louisbourg.

La pêche de la morue, qui ne peut se faire qu'à 15. lieues des côtes, est la principale branche de Commerce de cette Contrée qui y ajoute en productions, des grains, du chanvre, du lin, de beaux bois de charpente en pins, en chêne de grandeurs prodigieuses, en frêne, en cedre, en erable, en platane & en tremble : on trouve en cette Isle d'abondantes mines de charbon de terre, de pierres à plâtre, d'excéllens pâturages qui donnent lieu à de fortes éleves de bestiaux, & l'on s'y occupe de la pêche du loup-marin, du marsouin & des vaches marines

---

ARTICLE X.

De l'Isle St. Jean.

§————————✦————————§

L'Isle St. Jean située dans le Golfe St. Laurent, porte environ 25. lieues de longueur sur une largeur inégale. Elle n'est séparée du Canada que par un canal de 4. à 5. lieues de large : les Anglois à qui elle appartient y font des éleves de bestiaux & s'y occupent de la pêche de la morue & de divers autres poissons, ainsi que de la culture du froment, de l'orge, de l'avoine, & de très bonnes légumes : son principal lieu est le Port la Joye.

ARTICLE XI,

De l'Isle d'Anticosti ou de l'Assomption.

L'Assomption, Isle dépendante des Anglois, se trouve dans l'embouchure du fleuve St. Laurent qu'elle partage en deux, & porte 48. lieues de long sur 10. de large : elle n'a que des mauvaises rades où les Bâtiments sont peu en sûreté. Son territoire est couvert de bois & les côtes sont abondantes en grandes & belles morues.

ARTICLE XII,

Des Isles Lucayes.

ELles sont en très grand nombre toutes situées dans la Mer du Nord, aux environs du Tropique, du Cancer & au Nord des Isles de Cuba & de St. Domingue : les plus considérables & les seules habitées sont, Bahama, la Providence, & Guanahani ou St. Sauveur.

L'Isle de Bahama, appartenante aux Anglois, porte 13. lieues de long sur 8. de large. Elle donne son nom à un canal ou détroit le plus rapide connu & qui est le passage ordinaire des flottes Espagnoles qui vont à la Havane. La Providence qui appartient aussi aux Anglois, & Guanahany sont de peu d'importance, elles ont cependant chacune un assez bon Port ainsi que Bahama.

Ces Isles sont médiocrement fertiles & peu peuplées, leurs productions principales consistent en grains, pâturages, maïs & fruits.

ARTICLE III.

Des Bermudes.

CEs Isles soumises aux Anglois sont en grand nombre qui n'occupent ensemble qu'un espace de 7. à 8. lieues

situé à 200. lieues des côtes de la Caroline : la plus
conséquente de ces Isles porte le nom de Bermude, la
capitale est St. Georges, Ville où réside un Gouverneur
Anglois : leur fertilité est extrême, elle donne deux récoltes
par année dont les productions consistent en tabac, cochenille, maïs, limons, oranges, bled d'Inde, légumes, fruits
divers & muriers. On y recueille beaucoup de soie, de
lin, de chanvre ; on y pêche des perles ; on y trouve de
l'ambre gris ; quantité de tortues très délicates ; de beaux
bois de construction ; de très beau cedre, que les François
estiment autant que l'Acajou, on en fait des petits vaisseaux
appellés Bermudiens qui sont très recherchés par leur longue durée ; & l'on fabrique dans la Ville de St. Georges
quantité de voiles de Navires qui sont en réputation.

ARTICLE XIV. & dernier.

Des Isles Antilles.

CEs Isles sont en grand nombre, elles forment un
situé entre la Floride & les bouches de l'Orenoque ; on les
désigne en grandes & petites Antilles. Les grandes sont St.
Dominique, Cuba, la Jamaique & Porto-Rico. Les petites
Antilles se divisent en Isles du vent & sous le vent ; Les res
sont appellées Isles de Barlovento & les dernieres Sotovento.

Les Isles du vent, ou de Barlovento, comprennent la
Martinique, la Guadeloupe, St. Barthelemi, Marie Galande,
la Désirade, les Saintes, Ste. Alousie ou Ste. Lucie, Tabago,
la Grenade, l'Anguille, Montcerrat, Nieves, les Vierges,
la Barboude, Antigoa, St. Christophe, la Dominique, la
Barbade, St. Vincent, Ste. Croix, St. Thomas & St. Jean,
Saba, St. Eustache, St. Martin & l'Isle des Crabes ou de Borriquen.

Et les Isles sous le vent, ou de Sotovento, sont Bon-
Air, Oruba, Curaçao, la Marguerite & la Trinité.

Toutes ces Isles sont comprises au Tableau suivant qui
indique à la fois leurs situations, leur étendue, leurs productions & leurs principaux lieux.

Grandes Antilles.

Isles.	Productions.	Principaux Ports & Villes.
I°. St. Domingue. Cette Isle porte environ 180. lieues de long sur 60. de large & près de 400. de tour: elle est partagée entre les Espagnols & les François; les premiers possédent la partie Orientale & les François l'Occidentale: il y a nombre de Rivières dont la principale est l'Artibonite.	Les productions de cette Isle sont abondantes en maïs, sucre, coton, cochenille, indigo, tabac, cacao, caffé, ananas, liqueurs & sirops fort estimés. On y trouve surtout dans la partie Espagnole des mines d'or, d'argent, de fer, de cuivre, de talc, de cristal de roche, d'antimoine, de souffre & de charbon de terre; ainsi que des carrieres, de marbres & de pierres.	St. Domingue est la principale Ville Espagnole, le Cap François, le Port de Paix, le Port Dauphin, le Port au Prince, Leogane, St. Marc, St. Louis, St. Nicolas, les Cayes & l'Isle Avache, sont les principaux Ports & Etablissemens François.
II. Cuba. L'Isle de Cuba soumise aux Espagnols porte 300. lieues de long sur 30. de large: elle est située à l'entrée du Golfe du Mexique & n'est separée de St. Domingue que par un Canal de 18. lieues.	On trouve en cette Isle quelques mines d'or & une de cuivre; les denrées de Commerce consistent en une quantité de tabac, en cacao, en riz, en indigo, en coton, en cuirs, en sucre, & caffé, dont l'exportation pour divers Ports d'Espagne est très consequente.	La Havane & San-Jago, sont les principaux Ports de cette Isle. Le 1er. sert surtout de relâche aux flottes Espagnoles qui retournent de l'Amérique en Europe.

Isles.	Productions.	Principaux Ports & Villes.
III. *La Jamaique.* Cette belle & riche possession Angloise est située à 18 lieues au Sud de Cuba & 24 à l'Ouest de St. Domingue, elle porte 50 lieues de longueur sur 20. de largeur & 150. de tour.	Cette Isle est abondante en cacao, sucre très fin, indigo, coton, tabac assez médiocre, caffé, écailles de tortues, sel, gingembre, piment, cuirs, bois de teinture, Canelle-sauvage, souffre, epiceries & drogues; on y trouve en outre quelque mines de cuivre & autres métaux & un arbre appellé lagetto dont les écorces servent à faire des toiles & des habits	San-Jago de la Vela ou Spanish-town, & Port Royal sont les principaux lieux de cette Isle & les plus commerçants ils sont tous deux très peuplés.
IV. *Porto-Rico.* Cette possession Espagnole, située à 80. lieues de St. Domingue & 140. de la Martinique, porte environ 40. lieues de longueur sur 20. de largeur.	Les denrées d'exportation de cette Isle consistent en quantité de cuirs verds, plus de 3000 quintaux de sucre; 1500. quintaux de coton, 15 à 16. milles quintaux de caffé, 18 à 20. milles quintaux de maïs, 8 à 9. milles quintaux de tabac, beaucoup de mélasses, quelque peu de riz, & une prodigieuse quantité de chevaux, bêtes à cornes, & menu bétail.	La Ville du même nom de l'Isle, possede un très bon Port qui est défendu par plusieurs Forts; elle est très riche & très fréquentée.

Petites Antilles.

Isles.	Productions.	Principaux Ports & Villes.
Iº. **La Martinique.** Cette Isle située par les 14. dégrés, 43. minutes de latitude, au Nord de l'equateur, porte environ 16. lieues de longueur sur 55. de tour.	Ses productions consistent en sucre, caffé, coton, casse, moniac, fruits délicieux, résines, gommes, cacao, quelque peu d'indigo & de tabac.	Les principales places de cette Isle sont le Fort Royal, le Fort St. Pierre, le Fort de la Trinité, le Fort Marigot, & le Fort du Mouillage; le premier considéré comme Capitale est à 230. lieues du Cap François.
II. **La Guadeloupe.** Cette Colonie située entre la Dominique, MarieGalande, la Désirade; & Montferrat porte environ 80. lieues de tour: la riviere salée la coupe en 2. parties dont la plus grande à l'orient s'appelle la grande Terre, & l'autre à l'occident est appellée la Guadeloupe.	Cette Isle comme la plûspart des Antilles est très abondante en fruits en sucre, coton, tabac, & Caffé; on y trouve des arbres d'une grandeur prodigieue & des salines naturelles.	On trouve en cette Isle plusieurs Havres & Forts, mais le Chef lieu & le plus Commerçant est le Fort Louis, situé à 30. lieues de la Martinique & environ 1500. lieues de Paris.

POSSESSIONS FRANÇOISES.

Isles.	Productions.	Principaux Ports & Villes.

SUITE DES POSSESSIONS FRANÇOISES.

III. Marie Galande.

Cette petite Isle, dépendante du Gouvernement de la Guadeloupe, est située au vent de celle des Saintes à 18. lieues au Nord de la Martinique & 6. seulement de la Guadeloupe, on lui donne environ 15. lieues de tour.	Elle est fertile en maïs, coton, caffé, sucre, légumes, quelque peu d'indigo & tabac.	On trouve en cette Isle un assez bon Port, où réside un Gouverneur François.

IV. La Desirade.

Située à 4. lieues de la Guadeloupe dont elle est dépendante, & par laquelle se fait l'exportation du coton qu'elle produit, est de peu de conséquence, & ne porte que 4. lieues de long sur deux de large.

V. Les Isles des Saintes.

Forment un petit grouppe éloigné d'environ 3 lieues de la Guadeloupe dont elles dépendent. On y trouve un assez bon Port & l'on y recueille un peu de coton, & de caffé.

VI.

St. Barthelemi.

Cette Isle se trouve auprès de St. Christophe, au Nord-Ouest de la Guadeloupe dont elle est éloignée de 50. lieues. C'est une des plus petites Colonies Françoises, elle n'a qu'un mauvais Port, & la principale production est le manioc dont on fait d'assez bon pain.

VII.

Ste. Lucie.

Isle de l'Océan à 7. lieues de la Martinique & 10. de St. Vincent ; elle a environ 35. lieues de tour & produit du cacao, du sucre, du coton & du caffé en assez grande abondance: son Port, formé par la nature, est vaste & sur pour les plus grands Vaisseaux, qui peuvent s'y mettre à l'abri des ouragans & de la grosse Mer.

VIII.

Tabago.

Cette Possession Françoise dans l'Amérique septentrionale, est située au Nord de l'Isle de la Trinité à 50. lieues de la Grenade ; on lui donne 30. lieues de circuit; elle posséde plusieurs havres aussi surs que commodes: ses Productions consistent en sucre, coton, indigo & très peu de caffé.

IX.

La Marguerite.

Située proche la Terre ferme & la nouvelle Andalousie, à environ 40. lieues de tour ; elle n'est susceptible d'aucun rapport au commerce & ne fournit que des denrées nécessaires aux besoins de ses habitans qui exportent seulement quelque peu de bétail dans les colonies Francoises.

POSSESS. ESPAG.

X.
La Trinité.

Placée vis-à-vis l'embouchure de l'Orenoque porte 25. lieues de long fur 18. de large. Elle eft auffi mal peuplée que mal cultivée, quoique fon terroir foit fertile en maïs, fucre & tabac; fes principaux lieux font le Port d'Efpagne & St. Jofeph.

XI.
St. Martin.

Cette Ifle partagée entre la France, & la Hollande eft au Nord-Oueft de celle de St. Barthelemi & au Sud de L'Anguille. On lui donne 18. lieues de tour, elle n'a qu'un feul Port qui eft aux Hollandois; les François n'ont que des rades. Les productions font en fucre, tabac, coton & indigo.

POSSESSIONS HOLLANDOISES.

XII.
Curaçao.

Cette Ifle de la Mer du Nord, eft située au Nord de la Terre Ferme & à 3. lieues de la côte de Venezula : elle porte environ 10. lieues de longueur fur 5 de largeur.

Ses Productions font en beftiaux, manioc, légumes, & quelque peu de coton & de fucre.

Le Port de cette Ifle porte auffi le nom de Curaçao, il eft defendu par un Fort.

XIII. & XIV.
Aruba ou *Oruba* & *Bonaire.*

Ces petites Ifles voifines & dépendantes de Curaçao.

ont les mêmes productions qu'elle & font de peu de conféquence.

XV.
St. Euftache.

Eft au Nord-Oueft de St. Chriftophe & au Sud-Eft de Saba, fa circonférence n'eft que de 5. lieues. Cette Ifle n'à qu'une mauvaife rade, & un Fort, & fes Productions ne font qu'en tabac & en fucre.

XVI.
Saba.

Cette Ifle eloignée de 13 milles feulement de St Euftache ne porte ainfi qu'elle que 5. lieues de tour: fon territoire eft très fertile en excéllens légumes & coton, que l'on y file avec tant d'art que les bas qu'on en fait fe vendent dans diverfes Colonies jufqu'à trente livres de France la paire.

XVII.
St. Thomas.

Situé à l'Eft de Porto - Rico, a un Port, un Bourg & un Fort, on lui donne 6. lieues de tour, & fa principale Production eft en fucre ; cette petite Ifle eft partagée entre la Pruffe & le Dannemarck.

Près de cette Ifle eft celle des Crabes ou de Borriquen, dont la poffeffion eft en litige entre le Dannemark & l'Efpagne. Elle eft cependant foumife aux Danois qui y ont plufieurs Rades & en tirent des oranges, des citrons & partie des Productions de Porto-Rico, dont elle n'eft eloignée que de 5. à 6. lieues, fa circonférence eft de 6. à 7. lieues.

XVIII.
St. Jean.

Est une petite Isle voisine de St. Thomas, elle n'a que 3. à 4. lieues de tour & produit du sucre en abondance.

XIX.
Ste. Croix.

Cette Isle peu distante de celle-ci dessus a environ 22 lieues de long sur 4. à 5. de large : elle est fertile en gras pâturages on y éleve de nombreux troupeaux, & on en retire du sucre, & du coton fort estimés. On y compte trois bons Ports.

XX.
La Barbade.

Cette belle colonie située sous le 13e. dégré 15. minutes de latitude Nord, peut avoir 17. à 18. lieues de longueur sur 4 à 5. de largeur on prétend qu' elle contient au moins 100 mille acres de terre

Elle est riche en toutes productions dont les principales consistent en sucre le plus beau connu, gingembre, coton, poivre rouge, rhum ou taffia délicieux, sirops réchérchés, liqueur connue & renommée sous le nom de Barbade, maïs, manioc, cassave, arbres fruitiers, bois de construction & de marqueterie très beaux, le cedre surtout est le plus estimé : on tire de la surface de la riviere de Tuigh, une espece d'huile qui est bonne à bruler.

Bridgatwon est la Capitale & le meilleur Fort de cette Isle, dont les Côtes accessibles sont défendues par plusieurs Forts.

XXI.

Antigoa.

Cette Isle située entre la Barbade & la Désirade à 15 lieues de la Guadeloupe peut avoir 6. à 7. lieues de longueur sur 4. de largeur. Elle est fertile en sucre, tabac, indigo & gingembre.

XXII.

Montserrat.

Isle de 9. lieues de tour & dépendante du Gouvernement de celle d'Antigoa, elle produit du sucre, du coton, du gingembre & de l'indigo avec assez d'abondance.

XXIII.

Nièves.

Isle située à une lieue de St Christophe, elle a 6. lieues de tour, un bon Port, & produit les mêmes denrées que St. Christophe.

XXIV.

St. Christophe.

Cette Isle située à l'Ouest d'Antigoa porte environ 25. lieues de circonférence.

Ses productions sont très abondantes en gingembre indigo, coton, sucre, rhum, souffre & sel : cette derniere denrée se tire d'un marais qui a 80. acres d'étendue.

Il y a plusieurs Port dont le principal est celui de la Ville de Basseterre; Ville qui étoit très florissante avant l'incendie qu'elle éprouva en 1776.

XXV.

La Barboude.

Située fous le 17me. dégré 40. minutes de latitude
Nord, à 15. lieues d'Antigoa, a environ 3 lieues de longueur : on y éléve des bœufs & des mulets pour les I.
les voisines & l'on y recueille de l'indigo, du tabac &
& beaucoup de fruits.

XXVI.

L'Anguille.

Eft fituée, fous le 18me. dégré 21. minutes de latitude Nord, à 3. lieues de la Barboude. Son fol peu favorable produit au plus 50. milliers de fucre, on y élève
quelques moutons & des chevres ; & l'on y trouve du
fel qui eft fourni par un étang.

XXVII.

Les Ifles Vierges,

Forment un grouppe, voifin de Porto - Rico, fituée
fous le 52me. dégré 23. minutes de latitude méridionale,
Elles ne produifent que du fucre ; & environ 8. à 9.
miliers pefant par année,

XXVIII.

St. Vincent.

Cette Ifle eft fituée à 6. lieues de Ste. Lucie & 20.
de la Barbade ; on lui donne 8. à 9. lieues de tour : elle
eft très fertile en tabac, très connu fous le nom de St.
Vincent, on y cultive auffi le rocou, le cacao & un peu
de fucre.

XXIX.
*La Domini-
que.*

Cette Isle, si-
tuée entre la
Guadeloupe &
la Martinique,
dont elle n'est
éloignée que de
7. lieues, porte
35. lieues de
tour.

Son terroir est
susceptible de très
bons pâturages sur
lesquels il n'y a que
peu de bestiaux, on
y cultive avec suc-
cès le sucre, le caffé,
le coton, l'indigo,
& le cacao. l'on y
trouve beaucoup de
cochons sauvages.

Il y a plusieurs
Rades dont la prin-
cipale est celle dite
du Nord, connue
sous le nom de Prin-
ce-Rupert.

XXX.
*La Grenade,
& les Grena-
dins.*

L'Isle de la
Grenade est à
environ 30 li-
eues de la Terre
ferme, & 70. de
la Martinique
elle a 14. lieues
de longueur sur
6. de largeur.
Les Grenadins
sont des petites
Ilottes qui se
trouvent au voi-
sinage & sous
la dépendance
de la Grenade.

Les productions
de cette Isle & des
Grenadins sont en
rhum, sucre, caffé,
cacao & indigo.

La Grenade pos-
sede un Port aussi
sur que vaste &
qui est très fré-
quenté.

De l'Amérique Méridionale

Cette partie de l'Amérique n'est séparée de la septentrionale que par l'Isthme de Panama dont la largeur est d'environ 20. lieues : elle forme une grande Presqu'Isle dont les

divisions font au nombre de huit desquelles nous allons rendre compte par les articles suivans.

DESCRIPTIONS, DÉTAILS ET DIVISIONS DES RÉGIONS DE L'AMÉRIQUE MÉRIDIONALE.

ARTICLE I.

De la Terre-Ferme, dite, Castille d'Or.

Cette Région, séparée de la Guyane par la Rivière d'Orenoque, est située sous la Zône torride entre l'Isle de la Trinité & l'Isthme de Panama & entre le 13me. dégré de latitude septentrionale & le 13me. de méridionale : elle Comprend plusieurs Gouvernemens ou Provinces dont les principaux font la nouvelle Andalousie, Veragua, Venezuela, Rio-de-la-Hacha, Ste. Marthe, Cartagene, la Castille d'or ou la Terre-ferme, proprement dite le Popayan, le nouveau Royaume de Grenade & la Guyane.

Les principales Villes & Ports soumis aux Espagnols font Sant-Jago-Al-Angel, dans la Province de Veragua.
Panama & Pexico sur la Mer de Sud. ⎱ dans la Terre-ferme.
Porto-Belo sur le golfe du Méxique. ⎰
Cartagene, Port célébre dans la Province du même nom.
Ste. Marthe, Port de la Province Ste. Marthe.
Rio de la Hacha, le Cap Vela ⎱ dans la Province de Rio-
& les Ranchéries - - - - - - ⎰ de la Hacha.
Vénézuela *ou* Coro - - - - - - ⎫
Caracas *ou* St. Jacques de Léon ⎬ dans la Provi. de Venezuela.
Maracaibo & Verine - - - - - - ⎭
La Conception, dans la Province Veragua.
Comane, *ou* la nouvelle Cardoue, à l'entrée d'une Baye dans la nouvelle Andalousie.
Sancta Fé de Bogota, dans le Royaume de Grenade, Popayan & Pasto, dans la Province de Popayan.

Les productions de ces Provinces confistent en perles qui
fe tirent des Ifles du Golfe de Panama, du Cap de la
Vela & des Rancheries ; en émeraudes, pierres précieufes
qui fe trouvent dans le nouveau Royaume de Grenade,
en or des mines du Popayan & du Choco, en beftiaux &
fur-tout en mulets de la Province de Ste. Marthe, en tabac
& cacao de la Province de Venezuela & d'Orénoque, d'où
fe tire aufli beaucoup de bétail.

ARTICLE II.

Du Perou.

CE grand Pays traverfé dans toute fa longueur par une
chaîne de montagnes nommée la Cordillere ou les Andes, eft
borné au Nord par le Popayan, à l'Eft par le Pays des
Amazones, au Sud par le Chily & à l'Oueft par la Mer du
Sud ; on lui donne 600. lieues de long fur 50 feulement de
large.

Il fe divife en trois Audiences ou Gouvernemens Efpagnols appellés Quito, Los-Reys ou Lima & Los Charcas.

Quito comprend trois Provinces dites Quito, Los-Quixos
& Los Pacamores.

Les principales Villes & Ports du Perou, font ; Puerto-
Veio, Guyaquil, Paita, Baeza, & Valladolid, dans les
Provinces du Gouvernement de Quito.

Lima, Callao, Truxillo, Cufco, Guamanga, & Aréqui-
pa, dans le Gouvernement de Lima.

La Plata, Potofi, la Paz & Santa-Cruz dans l'Audience
de Los-Charcas.

Les productions du Perou confiftent en émeraudes, or,
argent des mines du Potofi ; vif argent, huile fupérieure à
celle d'Efpagne, fucre le meilleur connu, beaume merveil-
leux pour les playes, cacao, cire, annanas & autres fruits
délicieux. On trouve dans ce riche Pays l'arbre précieux du
Quinquina, on y recueille des grains comme en Europe ;
& le Commerce en tire beaucoup de vigognes, du coton
& des bois rares tels que du cedre, de l'Ebene & du Gayac.

ARTICLE III.

Du Chili.

LE Chili s'étend à environ 400 lieues le long de la Mer du Sud, à la suite du Perou. Il est traversé de l'Orient à l'Occident par la riviere de Chile ou Chili qui lui donne son nom. Il a le Perou au Nord, le Tucuman qui fait partie du Paraguay, & la Terre Magellanique au Midi. Les Espagnols possesseurs de ce riche Pays le divisent en trois Provinces dites le Chily propre, l'Impériale & Chicuito ou Cuyo, les deux premieres s'étendent le long de la côte & sont séparées de la derniere par la Cordillere ou les Andes.

Ses principales Villes & Ports sont:

San-Jago, capitale du Chili-propre.

La Conception, Valparaiso, Impériale, & Baldivia ou Valdivia, sont autant de Ports de la Province Impériale. Mendoza & San-Juan sont les Villes du Cuyo.

Commerce & Productions de Chili.

C'est de la Province du Cuyo que se tire le meilleur or connu, & le plus pur, cette Province est riche en mines de ce métal, on y en trouve aussi quelques autres, mais de peu de conséquence. le Commerce de ce Pays n'a pour débouché que le Perou & le Paraguai, encore les transports pour le Paraguay se font-ils par terre. Ses denrées d'exportation sont des cuirs, des fruits secs, du cuivre, des viandes salées, des chevaux, des grains, du chanvre, des vins, des eaux-de-vie, des huiles & sur-tout de l'or.

C'est par le Port de Valparaiso que se fait le plus grand Commerce de Mer, tandis que celui de Terre se fait par San-Jago qui est à 364. lieues de distance par Terre de Buenos-Aires, Ville la plus commerçante du Paraguay.

Sur la côte méridionale du Chili, se trouve l'Isle de Chiloé, soumise aussi aux Espagnols: cette Isle porte 50. lieues de longueur sur 8. de largeur: son principal Lieu est Castro situé à 220. lieues de San-Jago. On tire de cette Isle beaucoup d'ambre gris.

ARTICLE IV.

Du Paraguai ou du Pays de Rio-de-la-Plata.

CE vaste Pays de 500. lieues de longueur sur 300. de largeur est borné à l'Est par le Brésil, au Nord par le Pays des Amazones, à l'Ouest par le Pérou & le Chili & au Sud par la Terre Magellanique. Il renferme sept Provinces Espagnoles appellées le Paraguay propre, Chaco, Quayra, Rio-de-la-Plata, Vraguay ou Vrvaig, le Tucuman & le Parana.

Ses principales Villes & Ports sont : Villarica, Maracaju & Canuguate dans le Paraguai propre.

Cuidad-Réal dans le Quayra.

L'Assomption, Santa-Fé, Buenos-Aires & Maldonado bon Havre dans la Province de Rio-de-la-Plata.

San-Salvador, dans l'Vraguay.

San-Jago-del-Estero, San-Miguel & Cordoue dans le Tucumán.

Quant aux Provinces de Parana & de Chaco, elles n'ont que des Bourgades peu remarquables.

Le terroir de ce Pays est généralement très fertile en bled, cannes à sucre, coton, tabac., excellens pâturages qui procurent quantité de bestiaux ; mais la plus riche de ses productions est l'herbe connue sous le nom de Paraguay, dont le débit immense forme avec les cuirs verds le principal Commerce de ce Pays dont le centre est à Buenos-Aires & Maldonado.

ARTICLE V.

De la Guyane.

L'A Guyane est aussi une vaste contrée de l'Amérique méridionale située entre la rivière des Amazones & celle de l'Orénoque, elle a pour bornes l'Amazone au Midi, l'Orénoque au Nord, la Mer à l'Orient & la grande rivière de Rio-Negro à l'Occident : l'étendue de cette contrée est d'environ 300. lieues de l'Est à l'Ouest & 200. du Nord au Sud : ses frontieres font le Bréfil , le Perou & le nouveau Royaume de Grenade.

La Partie la plus connue de cette contrée est partagée entre les Efpagnols, les François, les Hollandois & les Portugais.

Les Efpagnols poffédent les Pays fitués le long de l'Orénoque & entre cette riviere & celle dite de Pomaron, auxquels Pays ils donnent le nom de Guyane Efpagnole dont St. Thomas, Ville bâtie fur les bords de l'Orénoque, est la Capitale.

La Guyane Françoife, furnommée la France équinoctiale, renferme les Pays compris entre les rivieres de Maroni & le Cap Nord : le principal établiffement François dans cette contrée est l'Ifle de Cayenne fituée au centre de la Guyane Françoife ; cette Ifle peut avoir 16. lieues de circuit. Sa Capitale du même nom , bâtie fur la pointe Nord-Ouest de l'Ifle, poffède un Port très bien défendu par un Fort nommé le Fort Louis. Il s'y trouve deplus trois Bourgs appelles Remire, Mahuri & Matouri qui commencent à devenir importans.

Proche la riviere de Marony fur les côtes de la Caribane, ou Caribaine fe trouvent quelques anciennes habitations Angloifes protégées par le Fort nommé Marony fitué à l'embouchure de la riviere du même nom, & à environ 15 lieues de Cayenne.

La Guyane Hollandoife est comprife entre les rivieres de Maroni & de Pomaron : les établiffemens qu'elle renferme font Surinam, Effequebo, Demerary & Berbice, noms de diverfes rivieres de la Guyane, & près les embouchures & les bords defquelles font fituées les poffeffions Hollandoifes fufdites.

Enfin la Guyane Portugaife comprend les Terres fituées aux environs des côtes feptentrionales & occidentales de la riviere des Amazones depuis le Cap-Nord, jufqu'au Rio-Negro : elle fait partie de la Province de Para, dont nous aurons lieu de parler à l'article fuivant du Bréfil : le Port le plus fréquenté de cette Guyane est Belem fitué, à 20. lieues de l'Océan, fur un canal qui conduit à l'Amazone.

Les Productions & Objets de Commerce des établiffemens Européens dans la Guyane, confiftent en cacao, vanille, falfpareille, huile de copeau, laine végétale, écailles de crabes & des tortues, bois de conftruction, de marqueterie & de teinture, riz, indigo, rocou, caffé, fucre, coton, gomme qui fe tire particuliérement de la Guyane Hollandoife, ainfi qu'une plante appellée *Orilanne* qui croit dans la pètite Colonie de Berbice, & dont la culture, la préparation & l'utilité font femblables à celles de l'Indigo. Cayenne produit, outre partie de denrées ci-deffus, de très gros millet dit, manioc, & l'on y trouve des minéraux & de bonnes terres dont on fait des briques, des tuiles & des poteries.

A R T I C L E V I.

Du Bréfil.

CEtte Région la plus Orientale de l'Amérique Méridionale, a pour bornes la Mer au Nord & à l'Eft, le Pays des Amazones à l'Oueft, & le Paraguay au Sud. Elle a 35. dégrés de lóngueur du Nord au Sud, c'eft à-dire depuis le 1er. jufqu'au 35me. dégré de latitude Méridionale, & 17. dégrés de largeur d'Orient en Occident : elle fe divife en plufieurs Gouvernemens ou Capitaineries appellés, Para, Maragnan, Giera ou Siara, Rio-Grande, Paraiba, Tamaraca, Fernambouc, Seregippe, la Bayé de tous les Saints ou San Salvador, Rios-dos Ilhéos, Porto-Séguro, Spiritu-Santo, Rio-Janeiro, St. Vincent, Del-Rey, Goyas, Matto Groffo, & Minas Geraës. Les principaux lieux de ces Capitaineries font : Para, Maragnan, Siara dans les trois premieres Capitaineries. Natal-los-Reyes dans la Capitainerie de Rio-Grande. Paraiba & Tamarca dans les Capitaineries de mêmé nom. Olinde & le Récif dans la Capitainerie de Fernambouc. Seregippe & San-Salvador dans les Capitaineries de mêmes noms : Villa San-Georgio dans la Province de Rio-dos-Ilhéos. Porto-Séguro & Spiritu-Santo dans les Provinces du même nom. St. Sebaftien dans la Rio-Janéiro : St. Vincent & St. Paul dans la Province St. Vincent, & Colonia-do-Sacramento dans la Province del-Rey, ou du Roi.

Nota. Près de cette derniere Ville font les Ifles St. Gabriel, très petites & foumifes aux Efpagnols.

Les productions du Bréfil confiftent en or très pur & dont il y a d'abondantes mines dans les Gouvernemens de Goyas, Matto-Groffo, & Minas-Geraës, en diamans qui se tirent de la mine de Sarrado-Trio , & de quelques Rivieres , en coton le plus beau du Nouveau-Monde , & que le territoire de Para produit en quantité , ainsi que du riz , de la vanille , de l'indigo & du rocou très beau; le Gouvernement de Rio-Grande est fertile en bestiaux, sucre & coton ; celui de Fernambouc produit le précieux bois de teinture connu sous le nom de bois du Brésil; ces riches contrées renferment en leur sein des mines de de fer , de souffre , d'Antimoine , d'étain , de plomb & & de vif - argent; la Baye des Saints offre un avantage particulier par la pêche de la baleine , & son territoire produit avec succès le cannelier. Enfin c'est dans cet heureux Pays que se trouve l'arbre nommé *Copaiba*, ou *Copahu* duquel on fait exprimer une huile précieuse appellée beaume de Copaiba ou de Copahu.

ARTICLE VII.

Des Amazones.

ON appelle Pays des Amazones ceux qui se trouvent situés le long de ce fleuve appellé aussi Maragnan; qui prend sa source au Perou à 30. lieues de Lima , & après un cours de 1000. à 1100 lieues , se jette dans l'Océan au Cap du Nord : ces Pays sont Jaen, San-Jago à l'embouchure d'une riviere de ce nom, Boya & Laguna dans le Gouvernement Espagnol de Maynas , Pevas ou San-Ignatio à 12 lieues de l'embouchure de Napo, St. Paul au dessous de l'embouchure de la Yahuari ou Yavari ; ces divers Lieux sont soumis aux Espagnols & ceux suivans aux Portugais; ces derniers sont Coari ou Guayari , le Fort Rio - Négro, vers l'embouchure de la riviere de même nom surnommée la riviere noire ; le Fort Pauxis situé au dessous de la riviere Cunuris , un 3me. Fort nommé Topajos , à l'embouchure d'une riviere du même nom; & près de ce lieu est un bourg appellé Tupinambare ; enfin Curupa , ou Corupa, Ville située ainsi qu'une forteresse jadis hollandoise sur le bord méridional de l'Amazone à quelques lieues au dessus d'un bras de cette riviere qui prend le nom de Tagipura.
On trouve dans les environs de la Ville susdite un grand

canal dont la partie Sud embraſſe l'Iſle de Joannes, ou de Marago, peu viſible ſur les cartes.

L'unique Commerce des Européens en ces Pays eſt en Eſclaves, encore n'eſt-il d'aucune importance.

ARTICLE VIII.

De la Terre Magellanique.

ON appelle de ce nom une grande Région ſituée à la pointe méridionale de l'Amérique, au Sud du Bréſil & du Paraguay, à l'Eſt du Chily & au Nord du Détroit de Magellan.

Cette Terre n'eſt habitée que par des ſauvages que l'on nomme Pampas, Ceſſares & Patagons : elle eſt fort peu connue ; les Eſpagnols qui, ſeuls communiquent avec ces peuples, par le Cap Frouvart ſitué ſous le 53e. dégré 50. minutes de latitude méridionale, en tirent quantité de cuirs qui s'y vendent au plus bas prix poſſible.

CHAPITRE VII.

Détails ſur les Terres Polaires & Auſtrales.

ON nomme Terres Polaires celles ſituées aux environs des Pôles, & Terres Auſtrales celles qui ſe rencontrent au-de-là de l'équateur, vis-à-vis le vieux & le nouveau continent, & qui ſont avancées vers le Pôle Antarctique : enfin ces Terres ſont à proprement parler des découvertes poſtérieures à celles de l'Amérique.

ARTICLE I.

Des Terres Polaires.

§══════════════§

Elles se divisent en Terres Arctiques & Terres Antarctiques dont nous allons donner quelques notions.

1°. Des Terres Arctiques.

§══════════════§

Ces Terres sont le Spitzberg, la nouvelle Zemble & la Bolschaia-Zemula. Quelques Auteurs y plaçoient le Groenland, que nous avons cru devoir ranger dans l'Amérique septentrionale à laquelle sa situation paroît devoit appartenir.

Le Spitzberg est un Pays de l'Océan septentrional situé à 135. lieues du Nord de la Norwege, entre le 77me. & le 82me. dégré de latitude septentrionale. Il est peu connu à cause des glaces qui couvrent ses côtes ; les Anglois & les Hollandois le fréquentent cependant pour la pêche de la baleine qui y est assez favorable.

La nouvelle Zemble qui signifie nouvelle Terre, est aussi un Pays de l'Océan septentrional situé entre le 80me. & le 100me. dégré de longitude ; & entre le 70me. & le 76me. de latitude septentrionale ; il est au-delà du Cercle Polaire, au Nord-Est de l'Europe, dont il est séparé ainsi que de l'Asie, par le détroit de Waigats : la Russie tire de cette contrée quelques fourrures & sur - tout des loups & des renards blancs.

La Bolschaia-Zemula, mots Russes qui signifient Grande-Terre, se trouve située au Nord de l'embouchure de la Kolima ou Kowima au 75me. dégré de latitude septentrionale : on prétend que les habitans de cette côte, s'occupent de la pêche de la baleine, au milieu des glaces mêmes ; mais des relations de l'académie de St. Petersbourg paroissent douter autant de l'existence de cette Terre, que de la pêche qu'on attribue à ses habitans.

ARTICLE II.
Des Terres Antarctiques.

CEs Terres font la Circoncifion, Gonneville, la Terre de Feu & la nouvelle Zélande.

La Circoncifion eft fituée dans le Sud de l'Afrique, au 54e. dégré de latitude méridionale & au 28e. dégré 30. minutes de longitude. elle eft, à ce que l'on croit, peu éloignée de la Terre de Gonneville dont la relation eft très peu connue. Cette derniere eft, dit-on, auffi fertile que peuplée.

La Terre de Feu eft une Ifle, ou amas de plufieurs Ifles, fituée au Sud de l'Amérique méridionale, qui forme avec la Terre Magellanique, le détroit de Magellan : on a obfervé qu'il falloit abfolument la contourner pour aller de la Mer du Nord à celle du Sud par le détroit de Lemaire & le Cap-Horn, lequel Cap eft fitué à l'embouchure de la riviere de la Plata, à 100 lieues des Ifles Malouines, 470. du Cap de St. Antonio, 1012. de Lima au Pérou, & 2624. de Paris.

Nota. Les Navigateurs avoient prefqu'abandonné le paffage de cette terre, mais les nouvelles & précieufes defcriptions de MM. De Bougainville & Cook raffurent parfaitement aujourd'hui fur les dangers qu'on redoutoit dans ce paffage.

Voyez, au Chapitre 8. fuivant, la Table Géographique, Article des détroits.

La Nouvelle Zélande eft à l'Occident de la Terre de Feu, au 40e. dégré environ de latitude méridionale & au 18e. dégré de longitude : on la confidère comme l'antipode de la France. Elle n'eft peuplée que de fauvages avec lefquels on ne connoit pas de Commerce régulier.

ARTICLE IX.
Des Terres Auftrales.

DE ces diverfes terres, fituées au Sud-Eft de l'Afie par de-là les Ifles de la Sonde, les Moluques & les Philippines, les plus connues font ; la Nouvelle Guinée ou Terre de Papous, la Nouvelle Bretagne, la Carpentarie, la nouvelle Hollande, la Terre de Diemen, celle du St. Esprit & les Isles de Salomon peu éloignées de la terre du St. Esprit.

La Nouvelle Guinée, ou terre des Papous, s'étend du 1er. au 9me. dégré de latitude méridionale, & du 147me. au 162me. de longitude. On lui donne le nom de Guinée parce que son terroir & ses habitans ressemblent à ceux de la Guinée d'Afrique, cette contrée n'est fréquentée que par les Hollandois.

La Nouvelle Bretagne est une Isle située au Nord de la nouvelle Guinée, elle peut avoir 80. lieues d'étendue en côtes, mais l'intérieur est totalement inconnu.

La Terre de la nouvelle Hollande est située entre le 130e & le 160e. dégrés de longitude, au Midi des Moluques, elle renferme plusieurs Terres dites, Diemen, qui est à l'Occident, With & Endragt ou la Concorde sur la Côte & la Terre de Liewen au Midi.

La Carpentarie est au Nord de la nouvelle Hollande & à l'Orient de celle du St. Esprit,

Une seconde Terre Diemen se trouve au Midi de la nouvelle Hollande sous le 40me. dégré de latitude méridionale, elle appartient aux Hollandois qui y ont une Baye appellée Frédéric-Henri.

On nomme Isles de Salomon plusieurs Isles de la Mer du Sud qui se trouvent entre l'Asie & l'Amérique, la plus grande est appellée Isabelle ; on prétend qu'elles ont été abondantes en or : la difficulté de reconnoître ces Isles d'après les descriptions Espagnoles, fait aujourd'hui croire à l'incertitude de leur existence & les fait soupçonner d'être les mêmes que les nouvelles Hébrides, Isles fertiles & peuplées de la Mer du Sud, & dont la découverte faite en 1774 est due aux recherches du célébre Navigateur Cook.

CHAPITRE HUITIEME.

Table Géographique, ou *Indication Alphabétique des principales Mers, des Golfes, des Caps, des Fleuves, des Lacs, des Détroits, des principales Rivieres & des Places Maritimes les plus fréquentées des quatre Parties du monde.*

§══════════════§

1° *Des Mers.*

ABEX, (Mer d') partie de la Mer rouge le long des côtes de l'Abyssinie.

ADRIATIQUE, grand golfe de la Méditerranée, qu'on nomme aussi golfe de Venise. *Voyez* ce golfe à l'Article suivant.

AFRIQUE, (Mer d') partie de la méditerranée, le long des côtes de Barca & de Tripoli.

ALLEMAGNE, (Mer d') partie de l'Océan, située entre l'Angleterre les Provinces-Unies, l'Allemagne & le Jutland.

AMOER, AMUR ou AMOUR, Mer d'Asie, dans la Tartarie orientale; elle se nomme aussi Mer de Kamtchatka.

ARABIE, (Mer d') on entend par cette Mer la partie de l'Océan qui se trouve entre le Cap Rasalgate, & l'Isle de Zocotora.

ATLANTIQUE, surnom donné à la partie de l'Océan située entre l'Afrique & l'Amérique.

AUSTRALES, On appelle de ce nom la partie la plus méridionale de l'Océan.

AZOF, Azow ou Zabache. *Voyez* Palus-Méotides.

BALTIQUE, grand Golfe entre l'Allemagne, le Danemarck, la Suéde & la Pologne. Son entrée est au Roi de Danemarck qui en tire de gros droits.

BASSORA, surnom donné au Golfe Persique. *Voyez* Golfe Persique.

BLANCHE, (Mer) golfe de

l'Océan septentrional, sur les bords duquel est la Laponie Moscovite, elle communique à la Mer Glaciale.

BISCAYE, (Mer de) partie de l'Océan qui environne la côte septentrionale de l'Espagne.

BLEUE , (Mer) grand Lac d'eau salée nommé *Lac d'Aral*, situé dans la Tartarie indépendante , en Asie.

BRESIL, (Mer du) partie de l'Océan sur la côte du Brésil, le long de la côte orientale de l'Amérique , entre l'embouchure de l'Amazone & celle de la Riviere de la Plata.

CASPIENNE, (Mer) mer d'Asie ayant la Russie au Nord , la Perse au Midi & au Couchant, & la Tartarie au Levant.

EGÉE , (Mer d') partie de la méditerranée qui s'étend entre la Turquie Européenne & la Natolie , depuis le Détroit des Dardanelles jusqu'à l'Isle de Candie.

ETHIOPIE, (Mer d') partie de l'Océan en Afrique le long des côtes de la Guinée.

FRANCE , (Mer de) nom de la partie de l'Océan qui baigne diverses côtes de France depuis St. Mahé en Bretagne , jusqu'aux côtes d'Espagne.

GALILÉE (Mer de) *Voyez* Tibériade.

GLACIALE, (Mer) elle environne la Russie du côté du Nord.

GRÈCE, (Mer de la) partie de la méditerranée le long des cô-tes de la Grèce & de la Morée depuis l'embouchure du Golfe de Venise jusqu'à l'Isle de Cérigo.

GROENLAND , (Mer de) partie de l'Océan sur la côte des Terres Arctiques.

JEMEN , (Mer d') autre partie de l'Océan sur les côtes de l'Arabie heureuse, entre la Mer rouge & le Golfe d'Ormus.

INDES , (Mer des) se dit de la partie de l'Océan qui baigne les côtes méridionales de l'Asie , depuis la Perse jusqu'à la presqu'Isle Orientale.

IONIENNE. (Mer) *Voyez* Mer de Grèce.

LEVANT, (mer du) on appelle ainsi la partie la plus orientale de la méditerranée située entre la Natolie, la Sirie & l'Egipte.

MANCHE , nom que l'on donne à la Mer qui se trouve resserrée entre l'Angleterre au Nord & la France au Sud.

MARMORA , (mer de) nommée aussi mer blanche , Golfe entre la mer noire & l'Hellespont.

MÉDITERRANÉE , nom qui se donne à la mer qui communique à l'Océan par le détroit de Gibraltar. Elle a l'Afrique au midi & se trouve séparée de la mer rouge par l'Isthme de Suez.

MER-MORTE, ou mer de sel, & lac Asphalite, grand Lac de la Palestine à l'embouchure du Jourdain ; il a 70 milles de longueur & 18 de largeur, on ne lui connoit pas de communication avec la Mer.

MAJEURE, (Mer) *Voyez* Mer Noire.

NOIRE, (mer) ou Pont Euxin, Golfe considérable entre la Turquie, la Tartarie, la Hongrie & la Crimée.

NORD, (mer du) elle est dans l'Amérique septentrionale

OUEST, (mer de l') cette mer, indiquée sur les cartes de plusieurs géographes, ne paroît être autre que le fleuve dit la Belle rivière dont le cours est opposé & parallèle à celui du missouri.

PACIFIQUE, *Voyez* mer du Sud ci-après.

PALUS-MÉOTIDE. *Voyez* l'article des Golfes au mot Palus.

PONT-EUXIN. *Voyez* mer Noire cy-dessus.

ROUGE, (Mer) à l'Est de l'Egypte, Golfe de l'Océan méridional, entre l'Afrique & l'Asie, il s'étend depuis le détroit de Babelmandel jusqu'à l'Isthme de Suez.

SICILE, (mer de) on entend par cette dénomination la mer que baigne les côtes de Sicile & celle qui va de l'orient au midi de cette contrée d'Europe, jusqu'à l'Isle de Malthe.

SUD, (mer du) vaste partie de l'Océan, située entre l'Amérique méridionale & l'Asie.

TIBÉRIADE, ou de Galilée & de Genesareth, (mer de) n'est à proprement parler qu'un petit Lac de sept lieues de longueur sur trois de largeur ; il est situé en Sirie le long du Jourdain.

TOSCANE, (mer de) partie de la mer méditerranée située le long des côtes occidentales & méridionales de l'Italie, depuis la rivière de Gênes jusqu'au Royaume de Naples.

VERMEILLE, (mer) grand Golfe de l'Amérique septentrionale, dans la mer du Sud, au Sud Ouest du nouveau Mexique, au Nord Ouest du vieux & au couchant de la presqu'Isle de la Californie.

VERTE, (mer) on appelle ainsi la mer qui baigne les côtes de l'Arabie & la Perse

ZABACHE (mer de). *Voyez* Azof.

2°. Des Golfes.

AJAZZO, Golfe près la méditerranée à 28 lieues d'Alep.

AMAPALLA, partie de la mer du Sud dans l'Amérique septentrionale.

ARCADIA, Golfe de Grèce province de Belveder.

ARQUIN, Golfe de l'Océan sur la côte d'Afrique. Il prend son nom d'une Isle qui est située à 12 lieues Sud-Ouest du Cap blanc , & dans laquelle Ifle les françois ont un Fort & comptoir pour leur traite des Nègres.

ARNAUT. (d') *Voyez* E-chelle.

BENGALE, grand Golfe d'Afie dans la mer des Indes dont il fait une partie confi-dérable, entre les deux pref-qu'Ifles orientales & occiden-tales : il renferme les Ifles de de Ceylan, celles du Gange & quantité de petites situées le long des côtes d'Ava, de Pégu & de Siam.

BOSPHORE, Canal de Conf-tantinople qui communique la Mer de Marmora à la Mer Noire.

BOTHNIE, Golfe de Suéde dans la Finlande.

CAMBAYE, autre Golfe d'A-sie dans les Etats du grand Mogol.

CARNERO, partie du Golfe de Venise.

CATEGAT, (le) Golfe de la Mer Baltique entre le Dane-marck & la Norwege.

CATTARO, Golfe de Dal-matie.

COLOCHINE Golfe de la Turquie Européenne dans la Morée.

CONTESSA, idem dans la Macédoine.

CORON, Golfe de la Morée dans le Belveder.

DARIEN, Golfe de l'Amé-rique septentrionale.

ENGIA, Golfe de la Grèce dans lequel se trouve une Ifle du même nom qui a 5 lieues de long fur 3 de large ; la capitale de cette Ifle, du nom aufli d'Engia, eft à 10 lieues Sud-Eft d'Athenes.

EUPHEMIE, (Ste.) Golfe du Royaume de Naples dans la Calabre ultérieure.

FINLANDE, Golfe formé de la partie la plus orientale de la Mer Baltique, il a 90 lieues de long, & communique au Lac de Ladoga par la rivière de Niève. Ses côtes font pleines de roches & de petites Ifles.

GASCOGNE, (Golfe de) on entend par ce Golfe la par-tie de Mer qui baigne les côtes de la Guyenne depuis Bordeaux jufqu'au Cap Pinas en Efpagne.

GRIMAULT, Golfe de Fran-ce en Provence près la Ville de même nom & la Méditerranée.

KAMTSCHATKA, Golfe si-tué à l'extrémité orientale de la Tartarie.

LYON, (Golfe de) Grand Golfe de la Méditerranée entre l'Efpagne, la France & l'Italie.

MEXIQUE, (Golfe du) Grand efpace de Mer fur la côte orientale de l'Amérique fep-tentrionale.

MUGGIA, Golfe d'Italie dans la Province de l'Iftrie.

NAPOLI, Golfe de la Grèce dans la Sacania.

NAPOULE, Golfe de Proven-ce vis-à-vis les Ifles de Lerins.

ORISTAGNI, Golfe de l'Ifle de Sardaigne.

PALUS MÉOTIDE, grand Golfe ou Mer entre l'Europe & l'Afie, il communique à la Mer noire, ou Pont Euxin, par le détroit de Caffa, autrefois nommé le Bosphore Cuimmerien.

PANAMA, Golfe del'Amérique Méridionale, situé dans la Province du même nom, en terre ferme : on trouve sur ses bords la superbe & riche Ville de Panama.

PATY, Golfe dans la partie septentrionale de l'Isle de Sicile.

PERSIQUE, Golfe d'Arabie entre la Perse & l'Arabie heureuse, il commence près du fleuve Indus & finit à l'embouchure de l'Euphrate & du Tigre.

SALONICKI, petit Golfe de la Turquie Européenne dont la navigation est trèsdifficile, pour ne pas dire dangereuse.

SLVE, Golfe de la MerBaltique en Danemarck.

SMYRNE,(Golfe de)ce golfe auquel on donne aussi le nom de Baye se trouve situé dans la Natolie Province de la Turquie Européenne.

SOLVAY,Golfe de la grande Bretagne sur la côte méridionale de l'Ecosse dont il fait la séparation avec l'Angleterre.

SUEZ, Golfe d'Egipte séparé de la méditerranée par un Isthme de 50. lieues qui joint l'Asie à l'Afrique.

THOMAS, (St.) Golfe d'Afrique vers la basse guinée.

VENISE, (Golfe de) partie de la méditerranée entre l'Italie, la Croatie & l'Albanie.

ZABACHE, grand Golfe entre l'Europe & l'Asie.

ZEITON, Golfe au midi de celui de Volo sur les confins de la Livadie.

ZUIDERZEE, grand Golfe de l'Océan Germanique sur la côte des Pays-Bas. Il traverse la Westphalie, la Hollande méridionale & les Provinces d'Utrecht, de Gueldre de Frise & d'Overissel.

3°. Des Caps.

AGNER, ou AGUER, Cap de la Ville du même nom en Afrique, province de Sus au Royaume de Maroc.

AIGUILLES,(Cap des)dans la partie la plus méridionale de l'Afrique il y a un banc de Sable très considérable.

ALESSIO, (St.) Cap de la Sicile près de Tavermina Vallée de Démona.

ALICE, Cap de la Calabre

citérieure au Royaume de Naples.

ALMISTA, Cap de l'Isle de Chio.

ANDRE,(St.) Cap situé entre celui des Courans & d'Aspacelado dans l'Amérique méridionale.

AZIO, Cap de la Mer méditerranée près la partie méridionale de l'embouchure du Tibre.

AUGUSTIN, (St.) Cap du Bréfil.

ARECIFFES, Cap de la Cafrerie en Afrique.

ARICA, Cap de la Mer du Sud, fitué fous le 19. Dégré de latitude méridionale.

BARATTE, Cap de la Mer méditerranée au deffus de Livourne.

BLAISE, (St.) Cap de la partie méridionale de la Cafrerie.

BLANC, Cap de la côte de Nigritie en Afrique. Il y en a un autre du même nom fur la côte occidentale d'Afrique.

BOJADOR, Cap de l'Océan-Atlantique, fitué dans le Biledulgerid contrée de l'Afrique.

BON, Cap de Barbarie au Royaume de Tunis.

BON-ANDREA, autre Cap de Barbarie fur la côte de Barca.

BONNE-ESPERANCE, Cap d'Afrique dans la Cafrerie, il appartient aux Hollandois qui exigent un péage des autres nations qui y abordent : longitude 36-10. latitude 33. 45. 12. & 2229 lieues de Paris.

BRETON (Cap) *Voyez* Royale, (Ifle).

BUSCH, Cap de la Mer du Nord, dans la Province de Groningue.

CABORSO, Cap d'Afrique fur la côte d'or de Guinée, longitude 18. dégrés 20. minutes, latitude 4. dégrés 40. minutes.

CUMERONESE, Cap de la Mer de Guinée, fur la côte de Biafara en Afrique.

COMORIN, Cap d'Afie dans la Prefqu'Ifle en deça du Gange.

CANDENOSS, Cap formant la pointe feptentrionale d'une Ifle de même nom, dépendante de la Ruffie, à l'entrée de la Mer Blanche.

CEFALU, Cap fur la côte méridionale de la Sicile.

CHARLES, Cap de la Terre Arctique au Pays de Labrador & près du Détroit d'Hudfon ; il y a un Cap de même nom dans la Virginie, à la bouche du Golfe, ou de la Baye de Chefapeack.

COLONNES, Cap du Royaume de Naples, dans la Calabre ultérieure.

CORNOUAILLES, Cap d'Angleterre qui fépare la Manche du Canal de St. Georges.

CORIENTES, Cap de la Mer Pacifique dans le Mexique.

CORSE, Cap fitué au Nord de l'Ifle de Corfe.

CREUZ, Cap d'Efpagne, en Catalogne.

CROISETTE, Cap de la Méditerranée fur la côte de Provence.

CRUZ, Cap de l'Ifle de Cuba, en Amérique ; Il y a un autre Cap Cruz fur la côte de la Floride au Golfe du Mexique.

DÉSIRÉ, il y a deux Caps de ce nom, l'un dans la terre de Feu à l'entrée méridionale du détroit de Magellan, & l'autre dans la Mer des Indes vers le Ifles Moluques.

DIAMANT, il y a deux Caps de ce nom, l'un proche la

Ville

Ville de Québec en Canada, & l'autre sur la côte Orientale de l'Isle de Sumatra.

ELISABETH, Cap de la côte du Nord du détroit d'Hudson.

FALSO, Cap d'Afrique proche celui de Bonne Espérance dont il fait même partie.

FARO, Cap de la Sicile, dans la vallée de Démona, à l'entrée du Phare de Messine.

FARTAGNE ou FARTAGUE, Cap de l'Arabie heureuse dans la Turquie Européenne.

FIGALO, Cap de la Livadie, Province de la Turquie.

FINISTERE, Cap le plus Occidentale de l'Europe.

FRANÇOIS, Cap & Ville considérable de l'Amérique dans la partie septentrionale de l'Isle St. Dominique occupée par les François.

FRANÇOIS, (St.) on trouve trois Caps de ce nom, le 1er. en Afrique sur la côte méridionale de la Cafrerie. Le second sur la côte orientale de l'Isle de Terre-Neuve dans l'Amérique septentrionale, & le troisieme dans la Province de Quito au Pérou.

FRIO, ou FROID, Cap de la côte méridionale du Brésil.

FROMENTEL, Cap au Nord, est de l'Isle Majorque.

FROWARD, Cap de la côte Septentrionale du détroit de Magellan.

GATE, Cap de la Méditerranée sur la côte de Grenade en Espagne.

GARDAFUY ou GUARDA-

FAY, Cap d'Afrique, sur la côte d'Ajan, vis-à-vis l'Arabie heureuse.

GEORGE (St.), Cap de la côte du Chily au 23me. dégré 45 minutes de latitude méridionale.

HAGUE, Cap ou Pointe de France la plus Septentrionale de la Province de Normandie.

HÉLENE, (Ste.) Cap de la Caroline dans l'Amérique septentrionale.

HÉLENE (Ste.) Cap proche la Baye de Los-Camerones dans l'Amérique méridionale.

HENRIETTE-MARIE, Cap vers le détroit d'Hudson.

HENRY, Cap de la Virginie aux bouches du Chesapeack.

HOHUE (la) Cap de France en Normandie à 5 lieues de Valogne.

HORN Cap proche la terre de feu & le détroit de Lemaire situé entre les terres Australes du Pole Antarctique, en longitude 306-20. latitude méridionale 55-50.

INFANT (l') Cap d'Afrique à 14 lieues de celui des Aiguilles.

LEUCATE, Cap de la Méditerranée, côte du Roussillon.

LOPEZ-GONZALEZ, Cap d'Afrique sur la côte de Guinée, au Sud-Est de l'Isle St. Thomé.

Mathieu ou (St.) Mahé, Cap de la Bretagne a 4 lieues de Brest.

MELASSO, Cap de la Sicile, vallée de Démona.

MELLE, Cap de la Méditerranée sur la rivière deGènes.

MENDOCIN, Cap de la Californie en Amérique.

MÉSURADO ou MISSE-RADO, Cap d'Afrique sur la côte de Guinée.

MIZÉNE, Cap du Golfe de Naples.

MONTENÈGRE Cap de la Méditerranée au-deſſus de Livourne en Italie.

MORENO, Cap de l'Amérique méridionale, situé ſous le 23e. dégré 45 m. de latitude méridionale.

NATAL, Cap d'Afrique sur la côte ſeptentrionale de Madagaſcar.

NÈGRE, on trouve trois caps de ce nom le premier au pays de Molamba en Afrique ſur la côte occidentale de la Cafrerie. Le 2me. ſur la Méditerranée dans le Golfe de Narbonne, & le 3me. ſur la côte occidentale de la Cafrerie au royaume de Mataman ou de Climbée.

NOIR, Cap de la terre de Magellan à l'entrée de la Mer Pacifique.

NON, Cap d'Afrique au Royaume de Maroc.

NORD., il y a trois Caps de ce nom ; l'un en Norwège ſur la côte de l'Océan ſeptentrional, le ſecond ſur la côte de la Guyane, & le 3me. forme une partie du Cap-Breton, *Voyez* Breton.

OBY, Cap de la Moſcovie.

OROPESO, Cap de la Méditerranée ſur la côte orientale d'Eſpagne.

ORTEGUERRE, Cap de la Galice en Eſpagne.

PALMES, (Cap des) en guinée, au 4e. dégré 15 minutes de latitude ſeptentrionale.

PALMEYRAS, Cap du Royaume de Golconde dans l'Inde en deçà du Gang.

PAUL, (St.) Cap de la Méditerranée proche Alicante, côte d'Eſpagne.

PASSARO, Cap de Sicile vallée de Noto.

PATIENCE Cap des Indes ſur la côte & vers le Japon.

RAZ, ou des RATZ, Cap d'Amérique dans la partie Orientale de terre neuve.

RAZALGATE, Cap de la partie la plus Orientale de l'Arabie.

RIO-GRANDE, Cap de la Nigritie en Afrique.

ROCH (St.) Cap du Bréſil en Amérique.

ROCHE, (de la) Cap du Portugal dans la Province de l'Eſtramadure.

ROCHES, (des) Cap de la partie méridionale de la Cafrerie en Afrique.

ROQUE, (de la) Cap de la méditerranée ſur la côte d'Italie.

SPARTEL, Cap de la Méditerranée, entre Arzilé & Tanger en Afrique.

TABIN, Cap de la grande Tartarie ſur la côte de l'Océan ſeptentrional.

TENEZ, Cap de la Barbarie au Royaume d'Alger.

TOSA, Cap d'Eſpagne en Catalogne.

TROIS Fourches, Cap du royaume de Fez en Afrique.

TROIS POINTES, Cap de la côte de Guinée en Afrique.

VACHAS, ou VACHES, Cap de la partie Méridionale de la Cafrerie en Afrique.

VIERGES, Cap de l'Amérique méridionale à l'entrée orientale du détroit de Magellan.

VERD, Cap qui donne son nom à plusieurs Isles d'Afrique situé entre les rivières de Gambic & du Sénégal à 876. lieues de Paris.

ST. VINCENT, Cap du Royaume d'Algarue en Portugal.

ST. VITTO, Cap de la côte de Sicile.

ZONCHIO, Cap de la Morrée près du Golfe du même nom.

4°. Des Fleuves.

ABAWI ou ABYSSINIE, Fleuve d'Afrique dans l'Abyssinie.

AMAZONES, ou MARAGNON, Fleuve & Riviere de l'Amerique Méridionale au pays des Amazones, il sort d'un Lac du Pérou vers les onze dégrés de latitude Méridionale & se perd dans l'Océan sous l'Equateur même, il commence a être navigable à Jaen : il a plus de 750 lieues de longueur, & reçoit dans son cours une infinité de rivières dont la plufpart ont 5 ou 600 lieues de longueur.

AMŒR, AMUR, ou AMOUR, Fleuve d'Asie dont la source est au pays des Kalquas, il a un Cours de 600 lieues & se perd dans le détroit du même nom. *Voyez* Amœer aux Détroits.

ARAXE, Fleuve d'Asie dans l'Arménie qu'il traverse & tombe ensuite dans la Mer Caspienne.

AREGNO, Fleuve de l'Isle de Corse.

ARNO, Fleuve de Toscane en Italie, il passe par Florence & tombe dans la Mer au-dessous de Pise.

BORISTHENE, *Voyez* Nieper.

DANUBE, (le) grand Fleuve d'Europe dont la source est dans la Forêt noire, il traverse la Suabe, la Baviere, l'Autriche, la Hongrie, & se perd dans la mer noire.

DNIEPER, *Voyez* Nieper.

ELBE, (l') Fleuve d'Allemagne dont la source est au Mont des Géans & se perd dans la Mer près d'Hambourg.

EBRE, (l') Fleuve d'Espagne dont la source est dans les montagnes de Santillane & se jette dans la Méditerranée au dessous de Tortot.

EUPHRATE, (l') grand Fleuve d'Asie qui prend sa source dans l'Arménie & se perd dans le Golfe Persique.

GANGE, (le) Fleuve de

l'Inde ; fa fource eft au Thibet dans la partie Nord-Eft des Etats du Mogol, qu'il traverfe du Nord au Sud & il fe jette dans le Golfe de Bengale par plufieurs embouchures.

GARONNE ; (la) *Voyez* l'article des Rivieres.

GUIEN ; *Voyez* Niger.

HOANG , Fleuve de la Chine ; il prend fa fource dans le grand défert au pays des Sifans, à l'Occident de la Chine, remonte au Nord, defcend enfuite du Nord au midi, coule de-là à l'Orient & fe jette dans la Mer.

JÉNISÉA, Fleuve d'Afie, dont la fource eft au Midi de cette partie de la terre, près du Lac de Kabulan, d'où il fe rend dans l'Océan feptentrional.

INDE, (l') SINDE, ou INDUS, grand Fleuve d'Afie qui a donné fon nom à toute l'Inde ; il prend fa fource au Nord-Oueft du Mogol & fe jette dans l'Océan, au Sud Oueft de cet Empire.

JOURDAIN , Fleuve d'Afie dans la Paleftine. Il a fa fource dans l'Atiliban & fe perd, après un cours de 50 lieues, dans la Mer-Morte.

KUR , Fleuve d'Afie dont la fource eft au mont caucafe l'où il fe rend dans la Mer Cafpienne.

LENA ou LEN , Fleuve d'Afie dans la Tartarie Ruffienne il coule du Midi au Septentrion où il fe jette dans la Mer Glaciale.

LOIRE ; (la) *Voyez* l'Article des Rivieres.

MENAM, Fleuve d'Afie au royaume de Siam dont la fource eft dans un Golfe du royaume de Laos & fe perd dans la Mer au Golfe de Siam.

MIGNE ou MINHO, Fleuve d'Efpagne qui prend fa fource dans la Galice au Midi de Mondonego & va fe rendre dans l'Océan aux confins de Portugal.

MINHO ; *Voyez* Migne.

MISSISSIPI , (le) Fleuve de l'Amérique feptentrionale le plus confidérable de la Louifiane qu'il traverfe du Nord au Sud & fe décharge enfuite dans le Golfe du Méxique.

NIEPER, (le) ou DNIÉPER, grand Fleuve du Nord de l'Europe dont la fource eft dans la Ruffie Mofcovite. Il fe jette dans la Mer noire au près d'Okzakow.

NIGER Fleuve d'Afrique qui prend fa fource vers le milieu de la Nigritie, coule dans le royaume de Tombut & fe perd dans un Lac près de Bornon.

NIL , (le) grand Fleuve d'Afrique qui coule du midi au Nord & fe rend dans la Méditerranée & dont les débordemens procurent une grande fertilité fur fes bords.

OBY , (l') Fleuve d'Afie dans la Tartárie Ruffienne où il prend fa fource au Midi & fe jette dans l'Océan près du détroit de Vaigats & de la nouvelle Zemble.

PHASE , (le) ou FACHS

grand Fleuve d'Afie qui traverfe la Mingrelie le Guriel & l'Imirette d'où il fe rend dans la Mer noire.

Pô, Fleuve d'Italie dont la fource eft au Marquifat de Saluces dans le Piémont, il fe perd dans le Golfe de Venife.

RHIN, (le) grand Fleuve d'Europe dont la fource eft en Suiffe au Mont St. Godard, il fépare la Suabe ou Soüabe de l'Alface, arrofe les Cercles du haut Rhin & de Weftphalie & fe divife en plufieurs branches qui ont différens noms de Rivières. Sa navigation eft difficile attendu fa rapidité, il donne fon nom aux Cercles du haut & bas Rhin.

RHÔNE, (le) Fleuve de France dont la fource eft au Valais dans la Montagne de la Fourche, il travei fe le Lac de Genève, le Lyonnois, le Viennois, le Valentinois, le Comtat Venaiffin, une partie de la Provence & fe perd dans le Golfe de Lyon à 10 lieues d'Arles.

SAGHALIEN. Voyez AMŒR ou AMUR.

SÉNÉGAL, grand Fleuve de l'Afrique, dont le Cours eft de plus de 400 lieues : il fort du Lac Mabéria, coule a l'Occident & fe perd dans l'Océan ; il n'eft bien connu que depuis fon embouchure jufqu'au Rocher qui eft audelà du royaume de Galam.

TIBRE, (le) Fleuve d'Italie qui prend la fource dans l'Appenin près des confins de la Romagne & fe rend dans la Mer à Oftie.

TIGRE, (le) Fleuve d'Afie qui prend fa fource dans l'arménie & fe rend avec l'Euphrate dans le Golfe Perfique.

VISTULE, (la) Fleuve d'Europe qui a fa fource dans la Moravie au pied du Mont Crapac ; il traverfe la Pologne & la Pruffe royale & fe perd dans la Mer Baltique.

VOLTORNO, Fleuve d'Italie dans le royaume de Naples dont la fource eft aux confins de la Terre de labour & fe perd dans la Mer

WOLGA, Fleuve de la grande Ruffie, dont la fource eft dans la Province de Welikilouki qu'il traverfe en partie ainfi que la Ruffie d'Europe d'Occident en Orient, il arrofe la Province de Kafan en Afie & fe jette dans la Mer Cafpienne au-deffous d'Aftracan, après un cours de plus de 500 lieues.

5°. Des Lacs.

ABERSÉE, Lac d'Allemagne au cercle de Baviere.

ACTAMAR, Lac d'Arménie proche d'une Ville à laquelle il donne fon nom.

AGNANO, Lac du Royaume de Naples dans la Terre de labour, il eft célèbre par fes bains.

ALBANO, Lac dans la campagne de Rome.

ALIMIPEGON, *ou* ALEMIPAGNON, Lac de l'Amérique Septentrionale.

ALYNE, Lac d'Irlande Province de Connaught.

AMMERSÉE, Lac d'Allemagne en Bavière.

ANDIATOROQUE, Lac de l'Amérique Septentrionale.

ANNECY, Lac à 7 lieues de Genève d'où sort la Riviere de Siére.

ARALL, Lac d'Asie, dans la Province du Turqueſtan.

AUBUFÉRE, Lac d'Espagne au royaume de Valence.

BAIKAL, Lac de la Sibérie Ruſſienne d'où ſort la Riviere d'Angara.

BALATON, Lac de la baſſe Hongrie, il communique au Danube.

BARABA, grand Lac d'Aſie au royaume de Sibérie entre l'Oby & l'Yrtis.

BIEL, Lac de la Suiſſe dans le territoire de la Ville de Biel ou Bienne.

BORNO, Lac d'Afrique au 36me. dégré de latitude méridionale.

BUADE, Lac de l'Amérique ſeptentrionale dans le Canada.

CASTEL GANDOF, Lac de la Campagne de Rome.

CASTORA, Fleuve de l'Amérique ſeptentrionale dans le Canada.

CELANO, Lac d'Italie dans l'Abruzze ultérieure Province du Royaume de Naples.

CHIAMAI, Lac du Royaume d'Ava en Asie.

CHIEMSÉE, Lac d'Allemagne en Baviere entre l'Im & la Salta.

COME, Lac d'Italie au Duché de Milan.

CONSTANCE, Lac d'Allemagne en Souabe où eſt une Ville du même nom.

COULON, Lac de la Tartarie Chinoiſe, il eſt ſitué ſur les confins de la Tartarie Ruſsienne.

COURAHAN - OULEN autre Lac de la Tartarie Chinoiſe, situé près le grand déſert.

CURISH - AF, ou Curlande, Lac de la Pruſſe, dans la Curlande, & proche la Mer Baltique.

CZUCKO, Lac de la grande Ruſſie.

DALAI. *Voyez* Coulon.

DAMBÉA, Lac ſurnommé Mer, en Afrique, au Royaume de Dambéa dans le Congo.

DARE. *Voyez* ZARE.

DUMER, Lac d'Allemagne au Cercle de Weſtphalie.

EAGH, grand Lac d'Irlande dans la Province d'Ulſterd.

EARN, autre Lac d'Irlande même Province.

ERIÉ, grand Lac du Canada dont le circuit eſt de 300 lieues.

GARDE, Lac d'Italie dans l'Etat de Veniſe.

GENEVE, Lac de Suiſſe & de Savoye, proche Généve : ſa longueur eſt de 16 lieues, ſa largeur de 5 & 1 eſt traverſé par le Rhône dans toute ſa longueur.

GIRONDE , *Voyez* GA-RONNE.

GREIFFEN , Lac dans le Turgaw en Suiſſe.

HARLEM , Lac d'Europe, en Hollande. Il environne le territoire de la Ville du même nom.

HURON , (le) Lac du Nord de l'Amérique il communique, ainſi que pluſieurs autres , à la riviere de de St. Laurent.

JEAN , (St.) Lac de la nouvelle France dans l'Amérique ſeptentrionale à l'entrée du Golfe de St. Laurent.

ILMEN , Lac de la grande Ruſſie dans la Province & près la Ville de Novogorod.

IROQUOIS, (Lac des) nom d'un grand Lac de l'Amérique ſeptentrionale au Canada , dans le Pays des Iroquois.

IWAN , Lac de la grande Ruſſie dans le Gouvernement de Moſcow.

KABULAN , ou CABULIS-TAN , Lac d'Aſie dans l'Empire du Mogol.

KERN , Lac d'Afrique , en Egypte Province de la Turquie : il communique au Nil par un Canal.

KULON, *Voyez* COULON.

LADOGA , Lac de la Ruſſie dans l'Ingrie , il communique au grand Canal de Wolga.

LAURI-COCHA , Lac de l'Amérique méridionale au Perou dans l'audience de Lima

où prend la ſource de la riviere des Amazônes.

LE MAN , Lac de Geneve de Suiſſe & de Savoye.

LEVIN , Lac d'Ecoſſe dans la Province de Fife , il contient une Iſle.

LOMON , autre Lac d'Ecoſſe dans la Province de Lanox , il a 24. milles de long & 8. de large.

LOP , Lac de la Tartarie indépendante , dans la petite Bukarie , & près du grand déſert de Chamo.

LUCERNE , Lac de Suiſſe.

MABÉRIA , Lac d'Afrique qui eſt traverſé par le Sénégal.

MAJEUR , Lac d'Italie dans le Duché de Milan.

MÉXICO , Lac de l'Amérique ſeptentrionale dans la nouvelle Eſpagne.

MICHIGAN , Lac du Nord de l'Amérique ſeptentrionale.

MINITTIC , autre Lac du Nord de l'Amérique ſeptentrionale , ſur le bord duquel eſt conſtruit le Fort St. Charles dépendant du Canada.

NÉAGH , ou NÈAUGHT , Lac d'Irlande dans la Province d'Ulſter.

ONÉGA , Lac de Ruſſie entre la Carelie Moſcovite , le pays de Carſapol & la Carelie Suedoiſe.

ONTARIO , Lac de l'Amérique Septentrionale qui communique à la Rivière de St. Laurent.

PALKATI , Lac de la Tartarie indépendante : il eſt ſitué

à l'Occident du pays des Eluths ou la Calmaquie.

PÉIPUS, Lac de la grande Ruſſie.

PEROUSE, Lac d'Italie à 7 milles de la Ville du même nom.

REDGLES, Lac d'Irlande Province de l'Ultonie, ou l'Ulſter à 2 lieues de Donagal ou Dungal.

SAISSAN, Lac de la Tartarie indépendante, dans le pays des Eluths.

SUPÉRIEUR, (Lac) Lac de l'Amérique Septentrionale dans le Canada, il a 400 lieues de tour & eſt traverſé par le Fleuve St. Laurent.

TACAMAMIONEN, Lac ſur lequel ſe trouve le Fort St. Pierre dans les nouvelles découvertes du Canada.

VENER, Lac de Suede entre la Gothie & la Dalie, il eſt le plus grand de tout ce Royaume.

VLA, Lac de Suede qui entoure l'Iſle de ce nom & ſe perd dans le Golfe de Bothnie.

WATER, Lac de la Suede dans la Province de Veſtro-Gothland.

WRONOW, Lac de l'Empire de Ruſſie dans la Province de Rzeva, c'eſt dans ce Lac que le Volga prend ſa ſource.

ZAIN, Lac de la Pruſſe royale dans l'Ermoland, il ſe rend dans la Riviere de Gubar.

ZAIRE, Lac d'Afrique, il ſe trouve au 50me. dégré de longitude.

ZAMBEZE, Lac de la Cafrerie entre les 5e. & 15me. dégrés de latitude méridionale.

ZARE, ou DARE, Lac d'Aſie, dans le Segeſtan, Province de la Perſe.

ZELL, Lac d'Allemagne au deſſus du Lac de Conſtance, il eſt formé par le Rhin.

ZIRCHNITZERSÉE, Lac d'Allemagne dans le baſſe Carniole.

ZURICH, Lac, de Suiſſe au Canton du même nom.

6°. Des Détroits.

AMOER, AMUR, ou AMOUR, Détroit d'Asie entre la Tartarie orientale & la Terre d'Yeſſo, & entre le 45me. dégré de latitude & le 50me.

ANIAN, (d') Détroit célèbre qui ſépare l'Asie de l'Amérique; il eſt situé vers le 65me. dégré de latitude, & le 209me. de longitude : ce n'eſt que depuis 1778. & 1779. que ce Détroit eſt bien connu & que la situation en eſt avérée par les grands navigateurs Cook & Clarke.

BABEL MANDEL Détroit

qui sépare une Isle & une Montagne du même nom entre la Mer rouge & l'Océan sous le 12me. dégré 40. min. de latit.

BAYAMA, Détroit entre l'Isle de Bahama & la Floride dans les Lucayes ; il est très rapide , latit. 26-40.

DAVIS, (Détroit de) Bras de Mer entre l'Isle de Jacques & la Côte Occidentale, du Groenland. latit. 64-10.

EURIPE, Détroit d'Europe qui sépare l'Isle de Negrepont de la Livadie , il est si étroit qu'une simple Galère à peine à y passer.

FARE DE MESSINE, Détroit de la Méditerranée en Italie , entre la Calabre Ultérieure & la Sicile.

FORBISHER , Détroit du Groenland proché le Cap Farwel.

GALLIPOLI , Détroit de la Turquie Européene dans la Romanie.

GIBRALTAR , Détroit célèbre qui sépare l'Europe de l'Afrique , il a 9. lieues de long depuis les Caps Trafalgar & Spartel qui en forme l'entrée au Nord & au Midi du coté de l'Océan jusqu'aux points de l'Europe & de Centa qui le terminent du coté de la Mer Méditerranée . sa largeur entre ces deux dernieres pointes est de 5. lieues qui se réduisent à 4. depuis la pointe Del-Carnero jusqu'à la Côte d'Afrique ; sa position est telle qu'il sépare l'Espagne de l'Afrique & joint la Méditerranée avec l'Océan Atlantique.

MAGELLAN, Détroit de l'Amérique Méridionale situé entre le 52me. & 54me. dégré de latitude : il a été abandonné , mais les nouvelles déscriptions de Mrs. Bougainville & & Cork ont rassuré sur les dangers qui en faisoient redouter le passage.

MAIRE, (le) Détroit, entre la Mer du Nord & celle du Sud, par lequel on contourne la Terre de feu , il est proche le Détroit de Magellan & du Cap Horn, *Voyez* Magellan & Cap-Horn.

MALACA , Détroit entre la Presqu'Isle de Malaga & l'Isle de Sumatra. Il communique au Nord du Golfe de Bengale.

MANAR , Détroit de l'Inde qui , sépare l'Isle de Ceylan de la Presqu'Isle en deça du Gange.

NORD, *Voyez* ANIAN.

PAS DE CALAIS , Détroit d'Europe qui sépare la France de l'Angleterre , & forme le Nord-Est de la Manche.

PAUXIS , Détroit & Fort de l'Amérique Méridionale sur le bord de la Riviere des Amazones, où il y à des Troupes Portugaises.

SAINGAPURA , Détroit des Indes dans les Isles de la Sonde ; il est situé entre l'Isle de Sumatra & la Presqu'Isle Orientale de l'Inde.

SONDE , (de la) autre Détroit des Indes sous le 5me. & le 6me. dégré de la titude Méridionale entre l'Isle de Su-matra & celle de Java.

SUNGAR , Détroit d'Asie qui sépare la partie Septen-trionale de la Tartarie, qui joint le Kamtschatka à l'Isle de Jeso.

SUND, (le) Détroit d'Eu-rope dans les Etats de Dane-marck entre les Isles de Schou-cen & Séeland , il n'y passe aucun Vaisseau qu'il n'y paye un droit au Roi de Dane-marck dans la Ville d'Hel-singor. Il à deux lieues de large

& forme la clef de la Mer Baltique.

TESSOY , Détroit d'Asie entre l'Isle de Jeso , voisine du Kamtskatka & la grande Tartarie.

WEIGATS , Détroit entre les Samoyedes & la nouvelle Zemble ; il fait la communica-tion des Mers de Moscovie & de la Tartarie. Il est difficile d'en faire le passage attendu les glaces continuelles qui en couvrent une assez grande partie.

7°. Des Rivieres.

NOTA. Quoique cet Article soit censé n'indiquer que des Rivières, on trouvera néanmoins sous le mot *Canal*, l'indication de plusieurs Canaux importans à la Navigation.

A

A , Riviere de France dans la Sologne.

AA , Riviere de France dans le Boulonnois, elle se joint au Canal de Calais, sépare la Picardie de la Flandre & se jette dans l'Océan au des-sous de Gravelines, elle four-nit les Canaux de Bourbourg, Furnes , Mardick & Dun-kerque

Il y à trois Riviéres du mê-me nom en Suisse ; une dans le Targaw , qui se perd dans le Lac de Griffen.

Une dans le Canton de d'Vn-

dervald, qui se perd dans le Lac de Lucerne.

Et une près Lucerne qui se joint à l'Aar.

Il y en à aussi cinq autres en Westphalie , & autant dans les Pays-Bas.

AACH , Riviere de Souabe en Allemage qui se perd dans le Lac de Zell.

AADA , Riviere de Suisse.

AADE , Riviere du Brabant Hollandois, au Comté de Horn, qui se joint au Dommel à Bois-le-Duc, & se rend dans la Meuse à Creve-Cœur en France.

AAR, Riviere d'Allemagne au Comté de Blanckeinheim, elle se perd dans le Rhin.

ABLAC, Riviere de Souabe en Allemagne, elle se perd dans le Danube auprès de Schéer.

ABRAHAM, Riviere de Syrie, elle s'étend du mont Liban à la Méditerranée.

ACARANA, Riviere du Paraguya.

ADDA, Riviere d'Italie dont la source est dans le Pays des Grisons elle traverse le Lac de Côme & se perd dans le Pô.

ADIGE, Riviere d'Italie, sa source est dans les Alpes & elle se perd dans le Golfe de Venise.

ADOUR, Riviere de France en Bigorre, elle passe à Bagueres, Tarbe & Bayonne & se perd dans la Mer au Boucaut neuf.

AGAZES, Riviere du Paraguay.

AGOUR, Riviere de France au haut Languedoc, elle traverse le Diocèse de Castres & se perd dans le Taru, près Rabesteing.

AGRIOMEL, Riviere de la Turquie Européene, Province de Jana, elle se perd dans le Golfe Zeyton.

AGUADA, Riviere du Royaume de Léon en Espagne, elle passe par Cindad-Rodrigo, & se perd dans le Duero.

AIN, Riviere de France en Franche-Comté dont la source est au mont Jura, elle se joint au Rhone à 5. lieues de Lyon.

AISNE, Riviere de France en Champagne, elle traverse le Rhetelois, la Picardie le Soissonnois & se joint à l'Oise à Compiégne.

ALAIGNON, Riviere de France en Auvergne, dont la source est au Mont Cantale, elle se perd dans l'Allier.

ALBARINE, Riviere de France, en Bugey, elle se perd dans l'Ain.

ALL, Riviere de Pologne dans la Prusse Ducale dont la source est au Chateau d'Allenstein & se perd à Puget près Konisgberg.

ALLER, Riviere d'Allemagne en Basse Saxe, elle a sa source au Duché de Madelbourg & se perd dans le Woser.

ALLIER, Riviere de France dans le Gévaudan, elle traverse l'Auvergne & le Bourbonnois & se joint à la Loire près Nevers.

ALME, Riviere d'Allemagne en Westphalie, sa source est près celle de la Lippe, & elle se perd à Elsen.

ALME, Riviere d'Angleterre Province du Dévonshire, elle se perd dans la Mer près Plimouth.

ALMONTE, Riviere d'Espagne dans l'Estramadure elle se perd dans le Tage entre Talavera & Alcantara.

ALSISTZ, Riviere des Pays-Bas dans le Duché de Luxembourg, elle se perd dans la Moselle.

ALSTER, Riviere d'Allemagne en Stormarie, elle se joint à l'Elbe près Limbourg.

ALTMUL, Riviere d'Allemagne en Franconie, elle se perd dans le Danube à 3. milles de Ratisbonne

ALVARADO, Grande Riviere de l'Amérique septentrionale à 20. lieues de la Terre de St. Martin dans la nouvelle Espagne, elle se perd dans la Mer près l'Isle St. Juan.

AMAZONES, *Voyez*, Ce mot à l'Article des Fleuves.

AMBER, Riviere d'Allemagne en Baviere, dont la source est aux confins du Tirol, elle traverse le Lac Ammersée & se perd dans l'Iser.

ANCOBER, Riviere d'Afrique sur la côte, au Royaume du même nom.

ANDELLE, Riviere de France en Normandie, sa source est près de la Forge & sa chute dans la seine aupont de l'arche.

ANDELAPACH, Riviere d'Allemagne dans la Suabe, elle se perd dans le Danube près de Schéer.

ANGARA, Riviere de Moscovie dont la source est dans le Lac Beikal, & elle se perd dans la Riviere de Jénisea.

APURINA, Riviere de l'Amérique méridionale dans le Pérou.

ARIEGE (l') Riviere de France dont la source est dans les Pirenées, elle passe à Foix, Pamiers St. Gabelle, & se perd dans la Garonne, elle roule de l'or.

ARTIBONITE, *Voyez* HATTIBONITE.

AUBE, Riviere de France, sa source est sur les confins de la Bourgogne & de la Champagne, elle se rend dans la seine.

AUDE, Riviere de France en bas Languedoc dont dont la source est aux Pirenées & se perd dans la Méditerranée.

AVEIRON, Riviere de France dans le Rouergue, elle se joint au Tarn près Montauban.

B

BARROW, (le) Riviere d'Irlande dont la source est au Comté de Kings-Comsi, elle se perd dans le havre de Waterford.

BERBICE, (la) Riviere de l'Amérique méridionale qui se rend dans la Mer du Nord au 6me. dégré 30. m. de latitude.

BIDASSOA, Riviere d'Espagne, sur les frontieres de France, dont la source est dans les Pyrenées, & se rend dans la Mer à Fontarabie.

BOBIO, Grande Riviere de l'Amérique méridionale dans le Chili.

BOINE, Riviere d'Irlande Province de Leincester, elle se rend dans la Mer à Drogueda.

BRESSE, (la) Riviere de France en Normandie, elle commence à Lanoy & se perd dans la Mer à Tréport.

BUG, ou BOUG, Riviere de Pologne, sa source est dans le Leopol, elle se joint à la Vistule près Warsovie.

BAKETA, Riviere de l'Amérique méridionale, la même que l'Orenoque.

Canaux.

BRIARE, Canal de France en Gatinois, il joint la Loire auprès de la Ville de Briare, & le Loing auprès de Montargis, & communique ces deux Rivieres à la Seine après un cours de 30. lieues.

BRUGES, Canal des Pays-Bas Autrichiens, il traverse la Ville du même nom, & communique avec Gand, Ostende & Sluys ou Ecluse & par conséquent avec la Mer du Nord.

BRUXELLES, autre Canal des Pays-Bas Autrichiens qui traverse la Ville de Bruxelles, communique par d'autres Canaux & sur-tout par la Senne & la Rupel à la plupart des Villes des Pays-Bas, ainsi qu'à l'Océan Germanique.

MALTHE, le Canal de ce nom est formé d'un petit bras de Mer dans la Mediterranée, qui se trouve entre l'Isle de Malthe & la côte de Sicile.

MONTARGIS, Canal de France qui reçoit les eaux du Canal de Briare, dont il est une suite, & les communique à la Riviere de Seine.

MOSAMBIQUE, ou MOZAMBIQUE (Canal de) nom d'un détroit de la Mer des Indes, au Nord-Est du Golfe de Sophala entre l'Isle de Madagascar & le continent d'Afrique.

ORLEANS, autre Canal de France qui, a cinq lieues au dessus d'Orléans, reçoit l'eau de la Loire, joint le Loing au dessus de Montargis où il se mêle avec le Canal de ce nom, & se rend dans la Seine un peu au dessus de la Ville de Moret après un cours de dix-huit lieues.

PIECO, (Canal de) nom donné à un détroit de l'Océan Oriental qui se trouve au Nord du Japon entre les Terres d'Yesso & de Stuat en Eylande.

ROYAL DU LANGUEDOC, (Canal) en Languedoc, Province de France, il traverse la Province & fait la jonction des deux Mers, depuis le Port de Cette jusqu'à Toulouse où il se perd dans la Garonne.

ROYAL DE LA CHINE (Canal) appellé Yun Lean, il parcourt la Chine du Septentrion au Midi d'une extrémité de l'Empire à l'autre ou de Pékin à Canton. C'est à dire l'espace d'environ 600. lieues, il communique à un nombre infini de Lacs & de Rivieres, & est très précieux à la navigation de la Chine.

ST. GEORGE, Canal d'Europe situé entre le Pays de Galles & le Royaume d'Irlande.

STE. BARBE, Canal de Californie, on le nomme plus communément Mer Vermeille. *Voyez* Vermeille à l'article des Mers.

TORTUE, (la) nom ainsi donné à un détroit du Nord de l'Amérique situé entre les isles de St. Domingue & de la Tortue.

Suite des Rivieres.

C

CAUCHE (la) Riviere de France en Picardie, sa source est dans l'Artois & elle se perd à Etaples, où elle forme un Port.

CAVADO, Riviere de Portugal, sa source est près de Montalégre, elle perd dans la Mer au Midi d'Expofende.

CAUCA, Riviere de l'Amérique Méridionale entre le Perou & le Popayan.

CHARENTE, (la) Riviere de France, sa source est dans le Limoufin & elle se rend dans l'Océan vis-à-vis l'Isle d'Oleron.

CHER, (le) Riviere de France dont la source est en Auvergne, elle se perd dans la Loire au dessous de Tours.

COESNON, Riviere de France dans l'Anjou, elle se joint à l'Authion.

COUESNON, Riviere de France en Normandie, sa source est dans le Mans & la chute dans la Mer entre Pontorson & le Mont St. Michel.

CREUSE, (la) Riviere de France qui a sa source dans la haute Marche, elle se joint à la Vienne à trois lieues de Chatelleraut.

D

DÉE, Riviere d'Angleterre dont la source est dans la Principauté de Galles, elle se jette dans la Mer d'Irlande au dessous, de Chester.

DEMER, (la) Riviere des Pays-Bas, sa source est dans la Campine Liégeoise, & se jette dans la Dille.

DIVE, (la) Riviere de France en Normandie entre le Diocèse de Séez & celui de Lisieux.

DON, Riviere de Ruffie qui sépare l'Europe de l'Asie, dont la source est dans la Province de Rezan, elle se rend dans le Palus Méotide.

DUERO, Riviere d'Espagne, sa source est dans la vieille Castille, & se perd dans l'Océan près de St. Jean de Fos.

DOUX, Riviere de France qui prend du Montjura, & se jette dans la Saône à Verdun en Bourgogne.

DRAVE, (la) Riviere d'Allemagne qui prend dans l'Archeveché de Saltzbourg & se rend dans le Danube au dessus d'Essek.

DRIN, (le) Riviere de la Turquie Européene dans la Servie, elle se jette dans la Save au dessus de Belgrade.

DUNA, Riviere de la Russie Européenne qui prend au Duché de Rescow & se perd dans la Mer au dessous de Riga.

DURANCE, Riviere de France qui prend des Alpes en Dauphiné & se perd dans le Rhône à une lieues d'Avignon.

E

EMS, Riviere d'Allemagne dont la source est au Comté de la Lippe & se perd dans la Mer au dessous d'Embden.

ERAULT, Riviere de France dans le bas Languedoc, qui à sa source dans les Cévennes & se perd dans la Mer au dessous d'Agde.

ESCAUT, (l') Riviere des Pays-Bas dont la source est dans le Vermandois en Picardie, elle traverse la Flandre & se perd dans la Mer d'Allemagne.

EURE, (l') Riviere de France qui à sa source dans le Perche, & se perd dans la Seine à 3. lieues de Rouen.

G

GAMBIE, Riviere d'Egipte dont les débordemens ont la fertilité de ceux du Nil, elle se perd dans la Mer vers le 13me. dégré 20. minutes de latitude.

GARONNE, (la) Riviere de France, elle prend dans les Pyrenées, traverse le haut Languedoc & la Guyenne & se rend dans la Mer à 20. lieues au dessous de Bordeaux.

GEVE, ou GESVE, Riviere d'Afrique dans la Nigritie.

GIHON, Riviere d'Asie, dont la source est au Mont Juians & se rend dans la Mer Caspienne.

GUADALAVIAR, Riviere d'Espagne qui prend sa source dans les Montagnes qui séparent la Castille du Royaume de Léon, & se perd dans la Méditerranée au dessous de Valence.

GUADALVAQUIR, (le) grand Riviere d'Espagne qui a sa source dans la Manche, & se perd dans le Golfe de Cadix, à St. Lucas de Barameda.

GUADIANA, Riviere d'Espagne qui prend dans la nouvelle Castille & se rend dans l'Océan entre Castro-Marin & Ayamonte.

H

HATTIBONITE, Grande Riviere de l'Isle St Domingue qu'on nomme vulgairement Artibonitte.

HUMBER, (l') Riviere d'Angleterre Province d'Yorck elle se jette dans la Mer près de Grimbly.

I

JAGO, (san-) Riviere de l'Amérique Méridionale au Pérou, dont les bords sont remplis de Cotoniers.

JAICK (le) Riviere qui sépare la Tartarie du Turquestan, sa source est au Mont Caucase, & après un cours de 80. lieues, elle se rend dans la Mer Caspienne.

JALONICK, Riviere de la Valaquie, dont la source est aux frontieres de la Transilvanie, & se rend dans le Danube au dessous du Lac Carason.

JAXT, (le) Riviere d'Allemagne dans la Souabe, elle se rend dans le Neker vis-à-vis de Wimpfen.

ILL, (l') Riviere de France dans l'Alsace, sa source est à une lieue de Ferette, & elle se perd dans le Rhin, à 2. lieues au dessous de Strasbourg.

INDRE, (l') Riviere de France qui prend dans le Berry & joint la Loire à deux lieues au dessous de l'embouchure du Cher.

INN, Riviere d'Allemagne dont la source est aux Grisons à la montagne de Septimerberg, & se rend dans le Danube.

INNERSTE, Riviere d'Allemagne dans la basse Saxe elle prend au Duché de Brunswick, & se joint à la Riviere de Leyne.

JOSEPH, (St.) Riviere de l'Amérique septentrionale dans la Nouvelle France, elle se jette après un cours de cent lieues dans le Lac de Michigan.

IRTICH, Riviere d'Asie dans la Sibérie, dont la source est au Nord du Royaume des Eluths, & se rend au fleuve d'Oby, après 400. lieues de cours.

ISER, (l') Riviere d'Allemagne dans la Baviere, elle prend aux confins du Tirol & se perd dans le Danube près Passau.

ISERE, (l') Riviere d'Europe, elle prend aux confins du Piémont, & se rend dans le Rhône à deux lieues de Valence.

K

KIAM, ou JAMZY Grande Riviere de la Chine dont la source est dans la Province d'Imman, elle se jette dans l'Océan au dessous de Nanquin, après un cours de 400. lieues.

KINIBEKI, Riviere de l'Amérique Septentrionale dans la Nouvelle France, elle se perd dans la Mer du Sud entre l'Acadie & la Nouvelle Angleterre.

L

LABER, (le) Riviere d'Allemagne dans la Baviere où elle prend sa source, & se rend dans le Danube, entre Ratisbonne & Straubing.

LIFFE, (la) Riviere d'Irlande dans la Province de Leinster, sa source est au Comté de Vexford à environ 5. milles de Dublin, & elle se rend dans la Mer.

LIPPE, Riviere d'Allemagne en Westphalie elle prend près de Paderborn & se perd dans le Rhin près de Wesel.

LIS, (la) Riviere des Pays-Bas François, elle prend à Lisbourg en Artois, traverse les Pays-Bas François & Autrichiens & se perd à Gand dans l'Escaut.

LISONSO, Riviere d'Italie qui prend sa source dans la haute Carinthie & va se rendre dans le Golfe de Venise.

LOHN, (la) Riviere d'Allemagne qui a sa source dans la haute Hesse & se rend dans le Rhin, à une lieue de Coblentz.

LOIN, ou LOING, (le) Riviere de France, dont la source est dans la Pusaye, & se rend dans la Seine à Moret, à 4. lieues de distance de Fontainebleau.

LOIR, (le) Riviere de France qui prend sa source dans le Perche & se perd dans la Sarte.

LOIRE, (la) Riviere de France qui prend sa source dans le Vivarais, sur les confins du Velay & va se perdre en Bretagne dans l'Océan entre Bourg-neuf & le Croisic.

LOIRET, (le) Riviere de France dans l'Orléanois, dont la source est dans la Sologne, elle se perd dans la Loire à 2. lieues au dessous d'Orleans.

LOT, (le) Riviere de France qui prend sa source dans le Gevaudan, au dessus de Mende & se rend dans la Garonne à Aiguillon.

M

MADERE, Riviere de l'Amérique méridionale qui se rend dans celle des Amazones.

MAGDELEINE, (la) Riviere de l'Amérique, dans la Louisiane, qui après un cours de 100. lieues se rend dans la Mer à la Baye St. Louis.

MAYENNE, (la) Riviere de France dont la source est aux confins du Maine & de la Normandie elle se joint à la Sarte qui se perd dans la Loire à une lieue d'Angers.

MARNE, Riviere de France qui prend sa source dans le Bassigny, & se rend dans la Seine à 2. lieues au dessous de Paris.

MEIN, (le) Riviere d'Allemagne, qui prend au

Marquisat de Culmback, &
se rend dans le Rhin à Mayence.

MERWE, *Voyez*, MEUSE (la)

MEURTE, Riviere de Lor-
raine qui prend sa source dans
les Montagnes de Vosge & se
rend dans la Moselle à 3. lieues de Pont à Mousson.

MEUSE, (la) Riviere de
France qui prend sa source
dans le Bassigny, s'unit au
Rhin, prend à Gorcum,
le nom de Merwe, & se perd
dans l'Océan entre la Brille
& Gravelande.

MISSOURI, (le) grande
Riviere de l'Amérique septentrionale dans la Louisiane,
elle a 500. lieues de cours &
se perd dans le Mississipi, 6.
lieues au dessous de celle des
Illinois.

MORAVA, (la) Riviere
de la Turquie Europeéne qui
prend sa source dans la Bulgarie & se perd dans le Danube.

MORAVA, (la) Riviere
de Bohéme dont la source est
aux confins de ce Royaume,
elle traverse la Moravie & se
perd aussi dans le Danube.

MOSELLE, (la) Riviere
de France, qui prend sa source au Mont-des-Faucilles dans
la Vosge & se perd dans le
Rhin, près Coblentz.

MUERA, (la) Riviere d'Al-
lemagne, dans la Styrie,
sa source est dans l'Evéché de
Saltzbourg d'où elle va se rendre dans la Drave.

N

NARVA, Riviere de Livo-
nie qui à sa source au Lac
de Peipus & va se jetter dans
le Golfe de Finlande, à 2.
eues de la Ville de Narva.

NECKER, Riviere d'Al-
lemagne qui prend sa source
dans la Forêt noire, & se rend
dans le Rhin, près de Man-
heim.

NIEMEN, Riviere de Po-
logne qui prend en Lithuanie
& se rend dans le Curish.

NIESTER, (le) Riviere
de Pologne qui prend sa source
dans le Palatinat de Russie &
se rend dans la Mer noire à
Bialogorod.

NITH, (la) Riviere d'E-
cosse qui prend sa source
dans la Province de Kyle, &
se rend dans le Golfe de
Solway.

O

OBY, Grande Riviere d'A-
sie, qui prend sa source dans
la grande Tartarie au Lac de
Kitaé, & se rend dans la Mer
près du détroit de Vaigatz.

ODER, Riviere d'Allema-
gne qui prend sa source dans
la Silésie sur les confins de
Moravie & se rend dans la
Mer Baltique.

OGLIO, Riviere d'Italie
dans la Lombardie, elle prend
sa source au Bressan & se
perd dans le Pô.

OISE, Riviere de France

dont la fource eft dans les Ardennes fur les confins du Haynault & fe rend dans la Seine à 6. lieues de Paris au deſſus de Pontoiſe.

OMBRONE, (l') Riviere d'Italie dans la Tofcane, elle prend fa ſource dans le Sien nois & fe rend dans la Mer de Tofcane audeſſous de Grof-fetto

ONEGA, Riviere de Ruffie elle prend ſource dans la Pro-vince de Cargapol & fe perd dans la Mer Blanche.

ORBE, Riviere de France qui prend fa fource dans le bas Languedoc & fe perd dans le Golfe de Lyon.

ORENOQUE, (l') Grande Riviere de l'Amérique méri-dionale dont la fonrce eft dans le Popayan, & fe rend dans la Mer par 60. embouchures. On trouve fur fes bords une pierre verte qui guérit du mal caduc.

ORNE, (l') Riviere de France, dans la Normandie où elle prend ſa fource & fe rend dans la Mer à 3. lieues de Caen.

ORNEY, Riviere de Fran-ce dans la champagne où elle prend fa fource dans le Vel-lage & fe joint à la Marne.

OUST, (l') Riviere de France dans la Bretagne, fa fource eft dans l'Evéché de Quimper, & elle fe perd dans la Vilaine au deſſous de Rhedon.

P

PARANA, Grande Riviere de l'Amérique méridionale qui prend fa ſource dans le Bré-fil & fe joint à la Riviere du Paraguay près la Ville de Corientes.

PERSANTE, (la) Riviere d'Allemagne dans la Poméra-rie Ultérieure, elle prend fa fource fur les confins de la Pruſſe Royale & fe rend dans la Mer Baltique au deſſus de la Ville de Colberg.

PISATELLO, Riviere d'Ita-lie dans la Romagne dont la fource eft au pied de l'Appe-nin & fe rend dans la Riviere de Rigofa près la Côte du Golfe de Venife.

PLATA, ou RIO-DE-LA-PLATA, Riviere de l'Améri-que méridionale dont la fource eft au Pérou dans l'Audience de Los-Charcas, elle fe jette dans la Mer du Nord près Buenos-Aires.

PLATA-MONA, Riviere de la Turquie Européene, dans la Comenolitari, qui prend fa fource aux Montagnes de la Macédoine & fe perd dans le Golfe de Saïonique.

PURUS, Riviere de l'Amé-rique méridionale entre celles de Coari & Madere.

R

REMS, Riviere d'Allema-gne dans la Suabe au Duché de Wirtemberg, elle fe perd dans le Necker.

RIELLE, (la) Riviere de France dans la Normandie, dont la fource eft au Diocèfe de Seéz elle fe rend dans la Seine au deſſous de Quillebœuf, après un cours de 20. lieues.

RIO-BLANCO, Riviere de l'Amérique méridionale, elle paſſe ſous la Ligne & ſe rend dans Rio-Negro, au deſſus du Fort des Portugais.

RIO-GRANDE, Riviere conſidérable ſur la Côte Occidentale de l'Afrique elle ſe perd dans la Mer entre l'Iſle de Bulam & le Cap de Tumbaly après un cours de plus de 150. lieues.

RIO-DE-LA-HACHA, Riviere de l'Amérique méridionale au Royaume de la Grenade, où après avoir arroſé la Capitale du même nom, elle ſe rend dans la Mer du Nord.

RIO-NEGRO, Riviere de l'Amérique méridionale dont la ſource eſt commune avec celles de Lyupara & l'Orénoque, elle eſt très fréquentée par les Portugais qui font ſur les côtes un grand Commerce d'Eſclaves.

S

SAMBE, (la) Riviere de France qui prend ſa ſource au Mont de Voſge, traverſe la Franche Comté, la Bourgogne, le Beaujolois, & va ſe rendre dans le Rhône à Lyon.

SARE, (la) Riviere d'Allemagne qui prend ſa ſource dans la Lorraine Allemande près de Sahu, & ſe rend dans la Moſelle au deſſus de Trèves.

SAVE, (la) Riviere d'Allemagne, dont la ſource eſt dans la Haute Carniole, & ſe rend dans le Danube près Belgrade.

SAVERNE, (la) Riviere d'Angleterre dans le Pays de Galles, dont la ſource eſt au Comté de Montgommeri, & ſe rend dans la Mer au deſſous de Gloceſter.

SAVUTO, Riviere d'Italie au Royaume de Naples dans la Calabre citérieure, ſa ſource eſt près de Coſenze, & ſe rend dans la Mer au deſſous de Martorano.

SCARPE, (la) Riviere des Pays-Bas qui a ſa ſource près d'Aubigny en Artois, & ſe rend dans l'Eſcaut près Mortagne.

SCIE, (la) Riviere de France en Normandie, au Pays de Caux, où elle a ſa ſource & ſe rend dans la Mer près Dieppe.

SÉE, (la) Riviere de France en Normandie dont la ſource eſt près de Sardeval, & ſe rend dans la Mer au Mont St. Michel.

SEGURA, (la) Riviere d'Eſpagne au Royaume de Murcie, où elle a ſa ſource dans la montagne de Sierra-Ségura, & ſe rend dans la Mer près de Guardamar.

SEINE, (la) Riviere de France qui prend ſa ſource dans la Bourgogne, traverſe la Champagne, l'Iſle de France, partie de la Normandie, & ſe jette dans l'Océan au hâvre de Grace.

SELAMPRIA, Riviere de

la Turquie Européene dans le Comenolitari, où elle a sa source & se perd dans le Golfe de Salonique.

SEMOI, (la) Riviere des Pays-Bas dans le Luxembourg où elle prend sa source près d'Arloy, & se rend dans la Meuse en Champagne.

SENNE, Riviere des Pays-Bas qui prend sa source dans le Haynaut, & se joint à la Dyle, au dessus de Malines.

SERCHIO, (le) Riviere d'Italie qui prend sa source au Mont Appenin dans l'Etat de Modêne, & se rend dans la Mer de Toscane au dessus de l'Arno.

SERIN, ou SERAIN, Riviere de France qui prend sa source dans la Bourgogne, au Diocèse d'Autun, & va se rendre dans l'Yonne entre Auxerre & Joigny.

SERRELIONNE, Riviere d'Afrique dans la Guinée sur la côte de Malaguette, bornée au Midi par le Cap Tugrin & au Nord par celui de la Verge.

SHANON, Riviere d'Irlande qui prend sa source dans le Lac Allyn, & se perd dans l'Océan.

SIGE, Riviere d'Allemagne qui prend sa source dans les Etats de Nassau, & se rend dans le Rhin à une lieue au dessus de Bonne.

SINDE, Riviere des Indes aux Etats du Grand Mogol.

SOMME, Riviere de France en Picardie, où elle prend sa source à Fonsome, & se jette dans la Manche entre Crotoy & St Vallery.

SPEI, grande Riviere d'Ecosse, elle a sa source aux confins des Provinces de Lochabar & de Badenoch, elle se jette dans la Mer près de Bagie.

STOURE, (la) Riviere d'Angleterre, elle a sa source au Comté de Suffolck, & se perd dans l'Océan près de Harwich.

STREL, ou ISTRIG, Riviere de Hongrie dans la Transilvanie, où elle se rend dans celle de Marisch.

SURINAM, Riviere de l'Amérique méridionale dans la Terre-Ferme.

T

TACINA, Riviere d'Italie dans la Calabre ultérieure.

TAIAMENTO, Riviere d'Italie dans le frioul, elle prend sa source dans le Carma & se rend dans le Golfe de Venise.

TAMAGA, Riviere de Portugal qui a sa source dans la Galice, & se perd dans le Duero.

TAMBRE, (la) Riviere d'Espagne dans la Galice, où elle prend sa source dans les Montagnes & se perd dans la Mer.

TANARO, Riviere d'Italie qui prend sa source dans l'Appenin & se perd dans le Pô.

TARN, (le) Riviere de

France dont la source est dans le Gévaudan & se rend dans la Garonne au dessous de Montauban.

TAY, (le) Riviere d'Ecosse qui prend sa source dans la Province de Braidalbain & se rend dans la Mer du nord.

TECH, (le) Riviere de France dans le Roussillon, qui a sa source dans les Pyrénées & se perd dans la méditerranée au dessous d'Elne.

TER, Riviere d'Espagne dans la Catalogne, sa source est près du Mont Canigon & se perd dans la Méditerranée.

TESIN, (le) Riviere d'Italie dans le Milanez, elle à deux sources : l'une au Mont St. Gothard, l'autre au Baillage de Belinzone & elle se rend dans le Pô près Pavie.

TAMISE, (la) Riviere d'Angleterre, formée des Rivieres de Tame & d'Isis elle passe à Londres dans toute sa grandeur & joint la Manche.

TIGRE, Riviere de l'Amérique méridionale dans le Pays de Yameos, elle se perd dans la partie septentrionale de l'Amazone.

TIMOK, (le) Riviere de la Turquie Européene dans la Bulgarie où elle se joint au Danube.

TRAVE, (la) Riviere d'Allemagne en Basse-Saxe, elle a sa source au Duché de Holstein où elle sort d'un Lac, & se rend dans la Mer Baltique à Travemurde.

TWEDE, Riviere de l'Ecosse Méridionale elle se jette dans la Mer à Barwick.

V

VAR, Riviere qui sépare la France de l'Italie, dont la source est dans les Alpes & se perd dans la Méditerranée prés de Nice.

VISDOULE, Riviere de France dans le Bas Languedoc, dont la source est au Diocèse d'Alais, elle passe à St. Hypolite & Sommiers & se rend dans l'Etang de Than près d'Aigues Mortes.

VIENNE, (la) Riviere de France qui prend sa source dans le Bas Limousin, & se rend dans la Loire à Caude en Touraine

VILAINE, (la) Riviere de France dans la Bretagne dont la source est dans le Maine, & se perd dans la Mer vis-à-vis l'Isle de May; elle est très navigable.

W

WESER, Riviere d'Allemagne qui prend sa source dans la Franconie, & se rend dans la Mer d'Allemagne.

WIEPERS, Riviere de Pologne dont la source est dans le Palatinat du Belz, & se perd dans la Vistule.

WOLKOWE, Riviere de Russie dans le Duché de Novogorod, dont la source est dans le Lac Ilmen , & ie perd dans celui de Lagoda.

X

XAUCA , Riviere de l'Amérique méridionale , dont la source eſt dans le Lac Chincha-Cocha, & ſe rend dans le Maragon.

XAUXAVA , Riviere d'Afrique dans le Royaume de Maroc elle traverſe une Ville du même nom.

XEUIL , Riviere d'Eſpagne qui a ſa ſource au Royaume de Grenade , & ſe perd à Palma dans le Guadalviquir.

XINGU , Riviere de l'Amérique méridionale qui prend ſa ſource dans les mines du Bréſil, & ſe perd dans la Riviere des Amazones.

XUCAR , (le) Riviere d'Eſpagne au Royaume de Valence, dont la ſource eſt dans la Nouvelle Caſtille, & ſe perd dans la Méditerranée entre Cukera & Gandie.

Y

YARÉ , Riviere d'Angleterre dans le Norfolck.

YONNE , (l') Riviere de France qui prend ſa ſource dans la Bourgogne , & ſe rend dans la Seine à Montreau , à 17 lieues de Paris.

YSSEL , Riviere d'Allemagne dans le Duché de Cléves , elle ſe joint au Zuiderzée dans la Province d'Overiſel.

Il y en a une de ce nom dans les Provinces Unies qui ſe perd dans la Meuſe.

YURUSBESK , Riviere de l'Amérique méridionale dont la ſource eſt proche la montagne de Liquiary , elle ſe rend dans le Rio Negro , & ſe communique avec Lyupara par le Lac Marahi.

Z

ZADAON Riviere de Portugal , elle prend ſa ſource dans les Montagnes de l'Algarve & ſe rend dans le Golfe de Sétubal.

ZAIRE , (le) Grande Riviere d'Afrique au Royaume de Congo ſa ſource eſt dans le Lac de Zembre , & elle ſe perd dans la Mer vers le 5me dégré 40. minutes de latitude Méridionale.

ZAMORA , Riviere de l'Amérique Méridionale au Pérou, Audience de Quito; après avoir paſſé Zamora , elle prend le nom de Sans-Jago un peu au deſſus du fameux Pongo.

ZEGA , Riviere d'Eſpagne dans la Vieille Caſtille proche Valladolid.

ZEZERE , Riviere de Portugal qui prend ſa ſource dans la Province de Béira & ſe perd dans le Tage près de Punhete.

8°. Des Places Maritimes les plus fréquentées des Quatre Parties du Monde.

A

Abo, Ville de Suéde sur le Golfe de Bothnie à 36 milles de Stockolm. longitude 41. dégrés, latitude 61.

Acaxulta, Port de la Nouvelle Espagne dans l'Amérique Septentrionale près de la Guatimala: ce Port est pour les relaches du Perou & de la Nouvelle Espagne.

Accas, Port du Japon à 20. lieües de Mécao.

Acul, ou *Port St. Thomas* dans la Partie Espagnole de l'Isle St. Domingue.

Adra, Port du Royaume de Grenade en Espagne. longitude 14. 30. latitude 36. 10.

Agualfuteo, Port de l'Amérique dans la Nouvelle Espagne, c'est de ce Port que partent les vaisseaux, pour le Pérou, chargés des marchandises d'Europe. longitude 280. latitude 15-25.

Ahus, Port de Suéde dans la Bleckingia. longitude 32. 14. latitude 56.

Ailah, Port de l'Arabie Petrée sur la côte de la Mer Rouge. longitude 53.-10. latitude 29.-30.

Alcudy, Port Espagnol dans l'Isle de Majorque.

Alep, Port d'Asie en Syrie, longitude 55. latitude 36.

Algezira, Port d'Espagne dans l'Andalousie à quatre lieües de Gibraltar, longitude 12-25. latitude 36.

Algher, *Alghier*, ou *Algieri*, dans l'Isle de Sardaigne, Port fréquenté par les Catalans & les Génois, longitude 26-15. latitude 40-26.

Alicante, Ville d'Espagne au Royaume de Valence, Port très sur, longitude 17-40. latitude 38-26.

Almoria, Ville d'Espagne au Royaume de Grenade, près l'embouchure de la Riviere d'Almoria.

Amsterdam, *Voyez* cette Ville au Chapitre second de la premiere Partie.

Amblétuse, Port de France en Picardie à deux lieües de Boulogne sur Mer, longitude 19-22. latitude 50-48.

Ampurias, Port d'Espagne en Catalogne, longitude 20-36. latitude 42.

Ander, (sant) Port d'Espagne en Asturie.

Anslo, Port de Norwege Province d'Agerhus, longitude 27-40. latitude 59-25.

Antiochata, Port de la

Turquie Européene dans la Caramanie, longitude 49. latitude 36.

Anvers, Ville des Pays-Bas Autrichiens, longitude 21-50. latitude 31.-15.

Araſſè, Port d'Italie dans l'Etat de Gênes, longitude 25.-50. latitude 44-56.

Arensbourg, Port de Ruſſie dans la Livonie ſur la Mer Baltique, longitude 27-32. latitude 56-12.

Arhus, *Arhuſen*, Ville de Danemarck dans le Nort Jutland ſur la Mer Baltique.

Aruſbourg, Port de Livonie, dans l'Iſle d'Oéſel au Golfe de Riga ſur la Mer Baltique. longitude 40-20. latitude 58-16.

Arzile, Port d'Afrique au Royaume de Fez, longitude 12-10. latitude 35-28.

Aſſens, Port de Danemarck dans l'Iſle de Fionie, longitude 28. latitude 55-15.

Aſta, Ville de l'Inde au Royaume de Viſapour; elle eſt très commerçante.

Atacama, Ville de l'Amérique méridionale au Pérou à 15. lieues de Rio-de-Lora, longitude 307. latitude méridionale 22-30.

Auray, Port de France en Bretagne à 3. lieues de Vannes, longitude 14-45. latitude 47-39.

Aurengabad, Port & Ville conſidérable des Etats du Mogol dans l'Inde, très Peuplée & très Commerçante

longitude 93-30. latitude 32-50.

Azamor, Ville d'Afrique au Royaume de Maroc à l'embouchure de l'Ommiraby, longitude 10-30. latitude 32-50.

B

Bacaim, Ville de l'Inde au Royaume de Viſapour, ſur la Côte de Malabar, elle eſt aux Portugais, longitude 89. latitude 19-30.

Bayonne, Ville d'Eſpagne dans la Galice à l'embouchure du Minho, longitude 9. latitude 41-54.

Bayonne, Ville de France en Gaſcogne dans le Pays de Labour à une lieue de la Mer longitude 16-9. latitude 43-29.

Baldivia, Port du Perou dans le Chili.

Balleck, Port d'Irlande Province d'Ulſter ſur le Lac Earne; longitude 9-4. latitude 54-32.

Baltimore, Ville d'Irlande Province de Munſter, ſur la Baye du même nom, longitude 8-35. latitude 51-16.

Baluclava, Port de la Crimée ſur la Mer noire, ſervant à la conſtruction des Vaiſſeaux du grand Seigneur, longitude 52-40. latitude 44-50.

Bander, *Abaſſi*, ou *Gomron*, Port d'Aſie en Perſe, dans le Kerman, ſur le Golfe d'Ormus. longitude 75. latitude 27.

Bangor, Ville d'Angleterre dans la Principauté de

Galles, fur le Détroit de Menay, longitude 13-4. latitude 53-14.

Bantam, Ville très Commerçante de l'Afie, dans l'Inde, d'où les Hollandois tirent beaucoup de poivre, longitude 123-30. latitude Méridionale 6-20.

Barcelonne, Ville d'Efpagne dans la Catalogne à dix-huit lieues de Tarragone, longitude 19-50. latitude 41-26.

Barcelor, Ville desIndes au Royaume de Canara entre Goa & Mangalor, longitude 92. latitude 13-45.

Bardt, Ville d'Allemagne dans la Poméranie, appartenante aux Suédois; fon Port eft fur la Mer Baltique, longitude 31. latitude 54-25.

Barry, Ville d'Italie au Royaume de Naples fur le Golfe de Venife. longitude 34-35. latitude 41.

Barlette, Ville fituée comme deffus, longitude 33-56. latitude 41-12.

Baffora, Ville d'Afie au confluent du Tigre & de l'Euphrate, longitude 66. latitude 30-20.

Baftie, (la) ou *Baftia* Capitale de l'Ifle de Corfe, longitude 27-12 latitude 42-41.

Batavia, Ville (aux Hollandois) d'Asie dans l'Ifle de Java, au Royaume de Bantam, longitude 124-30. latitude méridionale 6 10.

Beaumarifch, Capitale de l'Ifle d'Anglefey en Angle-terre fur le Détroit de Menay, longitude 13-50. latitude 53-48.

Belgrade, Ville de la Turquie d'Europe ou de la Romanie fur le bord de la Mer noire à 8. lieues de Conftantinople longitude 40-30. latitude 41-22.

Belle-Ifle, Ifle de France Côte de Bretagne au Diocèfe de Vannes, longitude 14-15. latitude 40-10.

Bendarmaffen, Ville des Indes dans l'Ifle de Bornéo longitude 131-20. latitude méridionale 2-40.

Bergen, Ville de l'Ancienne Norwege à 36. lieues de Stavanger longit. 23-15 lat. de 60.

Biela-Ofero, Ville de Ruffie fur un Lac du même nom.

Bilbao, Cap de la Bifcaye en Efpagne longitude 14-30. latitude 43-23.

Biferte, Ville d'Afrique au Royaume de Tunis, fur la Méditerranée, longitude 28-10. latitude 37-20.

Blaye, Ville de France dans le Bordelois en Guyenne fur la Garonne, Port fréquenté par les étrangers, mais où les Vaiffeaux ne peuvent entrer avec leur Canons, longitude 16-53. latitude 45-6.

Bolckzil, Ville des Pays Bas, dont le Port eft très bon. longit. 23-30. lat. 52-44.

Bonne, Ville d'Afrique au Royaume d'Alger, dans la Province de Conftantine, à 50. lieues de Tunis, longitude 25-28. latitude 27.

Borgo, Ville de Suède dans la Province de Nyland

fur le bord du Golfe de Finlande, longit. 44. lat. 60-34.

Borneo, Ville d'Afie dans une Ifle de la Sonde du même nom, longitude 129-50. latitude 4-55.

Bofa, Ville d'Italie en Sardaigne, longitude 26-12. latitude 40-20.

Bofton, Ville de l'Amérique Septentrionale, Capitale des Etats-Unis, *Voyez* Bofton au Dictionnaire de la feconde Partie.

Bourg-fur-Mer, Ville de France dans la Guyenne, au Bordelois près le confluent de la Dordogne & la Garonne; les Vaiffeaux y remontent par le reflux de la Mer, longitude 17. latitude 45.

Breff, Ville de France dans la Bretagne, Port de Roi un des plus fûrs du Royaume, longit. 13 9-10. lat. 48 22-55.

Brieux, (St.) Ville de France en Bretagne. longitude 14-17. latitude 48-33.

Brille, (la) Ville des Provinces-Unies, paffage de la Hollande en Angleterre, longitude 21-31. latitude 51-53.

Brindes, Ville d'Italie au Royaume de Naples, terre d'Olrante fur le Golfe de Venife, longitude 35-40. latitude 40-42.

Briftol, ville d'Angleterre, long. quinze lat. cinquante-un deg. vingt-fept minutes.

Bucariza, Ville d'Hongrie, dans la Craotie, fur la Mer Adriatique.

Budoa, Ville de la Ré-publique de Venife en Dalmatie, longitude 42-20 latitude 42-15.

Butrinto, Ville d'Albanie, Province de la Chimera, longitude 37-45. latitude 39-52.

C

Ceceres de *Camerines* Ville d'Afie dans l'Ifle fur la Côte de Luçon, longitude 142-15. latitude 14-13.

Cadequie, Port d'Efpagne dans la Catalogne.

Caffa, Ville de la Tartarie Crimée longitude 52-30. latitude 44-58.

Cagliari, Ville d'Italie, Cap de l'Ifle de Sardaigne longit. 27-7. latit. 39-20.

Calais, Ville de France en Picardie, où eft le paffage de la Manche pour l'Angleterre longitude 19-30. latitude 50-57.

Calicut, Ville d'Afie, fur la Côte de Malabar, longitude 93-10. latitude 11-21.

Calao, Ville de l'Amérique Méridionale dans le Pérou à 2. lieues de Lima, longitude 301. latitude Méridionale, 12-29.

Calmar, Ville de Suéde dans la Province de Smaland, fur la Côte de la Mer Baltique, longitude 34-33. latitude 58-48.

Calvi, Ville d'Italie fur la Côte Occidentale de l'Ifle de Corfe, longitude 26-33. latitude 42-34.

Cambaye, Ville d'Afie,

dans l'Indoſtan au fond du Golfe de même nom, longitude 89. latitude 22-30.

Campêche, Ville de l'Amérique Méridionale dans la Nouvelle Eſpagne, c'eſt le ſeul Port de toute la Côte & d'où ſe tire le bois connu ſous le nom de Campêche, longitude 287. latitude 19-20.

Cananor, Ville d'Asie, ſur la Côte de Malabar au Royaume du même nom, longitude 93. latitude 12.

Canée, (la) Ville ſur la Côte Occidentale de l'Iſle de Candie, longitude 41-43. latitude 35-28.

Cangoxima, Ville du Japon dans l'Iſle de Ximo, longitude 138-30 latitude 31-20.

Cap-François, Ville de l'Amérique Méridionale, Iſle St. Domingue, longitude 306 latitude 20.

Capo-d'Iſtria, Ville d'Italie ſur le Golfe de Trieſte, longitude 31-35. latitude 45-58

Carelſeroon, Ville de Suéde ſur la Mer Baltique, longitude 33-35. latitude 56-15

Cariaty, Ville d'Italie ſur le Golfe de Tarente; longitude 34 55. latitude 39-55.

Carling-Ford, Ville d'Irlande, Province d'Ulſter ſur une Baye, longitude 11-20. latitude 54-6.

Carthagene, Ville d'Eſpagne au Royaume de Murcie longitude 16-35 latitude 37-22.

Caſaſa, Ville d'Afrique Province de Garet en Barbarie à 7. lieues de Melile.

Caſtel-Amare, Ville du Royaume de Naples à deux lieues de Sorento.

Caſtel-Arragonneſſe, Ville d'Italie dans l'Iſle de Sardaigne, longitude 26-32. latitude 40-56.

Caſtel-Novo, Ville des Vénitiens, ſur le Golfe Cataro, longitude 35-40. latitude de 42-25.

Caſtro, Ville de l'Amérique méridionale au Chili Iſle de Chiloé, longitude 303 latitude meridionale 43.

Caſtle, Ville d'Irlande Province de Connangt.

Catane, Ville de Sicile ſur le Golfe du même nom, longitude 32-54. latitude 37-22.

Cataro, Ville de Dalmatie ſur le Golfe du même nom, longitude 35-50. latitude de 42-25.

Cavite, Ville de l'Iſle Manille, une des Philippines.

Caxem, Ville d'Aſie dans l'Arabie heureuſe ſur la côte méridionale.

Centa, Ville d'Afrique vis-à-vis Gibraltar, longitude 17-10. latitude 35-36.

Chantonn, ou *Chaunton*, Province de la Chine où il ſe trouve ſix Metropoles avec chacune un Port.

ChatelAillon, Ville de France en Saintonge à deux lieues de la Rochelle.

Chaul, Ville des Indes ſur la côte de Malabar à deux lieues de Bombaim, longitude 89-45. latitude 18-32.

Chekian, Province de la

Chine, où il se trouve onze Ports.

Cherbourg, Ville de France dans le Cotentin en Normandie, longitude 16-2. latitude 49-38.

Cherso, Ville de l'Isle du même nom sur le Golfe de Venise, longitude 32-15. latitude 45-9.

Cherson, Ville Russe Neuve & Maritime de la Crimée.

Chester, Ville d'Angleterre, longitude 14-29. latitude 53-15.

Chihir, Ville de l'Arabie heureuse, longitude 67. latitude 14-20.

Christianople, Ville de Suéde dans la Blekingie, sur la Mer Baltique à 9. lieues de Calmer, longitude 34-12. latitude 56-20.

Chuchunga, Port de l'Amérique méridionale au Pérou, sur la Riviere du même nom à quatre lieues de Jaen.

Ciotat, (la) Ville de France en Provence dans la Vignerie d'Aix, longitude 23-15. latitude 43-10.

Citadella, Ville de l'Isle Minorque avec un Port sur & bien défendu.

Cindad-Delas-Palmas, Ville Capitale de l'Isle de Canarie, longitude 3. latitude 28.

Civita-Vechia, Ville d'Italie à 14. lieues de Rome, longitude 29-34. latitude 42-5.

Cochin, Ville d'Asie dans la Présqu'Isle des Indes, sur la côte de Malabar, à 36. lieues de Calicut, les Hollandois en tiennent la forteresse, longitude 94. latitude 9-55.

Cochinchine, (la) Royaume Maritime d'Asie, dont Kehué est la Capitale, latitude 12-18.

Colberg, Ville d'Allemagne dans la Poméranie sur la Mer Baltique, longitude 33-30. latitude 54-18.

Collioure, Ville de France dans le Roussillon sur la côte du Golfe de Lyon à 4. lieues de Perpignan.

Colochine, Ville de la Turquie Européene dans la Morée sur un Golfe du même nom, longitude 40-55. latitude 36-32.

Conquet, (le) Ville de France en Bretagne à 5. lieues de Brest.

Constantinople, son Port est un des meilleurs de l'Univers.

Copenhague, bon Port de Danemarck.

Cork, Ville d'Irlande dans la Province de Munster, longitude 9-15. latitude 51-48.

Corogne, (la) Ville d'Espagne dans la Galice, longitude 9-20. latitude 43-20.

Coromandel, (Côte de) Pays de l'Inde, en deça du Gange, ses Ports sont Mazulipatan, Madras, Méliapour, Pondichéry, Négapatan, &c.

Cromarty, Ville d'Ecosse dans la Province de Ross à six milles de Chanoury.

Crouslot, Ville d'Ingrie

dans l'Isle de Résultari, sur le Golfe de Finlande à cinq lieues de Petersbourg.

Crotone, Ville d'Italie au Royaume de Naples sur le Golfe de Tarente, longitude 35-8. latitude 39-10.

Caraçao, Ville de l'Amérique, Capitale de l'Isle du même nom, habitée par les Hollandois, longitude 310. latitude 12-40.

D

Dabul, Ville d'Asie, dans le Royaume de Visapour sur la côte de Malabar ; elle est aux Portugais, longitude 89-45. latitude 18.

Daca, Ville des Indes au Royaume de Bengale, sur le Gange, les Anglois & les Hollandois y font un grand Commerce, longitude 106-45. latitude 23.

Daman, Ville des Indes sur le Golfe de Cambaye, longitude 90-10. latitude 20.

Dantzick, Capitale de la Prusse Royale & de la Pomerelle sur la Rivière de la Vistule à 105 lieues de Cracovie, son Port est sur la Mer Baltique.

D'Armouth, Ville d'Angleterre en Devonshire, longitude 14-2. latitude 50-16.

Damma, Ville des Indes dans l'Isle de Java sur un Golfe.

Daïafar, Ville de l'Arabie heureuse sur les côtes de l'Yemen, longitude 71. latitude 17.

Delfzil, Ville des Provinces Unies dans la Groningue, longitude 24-26. latitude 53-18.

Denia, Ville d'Espagne au Royaume de Valence, longitude 18-9. latitude 39.

Dieppe, Ville de France en Haute Normandie, au Pays de Caux, longitude 18. latitude 49-55.

Dingle, Ville d'Irlande dans la Province de Mont à 30. lieues de Corck, longitude 7-25. latitude 52-6.

Dornock, Ville d'Ecosse au Comté de Suterland à lieues d'Edimbourg, longitude 13-50. latitude 57-50.

Douvres, Ville d'Angleterre sur la côte du Pas de Calais à sept lieues de cette derniere Ville.

Dradate, Port d'Afrique sur la côte occidentale de la Mer Rouge, latitude 19-50.

Drogheda, Ville d'Irlande au Comté de Louth dans la Province d'Ulster, longitude 11-21. latitude 53-40.

Drontheim, Ville de Norwege, longitude 28. latitude de 63-15.

Dublin, Capitale de l'Irlande, longitude 11-40. latitude 53-30.

Dundalk, Ville d'Irlande dans le Comté de Louth, Province d'Ulster, longitude 11-6. latitude 54-1.

Dundée, Ville d'Ecosse

dans la Province d'Angus près l'embouchure du Tay, longitude 15-6 latitude 56-43.

Dungarvan, Ville d'Irlande, Province de Munster, dont la Rade est très commode, longitude 10-11 latitude 52-3.

Dunkeran, Ville d'Irlande, Province de Munster, longitude 8-20. latitude 51-40.

Dunkerque, Ville de France en Flandres, longitude 20-2. latitude 51-2.

Dunstafage, Ville d'Ecosse, Province de Lorn, longitude 12-20. latitude 56-40.

Durazzo, Ville de la Turquie Européenne dans l'Albanie à trente lieues d'Otrante, longitude 37-2. latitude 41-48.

E

Ecluse, (l') Ville des Pays Bas au Comté de Flandres à trois lieues de Bruges, elle est aux Hollandois, longitude 20-54. latitude 51-17.

Elbuig, Ville de Pologne dans la Prusse Royale, près de la Mer Baltique, longitude 37-40. latitude 54-15.

Elcatif, Ville d'Asie heureuse sur le Golfe persique, longitude 66-30. latitude 26.

Embden, Ville d'Allemagne dans la Vestphalie sur la Rivière d'Ems proche la Mer, longitude 24-38. latitude 53-19.

Emouy, Port célèbre de la Chine, Province de Fakian, longitude 136. latitude 24-35.

Eno, Ville de la Turquie Européene dans la Macédoine sur le Golfe de Monte Santo.

Exmouth, Ville d'Angleterre, Province de Devon, à cinq lieues d'Excester.

F

Falkenberg, Ville de Suède dans la Province d'Halland, sur la Mer Baltique, longitude 29-55. latitude 55-57.

Falmouth, Ville d'Angleterre au Pays de Cornouailles, c'est de ce Port que partent les Paquebots pour Lisbonne, longitude 12-55. latitude 50-14.

Famagousse, Ville d'Asie sur la Côte Orientale de l'Isle de Chypre, elle est aux Turcs, longitude 52-40. latitude 35.

Fano, Ville d'Italie au Duché d'Urbin sur le Golfe de Venise, longitude 30-40. latitude 43-52.

Faro, Ville de Portugal au Royaume des Algarves sur la côte du Golfe de Cadiz, longitude 9-35. latitude 56-54.

Fescamp, Ville de France en Normandie à huit lieues du Hâvre de Grace, long. dix-huit dég., une min. latitude quarante-neuf, dég. quarante-six min.

Fianone, Ville d'Italie (aux Vénitiens) dans l'Istrie, sur le Golfe de Carnero.

Flessingue, Ville des Provinces Unies dans la Zélande, long. vingt-un dég. sept min.

lat. cinquante-un dég., vingt-cinq min.

G

Gayette, Ville d'Italie au Royaume de Naples dans la Terre de Labour à dix lieues de Capoue, longit. trente-un dég., douze min. lat. quarante-un dég., quinze min.

Galloway, Ville d'Irlande dans la Province de Connaught près la Baye de Galloway, long. huit dég., trente-deux min. lat. cinquante-trois dég., douze min.

Genes, Capitale de la République de ce nom, en Italie, il y a un Phare dans son Port, longit. vingt-six dég., trente-deux min. lat. quarante-quatre dég., vingt-cinq min.

Gévalie, Ville de Suède dans la Gestricie près du Golfe de Botnie à quatorze lieues de Coperberg, long. trente-quatre dég., quarante-neuf min. lat. soixante dég., trente-une min.

Giodda ou *Zieden*, Ville d'Asie dans l'Arabie au bord oriental de la Mer Rouge, dont le Port célebre, fait le Commerce de la Mecque, d'où il est éloigné de quarante milles, long. cinquante-huit dég., lat. vingt-deux.

Glascow, Ville d'Ecosse, Province de Clidesdal sur la Clide, long. treize dég., trente-cinq min. lat. cinquante-six dég. vingt min.

Gofs, ou *Tergoes*, ville des Provinces Unies dans la Zélande à quatre lieues de Middelbourg, long. vingt-un dég. vingt-cinq min. lat. cinquante-un dég., vingt-neuf min.

Gothenbourg, ville de Suède dans la Westrogothie quatre lieues de Babus & de Stockolm, longitude dix-neuf dégrés, vingt-quatre min. lat. cinquante-sept dég. quarante-cinq min.

Granville, Ville de France en Normandie à six lieues de Constance & 75 de Paris, longitude seize dégrés deux min. latitude quarante-huit dég., cinquante min.

Gravesendes, Bourg d'Angleterre dans le Comté de Kent, avec un bon Port.

Gripwad, Ville d'Allemagne dans la Poméranie, vis-à-vis l'Isle de Rugen, elle est à la Suéde, long. trente-un dég., vingt-huit min. lat. cinquante-quatre dég., onze min.

Gronais, (Isle de) petite Isle de France près le Port Louis en Bretagne avec une bonne Rade.

Guadel, Ville de Perse dans le Mestran, lat. vingt-cinq dégrés.

Guetaria, ville d'Espagne dans le Guipuscoa à quatre lieues de St. Sébastien, long. quinze dég., onze min. lat. quarante-trois dég., vingt-huit minutes.

H

Haive, (la) Port sur la

Côte la plus méridionale de l'Acadie.

Hambourg, ville d'Allemagne au Cercle de Basse Saxe, long. vingt-sept dég., vingt-huit min. lat. cinquante-trois dég., quarante-deux min.

Hapsal, ville de Livonie dans l'Esthonie à quinze lieues de Revel, elle est à la Russie, long. quarante-un dég., neuf min. lat. cinquante-neuf dég. onze min.

Harlingen, Ville des Provinces Unies dans la Frise long. vingt-trois dég., huit m. lat. cinquante-trois dég., dix min.

Harwick, Ville d'Angleterre dans le Comté d'Essex, c'est de ce Port que partent le Paguebots pour la Hollande, long. dix-huit dég. trente-quatre min. lat. cinquante-un dég. cinquante-quatre min.

Hastings, Ville d'Angleterre, Province de Sussex, long. dix-huit deg., douze min. lat. cinquante dég., quarante-trois min.

Havane, (la) ville de l'Isle de Cuba, lat. quarante-trois deg.

Havre de Grace, (le) ville de France dans la Province de Normandie, long. dix-sept deg., quarante-cinq min. lat. quarante-neuf dég. vingt-neuf min.

Haye, (la) Port d'Hollande à douze lieues d'Amsterdam & soixante-huit lieues de Paris.

Heiligenhave, ville d'Allemagne dans la Basse Saxe, dont le Port est sur la Mer Baltique, long. vingt-huit deg., cinquante min. lat. cinquante-quatre deg., vingt-huit min.

Helsinbourg, Ville de Suéde dans la Schone longitude trente deg., trente quatre, min. latitude cinquant-six dég. trois min.

Helsingford, Ville de Finlande dans le Niland avec un Port sur le Golfe de Finlande longitude quarante-trois dég., dix-huit min. latitude soixante dég., vingt min.

Helsnigor, Ville de Dannemarck dans l'Isle de Zélande, longit. trente dég., vingt-neuf min. latitude cinquante cinq dég., cinquante-sept min.

Hernosand, Ville de Suéde Capitale de l'Angermanie sur le Golfe de Bothnie, latitude soixante dég., cinq min.

Hith ou *Hieth*, Ville d'Angleterre dans la Province de Kent, latitude cinquante-un dég. cinq min.

Honfleur, Ville de France en Normandie ou se font des Armemens pour terre neuve pour la pêche de la morüe, longitude dix-sept dég., quarante-trois min. latitude quarante-neuve dég. vingt-cinq m.

Horn, ville des Provinces-Unies dans la Hollande Septentrionale ou Westfrise, longitude vingt-deux dég. trente min. latitude cinquante-deux dég., trente-sept min.

Hudwichwal, ville de Suéde Capitale de l'Holsnegie,

fur le Golfe de Bothnie, longitude trente-fix dég. neuf min. latitude foixante dég. trente-huit minit.

Hull, ville d'Angleterre dans l'Yorck-hire, à dix lieues d'Yorck, longitude dix-fept dég., latitude cinquante-trois dég., quarante min.

I

Jago, (St.) Ifle du Cap verd dont le plus grand Port s'appelle *Porto-Prexa*, latitude Septentrionale quinze dég. quinze min.

Japare, ville des Indes fur la Côte Septentrionale de l'Ifle de Java, longitude cent-vingt-huit dég. trente-fept min. latitude méridionale fix dég. quarante-trois min.

Jean (St.) Port de l'Amérique feptentrionale fur la Côte Orientale de l'Ifle de Terre Neuve, (il eft aux Anglois & peut contenir deux-cent Navires) latitude quarante-fept dég. cinquante min.

Jedo, ville d'Afie Capitale du Japon, longitude cent-cinquante-fept dég latitude trente-cinq dég. trente-deux min.

Irwin, ville d'Ecoffe Province de Cunningham à vingt lieues d'Edimbourg longitude douze dég. quarante-huit min. latitude cinquante-fix dég. quatre min.

Iffigny, Bourg de France, en Baffe Normandie, longitude feize dég. trente-quatre

min. latitude quarante-neuf dég. vingt min.

Ifpahan, Capitale de la Perfe, Port fréquenté par toutes les Nations, longitude foixante-dix dég. vingt huit min. latude trente-deux dég. vingt-quatre min.

Juan-de-Porto-Rico, (fan) ville de l'Ifle du même nom dans l'Amérique Septentrionale, longitude trois-cent-douze dég. latitude dix-huit dég. trente min.

Ivica, Ifle de la Méditerranée entre le Royaume de Valence & l'Ifle Majorque, elle eft aux Efpagnols, latitude trente-neuf dég.

Junfalam, Port d'Afie au Royaume de Siam, important par le Commerce de Bengale & de Pégu, il fert de retraite à tous les vaiffeaux qui font à la côte de Coromandel, lat huit deg. cinquante-cinq min.

K

Kalimbourg, Ville de Danemarck dans l'Ifle de Salande au fond d'un golfe ou les vaiffeaux font en fûreté. long. vingt-huit deg. cinquante-cinq min. lat. cinquante-cinq degrés quarante-trois min.

Kellibegs, ville d'Iflande province d'Ulfter, long. neuf degrés. cinq minutes. latitude cinquante-quatre dég. trente min.

Kerfch, ville fur le détroit de Daman, qui joint la Mer

Noire au palus méotide, son port est très bon.

Kingsale, ville d'Irlande Province de Munster, au Comté & à quatre lieues de la ville de Corck, long. neuf deg. vingt min. latitude cinquante-un degrés trente-cinq min.

Kircaldi, ville d'Ecosse, sur l'Océan, dans la Province de Fife à cinq lieues d'Edimbourg, long. quatorze deg. quarante quatre min. latitude cinquante six deg. dix-huit min.

Knocfergus, ou Carricfergus, ville d'Irlande dans la Province d'Ulster au Comté d'Antrim, à 90 milles de Dublin, long. onze deg. quarante min. lat. cinquante-quatre deg. quarante-trois min.

Koge, Port du Danemarck dans l'Isle de Seland.

Kosa, port de la Laponie Moscovite sur la Mer-Glaciale, long. cinquante-trois d. quatre min. lat. soixante-huit d. cinquante cinq min.

Komol, port très sur d'Afrique sur la côte Occidentale de la Mer-Rouge à soixante-huit lieues de Suaquem, latitude vingt-deux deg. trente min.

Koslof où *Koslow*, ville de Turquie, dans la Crimée sur la Mer-Noire.

L

Lagos, ville de Portugal à trois lieues du cap St. Vin-

cent, long. huit deg. cinquante-cinq min. lat. trente-sept. deg.

Lamo, ville de l'Isle du même nom en Afrique avec un bon port.

Lampedouse, Isle d'Afrique sur la côte de Tunis; à soixante milles de Tunis & cent & trente de Malthe, lat. trente-six deg.

Laroche, ville d'Afrique au Royaume de Fez, à l'embouchure de la Riviere du même nom, elle est aux Espagnols, long. onze deg. quarante min. lat. trente cinq deg.

Laredo, ville d'Espagne dans la Biscaye, long. treize deg. cinquante minutes, lat. quarante-trois deg. vingt quatre-m.

Lataquée où *Laodicée*, ville de Sirie à trente lieues d'Alep, long. cinquante-quatre deg. vingt-trois min. lat. trente-cinq degrés vingt-huit minutes.

Lavensa, ville d'Italie en Toscane appartenante au Duc de Modène.

Leawara, ville & port sur la côte Orientale de l'Isle de Ceylan, long. cent deg. cinquante m. lat. six deg. quarante minutes.

Lebeda, Ville d'Afrique au Royaume de Tripoli, long. trente-deux deg., vingt-quatre min. lat. trente deux deg. onze min.

Leith, ville d'Ecosse, Province de Lothian sur le golfe de Forth, près d'Edimbourg, longitude quatorze deg. quarante-huit min. lat. cinquante fix degrés feize minutes.

Lembro, port de l'Archipel dans l'Isle de Lembro, long. quarante - trois degrés trente-cinq minutes latit. quarante degrés vingtquatre min.

Léogane, ville & port de la partie françoise de l'Isle St. Domingue. long. trois cens & cinq deg. latit dix-huit deg. quarante min.

Lerice, ville d'Italie dans l'Etat de Gênes fur la côte Orientale du Golfe de Specia, long. vingt - fept degrés trente min. lat. quarante-quatre degrés fix minutes.

Lefquemin Isle & port de l'Amérique - Septentrionale dans le Canada fur le fleuve St.-Laurent.

Lewarde, ville maritime des Provinces - Unies à dix lieues de Groningue, 25. de Deventer, quatre de Dockum & vingt - fix d'Amfterdam, elle eft partagée par plufieurs canaux qui lui facilitent un commerce confidérable, long. vingt-trois deg. dix-huit min. lat. cinquante-trois degrés dix-minutes.

Lewerpool, ville d'Angleterre au Comté de l'Ancaftre à fix lieues de Chefter, long. quatorze deg. vingt - fix lat. cinquante - trois deg. vingt-fept minutes.

Leyde, ville maritime de la Hollande à trois lieues de Delft, dix d'Utrecht & huit d'Amfterdam, long. vingt-deux degrés, lat. cinquante - deux degrés dix-minutes.

Liban, port de Crifland fur la Mer-Baltique à vingt cinq lieues de Mitrau, long trente - neuf deg. quatre min lat. cinquante-fix degrés vingt cinq minutes.

Liefina, ville de Dalmat aux Vénitiens, long. trente quatre degrés cinquante-huit min. lat. quarante-trois deg trente-minutes.

Lisbonne, port renommé voyez cette ville au Dictionaire de la Seconde Partie.

Livourne, ville d'Italie dans la Tofcane, port renommé, long. vingt-huit deg. lat quarante-trois degrés trente deux minutes.

Londoudery, ville d'Irlande, capitale de la province d'Ulfter long. dix deg. dix min. lat. cinquante-quatre deg cinquante-fept minutes.

Londres, ville & port renommé de l'Angleterre fur la Tamife.

Louisbourg, ville de l'Amérique-Septentrionale, dont le port, commode eft fur & très - néceffaire pour le commerce du Canada.

Lucas de Barameda, ville d'Efpagne dans l'Andaloufie à cent lieues de Madrid, long. dix deg. trente-cinq min. lat. trente-fept deg. trente min.

Lyn Regis, ville d'Angleterre, province de Norfolck long. dix - fept deg. lat. cinquante-deux deg. quarante cinq minutes.

M.

Macaroka, ville de Dalmatie, capitale de la Puinorie sur le Golfe de Venise, long. trente-cinq deg. trente-deux minnutes lat. quarante-trois deg. quarante-deux minutes.

Machico, ville de l'Isle de Madere à l'extrémité du Sud-Ouest de cette Isle, voyez Madere à la table pour sa situation.

Majorque, ville capitale de l'Isle du même nom, elle a un bon havre, long. vingt degrés, trente minutes, lat. trente-neuf degrés quarante minutes.

Malaca, ville des Indes capitale du Royaume du même nom, elle est aux Hollandois & sert d'entrepot aux marchandises des Indes lat. deux degrés vingt minutes.

Malaga, ville d'Espagne au Royaume de Grenade, son port est renommé, long. douze deg. cinquante-cinq min. lat. trente-six deg. trente minutes.

Malo, (St.) ville de France dans la Haute-Bretagne, elle est très commerçante & son port un des plus fréquenté du Royaume, est à trente-huit lieues de Nantes & quatre-vingt-quatre de Paris, long. quinze deg. trente-sept minutes, lat. quarante-huit deg. trente-huit minutes.

Malthe, ville capitale de l'Isle de ce nom sur la méditerranée entre l'Afrique & la Sicile, longitude trente-un deg. & dix min. lat. trente-cinq deg. cinquante-quatre minutes.

Manfredonia, ville d'Italie, au Royaume de Naples, à vingt lieues de Barry & quarante de Naples, long. quatre-vingt & trois deg. trente-cinq min. lat. quarante-un deg. vingt-cinq minutes.

Manille, ville des Indes, capitale de l'Isle de Luçon, il s'y fait un grand commerce avec la Chine, lat. quatorze deg. quarante minutes.

Maragnan, province de l'Amérique Méridionale, au Brésil, dans sa partie Septentrionale, dont la capitale est St.-Louis de Maragnan, elle est aux Portugais & a un bon port, long. trois cent & trente-trois deg. vingt-cinq min. lat. méridionale deux degrés.

Maroc d'Apalache, (St.) Baye, Rivière, & Fort de l'Amérique dans la Floride Espagnole, lat. trente deg. trente-cinq minutes.

Marsaquivir, ville d'Afrique dans la province de Beny-Orax au Royaume de Tremecen sur la Méditerranée dont le port est grand & commode, long. dix-sept deg. vingt-quatre min. lat. trente-cinq degrés quarante minutes.

Marseille, ville de France en Provence, voyez cette

ville au Dictionnaire de la Seconde Partie.

Martaban, ville capitale du Royaume du même nom, en Asie, dans la presqu'Isle en deça du Gange sur le Golfe de Bengale, longit. cent quinze deg. vingt-quatre min. lat. quinze deg. trente-six min.

Mataro, ville d'Espagne dans la Catalogne sur la Méditerranée à six lieues de Barcelonne, long. vingt deg. douze min. lat. quarante-un deg. trente minuttes.

Matsumay, ville & port de la Terre d'Yesso dans le Japon, dont elle est tributaire, long. cent soixante deg. lat. quarante-cinq minutes.

Mazara, ville de Sicile en Italie sur la côte Occidentale de la Sicile à vingt lieues de Palerme, long. vingt deg. quatorze min. lat. trente-sept deg. quarante-deux minutes.

Medemblick, ville des Provinces-Unies dans la West-Frise à trois lieues de Horn, & huit lieues d'Amsterdam, long. vingt-deux deg. vingt-sept min. lat. cinquante-deux deg. quarante-six min.

Messine, ville d'Italie dans la Sicile à quarante-deux lieues de Palerme vingt. de Catane & soixante-douze de Naples, long. trente-trois deg. vingt-un min. lat. trente-huit deg. dix minutes.

Mexico, ville de l'Amérique-Septentrionale, capitale de la Nouvelle-Espagne à vingt lieues de Vera-Crux & vingt-

deux de Puebla lat. 20 deg.

Michaelstown, (St.) ville Angloise de l'Amérique-Septentrionale dans l'Isle de la Barbade, une des Antilles, les Anglois la nomment Bridgtown, lat. treize deg.

Mocha où *Mocka*, ville de l'Arabie heureuse à l'entrée de la Mer-Rouge & quinze lieues du détroit de Babel Mandel, lat. quatorze deg.

Modon, ville de la Grece dans la Morée à six lieues de Coron & cinquante de Napoli de Romanie, elle appartient aux Turcs, lon. trente neuf, de, dix-huit min. lat. cinquante-deux degrés six minutes.

Monaco, ville d'Italie sur la partie Occidentale de la Mer de Gênes à cent-soixante-dix lieues de Paris, lon. 15 de. huit min. lat. quarante-trois deg. quarante-sept min.

Monbaza, ville d'Afrique sur la côte Orientale de l'Isle du même nom dans les Indes.

Montréal, ou ville Marie, ville de l'Amérique - Septentrionale dans le Canada, long. trois cent-cinq deg. quarante-quatre min. lat. quarante-cinq deg. trente-six min.

Montross, ville d'Ecosse dans la province d'Angus à seize lieues d'Edimbourg, long. quinze deg., vingt-quatre min. lat. cinquante-six deg. quarante-huit minutes.

Morges, ville de Suisse au canton de Berne sur le Lac de Geneve à deux lieues de Laufanne, long. vingt-quatre deg. quatorze min. lat. quarante-six deg., vingt-huit minutes.

Morlaix, ville de France en Bretagne à douze lieues de Brest & cent - seize de Paris, long. treize deg., quarante quatre min. lat. quarante-huit deg., trente min.

Moftagan, ville d'Afrique au Royaume d'Alger à vingt lieues d'Oran fur la côte, long. dix-huit deg., vingt min. latitude trente-cinq deg., quarante-huit minutes.

Motril, ville d'Espagne au Royaume de Grenade à seize lieues de la ville de Grenade fur le bord de la Mer, long. treize deg., cinquante min. lat. trente-fix deg., quinze minutes.

Muggia, ville d'Italie dans l'Iftrie, elle eft foumife aux Vénitiens, long. trente-un deg. trente- minutes latitude quarante-cinq deg., quarante-huit minutes.

Muxacra, ville d'Espagne au Royaume de Grenade à vingt-quatre lieues de Cartagene fur la Méditerranée, long. quinze deg., quarante min. lat. trente-fix deg., quarante minutes.

N

Nagafaki, ville impériale du Japon à l'extrémité de l'Isle de Ximo dans la province de Figen, le port eft frequenté par les Hollandois & les

Chinois, long. cent quarante-fept deg., lat. trente-deux deg. trente-cinq minutes.

Nantes, ville maritime de France en Bretagne fur la Loire qui communique à la Mer, long. feize deg., fix minutes. lat. quarante-fept deg., treize minutes.

Naples, ville d'Italie. *V.* cette Ville au Dictionnaire de la Seconde Partie.

Napoli, ville de la Grece dans la Morée fur le Golfe du même nom à vingt lieues d'Athènes, long. quarante deg. cinquante-huit min. lat. trente-fept deg., quarante-quatre minutes.

Narva, ville de Ruffie dans la Livonie fur la Riviere du même nom à foixante-fix lieues de Riga, long. quarante-fix deg., trente-quatre min. lat. cinquante-neuf deg., fept minutes.

Navarin, ou *Zonchio*, ville de Grece dans la Morée fur la côte du Golfe de Zonchio, long. trente-neuf deg., vingt-cinq min. lat. trente-fept deg., quatre minutes.

Naxkow, ville de Danemarck dans l'Isle de l'Aland à vingt lieues de Copenhague, long. vingt-neuf deg., douze min. lat. cinquante-quatre deg., quarante-huit minutes.

Nazaire, (St.) port de la Bretagne, en France à dix lieues de Nantes.

Negrepont, ville de Grece, Capitale de l'Isle du même

nom, long. quarante-deux deg. quatre min. lat. trente-huit deg., trente-deux minutes

Nelson, port de l'Amérique septentrionale, d'où les Anglois tirent beaucoup de pelleteries.

Natuno, ville d'Italie dans la campagne de Rome à dix lieues de cette derniere ville, long. trente deg, vingt-cinq min. lat. quarante-un deg., trente minutes.

Neubourg, ville de Danemarck sur la côte orientale de l'Isle de Funen à 20 lieues de Copenhague, long. ving-huit deg. trente-cinq min. lat. cinquante-cinq deg., trente-deux minutes.

Neuwcastle, ville d'Angleterre, Capitale de Northumberland à deux-cent-douze milles de Londres, long. quinze deg., cinquante-six min. lat. cinquante-cinq degrés.

Nieuport, ville des pays-bas Autrichiens à trois lieues d'Ostende, cinq de Dunkerque & soixante-huit de Paris, ce port ne reçoit que de moyens bâtimens, long. vingt deg., vingt-quatre min. lat. cinquante-un deg., huit minutes.

Noli, ville d'Italie sur la côte de Gênes à douze lieues de la ville de Gênes. long. vingt-cinq deg., cinquante-huit min. lat. quarante-quatre deg., vingt minutes.

O

Olonne, Isle, Bourg, Chateau, ville & port de France dans le bas Poitou à neuf lieues de Luçon. Le port est dans un Golfe défendu par un chateau, & ne peut contenir que des navires de cent cinquante tonneaux. La ville s'appelle vulgairement les sables d'Olonne, long. quinze deg., quarante-deux min. lat. quarante-six deg., cinquante minutes.

Oneille, ville d'Italie sur la côte de Gênes, à douze lieues de Nice & vingt-six de Turin, long. vingt-cinq deg. trente-quatre min. lat. quarante-trois deg., cinquante-six minutes.

Oran, ville d'Afrique dans la Barbarie au Royaume de Tremecen à cinquante lieues d'Alger, long. dix-sept deg., trente-huit min. lat. trente-sept deg., quarante minutes.

Oratava, ville de l'Isle de Téneriffe, une des Canaries, dont elle est le meilleur port & le plus commerçant de ces Isles.

Orient, (l') port de France en Bretagne, près le Port-Louis, c'est là que se tiennent les magasins des marchandises qu'on tire de l'Inde, long. quatorze deg., dix min. lat. quarante-sept deg., quarante minutes.

Oristagni, ville de l'Isle de Sardaigne sur le Golfe de même nom à dix-huit lieues de Cagliary, long. vingt-six deg., trente min. lat. trente-neuf deg., cinquante-quatre minutes.

Osaca, ville du Japon dans

l'Isle

l'Isle de Niphon, lon. cent cinquante-deux d., vingt-huit min. lat. trente-cinq d., quarante-huit minutes.

Ostende, ville de la Flandre Autrichienne à trois lieues de Nieuport, quatre lieues de Bruges & soixante quatorze de Paris, lon. vingt d., vingt-quatre min. lat. cinquante-un d., dix huit minutes.

Ouessant, (Isle d') elle n'est fréquentée que par des pecheurs & n'a que des barques dans les rades.

P

Paimbœuf, Bourg de la Bretagne en France, c'est là que les grands vaisseaux restent à la rade, ne pouvant pas remonter la Loire jusqu'à Nantes.

Palamos, ville d'Espagne dans la Catalogne sur la Méditerranée à vingt lieues de Barcelonne, long. vingt deg. quarante-cinq min. lat. quarante-deux deg. quarante huit minutes.

Palma, ou *Palma Nova*, ville d'Italie dans l'Etat de Venise au Frioul, lon. trente-un deg. lat. quarante-six deg., quatre minutes.

Palomera, ville d'Espagne dans l'Isle de Majorque, long. vingt. deg. lat. trente-neuf deg., quarante-quatre minutes.

Palaos, ville d'Espagne dans l'Andalousie à dix-huit lieues de Séville, lon. onze deg. lat. trente-sept deg., vingt minutes.

Panane, ville des Indes sur la côte de Malabar, à cinquante lieues de Cochin au Royaume de Calicut.

Patane, ville des Indes dans la Presqu'Ile de Malaca, il s'y fait un grand Commerce, long. cent-dix-neuf deg. lat. sept deg., trente-quatre minutes.

Pedro, (*sans*) port de l'Amérique méridionale sur la côte orientale du Brésil à l'embouchure de Rio-Grande, long. trois cent vingt-cinq. deg. lat. méridionale trente-deux degrés.

Peniche, ville de Portugal dans l'Estramadure à quatorze lieues de Lisbonne, long. huit deg., vingt min. lat. trente-neuf deg., dix minutes.

Pensacola, Baye & Port de l'Amérique-Septentrionale à dix lieues de l'Isle Dauphine, ou les Espagnols ont un Fort, il est à remarquer que cette Baye quoique sure, est nuisible aux vaisseaux qui y sont piqués par des vers.

Pensylvanie contrée de l'Amérique-Septentrionale, ou se sont formés les Etats-Unis de l'Amérique, elle contient plusieurs provinces maritimes, savoir, Chester, Buckingham, Newcastle, Suffex, & Philadelphie, *voyez*, Boston, au Dictionnaire de la seconde Partie, pour plus de détail.

Perth ou *St. Johns Toun*,

ville d'Ecosse, capitale du Pertshire à dix lieues d'Edimbourg, long. quatorze deg. quarante min. lat. cinquante-fix d. vingt-trois minutes.

Petaheat, ville d'Ecosse, Province de Buchan, port de mer assez sur.

Pétersbourg, (*St.*) voyez cette ville au Dictionnaire de la seconde partie.

Phillippines, (les) Isles de la mer des Indes au-delà du Gange dont les principales font Manille, Lucon, Mindana, Isabao, Leyte, Paragua, Mindoso, Panay, Sebu, Pool & l'Isle des Noirs, quoique plusieurs soient déja indiquées dans cet ouvrage, nous devons dire encore qu'elles ont toutes des ports commerçants & assez surs. Elles font au deg. cent trente - deux cent quarante-cinq min. de lon. & cinq d. vingt min. de lat.

Pierre, (*Fort St.*) ville de la Martinique dans l'Amérique Septentrionale à sept lieues du Fort-Royal.

Pillau, (le) port de Prusse dans le Sameland à l'embouchure de Piegel, il s'y paye un droit qui rapporte considérablement au Roi de Prusse, on recueille aux environs beaucoup d'ambre gris.

Pizano, ville d'Italie, dans l'Istrie sur une presqu'Isle formée par le Golfe Largonne & celui de Trieste.

Pisco, ville de l'Amérique Méridionale au Pérou dont le port immense & sur contre toutes tempêtes, peut contenir une armée navale, le mouillage est ordinairement à Paraca à deux lieues de cette ville, lon. trois cens deux. lat. Méridionale quatorze d.

Plaisance, Baye & port de l'Amérique Septentrionale sur la côte Méridionale de l'Isle de Terre Neuve lat. quarante-sept d. quarante-deux min.

Plimouth, ville d'Angleterre dans le Dévonshire à 96 lieues de Londres, lon. treize d. trente, lat. cinquante d. vingt-deux min.

Pool, ville d'Angleterre dans le Dorsetshire à quarante-cinq lieues de Londres; il y a un fort beau port ou la marée monte & descend quatre fois en vingt-quatre heures lon. quinze d. quarante-sept min. lat. cinquante d. quarante cinq min.

Port des Anges, port de l'Amérique septentrionale dans la Nouvelle Espagne, le mouillage commode est à l'Ouest lat. quinze d.

Port de la Cabrera, port d'Espagne dans la Méditerranée sur la côte & au nord ouest de l'Isle de ce nom, il n'est bon que pour des galères.

Port Désiré, port de l'Amérique Méridionale dans la terre Magellanique, lat. Méridionale, quarante sept d. trente min.

Port Fornelle, port de la Méditerranée au Nord Est de l'Isle de Minorque; il y a quelques Rochers à éviter.

l'entrée, lat. quarante d. quarante une min.

Port Légat, port de la Méditerranée, en Espagne, à l'Est de la côte de Catalogne, il n'y a que cinq brasses d'eau.

Port Louis, ville de France en Bretagne à dix lieues de Vannes lon quatorze d e. quinze min. lat. quarante sept d. trente cinq minutes.

Port Mahon, port très sur de la Méditerranée sur la côte de l'Isle de Minorque, lat. quarante d. deux min.

Port au Prince, ville de l'Amérique Septentrionale au quarantième d. douze min. de lat.

Port Royal ou *Anapolis*, ville de l'Amérique Septentrionale ; capitale de l'Acadie, lat. quarante cinq d. quarante six minutes.

Port Royal, ville de l'Amérique Septentrionale dans la Jamaïque à quatre lieues de San-Jago. Ce port est très commode & sur & peut contenir les plus grands vaisseaux, il est fréquenté de toutes les nations, lat. dix huit d.

Portendic ou *Penio*, Baye de la côte Occidentale d'Afrique entre Arguin & le Sénégal, lat. dix huit d. six minutes.

Porto, ville de Portugal dans la province Duero & Minho à douze lieues de Brague & cinquante huit de Lisbonne. La Riviere qui la traverse y forme un havre dans lequel les vaisseaux ne peuvent entrer qu'en pleine mer & sous la conduite d'un pilote de la ville, lon. huit d. cinquante cinq min. lat. quarante un d. cinq min.

Porto bello, ville & port de l'Amérique sur la côte Septentrionale de l'Isle de Panama où se font les chargemens, des Galions d'Espagne, lon. deux cent soixante dix sept d. cinquante min. lat. neuf d. trente quatre minutes.

Porto Farina, port d'Afrique sur la côte de la Méditerranée au Royaume de Tunis près des ruines de l'ancienne Utique.

Porto Fino, port de la Méditerranée sur la côte de Gènes.

Porto Longone, ville d'Italie dans l'Isle d'Elbe, le port en est très sûr, lon. vingt huit d. quatorze min. latit. quarante deux d. cinquante minutes.

Porto Pedro, ville d'Espagne dans la Méditerranée sur la côte Méridionale de l'Isle de Majorque lat. trente neuf d. vingt neuf min.

Porto Rico, ville de l'Amérique Septentrionale, capitale de l'Isle de même nom, lat. dix huit deg. trente minutes.

Portsmouth, ville d'Angleterre dans le Hampshire, lon. seize d. trente min. lat. cinquante d. quarante huit minutes.

Q

Quangchen, ville de la Chine dans la province de Canton sur la Riviere de Ta. lat. vingt trois d. quinze min.

Québec, ville capitale du Canada sur la rive Septentrionale du fleuve St. Laurent, dont le port immense peut contenir les plus grandes flottes, lat. quarante six d. quarante min.

Quédu, ville capitale du Royaume de même nom, en Asie, dans la presqu'Isle au dela du Gange. Son port ne contient que de médiocres vaisseaux, lat. six d. dix minutes.

R

Rabat, ville d'Afrique dans la province de Tremecen au Royaume de Feez, lon. onze d. dix huit min. lat. trente trois d. quarante deux min.

Raseborg, ville de Suede, dans la Finlande, elle a un bon havre, lon. quarante deux d. six min. lat. soixante d. dix huit min.

Rameno, ville de Suede dans la Finlande avec un port sur le Golfe de Bothnie.

Revel ou *Reval*, ville de Russie dans la Haute Livonie, capitale de l'Estonie sur la côte de la Mer Baltique; son port est aussi sur que commode, lon. quarante deux d. quarante min. lat. cinquante neuf d. vingt quatre min.

Rhodes, capitale de l'Isle de même nom, ville d'Asie dans la partie Orientale, son port lon. quarante six d. trente six d. trente min.

Ribadeo, ville d'Espagne dans la Galice à dix lieues de Luarca, lon. dix d. quarante cinq min. lat. quarante trois d. quarante deux min.

Ribeyra Grande ou *San Jago*, capitale de l'Isle St. Jago, la plus considérable de celle du cap Verd, son port nommé Ste. Marie est de toute sûreté, lon. trois cent cinquante quatre deg. lat. quinze minutes.

Rochefort, port de France & de Roi au Pays d'Aunis cent six lieues de Paris, lon. seize d. quarante deux min. lat. quarante six d. trois min.

Rochelle, (la) ville de France, capitale de l'Aunis sur l'Océan à trente-quatre lieues de Bordeaux & cent lieues de Paris, lon. seize d. quarante-deux min. lat. quarante-six d., trois minutes.

Rodesto, ou *Rodosto*, ville de la Turquie Européenne dans la Romanie sur la côte de la Mer de Marmora, lon. quarante-cinq d., dix min. lat. cinquante d. vingt-huit minutes.

Roses, ville d'Espagne dans la Catalogne sur la Méditerrannée à huit lieues de Girone, lon. vingt d. quarante lat.

min. lat. quarante-deux d., dix minutes.

Rotterdam, ville des Pays-Bas dans la Hollande, sur la meuse, lon. vingt-deux d. lat. cinquante-un d. cinquante-cinq minutes.

Rouen, ville de France, capitale de la Normandie sur la rive droite de la Seine à vingt-huit lieues de Paris, lon. dix-huit d. quarante-six min. lat. quarante-neuf d. vingt-six minutes.

Rya, ville d'Angleterre dans le Suffex avec un très bon port, lon. dix-huit d., vingt-six min. lat. cinquante d. cinquante-deux minutes.

S

Sagen, ville de Portugal dans l'Algarve près du cap St. Vincent à quarante-cinq lieues de Lisbonne, lon. huit d. quarante-deux min. lat. trente-six d. cinquante-sept minutes.

Salé, ville d'Afrique sur la côte du Royaume de Fez à quarante-quatre lieues de Fez, lon. onze d., six min. lat. trente-quatre degrés

Saverne, ville d'Italie au Royaume de Naples, lon. trente-deux d. vingt min. lat. quarante d. quarante-six minutes.

Sandwick, ville d'Angleterre dans le comté de Kent à dix-huit lieues de Londres, c'est un des grands ports du Royaume.

Savone, ville d'Italie dans l'Etat de Gênes, sur la Méditerranée à huit lieues de Gênes & cinq de Noli, lon. vingt-six d., quatre min. lat. quarante-quatre d. dix-huit minutes.

Scala Nova, ville de la Turquie Asiatique dans la Natolie à trois lieues d'Ephese, lon. quarante-cinq d. huit min. lat. trente-sept d. cinquante-deux minutes.

Scarborough, ville d'Angleterre dans l'Yorchshire avec un très beau port, lon. dix-sept d. dix min. lat. cinquante-quatre d. quinze minutes.

Schoonove, ville des Pays Bas dans la Hollande, dont le port est très commode, lon. vingt-deux d., dix-huit min. lat. cinquante-un d. cinquante-cinq minutes.

Sebastien, (St.) ville d'Espagne dans la province de Guipuscoa à l'embouchure de la Gurumea dans l'Océan à dix-huit lieues de Bilbao & quatre-vingtquatre de Madrid, lon. quinze d. trente-cinq min. lat. quarante-trois d. vingt-quatre minutes.

Sebenico, ville de la Dalmatie, capitale du comté du même nom dans le Golfe de Venise, dont le port peut contenir une armée navale, lon. trente quatre d. seize min. lat. quarante quatre d. dix minutes.

Segui, ville de la Croatie dans la Morlaquie appartenante à la Maison d'Autriche

fur la côte du Golfe de Venife, avec un bon port, lon.
trente deux d. trente fix
min. lat. quarante cinq d.
fept minutes.

Sette, ou *Cette*, ville de
France dans le bas Languedoc avec un port pour les
galeres & les petits batimens,
c'eſt là que commence le fameux canal du Lanſuedoc
connu de tout le monde.

Slego, ville d'Irlande dans
la province de Connaugt, dont
le port aſſez bon eſt traverſé
d'une barre de fable, lon.
neuf d. vingt min. lat. cinquante quatre d. vingt cinq
minutes.

Smyrne, ville de la Turquie Aſiatique dans la Natolie
fur l'Archipel à foixantequinze
lieues de Conſtantinople. Son
port eſt confidérable par la
grandeur & la célébrité de fon
Commerce, lon. quarante quatre d. l, foixante min. lat.
trente huit d., trente neuf
minutes.

Southampton, ville d'Angleterre dans le Hamtshire à
vingt cinq Leues de Londres,
lon. feize d. vingt deux min.
lat. cinquante d., quarante
huit minutes.

Spalatro, ville des Etats
de Venife dans la Dalmatie
vénitienne fur le Golfe de Venife dont le port eſt très
grand & fur, lon. trente quatre d. dix min. lat. quarante
trois d. cinquante deux minutes.

Spiga, ville de la Turquie

Aſiatique dans la Natolie fur
la côte de la Mer de Mar-
mora, où elle a un port.

Spina Longa, forterefſe de
l'Iſle de Candie avec un port
le meilleur de l'Iſle.

Spithead, rade d'Angleterre
dans la province d'Hamtshire
près de Portsmouth.

Stalimene, capitale de l'Iſle
de même nom, appartenante
aux Turcs ; elle a un très
bon port abrité de tous vents,
lon. quarante trois d. quatre min. lat. quarante d. cinq
minutes.

Stanchio, Iſle de l'Archipel dont la capitale du même
nom a un port où les vaiſſeaux mettent à l'ancre par
fix à fept braſſes d'eau.

Staveren, ville des provinces Unies dans la Frife fur
la Zuiderzée, lon. vingt deux
d. cinquante quatre min. lat.
cinquante deux d. vingt fix
minutes.

Stegeborg, ville de Suéde
dans l'Oſtogrothie fur la Mer
Baltique à trois lieues de Su-
der Keping.

Stockolm, capitale de la
Suéde. *Voyez* cette ville au
Dictionnaire de la feconde Par-
tie.

Suaquen, ville d'Afrique
dans une Iſle de même nom,
dont le port peut contenir deux
cent vaiſſeaux, mais dont le
fond n'a que cinq à fix braſſes
d'eau.

Sundswalo, ville de Suéde,
capitale de Medelpadie fur
le Golfe de Bothnie avec un

bon port, il s'y fabrique des armes.

Syracuse, ville de Sicile dans la vallée de Noto à quarante cinq lieues de Palerme, son port peut contenir une flotte, lon. trente trois d., lat. trente sept d., cinq minutes.

T

Tadousac, port de l'Amérique septentrionale dans la Nouvelle France sur le fleuve St. Laurent, ce port est très sur, facile à l'entré, & peut contenir vingt cinq grands vaisseaux.

Talmont, ville de France dans la Saintonge sur le bord de la Gironde.

Tamara, (*Isle de*) *ou* des Idoles, Isle d'Afrique sur la côte de Guinée, dont la capitale du même nom a une bonne rade, il y croit beaucoup de tabac, & on en tire de l'or & de l'ivoire, lat. douze d. trente minutes.

Tamba Aura, ville d'Afrique dans la Nigritie au Royaume de Bambuck, remarquable par la mine d'or la plus abondante de tout le pays,

Tarente, ville d'Italie dans la terre d'Otrante au Royaume de Naples à quinze lieues de Barry & cinquante cinq de Naples, lon. trente cinq, lat. quarante d. trente min.

Tarragone, ville d'Espagne dans la Catalogne, dont le port a beaucoup de Rochers qui en empêchent l'entrée aux gros vaisseaux lon. dix huit d. cinquante cinq, lat. quarante un d. dix min.

Tavira, ville de Portugal dans la province d'Algarve, son port est un des meilleurs du Royaume, lon. neuf d. cinquante cinq min. lat. trente sept d. dix min.

Tayovan, ville d'Asie, capitale de l'Isle de même nom, il y a un havre très commode où il se trouve toujours beaucoup de vaisseaux, lat. vingt deux d. vingt trois min.

Tenedos, Isle de l'Archipel dans la Natolie, vis à vis les ruines de Troyes, dont la capitale du même nom à un port très-bon & pouvant contenir de grandes flottes, lat. trente neuf d. cinquante minutes.

Texel, Isle des Pays-Bas, dans la Northollande, son port bon & vaste est très-connu par le nombre infini de vaisseaux qui y entrent par le Zuiderzée, elle est à dix huit lieues d'Amsterdam.

Tonnay-Charente, ville de France dans la Saintonge à une lieue de Rochefort & six de St. Jean d'Angely, son port est assez bon & peut contenir de grands vaisseaux, lon. seize d. quarante deux min. lat. cinquante cinq d. cinq minutes.

Tommingen, ville de Danemarck dans le Duché de

Sterwick , avec un bon port, lon. vingt six d. quarante quatre min. lat. cinquante quatre d. vingt huit minutes.

Toulon , ville de France en Provence fur le bord de la Méditerranée à douze lieues de Marseille , seize d'Aix & cent soixante de Paris, son port est un des plus grands & des plus surs de l'Europe & destiné pour les vaisseaux de guerre , lon. vingt trois d. trente cinq min. lat. quarante trois d. huit min.

Trapani, ville de Sicile dans la Vallée de Mazare à vingt lieues de Palerme , lat. trente huit d. dix huit min. lon. trente d. douze minutes.

Trebisonde , ville de la Turquie Asiatique dans la Natolie sur le bord de la Mer Noire , où elle a un bon port, lon. cinquante sept d. dix huit min. lat. quarante un d.

Treguier , ville de France dans la Bretagne à dix lieues de St. Brieux , vingt trois de Brest & cent de Paris , lon. quatorze d. vingt-cinq min. lat. quarante huit d. quarante sept min.

Tremblade , (la) bourg de France dans la Saintonge , sur la Sendre , il y a un port très fréquenté.

Treport , bourg de France en Normandie au Pays de Caux , il y a un bon port mais petit.

Trieste , ville d'Italie dans l'Istrie sur le Golfe du même nom ; il y a une grande compagnie de commerce maritime, lon. trente un d. cinquante min. lat. quarante cinq d. cinquante deux minutes.

Tripoly, ville d'Afrique de la Barbarie sur la côte de Méditerranée , elle a un bon port.

Tropés , (St.) ville de France , en Provence sur la Méditerranée à vingt quatre de Marseille , lon. vingt trois d. vingt min. lat. quarante trois d. dix sept min.

Truxillo , ville de l'Amérique Méridionale dans le Pérou , port dont l'ancrage n'est pas sûr , lon. deux cent quatre-vingt dix huit d. lat. Méridionale huit min.

Truxillo , ville de l'Amérique Septentrionale dans la Nouvelle Espagne , lon. d. lat. quinze d. trente min. minutes.

Tutucurin , ville des Indes appartenante aux Hollandois sur la côte de la Pêcherie entre le cap Comorin & passage de Ramaucor , huit d. cinquante deux min.

V

Vado , port d'Italie sur la côte de Gênes à trois mille de Savonne.

Valery , (St.) ville de France en Picardie avec un port petit , mais bon & commerçant.

Valery , (St.) autre ville de France en Normandie.

sept lieues de Dieppe, lon. dix neuf d. vingt min. lat. quarante neuf d. quarante huit min.

Valonne, (la) ville de Turquie dans l'Albanie sur les bords de la Mer, avec un bon port.

Vannes, ville de France dans la Bretagne à vingt trois lieues de Rennes, vingt six de Nantes & cent de Paris, lon. quatorze d. cinquante min. lat. quarante sept d. quarante min.

Veere, ville des Provinces Unies dans l'Isle de Walcheron à une lieue de Midelbourg, il y a un bon port.

Veit, (St.) ville d'Italie dans l'Istrie sur le Golfe de Venise, lon. trente deux d. dix min. lat. quarante cinq d. vingt quatre min.

Velez de Gomere, ville d'Afrique au Royaume de Fez, sur la côte de la Méditerranée à quarante lieues de Malaga, dont le port ne peut contenir que 30 petits vaisseaux, lon. treize d. trente quatre min. lat. trente cinq d.

Venchen, ville de la Chine province de Chekiang, le port est très fréquenté, lat. vingt sept d. trente huit min.

Vendre, port de France dans le Roussillon, sur la côte de la Méditerranée, il est peu fréquenté.

Venise, voyez cette ville au Dictionnaire de la Seconde Partie.

Vera-Crux, ville de l'A-mérique Méridionale dans la Nouvelle Espagne sur le Golfe du Mexique, lat. dix neuf d. douze min.

Viana de Fos de Lima, ville de Portugal dans la province entre Duero & Minho à trois lieues de Caminha & six de Brague lon. huit d. quarante cinq min. lat. quarante un d. trente min.

Vigo, ville d'Espagne dans la Galice sur la côte de l'Océan à cent six lieues de Madrid, lon. neuf d. quatorze min. lat. quarante deux d. trois min.

Villarica, ville de l'Amérique Septentrionale dans la Nouvelle Espagne sur le Golfe du Mexique, c'est l'entrepôt de tout le commerce de l'ancienne & la Nouvelle Espagne.

Villefranche, ville de Savoie dans le Comté de Nice à une lieue de cette ville & trois de Monaco, lon. vingt-cinq d. quatre min. lat. quarante trois d. quarante une min.

Vincent, (St.) ville de la province du même nom dans le Brésil; le port est très bon & très fréquenté.

Vmago, ville d'Italie dans l'Istrie, sur sa côte Occidentale; elle est aux Vénitiens.

Volo, ville de la Turquie Européenne dans la province de Janna au fond du Golfe du même nom, lon. quarante un d. seize min. lat. trente-neuf d. trente six min.

Virecht, ville maritime des

Pays Bas à dix lieues de Nimégue & huit d'Amſterdam, lon. vingt deux d. vingt cinq min. lat. cinquante deux d. dix min.

W

Waes, ville capitale de l'Iſle de la Mer d'Ecoſſe, il y a un bon port.

Warberg, ville de Suede dans la province de Hailand ſur la côte de Danemarck, elle a un bon port.

Watesford, ville d'Irlande dans la province de Munſter, dont le Havre peut recevoir en ſûreté de gros vaiſſeaux, lon. dix d. quarante cinq min. lat. cinquante deux d. douze min.

Weſtminſter, *voyez* Londres dont cette ville fait partie.

Weſterwick, ville de Suede dans le Smaland, avec un bon port, lon. trente cinq d. dix huit lat. cinquante ſept d. cinquante cinq min.

Wexford, ville d'Irlande dans la province de l'Inſter à dix huit lieues de Dublin, lon. onze d. dix min. lat. cinquante deux d. dix huit minutes.

Weymouth, ville d'Angleterre dans la province de Dorſat lon. quinze d. quarante ſept min. lat. cinquante d. quarante quatre min.

Windaw, ville du Duché de Courlande ſur la Mer Baltique, dont le port eſt petit, mais bon, elle eſt à trois lieues de Riga, lon. trente neuf d. vingt quatre min. lat. cinquante ſept d. dix min.

Wincheſley, ville d'Angleterre dans le Comté de Suſſex c'eſt un des cinq ports du Royaume, lon. dix huit d. 23 min. lat. cinquante d. cinquante deux min.

Wisby, ville de Suede dans l'Iſle de Gothland ſur ſa côte Occidentale, lon. trente ſix d. cinquante deux min. lat. cinquante ſept d. trente huit minutes.

Wiſmar, ville d'Allemagne dans le cercle de la Baſſe Saxe, avec un bon port au fond d'un golfe ſur la Mer Baltique.

Wolgaſt, ville d'Allemagne dans les états de Suede au Duché de Poméranie, avec un des meilleurs ports de la Mer Baltique, lon. trente ſix d. quarante trois min. lat. cinquante quatre d. ſix min.

Wollin, ville des états de Suede en Allemagne dans la Poméranie à quatre lieues de Caſmin dans une Iſle formée par deux embouchures de l'Oder. La commodité de ſon port y a attiré autrefois un grand commerce qui eſt tranſféré à Lubeck.

X

Xagua, port de l'Amérique dans l'Iſle de Cuba, c'eſt le plus beau de toute l'Amérique ; aussi les François l'ont-ils surnommé le grand Port ; il y a une Isle au milieu ou les navires peuvent puiser de l'eau douce.

Ximo, Isle du Japon, séparée de celle de Niphon par un canal étroit, elle a des Ports très commodes & très fréquentés par plusieurs nations.

Ximonosoqui, ville & port très commode du Japon dans l'Isle de Niphon.

Y

Yaminarow, lieu d'Afrique dans le Royaume de ce nom sur la riviere de Gambia dont le port agréable est très fréquenté.

Yaquimo, port de l'Isle & la côte St. Domingue dans l'Amérique méridionale à l'Orient du Port-Louis.

Yarmouth, ville & port d'Angleterre à trente six lieues de Londres, lon. dix huit d. cinquante cinq min. lat cinquante deux d. trente minutes.

Youghall, ville d'islande dans la province de Munster au comté de Corck, lon. neuf d. cinquante min. lat. cinquante un d. cinquante minutes.

Yverdun, ville de Suisse au Pays de Vaud à quinze lieues de Berne, dont le port, quoique petit est très commerçant, lon. vingt-quatre d. trente min. lat. quarante six d. quarante deux minutes.

Z

Zacatula, ville de l'Amérique septentrionale dans la Nouvelle Espagne, en l'Audience de Mexico. lat. dix sept d. vingt deux minutes.

LA
PARFAITE INTELLIGENCE
DU
COMMERCE.

SECONDE PARTIE.

Dictionnaire contenant les renseignemens les plus utiles sur plus de 1000 villes, lieux & contrées commerçantes des quatre parties du monde, où l'on trouve aux plus considérables de ces Villes tout le détail suivant (*).

1°. *Leurs situations géographiques, leurs distances de Paris & autres principales Villes de Commerce.* 2°. *Leurs productions locales, & d'industrie, leurs objets de Commerce intérieur & extérieur.* 3°. *La dénomination de toutes les especes de monnoies étrangeres frappées jusqu'au premier août* 1784, *tant réelles que de change*

(*) *Nota.* Ayant rendu compte dans la premiere partie de la plupart des Isles importantes au Commerce & de leurs productions, on évitera d'en faire une répétition inutile dans ce Dictionnaire. Ainsi, dans le cours de cette deuxieme partie, ce qui paroîtroit omnis de ces Isles, ou de leurs principales Villes, se trouvera exactement indiqué dans la précédente; & à cet effet il faudra recourir au vocabulaire qui accompagnera le second volume, ou à la table Sommaire qui termine celui-ci.

& de comptes, leur valeur numéraire, leurs divisions & sous divisions en argent du Pays, & leur réduction en argent de France, la variation de changes étrangers avec celui de Paris, & les places par lesquelles Paris change avec les Villes étrangeres. (Ces détails indiqués 120, Villes les plus commerçantes du monde entier font tous mis en Tableaux qui les présentent réunis au coup-d'œil.) 4°. Les rapports des poids, mesures des grains & des liquides, ainsi que des aunages étrangers, comparés aux poids, mesures & aunages de Paris. 5°. La manière dont chaque Ville étrangere tient ses écritures de Commerce, les usages de leurs paiemens, leurs usances sur diverses places, les jours de faveur, ou de grace, usités dans chaque Ville conséquente de Commerce; & 6°. L'indication des Consuls François chez l'Etranger, celle des Consuls étrangers & des jurisdictions consulaires en France, celle des agens de change, Chambres de Commerce & d'Assurances. Enfin le départ de leurs Couriers de Paris & l'indication de leurs Foires & Marchés, &c. A ces détails font joints tous ceux compris aux pages 5 & 6 de l'Introduction.

1.

AALBORG

ET

ARRHUS.

Ces deux principales villes du Jutland, pais du Danemarck, ont pour Commerce le bled, les toiles, l'eau-de-vie, de grains & les productions des villes fuivantes.

Savoir ;

de Randers, de la bierre excellente, du faumon & des gands.
de Rippen & Colding des toiles groffieres, & de Wiborg, des toiles ordinaires, des gands, des bas de fil & un peu de cuirs.

2°. ABBEVILLE,

Ville de France, capitale du Ponthieu en Picardie, fur la riviere de Somme à trente neuf lieues de Paris, & quatre de St. Vallery.
Elle a une jurisdiction confulaire.

Commerce & Productions Locales & d'Induftrie.

LEs environs d'Abbeville font très abondans en grains dont le débit eft très conféquent.
Les manufactures de cette ville font très multipliées en étoffes toiles, coton, cordages, favon noir, pelleteries & ferrurerie.

Les etoffes confiftent en

Draps fins de ½ de large, & dont les pieces portent 23 26 aunes.
Draps de Caftor, même largeur, pieces de dix-huit à vingt aunes.
Ecarlate.
Capucine.
Vers de Saxe.
Royales unies & rayées.
Silefie.
} Draps de couleurs fines en ½ & de largeur, & dont les pieces portent vingt-trois à vingt-fix aunes de longueur.

Ratines frifées de ⅞ de large, pieces de vingt-deux à vingt-quatre aunes.
Tripes unies
Mocquettes gaufrées
} de vingt-deux pouces de large, pieces de vingt-deux aunes.

Mocquettes à fleurs de diverses couleurs, largeur de vingt-deux pouces, & pieces d'onze aunes.

Autres moquettes à fleurs de vingt pouces seulement de largeur sur onze aunes de longueur.

Tapis de tous desseins & toutes grandeurs.

Velours d'Utrecht de demie aune de large, pieces de vingt deux à vingt-cinq aunes de longueur.

Damas sur fil & coton de ½ aune de large, pieces de vingt deux à vingt cinq aunes.

Baracans communs de ⅝ de large; pieces de vingt-cinq aunes.

Baracans fins de diverses couleurs idem.

Turquoises de tous desseins de ½ aune de large, pieces de vingt-cinq aunes.

Serge de Rome idem.

Prunelle de ¾ de large; pieces de trente-six à quarante aunes.

Toiles.

Linet $\frac{9}{16}$ de large.
Dito ⅞ idem.
Linet blanc ¾ idem.
Toile blanche ¾ à ⅞ idem.
Idem de chanvre d'une aune de ¾.
Idem de lin commun de ¾.
Idem d'emballage de ⅞ & $\frac{15}{16}$.
Toiles à sacs de vingt-cinq à vingt-six pouces de large.
Treillis *ou* Coutils idem.
Toiles à matelas en petit teint ¼.
Idem bon teint de ⅞.
Toiles à voiles de diverses fortes.
Diverses mousselines.
Batistes & Linons.

Cotons.

Cotons pour mêches de lampes & de chandelles en trois & quatre fils.

Idem pour bas, peloté, mouliné, retort, & court de trois & quatre fils.

Idem pour marquer le linge en rouge & bleu.

Poids, Mesures & Aunages.

Cent livres d'Abbeville ne font que quatre vingt six livres de Paris.

L'aune pour étoffes & toiles est égale à celle de Paris.

Le Septier de froment pese environ deux cent livres de Paris.

Son Courier part de Paris tous les jours à midi.

Abergavenny

3.
ABERGAWEN } Ville d'Angleterre, au confluent de l'Ysk & du Kebby. Il s'y fait un grand Commerce de flanelle. *Voyez* Londres pour tous usages &c.

4. ABO.

Ville de Suéde assez conséquente, située entre les golfes de Bothnie & de Finlande : elle a un fort bon Port dont le Commerce consiste en armements pour le cabotage par lequel ils exportent des goudrons, du brai, des planches de sapin, des poissons secs & salés, & sur-tout du saumon ; des toiles, du fer & un peu de bled dans la surabondance, en important en retour des sels, vins, fruits & autres marchandises du crû & des fabriques des ports d'Italie, d'Espagne, de Portugal, de France & d'Hollande.

Nota. Nous comprenons dans le commerce de cette ville celui de la plupart des villes de la Finlande, comme, *Nystadt, Biorneborg, Vlea, Cajanao, Braestadt, Gamla-Karleby, Hel Singfort & Lowisa &c.*

5.
ACADIE. } Presqu'Isle de l'Amérique Septentrionale, où se trouvent des mines de fer & de cuivre, l'on y pêche beaucoup de baleines, morues & saumons dont le Commerce se fait à Port Royal.

6. ACHEM.

Royaume d'Asie situé dans l'Isle de Sumatra : on y compte par *Taels*, ou *Tayels* de quatre *Pardaves*, & la Pardave de quatre *Mas.*

Le *Mas* est de quinze sols d'Hollande, la *Pardave* de soixante sols où trois florins d'Hollande, & le *Tayel* de douze florins courant d'Hollande, où vingt cinq liv. treize sols de France.

Les marchandises se vendent au poids appellé *Catti,*

dont les divifions fuivent : 100 *Cattis* forment 194 $\frac{3}{10}$ poids d'Amfterdam.

Le *Catti* fe divife en 20 *Boncals*; le *Boncals* en 5 *Tayels*, le *Tayel* en 2 $\frac{4}{15}$ *Pagode*; la *Pagode* en 1, $\frac{1}{7}$ *Majons*; le *Majon* en 5 *maffis* & le *maffis* en 4 *coupangs*. Enfin, le *Catti* repréfente 19981 *As* d'Amfterdam : les marchandifes qui fe tirent de cette contrée, par les Hollandois qui en font feuls le commerce, confiftent en guines, chits & diverfes étoffes de la côte de Coromandel & fur-tout en poudre d'or, qui fe trouve être au titre de 22 karats 2, grains.

Les monnoies ci-deffus dites ne font qu'imaginaires & ne peuvent s'effectuer que par poids.

7.
ACHERI.
Ville de France en Picardie. Le Commerce y confifte en fil de lin, chanvres & beftiaux.
Courier, Mardi, Jeudi & Samedi.

8.
ACQS.
Ville de France dans la Guyenne fur la Riviere de Ladour; il y a marchés tous les Samedis & 6 foires par an. *Voyez* l'état des foires. Le Commerce eft en braye, goudron, réfine & eaux de vie dont la confommation fe fait par Bayonne.
Courier, Mardi, Jeudi & Samedi à midi.

9°. ACRE.

Ville de Syrie, fous la domination des Turcs; elle a un bon port; on en tire de fuperbe coton filé & quantité de ris; on y compte par piaftres de 80 afpres. *Voyez* Conftantinople pour ces fortes de monnoies.

Le *Cantar* eft le poids de Commerce, il fe divife en 100 *rotoles*.

Le *rotole* de coton filé rend 4 l. $\frac{1}{8}$ poids d'Amfterdam.

Le ris fe vend à *l'Arlep*, dont le poids commun eft de 520 lv. d'Amfterdam.

10. **ADEL.**	Royaume d'Afrique où se fait un gros Commerce en or, ivoire, esclaves & encens. Sa capitale est Zeyla où se fait ce Commerce par la voye des Turcs.

11. **ADERDÉEN** *ou* **ABERDÉEN.**	Ville maritime de l'Ecosse Septentrio nale à l'embouchure de l'Adée avec un très-bon port. Le Commerce y consiste en fer, plomb, charbon de terre, saumons, morues & salines qui s'exportent en quantité en France, en Hollande & autres Pays d'Europe. *Départ du Courier de Paris, Lundi & Jeudi.* *Voyez,* Edimbourg pour les usages.

12. **ADOM.**	Pays d'Afrique où se trouve beaucoup de mines d'or, le Commerce s'en fait par la Turquie.

13. **AGADAS.**	Royaume d'Afrique où se trouvent plusieurs mines d'or ; les habitans contrefont ce métal, le commerce s'en fait par la Turquie.

14. AGEN.

Ville de France sur la rive droite de la Garonne à 145 lieues de Paris ; il y a jurisdiction consulaire.

Productions locales.

Bleds, vins, chanvres, fruits & prunes dont le débit est considérable attendu leur vertu anti-scorbutique qui les fait rechercher beaucoup des Hollandois, pour en composer une boisson très-bonne à la mer.

Industrie.

Etamines rares & camelots. Teinture de coton en beau rouge d'Andrinople ; toiles à voiles dont la marine royale & celle marchande s'approvisionnent.

Foires les 3 Juin & 15 7bre., il s'y vend beaucoup de bœufs qui passent par le Limousin pour se rendre à Paris. *Courier, Mardi & Samedi.*

15. **AGDE.**	Ville de France dans le bas Langue-doc, sur la Riviere de l'Erault, à 4 lieues de Beziers & 7 de Narbonne, elle a une jurisdiction consulaire, & son Commerce consiste en vins, bleds, huiles, légumes, solicoques & moules. *Son Courier part de Paris, les Mardi, Jeudi & Samedi.*

16. A G R A.

Ville des Indes-Orientales, située sur le Geminy où Gemine, elle est le centre du Commerce du Mogol, & fréquentée par toutes les Nations qui y portent beaucoup de marchandises d'Europe & en tirent un indigo renommé, quantité d'or d'argent, brocard, & beaucoup de toiles qui se consomment dans le Nord & au Couchant. Cette ville est à 100 lieues de Surate ; *voyez* Dely pour monnoie & usages.

17°. A I G L E.

Ville de France en Haute Normandie sur la Riviere de Rille à 32 lieues de Paris. Il s'y fabrique toutes sortes de quincailleries & sur-tout des épingles & aiguilles dont le Commerce est considérable, petites serges, étamines, peaux de veaux pour relier les livres, chaudronnerie & limes.

Courier Lundi, Mercredi & Samedi.

18.

AIGUILLON.

) Ville de France en Guyenne au confluent du lot & la Garonne. Le commerce est en grains, chanvres, eaux de vie & tabac, qu'on permet d'y planter. *Courier, Lundi, Mercredi & Samedi à 2 heures.*

19. A I X.

Ville capitale de la provence, en France à 285 lieues de Paris, 16 d'Avignon & 30 de Montpellier.

Productions locales & d'Industrie.

Huiles & eaux de vie en grande réputation, amandes de toutes qualités, soies, grains, vins, raisins secs, figues, pruneaux, capres, olives, avelines, anchois & truffles marinées, viandes de patte, vermicielle, macaroni, &c. draps toiles, quincailleries, coton teint en rouge, velours de soie, aussi beau que celui de Gênes dont on s'est procuré d'habiles ouvriers ; gaze & indiennes : le poids de cette ville est celui de table. *Voyez* le chapitre 1er. de la 3me. Partie. L'aune comme à Paris. La charge d'eau de vie pèse 300 liv. *Courier, Mardi, Jeudi & Samedi.*

20. AIX LA CHAPELLE.

Ville impériale d'Allemagne au duché de Juliers. Cercle de Westphalie à quatorze lieues de Cologne, neuf de Liege & quatre-vingt-six de Paris.

Son Commerce est en chaudronnerie, fil de fer & de laiton, aiguilles, cuirs secs & draps dont l'aprêt surpasse celui des manufactures de France, & dont le débit est si considérable qu'il va annuellement à plus de trente milles pieces.

Monnoyes, Poids, Mesures & Aunages.

On compte en cette Ville par *Rixdale* de 54 *marcs*, & par *marc* de 6 *Busches.* La rixdale de compte représente 40 sols ½ argent d'Hollande, & la rixdale courante est au pair de 30 sols 6 deniers d'Hollande ou 3 livres 5 sols, 1 denier $\frac{8}{10}$ de France.

100 Livres d'Aix font 94 livres ⅞ d'Hollande & 94 de Paris.
100 Aunes font égales à 96 aunes ⅜ d'Amsterdam &
55 ¾ de Paris.

| 21.
AKIM. | } | Pays d'Afrique où fe trouvent les meilleurs mines d'or & en quantité. |

| 22.
AKISSAR. | } | Ville de la Natolie, ou Afie mineure d'où les Turcs tirent beaucoup de coton eftimé. |

23. A L A I S.

Ville de France dans le Bas Languedoc à fept lieues de Nismes, dix de Montpellier & cent cinquante de Paris, fon principal Commerce eft en foie greze & ouvrée; il s'y fabrique beaucoup de bas de foye, & s'y exploite une mine de couperofe propre aux teintures en noir. Les tanneries y font confidérables. Il y a en outre plufieurs fabriques de petites draperies.

Son Courier part de Paris, les mardi, jeudi & famedi.

| 24.
ALAVA. | } | Ville d'Efpagne en Biscaye, où fe trouvent aux environs des mines de fer & d'acier. |

| 25.
ALBANIE. | } | Province de la Turquie Européenne, d'où les Vénitiens tirent un excellent vin fort eftimé. |

| 26.
ALBANO. | } | Ville d'Italie dans la Campagne de Rome, d'où fe tire aufsi un excellent vin. Elle eft à deux lieues de Veletri & fix d'Oftie. |

| 27. ALBARAZIN. | Ville d'Espagne, province d'Arragon à 20. lieues de Sarragosse, elle fournit au Commerce des laines très estimées. |

| 28. ALBENGUE. | Ville d'Italie dans l'Etat, & à 12 lieues de Gênes; ses environs sont fertiles en oliviers dont elle fait un assez bon Commerce. |

| 29. ALBU-QUERQUE. | Ville d'Espagne au Royaume de Léon, à 8 lieues de Portalegre, elle fournit de très bonnes laines. |

30. A L B Y.

Ville de France sur la riviere de Tarn, dans le haut Languedoc. Elle a une jurisdiction consulaire. Son Commerce consiste en grains, vins, chanvres, lins, pastels, objet de grand débit, laines, toiles rousses & grises sur ⅞ de large, toiles de coton ou futaines en ¾ & ⅞, cire, bougie égale à celle du mans & quincaillerie. Cette ville est à 10 lieues de Toulouse.

Le septier de bled pese 182 livres, poids de Marc.

Départ du Courier de Paris le dimanche & le mardi.

| 31. ALCMAER. | Ville des Provinces Unies, dans la Westfrise à 18 lieues d'Amsterdam elle fournit beaucoup de beurre, fromages & tulipes très estimées. |

32. A L E N Ç O N.

Ville de France dans la basse Normandie sur la riviere de Sarte à 40 lieues de Paris; elle a une jurisdiction consulaire. il se fabrique en cette ville des dentelles de la plus grande beauté, connues sous le nom de *Point d'Alençon*; les autres objets de Commerce consistent en toiles sort esti-

mées, bougrans, favons, chapeaux, fers, grains, fruits
& cidres, dont le débouché feroit plus confidérable, fi
l'on rendoit la Sarte plus navigable qu'elle ne l'eft. Il
s'y fait auffi un fort Commerce de chevaux : le Roi a un
fuperbe harras près de cette ville. Les poids, mefures &
aunages font les mêmes que ceux de Paris.

Il y a plufieurs foires, la première à la chandeleur, la
deuxième à la mi-carême, & la troifieme à la St. Mathieu.

*Son Courier part de Paris tous les jours, fauf les
dimanches.*

33.
ALENTJO. { Province de Portugal très abondante
en grains, dont elle fait un fort bon
Commerce à Lisbonne.

34.　A L E P.

Grande & belle ville de Sirie en Afie, l'une des plus
commerçantes de l'Empire Ottoman : elle eft la réfidence
de plufieurs confuls, Anglois, François, Hollandois &
Italiens. Cette ville eft fituée fur un ruiffeau qui fe jette
dans l'Euphrate à 28 lieues d'Alexandrette & de la Mer de
Sirie, & à 848 lieues de Paris.

Monnoyes & Ufages des Comptes.

Les comptes ou écritures fe tiennent en *piaftres de 80
afpres.*

Cette piaftre fe divife auffi en 24 *fianas* qui repréfentent
environ 26 fols argent courant d'Hollande, ou 2 l.
fols 9 d. ¼ de France.

Poids, Mefures & Aunages.

Les poids font de diverfes fortes.

Les groffes marchandifes fe péfent au *caniar* qui fe divife en 100 *rotoles.* Le *rotole* eft égal à 4 l. ½ poids de
Marc ou d'Amfterdam.

Les foies fe vendent par *batman* qui fe divife en 6. *ocke*
chaque *ocke* de 2 l. ¼ poids de Marc ou d'Amfterdam.

Les perles & l'ambre fe péfent au *métical* qui forme 1½

drachme,

drachme, il y a 233. ¾ méticales dans la livre, poids de Marc ou d'Amsterdam.

L'aunage pour les étoffes est le Pik qui porte 299¼ lignes de France. 100 picks forment 98 aunes d'Amsterdam ou 56 de Paris.

Objets de Commerce.

Envois d'Europe.
Cochenille, indigo, poivre, gerofle, gingembre blanc, bois du brésil, cassonade, draps de Carcassonne, serges, bonets & calottes de laines, fouines de France & de Sicile, étain, papier & piastres d'Espagne, particuliérement de Séville.

Retours en Europe.
Etoffes & soies du pays & de la Perse, toiles de coton filé & non filé, indiennes, camelots de poil de chévre, noix de galle, savon, perles, ambre gris & jaune, camphre, benjoin bois de la mecque & d'aloës, fil de laiton &c.

Son Courier part de Paris le Mardi, Jeudi & Samedi, il faut affranchir les lettres jusqu'à Marseille.

35. ALETH.

Ville de France dans le bas Languedoc sur la riviére d'Aune à 6 lieues de Carcassonne. Il s'y fabrique des draperies dont le débit se fait en Italie, Lyon & Paris, on y fait des cuirs forts, vaches, basane & maroquin; il y a aussi des forges & martinets à cloux.

Cette ville est à 180 lieues de Paris, d'où le Courier part tous les jours.

36. ALEXANDRETTE.

Ville de Sirie avec un bon port sur le golfe d'Ajazzo à 28 lieues d'Alep. *Voyez* Alep ci-dessus.

37. ALEXANDRIE.

Ville d'Afrique en Egypte à 50 lieues du Caire. Elle

est située à l'une des embouchures occidentales du Nil
près de la mer méditerranée.

Monnoyes, Poids, Mesures & Aunages.

Monnoyes. On compte dans cette ville, au Caire & dans tou
l'Egypte par *piastres* courantes de 33 *medines*, &
medine de 8 *borbes* ou 6 *fortes*. La medine repré
sente 3 *aspres* de Turquie & la piastre est évaluée
23 sols d'Hollande ; toutes les monnoyes détaillées
l'article de Constantinople ont cours en cette ville.

Poids. Les poids sont le *cantar* qui se divise en 100 *roto*
les, il y en a de quatre sortes ; savoir, le *rotole for*
fore, le *rotole zeidin*, le *rotole zaure* & le *rotole mi*
ne : 100 *rotoles forfores* font 86 livres ½ de marc 100
rotoles zeidin font 122 ½ l. de marc, 100 *rotoles zaure*
forment 191 l. de marc, & 100 *rotoles mines* font 1½
l. de marc ou poids de Commerce d'Amsterdam, ap
pellé poids de Troyes.

Le *quintal* pour le café ne pése que 95 l. d'Amster
dam

L'*Oke* comporte 200 *drachmes* & pése environ
livres ½ de marc.

Et le *drachme* se divise en 16 quirates qui sont égal
les à 64 grains.

Mesures. Le *Rebebe* de bled pése environ 240 livres de
marc.

L'aune appellée *piek*, est de 300 lignes de France
ou deux pieds 1 pouce.

100 *piks* font 98 aunes d'Hollande, ou seulement
56 de Paris.

Pour le Commerce, *Voyez* Caire (le) dans la suite de
cette Partie.

Les lettres de France ne passent en cette ville que par
Marseille Il faut les affranchir jusqu'à ce port.

38.	
ALGARVE.	Province de Portugal d'où se tire quantité de figues, dattes, huiles, aman des & vins.

39. ALGER.

Ville capitale de la Barbarie sur les côtes d'Afrique, avec un très bon port, elle est la résidence d'un consul & d'un chancelier françois, elle est située à 422 lieues de Paris.

Change des Monnoies.

Noms des Monnoies.	Valeur en argent	
	du Pays	de France.
		l. s. d.
Pataque chipre..............	232 aspres....	5. 6. 8.
Piastre Algérienne...........	3 pataques.	16. . .
Sultanine.	465 aspres ...	10 ... 13
Aspre.		5 ¼

Paris donne 100 écus pour 56 à 57 pataques chiques, & change avec cette ville par Marseille.

Poids, mesures & aunages comparés à ceux de France.

100 l. d'Alger sont à Paris 101 livres.

100 aunes de Paris sont 230 cadées d'Alger.

Le caffis de bled pese 560 livres poids de marc.

Les écritures se tiennent en Pataques & en aspres.

Les marchandises qu'on porte à *Alger* sont des étoffes de soies, d'or & d'argent, épiceries, quincailleries, fruits secs, toiles de coton & pampre &c. On en retire des plumes d'Autriche, cire, cuirs apprêtés, ceintures de soie, mouchoirs brodés, dattes, grains, laines brutes & couvertures de laine, cuivre & marroquin &c.

40. ALGHER.	Ville de Sardaigne en Italie, il s'y fait une peche de corail très estimée, cette ville est à 6 lieues de Sassari.

41. ALICANTE.

Ville maritime d'Espagne au Royaume de Valence à 344 lieues de Paris ; elle a un beau port sur la méditerranée. Son Commerce est en vins d'Espagne connus sous le nom d'Alicante, en fruits secs ou saumurés, cristaux, bourdes, cumins, eaux-de-vie anisées, espart, vermillon, garance, huile d'olive, lavande, palme, reglisse, safran, soies &c.

pour les monnoies & usages de Commerce, *Voyez Valence.*

Poids, Mesures & Aunages.

Alicante a deux poids qui lui sont propres. Le fort dont les 100 livres repondent à 104 ¾ de *marc*, & le foible dont les 100 livres ne font que 69 ⅞ de *marc*.

Les grains se mesurent au *caffis* qui, en froment, pèse environ 380 livres poids de *marc*.

Les liquides se vendent au *cantara* composé de 9 *mingles* d'Amsterdam, & la *mingle* repond aux deux *pintes* de Paris. On vend le vin au tonneau de deux *bottes*, & la *botte* pèse en huile environ 1000 livres de *marc*.

Enfin la *vare*, mesure de longueur, porte 337 lignes de France.

100 *Vares* forment 110 ⅞ aunes d'Amsterdam ou 64 de Paris.

Son Courier part de Paris les Mardi & Samedi.

42. ALICATA.	Ville de Sicile dans la vallée de Noto. Son Commerce est en grains & vins, il se fait par Parme & Messine.
43. ALLENDORF.	Ville d'Allemagne en basse Hesse, sur la Werre, elle est remarquable par ses salines considérables.
44. ALMAÇAREN.	Royaume de Murcie en Espagne, il s'y trouve des carrieres d'alun.

45.
ALMADE.
{ Bourg de la manche en Espagne, il y a une mine de vif-argent la plus estimée de l'Europe.

46.
ALMISTA.
{ Cap de l'Isle de Chio, dont la montagne voisine produit le fameux vin de Malvoisie.

47 ALOST.

Ville des Pays-Autrichiens dans le Comté de Flandres, elle est sur la Dendre entre Gand & Bruxelles à 5 lieues de l'une & de l'autre. Son Commerce consiste en houblon dont elle fait d'immenses envois, collat, lin, féves blanches, fort assez abondans & chevaux dont il y a une foire considérable trois jours après le 1er. Dimanche de Juillet. ſabriques, sont assez multipliées en toiles blanches & bleues, ces dernieres donnent lieu à une branche de Commerce assez conséquente, on y fait de très belles dentelles pour l'étranger, quelques siamoises pour la consommation du pays, & il s'y trouve quelques fabriques de savon & raffineries de sel.
Son Courier part de Paris tous les jours à 10 heures du matin.

48.
ALTDORF.
{ Ville du canton d'Uri en Suisse ; on y donne un superbe poli aux glaces.

49.
ALTEA.
{ Ville d'Espagne au Royaume de Valence, il y a une très belle verrerie, & cette ville procure beaucoup de miel.

50. ALTEMA.

Ville du Comté de Lamarck, au cercle de Westphalie, dont le Commerce est considérable en ouvrages de quincaillerie, de fil de fer & d'archal, d'aiguilles, de balances de faux & de faucilles : on y trouve aussi des manufactures de laine & de soie.

51.　52. ALTENBOURG & ATTENBERG.	Ville d'Allemagne au cercle de Haute Saxe dont les manufactures concurent au Commerce quantité de zins, de coutils, de toiles & de draps.
53. ALTENAW.	Ville d'Allemagne au duché de Brunswick, sur la riviere d'Altenaw, exploite des mines d'argent, de cuivre & de plomb.
54. ALTOMONTE.	Ville de la Calabre au Royaume de Naples, il y a des mines de sel.
55. ALTONA.	Ville Danoise, située sur la rive septentrionale de l'Elbe, proche Hambourg elle est en quelque forte rivale de cette derniere par son Commerce, ses productions particulieres sont en anisette eau-de-vie de grains, toiles peintes, grains en abondance & tanneries nombreuses.
56. AMADABAR.	Grande ville d'Asie dans l'Indoustan à 38 lieues de Surate, les Hollandois & les Anglois y ont des comptoirs pour les soies, cotons, satins & Velours qu'ils en tirent.
57. AMALPHY.	Ville de la principauté citérieure du Royaume de Naples à 4 lieues de Salerne, il s'y fait un fort Commerce en papier & en soies.

58. AMBERG.

Ville d'Allemagne dans le Haut Palatinat, sur la riviere de Wils à 8 milles de Nuremberg; il s'y fait un grand Commerce de fer & de cuivre qu'elle tire des mines qu'elle a dans tinent. La vente de ces métaux se fait en barres & saumons & quelquefois ouvragés.

59. AMBERT.

Ville de France dans la Basse Auvergne, sur la rivière d'Ore à 16 lieues de Lyon & 100 de Paris. On pourroit en rendant sa rivière navigable tirer un bon parti des bois de toute espece dont cette ville est environnée. Son Commerce est en papier, mercerie, lin, chanvre & laine, huiles, froment, vins, rubans, padoux, jarretieres, cordettes & cordonnets de toutes sortes.

Son Courier part de Paris le Mardi & Samedi à 2 heures.

60. AMBOINE.

Isle d'Asie l'une des Moluques, dans l'océan oriental, appartenante aux Hollandois qui en tirent des noix muscades, & cloux de Gérofle en abondance.

61. AMBOISE.

Ville de France en Touraine à 5 lieues de Tours & 10 de Blois. Il s'y fabrique des draps & pouls de soie & amboiliennes ; ainsi que des boutons de toutes sortes, même d'argent, & argent surdoré. Il s'y trouve aussi une manufacture de petites draperies & une belle tannerie, ce qui rend cette petite ville très commerçante.

Son Courier part de Paris tous les jours à 2 heures.

62. AMERSFORT.

Ville d'Hollande dans la province d'Utrecht sur la rivière d'Eem, son territoire est fertile en grains & en tabac très estimé dont le débit est conséquent.

63. AMIENS.

Ville de France en Picardie, sur la somme, à 29 lieues

de Paris. Elle a une jurisdiction consulaire ; il s'y fabri-
des camelots, mi-soie, grain d'orge, bala, turquoi-
ges de minorque & de rame, bouracans sur fil, pannes
primées, pannes fines, camelots en couleur & diver-
tres, étamines unies, rayées & à carreaux, pluchés diverses sortes, molletons, toiles, rubans, savon vert
bon au dégraissage. Enfin il s'y fait aussi un grand commerce de grains. 100 livres d'Amiens font 94 livres de
Paris. L'aune est la même que celle de Paris. Le
de bled pèse 51 livres poids de *marc*.

*Foires le Jeudi d'après le 8 7bre. & le 24 Jan-
vier tous les jours.*

---

64. AMIRANTE.

Isle d'Afrique fertile en dattes &
cos dont le Commerce est consi-

---

65. AMOLGOS.

Isle de l'archipel dans la Mer Egée, elle est renom
par les teintures qu'elle tire de la plante Lichen
les Anglois font un grand débit ; cette Isle produit d'
quantité de vins, d'huile & de grains dont le prin-
débit se fait en Provence.

---

66. AMSTERDAM.

Grande & superbe ville capitale des Pays-Bas Hollan-
elle est située au confluent de l'Amstel & de l'Y a
de la Haye, 12 de Rotterdam, 109 de Paris, 27 d'Anvers, 70 de Londres, 225 de Vienne, 130 de Copenhague, 350 de Rome, 100 d'Hambourg &c. elle est
dence des consuls de toutes les Puissances commerçantes de
l'Europe & des nouveaux Etats Unis de l'Amérique.

Son Port immense semble être le rendez-vous des marchandises du monde entier & particulièrement de cel-
des Indes orientales & des contrées qui environnent la
Baltique & la Méditerranée.

CHA

CHANGE DES MONNOIES.

Noms des Monnoies.	Valeur en argent.			
	du Pays.	de France.		
	Flor.	L.	S.	D.
Ruyder	14 ,, ...	29	18	6
Ducat évalué à	5 5	11	4	5
Ducaton d'argent	3 3	6	15	2
Gros Ecu	3 ,, ...	6	8	3
Rixdale ou Patagon	2 10 ,, ...	5	6	10
Daler ou petit Ecu	1 ,, ,, ...	3	4	1
Florin courant	20 fols courants.	2	2	9
Florin de Gros dit Gulde....	20 fols de gros..	12	17	6
Skalin ou Schellin	6 fols courants.	,,	12	10
Mauvais Skalin	5 f c. 6 deniers	,,	11	5
Pièce de	2 fol courant ..	,,	4	3
Sol courant ou commun	,, ,, ,, ...	,,	2	1¾

Monnoies de Change.

Livre de Gros	20 fols de gros.	12	17	6
Sol de Gros	12 deni. de gros.	,,	12	10½
Denier de Gros...........	8 fénins	,,	1	⅞

NOTA. L'*Agio* d'Hollande va de 2 à 6 pour cent, c'est-à-dire, que 100 florins d'*Agio* ou *Banco* font 102 à 106 florins courants.

Le change varie depuis 63 jusqu'à 53 déniers de gros pour l'Ecu de 3 liv. de France.

Toutes les monnoies étrangères ont cours en Hollande.

Paris change en droiture avec la Hollande.

Poids, Mesures & Aunages, comparés à ceux de France.

Le poids d'Hollande, appellé *poids de Troyes*, est égal à celui de Paris.

Le marc ou demi-livre se divise; 1°. en 1200 *carats* & 2°. en 8 onces. L'once en 20 *estelins*, l'*estelin* en 32 *as*, l'as en 4 quarts ou *vierling*, le *vierling* en 2 *troykens*, & le *troyken* en 2 *deuskens*.

L'aune contient 306 lignes de France, & 100 aunes d'Hollande font 57⅔ aunes de Paris.

Les mesures des grains font le *last*, pésant en bled 4560l.

poids de marc : il forme 19 *septiers* de Paris & se divise en
27 *muddes*, la *mudde* en 4 *scheppels*, le *scheppel* en 4 *vier-*
devats, & le *vierdevat* en 8 *koops*.

Le sel se vend au *cent* de 404 mesures qui font 7 *lasts*.

Enfin les mesures des liquides sont l'*aem* de 4 *ankers*,
l'*anker* de 2 *stekans*, le *stekan* de 16 *mingles* ou *mingels*
& la *mingle* représente le *pot* qui est égal à 2 *pintes* de
Paris.

Usages divers du Commerce de la Hollande.

Les écritures se tiennent ; 1°. en florins, sols & fenins
& 2°. en livres, sols & deniers de gros banco ; savoir 12
deniers pour un sol dans les grands comptes & 16 deniers
dans les petits comptes.

Usances.

Les lettres tirées de France & d'Angleterre sur la Hollande, & celles que la Hollande tire sur ces Royaumes,
sont payables à un mois de date ; celles de Cadix, Madrid, Seville & Venise sont à deux mois, celles de Dantzick à 40 jours ; & celles de Francfort, Vienne, Ausbourg,
Nuremberg, Breslaw & autres places d'Allemagne sont à
14 jours de vue & ont toutes 6 jours de graces.

Banques.

La Banque de cette Ville est considérée comme la 1ere.
de l'Europe, on y paie & reçoit toutes les lettres tirées
de places en places : les especes qui y circulent sont en
or, les *ducats* d'Hollande, les *pistoles* d'or, les *louis* de
France & les monnoyes de Portugal ; en argent, les *pias-*
tres d'Espagne, les *colonnes* mexicaines, vieilles, neuves,
entieres ou en demi-pieces, les *ducatons* & *rixdales* &
les *écus neufs* de France : elle reçoit aussi des lingots d'or
sur le pied de 340 florins le marc d'or fin & des lingots
d'argent à 23 florins le marc d'argent fin.

Cette banque reçoit toutes les especes qu'on veut lui
mettre en dépôt, elle prend, pour sa garde de 6 mois, ce
qui suit.

Pour des lingots d'or & d'argent	½ pour cent.
Savoir { Pour toutes especes d'or & d'argent	
sauf les *ducatons*.	¾ pour cent
Pour les *ducatons*.	½ pour cent

Cette banque eft ouverte chaque jour depuis 7 heures du matin jufqu'à 3 heures après-midi, elle ceffe fes fonctions deux fois l'année : la 1ere. du 15 au 30 Janvier & la feconde du 15 au 30 Juillet, & à ces époques elle s'occupe de la balance de fes livres ; elle ferme aux fêtes de Pâques, de l'Afcenfion, de la Pentecôte & de Noël, lorfqu'on célebre des jèunes publics & pendant la foire d'Amfterdam qui fe tient vers le 22 7bre.

Outre cette banque, il y en a une feconde appellée banque d'emprunt, ou lombard ; celle-ci ne prête que fur gages de quelque nature qu'ils foient, & depuis les plus petites jufqu'aux plus fortes fommes.

Compagnies de Commerce & Chambres d'Affurance.

Il y a deux grandes & très-puiffantes Compagnies de Commerce ; l'une dite des Indes-Orientales qui date de 1592, & l'autre dite, des Indes Occidentales qui s'eft formée en 1621, par la réunion de plufieurs fociétés qui embraffoient entre elles la plus forte partie du Commerce de l'Afrique & de l'Amérique.

Toutes les Colonies comptoirs & établiffemens Hollandois répandus dans les deux Indes font fous la domination de ces compagnies.

Les principales Villes de la Hollande & particuliérement celle d'Amfterdam ont toutes des Chambres d'affurance dont la folidité eft inébranlable.

Courtiers de change & autres.

Indépendamment du nombre inoui de fociétés & compagnies de Commerce, de négocians & d'armateurs particuliers par les mains defquels l'immenfe Commerce de la République paffe ; il y a un nombre d'agens connus fous le nom de courtiers de deux fortes dits Jurés & non Jurés, de *Cargadors*, de *Convoyloopers*, de *Schuytenvoerders*, & de *Waagdragers*, qui tous concourent à l'activité du Commerce de la maniere fuivante ; favoir,

Les *Courtiers Jurés*, c'eft à-dire, avoués par le Magiftrat, travaillent fur toutes les branches de Commerce, courtage & négociations, fauf les affaires dans lefquelles ils ont des intérêts directs & indirects.

Ceux *non jurés*, dits fans autorité travaillent auffi dans toutes les branches de Commerce, mais en cas de différend fur leurs marchés ou opérations, ils ne font pas crus en Juftice & leurs marchés reftent nuls.

Les *Cargadors* font auffi des courtiers dont les fonctions font de réunir & completter les chargemens des marchandifes deftinées pour un même port, foit pour le cabotage foit pour des voyages de long cours; ils fe chargent auffi de faire la livraifon des marchandifes à leurs divers propriétaires, lors de l'arrivée des vaiffeaux, & de recevoir le prix du frêt dont ils font comptables envers les armateurs.

Les *Convoyloopers* font des Commis de Négocians dont l'emploi confifte à acquitter les droits des marchandifes dont ils font les déclarations à l'Amirauté & à retirer les acquits ou paffe-ports requis pour les convois.

Les deux autres claffes de Courtiers font de moindre intérêt. Les *Schuytenvoerders* fe chargent du tranfport des marchandifes du magafin au navire & du navire au magafin ainfi que du foin d'informer les négocians qui les adoptent de l'arrivée & du départ des navires, ce qui eft très fréquent au Port d'Amfterdam. Les *Waagdragers* font des porte-faix publics, avoués du Magiftrat & comme tels d'une probité reconnue, auxquels on peut fe livrer avec confiance pour tous les travaux de peine, foit en tranfport charge ou décharge des marchandifes & argent, &c.

Enfin c'eft à l'aide de cette diverfité d'hommes induftrieux & actifs que l'étranger qui vient fpéculer, acheter ou vendre, en Hollande, eft bientôt au fait des ufages de ce riche Pays confidéré comme le plus commerçant de l'Univers.

Commerce.

Le Commerce des Provinces-Unies en général & d'Amfterdam en particulier s'étend fur toutes les parties connues du globe; il n'éxifte pour ainfi dire pas de Port fufceptible du plus petit avantage comme du plus conféquent qui ne foit fréquenté par les Hollandois. Dans prefque toute l'Afie, dans la partie de l'Afrique fituée fur la Méditeranée, fur l'Océan, jufqu'aux Ifles du Cap-verd & même au-delà, cette nation poffède des comptoirs ou des loges, le plus fouvent des Ifles entières, & par-tout fon Pavillon eft accueilli & confidéré. Enfin fon commerce local se divise en trois branches principales telles que le cabotage, les assurances, les emprunts & les crédits, lesquels se subdivisent ensuite à l'infini.

Productions locales.

On compte dans le nombre des productions de cette République le froment, les fèves, les haricots, le tabac, la cire, le beurre, les fromages, le lin, l'huile de lin & de navets, celle de baleine dont la pêche est immense, ainsi que de la morue & du hareng.

Les Colonies produisent de la canelle, du poivre brun, du clou de gérofle, de la noix muscade, du sucre, du café, du coton, du cacao, du tabac, de la cochenille, de l'indigo, du quinquina, des vins & eaux de vie du Cap, du thé des diamans & divers autres articles des Indes-Orientales.

Industrie & Manufactures.

Les Villes des Provinces-Unies & particuliérement celle d'Amsterdam sont remplies de manufactures & fabriques en tous genres & dont les productions consistent en quantité d'étoffes de laines, comme draps, ratines, serges, étamines très-renommées, camelots & diverses étoffes de poils de chèvre & de chameau; bas bonnets, satins, brocarts, taffetas, velours, pannes, armoisins, diverses étoffes de coton peintes d'un goût supérieur, tapisseries de haute & basse lisse, tentures de laines & de cuirs dorés, &c. chapeaux, toiles à voiles, autres toiles peintes & blanches, ces dernieres qui proviennent en grande partie de Courtray & autres Villes de la Flandre Autrichienne, mais qui sont blanchies en Hollande, sont extrêmement recherchées; papiers de toutes sortes; raffinerie en sucre, sel camphre, alun, borax, soufre & vermillon; fabriques d'eau forte, de colle, de savon, d'eau de vie, de grains, d'huiles de diverses sortes; fabriques de tabac de toutes préparations & nature; préparations de drogues de toute espece pour la Médecine & la teinture; fabriques de cordes & cordages de toutes sortes; fonderies de canons & d'armes; moulins & fabriques de poudre à canon & quantité de tanneries, &c. Enfin les diamans, dont le poli se fait avec le plus grand art en Hollande, forment seuls un très grand objet de commerce à Amsterdam.

Pour ne rien laisser à désirer sur l'indication de tou
les marchandises qui se trouvent dans cette capitale de
Provinces-Unies, il ne faut que jetter les yeux sur la ta
ble suivante, qui comprend les noms de toutes les mar
chandises & denrées, leur valeur du fort au foible, & le
droits d'entrée & de sortie qu'elles payent à l'Amirauté. Cet
table est suivie d'une liste intéressante sur les prix couran
des diamans taillés en Hollande.

Nous observons qu'indépendamment des droits ci-apr
l'Amirauté perçoit à titre de *Prime*, 1 p. $\frac{o}{o}$ de la vale
de toutes les marchandises qui sont importées à Amsterd
& $\frac{1}{2}$ p. $\frac{o}{o}$ lors de leur exportation, sauf la cochenille qui n
paie que $\frac{1}{4}$ p. $\frac{o}{o}$ de *Prime*, à l'entrée & $\frac{1}{8}$ p. $\frac{o}{o}$ à la sorti
les marchandises de la Méditerranée & du Levant payen
outre les droits de prime celui de *Recognition*, qui est d
1 p. $\frac{o}{o}$ de la valeur à l'entrée & $\frac{1}{2}$ p. $\frac{o}{o}$ à la sortie : il s
rencontre souvent des exemptions de droit de *Prime* su
quelques denrées comme bled, fruits, laines, indigo, cir
fromage, beurre, hareng, amidon, épiceries, tabac en fe
rottes, huiles de graines, vif-argent & toiles de Cambra
Mais comme cette exemption n'est pas permanente, il es
peut-être plus prudent de comprendre dans les spécula
tions, les droits de prime, comme s'ils devoient être a
quittés sur toutes les sortes possibles de Marchandises &
Denrées, soit à leur importation, soit à leur exportation

TABLEAU DES MARCHANDISES ET DENRÉES qui se trouvent dans les grandes Villes de la Hollande & particulièrement à Amsterdam, leurs Prix courants du fort au foible, & les droits qu'ils payent à l'Amirauté, tant à leur entrée qu'à leur sortie.

NOMS DES MARCHANDISES ET DENRÉES.	PRIX des Marchandises en argent d'Hollande. (valeurs courantes du fort au foible.) signes des Monnoies.		DROITS D'AMIRAUTÉ sans prime en argent courant d'Hollande. à l'entrée.	à la sortie.	par.	USAGES DES VENTES.
			Fl. S. D.	Fl. S. D.		
Acier. . . . . . . { de Dantzick & de Suède, les 100 l.	* Fl.	de 9 à 11	.. 6 ..	.. 5	L. 100	On vend par Baril.
de Stormarie, la Botte de 9 billes	Fl.	de 17 à 18	.. 6 ..	.. 5 ..	id.	Les 9 Billes font 116 liv.
Agnelins. . . . . { d'Espagne, lavés les 100	Fl.	de 80 à 110	... 15 ..	...	Bale.	On déduit 14 p⁰⁰ sur les agneli.s d'Espagne, & 5 p⁰⁰ sur ceux de Pologne.
d'Espagne, en suin	Fl.	de 60 à 80				
de Pologne, la livre	Fl.	de 12 à 16	... 1 ...	...		

* (Fl.) *Florin de 20 sols.* (Sl.) *Schelling dont les 27 font la livre de 6 florins.* (L.) *Livre de 6 florins.* (Fl.) *Florin d'or de 28 sols.* (S.) *Sol ou Suiver de 20 au florin.* (D.) *Gros ou Denier dont 12 font l'escalin ou le schelling.*

NOMS DES MARCHANDISES, &c.	PRIX, &c.		DROITS D'AMIRAUTÉ.			USAGES DES VENTES.
	Sig.	Valeurs.	Entrée. *Fl. S. D.*	Sortie. *Fl. S. D.*	Par	
Alun. ⎰ de Rome, les 100 liv.	Sl.	de 40 à 48				*Par sac de 4 livres de Tare, & l'on tare les futailles.*
de Liège, les 100 l.	Sl.	de 25 à 30				
de Smirne, les 100 l.	Sl.	de 36 à 40	6	6	L. 100	
d'Angleterre, les 100 l.	Sl.	de 40 à 45				
⎱ de Danemarck & de Suède, les 100 l.	Sl.	de 30 à 35				
Amandes. ⎰ Amères, les 100 liv.	Fl.	de 18 à 21	.. 5 ..	.. 5 ..	100	*2 p⁸ de Tare.*
Douces-Longues, les 100 l. de France, d'Espagne &	Fl.	de 40 à 45	1	.. 15 ..	100	
d'Italie, les 100 l.	Fl.	de 20 à 24	.. 12 ..	.. 10 ..	100	*La Barbarie vend par cabas.*
⎱ de Barbarie, les 100 l.	Fl.	de 24 à 26	.. 10 ..	.. 10 ..	100	
Ambre. ⎰ Gris, l'once.	Fl.	de 8 à 14	3	2	Fl. 100	*A la livre.*
⎱ Noir, l'once.	Fl.	de 2 à 3				
Amidon. Les 100 liv.	Fl.	de 10 à 12	4	4	L. 100	*Par Baril que l'on tare.*
Anis. ⎰ d'Espagne, les 100 l.	Fl.	de 19 à 10.	.. 10 ..	.. 8 ..	100	*On rabat 2 p⁸ sur le poids, & l'on tare les Barils.*
d'Italie, les 100 l.	Fl.	de 18 à 20				
⎱ de Magdebourg, les 100.	Fl.	de 14 à 15				
Avoine. ⎰ à Braſſer, le laſt.	Fl.	de 45 à 55	1 16 ..	franche.	laſt. 1	*Par Laſt.*
⎱ pour les chevaux, le laſt.	Fl.	de 25 à 44				

Article		Unité	Prix						Observations
Azur	on bleu de Saxe de FC, les 100 liv.	Fl.	de 38 à 45	3	„	„	2	100	La vente se fait en Baril de 400 liv., on en déduit 32 pour tare
	autre FC, les 100 l.	Fl.	de 30 à 32	3	„	„	2	100	
	autre MC, les 100 l.	Fl.	de 20 à 25						
Baleine	Fanons de 4 liv., les 100 l. coupée de 3 à 10 quarts d'aune, les 100 l.	Fl.	de 106 à 140	12	„	„	2	100	au quintal de 100 liv.
Barilles	le paquet de 50 gouffes	Fl.	de 80 à 135	3	„	„	2	100	Par paquet.
Baffins	de cuivre, les 100 l.	Fl.	de 6 à 20	„	5	10	„	100 l.	A la livre.
Beaumes	divers, la liv.	Fl.	de 62 à 63	„	„	„	2	100	Ils se vendent en vases que l'on tare.
		Fl.	de 4 à 5	5	„	„	2		
Beurre	de Leyde, les 80 l.	Fl.	de 32 à 36						Se vend au Baril que l'on tare, on passe 20 p. 0 de tare au Beurre d'Irlande.
	de Delft, 80 l.	Fl.	de 30 à 33				Franc.		
	de Frise, les 80 l.	Fl.	de 24 à 28						
	d'Irlande, les 100 l.	Fl.	de 20 à 25	16	„	„	1	300 l.	
Bled	Sarrazin, le laft	L.	de 14 à 18						Par Laft.
	faft, les 100 liv.	Fl.	de 24 à 33						par barils que l'on tare
Boeuf									
Bois	de Fernambouc, les 100 liv.	Fl.	de 22 à 24	2	„	„	3	100	On passe 3 pour 100 & 10 pour 100 sur le Bois de Gerofle. La vente se fait au poids.
	Bôs, Japan de Binw, 100 l. Eco	Fl.	de 13 à 17						
	Caliatour, 100 l. idem.	Fl.	de 16 à 17						
	Géroffic, la liv. idem.	S.	de 8 à 9						
	Campêche & Breff 100 l.	Fl.	de 6 à 10						Fl.
	St. Martia 100 l.	Fl.	de 12 à 23						
	Jaune, 100 liv.	Fl.	de 4 à 7						
	d'Aloës, fin, la livre	S.	de 6 à 20						
	dito, commun, la livre	S.	de 1 à 3						
	Rhodes, liv.	S.	de 6 à 10						
	Néfrétique, la liv.	S.	de 85 à 90						

B | A M S.

NOMS DES MARCHANDISES, &c.	PRIX, &c.		DROITS D'AMIRAUTÉ.							USAGES DES VENTES.
	Sig.	Valeurs	Entrée.			Sortie.			Par.	
			Fl.	S.	D.	Fl.	S.	D.		au poids.
Suite des Bois. Sandal jaune, la livre	S.	de 14 à 18	2	"	"	3	"	"	100 Fl.	
dito Blanc, les 100 liv.	Fl.	de 20 à 25								
Sassafras, les 100 liv.	Fl.	de 12 à 15								
Borax — — Brut, la liv.	S.	de 45 à 56	4	"	"	2	10	"	Fl. 100	5 p.c. tare sur tare les Caisses.
Raffiné, idem.	S.	de 25 à 25	4	34	"	2	10	"	100	
Boutes — — à Canon, les 300 liv.	Fl.	de 12 à 13	"	1	"	"	1	"	L. 100	Sans tare.
Bray — — le Last de 4 barriques	L.	de 40 à 45	5	"	"	2	10	"	Last 1	Sans tare.
Cacao — — divers, la livre	S.	de 4 à 20	1	"	"	1	"	"	L. 100	Selon les Conditions faites.
Café — — des Indes, la livre	S.	de 8 à 9	"	10	"	franc			L. 100	La Vente est en...
du Levant, la livre	S.	de 13 à 16	"	10	"	franc			L. 100	tailles que l'on...
des Isles, la livre	S.	de 6 à 8	"	10	"	franc			L. 100	
Camphre — — raffiné, la livre	S.	de 40 à 45	3	"	"	2	"	"	Fl. 100	Idem.
Canelle — — de la Lettre rouge, la l.	S.	de 92 à 150	Franche			Franche				On vend par...
de la Lettre noire, la l.	S.	de 91 à 105								

Marchandises		Prix (de ... à ...)					Sur 100	Tare
Câpres — — — — la livre — —	S.	de 78 à 85	3 ″ ″	et	3 ″ ″		Fl. 100	Ces Denrées se ven-
Cardamome — — les 100 liv. —	Fl.	de 14 à 15	3 ″ ″	et	3 ″ ″		id. 100	dent par caisses ou fu-
Caffofique — — la livre —	S.	de 12 à 48	3 ″ ″	et	3 ″ ″		id. 100	tailles que l'on tare.
Caffatignez — —								
Cachou ou Chacou la livre, Bco. —	S.	de 8 à 9	3 ″ ″	et	3 ″ ″		Fl. 100	C. s Denrées se ven-
Cauris — — un livre, Bco. —	S.	de 5 à 6	3 ″ ″	et	3 ″ ″			dent par caisses ou futailles que l'on tare.
Cendres — — calcinées, ou Potaches, les 100 liv. —	Fl.	de 40 à 90	1 ″ ″	1	″ ″		L. 100	La Vente est en fu-
Caffrindes, ou Weedafches, les 100 l. —	Fl.	de 14 à 25	″ ″ ″		″ ″ ″			tailles, que l'on tare.
Cérife — — les 100 liv. —	Fl.	de 8 à 12	1 ″ ″	3	4 ″		L. 100	Idem.
Charpie — met. de Riga, les 300 livres —	Fl.	de 50 à 60	″ ″ ″	″	15 ″		L. 300	Par bailles. On tare
2me. & 3me. forte, les 300 l. —	Fl.	de 48 à 26						les cordes d'embalaa-
de Koenisberg, les 300 liv. —	Fl.	de 50 à 25	15 ″	″	1 ″			gés.
de Pétersbourg, les 300 liv. —	Fl.	de 45 à 30						
de Memel, les 300 livres —	Fl.	de 30 à 28						
Chaudrons — — de cuivre, les 100 livres —	Fl.	de 60 à 65	5 ″	″	5 ″		L. 100	A la livre.
Cinabre — — la livre —	D.	de 40 à 48	1 ″ ″	3	″ ″		L. 100	Par baril que l'on tare.
Cire — jaune du pays, les 100 liv. —	Fl.	de 90 à 92	″ ″ ″		″ ″ ″			Par boucauts que l'on tare, ou par livres
de Devenier, les 100 livres —	Fl.	de 89 à 91	franche		franche		franche	que l'on pese sépart-
du Nord, les 100 livres —	Fl.	de 90 à 96						ment.
de Barbarie, les 100 livres —	Fl.	de 85 à 90						
blanche, la livre —	S.	de 20 à 30	3 ″ ″		3 ″ ″			
Citrons falés — la barrique —	Fl.	de 18 à 21	10 ″ ″		3 10 ″		L. 100	Par banque.
Clous de Gérofle — la livre —	S.	de 65 ″ ″	franche		franche			Par tout que l'on tare.

A M S

[ECI

NOMS DES MARCHANDISES, &c.	PRIX, &c. Valeurs		DROITS D'AMIRAUTE			USAGES DES VENTES
			Entrée.	Sortie.	Par	
			Fl. S. D.	Fl. S. D.		
	de 62-60-58-50-36-30-24-16 14-12 & 10 liv. pesant le millier, les 100 livres	Fl.				
	de 8. 7. 6. 5. 4. 3. 2. 1½ & 1 liv. idem	Fl. de 10 à 20 & 24	5	1 10	L. 1000	La Vente s'en fait au poids
Cloux de Fer	de ½ le millier, les 100	Fl. de 26 à 28				Ce qui est destiné pour l'Espagne est exempt de droit d'entrée & de sortie.
	de ¼ idem	Fl. de 65 à 70				
	de Fer en faes &c 10 milliers le suc, le Tac	S. de 35 à 70				
Cochenille	la rive d'Anvers, ou de Brabant	Sl. de 30 à 36	1 10	1 10	L. 100	On ajoute 4 pour cent, au fond, pour l'épice, celui d'Amsterdam & l'on taxe
Colle	du Pays, les 100 liv.	Fl. de 20 à 25	3	2	Fl. 100	On taxe les feuilles
	d'Angletterre, les 100	Fl. de 35 à 40				
	de Poisson, la liv.	S. de 6 à 50				
Coloquinte	la livre	S. de 26 à 40	3		Fl. 100	item

Marchandise	Désignation	Mon.	Prix				Base	Observations
Coton	de Curaçao, la livre	D.	de 30 à 80		15	8	L. 100	*Par balles on déduit 6 pour cent de tare.*
	Colonies Hollandoises la livre	D.	de 35 à 40					
	des Isles françoises, la livre	D.	de 25 à 36					
	du Levant, la livre	D.	de 20 à 35					
Crin	du Pays, les 100 livres	Fl.	de 40 à 42	3	2		Fl. 100	*Pour le Crin d'Hollande, on tare les facs, & pour celui du Nord on déduit 6 pour cent de tare.*
	du Nord, long, les 100 livres	Fl.	de 40 à 45					
	dito, court, les 100 livres	Fl.	de 50 à 52					
Cubebe	la livre	S.	de 10 à 12	2	3		Fl. 100	*On tire les caisses.*
Cumin	les 100 livres	Fl.	de 25 à 30	8	10		L. 100	*Par balle dont on déduit 12 pour cent de tare.*
Cuirs	de Russie, la livre	S.	de 10 à 15	1	8		2 cuirs	*A la livre nette.*
	Préparés, du pays la livre	S.	de 9 à 10	2			Fl. 100	*Idem.*
	Etrangers, la livre	S.	de 8 à 12	6	2		Fl. 100	*Idem.*
	de veau blanc, la livre	S.	de 10 à 16	1			100 ps.	*Idem.*
	de Semelle, la livre	S.	de 8 à 11	6	2		Fl. 100	*Idem.*
Cuivre	Rouge les 100 livres	Fl.	de 50 à 60	4	8		L. 100	*Au poids net.*
	Jaune ou Laiton les 100 livres	Fl.	de 60 à 65	10	8		L. 100	
	du Japon, les 100 liv. bco	Fl.	de 65 à 70	4			L. 100	franc pour l'Espagne.
Curcuma	les 100 livres	Fl.	de 45 à 52	3	2		Fl. 100	*En barils que l'on tare.* franc pour l'Espagne.
Draps & Droguets &c.	Noir pour homme l'aune de 3 de large	Fl.	de 3¾ à 6¼	1	8		Fl. 6	*Les Ventes se font en pieces;*
	Pauve de 3 de large dito aune de 9	Fl.	de 3 à 6					
	dito aune de 4	Fl.	de 5 à 6					

A M S

NOMS DES MARCHANDISES, &c.	PRIX, &c.		DROITS D'AMIRAUTÉ.			USAGES DES VENTES.
	Sçg.	Valeurs.	Entrée.	Sortie.	Par	
Pour pour Dames, aunes de 9	Fl.	de 4 $\frac{1}{2}$ à 5				On accorde 9 mois de terme, & l'on déduit minus 4 pour vendre au prix en argent comptant.
dito autre de 7	Fl.	de 4 $\frac{1}{2}$ à 5				
Béatrice & Crameloft fin.						
autre de 8 & 9	Fl.	de 4 $\frac{1}{2}$ à 7				
dito pour manteau item,	Fl.	de 6 à 6 $\frac{1}{2}$				
dito fort pour Draps, idem,	Fl.	de 5 $\frac{1}{2}$ à 6 $\frac{1}{2}$				
de diverses couleurs,	Fl.	de 4 $\frac{1}{2}$ à 5				
l'angloise, aune de $\frac{3}{4}$						
dito aune de $\frac{4}{5}$	Fl.	de 5 à 5 $\frac{1}{2}$				
dito aune de $\frac{7}{8}$ à $\frac{4}{5}$	Fl.	de 5 $\frac{1}{2}$ à 6				
areid, bleu, painte, rubin,	Fl.	de 4 $\frac{1}{2}$ à 6 $\frac{1}{2}$			8	Par valeur de 6 Florin.
couleurs teintes en pieces,			1			
aunes de 8 & 9	Fl.	de 4 $\frac{1}{2}$ à 6				
peines de 8 & 9	Fl.	de 5 à 7				

Suites dès Draps & Droguets &c.	[illegible] aune de $\frac{?}{4}$.	S.	de 45 a 58				
	Ratine frisée aune de $\frac{7}{4}$.	Fl.	de 4 $\frac{?}{4}$ a 4 $\frac{3}{4}$				
	dito fine écarlate & cramoisie. aune de $\frac{8}{4}$.	Fl.	de 5 $\frac{1}{2}$ a 5 $\frac{3}{4}$				
	Ratine frisée, aune de $\frac{9}{4}$.	Fl.	de 5 $\frac{1}{4}$ a 5 $\frac{3}{4}$				
	dito fine écarlate &c. aune de $\frac{9}{4}$.	Fl.	de 5 $\frac{3}{4}$ a 6				
	Ratines a couleurs, aunes de $\frac{4}{4}$.	S.	de 36 a 38				
	dito écarlate & cramoisie, aune de $\frac{4}{4}$.	S.	de 44 a 46				
	Droguets rayés en toutes couleurs, aune de $\frac{4}{4}$.	S.	de 40 a 42	idem.	idem.	idem.	idem.
	dito Figuré, a simple Ouvrage, idem.	S.	de 42 a 44				
	dito a double Ouvrage idem	S.	de 44 a 46				
	unis & apprêté comme drap idem.	S.	de 43 a 45				
	dito marbré idem.	S.	de 44 a 46				
	dito a flamme idem.	S.	de 44 a 46				
	Camelots, façon de Bruxelles en toutes couleurs, aunes de $\frac{2}{4}$.	S.	de 25 a 30				
	Etrangers, diverses aunages & divers prix.						
Dattes.	les 100 livres,	Fl.	de 35 a 40	5 ,, ,,	2 ,, ,,	100 fl.	On tare les barils

A M S

NOMS DES MARCHANDISES, &c.	PRIX, &c.		DROITS D'AMIRAUTÉ			USAGES DES VENTES.
	Sig.	Valeurs.	Entrée.	Sortie.	Par	
Agaric --- Moucé la livre	S.	de 16 à 22				
Aloès --- { de Barbarie la livre	S.	de 10 à 20				
Epatique la livre	S.	de 18 à 21				
Moca, idem	S.	de 6 à 8				
Saccotrin, idem	S.	de 12 à 81				
Amomum --- idem	S.	de 71 à 81				
Abus étoilé --- idem	S.	de 21 à 21				
Antimoine --- { Cru, les 100 livres	Fl.	de 23 à 24				
préparé, la livre	S.	de 12 à 13				
Arsenic --- les 100 livres	Fl.	de 10 à 12				Les ventes se font en
de Toulu la livre	S.	de 70 à 166				caisses, en vases ou
Beaume --- { de Copalu, idem	S.	de 15 à 16	3 ,, ,,	2 ,, ,,	Par Valeur de 100 Florins.	en fustailles que l'on vuide, & sur lesquelles
de la Mecque, idem	S.	de 11 à 12				on rabat ensuite deux
du Pérou, idem	Fl.	de 4 à 4.5				pour 100 de bon poids
Bezoar --- { Orientale, once	Fl.	de 20 à 30				
Occidentale l'once	Fl.	de 8 à 12				
Bithume --- de Judée, la livre	S.	de 18 à 20				
Canelle blanche, les 100 livres	Fl.	de 18 à 25				
Cantharides --- la livre	S.	de 85 à 99				
Carabé --- { taraac la livre	S.	de 36 à 70				
jauue, idem	S.	de 9 à 20				
Cendre --- bleue la livre	S.	de 65 à 85				

DROGUES DIVERSES POUR MÉDECINE &c.

|C|

			Par Valeur de 100 Florins.	Les ventes se font en caiffes, en vrac, ou en futailles; que l'on tare, & fur lefquelles on rabat enfuite leur p.º pour bon poids.
Corail — Blanc, la livre	S	de 30 a 32		
Rouge, idem	S	de 6 a 12		
& Fleur, idem	S	de 8 a 16		
Dictam — Idem	S	de 13 a 10		
Eau Forte de — Vitriol, idem	S	de 5 a 7		
Efprit de — Soufre, idem	S	de 8 a 9		
Equinante — en Paille, idem	Fl	de 50 a 80		
Equinante — en Nature, les 100 livres	Fl	de 16 a 20		
Dito — Mondé, la livre	S	de 6 a 10		
Galbanum, la livre	S	de 20 a 24		
Affa Foetida — idem	S	de 18 a 20		
Bdellium — idem	S	de 15 a 16		
Copal Mondé — idem	S	de 20 a 60		
dito, en forte — idem	Fl	de 40 a 60		
Elemni — idem	S	de 8 a 14		
Opoponae — idem	Fl	de 3 a 3½	3 " 77 c " "	
Sarapine — idem	S	de 24 a 28		
Tacamahac — idem	Fl	de 2 a 6		
Gomme — Euforbe, les 100 livres	Fl	de 30 a 35		
Sandarac — idem	Fl	de 36 a 40		
Garie — la livre	Fl	de 3½ a 4½		
Lacque — idem	S	de 10 a 34		
Mire commune — idem	S	de 28 a 32		
dito, fine en larmes idem	S	de 56 a 80		
Maftic — la livre	S	de 28 a 36		
d'Adragant — idem	S	de 24 a 26		
d'Ammoniac — idem	S	de 18 a 20		
Graine — de Laurier, les 100 livres	Fl	de 8 a 9		
de Vermillon, la livre	Fl	de 4½ a 5		
d'Anis — idem	Fl	de 9 a 10		

SUITE DES DROGUES DIVERSES &c.

AMS

		PRIX, &c.		DROITS D'AMIRAUTÉ.			USAGES DES VENTES.
NOMS DES MARCHANDISES, &c.	Sig.	Valeurs		Entrée.	Sortie.	Par	
de Carabe, la livre	Fl	de 16 à 22					
de Laurier, les 100 livres	Fl	de 34 à 38					
de Vitriol, la livre	S	de 5 à 7					
Marcaffine d'argent, les 100 livres	Fl	de 55 à 65					
Mercure doux, la livre	S	de 70 à 75					
Pieds d'élan, la pièce	S	de 5 à 6					
Précipité, la livre	S	de 60 à 100					
Angélique, les 100	Fl	de 30 à 40					Les ventes se font en caiffes, et rufées ou en futailles qu'on tare, & fur lesquelles on rabat enfuite deux pour cent, pour bon poids.
Contrajerve, la livre	S	de 16 à 18					
Hypoquana, idem	S	de 74 à 75					
d'Iris, les 100 livres	Fl	de 25 à 30		3	2	Par Valeur de 100 Florins.	
Machiocan, la livre	Fl	de 24 à 28					
Parabrava, idem	S	de 5 à 6					
Serpentaire de Virginie, idem	S	de 170 à 180					
Zédoaire, idem	S	de 15 à 20					
Jalap	Fl	de 5 à 8½					
Scamonée	Fl	de 14 à 16					
la livre	Fl	de 1½ à 4					
de Caftor, la pièce	Fl	de 2½ à 6					
Saliepareille, la livre	Fl	de 1½ à 3					
Sang de Dragon, idem	Fl	de 3 à 8					
Scamonée	Fl	de 3 à 6					

SUITE DES DROGUES DIVERSES, &c.

	Article		Prix			Par valeur de 100 florins c.	Observations
Sels	d'Ipfium d'Angleterre, les 100 livres,	Fl.	de 6 à 7				Les Ventes fe font en caiffes, vafes & futailles que l'on tare, & fur lefquelles on rabat deux pour cent de bon poids
	Semenine, la livre,	s	de 16 à 34				
	Séne, idem,	s	de 14 à 22				
	Sirop d'Alkermès, idem,	s	de 20 à 25				
	Sperme de baleine. idem.	s	de 24 à 25				
	Spica Nardi, Idem,	Fl.	de 4 à 5				
	Sublimé Corroff, idem,	Fl.	de 2 à 3				
Drogues diverses.	Suc de Regliffe, les 100 liv.	Fl.	de 24 à 30	3 ” ”	2 ” ”		
	Tamarin, idem,	Fl.	de 25 à 30				
	Terpentine, idem,	Fl.	de 40 à 45				
	Terre Mérite, idem,	Fl.	de 45 à 50				
	Turbith, la livre,	Fl.	de 25 à 30				
	Tuli, idem,	s	de 8 à 12				
	Ver diftillé, idem,	s	de 50 à 60				
	Vitriol, les 100 livres,	Fl.	de 26 à 40				
	Yeux d'Ecreviffe, la livre,	s	de 15 à 16				
Eau de vie	De vin de France & d'Efpagne, la pièce de 30. viertels.	L.	de 7 à 12	11 10 ”	8 ” ”	par 122 viertels 30 viert.	Les Ventes fe font pur pièces que l'on jauge.
	de grains les 128. mingles.	Fl.	de 28 à 35	35 ” ”	1 10 ”		
Encens	fuivant la qualité, les 100 l.	Fl.	de 36 à 60	3 ” ”	2 ” ”	Fl. 100	On tare les futailles.
Velours.	noir, l'aune de Brabant,	Fl.	de 3 1/4 à 5				Se vendent en pièces de diverfes longueurs, mais fur le pied de l'aune de Brabant, dont les 100 font 58 5/8 aunes de Paris
	dito croifé, idem,	Fl.	de 4 1/2 à 8				
	de couleurs, idem,	Fl.	de 4 à 7				
	Cramoifi fin, idem,	Fl.	de 4 3/4 à 9	1 ” ”	1 10 ”	par 100 florins c.	
	Ponceau fin, idem,	Fl.	de 5 à 10				
ETOFFES DE SOIE D'HOLLANDE.	Faly ou gros de Naples,	Fl.	de 5 à 8				
	Pon de Soie aune de Brabant,	Fl.	de 3 1/4 à 6				
	Gros de Naples, idem,	S	de 35 à 70				

DROGUES DIVERSES &c.

AMS

NOMS DES MARCHANDISES	PRIX, &c.		DROITS D'AMIRAUTÉ			USAGES DES VENTES.
	Sig.	Valeurs.	Entrée. F. S. D.	Sortie. F. S. D.	Par	
Soieries — Gourgouran, aune de Brabant. idem.	S	de 36 a 100				
Gros de tout noir, idem.	S	de 36 a 100				
Armoisins noirs idem.	S	de 36 a 50				
Dito pour doublures. idem.	S	cié 32 a 34				
Ras — de Chypre idem.	S	de 35 a 70				
de St. Maux. idem.	Fl.	de 25 a 6				
de Comtesse idem.	Fa.	de 25 a 6				
de Reine noir idem.	S	de 50 a 60				
de St. Cyr idem.	S	de 50 a 70				
Satins — de Soye noire, pure idem.	S	de 60 a 70	I » » »	10 » »	100 Florins.	Se vendent à la pie. ce comme ci-diss.
Ras Aprêt idem.	S	de 90 a 100				
demie Soye idem.	S	de 55 a 60				
Etoffes diverses — Cté Economique idem.	S	de 40 a 50				
Hollandole lamhé idem.	S	de 55 a 70				
Draps de Soye noir. idem.	S	de 75 a 85				
dito ; Preyer & fortes idem.	S	de 60 a 65				
Perpétuanes fortes idem.	S	de 75 a 85				
dito Legeres idem.	S	de 60 a 65				
Peau de Poule idem.	S	de 65 a 70				
Soye						

ETOFFES DE SOYE D'HOLLANDE.

[F]

Article		Prix	Unité	Droits / Frais	Observations
Etoffes de Soie des Indes.					La Vente se fait en piece de 21 à 40 cobits de longueur sur pr:sque toujours 2 de largeur. Le Cobit porte un pied quatre pouces huit lignes de France.
Romass, la Piece, Bco.	Fl.	de 12 a 26	100 flor.	10 » » — 1	
Alesias, idem,	Fl.	de 14 a 15			
Armoisins, idem,	Fl.	de 11 a 24			
Damas, idem,	Fl.	de 62 a 93			
Gourgourans, idem,	Fl.	de 54 a 93			
Satins, idem,	Fl.	de. 71 a 72			
Lustrines, idem,	Fl.	de 64 a 70			
Lampas, idem,	Fl.	de 72 a 73			
Grisettes, idem,	Fl.	de 50 a 51			
Peckin, idem,	Fl.	de 44 a 46			
Fer — En barres d'Espagne de Suéde & de Russie les 100 livres,	Fl.	de 6 a 7	L. 1000	1 » » — 1	Au poids.
de Liege, en verges idem,	Fl.	de 6 a 7 ½	L. 1000	15 » » — 1 » 1	
blanc les 450 feuiles,	Fl.	de 45 a 58	450 feuil.	12 » » — 1 » 1	
Feves — pour chevaux, le last.	Sl.	de 16 a 18	1 last.	franc. 5 » 5	Au last.
Figues — en Barils, les 100 livres,	Fl.	de 20 a 22	le baril	2 8 5 — 5	dix pour cent de tare.
en Cabas, idem,	Fl.	de 22 a 24	le cabas	1 » » — 2	quatre pour cent, idem.
Fils divers Et. Coton. — à Cables les 300 livres.	Fl.	de 41 a 60	L. 100	6 » » — 5	Au cent net.
à Voiles les 100 livres,	Fl.	de 27 a 36	L. 100	1 » » — 1	
de Coton du levant la livre,	S	de 16 a 23	Fl. 100	1 » » — 1	8 pour cent de tare.
dito, de Turucorin, hv. Bco.	S	de 35 a 40	Fl. 100	1 » » — 1	Par sac 1 ½ d. tare.
dito, de Java, livre. Bco.	S	de 45 a 50	Fl. 100	1 » » — 1	Dito 2 liv. de tare.
dito, de Bengale, idem.	S	de 25 a 30	Fl. 100	1 » » — 1	Idem.
de diverses sortes en coton marqué A, B, C & D, livre. Bco.	Fl.	de 10 a 28	Fl. 100	1 » » — 1	A la livre.
de Carde de divers numéros	Fl.	de 28 a 66	L. 100	10 » 13 — »	Au poids net.

NOMS DES MARCHANDISES, &c.	PRIX, &c.		DROITS D'AMIRAUTÉ			USAGES DES VENTES
	Sig	Valeurs	Entrée.	Sortie.	Par	
			Fl. S. D.	*Fl. S. D.*		
Fil-fer { de fer de diverses sortes, depuis le N°.1 jusqu'au N°.0000 de mailles.	S.	de 30 a 50	franc pour l'Espagne 12 „ „	„ 10 „	L. 100	au Poids net.
Fil de cuivre { N°.00 des 100 livres.	Fl.	de 74 a 75	13 „ „	„ 10 „	L. 100	
N°.0 à 50. idem.	Fl.	de 69 a 70				
Fil de laiton { N°.00 des 100 livres.	Fl.	de 70 a 72				
N°.0 à demi, idem.	Fl.	de 68 a 60				
N°.1 à 1 & demi. idem.	Fl.	de 65 a 58	„ 12 „ franc pour l'Espagne.	„ 10 „	L. 100	Se vend au poids net.
N°.2 à 10. idem.	Fl.	de 60 a 54				
manicorde & rhordille. idem.	Fl.	de 65 a 70				
Froment { de Pologne, le last.	Fa.	de 115 a 150				
de Prusse & Pomera. idem.	Fa.	de 115 a 130				
de Voorlande. idem.	Fa.	de 116 a 124				
de Bovelande, idem.	Fa.	de 120 a 130	6 „ „	franc.	1 last.	Se vend au Last de 29 Sepriers de Paris.
de Frise. idem.	Fa.	de 120 a 135				
de Zélande. idem.	Fa.	de 130 a 160				
de Magdebourg. idem.	Fa.	de 112 a 100				
de Flandre & Brabant. idem.	Fa.	de 124 a 156				
Garance { fine de Zélande, les 100 livr.	Fl.	de 36 a 60	3 „ „	„ „	Fl. 100	En futailles qu'on retire.
non rodée. idem.	Fl.	de 44 a 36				

	Unité	Prix						Par / tare
Gingembre — idem, — confit., la livre, Bco.	Fl.	de 18 a 35	,,	6	,,	,,	4	Par bales à poids; cept. de tare & prix baril de 60 liv. pour te confit. — L. 100
St.	de 30 ,,	3	,,	1	10	,,		
Graine — de chanvre, le baril, — de lin pour huile, idem, — dito, pour semer, par last, — de choux, idem,	Fl.	de 5 a 6	,,	10	10	,,	,,	au Last. — 1 last.
Fl.	de 7 a 9	2	,,	10	,,	,,	Dito — 1 dito.
L.	de 10 a 15	4	,,	,,	2	,,	au Baril — 1 baril.
L.	de 30 a 36	1	10	10	,,	,,	au Last — 1 last.
Harengs — salés d'Hollande, le last de 12. Barils,	Fl.	de 160 a 180	Franc.	2	,,	,,	au Last ou au Baril — 1 last.
— de Baleine, les 12 flekans, — de Harengs, les 6 flekans, — de lin & navette, l'aam, — de chanvre, idem,	Fl.	de 65 a 70	3	,,	2	Franche.	Voyez les Mesures Liquides d la 1re page d'Amsterdam.
Fl.	de 25 a 30	pêche Holl.	,,				
Fl.	de 34 a 36	9	,,	,,	Fran. l'aam	
Fl.	de 42 a 45						
Huiles — de Canelle, Ponce, Bco., — Fleur de muscade, idem, — de Gerofle, idem,	Fl.	de 26 a 27	3	,,	2	,,	au Poids — Fl. 100
S.	de 52 a 55						
S.	de 32 a 33						
— d'Olive d'Italie le tonneau de 217, mingles, — dito, d'Espagne, idem,	L.	de 90 a 95	4	,,	3	,,	par mingles & tonneaux que l'on jauge — 374 mint.
L.	de 65 a 75						
Indigo — de Guatimala, la livre, Bco., — des Indes, idem, — des Isles, idem,	S.	de 80 a 120	France.				par caisses; firons & futailles que l'on tare
S.	de 85 a 147						
S.	de 78 a 38						
Laines Assorties par R. F. S. — Leonesas & Segovias, la livre, Bco., — dito, Segovianas, idem, — dito, Sotias Segovianas, idem, — dito, diverses de Castille, idem, — dito, d'Arragon, idem, — dito, de Navarre, idem,	S.	de 52 a 50			1	10	par poids; balles ou futons; ou s'accorde pour la tare entre le vendeur & l'a... — L. 100 / la balle
S.	de 45 a 48	15	,,	1	,,		
S.	de 35 a 40	15	,,	1	,,		
S.	de 25 a 30						
S.	de 20 a 24						
S.	de 13 a 20						

M I

NOMS DES MARCHANDISES, &c.	Sig.	Valeurs.	Entrée. F. S. D.	Sortie. F. S. D.	Par	USAGES DES VENTES.
Leonefas & Segovianas de Cadix, la liv. Bao.	S.	de 35 a 38	15 » »	1 » 10	L. 100 / la balle	cheteur. Les termes de payemens font de 21. mois & l'on compte L. 1. p 8 fur le prompt payement.
dito, Efparagoffas, idem.	S.	de 32 a 35	15 ou » »	1 » »		
dito, Cazeres, idem.	S.	de 25 a 30	» »	» »		
dito, d'Andaloufie, idem.	S.	de 20 a 25				
Laines de Portugal, idem.	S.	de 22 a 30				
idem, de Pologne & d'Allemagne les 100 liv.	Fl.	de 34 a 37				
idem, de Caramanie, la livre	S.	de 45 a 60			lb battu ou le fuxon	
idem, d'Angleterre, idem	S.	de 60 a 70	25 » »	1 10 »		
Laine de Vigogne, idem	S.	de 70 a 75				
Serancé, le cheveau d'une livre	S.	de 6 a 8	10 » »	» 10 »	100 Fl.	A la livre neute, on déduit la tare des mattes & des cordes.
de Riga, 1ere forte, les 300. livres	Fl.	de 55 a 60	» »	» »		& l'on paffe en oai-
dito, 2eme & 3eme fortes, idem	Fl.	de 30 a 40				tre ⅓ a 1 p.o. de bon
de Koenisberg, 1ere forte, idem.	Fl.	de 50 a 60	» 4 »	» 10 »	100 Liv.	poids, outre refaction
dito, 2eme & 3eme fortes, idem,	Fl.	de 38 a 40				
de Memel, 1ere forte, idem.	Fl.	de 45 a 50				
dito, 2eme forte idem	Fl.	de 25 a 30				
Macis ou Mesure: { Fleur de Muscade, livre Bao. la livre	Sl.	de 22 a 42	3 » »	2 » »	100 Fl.	En fruzailles que l'on tare
Mache	S.	de 15	» »	» »	100 Liv.	
Mache — { les 100 livres	FL.	de 6 a 8	4 »	» 4 »	100 Liv.	Au poids net

Laines Afforties par R. F. S.

Lins

		franc.	franc.			
Miel — — — les 100 livres	Fl. de 28 à 33	”	”	”		
Minium — — — les 100 livres	Fl. de 9 à 10	8	3	L. 100	On donne 3 pour-cent en fus du poids net.
Mitraille — — de cuivre, les 100 l.	Fl. de 35 à 50	3	8	L. 100	Au poids net.
Morse — — dite, fracturés. idem	Fl. de 7 à 15	1	2	L. 100	Au poids net.
Musc — — l'once,	Fl. de 18 à 22	3	”	Fl. 100	Au poids net.
Noix de galle — St. d'Alep, les 100 liv. de Smirne. idem	Fl. de 30 à 50 Fl. de 26 à 45	12 ”	1 ”	L. 100	Par balle dont on déduit la tare.
Noix muscade — la liv. bon.	S. de 75 à 78	franche.	franc.		En futailles que l'on tare.
Opium — — la livre,	Fl. de 6 à 6½	3	2	L. 100	Au poids net. franche.
Orge — — le last	Fl. de 60 à 75	défendue	franche.		Au poids net.
Papier — Royal & Impérial, la rame	Fl. de 16 à 20	10	1	rames 100	Par rames.
— Médian, la rame	Fl. de 9 à 13	”	”		
— à lettres. idem	Fl. de 5 à 7	”	”		
— Propatria. idem	Fl. de 5¼ à 7¼	”	”		
Peaux diverses, seches, &c					La vente se fait par peau dont on déduit 2 livres par chaque,
de boeufs, seches, de Buenos-Ayres de 18 à 40 liv. la livre. idem	S. de 6 à 8	”	”		sauf celles de vaches salées du Pays & d'Irlande, pour les-
de Caraques, de 16 à 26 livres. idem	S. de 6½ à 7½	”	”		quelles on déduit 2 l. par peau.
de la Havane, de 22 à 38 livres. idem	S. de 5 à 7	”	”		
de St. Domingue, de 16 à 22, idem	S. de 5 à 6½	”	”		
de Dantzick & de Pologne. idem	S. de 5½ à 6	10	2	Fl. 100	
de vaches, en poids, du Danemarck de 10 à 16 livres, idem	S. de 4½ à 5½	”	”		
de boeufs salés au pays, de 60 à 65 l. idem	S. de 3½ à 4	”	”		
de vaches, salées du pays, de 60 à 65, idem	S. de 3 à 3½	”	”		
diverses peaux faites d'Irlande, les 100 liv	Fl. de 15 à 17	3	2	Fl. 100	Par balle de 3 livres de tare.
de Castor, la livre	Fl. de 8 à 9	5	”	Fl. 100	

* * *

|P-Q-R-S| AMS

NOMS DES MARCHANDISES, &c.	PRIX, &c.		DROITS D'AMIRAUTÉ			USAGES DES VENTES.
	Sg.	Valeurs.	Entrée.	Sortie.	Par.	
			Fl. S. D.	Fl. S. D.		
Peaux. — de chiens-marins, la pièce —	S	de 4 a 12	2	1	Fl. 100	Par pièce.
Pipes à fumer. — la grosse, 12 douzaines	S	de 15 a 28	franche.	franche.		Par grosse.
Planches. — de Christiana, les 126 pièces.	Fl.	de 40 a 50.			Fl. 100	Par les nombres de pièces dites à la ire cotonnée.
de Coperwick, les 132 idem.	Fl.	de 55 a 60.	.. .. ..	.. 8 ..		
de Weserwick, les 124 idem.	Fl.	de 60 a 65.				
de Wibourg, longueur de 12 pieds, les 120 livres idem.	Fl.	de 95 a 100				
dito, de 9 pieds, les 120 idem.	Fl.	de 65 a 75.				
Plomb. — les 100 livres. —	Sl.	de 27 a 30	.. 3 ..	.. 2 ..	L. 100	Au poids.
Plumes. — de cygnes, d'oyes, & de diverses qualités, le millier.	Fl.	de 2 a 100	.. 1 ..	.. 1 ..	millier	Par millier.
pour lit, la livre.	S	de 18 a 20	1	1 .. 5	L. 100	Par fais que l'on tare
Poil de Chameau. — d'Alep, la livre.	S	de 28 a 40	2	3	Fl. 100	12 p.o de tare.
de Smirne, idem.	S	de 30 a 66	2	3	Fl. 100	14 p.o de tare.
Poivres. — blanc, la livre 3col.	D	de 24 a 26	tout ce qui arrive par naviv. étrangers paie	franche	L. 100	Par balle dont la tare est de 3 l. pour le poivre blanc, & 5 pour le brun. Le long...
brun, idem.	D	de 23 a 25				
.. idem.	S	de 23 a 24				

Produit	Désignation	Cours	franc pour l'Espagne	1 left.	Au poids net.
Poix	Raffinée blanc, les 100 liv. idem, brune, idem.	Fl. de 8 à 9½ 10	1 . 10 1	L. 1000 L. 100	Au millier en barils que l'on tare.
Pot de fer	les 100 livres	Fl. de 6 à 7	1 . .	} L. 100	} 18 p.º de tare. 10 p.º de tare.
Poudre	à canon . . . idem.	Fl. de 30 à 40	4 . 10		
Prunes	longues, les 100 livres. rondes & courtes, idem.	Sl. de 25 à 26 Fl. de 6 à 15	8 . 1 . 8	} Sl. 100	} En caisses que l'on tare.
Quinquina	la livre	S. de 20 à 60	3 . 2	Fl. 100	Au poids net que l'on tare.
Raisins	de Corinthe, les 100 livres. longs, idem, Ronos, idem.	Fl. de 11 à 13 Fl. de 17 à 18 Fl. de 6 à 9	4 . 3 3 . 2	} L. 100 1 panier	} Au poids net ou au panier.
Ris	d'Europe, les 100 livres, de la Caroline ; idem	Sl. de 30 à 45 Sl. de 40 à 50	6 . 4	} L. 100	} En barils que l'on tare.
Rocou, ou	Orléane, la livre	Fl. de 20 à 22	3 . 2	Fl. 100	20 p.º de bon poids & 3 à 4 p.º de plus pour la tare des fu- tailles.
Saffran	la Livre,		. .	la livre	Se vend par sac de 50 l. pour lequel on passe demi & 3 quars p.º de tare.
Salpêtre	les 100 livres, Bco.	Fl. de 27 à 36	10 . 2	L. 100	On tare les futailles.
Savons	d'Alicante, les 100 livres, de Marseille & Genes, idem.	Fl. de 30 à 32 Fl. de 32 à 35	1 . 15	} L. 100	} Se vend en caisses que l'on tare & 2 pour cent de bon poids.
Sels	d'Irica & la Matta, les 100 de 404 maattin.	L. de 85 à 100	6 . 3	1 cent	Se vend au vent de 404 maattin.

NOMS DES MARCHANDISES, &c.	PRIX, &c.		DROITS D'AMIRAUTÉ.			USAGES DES VENTES.
	Sig.	Valeurs.	Entrée.	Sortie.	Par	
			Fl. S. D.	*Fl. S. D.*		
Sels ...... de Cadix & St Lucar, les 100 livres de 404 maatin	L.	de 50 à 75	6 ,, ,,	3 ,, ,,	1 cent	Se vend au cent de 404 maatin.
de Setubal & Lisbonne, idem.	L.	de 65 à 75				
de France, idem.	L.	de 45 à 65				
raffiné du pays, idem	L.	de 120 à 130	15 ,, ,,	3 ,, ,,	1 cent	
Seigle ...... de Pologne & de Prusse, le last de Poméranie & Magdebourg, le last.	Ff.	de 60 à 90				Suivant les mesures ordinaires des grains, voyez la page Ire. d'Amsterdam.
	Ff.	de 60 à 80	4 ,, ,,	franche	1 laſt.	
d'Archangel, le last.	Fff.	de 60 à 75				
de Flandre & Brabant, idem.	Fff.	de 65 à 80				
seché, idem	Fff.	de 68 à 78				
Sirop ...... blanc, la livre.	D.	de 15 à 19				Se vend au Stekan; voyez, comme dessus les Mesures liquides.
brun, du pays, les 100 liv.	Sl.	de 36 à 37	12 ,, ,,	2 ,, ,,	1 stekan	
dito, de France, idem.	Sl.	de 30 à 33				
dito, d'Hambourg, idem.	Sl.	de 34 à 35				
Soies & Orgasins div. de Turin, la livre.	Sl.	de 80 à 58				Les prix se règlent sur le poids d'Anvers, qui est de 4 pour cent de moins que celui d'Amsterdam; on déduit 10 pour cent de tare par cent.
de Bergame, supérieure, idem.	Sl.	de 67 à 65				
dito, Ire., 2me. & 3me. sortes, idem.	Sl.	de 62 à 52				
de Brescia, Ire., 2me & 3me idem.	S.	de 53 à 51				
de Modène, 1, 2, & 3, idem.	Sl.	de 62 à 55	8 ,,	2 ,,		
de Venise, Buffano, Verone, Castigliano & Frise, supérieure, idem.	Sl.	de 64 à 66				
dito, 1re., 2me & 3me sortes, idem.	Sl.	de 60 à 53				

Soies & Orgasins divers.

						En futailles que l'on tare.
de Bologne, ... la livre	Sk. de 68 à 78					
dito, ire, 2me & 3me sortes, in livre	Sk. de 66 à 54					
de Rimini, ire, 2me & 3me, idem	Sk. de 56 à 49					
de Roveredo, idem	Sk. de 50 à 49					
pedad, copo, fine, idem	Sk. de 40 à 39					
dito, ordinaire, idem	Sk. de 37 à 35					
frama de Milan, supérieure, idem	Sk. de 56 à 58					
dito, ire, 2me & 3me sortes, idem	Sk. de 54 à 47					
diverses d'Espagne, idem	Sk. de 40 à 20				?	
du Levant, dit Scherbaſſi, idem	Sk. de 30 à 38					
dito, ardaſſine, idem	Sk. de 27 à 32					
dito, diverses sortes, idem	Sk. de 38 à 20			8		
tani de Bengale, A.B.C.D., idem, bco.	Sk. de 20 à 19					
dito, E & F, idem	Sk. de 16 à 12					
tram, bana, A & B, idem	Sk. de 19 à 18					
padpangea, ou cabeſſe de Mors, AA, la 1 bco.	Sk. de 17 à 18					
dito, BB & CC, idem	Sk. de 20 à 19					
de la Chine, ire & 2me sortes, idem	Sk. de 41 à 38					
de Canton, ire forté, idem	Sk. de 25 à 26					
de Deſſie en pelotes, idem	Sk. de 23 à 24					
de Boeliaſſe, A, idem	Sk. de 24 à 24					
dito, B, C, D, & B, idem	Sk. de 24 à 22					
Souffre, brut, les 100 livres,	Fl. de 5 à 6		4		6	L. 100
Souffre, raffiné, idem	Fl. de 6 à 7	1 10		8	L. 100
Suc de réglisse, les 100 livres	Fl. de 30 à 32	3	2		Fl. 100
Sucre, du Bréfil, dit Moscovade, & sucre blanc, la livre	D. de 9 à 14					
des Indes-Orientales, idem	D. de 12 à 15				L. 100
des Barbades, idem	D. de 10 à 12	6	1 10		
des Illes Françoises, idem	D. de 12 à 16				

NOMS DES MARCHANDISES, &c.	PRIX, &c.		DROITS D'AMIRAUTÉ.			USAGES DES VENTES.
	Sig.	Valeurs.	Entrée.	Sortie.	Par	
			Fl S D ce qui vient par navire étranger paye.	Fl S D ce qui est réputé être du pays est franc, & le reste comme dessus.		
Sucre. { des Colonies Holland. la livre.	D	de 9 à 12			} L. 100	A longs termes, avec rabat de 2 p% pour prompt payement: on tare les futailles.
dito, raffiné, idem	D	de 18 à 19				
dito, candi blanc, idem	D	de 19 à 24				
dito, candi brun, idem	D	de 14 à 16	2 10 ,			
Suif. { du pays, les 100 livres	Fl	de 26 à 27	, 4 ,	, 6 ,	} L. 100	On tare les futailles pour le suif du pays, & l'on passe 18 pour cent de tare pour les juifs étrangers.
d'Irlande, idem	Fl	de 23 à 30				
de Russie, idem	Fl	de 23 à 29				
Sumac. les 100 livres	Sl	de 22 à 26	, 3 ,	, 4 ,	L. 100	4. p% de tare.
Tabac. { d'Hollande, en feuilles, la 1re qualité, les 100 livres	Fl	de 17 à 32	, , ,	, , ,	} Fl. 100	Se vend par mand de 50 liv., ou par corbeilles de 1500 à 1800 L.: on rabat 9 pour cent pour bon poids, & les côtes.
autre, dit, Vyschot, idem	Fl	de 14 à 28	, , 1			
dito, aard, idem	Fl	de 13 à 24				
dito, zangord, idem	Fl	de 10 à 20				
dito, zuygors, idem	Fl	de 4, 8 & 12				
d'Ukraine, les 100 livres	Fl	de 11 à 20			2 , ,	On vend au poids
d'Hong. idem	Fl	de 13 à 25			6 , ,	en déduisant 8 pour

Marchandise	Désignation	Cours		Unité	Observations
Tabac	d'Allemagne, idem.	Fl	de 9½ a 16		
	de Virginie, la livre, idem.	S	de 12½ a 9		
	du Maryland, idem.	S	de 2¼ a 11		
	de Suisse, idem.	S	de 3¼ a 14		
	de la Havane, les 100 livres	Fl	de 80 a 120		
	du Brésil, la livre.	S	de 3 a 6		
	en carottes, les 100 livres.	Fl	de 50 a 75	Fl. 100	On tare les futailles, on passe 6 livres par balle pour double emballage & 2 pour cent pour bon poids.
	en poudre & rapé, la livre.	S	de 5 a 20	Fl. 100	
	d'Hollande, la livre.			Fl. 100	
	d'Espagne, en poudre. idem.	Fl	de 2 a 8		
Tartre	les 100 livres.	Fl	de 20 a 26	L. 100	On tare les futailles, & l'on donne 2 pour cent de bon poids.
Térébenthine	de Venise, les 100 livres.	Fl	de 40 a 45	L. 100	20 pour cent de tare & 3½ de bon poids. Par barrique de 90 l. Idem de 120.
	de Bordeaux, idem.	Fl	de 20 a 35	L. 100	
	de Bayonne, idem.	Fl	de 20 a 36	L. 100	
Thé	Hayfaen, la livre bco.	S	de 90 a 1,00		
	Hayfaenichin, idem.	S	de 50 a 60		
	Songlo, idem.	S	de 48 a 52		Se vend net avec 1 pour cent de bon poids.
	Pekao, idem.	S	de 45 a 67	L. 100	
	Soatchon, idem.	S	de 30 a 52		
	Congo, idem.	S	de 27 a 38		
	Bohé, idem.	S	de 21 a 25		
Toile peinte	anciennes, fond blanc, l'aune.	S	de 12 a 22	Fl. 100	Par pieces selon les aunages étrangers.

aunage des pieces : Turg · long
d'Hollande.

AMS.

F l

NOMS DES MARCHANDISES.	anmag. des Pièces.	PRIX, &c.		DROITS D'AMIRAUTÉ.			USAGES DES VENTES.
		Sig.	Valeurs.	Entrée.	Sortie.	Par	
	lar. long.						Par pieces selon les aunages étrangers, la longueur, n'ayant que ce Tableau, nous préviendrons les Lecteurs que nous n'indiquons ici que les plus petites largeurs & longueurs des pieces, avec les prix du fort au foible, depuis les plus petites jusqu'aux plus grandes pieces; ainsi, en suivant le présent Tableau, la spéculation ne pourroit qu'être favorable.
Indiennes, de couleurs, l'aune, chits, ou demi-perses, la piece.		S	de 14 a 26				
d'Hollande		Fl.	de 20 a 40				Les détails en largeur & longueur, n'ayant qu'un entier dans ce Tableau. Nota.
Caffes diverses, la piece	ca. 3 ¼ 40	Fl.	de 8 a 33				
tansiebs, idem	1 ¼	Fl.	de 12 a 47				
malmolses, idem	1 ¼	Fl.	de 12 a 40				
tanfonques, idem	1 ¼	Fl.	de 55 a 56				
ferrandcomat, idem	1 ¼	Fl.	de 38 a 42	Fl. 5	1	Fl. 100	
ferbates, idem	ca. 3	Fl.	de 44 a 45				
Terindanes, idem	ca. 3	Fl.	de 38 a 40				
batailles, idem	2	Fl.	de 32 a 40				
doutas, idem	2 ¼	Fl.	de 14 a 32				
mouchoirs de Madras, la piece	1 ¼	Fl.	de 45 a 50				
de 8, mouchoirs							
dito, pattacate, to mouc.	1 ¼	Fl.	de 18 a 38				
mazulipatan, 8 m.	1 ¼	Fl.	de 10 a 26				
dito, deuxieme forte, 8. m.	1 ¼	Fl.	de 8 a 22				

Toiles peintes & autres mouchoirs   Toiles & Mouchoirs de

	cobits							Par pièces selon les aunages étrangers. voyez le Nota ci-deſſus.
dito, commun, le mouchoir · · ·	1 7/8	Fl. 24	Fl. de 15 a 18					
hamans divers, la piece · ·	2 7/8	Fl. 24	Fl. de 10 a 25					
bazins, la piece · · · · ·	2 1/2	Fl. 2/30	Fl. de 13 a 19					
fanas, idem · · · · ·	1 1/2	Fl. 24	Fl. de 11 a 20					
fotogeſies, idem · · · ·	2 3/4	Fl. 24	Fl. de 22 a 28			idem.		
adersja, idem · · · · ·	1 5/8	Fl. 28	Fl. de 9 a 10					
mamodie, idem · · · ·	1 1/2	Fl. 22	Fl. de 9 a 11		idem.			
fitaras, idem · · · · ·	2	Fl. 25	Fl. de 8 a 9					
tuckeris, idem · · · ·	2 1/2	Fl. 30	Fl. de 9 a 10	idem.				
chowtars, idem · · · ·	1 7/8	Fl. 26	Fl. de 9 a 11					
amiertis, idem · · · ·	2 3/4	Fl. 26	Fl. de 8 a 12					
lachoins, idem · · · ·	1 3/4	Fl. 27	Fl. de 9 a 10					
paaukas, idem · · · ·	1 1/2	Fl. 24	Fl. de 6 a 7					
baffetas, idem · · · ·	2	Fl. 30	Fl. de 6 a 14					
fiadra, idem · · · · ·	1 1/2	Fl. 1 1/2	Fl. de 7 a 8					
morées, idem · · · ·	2	Fl.	Fl. de 9 a 16 1/2					
Caatjes, la piece · · · ·	1 1/2	Fl. 21	Fl. de 8 a 27					
Calamanganis, idem · · ·	1 1/4	Fl. 21	Fl. de 7 a 10					
beroupaates, idem · · ·	15 1/20	Fl. 25	Fl. de 7 a 9					
dotis, idem · · · · ·	1 1/4	Fl. 25	Fl. de 11 a 14		1 a 5 , 1 a			
gingans, idem · · · ·	2	Fl. 18	Fl. de 6 a 35					
nelis, idem · · · · ·	2	Fl. 20	Fl. de 9 a 10					
firſaeca, idem · · · ·	2 1/4	Fl. 24	Fl. de 22 a 37					
figlerman, idem · · · ·		Fl. 30	Fl. de 25 a ·					
tepois, idem · · · · ·	2	Fl. 20	Fl. de 11 a 12		Fl. 100.			

de Coton des Indes.

Toiles de coton des Indes, &c

divers compris.

Toiles de coton, &c.

NOMS DES MARCHANDISES, &c.	aunages des pièces. (par. lon.)	PRIX, &c.		DROITS D'AMIRAUTÉ			USAGES DES VENTES.
		Sig.	Valeurs.	Entrée. Fl. S. D.	Sortie. Fl. S. D.	Par	
Chelas, la pièce........	Courts. 2 20	Fl	de 7 à 17				
photais, idem........	2 24	Fl	de 7 à 9				
romals, idem........	diverses	Fl	de 5 à 7				
chittes, idem........	idem.	Fl	de 4 à 39				
nekanias, idem........	aunes nes 1 3/16 1 1/2	Fl	de 3 à 7				Par pièces, selon
bherms, idem........	1 5/16 18	Fl	de 6 à 7				les aunages étrangers.
brawts, idem........	1 16/16 23	Fl	de 9 à 11	1 5 .	1 .	Fl. 100	Voyez le Nota, page
coroot, idem........	1 1/4 5 1/4	Fl	de 12 à 13				344.
bajota, idem........	1 16/16 23	Fl	de 1 à 8				
neganepaux, idem.....	1 5/16 23	Fl	de 1 à 8				
garras, idem.........	2 1/4 30	Fl	de 7 à 11				
falempouris, idem.....	diverses	Fl	de 7 à 11				
guinées, idem........	1 5/16 48	Fl	de 14 à 31				
atchiabanas, idem.....	2 1/4 24	Fl	de 6 à 7				
jouffontes, idem......	2 1/4 30	Fl	de 8 à 40				
roësfes, idem........	1 7/8 40	Fl	de 21 à 25				
bandanoës, idem......	14	Fl	de ...				

Toiles de coton des Indes, bonnes pour la

Toiles de Coton des Indes & autres en Lin

				de	à
nanquin, jaune, idem..........			S	de 70	à 72
dito, couleur de rose, idem......			S	de 63	à 64
dito, blanc, idem...........			S	de 60	à 62
dito, gris, idem............			S	de 54	à 56
dito, brun, idem...........			S	de 53	à 55
dito, bleu, idem............			S	ae 50	à 52
d'Hollande, l'aune...........	50		S	de 12	à 100
de Rouen, contrefaite........	50		S	de 6	à 10
crées de Silesie, la piece......	88		Fl	de 36	à 38
dito, étroites, idem.........			Fl	de 30	à 35
dito, plus étroites, idem......			Fl	de 26	à 29
Bretagne, contrefaite, de Silésie, l'aune....	9½		S	de 85	à 100
dito, étroites, idem.........			S	de 60	à 75
platilles royales, la piece......	48		Fl	de 14	à 19
boccadilles, idem..........			Fl	de 17	à 20
fanglettes, idem..........	12		Fl	de 4	à 5
bazins de Bruges, idem.......	19		Fl	de 4	à 6
coutils, l'aune...........	diverses		S	de 18	à 20
prefilles, idem...........	75		D	de 10	à 13
toiles de Brabant idem........	90		D	de 13	à 18
dito, à carreaux, idem.......	div		S	de 5	à 22
dito, à la rose, de 1re, 2me, & 3e. forte, les 175 aun. d'Hollande.					
d°., cannamafos de Brême, la piece...	60		Rdls	de 11	à 18
dito, de Brunfwick, les 100 aunes..	40		Sl	de 30	à 35
dito, de Koenisberg, les 3 pieces...	16	dd	Fl	de 22	à 25
	30		Fl	de 14	à 18

Fl. 100

1 " " I " "

Se vendent par pieces d'aunage d'Hollande & d'Anvers.

Nota. Les toiles de Pologne, de Poméranie, de Silésie, d'Oina-bruck & de Brabant, qui passent en Transit pour l'Espagne, ne paient aucuns droits.

traite des Negres. | Toiles diverses de l'Europe, Bazins & Coutils compris.

[T—V] NOMS DES MARCHANDISES.	Jaugeag. des pieces. Var. lon.		PRIX, &c. Sig.	Valeurs.	DROITS D'AMIRAUTÉ Entrée. Fl. S. D.	Sortie. Fl. S. D.	Par	USAGES DES VENTES.
Toiles, &c.	aun	aun						
serpillieres de Pologne, la piece....	1/100	40	S	de 70 à 100				Se vendent par pieces à l'aunage d'Hollande & d'Anvers.
toiles blanches de Russie, l'aune...	1/100	29	S	de 8 à 10				
dito, à voiles de Russie, la piece....	1/100	50	Fl.	de 18 à 25	1 ,, ,,	1 ,, ,,	Fl. 100	
dito, d'Hollande, idem...........	1/100	50	Fl.	de 22 à 35				
toiles de Poméranie, les 100 aunes.....	1/100	..	Fl.	de 24 à 27	Nota, voyez ci-devant.			
Toiles diverses, &c.								
verd de gris, ou verdet, la livre.......			S	de 20 à 22	1 10 ,,	2 10 ,,	L. 100	Au poids.
vermillon, idem.................			S	de 40 à 45	1 5 ,,	1 5 ,,	L. 100	En barils que l'on tare
vif-argent, idem................			Fl.	de 33 à 34	3 ,, ,,	2 ,, ,,	Fl. 100	A la livre.
Vins divers.								
de Kerez, les 2 pipes............			L.	de 60 à 65				
de Malaga, idem................			L.	de 50 à 70				
des Canaries, idem..............			L.	de 60 à 80	6 ,, ,,	2 ,, ,,	2 pipes.	Se vendent à la pipe.
de Pedro-Ximenès, idem..........			L.	de 40 à 50				
de Catalogne, blanc, idem.........			L.	de 30 à 40				
dito, rouge, idem...............			L.	de 20 à 30				
de Portugal, les 2 pipes..........			L.	de 30 à 36	4 ,, ,,	1 10 ,,	2 pipes.	A la pipe.
de Corse, idem.................			L.	de 30 à 30				
de Naples, idem................			L.	de 25 à 35	6 ,, ,,	6 ,, ,,		
de Bordeaux, le tonneau de 4 barriques			L.	de 30 à ...	3 ,, ,,	30 ,,		Se vend au tonneau

Vins divers.	de Hautbron, nouveau, idem.....	L. de 35 à 36			de Bordeaux. Voyez cette Ville, au Dictionnaire suivant.
	dito, vieux, idem.............	L. de 34 à 100			
	de Graves, nouveau, idem.....	L. de 30 à 45			
	dito, vieux, idem............	L. de 40 à 60			
	du Rhone, idem...............	L. de 35 à 40			
	de Toulon & Pic, le tonneau...	L. de 25 à 35			
	de Cahors, rouge, idem.......	L. de 40 à 45			
	de Bergerac & Ste. Foix, idem..	L. de 20 à 40			
	Vin muet, idem...............	L. de 15 à 20			
	de Beziers & Frontignan, le tierçon.	Fl. de 60 à 80			
	de Constance, du Cap, rouge, l'aam	Fl. de 600 à 1000			
	d'Hollande....................	Fl. de 400 à 600			Par aam d'Hollande, ou par fusailles de diverses jauges.
	dito, blanc, idem............	Fl. de 330 à 600	3	"	
	de Pierre du Cap rouge, la futaille..	Fl. de 100 à 150	"	"	Fl. 100
	dito, blanc, idem...........	Fl. de 350 à 400	"	"	
	de Pontac du Cap rouge idem...	Fl. de 200 à 300	"	"	
	de madere du Cap rouge, idem..	Fl. de 135 à 200	"	"	
	dio, blanc, idem............				
	Vinaigre de Bordeaux, le tierçon..	Fl. de 25 à 30	9	8	5	"	Par tonneau, tierçon, ou barrique. 1 tonn.
	Vitriol d'Angleterre les 100......	S. de 94 à 100	3	"	2	"	Fl. 100
	Zinc, ou Tutenaque, idem......	Fl. de 17 à 18	3	"	2	"	Au poids. Fl. 100

Voici maintenant la liste du prix des Diamants, dits, de *Brabant*, taillés eu *Hollande*; mais avant de l'établir nous croyons devoir parler de leurs diverses sortes, & dire un mot de leurs qualités.

Les Diamants qui se trouvent en *Hollande*, sont tirés du Royaume de *Golconde*, de *Visapour* de l'Isle de *Bornéo*, & sur tout du *Brésil*: lieux qui, après les Indes Orientales produisent les meilleurs, il y en a de diverses couleurs, en bleu en verd, en rose, en jaune, en noir & citrons, mais les préférés sont les blancs dont l'eau bien nette, la belle transparance, l'éclat, la vivacité & le resset forment ainsi que la dureté, les principales qualités: la manière de les tailler leur fait donner différens noms qu'on divise en six classes, la premiere comprend les Diamants à *Table*, dite *Pierres épaisses*, la deuxieme *les Pierres foibles*, la troisieme *les Roses*; la quatrieme *les Brillans*, la cinquieme *les demis Brillans* & la sixieme *les poires à l'Indienne*.

Les *Pierres à table*, les *Roses* les *Brillants* & les *Brillonets* étant en général les plus demandés & donnant lieu à une très forte branche du Commerce de la *Hollande* ce sont de ces especes seules dont nous allons donner les prix par la Liste suivante.

LISTE

des Prix courans des Diamants taillés en Hollande.

Pierres à table & roses de premiere qualité.

Pierres à table foibles, ... le karat .... *Fl.*	27
dito, épaisses .... idem	36
Roses du poids d'un grain .. idem	44
dito, de deux grains .... idem	59
dito, de trois grains .... idem	70
dito, de quatre grains ...... idem	90
Pierres de 10 à 30 *au* ...... karat	46
dito, de 33 à 50 .... idem	50

Pierres à table & roses de deuxieme qualité.

Pierres à table foibles . . . . .le karat . . . . *Fl.*	25
dito, épaisses. . . . . .idem	32
Roses d'un grain . . . . . .idem	40
dito, de deux grains. . . . . .idem	44
dito, de trois grains . . . . . .idem	50
dito, de quatre grains. . . . . .idem	60
Pierres de dix à trente au . karat	40
dito, trente à cinquante . . . .idem	42

Brillants à double ouvrage.

Brillant pésant nn grain . . . .le karat . . . . *Fl.*	80
dito, deux grains. . . . . .idem	85
dito, de trois grains . . . . . .idem	90
dito, de quatre grains. . . . . .idem . . . . de 100 à	115
dito, de cinq grains . . . . . .idem	150
dito, de six grains . . . . . . .idem	180

Les autres grandeurs & poids sont à proportion.

Brillants à simples ouvrages.

pierre d'un grain . . . . .le karat . . . . *Fl.*	62
dito, de six à huit grains . . .idem	64
dito, de douze grains . . . . . .idem	66
dito, de seize grains . . . . . .idem	68
dito, de vingt grains . . . . .idem	74
dito, de trente grains . . . . .idem	80
dito, de quarante grains . . . .idem	85
dito, de cinquante grains . . .idem	90
dito, de soixante. . . . . .idem	95

Demis Brillants, ou Brillonnets.

premiere qualité.

pierres de soixante-dix au . . .karat . . . . *Fl.*	98
dito, de quatre-vingt à quatre- vingt-dix. . . . . .idem	100
dito, de cent . . . . .idem	105
dito, de cent cinquante à 3 cent, à 18 sols la piece	

Deuxieme qualité.

pierres de quatre à douze ... le karat		*Fl.* 5
dito, de douze à vingt ..... idem		5
dito, de vingt à cinquante ...idem		6

Nota. Les ventes de ces Diamants se font à trois mois de terme, & l'on tient compte aux acheteurs d'un p§ pour plus prompt paiement.

Observations sur le Commerce de la Hollande avec ses Colonies.

Ce que la *Hollande* tire de plus important de ses Colonies de l'*Amérique*, est en sucre, café, coton, cacao, indigo, cuirs.

Elle tire le gerofle d'*Amboine*, *Oma*, *Honimoa* & *Nos-essa-Lasét*, quatre Isles situées à environ 120 lieues de l'Orient de *Batavia*, dans les Indes.

La muscade lui vient de *Banda*, & de quelques autres Isles de l'*Archipel* de St. *Lazare*.

Ceylan & une autre Isle considérable, du Sud & de la presqu'Isle de l'Inde, vis-à-vis le *Cap-Morin*, lui produit la canelle.

Ses établissemens sur les Côtes de *Malabar* & de *Coromandel*, l'approvisionnent en poivre.

Et ses comptoirs situés en divers lieux de l'*Asie*, & surtout *Ougli* dans le *Bengale*, lui procurent quantité de soies réputées être les meilleures des Indes, des étoffes de soies, du coton & des étoffes de coton très estimés, du salpêtre, du musc, de la rhubarbe & de l'amphion.

Telles sont les riches productions que la République des Provinces-Unies, tire de tous ses établissemens d'Outre-Mer, & qui joint à son Commerce local, & ses articles d'industrie lui procurent ensemble le commerce le plus étendu & le plus conséquent de l'Europe.

La majeure partie de ce Commerce se fait par la Compagnie des Indes Orientales, qui est divisée en six chambres, dont l'Administration est confiée à 66 Directeurs.

Amsterdam forme la première chambre, *Midelbourg* la seconde, *Delft* la troisieme, *Rotterdam* la quatrieme, *Hoorn* la cinquieme, *Enkuisen* la sixieme & derniere chambre.

Cette Compagnie fait deux ventes générales chaque année, la première en Avril & Mai & la seconde en Novembre & Décembre.

Couriers divers.

Nous croyons ne pouvoir mieux terminer l'article de la capitale de la Hollande que par une indication très-succincte du départ & de l'arrivée de ses couriers pour les diverses contrées de l'Europe.

Départ.

Tous les jours.
Pour la plupart des Villes de la Province d'Hollande & de Zélande , pour toutes les Villes sur la Meuse , Breda , Utrecht , & Haarlem , la Poste part trois fois par jour.

Il part aussi tous les jours , selon le vent , du Port de Helvoet , un Paquebot ou bateau de Poste pour Harwich & toute l'Angleterre , &c. Il se charge à la fois des lettres , des marchandises & des passagers.

Le lundi à 8 h. du s.
Pour l'Espagne , la France , le Brabant & la Flandre.

Le Mardi.
Pour l'Italie , toutes les Villes sur la Meuse , les Provinces de Gueldre & d'Over issel & le Duché de Clèves à une heure après midi.

Pour Hambourg, Brême, le Danemarck, la Suéde , la Pologne , la Russie & pour toutes les Villes de la Mer Baltique à 6 heures ½ du soir.

Le Jeudi.
Pour l'Angleterre à 8 heures ½ du soir.

Pour l'Espagne , le Portugal , & autres Pays indiqués au lundi , à 8 heures du soir.

Le Vendredi.
Même chose qu'au mardi.

Le Samedi.
Même chose qu'au mardi , mais le départ est à 6 heures ½ du soir.

Arrivée.

Le Dimanche & le Jeudi.
Arrivent les lettres de la Hongrie , de Liège , de Munster , de la Province de Gueldre , &c.

Le Lundi Et Vendredi.
Arrivent les lettres de la Mer Baltique , de la Pologne , de la Russie , de la Suéde , du Danemarck , de Hambourg , de Brême , d'Oldenbourg , &c.

Le Mardi	De la France du Brabant & de la Flandre
Le Mercredi	De l'Italie.
Le Vendredi	Comme le mardi & de plus l'Espagne & le Portugal.

Les Lettres d'Angleterre arrivent suivant le vent.

Le Courier de Paris pour la Hollande, part régulièrement les lundi & vendredi à 10 heures du matin ; on ne peut pas affranchir.

Foires & marchés.

Il y a marché public toutes les semaines & trois foires considérables dans l'année. La 1ere. le 11 ou 12 mars, la 2eme. le 11 ou 12 juin, & la 3me. qui est la plus conséquente arrive le 21 ou 22 7bre. la franchise de ces foires est pour la sortie.

67.
ANCLAM. } Ville d'Allemagne, dépendante du Duché de Stetin fait un fort Commerce de bled, merrain, bois de construction, savon noir, dont elle a une forte Manufacture, bas & mouchoirs de soie, & de draps & étoffes de laines.

68.
ANCONE. } Ville d'Italie sur le Golfe de Venise, elle a un bon port à 17 lieues d'Urbin, elle est la résidence d'un consul François, & est très commerçante.

CHANGES DES MONNOIES.

Noms des Monnoies.	Valeur en argent		
		du Pays.	de France
Pistole d'Espagne	30 jules		15 19 9
Idem d'Italie	29		15 5 9
Sequin du Pape	21		11 3
Sequin nouveau	19		9 17
Idem vieux	18		9 7

Suite d'Ancone,						
Hongre d'Hongrie.........	16	Jules	⅚	8	14	2
Ecu ou Croisat..	12	..	½	6	10	,,
Idem de Milan..	11	..	½	5	19	7
Idem du Pape....	10	..	,,	5	4	,,
Teston	3	?.	,,	1	11	1
Livre de Florence	1	..	½	,,	15	7
Jule, Paule ou Paoli........	10	Bayoques		,,	19	5
Bayoque........	5	Quatrins		,,	1	½
Scudo..........	10	Paolis	,,	5	4	2
Picoli...........	2	Soldis	,,	,,	5	2½
Soldi ou Sol...	12	Denarios		,,	,,	7½

Paris donne 100 écus de 3 liv. pour 57 écus 7/10 du Pape de 10 Jules chaque.

Poids, Mesures & Aunages, comparés à ceux de Paris.

100 liv. d'Ancone font 67 liv. ⅛ de Paris.

100 *brasses* d'Acone font 53 aunes ⅓ de Paris.

La mesure des graius est le *rubbo* de 8 *lappes* qui forment 10 *scheppels* d'Amsterdam, lesquels représentent 21 *boisseaux* de Paris.

La mesure des liquides est le *soma*, qui répond à 120 *mingles* d'Hollande, ou 240 *pintes* de Paris.

Observations générales.

Les Ecritures se tiennent en *scudo* de 20 *soldis* & *soldi* de 12 *denaris* & en écus de 10 *jules* qui se divisent en 20 *sols* d'or & le *sol* 12 deniers.

Le Commerce de cette Ville est semblable à celui des principales Places de l'Italie. *Voyez* Rome, Bologne, Livourne, &c. Paris change avec cette Ville par Rome.

Départ du Courier de Paris, tous les Mardis matin.

69,
ANCY - LE-
FRANC

Ville de France en Champagne sur la Riviere d'Armançon à 53½ lieues de Paris, son territoire est fertile en grains, vins, & paturages. Il s'y fabrique des serges croisées fort estimées.

Son Courier part de Paris, les Lundi & Vendredi.

70.
ANDAYE.

Bourg de France, au Pays des Basques, il est renommé par ses vins & eaux de vie, ces dernieres sont recherchées de toutes les nations.
Courier Mardi, Jeudi & Samedi.

71. A N D E R (St.)

Ville d'Espagne, Capitale de la Province de la Montagne; elle a un bon port. Son commerce est en froment laines & agnelins de Castille, dont elle expédie plus de 1500 balles par année, mais le plus souvent pour compte de diverses maisons Espagnoles; on y fait en outre de forts armemens pour la Havane, la Louisiane, & Buenos-Aires.

72.
ANDREA.

Ville d'Afrique, dans la Haute Guinée, d'où l'on tire beaucoup d'Ivoire & d'Esclaves.

73.
ANDRINOPLE

Ville de la Turquie Européenne Province de Thrace, sur la Riviere la Mariza à 15 lieues de Constantinople, elle contribue par ses productions au Commerce de cette derniere Ville & à celui de Smyrne. *Voyez* Constantinople Smyrne.

74.
ANDROS.

Ville Capitale d'une Isle de l'Archipel avec un très bon port. Son Commerce est en soies qui n'est bonne que pour faire de la tapisserie & des rubans.

75.
ANDUXAR.

Ville d'Espagne dans l'Andalousie 13 lieues de Cordoue; son Commerce est en soies, bled, huile, vins & fruits, dont ses environs abondent.

76. ANGERS.

Ville de France, Capitale de l'Anjou, à 6 lieues de Paris & 20 de Nantes, sur la riviere de Mayenne, qui se joint avec la Sarte & le Loir à celle de Loire à deux lieues au-dessous de cette ville. Son Commerce est en vins blancs recherchés de toutes les Nations, grains de toute espèces, lins, chanvres, bestiaux, ardoises, chaux, toiles à voiles très bien fabriquées. Il y a aussi une Manufacture d'indienne, & à 6 lieues de là des mines de fer & de charbon de terre. Cette ville a une Jurisdiction Consulaire.

Voyez pour les foires, l'état des foires de l'Europe.

Courier de Paris, Dimanche, Mercredi, Jeudi & Samedi.

77.
ANGLESEY. } Isle de la Grande - Bretagne dans la Principauté de Galles ; elle est fertile en bled & bétail.

---

78 ANGOULEME.

Ville de France, Capitale de l'Angoumois proche la Charente, à 20 lieues de Limoges & 127 de Paris : elle a une jurisdiction consulaire ; elle fournit au Commerce, vins, eaux de vie, safran, papiers, draperies, serges, étamines, genevre & bois de construction de toutes especes. Elle exploite des forges de fer & fait beaucoup de Mairain & futailles de toutes sortes. Le bois mairain se vend par quart composé de 303 douves ou Douelles & 202 fonds. Elle tient aussi des cercles de Chataigniers de toutes grandeurs pour relier les futailles ; ces cercles se vendent par couronne de 500 cercles.

Courier, Mardi & Samedi. Foires ; voyez l'état de Foires.

79.
ANGOURY. } Ville de la Turquie Européenne dans la Natolie. Il s'y fait un fort Commerce de camelots très bien fabriqués.

80. ANHALT.	{ Principauté d'Allemagne dans la Haute-Saxe, arrosée par la Wiper, la Mulde & la Sale; elle abonde en grains, fruits, mines de fer, d'argent & de charbon.
81. ANNABERG.	{ Ville d'Allemagne dans la Misnie à milles de Leipsick; elle a dans ses environs des mines d'argent.
82. ANNOBON.	{ Isle d'Afrique, sur la côte de Guinée, les Portugais qui en font presque tout le Commerce en tirent tamarins, cocos, oranges, patates & beaucoup de coton.

83. ANNONAY.

Ville de France, généralité de Montpellier à 12 lieues de Lyon, au confluent de Demnes & de Canse. Il y a sur ces Rivieres & dans cette Ville quatre manufactures de papiers les plus renommées de l'Europe, où se fabriquent toutes especes de papier de toutes grandeurs, finesses & forces pour estampes, cartes géographiques, desseins, cartes à jouer, impression, livres & registres.

On y prépare aussi des peaux d'agneaux, recherchées pour les gants de Grenoble aussi connus qu'estimés, & l'on y passe à l'huile peaux de chamois, boucs, chevres, chevreaux & moutons qui servent à l'habillement de la cavalerie. Enfin l'on y prépare aussi des cuirs forts, de brigades & de veaux. Il s'y fait en outre un Commerce de bonneterie & draperie communes, soie ouvrée & Bougie à l'instar de celle du Mans.

Son Courier part de Paris les Mardi, Jeudi & Samedi.

84. ANTIGOA.	{ Isle de l'Amérique Septentrionale, l'une des Antilles, située entre la Barbade & la Désirade, elle appartient aux Anglois qui en tirent du sucre, du tabac, de l'indigo, & du gingembre, longitude 315, 40 latitude 17.

85. ANVERS	Ville des Pays-Bas Autrichiens dans le Duché de Brabant fur la Riviere de l'Efcaut , où elle a un beau port auffi fur que commode, à 9 lieues de Bruxelles , 68 de Paris, & 70 de Londres.

CHANGE DES MONNOIES.

Noms des Monnoies principales.	Valeur en argent.						
	du Pays.				de France		
	Fl	S	D cour.		L.	S.	D.
Souverain d'or fimple	8	18	6	..	16	7	10½
dito Double...............	17	17	..	..	32	15	9
Ducat impérial neuf........	6	...	6	..	11	1	8 9/15
Ducat d'Autriche	5	18	..	..	10	16	8 4/15
Ducat Kremints	6	1	..	..	11	2	2 46/49
Ducat d'argent...........	3	11	6	..	6	11	3 2/15
Couronne.............	3	3	..	..	5	15	8 12/49
Rixdale ou Patagon.......	2	8	..	..	4	8	2
Efcalin ou Schelling.......	...	7	..	..	...	12	10 14/49
Florin..............	20 fols.....			1	16	8 40/49
Plaquette............	...	3	6	..	...	6	5 7/49
Sol................	12 deniers....			..	1	10 8/49

Nota. Toutes les monnoies ci-deffus font réelles ; celles imaginaires font la *rixdale* , la *livre de gros* , la *livre* courante ou demi *florin* , le *florin* , le *gros* , le *fol* , le *denier* ou *pening* & le *myten*.

La *livre de gros* eft de 20 *efcalins* , l'*efcalin* de 12 *gros* ; c'eft dans ces monnoies que ce tiennent les écritures , ainfi qu'en *florins* de 20 *fols* , le *fol* de 12 *deniers* ou *penings* , & le *penings* de 3 *mytens*.

Les variations du Change font à peu près comme en Hollande ; on donne communément 57 deniers de gros pour l'*écu* de 3 *livres* de France.

On compte en argent *de change* & *argent courant* : 7 *livres courantes* n'en font que 6 *de change*.

La plupart des monnoies d'Europe ont cours dans les Pays-Bas Autrichiens.

Poids, Mesures & Aunages, comparés à ceux de Paris.

100 *livres* d'Anvers font 94 *l.* ⅔ de Paris.
100 *aunes* d'Anvers font 58 *aunes* ⅞ de Paris.
Le *viertel* de bled pese 141 *l.* poids de *marc.*
Les liquides, & sur-tout le vin, se vendent à l'*aum*
50 *stopens*, le *stopen* est de 2 ⅖ *mingles* d'Hollande, ou 5 *pi*
tes ⅘ de Paris.
Anvers change avec les mêmes Places qu'Amsterdam do
elle suit les mêmes usages pour les traites.

Commerce Industrie & Manufactures.

Une forte partie de son Commerce est en épiceries qu'el
fournit à toutes les Villes des Pays Bas Autrichiens, & le
productions de ses fabriques qui consistent en étoffes de l
noire, très estimées par la beauté de leurs teintures; s
perbes velours de coton, siamoises flanelles, toiles peinte
& cotons imprimés, savon blanc & noir, sel & sucre, do
il y a plusieurs rafineries en bonne réputation, amidon po
dre à canon & salpêtre, dentelles de fil très renommé
& superbes toiles dont il y a de très belles blanchisserie
Ces derniers articles & sur-tout le fil & les dentelles so
d'un très grand débit pour la Hollande & la France.
Elle a 3 Foires dans l'année, la 1ere. à la Pentecôte
la 2eme. à la St. Remi & la 3eme. à la St. Bavon.
Son Courier part de Paris tous les jours à 10 heures d
matin.
Voyez Bruxelles, *pour autres détails, réglemens, &*

---

86. **A P H I O M** *ou* **CARAHISSAR**	Ville de la Turquie asiatique dans Natolie, longitude 48 32, latitude 34; son nom lui vient de la grande qua tité d'opium qu'on y fait.

---

87. APT.	Ville de France, en Provence à 8 lieu d'Aix; elle fournit quantité de prunes

Suite d'Aph

| Suite d'Apt. | pruneaux dont on fait cas. Il s'y fabrique des cadis & cordelas avec la laine de Provence.
Son Courier part de Paris les Mardi, Jeudi & Samedi. |

| 88.
ARABIE. | Province d'Afie, dans la Turquie, elle produit quantité de parfums, de beaume, de gomme & de café, dont le Commerce fe fait par les échelles du Levant. |

89. ARRAGON.

Province d'Efpagne, dont la Capitale eft Saragoffe, ville très commerçante, fituée fur la rive occidentale de l'Elbe, à 53 lieues de Barcelonne & 60 de Madrid.

Cette Province tient fes comptes en une monnoie particulière, dite, *libra jaquefa* qu'on divife en 20 *fols* ou *fueldos*, & le *fol* en 16 *deniers* ou *dineros* de *plata* : cette monnoie fe divife en 10 *réales* de 16, *quartos* ou de 64 *maravédis* de *veillon*, chaque *réale* repréfentant 9 fols 4 deniers $\frac{16}{17}$ de France.

La *livre*, poids ordinaire d'Arragon, n'eft que de 12 onces. Il y a 36 *liv.* dans l'*arobe*. *Voyez* ce dernier poids à la table des *Poids*, Tome 2, Partie 4.

Le bled fe vend au *cahiz* de 8 *fanegas*, le *fanegas* eft d'environ 90 l. poids de *marc*.

L'huile & le miel fe vendent au poids.

La mefure des étoffes, toiles, &c. eft la *varas* dont les 100 font environ 50 aunes de Paris.

Commerce & Induftrie.

Le territoire de cette Province, eft très fertile en bleds, huile, vins, faffran & réglife; toutes denrées dont elle fait un fort Commerce auquel la Ville de Sarragoffe joint des foies, des laines & quelques étoffes de ces matieres qu'elle fait fabriquer.

Le Courier pour l'Arragon, part de Paris les Mardi & Samedi à 2 heures après midi.

90. ARGELE.

Ville de la Barbarie, ayant titre de *Royaume*. On compte en *faime* ou *doubles* de 50 *afpres* en *pataqu* *chiques* de 252 *afpres*, & en *pataques d'afpres* de 8 *mines*, chaque *Temine* de 29 *afpres*. *Voyez* à cet égar l'article d'Alger, Ville de la même contrée.

Le poids de cette Ville pour les groffes ventes eft le *cantar* *quintal* qui eft de 200 *rotoles* pour la plupart des march dites, 166 pour les figues, raifins, beurre, miel, dat huile & favon, 150 pour fer, plomb, fil & laine, 110 amandes, fromages & coton; & 190 *rotoles*, feulem pour bronze, cire, cuivre & drogueries. Le *rotole* vife en 16 onces, & les 100 ne forment qu'environ 9 de Paris.

Le bled fe mefure au *Cafis* qui pefe environ 560 l *Marc.*

La mefure des liquides eft le *metalli*, qui pefe en hu 36 ½ l. poids de *marc.*

L'aunage le plus ufité eft le *Pic-Ture* qui eft de 276 lig de France.

Les marchandifes que l'on peut tirer de cette Ville des huiles, figues, raifins, beurre, miel, dattes, favo plomb, fer, fil & laine, amandes, fromages, favon & cot toutes denrées dont les prix font affez modérés en tems paix.

Les lettres de Paris & de toute la France, ne peuv paffer que par la voye de Marfeille.

91.

ARAMONT. {
Ville de France au bas Langued
fur le Rhône, long. 22-24. latitude 43
Elle produit la meilleure huile de tou
la Province.

92.

ARBOIS. {
Ville de France, dans la Bourgogn
entre Salins & Poligny. Longitude 23-3
latitude 46-55. Elle produit d'excelle
vins très connus fous le nom d'Arbois
Courier Lundi Mercredi & Vendredi

93. ARCHANGEL.

Ville de la Ruffie Septentrionale, dans la Province d'Owma fur la Riviere du même nom, à 6 lieues de la Mer Blanche & 200 de Moscow. Son Commerce confifte en cuirs, pelleteries & cire. Les Anglois & Hollandois y portent des draps & les François, des vins d'Anjou & de Bordeaux, toiles, futaines, draps, chapeaux quelques riches étoffes, quincailleries, épiceries, drogueries & papiers; ils prennent en retour du froment, du feigle de la femence de lin, du goudron, du brai, du fuif, des chandelles, du fer, des cuirs de roussi, de la foie de porc, du chanvre, des huiles de chenevis & de poisson, de la cire, des nattes, des toiles à voiles & de napage & des pelleteries. Ci-après eft une lifte des prix communs de ces diverfes denrées.

Prix du Fort au Foible.

des Denrées qui fe tirent d'Archangel.

Noms des Marchandifes.	Quantités, mefures ou poids.	Prix en Roubles & Copecks.	
	L.	*Prix.*	Monnoies.
Suif, le berckowitz	de 400......	de 20 à 25	*Roubles.*
Chanvre........	le millier....	de 40 à 45	*Idem.*
Soie de porc, le pond	de 40 liv....	de 5 à 8	*Idem.*
Froment, le czetwer	de 23 feptiers de Paris....	de 250 à 350	*Copecks.*
Seigle, idem....	idem......	de 150 à 250	*Idem.*
Semence de lin, id.	idem......	de 240 à 300	*Idem.*
Brai, le baril dont 14 forment....	le laft.....	de 190 à 220	*Idem.*
Goudron, idem.	idem......	de 160 à 190	*Idem.*

Enfin cette Ville eft comme l'entrepôt du Commerce du Nord de la Ruffie; elle fuit en tous points les ufages de St. Pétersbourg. Paris change avec Archangel par Amfterdam ou Hambourg.

Son Courier part de Paris, les Lundi & Vendredi.

94.
ARCIS *fur*
AUBE.
} Ville de France, en Champagne, il
a une manufacture considérable de bas
laine, & il s'y fait un fort Commerce
de grains.
   Courier de Paris, Mardi, Jeudi
Dimanche..

---

95. ARENDAHL *Voyez* Chriſtianſand,

---

96.   A R E P C H O N,

  Baſſin ſitué ſur la côte de Medoc, contrée de France de
la Guyenne; il a 8 lieues de tour & eſt environné de Villages qui font le Commerce du Bray de la Réſine & du
goudron qu'ils tirent des landes voiſines,
  Le Courier de Paris eſt les Mardi & Samedi.

---

97.   A R G E N T A N,

  Ville de France, en Baſſe Normandie à 36 lieues de Paris, ſur la Riviere d'Orne. Son territoire eſt abondant en
grains & l'on y éleve beaucoup de chevaux. Le principal
Commerce eſt en Tanneries, dont la préparation des cuirs
eſt regardée comme ſupérieure, & en dentelles connues ſous
le nom de point de France & d'Argentan.
  Son Courier part de Paris les Lundi, Mercredi & Sa-
medi.

98.
ARGUN.
} Ville de Ruſſie dans la Tartarie Orien-
tale, ſur une Riviere de même nom, où
ſe pêche beaucoup de perles & de rubis.
Il y a aux environs des mines d'argent &
de plomb.
  Courier de Paris les Lundi & Vendredi.

99. ARLES.

Ville de France en Provence fur les bords du Rhône à 5 lieues de Nifmes, 7 d'Avignon & 177 de Paris, elle a une jurifdiction confulaire. Son Commerce eft en froment, vins, huiles, fruits, & une fabrique de petites rafes.
Son Courier part de Paris les Mardi, Jeudi & Samedi.

100. ARMENTIERES.

Ville de France dans la Flandre Françoife à 3 lieues de Lille, il s'y fait un Commerce de toiles dont les marchés pour les grifes tiennent tous les Lundis. Elle a trois foires par an. La 1ere. le 9 mai, la 2eme. le 1er. juin, la 3eme. le 1er. 7bre.
Courier tous les jours à midi.

101. ARMUYDEN.

Ville Hollandoife dans la Zélande, *voyez* Vera au préfent Dictionnaire.

102. ARNAY-LE-DUC.

Ville de France, en Bourgogne à 65 lieues de Paris, près la Rivière d'Aroux. Il y a des fabriques de ferges drapées droguets & laines dont le Commerce eft affez grand.
Courier de Paris les Lundi, Mercredi & Samedi.

103. ARRAS.

Ville de France, Capitale de l'Artois, fur la Rivière de Scarpe à 14 lieues d'Amiens, & 42 de Paris. Il y a des Manufactures confidérables de dentelles de toutes les fortes depuis 2 fols l'aune jufqu'à 15 liv., il s'y fabrique auffi du bazin à grandes & petites rayes, en fil fimple & fil & coton ; les pieces font de 25 aunes fur une de large, & leur prix de 40 liv. à 80 liv. la piece. Les Etats de cette Ville y ont établi une manufacture de porcelaine.

100 aunes d'Arras n'en font que 61 de Paris.

Son Courier part de Paris tous les jours à midi.

---

104. ARRICA.

} Ville de l'Amérique Méridionale, dans le Pérou, fon Commerce affez confidérable eft en Piment qui fe vend à Lima.

---

105. ASTURIE.

} Province & Principauté d'Espagne, fe trouvent des mines d'or, d'azur & de vermillon, excellens vins & bons chevaux, Oviédo en eft la Capitale, elle eft fituée fur les Rivieres d'Ove & de Deva, à ... lieues de Madrid. *Voyez* Madrid.
  Son Courier part de Paris les Mardi & Samedi.

---

106. ASTRACAN.

Ville Capitale de la Moscovie Asiatique, fituée à l'embouchure du Volga. Son territoire très fec ne produit des fruits & une grande abondance de fel le long des côtes de la Mer Cafpienne, où il y a de belles pêcheries. Le Commerce de cette Ville eft de recevoir des Européens cuirs rouges, des toiles, des étoffes de laines, &c. qu'elle envoie en Perfe, ainfi que du fer, de l'acier, du fuif, des pelleteries, & elle en tire des foyeries fimples & mêlées d'or qu'elle vend aux Polonois, du riz, des toiles, de belles foies, du *ghilam* & du *fchamachin*, des cotons filés & non filés, du *mafenderan* & d'*ifpahan* ; elle tire en outre plufieurs articles des Indes en étoffes, perles, diamans, tapifferies, poudre & lingots d'or & d'argent, & de très belles peaux d'agneaux de la *buckarie*. Cette Ville eft en outre remarquable par plufieurs fabriques en foie & coton, & elle fournit au Commerce une grande quantité de réglifse : il eft à propos que les Européens qui y portent des marchandifes faſſent quelques préſens aux Officiers de la Douane de cette Ville pour y faciliter leurs affaires.

Son Courier part de Paris les Lundi & Vendredi.

107. ATH.

Ville du Hainaut Autrichien, ſur la riviere de Denre à 10 lieues de Gand. Les toiles & blanchiſſeries qui s'y ſont donnent lieu à un grand Commerce en ce qu'elles ſont fort eſtimées. Il y a une forte Foire le 8 Septembre.

Courier tous les jours à midi.

108. AUBENAS.

Ville de France dans le Languedoc ſur la Dardèche à 11 lieues d'Uzès, elle fournit au Commerce, vins, grains, figues, olives, truffles noires, oranges & marons connus ſous le nom de *marons de Lyon.* Il s'y fait beaucoup de ſoie que l'on file en organſin d'une extrême fineſſe. On y fabrique auſſi des mouchoirs de coton, façon des Indes, des draps appellés *Londrins* dont les teintures ſont très belles, diverſes petites étoffes, ratines, burats, cadis &c., & à deux lieues de cette Ville eſt une mine de charbon de terre. L'*aune* ou *canne* eſt de 8 *pans*, le *pan* porte 9 pouces 2 lignes ou $\frac{5}{12}$ de l'*aune* de Paris.

Pour les poids, *voyez* Marſeille. Foire le 17 Janvier.

Son Courier part de Paris les mardi & ſamedi.

109. AUBETERRE

Ville de France dans l'Angoumois, proche la Riviere de Drone à 8 lieues d'Angoulême. Elle fait un gros Commerce de bled & de vins pour Bordeaux & la Flandre, & a des fabriques de papiers & groſſes toiles qu'elle envoye auſſi à Bordeaux & la Rochelle.

Courier part de Paris les Mardi & Samedi.

II. AUBIGNY.

Ville de France, sur la Nere, à 40 lieues de Paris. Elle
a une fabrique de draps communs & fait un Commerce de
cire, laine, fil & toiles qu'elle vend aux Orléanois. Elle est
proche de 2 verreries assez renommées, ainsi que les forges
à fer d'Yvoy. Elle a plusieurs foires, 1°. à la St. Martin,
2°. le 28 mai; & 3°. le 28 septembre. Il y a marché tous
les Samedis, où se vend beaucoup de grains & particulièrement de bled.

*Le Courier part de Paris, pour cette Ville les Mar-
& Samedi à 2 heures.*

III. AUBUSSON.

Ville de France dans la Haute Marche, sur la Creuze,
165 lieues de Paris; cette Ville est l'entrepôt de Limoges
de Clermont-Ferrand, elle fournit seigle, avoine, sarrazin,
légumes en abondance, elle fait un fort Commerce en sel, froment, vins, laines & en tapisseries de haute & basse Lisse dont
elle a des manufactures considérables. Ces tapisseries se font
de soies & laines, & l'on y employe aussi de l'or & de l'argent; il y en a de différentes hauteurs & largeurs, & l'on
en fabrique pour meubles comme fauteuils, chaises, cana-
pés, &c. Après les tapisseries des Gobelins, celles-ci sont
les plus estimées; il en est de même de ses tapis connus sous
le nom de *Moquettes*. Il y a aussi dans cette Ville d'assez belles tanneries.

Son Courier part de Paris les Mardi & Samedi.

112. AUDENARDE.

Ville des Pays-Bas, dans la Flandre Autrichienne; elle
est sur l'Escaut a 4 lieues de Gand, 7 de Tournai &
de Paris. Son Commerce est en belles toiles bleues, coda-
lin, mine de plomb, sel rafiné, savon noir & farines économiques à l'instar de celles de Bordeaux, tant renommées.
Mais de ces divers articles, il n'y a que les toiles qui méritent
quelque considération dans le Commerce, les autres étant

très

très bornés & réduits, sauf la vente du Colſat, à l'exploitation, d'une fabrique en chaque genre; celle des farines qui n'eſt encore que naiſſante, eſt ſuſceptible d'augmentation & de perfection au point de mériter l'attention de pluſieurs places de Commerce.

113.   AUMALE.

Ville de France en Normandie, au Pays de Caux, ſur la Rivière de Breſle qui communique à la mer, à 14 lieues de Rouen, & 26 de Paris. Ses productions ſont en graines de toutes eſpeces, bon cidre, chêne eſtimé pour le bordage des vaiſſeaux. Son induſtrie conſiſte en ſerges de différentes qualités, en diverſes couleurs & imprimées en divers deſſins; il y a auſſi des tanneries pour l'approviſionnement de Paris une forte fabrique de bas de laine, une de ſavon noir & de forts teinturiers en bon & petit teint. Il y a marché les Lundi, Jeudi & Samedi.

Son Courier part de Paris tous les jours.

114. **AURILLAC.**	Ville de France, dans la Haute-Auvergne, à 100 lieues de Paris; on en tire grains, fruits légumes, fromages & beſtiaux. Il s'y fabrique des étamines, ras &c. *Son Courier part de Paris les Dimanche & Mardi à 2 heures.*
115. **AUSBOURG,** ou **AUGUSTE**	Ville d'Allemagne en Souabe, ſur la rivière d'Ylech, à 8 lieues de Vienne, 166 de Paris, 25 de Nuremberg & 50 de Strasbourg.

CHANGE DES MONNOIES.

Noms des Monnoies.	Valeur en argent.			
	du Pays.	de France.		
		L.	S.	D.
Rixdale de change	90 creutzers	4	,,	,,
Florin	60	2	13	4
Creutzer	4 fenins	,,	,,	10½
Rixdale courante		4	17	8½
Ducat	4 florins	10	13	4

Paris donne un écu de 3 liv. pour 67 à 68 *creutzers*.

La France change en droiture avec cette Ville. L'argent de change est de 27 p§. de plus que l'argent courant.

Poids, Mesures & Aunages, comparés à ceux de Paris.

100 *livres* d'Ausbourg font 97 *l.* de Paris.
100 *aunes* courantes en font 49 ½ de Paris.
Le *scheppel* de bled pese 30 *l.* poids de *marc.*

Usages des Payemens.

Les lettres payables le mardi, ne s'acquittent que mercredi; & celles payables le mercredi ne font acquittées que 8 jours après, les lettres à usances se payent 15 jours après l'acceptation & toujours le mercredi; celles à une seule usance s'acceptent 15 jours après la présentation, & celles 2-3 & 4 usances ne s'acceptent que 15 jours avant leur échéances. Ausbourg tire sur Amsterdam, Franfort, Hambourg, Leipsick, Nuremberg, Venise & Vienne à 14 jours de vue, & quelquefois en foires sur Bolzam, Francfort Leipsick seulement. Les écritures se tiennent en florins à 60 *creutzers*, & le *creutzer* de 4 *deniers* ou *pfenings.*

Commerce & Industrie.

Cette Ville étant le passage des marchandises d'Italie, envois & retours, est par-là même très commerçante : on fait un grand commerce de change. L'Italie, la France & Hollande fournissent à cette ville quantité de soiries & nouvelles étoffes. Ce qu'on en tire consiste en divers ouvrages en or & argent purs, d'autres incrustés en nacre de perle, ambre jaune & autres matières précieuses, belles tables à écrire, superbes estampes & figures en taille-douce, quantité de bijouteries dont le débit, qui se fait dans toute l'Europe par des petits marchands, dits *Porte-balles*, est immense. On y contrefait en étain fin les plus belles pièces d'argenterie; on y fabrique des lunettes, des miroirs, de l'or en feuilles, des passemens, différens papiers peints; on y grave de belles cartes géographiques; il y a un nombre de fabriques de taines, de chitz, de toiles à matelats, de toiles mi-coton, une en fil de lin, de belles toiles en or, argent, bleu-céleste rose & verd qui ne déteignent pas, des couvertures pour chevaux dont le débouché pour l'Italie est très conséquent, & l'on y fait aussi d'assez bons ouvrages en horlogeries.

Les mefures des liquides font le jé de 12 *beſſons*, le *beſ-*
ſon de 8 *maſſes*, & la *maſſe* de 8 *pintes* de Paris.
Son Courier part de Paris tous les jours, il faut affranchir
juſqu'aux frontieres.

116. AUSCH.

Ville de France en Gaſcogne, fur le Gers, à 165 lieues
de Paris. Ses productions font en froment, vins, laines,
& fruits finguliérement eſtimés. Son induſtrie eſt en fabriques d'étoffes de laines, nommées, raſes plénieres, cadis,
burats & crêpons; chapelleries, & tanneries peu conféquentes. Il y a foires les 9 7bre. & 11 9bre. elles font aſſez
confidérables.
Son Courier part de Paris les Dimanche & Mardi.

117. AUTREY.

Ville de France en Bourgogne. Il y a des forges à fer,
immenſes & en grand nombre dont la qualité des fers eſt
fupérieure à ceux de Champagne & Berry. Le fer fin ſe
vend 160 liv. „ „ le °°, le martinet 185 liv. „ „ le petit
carré 170 liv. „ „ la verge 165 liv. „ „ le moulage 70
liv. „ „ la fabliere 100 liv. „ „ & le commun 136 liv. „ „
on préfume que le tranſport de cette Ville au Port de Se-
mur (autre Ville de Bourgogne fituée fur la Riviere d'Armançon qui communique à la Loire) ne va qu'à 25 liv. „ „
du millier y compris l'acquit des droits.
Son Courier part de Paris les Lundi, Mercredi &
Vendredi.
Nota. Il ſe fait auſſi en cette Ville des garnitures de robes d'un grand prix, il faut s'adreſſer aux Dames Ste.
Marie.

118. AUTUN.

Ville de France en Bourgogne, proche la Riviere de la
Roux, à 65 lieues de Paris. Elle a une jurifdiction confulaire,
fon Commerce eſt en grains, vins, chanvres, foins de bonne
qualité, bois de chauffage, fer, peu d'ardoifes, beaucoup
de chataignes & d'éleves de chevaux & autres beſtiaux du

Morvan, qui s'envoyent à Paris. L'Hôpital de cette Ville à une forte fabrique de bonneterie de laine, à l'aiguille & de ferge de $\frac{2}{3}$ de large qui fe vend 3 liv. l'aune. Il s'y fait auffi des toiles de diverfes qualités, & qui vont de 18 à 45 f. l'aune qui eft la même que celle de Paris.

Son Courier part de Paris, les Lundi, Mercredi, & Vendredi.

	Province de France qui fournit quan-
119.	tité de beftiaux, vins & fruits pour Pa-
AUVERGNE.	ris, il s'y trouve des mines de fer & de charbon. *Voyez* Clermont & Limoges.

120. AUXERRE.

Ville de France en Bourgogne fur la Riviere d'Yone à 10 lieues de Sens & 37 de Paris. Elle a une jurifdiction confulaire. Son Commerce unique eft en vins, qui fe tranfportent avec toutes les facilités poffibles. Il y en a de tant de qualités que les prix vont de 40 liv. à 300 liv. le muid compofé de 2 feuillettes qui répondent à 288 pintes de Paris. Les plus chers font de qualités rares & fe confervent très long-tems; l'on en exporte dans toutes les contrées de l'Europe qui en font le plus grand cas. L'Hôpital de cette Ville à une filature de coton & une fabrique de bas au métier. *Courier, Lundi, Mercredi & Vendredi.*

121. AUXONNE.

Ville de France en Bourgogne, fur la Saône à 7 lieues de Dijon; fon Commerce eft en bleds, vins, qu'elle tire de Macon & Beaujeu, bois de toutes efpeces, draperies communes & ferges en $\frac{2}{3}$: fa mefure pour les grains fe nomme *Emine*, elle pefe en bled froment 640 l. poids de marc.

Son Courier part de Paris, les Lundi, Mercredi & Vendredi.

122. AVALON.

Ville de France en Bourgogne, (fur le Coufin qui va gagner les Rivieres d'Yonne & de Seine) à 8 lieues d'Auxerre & 56 de Paris. Son Commerce est en grains & vins très estimés, & que les étrangers tirent en abondance, étant également fins, agréables & délicats & le soutenant parfaitement à la mer. La *feuillete* de cette Ville contient 150 pintes de Paris. Sa mesure pour le bled en contient 28 l. poids de Marc, & celle de l'avoine 826 pouces cubes.

Il se fait à Avalon un Commerce de bois flotté pour l'approvisionnement de Paris.

Son Courier part de Paris les Lundi, Mercredi & Vendredi.

123. AVIGNON.

Ville du Comtat d'Avignon, (appartenante au Pape) sur le bord du Rhône, à 170 lieues de Paris avec jurisdiction consulaire. La monnoie de France y a seule cours. Il y en a une petite que l'on nomme Pata dont les six font le sol d'Avignon & 7 celui de France. Les écritures se tiennent comme à Paris, 100 l. de cette Ville n'en font que 83 ⅓ de Paris, 3 *cannes* forment 5 aunes de Paris, & le boisseau de bled pese 144 l. poids de marc. Son Commerce est en bleds, vins, soies, huiles, & quelques étoffes de soies, comme petits taffetas de Florence, demi Florence, & cramoisis dits d'Avignon.

Son courier part de Paris les Mardi, Jeudi & Samedi.

124. AVILLA.

Ville d'Espagne dans la Castille, située sur la Riviere d'Ajada à 16 lieues de Madrid, il y a des fabriques de forts beaux draps avec des teintures très fines. *Voyez* Madrid, pour les usages.

Son Courier part de Paris, les Mardi & Samedi.

125. AVRANCHES.

Ville de France en Basse Normandie, au bord de la Riviere de Sée à une demie-lieue de la Mer & 63 liv. de Paris. Son territoire abonde en cidres, lins, grains, chanvres, sel blanc, bestiaux & laines.

Son Courier part de Paris, les Mercredi & Samedi.

126. **AZEM.**	Royaume d'Asie, traversé par la Riviere de Laquia, dont Kemmorouf est la Capitale ; il y a des mines d'or, d'argent, de plomb, de fer & beaucoup de soies & de l'acque.

127. **BAGDAD.**	Ville de Perse à 988 l. de Paris, *voyez* Ispahan pour tous usages.

128. BALDIVIA.

Ville du Pérou sur la côte du Chily avec un bon port. Elle a dans ses environs des mines d'or, elle fait son Commerce avec les Villes de Lima & Sanjago, où elle fournit bleds, viandes salées & cuirs ; elle en retire vins sucres, cacao, & épiceries.

129. **BAMBA.**	Province d'Afrique dans le Congo, il s'y trouve des mines d'argent & de plomb ainsi que des dents d'Éléphant extrêmement grosses.

130. **BAMBOUK.**	Pays d'Afrique au 12e. degré 13 minutes de latitude, nord ; il est rempli de mines d'or.

131. **BANARA.**	Ville des Indes au Royaume de Bengale, il s'y fait des toiles, soieries & étoffes des Indes, que les fabricans vendent eux-mêmes pour gagner la confiance des acheteurs. *Voyez* Bengale pour usages, &c.

132. **BANCALIS.**	Ville des Indes au Royaume d'Achem dans l'Isle de Sumatra, près du détroit de Malaca. Les Hollandois en tirent beaucoup de poivre qui y croit en abondance.

133. **BANDA.**	Ifle d'Afie, l'une des Molucques, dont les Hollandois (à qui elle appartient en grande partie) tirent beaucoup de noix mufcade, macis, ou fœtie & Géroffle, &c.

134. **BANTAM.**	Ville d'Afie Capitale de l'Ifle de Java, les Hollandois en font maîtres & ne veulent y fouffrir aucun étranger; on y trouve poivre, indigo, cardamone & diverfes épiceries.

135. **BARBESIEUX.**	Ville de France en Saintonge à 137 lieues de Paris. Son Commerce eft en eaux de vie, toiles, dont il fe fait des envois confidérables aux colonies Françoifes l'on y vend auffi de bons chapons. *Son Courier part de Paris les mardi & famedi.*

136. **BARABA.**	Lac d'Afie rempli de fels que les Mofcowites coupent comme de la glace.

137. B A R B A D E.

Ifle de l'Amérique une des Antilles, appartenante aux Anglois; le Commerce confifte en tabac, coton, Rocou, fucre, indigo, gingembre, cuirs, mélaffe, fruits, confits & liqueurs, différens bois pour la teinture & la marqueterie, enfin laines en abondance.

138. **BARBOUDE.**	Autre Ifle des Antilles dans l'Amérique Septentrionale appartenante aux Anglois, dont le Commerce eft en tabac, coton, fucre, indigo & beaucoup de fruits.

{ Ville d'Espagne , Capitale de la Catalogne , fur le bord de la Mer avec un
139. bon Port , à 18 lieues de Carragone,
BARCELONE. { 100 de Madrid , 45 de Narbonne &
256 de Paris. Elle eſt la réſidence d'un
conſul pour le Commerce François.

CHANGE DES MONNOIES.

Noms des Monnoies.	Valeur en argent.			
	du Pays.	de France		
		D.	S.	D.
Livre catelane	20 ſols catalans	1	9	"
Sol	12 deniers	"	1	5
Denier		"	"	1
Réal ardit	2 ſols cour.	"	2	11
Idem, catalan	3 ſols cour.	"	4	4
Idem , de pate	3¼ ſols	"	5	1
Piaſtre courante	28 ſols	2	"	8
Piaſtre de change	4 piaſtres	9	15	"
Ducat	375 maravedis	2	14	"
Quadruple	28 livres	40	14	2
Double piſtole	14 livres	20	7	1
Piſtole	7 livres	10	3	6
Piaſtre collonaire	1 l. 17 ſ. 6 d.	2	14	5
Piécette	" 7 6	"	10	2
Demie piécette	" 3 9	"	5	1
Quart , dito	" 1 10½	"	2	6

Nota. Ces monnoies font calculées fur la valeur du maravedis de *veillon*, qui eſt d'un *denier* ¾ de France. La piſ-
tole de change eſt évaluée de 15 l. 3 ſ. à 15 l. 7 ſ. de France.
Paris change avec cette Ville par Lyon, Marſeille, Amſterdam, Gênes, & en droiture. Le change ſe fait auſſi par Cadix, Madrid, &c. les *écritures* ſe tiennent en *liv. ſols &*
deniers catalans.

Poids, Meſures & Aunages, comparés à ceux de France.

Le *quintal* de cette Ville eſt de 104 l. qui ne forment que
80 l. ⅓ de Paris, il ſe diviſe en 4 *arobes* de 26 l. chaque.

100 *cannes* de Barcelonne font à Paris 134 ⅖ aunes
Le *quartera* de bled pese 110 liv. de Paris.
Les *liquides* se mesurent au *carga* qui est de 20 pintes
de Paris.

Observations générales.

L'usance des lettres de change sur toutes les places où
cete Ville tire, est de 60 jours de date.

Les productions locales & d'industrie ou son commerce
d'exportation, sont en draps communs, étoffes de laine,
couvertures, bas de laine & de soie, eaux de vie, huile, esprits
de vin, vins rouges de Mattara, Ribas & Montagne de Be-
nicarlo, & petits vins blancs de divers crûs; autres vins
blancs, dits, de Sitges & Malvoisie, mouchoirs de soie assortis dont les envois vont à un million de douzaines par année, toiles peintes, cravates de soie, velours, damas, taffetas
unis & autres étoffes, bas & rubans de fil & coton, dentelles de fil & de soie, quantité de chapeaux, plusieurs
fabriques de bonnets & gands; liege fin, garance en poudre, savon marbré & blanc, amandes sans coques, raisins demi secs, noisettes en sacs & amandes en coques.

Les marchandises d'importation, sont, toutes especes d'é-
toffes des manufactures de France & d'Italie, froment
& autres grains de diverses nations, farines de froment *idem*,
riz du Levant de la Lombardie & de la Caroline, bois de
futailles, cire jaune de Barbarie, fer de diverses sortes, acier,
cuivre, chaudron, chanvre de diverses contrées du Nord de
l'Allemagne, poissons de toute espece, morue seche, toiles &c.

Son Courier part de Paris les Mardi & Samedi.

140.
BARCELOR. } Ville des Indes au Royaume de Canara appartenante aux Hollandois qui
en tirent beaucoup de riz & de poivre.

141. BARFLEUR.

Ville de Normandie dans le Cotentin, à 5 lieues de Cherbourg & 71 de Paris; son Commerce consiste en huitres,
maquereaux, morue verte & poisson salé. La Marine de
Brest y fait acheter des pois & feves ainsi que la Marine

marchande; il s'y fait beaucoup de lin qu'on y file &
s'employe aux fabriques de Coutances. Il y a une papa-
rie. Cette Ville est la résidence d'un consul du Danemarc.
Courier de Paris tous les jours.

142.
BARHEIM.
Province d'Afie dans l'Arabie heureu
elle est fertile en vins & dattes & ren-
mée par la pêche de perles.

---

143. BAR-LE-DUC.

Ville de France, fur la Riviere d'Ornain, à 60 lieues
Paris. Son Commerce est en chanvres, vins, bois de c
& fapins des Voges, pierres blanches très dures & pro
à la fculpture. Il y a un Hôpital où fe fabriquent
bonets de coton à 3 fils, pieces de tricot pour habit
& mouchoirs de coton façon de Rouen, fiamones di
férentes largeurs & qualités, le tout en bon teint, &
rouge de Turquie, dentelles en fil de Flandres, blo
blanches & noires. Il y a aussi une manufacture de
peintes estimées. A 6 lieues de cette Ville sont des for
en fer & fonte pour Paris. On peut faire les demandes
directeurs des pauvres qui y fatisferont exactement.
Courier de Paris les Lundi, Jeudi & Samedi.

144.
BARMEN.
Ville d'Allemagne en Westphalie
le Commerce est en filets & ruba
fils, & toiles pour les lits de plu
Voyez Liberfeld pour plus de de
Le Courier part de Paris les Lu
Mardi, Vendredi & Samedi; un
pas affranchir.

---

145. BARRY.

Ville d'Italie au Royaume de Naples, fur le Golfe
Venife à 365 lieues de Paris, longitude 34-35, latitude

CHANGE DES MONNOIES.

Noms des Monnoies.	Valeur en argent.			
	du Pays.	de France.		
	Grains.	L.	S.	D.
		,,	,,	,,
Ducat	100	5	3	4
Taris	20	1	,,	8
Grain		,,	1	$\frac{2}{3}$

Paris donne 100 écus pour 58 ducats environ, de Barry. La France change avec cette Ville par Naples.

Pour les *Poids*, *Mesures* & *Aunages*, voyez Naples.

Les *écritures* se tiennent en *ducats* de 100 *grains* & en *tris* de 20 *grains*.

Le Commerce consiste en huiles, amandes, saffran & soiries. *Son Courier part de Paris les Mardi & Samedi à 2 heures.*

146. BAR-SUR-AUBE.

Ville de France sur la rivière d'Aube, à 45 lieues de Paris. Son Commerce principal est en vins rouges & blancs, dont les qualités approchent celles de Bourgogne. Grains de toutes espèces, laines & chanvres de très bonne qualité. Près de cette Ville est une verrerie considérable au village de Bayel; il y a aussi à 9 lieues de Bar cinq forges à fer & une batterie très renommées. Le marché à grains, qui est très fort, tient tous les Samedis. Foires la veille des Rameaux & le 29 Août. *Son Courier part de Paris les Lundi, Mercredi & Vendredi.*

147. BAR-SUR-SEINE.

Ville de France en Bourgogne sur la Seine, à 46 lieues de Paris. Le Commerce est en bons froments, excellens vins, moutons, bonneterie, de coton, papier blanc & gris, & coutellerie supérieure. *Courier de Paris, Lundi, Mercredi & Samedi.* Voyez l'Etat des Foires & Marchés.

548. BARTH.	Ville de la Poméranie Suédoise, fur la mer Baltique, elle s'occupe du cabotage du Nord, & procure à la Su de beaucoup de bled & de laine, qu'elle tire de son propre territoire.

149. BASILICATE. (la)	Province d'Italie au Royaume de Naples. Elle abonde en bleds, vins, huile, miel coton. Cirenze eſt la Capitale de cette Province. Longitude 33-22, latitude 40

150 BASLE ou BALE.	Ville de Suiſſe, Capitale du Canton de ce nom, ſur le Rhin; à 22 lieues de Strasbourg, 50 de Geneve, 160 de Vienne & 103 de Paris.

CHANGE DES MONNOIES.

Noms des Monnoies principales.	Valeur en argent.			
	du Pays.	de France		
		L.	S.	D.
Réelles { Ducat.........	4 florins ½.	10	12	6
Rixdale ou Ecu.....	2 idem.	5	,,	,,
Florin............	15 batzes....	2	10	,,
Batze............	4 creutzers...	,,	3	4
de Change & Comptes. { Ecu courant......	60 ſols.....	4	10	,,
Sol............	12 deniers..	,,	1	6
Livre............	20 ſols......	1	10	,,
Thaler..........	108 creutzers	4	10	,,
Creutzer........	5 fenins...	,,	,,	10
Fenin..........	1½ denier..	,,	,,	2
Batze..........	1½ gros.....	,,	3	4
Gros..........	1¾ ſol.....	,,	2	6

Il y a de plus des *eſcalins* ou *ſchellings*:

		L.	S.	D.
celui de Berne eſt de 6 *fenins* ou...........		,,	2	,,
celui de Zurich eſt de 7½ *fenins* ou.........		,,	1	5

Toutes les monnoies étrangeres ont cours en cette Ville

favoir, le *ducat* d'or pour 4 florins 18 *creutz*. La *Piftole* d'Efpagne & le vieux *louis* de France pour 7 florins 36 *creutz*. Le *louis* d'or neuf de France pour 9 florins
36 *creutz*. L'*écu* neuf de France pour 2 florins 24 *creutz*,
& la *rixdale* où *écu* d'Albert pour 2 florins 11 *creutz*.
Enfin l'*écu* courant de Bâle répond à 2 florins 10 deniers
argent courant d'Hollande.

Paris ne change avec Bâle que par Lyon, qui donne
communément 164 *écus* de 60 fols pour 100 *rixdales*.

Poids, mefures & aunages.

Le poids de Commerce de Bâle eft égal au poids de marc
de France.

Le *fac* de bled pefe 200 livres de France.

La *faum* de vin contient 5 *ohms* de 40 pots nouveaux
chacun, & le pot eft de 2 5/8 pintes de Paris.

Il y a plufieurs aunes; celle, dite longue,
porte. . . . . 522, 3/5 lig. de France
La braffe. . . . . 241, 1/5 *idem*.
Et le pied. . . . . 132, 4/5 *idem*.

Ufages des lettres de change & leurs payemens.

Elles fe payent en argent valeur d'efpeces, ou de change.
Elles font à termes fixes, fans jour fixe de faveur.

Commerce & Induftrie.

Cette Ville eft remplie de fabriques de toiles, de coton
très eftimées qui fe vendent en pieces de 32 aunes ou demie
piece de 16. Leur prix commun va de 15 à 18 liv. Tournois par demie piece. On en imprime une grande quantité
& l'on en vend beaucoup en blanc, leur tranfport à Oftende
eft de 24 à 25 liv. Tournois le 100 pefant qui comport
environ 20 demies pieces, on y fabrique quantité de mouffelines, des draps & étoffes de laine, de foie, de fil & d
coton. Il y a de nombreufes manufactures de rubans de toutes
efpeces dont les prix font très modiques. Cette Ville eft
paffage des marchandifes qui viennent d'Angleterre, de Hollande, des Etats du Nord & d'Allemagne par la Suiffe
Geneve, & par conféquent de celles que ces derniers lieux ex
portent à l'Etranger. On y fait un grand Commerce en drogues, épiceries, métaux & pelleteries. Il y a de fuperbe

blanchisseries pour les toiles ; on y prépare des soies cru
& l'on en tire des rubans de soie à fleurs & de fleuret ; &
bas de soie, des chapeaux, du tabac & du papier, dont
y a de fameuses fabriques.

Son Courier part de Paris les Lundi, Mercredi & V
dredi à midi.

151. BASSANO.

Ville d'Italie, dans l'Etat de Venise, sur la Rivière
Branle.

Son Commerce est conséquent en vins très délicats &
soies. On y compte par *lire* de 20 *soldis* & le soldi de
denaris en argent courant dont la valeur est indiquée à l'ar
ticle de Venise, le ducat particulier de Bassano vaut so
sols d'Hollande, 100 liv. de Bassano, font environ
de marc.

152. BASSORA.

Ville d'Asie, dans l'Arabie déserte proche la Mer &
confluent du Tigre & de l'Euphrate, longitude 66, lati
30-20. Elle a un bon Port qui lui procure un assez
Commerce consistant en drogueries, épiceries, toileries, m
choirs & mousselines en qualités presque semblables à c
des Indes, ce Commerce se fait par la Turquie.

On y compte par *mamoudis* de 10 *danimes*, & le
nime de 10 *flonches*. Il faut 4 *mamoudis*, 5 *danimes*
l'*isolote* de Turquie qui est de 77 *aspres* & équivaut
s. 6 d. de France.

Le poids des drogues est le *miscal* qui contient 9
d'Hollande.

Le gros poids pour diverses marchandises est le *M*
à-Tary qui est de 52 *marcs*, ou 26 liv. de France.

Pour plus de détails, *voyez* Constantinople.

153. BASTIE, (la) ou BASTIA.

Ville d'Italie, Capitale de l'Isle de Corse, à 311 lieu
de Paris ; elle a un Port de peu de profondeur ; les mon
noies, poids, mesures & aunages sont comme à Paris de
puis que cette Isle appartient à la France. Le Commer

est en bleds, vins, legumes, bestiaux, sur-tout des chevres, huiles, figues & fruits.

Courier, voyez, *Marseille*.

154.	Place d'Afrique au Royaume d'Alger,
BASTION.	où les François font un grand Commerce
	de cuirs & de la pêche du corail.

---

155. BATAVIA.

Ville d'Asie, Capitale de l'Isle de Java, sur la Riviere
de Jacatra, à 100 lieues de Mataran, 260 de Macassar, 208
de Borneo & 600 de Manille : elle est aux Hollandois qui y
font leur Commerce des Indes. Cette Isle est fertile en riz,
sucre, poivre, & il s'y trouve des diamans, rubis & émeraudes & des mines d'or, d'argent & de cuivre ; on en
tire, outre les productions ci-dessus, de l'ambre gris, du musc,
& du bezoard, &c.

Les écritures se tiennent en *piastres* de 60 sols ou *stuivers* ; les monnoies réelles & étrangeres qui y ont cours
sont les *piastres* d'Espagne & les *écus* de France, d'Hollande & d'Allemagne. Ses monnoies particulieres sont le
tahel de 10 mas, la *pataque* de 6 *mas*, la *mas* de 4 *caches*, la *satta* de 20 *caches*, & la *cache* de 2 ½ *condo-
rines*.

La *piastre* y varie de 20 à 35000 *caches*.

Les poids d'usage dans le Commerce sont le grand Bahar de 4 ½ *pikuls*, le petit *bahar* de 3 *pikuls*, le *pikul* de
99 *cattis* ou 118 liv. ½ d'Amsterdam.

Les marchandises fines se pesent au *tahel* qui est de 1
once ½ *estelings* & 20 *as* d'Hollande.

Les marchandises seches se mesurent au *Timbang* de 10
facs ; ce *timbang* pese 5 *pikuls*, ainsi le *fac* pese environ
59 liv. d'Amsterdam.

Les liquides se vendent aussi au *timbang* de 7 *kulacks*,
& le *kulack* du poids de 7 ½ *cattis*, ou environ 6 liv. de
marc.

---

156. BAUTZEN.

Ville Capitale de la Haute Lusace, sur la Sprée, à

12 lieues de Dresde & 26 de Prague. Elle fait un grand
Commerce de toiles dont elle a fept blanchifferies, elle
de plus quantité de fabriques en draps, fils, marroquins,
chapeaux, bas, guetres & bonnets.

157. BAYEUX.

Ville de France en Baffe Normandie, fur la Rivière d'Aure
à 56 lieues de Paris. Elle a une jurifdiction confulaire. Son
Commerce eft en grains, cedre, chanvres, draps, ferges,
ratines communes, quantité de toiles de toutes qualités dont
les prix vont de 12 fols à 4 liv. l'aune. Il s'y vend auffi
beaucoup de beurre & de fels pour Rouen.

Ses ufages poids & mefures font comme à Rouen. *Voy.*
cette Ville.

Son Courier part de Paris tous les jours à 2 heures.

158. BAYONNE.

Ville de France en Gafcogne, au confluent des Rivières
de Nive & de l'Adour, à une lieue de la Mer, & 179 de
Paris : elle a une jurifdiction confulaire, un Port très fréquenté & qui vient d'être déclaré franc pour le Commerce
des Etats-Unis de l'Amérique & elle eft la réfidence de
plufieurs confuls étrangers.

Poids, mefures & ufages de Commerce.

Les monnoies, les écritures & comptes font comme à
Paris & toutes les autres Villes de France.

Le fac de bled fe divife en 2 *conques*, dont les 71 forment le laft d'Hollande & 19 feptiers de Paris. Ce fac
pefe environ 128 liv. de *marc*.

L'aune porte 391 ¼ lignes ordinaires de France.

Les Mefures des Liquides font ;

La piece pour l'eau de vie, elle eft de 80 *veltes* mais
les ventes fe font par Jauge de 32 feulement.

Le tonneau pour le vin, &c. Il eft compofé de 4 bariques qui
font 5 de Bordeaux & contiennent chacune 40 *veltes* d'Hollande.

Induftrie & Commerce.

On conftruit en ce Port beaucoup de navires qui tirent
17 à 18 pieds d'eau, on y fait des armemens pour l'A-
mérique, & fur-tout les Nouveaux Etats Unis, & le cabotage de l'Efpagne : on vient d'y faire (le 18 mars 1784)
une expédition pour la pêche de la baleine, dont le Gouvernement defire enrichir le Commerce de ce Port.

Importation ou Exportation

Les provinces de France envoyent à Bayonne des draperies de Montauban, des toiles de Bretagne, de Laval, de Picardie, du Cambraiſis, des toiles peintes de Rouen, de la Suiſſe & de l'Allemagne, des dentelles d'or & d'argent fin & faux, des étoffes de Lion, d'Avignon, & de Tours, toutes ſortes de merceries, clincailleries, ſerges, cadis, ratines, burats, camelots, bouracans, épiceries & drogueries &c.

Elles en tirent de ſuperbes laines de Caſtille & d'Arragon, de l'huile d'olive, des vins, du fer, de l'or & de l'argent monnoyés & en lingots, des eaux-de-vie doubles & ſimples, de la réſine du Bray gros & ſec, du goudron, de la térébenthine, de la regliſſe, de la ſoude d'Eſpagne, de la graine de lin, des planches de ſapin & de la morue, dont cette ville fait faire une aſſez forte pêche.

Il y a le 1er. Mars une foire conſidérable qui dure 15 jours.

Son Courier part de Paris les Mardi & Samedi

159 BEAUCAIRE.

Ville de France dans le Bas Languedoc, ſur le rhône, à 4 lieues de Niſmes & 175 de Paris : cette ville eſt renommée par ſa fameuſe foire qui ouvre le 22 Juillet, & dure 3 jours francs, 4, 5, 6 & même 7 jours, lorſqu'il ſe trouve des fêtes ou un dimanche pendant cette foire. Toutes les lettres & billets payables en foire doivent être payés le dernier jour avant minuit. Cette ville reçoit en ce temps par le rhône les Marchandiſes de la Bourgogne, du Lyonnois, de la Suiſſe & l'Allemagne, par le Canal Royal celles du Haut Languedoc, la Bretagne & l'Océan ; enfin elle reçoit par la Méditerranée, dont elle n'eſt éloignée que de 7 lieues, toutes les marchandiſes du Levant, de l'Italie & de l'Eſpagne. Son Commerce particulier eſt en cadis & en bonneterie. Ce dernier article eſt très conſidérable, les marchandiſes s'y vendent à tous *poids, meſures & aunages*.

Son Courier part de Paris les Mercredi & Samedi à 2 heures.

160 BEAUFORT.

Ville de France en Anjou, ſur la riviere d'Anthion à 7 lieues d'Angers. Elle a une belle manufacture de toiles voiles, & il s'y en fabrique beaucoup d'autres en lin fin dont le Commerce est très conféquent, ainfi qu'en bleds. L'on y fait auffi des toiles d'emballages ; la Rochelle en tire beaucoup. *Courier Mercredi & Samedi.*

161 BEAUJENCY.

Ville de France dans l'Orléanois, fur la Loire à 40 lieues de Paris. Son Commerce eft en bleds, vins & eau de-vie dont la confommation eft forte, chapellerie, corroyerie, ferges drapées, tremicres & à deux eftaims, & quelques etoffes de laines communes

Son Courier part de Paris tous les Jours.

162 BEAUJEU.

Ville de France en Beaujolois, fur l'Ardiere à 5. lieues de Macon. Son Commerce eft en vins femblables à ceux du Maconnois, froment & chanvre, il s'y fabrique des toiles & il y à des blanchifferies, & tanneries, où les peaux de vaches & moutons font fort bien préparées.

Son Courier part de Paris les Lundi, Mereredi & Vendredi.

163 BEAUNE.

Ville de France en Bourgogne, à 80. lieues de Paris & 3. de la Riviere de Saone. Elle fait un fort Commerce en vins très renommés, un peu de grains, beaucoup de bois pour la marine & le chauffage qui s'envoyent à Lyon, l'on y exploite auffi des carrières de marbre dont le débit eft confidérable.

Prix de fes vins par Queüe qui contient 500. pintes de Paris.

Volnay 500. Liv. „ „ Beaune 460. Liv. „ „ Alofée 450. „ „ & Corton, vin préféré à celui de Nuits, 800 l. le tout pris fur les lieux. Le transport par terre de Beaune à Paris eft de 60. à 72. Liv. par Queüe.

Son Courier part de Paris, Lundi, Mercredi, & Vendredi.

164. BELESME.

Ville de France dans le Perche, à 35. lieues de Paris, il s'y fabrique de belles ferviettes à linteaux de fil bleu, groffes toiles de chanvres pour paillaffes & torchons, & il s'y fait quelque peu de Commerce en grains, lins & chanvres par les rouliers de mortagne qui vont par tout le Royaume.

Son Courier part de Paris, les Lundi, Mercredi & Samedi.

165 BENDER-ABASSI.

Ville & Port de Mer sur le Golfe Persique, où se fait le plus grand Commerce de la Perse, elle est fréquentée de de toutes les nations. Les marchandises qu'on en tire sont des etoffes d'or, d'argent, plumes, laines de la caramanie, superbes tapis, camelots de Turquie, maroquins, porcelaines, perles, turquoises, soies crues en quantité, epiceries, & drogues medicinales. On y porte argent monnoye, draps d'Europe, acier, etain, indigo, etoffes de soie & toiles de coton des Indes, du vif-argent, du bois de Siampan, de l'encens, du sucre, de l'anis, du vermillon, du cuivre, du plomb & diverses marchandises d'Europe.

Monnoyes, Poids & Mesures.

On compte en cette Ville par *Toman* de 100. Mamoudis & par *Mamoudis* de 20. *Gassas*. Le Toman est évalué monier à 13. Florins, 17. Sols. 11. Deniers argent d'Hollande qui répondent à 28. Livres 11. Sols 2. deniers $\frac{1}{3}$ de France *Voyez*, au surplus l'Article d'Ispahan dont la plupart des des Monnoyes a cours en cette Ville ainsi qu'à Gomron.

Bender-Abassi & Gomron ont une petite Monnoye particuliere, dite, *Abassi-neuf* qui est de la valeur de deux Mamoudis courants.

On se sert dans ces Villes de deux poids différens appellés tous deux, *Mon.*

Le grand *Mon*, pèse 7$\frac{1}{2}$ liv. de Marc.

Le petit *Mon*, pèse 6$\frac{1}{4}$ idem.

l'Aunage est la *Gueze* qui porte 436. lignes de France.

Marseille est la seule Ville de France qui Commerce avec ces Villes Persannes dont les Productions se tirent plustôt par les echelles du Levant que par la Perse.

166 BENGALE.

Royaume d'Asie dans les Indes, il est soumis au Mogol.

CHANGE DES MONNOIES.

Noms des Monnoies.	Valeur en argent.	
	du Pays	de France.
		L. S. D.
Roupie.............	16 atnas.....	2 10 ,,
Atnas..............	4 ligondas...	,, 3 1$\frac{12}{15}$
Ligondas...........	10 gandas....	,, ,, 9$\frac{3}{8}$
Gandas.............	4 cauris.....	,, ,, ,, $\frac{240}{255}$
Cauris.............		,, ,, ,, $\frac{60}{255}$

NOTA, La *Roupie* de compte se divise aussi en 32. Pon̄es. La *Roupie Sicca* est celle qui s'employe dans les payemens en argent, elle vaut environ 39. Pon̄nes qui forment 24. Sols ½ argent d'Hollande.

Celle de Bombay ou de Madras est de 3. p ⅖. de moins & celle d'Areate est de 6. p ⅖. de moins que la *Roupie Sicca* ou *Sicce.*

Poids, mesures, & aunages comparés à ceux de Paris.

Les grains les vins & autres liquides se vendent au poids appellé *Mon* qui se divise comme suit.

Le *Mon* en 8. Gonges.

Le *Gonge* en Seyras

Le *Seyra* en 16. Xataques.

Le *Xataque* en 5. Roupies, & quelquefois selon la valeur de la marchandise.

Le *Mon-Bazar* est de 75. liv. de France, & le *Mon Ratolle* n'est que de 68½ liv. de France.

La mesure des stoffes est le *Cabidos* qui forme les 26e. de l'aune de France.

Cette contrée n'à de Commerce qu'avec la France, la Turquie l'Angleterre & la Hollande; cette dernière y travaille le plus l'Europe en tire des soies, riz, poivre, opium, sel, salpêtre bois de teinture, cire, indigo, camphre, aloës, borax, tapisseries couvertures & autres étoffes des Indes, en soies & coton on tire aussi d'assez beaux diamants: elle y porte de l'or de l'argent du vif-argent, du plomb, du cuivre, des cabinets vernis l'écarlate, de la porcelaine, des miroirs, des épiceries de la clinquaillerie &c.

167. BENESNEF ou BENYSUAID.	Ville d'Afrique en Egypte à 20. lieues du Caire, dans une plaine ou se recueille quantité de lins, dont on fait des toiles estimées
168. BENIN.	Royaume d'Afrique sur la côte de Guinée d'où les Hollandois tirent beaucoup de coton, poivre & oranges.
169. BERARD.	Province d'Asie dans l'Empire du Mogol, elle est abondante en bled, riz, vots & cannes de sucre qui y viennent sans culture.
170. BERBICE (LA)	Rivière de l'Amérique méridionale située au 6me. dég. 30. min. de latit. les bords produisent un quantité de cotoniers & une plante appellée Orellane qui sert à faire la teinture

171. BERCHSTOLS-GADEN.	Petite Ville de la haute Baviere, remarquable par la quantité de petits ouvrages de bois peints dont ses habitans & ceux des campagnes voisines s'occupent, ils les vendent à Nuremberg qui les débite en suite dans toute l'Europe.
172 BERGAME.	Ville d'Italie dans l'Etat de Venise à 10 lieues de Milan, 11 de Bresse, 15 de Crémone & 212 de Paris.

CHANGE DES MONNOIES.

Noms des Monnoies.	Valeur en argent.		
	du Pays.	de France.	
Livre............	20 soldis.....	,, 10	5 $\frac{9}{10}$
Soldi............	12 denaris....	,, ,,	6 $\frac{17}{40}$
Scudo...........	7 livres......	3 13	5 $\frac{3}{10}$
Ducato..........	24 grossis....	3 19	8 $\frac{13}{20}$
Grossi..........	5 sols 6 den.	,, 2	10 $\frac{39}{40}$

NOTA. Le *Scudo* équivaut à 34 sols $\frac{1}{2}$ argent d'Hollande. La livre à 4 sols $\frac{7}{8}$. idem.

Paris change avec cette ville par Livourne, & donne 100 écus pour 74 à 75 *ducats* de Bergame.

L'argent de change de cette ville est d'un 8me. plus fort que l'argent courant.

Poids, Mesures & Aunages.

Il y a deux sortes de poids en cette ville le *Fort servant* aux grosses marchandises pese 30 onces la livre, & 100 livres de ce poids en font 164 poids de *marc*.

Le *poid foible* ou *leger* servant aux soies & autres marchandises fines n'est que 12 onces à la livre, dont les 100 ne font que 65 $\frac{2}{3}$ poids de *marc*. La *somme* de bled se divise en 8 *sataris*; & le *sataris* pese environ 33 livres de *marc*.

L'aunage est la *brasse* qui porte 290 $\frac{1}{2}$ lignes de France, & la mesure des liquides est la *brinte* qui contient 52 *pintes* du pays & environ 100 de Paris.

Usages divers.

Les écritures se tiennent en livres, sols & deniers de change.
Bergame tire sur Amsterdam, Paris, Ancone, Bologne

Naples, Florence, Francfort, Genes, Livourne, Londres, Milan, Novy, Rome, Turin & Venife, à ufance de 20 jours de dates, & à tant de jours de vue. Ces dernieres font payées à leur préfentation, & les premieres aux échéances fixes. il n'y a point de jours de grace, les acceptations doivent fe faire à la préfentation.

Commerce & Induftrie.

Les marchandifes que l'on porte à Bergame font des draps fins de France, d'Angleterre & d'Hollande, des camelots de Lille & d'Hollande, des toiles communes, des épiceries & drogues pour la teinture & la médecine, & des graines &c.

Venife lui envoye de la cire & des étoffes d'or & d'argent.

Celles qu'on en tire font des étoffes de foies, & des foies non fabriquées du pays, des graines, des huiles, du lin, de toiles fines, des chevaux, de la civette, du mufc, de l'ambre &c.

Son Courier part de Paris le mardi matin, il faut affranchir.

173 BERGERAC.

Ville de France, fur la Dordogne, à 5 lieues de Perigueux. Le Commerce eft en vins blancs pour la Hollande, vins rouges pour l'Amérique, eaux-de-vie, froment, feigle, légumes, chataignes, cuivre, bas de laine d'Efpagne à l'aiguille & au foulon, autres bas de laine de Médoc & du Poitou, mitaines, bonets, fayances pour Bordeaux, papier, fer pour les canons, & martinets pour refondre le vieux cuivre. La *pipe* de bled pefe 840 livres de Paris.

Courier part de Paris Mardi & Samedi à midi.

174 BERGHEN.

Ville capitale de Norwege à 356 lieues de Paris & 120 de Copenhague; elle a un très bon port, & eft la réfidence d'un conful pour le Commerce de France. Les écritures de cette ville fe tiennent en *rixdales* de fix *marcs*, & le marc de 16 *fchelins Danois. Voyez* Copenhague. 100 aunes de cette ville en font 51 - $\frac{15}{16}$ de Paris. 100 livres donnent environ 100 livres $\frac{2}{3}$ de Paris. Le bled fe vend au *laft* de 12 *tendels*, Le fel au *laft* de 18 *tendels* : Chaque *tendel* fe divife en *pots*. Celui de bled eft de 144 *pots*, celui de fel 136, Celui de goudron 120, Les mats & les planches fe vendent à la *palme* qui porte 39 - $\frac{8}{10}$ de lignes de France. Cette ville fournit au Commerce, mâts de vaiffeaux, bois de fapin & de charpente, cuivre, fer, goudron, poiſſons ſecs, pelleteries, ſuifs, beurre, cendre, peaux de boucs & autres. On y porte en échange des vins, épiceries, eaux-de-vie, ſel, vinaigre, fromages, tabac, draps & beaucoup de vieilles *rixdales* qu'on y eſtime attendu la rareté de l'argent. *Courier part de Paris les Lundi & Vendredi,*

175 BERLIN.

Ville Capitale de l'Electorat de Brandebourg, ſur la Sprée à 72 lieues de Prague 127 de Vienne, 115 de Koenisberg, 220 de Paris, 60 de Breſlaw & 40 de Dreſde &c.

CHANGE DES MONNOYES.

Noms des monnoies.	Valeur en argent.	
	du Pays	de France.
		L. S. D.
Fréderic d'or	15 florins	18 15 „
Rixdale d'Hollande	4 flor. de 20 gros.	à 5 florins
Gros		„ „ 10
Ducat d'Hollande	9 flor. 10 gros. à	10 florins
Daldre	3 flor.	3 15 „
Florin de change, dit livre	30 gros.	1 5 „
Carl de Brunſwick		20 „ „
Rixdale à la croix		4 15 „
Florin de Brangdebourg ..		2 12 „
Timpfe	18 gros.	„ 15 „

Le change qui ſe fait par Amſterdam & Hambourg donne 300 à 315 *gros* pour la livre de *gros* d'Hollande & 140 à 150 *gros* pour la *rixdale* de 3 *marcs* d'Hambourg. Paris change avec Berlin par Amſterdam & Hambourg, Berlin tire ſur Amſterdam, Hambourg, Breſlaw & Leipſick à uſance de 15 jours de vue & 3 jours de faveur. Cette ville poſſéde une banque où toutes les monnoies étrangeres ſont reçues ſuivant leurs poids & leurs titres, ainſi que l'or & l'argent en *lingots.* Ses écritures ſe tiennent en *rixdales, bons gros & fenins.*

Poids, Meſures & Aunages comparés à Paris,

100 *marcs* de Berlin font 94 ½ l. de Paris. Le *center* ou *quintal* ſe diviſe en 5 *ſteins* ou *pierres.* Le *ſtein* eſt de 22

livres, la livre de deux *marcs*, & le *marc* 16 *lottis*, le *lottis* est de 4 *quintelins*, le *quintelin* 4 *fenins*, & le *fenin* 2 *hellers*,

Le grain se vend au *last* de 3 *wispels*, le *last* d'orge n'est que de 2 *wispels* : le *wispel* est de 2 *matters*, le *matter* de 12 *scheppels*, Cette derniere mesure pese en bled environ 80 livres poids de *marc*, ou de Paris,

100 aunes de Berlin n'en sont que 56 ½ de Paris, l'aune porte 295 ⅗ lignes de France,

Le vin se vend au *juder* ou tonneau de 4 barriques, la barrique de 6 *anures*, & l'*ancre* de 32 quarts, Le quart est égal à la *pinte* de Paris,

Industrie & Commerce,

La France, la Hollande & l'Angleterre envoyent à Berlin des étoffes d'or, d'argent, de soies & de laines, des épiceries, des drogues pour la médecine & la teinture, mouchoirs, des batistes & des toiles de coton peintes, en tire des bijoux de toutes especes, des ouvrages d'acier, du bleu de Prusse renommé, beaucoup de clinquaillerie, du caffé de Chicoré.

Son Courier part de Paris les Lundi & Vendredi à heures.

---

176 B E R M U D E S (les)

Isles de l'Amérique septentrionale appartenantes aux Anglois, elles sont situées vis-à-vis la Caroline, on y cueille beaucoup de bled, tabac, oranges, ambre, écailles de tortues, perles, cochenilles & soies, ces Isles servent de relache aux vaisseaux qui vont d'Amérique en Europe.

---

177 B E R N A Y,

Ville de France dans la basse Normandie à 6 lieues de Lisieux, le Commerce est en grains de toutes sortes, lin & chanvres de bonne qualité ; ces denrées se transportent au Mans, Vimoutier & Elbeuf, Il s'y fait un excellent cidre pour Paris, de la poirée dont on fait de forte eau-de-vie ; & il s'y fabrique des toiles appellées bréannes, à différens prix, qualités & largeurs. On y fabrique aussi de la bougie économique très blanche, en cire & suif dont le prix est de 13 à 14 sols la livre prise sur les lieux.

Enfin il y a en cette Ville une blanchifferie de cire , dans les environs des papeteries , une verrerie & des forges , où se conſomment les bois & charbon des forêts de Beaumont le Rocher , & de Broglio.
Courier part de Paris les Mardi , Mercredi , Vendredi & Dimanche à 2 heures.

178 BERNE. } Ville de Suiſſe , capitale du canton de même nom , dans une Preſqu'Iſle formée par l'Aar à 7 lieues de Fribourg , 20 de Baſle & 120 de Paris. elle eſt d'un grand Commerce.

CHANGE DES MONNOIES.

Noms des Monnoies.	Valeur en argent.				
	du Pays		de France.		
			L.	S.	D.
Rixdale	3	livres	5	,,	,,
Ecu de change	,,	idem.	5	,,	,,
Ecu de Suiſſe nouveau	40	bâches	6	,,	,,
Livre ordinaire	20	ſols	1	13	4
Livre nouvelle			1	,,	,,
Sol ordinaire			,,	1	8
Florin	16	creutzers	,,	12	,,
Goulde florin	60	idem.	2	14	6
Bâche			,,	3	,,
Creutzer	5	ſénins	,,	,,	10 ½
Ducat	6 l. 9 ſ. 6 d.		10	15	10
Goulde d'Empire	1	11 ,, 3/5	2	12	10

Poids , Meſures & aunages comparés à ceux de Paris.
Le poids eſt de 2 pour cent , à Baſle , plus fort que celui de Paris & plus foible à Berne de 10 pour 100 l.
13 *braches* de Suiſſe font 6 aunes de Paris.
Le *ſac* de bled péſe 200 l. poids de *marc.*
Les meſures des liquides font le *ſeptier* qui eſt de 3 *muids,* ou *ohms,* le *muid* contient 32 *pots* vieille meſure & 40 de la nouvelle. Enfin le *pot* forme deux *pintes* de Paris , ainſi le *ſeptier* de la Suiſſe eſt de 240 *pintes* de Paris.

Commerce & obſervations diverſes.

Les écritures ſe tiennent 1°. en florins *creutzers & fenins,* 2°. en *rixdales, creutzers & fenins, &* 3°. en *livres ſols & deniers.* Paris change avec la Suiſſe par Geneve, & donne 100 écus pour 49 à 50 écus neufs de 40 *baches.* La Suiſſe tire ſur Amſterdam, Hambourg, Londres & Milan à 2 mois de datte ; ſur Ausbourg, Nuremberg & Vienne à 14 jours de vue ; ſur Francfort & Leipſick à courts jours en foires ; Lyon à quelques jours de vue au & payement des ſaints ; Geneve à courts jours & Paris à 2 uſances & courts jours. Il n'y a point de jours de faveurs. La foire de Baſle eſt à la fin d'octobre. ſon Commerce eſt en étoffes de ſoies, toiles de coton peintes, toiles & linges de table, fil de fleuret, bas de laines, bijouterie, clincaillerie, draps, épiceries, métaux, pelleteries, chapeaux communs, papier, tabac & teinture excellente.

Les Suiſſes jouiſſent en France de la plupart des droits d'entrée & de ſortie ſur leurs marchandiſes en ſe conformant aux uſages indiqués à l'article de Lyon, où nous ſommes dans la néceſſité de parler des franchiſes ſuiſſes aux foires de cette ville.

Son Courier part de Paris les Lundi, Mercredi & Vendredi.

---

179   BESANÇON.

Ville de France, capitale de la franche Comté, ſur la riviere du Doux à 92 lieues de Paris. Son Commerce eſt en bleds, beurres & fromages de la franche Comté, vins, fruits, legumes, ſalines, & ſorges conſidérables dont les fers s'exportent juſqu'en Italie. Les vins ſe conſomment en Lorraine, Alſace & Suiſſe. On y fabrique beaucoup de toiles & d'indiennes, un peu de petites étoffes, & il s'y vend paſſablement d'épiceries. Sa meſure de bled peſe 36 livres poids de *marc.*

Il y a foires le Lundi d'après la chandeleur, & le Lundi d'après la St. Barthelemi. *Son Courier part de Paris les lundi, Mercredi & Vendredi.*

---

180   BETELFAGNI.

Ville d'Aſie dans l'Arabie heureuſe à 10 lieues de la Mer Rouge & 55 de Mocka. Ses environs ſont fertiles en caffé excellent qui ſe vend en balle de 14 *farcelles.* chaque *farcelle* du poids de 18 livres ½ de *marc*. On compte en cette ville par *piaftres* de 80 *tabus*, ou *karas* : cette *piaftre* équivaut à 2 florins argent de banque d'Hollande, c'eft à-dire environ 4 livres 8 fols „ de France.

181 BEZIERS.

Ville de France en Languedoc à 3 lieues de la Mer, 4 lieues d'Agde & 150 de Paris. elle eft proche la riviere d'Obe & du fameux Canal Royal. Son Commerce eft en beftiaux de toutes efpéces, grains de toutes fortes, vins rouges & blancs de plufieurs qualités, vins mufcats, eaux-de-vie, futailles, huiles, amandes, noifettes, falicoques, gaudes, chataignes, foies grefes & ouvrées, laines, efprit de vin, bazins ou futaines de l'hopital & d'un très bon ufage, beaucoup de bas de foie, de laine & de poil d'Inde, ami-donnerie, tannerie, pelleterie, parcheminerie, poteries de terre & de fayance à l'épreuve du feu, ouvrages de tours pour filer & très diftingués, tabatieres de bouis incruftées en or, écaille & ivoire très bien achevées, fucreries, bon-bons, piftaches, paftilles, dragées, biscuits, fruits, con-fits, confitures excellentes, firops & liqueurs parfaites, gands pour hommes & femmes, bas de peaux de toutes les cou-leurs, fi beaux qu'il s'en vend beaucoup à la cour. Enfin à 5 lieues de cette ville eft une verrerie royale pour bou-teilles de verre noir à 20 livres „ „ le 100, & à même diftance de la ville font 2 mines conféquentes, l'une de très bon charbon de terre égal à celui d'Angleterre & l'autre en cuivre dont on efpere beaucoup. On fabrique auffi à Beziers confidérablement de foies fines qui fe vendent pour Paris, Lyon & Nifmes.

La mefure du vin s'appelle *muid*, elle forme 90 *veltes*. Son poids appellé de *table* eft d'un cinquieme moins fort que celui de *marc*, la mefure des étoffes nommée *canne* fe divife en 8 *pans* qui produifent une aune ⅞ de Paris.

La mefure d'huile eft la charge compofée de 9 mefures & la mefure de 36 *fioles*, cette derniere pefe un peu plus de la livre poids de *marc*, & la charge 334 livres; enfin la mefure des grains eft le *feptier* qui pefe en bled de 100 à 105 poids de *marc*.

Pour fes foires, *Voyez* l'Etat des foires; marché tous les Vendredis.

Son *Courier* part de Paris les mardi, Jeudi & Ven-dredi.

182. BRANA.	Ville d'Asie dans l'Indoustan à 25 lieues d'Agra. Ses environs produisent un indigo très estimé dont la vente se fait à Agra, *Voyez* cette ville.

183. BIENNE.	Ville de la Suisse située à quelque distance d'un lac du même nom entre Soleure & Neufchâtel ; elle fait un fort Commerce de bois & sur-tout en planches de sapin de 22 à 24 pieds de longueur.

184 BILBAO.

Grande, belle & riche ville d'Espagne, capitale de Biscaye avec un port très fréquenté, elle est proche de la Mer à 20 lieues de St. Sébastien, 36 de Burgos, 75 de Madrid & 210 de Paris.

Les écritures se tiennent en *reaux* de 34 *maravidis* veillon évalué à 9 sols 4 d. ⅓ de France, plus ou moins selon la variation du change. *Voyez* Cadix pour le détail des monnoies & usages des lettres de change.

Poids & Mesures.

Il y a deux poids à Bilbao, l'un dit *quintal macho* servant à peser le fer, il est de 150 livres de cette ville, de 158 ½ de Paris, & l'autre dit *quintal simple*, ou de 100 livres, ne fait que 98 ⅔ de Paris. Ce dernier poids est usité à St. Sébastien.

Le bled se vend au *fanegas* de 87 ½ de marc. 32 fanegas forment le *last* d'Hollande.

Les autres mesures sont comme à Cadix.

Commerce & Industrie.

Les marchandises qui se portent à Bilbao sont, par les François des morues, des toiles de Quintin & Morlaix, de grosses toiles d'emballage, par les Anglois diverses serges & étoffes de laine ; & par les Hollandois, des toiles fines, des camelots, des laineries de leurs fabriques, des épiceries. On y prend en retour des laines dites Léonéses, Ségoviennes fines, Ségoviennes régulieres, Burgalases, Buitrago, Soria-Ségoviennes, Siguanza-Ségoviennes, Molina, Viloflada, Ortigofa, Albarazin, Caféres, Lerena, Badaxos, & Agnelins ; toutes ces laines sont d'un débit immense & forment le Principal Commerce de cette place.

de laquelle on tire en outre de l'argent, du fer dont l'exportation va annuellement à 80, 000 *quintaux*, de l'acier, du fafran, des chataignes, des oranges &c.

Affurances.

On a établi en cette ville (en Mars 1783) une caiffe d'affurance maritime formée par 60 actions de 100 milles *reaux* de veillon, chacune, & fes engagemens envers le public font de payer 98 p.⁰ des objets affurés & perdus par les rifques de la Mer, & ce, trois-mois après la certitude des pertes, fans autre retenue qu'un & demi pour cent.

Les groffes avaries garanties par les affurances, feront également rembourfées à 98 p.⁰ comme ci-deflus ; & les moyennes fe rembourferont fur le pied des retenues fuivantes, fixées fur la nature des denrées & objets avariés, favoir : fur les laines d'agneaux & fruits fecs. La retenue fera de 10 p.⁰, fur le lin en bottes, le chanvre, la faune, les cuirs ou peaux & la poudre à canon ; 5 p.⁰ & fur les navires & autres marchandifes 3 p.⁰ feulement.

Son Courier part de Paris les Mardi & Samedi.

---

185 BILEFELD. Ville d'Allemagne dans la Weftphalie à 5 lieues d'Ofnaburg. Il s'y fabrique de très belles toiles.

---

186 BIRMINGHAM.

Ville d'Angleterre au Comté de Warwick à 27 lieues de Londres, elle eft renommée par fes manufactures de fer & d'acier, dont les ouvrages de clinquaillerie malgré leur cherté font les plus eftimés de l'Europe. C'eft dans cette ville qu'eft la fameufe imprimerie & les fuperbes caracteres de Baskerville.

---

187 BLANGY.

Bourg du Comté d'Eu, en France fur la riviere de Brefle. Le Commerce y confifte en cuirs de vaches & de veaux ; grains qui s'enlevent pour la Normandie, il s'en tient deux marchés par femaine, les Lundi & Mercredi, & il y a une foire de beftiaux le 5me. Mercredi de chaque mois où fe vendent de forts chevaux pour le tirage, du fil & beaucoup de toiles.

Son Courier part de Paris les Mardi, Jeudi & Samedi.

188. BLAIE, Ville de France en Guyenne à ... lieu de Bordeaux & 150 de Paris, elle ... sur la Gironne, & a un très bon por... mais les vaisseaux ne peuvent y ent... avec leurs canons. Son Commerce d... bleds, vins rouges & blancs & beaucou... d'eau-de-vie. *Son Courier part de Par... Mardi & Samedi.*

189 BLOIS.

Ville de France sur la Loire à 13 lieues d'Orléans & de Paris. Ses productions sont en vins, bleds, chanv..., légumes ; ses vins les plus estimés à juste titre, sont c... de Vineuil & des Noels. Les prix des vins en roug... blanc vont de 80 à 120 livres, le tonneau de deux pi... 240 *pintes* chacune. On y fait beaucoup d'eau-de-vi... fort Commerce en bois, chevaux, pierres dures qu... vent le poli du marbre, serges de plusieurs sortes, cré... étamines, laines, coutellerie estimée, ganterie assez rec... chée, bonneterie ordinaire. L'Hotel Dieu vend un ju... réglisse souverain, & il s'y vend aussi passablement de... les, merceries, clinquailleries, mégisseries, corroyeries... fayances. Il y a deux foires, la 1re fin 8bre la 2me... St. Jean. *Courier part de Paris tous les jours.*

190. BOIS-LE-DUC & BREDA. Ces Villes du Brabant Hollandois... plusieurs manufactures de laines & de t... les, travaillent beaucoup en coutelleri... aiguilles, ce dernier objet est même... réputation.

191 BOKEMEALE. Province d'Afrique, partagée par l... quateur, dont les habitans font un gra... Commerce de dents d'Eléphans.

192 BOLBEC.

Bourg l'un des plus considérables & des plus beaux... la France, à 7 lieues du Havre & 40 lieues de Paris... Commerce assez considérable consiste en belles avoines, bea... chevaux, belles toiles de lin ; fils de lin & coton, coto... nette, siamoise, indienne, mouchoirs de fil, serge-de-te...

Bolbec, bas de laine très fins à l'aiguille: on y trouve tous les ingrédiens propres aux manufactures, blanchisseries de fil & teintures de toutes couleurs. Il s'y tient un fort marché tous les Lundis. Il y a une foire très considérable où les marchands viennent en grand nombre de diverses contrées de l'Europe. Elle se tient le jour de la St. Michel. Il y a aussi plusieurs tanneries. *Courier de Paris tous les jours.*

193 BOLOGNE.

Ville d'Italie dans l'Etat de l'Eglise à 9 lieues de Modène, 16 de Ravennes & 253 de Paris, elle est sur la rivière de Remo qui joint le Pô par un canal.

CHANGE des MONNOIES.

Noms des Monnoies.	Valeur en argent. du Pays	de France. L. S. D
Pistole d'Espagne, en banque	35 Jules	17 10 ,,
Idem, hors banque	36	18 ,, ,,
Id. d'Italie hors banque	20	10 ,, ,,
Sequin de Venise	19	9 10 ,,
Ducat ou Hongre	18	9 ,, ,,
Ducaton ou écu du Pape	10	5 2 ,,
Piastre d'Espagne	7 ¾	3 17 6
Livre 20 sols bayoque	2	1 ,, ,,
Jule	10 sols	,, 10 ,,
Sol ou bayoque	6 quatrins	,, 1 ,,
Quatrin		,, ,, 2

Paris demande 100 écus pour environ 58 ou 59 écus du Pape de 10 Jules. La France change en droiture avec cette ville. Ses écritures se tiennent en livres sols & deniers. Elle tire sur Amsterdam à 2 mois de date, sur Bolzam en foires, Florence & Livourne à Uso de 3 jours de vue, Lyon en payemens, Genes & Venise à quelques jours de vue ou de date, Rome & Milan à 15 jours de vue & Vienne à 14 jours de vue. L'echéance est le 8me jour après l'acceptation.

Poids, Mesures & Aunages comparés à ceux de Paris.

100 livres de Bologne font à Paris 75 livres ¼.

100 brasses de Bologne pour étamines font à Paris 5½ aunes ½.

100 brasses idem pour crepes font à Paris 43 aunes ½.

Le *corba* de bled pese 120 livres poids de *marc*.

Le *corba* de vin est de 60 *pots*, le *pot* de 40 onces, l'huile se vend à la livre.

Commerce & industrie.

Beaucoup de soies non ouvrées, draps & étoffes de soies, satins, bas de soies, toiles & crepes. Marchandises comestibles, sur-tout en saucissons excellens, fruits secs de toutes especes. Il s'y vend aussi beaucoup de savonnettes & d'alun &c.

Son Courier part de Paris les Mardi à 10 heures du matin. Il faut affranchir les lettres.

194.
BOLZAM *ou*
BOLZANO
} Ville d'Allemagne, sur la Riviere d'I... soch, longitude 28 degrés 46 minutes, la... titude 46 degrés 42 minutes.

CHANGE DES MONNOIES.

Noms des Monnoies.	Valeur en argent.		
	du Pays.	de France.	
		li. *s.* *D.*	
Rixdale courante	90 creutzers.	4 15	
Idem, *imaginaire*	74	3 18 1	
Florins réel	60	3 3 4	
Idem, *imaginaire*	49 ⅓	2 12	
Creutzer		„ 1	

Paris donne 100 *écus* pour environ 94 florins ⅗ de 60 *Creutzers* chacun. Le change se fait par Vienne en Autriche, & les écritures se tiennent en *rixdales* de 90 *creutzers*, en *flor.* de 60 *creutzers* & en *creutzers*. Bolzam tire sur Ausbourg, Francfort, St. Gall & Nuremberg à usance de 9 jours de vue, sur Bergame, Florence, Milan, Naples, Rome & Venise à jours certains, sur Bologne à 8 jours de vue, Francfort & Novy en Foires, Lyon en paiemens, les effets ne sont point acceptés.

Poids, Mesures & Aunages, comparés à ceux de Paris.

Les poids sont le *saum*, de 4 *centners*, & le *centner ou*

quintal

quintal de 100 *liv.*, qui répondent aux 100 *liv.* de Marc, ou de Paris.

La mesure des liquides est la *muthe* qui pèse en huile environ 117 *liv.* de marc.

Il y a deux aunages ; savoir, l'*aune* qui porte 350 *lignes* de France & la *braffe* qui n'est que de 243 *lignes*.

Commerce & Industrie.

Le Commerce est florissant en cette Ville, attendu qu'elle jouit du droit d'Etape, & sert d'entrepôt à presque tout le Commerce que l'Allemagne & l'Italie font entr'elles.

Ce que l'on tire de Bolzam, consiste en Pelleteries dont le débit est considérable ; on y rafine du sel en quantité, on y trouve de très-belles verreries & quelques manufactures de gands très-supérieurement travaillés, quantité de bonets noirs en soie & fil & plusieurs autres ouvrages de ces métiers.

Foires & Couriers.

On tient en cette ville quatre grandes foires par année & de 15 jours de durée chacune. La première est à la mi-carême, la seconde le lundi après la Fête Dieu, la troisieme, qu'on nomme foire d'Egide ou de St. Gilles, ouvre le lendemain de la Nativité de la Vierge, & la quatrieme commence le jour ouvrable qui suit la St. André.

Les lettres de change payables dans le cours de ces foires doivent être acceptées dans les 12 premiers jours & payées au plus tard le dernier jour de chaque foire. *Enfin son Courier part de Paris les Jeudi & Samedi à 2 heures.*

195 BOMBAIN ou BOMBAY

Isle d'Asie dans les Indes proche la côte de Concan au Royaume de Visapour ; elle appartient aux Anglois qui possèdent une des plus sures & des plus commodes Bayes connues.

Son principal Commerce, est en coco qui s'y recueille en très grande abondance & d'une qualité fort estimée ; on y fabrique beaucoup de monnoies indiquées ci-après.

Monnoies, Poids, Mesures & Aunages.

On compte à Bombay en *Mohane* de 12 ½ *roupies* d'argent, en *roupies* d'argent de 12 *roupies* de cuivre, & en *roupies* de cuivre simple, la *roupie* d'argent répond à 23 fols argent d'Hollande, ou 2 liv. 7 f. 10 d. de France.

Les poids font le *candi* de 20 *maunds*; chaque *maund* d'environ 26 l. de France. Les grains se vendent au *mora* de 25 *Paras*; chaque *mora* pese en bled environ 31 liv. de *marc*.

L'aune, *dite cubit*, forme le demi *yard* Anglois & porte 202-⅜ lignes de France.

196. BON-AIRE.	Isle de la Mer du Nord entre Curacau & Aves; les Hollandois en tirent beaucoup de sel.

197. BONAVISTA.	Isle de la Mer Atlantique; les Portugais en tirent chèvres, coton & sels.

198. BONNET (St.)	Lieu du Forez, en France dans le Lyonnois. Il est renommé par sa quincaillerie.

199. BORDEAUX,

Ville de France sur la Garonne, capitale de la Guienne, à 35 lieues de la Rochelle & 156 de Paris : elle a un port célebre, une jurisdiction consulaire, & est la résidence des Chanceliers & consuls pour le Commerce de l'Italie, l'Espagne, la Suede, la Prusse, le Dannemarck, la Russie, la Pologne, & la République de Gènes, &c.

Productions, Industrie & Commerce.

Vins de différentes qualités très recherchées. Les *premiers* font ceux de Médoc, rouges dont le prix va jusqu'à 2400 liv. „ „ le tonneau. Les *seconds* du même crû font de moitié prix. Les *troisiemes* de grave, en blanc & rouge, vont de 400 liv. à 800 liv. le tonneau. Les *quatriemes* de Poleu, qui s'exportent aux Colonies, gagnent de la qualité à la Mer & se vendent de 300 à 600 liv. le tonneau. Les *cinquiemes* font les vins de Cahors en rouge, de Gaillac en rouge & blanc, de Domes & de Frontignan, tous ces vins acquierent de la qualité par le transport & se vendent de 200 à 500 liv. le tonneau. Enfin la *sixieme* classe est en vins de côtes qui se consomment dans le Pays, la Bretagne & le Nord; ils se vendent de 150 à 300 liv. au plus le tonneau. Les 5 premieres quaiités sont recherchées par toutes les nations & pris à Bordeaux, par les Anglois, les Hollandois, les Génois, &c.

Industrie.

Elle est en rafineries immenses de sucre, étoffes appellées cadis blancs, mêlés, teints unis & ratines de belle qualité, deux manufactures de faience & trois verreries, il y a aussi une manufacture considérable de denteile de fil dont le produit est très-avantageux.

Commerce.

Il consiste dans les vins & objets ci-dessus, eaux de vie, bierre, farines, viandes salées, lard, beurre d'Irlande, jambons, chandelles de suif, prunes, miel, ferremens, cloux de toutes especes, poteries pour le rafinage du sucre & autres objets pour ledit rafinage, carreaux, soieries, coton, siamoises, linges & toutes especes de toiles de France. Enfin, en armemens de tous genres & même pour la pêche de la morue. Les navires qui vont à cette pêche partent dans les mois de Janvier & Février, & font ordinairement leurs retours à Bordeaux, Nantes la Rochelle & Bayonne.

Poids, mesures, aunages, usages, &c.

Le poids & l'aune sont comme à Paris.

Les deux boisseaux de bled forment le septier de Paris.

Le tonneau de vin est de 4 barriques, la barrique de 100 pots, & le pot de 2 pintes ½ de Paris.

Change, usages & foires.

Bordeaux change avec les Villes étrangeres comme Paris.

Les lettres & billets payables en foires doivent être acquittés le dernier jour de la foire : celles à vue payées à leur présentation. Celles à plusieurs jours de vue ou à usance ont 10 jours de grace. Enfin, sauf les effets ensoire, les autres suivent l'usage de Paris.

Cette ville à deux foires considérables par année ; la 1ere. ouvre le 1er. mars, & la 2me. le 15 8bre. elles ont chacune 15 jours de franchise & cette franchise consiste dans l'exemption des droits de comptablie.

Il existe en cette ville & plusieurs autres qui en sont voisines une imposition sous le titre de comptablie, sur toutes les marchandises d'importation & d'exportation dont voici le tableau.

BORD

Tableau des Droits dus au Convoi, Comptable de Bordeaux, tant à l'entrée qu'à l'iſſue, pour les vins, eaux de vie & autres marchandiſes ſujettes aux droits du convoi.

ENTRÉE

VILLES.	MARCHANDISES & AUTRES DÉTAILS.	DROITS DIVERS de												TOTAL des DROITS D'ENTRÉE		
		Convoi.			1er. Contrôle.			Comptable.			2e. Contrôle.					
		L.	S.	D.	L.	S.	D.	L.	S.	D.	L.	S.	D.	L.	S.	D.
	Vins de Frontignan	8	″	″	″	16	″	21	12	″	″	3	3	32	11	3
	Vins de Gaillac	8	″	″	″	16	16	3	″	″	″	6	″	12	2	″
Bordeaux.	Conſignations pour les droits d'acquit	″	″	″	″	″	″	″	″	″	″	″	″	″	″	″
	Vin du haut commun	8	″	″	″	16	″	2	16	″	″	5	″	11	17	″
	Vin de ½ marque	″	″	″	″	″	″	″	″	″	″	″	″	6	″	″
	Vin de Caſtillon	″	″	″	″	″	″	″	16	″	″	1	″	6	″	″
Livourne.	Vin de Haut	8	″	″	″	16	″	″	″	″	″	8	″	17	8	″
Bourg.		″	″	″	″	″	″	″	″	″	″	″	″	″	″	″
Blaye.		8	″	″	″	16	″	″	″	″	″	″	″	8	16	″
Bordeaux.	La pipe de fel	8	″	″	″	16	″	″	16	″	″	1	″	9	8	″
Blaye.	Pipe de fel	8	″	″	″	16	″	″	10	″	″	″	″	9	8	″
Libourne.	Pipe de fel	8	″	″	″	16	″	″	″	″	″	″	″	8	″	″
Bourg.	Pipe de fel	8	″	″	″	″	″	″	″	″	″	″	″	″	″	″

ISSUE ou SORTIE.

VILLES.	MARCHANDISES & AUTRES DROITS.	ancien Droit.			Augmentation.			1er. Contrôle			comptable.			2e. Contrôle.			courtage.			ancien Droit de grenier.			Total des Droits de sortie.		
		L.	S.	D.	L.	S.	D.	L.	S.	D.	L.	S.	D.	L.	S.	D.	L.	S.	D.	L.	S.	D.	L.	S.	D.
Bordeaux. Libourne. Bourg. }	le tonneau vin de Ville	7	"	"	6	"	"	"	1	6	"	1	1	"	2	2	1	10	"	16	19	2
Libourne	Vin de Castillon	7	"	"	6	"	"	"	1	6	"	1	6	"	3	3	1	10	"	17	4	8
Bourg	vin de ville pour le compte d'un Bourgois	7	"	"	6	"	"	"	1	6	"	"	10	"	"	1	1	10	"	16	7	"
Bourg	Idem, & de son crû	7	"	"	6	"	"	"	1	6	"	1	1	"	2	2	1	10	"	15	17	2
Blaye	Vin du crû du Pays de Blaye	7	"	"	3	"	"	"	1	"	"	1	1	"	2	2	"	"	"	12	3	2
Bordeaux Libourne Bourg & Blaye }	Vin de Frontignan & de haut	4	"	"	2	"	"	"	"	12	"	1	6	"	"	8	1	10	"	9	10	8
Idem.	Vinaigre	6	"	"	4	"	"	"	"	1	"	"	"	"	"	"	1	10	"	12	10	"

BORD.

VILLES	MARCHANDISES ET AUTRES DETAILS	ancien droit			augmentation			1re. controle			comptablie.			2me. controle.			courtage.			ancien droit de grenier.			Total des droits de sortie.		
		L	S	D	L	S	D	L	S	D	L	S	D	L	S	D	L	S	D	L	S	D	L	S	D
Bordeaux, Libourne, Bourg & Blaye	barique d'eau de vie pour la France – –	8	..	..	7	..	..	1	10	..	5	..	..	..	10	..	1	10	..		..	..	23	10	..
Bordeaux – –	barique d'eau de vie pour l'étranger – –	8	..	..	7	..	..	1	10	..	7	10	..	..	15	..	1	10	..		..	..	26	5	..
Bordeaux, Libourne, Bourg & Blaye	verge excédente de jauge – –		..	..		..	..		..	..					..			..			..		..	9	..
	demi barique de prunes pour la France – – –	1	2	..	..	2	..	..	4	5	..	15	..	1	6	..	..	15	..		..	..	3	19	11
	pour l'étranger – – –	1	2	..	..	2	..	..	4	5	1	10	..	..	3	..	..	15	..		..	..	4	16	5
Bordeaux & Blaye	pipe de fel – – –	20	..	..	..	..		..	2	2	..	10	..	..	1	..		..	..		..	..	22	11	..
Bourg – –	pipe de fel – – –	20	..	..		..	..		2	2					..	..		..	..		..	..	22	..	..
Libourne – –	pipe de fel – – –	20	..	..		..	..		2	2					..	..		..	6		..	..	22	6	..
Bordeaux Libourne Bourg & Blaye,	bled froment pour l'étranger	6	..	..	..	3	..	..	18	..	..	1	..	..	2	..	..	10	..		..	..	11	10	..
Idem. –	bled froment pour la France	3	..	..	1	10	..	..	9	..	..	..		..	..		..	10	..		..	..	5	9	..
Idem. –	feigle ou méteil pour l'étrang.	4	10	..	2	5	..	13	6		13	4		4			10				..	..	8	13	2
Idem. –	feigle pour la France –	2	5	..	1	10	..	6	9		9	..		1			10				..	..	4	4	3
Idem. –	graines & légumes pour l'ét.	3	10	..	1	10	..	4	6								10				..	..	4	3	..
Idem.	pour la France –	3	15			15																	2	12	6

Bordeaux, Libourne & Bourg.	{ Chataignes ou Noix -----	2	,,	,,	,,	4	,,	,,	,,	10	,,	,,	2 14
Blaye -----	{ Chataignes ou Noix ----	2	,,	,,	,,	4	,,	,,	,,	10	,,	,,	2 4
Bordeaux ----	{ le tonneau de Miel pour la France -----	2	,,	,,	,,	4	,,	3 15	,,	6 10	,,	7 16 6
Idem ----	{ pour l'Etranger ----	2	,,	,,	,,	4	,,	7 10	15	i 10	,,	11 19
Libourne, Bourg & Blaye.	{ le toneau de Miel ----	2	,,	,,	,,	4	,,	7 10	15	1 10	,,	11 19

Indépendamment de ces Droits, il se perçoit au Courtage le 1er tonneau de frêt sur chaque Vaisseau qui se charge à Bordeaux, lequel frêt, du 1er tonneau seulement, est évalué à 8. livres pour les Vaisseaux destinés pour les Ports de France, & 10 livres pour ceux qui vont à des Ports étrangers. Quelquefois ce dernier Droit n'est que proportionné sur la Valeur du prix du frêt. Bordeaux a plusieurs Chambres solides de Commerce & d'Assurance.

Son Courier part de Paris les Mardi & Samedi à midi, les Mercredi & Dimanche à 2. heures.

200 **BORLETTE** Ville d'Allemagne, proche celle d'Aix-la-Chapelle, il y a une fabrique confidérable d'Aiguilles.

201. BORNEO.

Ville d'Afie, avec un bon port : les Hollandois y ont un fort. Le Commerce eft en fruits, riz, bois de fapin & de conftruction de vaifleau, cire, poivre noir & blanc, enceus, maftie, gommes médicinales ; poix, refine, diamans, or en poudre, perles, beloards & peaux de différens animaux Tous ces objets s'échangent en grande partie aux Chinois contre des toilleries de coton & autres marchandies, les Européens y commercent aufli, particuliérement les Hollandois.

202. BOSTON.

Ville & Port de mer de l'Amérique feptentrionale, capitale de la Nouvelle Angleterre, elle eft fituée au fond de la Baye des maffachufets. La grandeur & la fureté du port ont rendu cette ville une des plus commerçantes des Etats-Unis.

Son Commerce eft en bois de toute elpece, chêne, orme, fapin, frêne, cypres, pins, noifetiers, hêtre, cedre, fchumach pour la teinture & la tannerie & bois de conftruction de navires, le tout en grande quantité ; fruits de toutes fortes, cidre qui fe tranfporte aux Antilles, beftiaux en tous genres, beaucoup de chevaux & de peaux d'ours, loups, renards, caftors, loutres, martres, lievres, lapins, daims, & orignaux, dont le Commerce eft immenfe. Ces marchandifes s'échangent aux Européens & particuliérement aux François contre des étoffes de foie, draps, clinquaillerie, vins, toiles, diffanderie, dentelles, papier, mercerie, rubanneries, artillerie, armes de toutes elpeces & toutes fortes d'uftencils pour le ménage & la culture des terres. On a établi en cette ville une fuperbe manufacture d'acier dont il eft forti (en 8bre. 1783) divers ouvrages de coutellerie fupérieurement exécutés. Cette ville vient de former une banque nationale à l'inftar de celle de Philadelphie, fon capital eft de 300, 000 *dollars* que l'on fe propofe d'augmenter quand le befoin l'exigera. L'ouverture de cette banque s'eft faite le 8 mars 1784. Les poids, mefures & aunages font de deux fortes. L'une eft femblable à ceux de Londres & l'autre à ceux de Paris ; anfi *Voyez* Londres pour fes rapports à Paris. Les écritures fe tiennent en livres, fols & deniers fterlings.

Cette

Cette Ville comme toutes celles des Etats-Unis de l'Amérique ne fait point d'opération de change de place à autres, elle reçoit des marchandises qu'elle paye par d'autres ou en especes, mais plutôt en monnoie de papier dont il y a des coupons de toutes sommes depuis un demi écu ou Crown, qui équivant à 57 sols de France jusqu'à 100 liv. sterlings, &c. Cette monnoie se nomme *Province-Bils* Pour plus de détails sur les monnoies, *voyez* l'article des Etats-Unis de l'Amérique.

Les lettres de Paris peuvent passer à Boston par nombre de Ports de France, & particuliérement ceux de Bretagne.

203. BOULOGNE SUR MER.

Ville de France en Picardie, sur la Riviere de Liane à 16 lieues d'Abbeville, 6 de Calais & 57 de Paris. Son Commerce est en pêches de harengs & maquereaux, savon noir, étoffes tricotées & sucre; c'est par cette Ville que passent & s'achetent souvent les meilleurs vins de Bordeaux, Bourgogne & Champagne pour être expédiés en Angleterre. Ses environs fournissent d'excellens beurres en tinnes pour Paris, Amiens, & toute la Picardie.

Le septier de bled de Boulogne pese 270 liv. de Paris, ses poids & aunages font comme à Paris.
Courier tous les jours à midi.

204. BOURBON, (Isle)

Isle d'Afrique dans la Mer d'Ethiopie, à 20 lieues de l'Isle de France, & 2680 de Paris. Il y a par années 2 récoltes en grains, riz, maïs, manioc, patates, ignames, topinambours & légumes de toutes especes. Elle produit beaucoup de café en assez bonne qualité, poivre blanc, tabac, aloës, bois d'ébene & de construction, on y nourrit & éleve des bestiaux de toute espece, ainsi que de la volaille, & il y a des mines de fer très-abondantes. Les Rivages donnent de l'ambre gris, du corail, & de beaux coquillages. Tous ces objets forment le Commerce de cette Isle & la rendent considérable.

205. BOURG (d'Allemagne.)	Duché de Berg près Sollingue en Allemagne; cet endroit est renommé par ses fabriques de couvertures de laines & celles de canons & de fusils.

206. BOURG, (en Bresse.)

Ville de France, Capitale de la Bresse à 80 lieues de Paris. Son Commerce est en froment, seigle & gros bled, dont le débouché est par la Saône par laquelle se fait aussi une exploitation assez considérable en bois de charpente & chauffage.

Courier part de Paris les Lundi, Mercredi, & Vendredi.

207. BOURG.

Ville de France en Guyenne avec un assez. bon Port, au confluent de la Dordogne & la Garonne ; à 6 lieues de Bordeaux ; on y fait un fort Commerce en vins rouges & blancs inférieurs à ceux de Bordeaux.

Courier part de Paris les Mardi & Samedi.

208. BOURGES.

Ville de France en Berry, sur les Rivieres d'Auron & d'Eure, à 66 lieues de Paris ; il y a jurisdiction consulaire. On voit en cette Ville une belle manufacture royale d'étoffes, de fil, coton, laines, soies, robes de gazes appellées foulars, toiles bleues, mouchoirs bleus & blancs, toiles de coton pour doublures, toiles blanches, toiles peintes de toutes especes, mouchoirs incarnats sur coton & toile d'Hollande façon des Indes. On y fait aussi des bonnets de laine au tricot & au métier & des draps grossiers pour l'habillement des Soldats & des Domestiques. Tous ces articles sont exempts de droits par tout le Royaume.

Son Courier part de Paris les Mardi, Jeudi, Samedi, & Dimanche à 2 heures.

209. BRAMPOUR.	Ville d'Asie au Royaume de Candiich, sur le Tapry, longitude 95, latitude 21 10. Il s'y fabrique beaucoup de toiles de coton.
210 & 211. BRAUNSBERG. & FRAUENBOURG	Ces Villes de la Principauté de Varmié en Allemagne, font un Commerce considérable en toiles communes & fil qu'elles vendent à Konisberg, port dont elles sont voisines.

| 212. BRECKNOCK. | } Ville d'Angleterre au Pays de Galles. Il s'y fait un grand Commerce d'étoffes de laines. |

213. BREDA. *Voyez* Bois-le-Duc.

| 214. BREMGARTEN. | } Ville de la Suisse entre Berne & Zurich : il s'y fait un grand Commerce de papiers de toutes sortes. Cette Ville est à 4 lieues de Zurich. |

215. BRESCAR.

Ville de l'Afrique au Royaume de Termecan. Son territoire produit abondamment des figues que les Européens estiment beaucoup ; ce qui y forme une petite branche de Commerce.

216. BRESIL.

Contrée de l'Amérique Méridionale soumise aux Portugais. Elle suit en tous points les usages du Portugal, pour les mesures, poids & monnoies, sauf que les monnoies Portugaises d'or & d'argent gagnent au Brésil ; en sus de leur valeur intrinsèque, & celles de cuivre se trouvent être du double de leur valeur en Portugal.

Nous avons rendu compte dans la 1ere. Partie de ce volume des productions du Brésil, ce qui nous dispense de le faire ici, où nous observons seulement qu'outre ce qui est déjà dit, on tire aussi de cette contrée de l'huile & des fanons de baleine, du Parcira-Brava.

C'est par la Ville de San-Salvador que se fait le Commerce du Brésil ; c'est dans son port éloigné de la Ville de 200 toises, qu'abordent dans les mois de juin & d'août tous les navires qui se séparent des flottes Portugaises, pour aller dans les différens ports de la côte du Brésil.

| 217. BRESLAW. | } Ville d'Allemagne Capitale de la Silésie, sur la Riviere d'Oder, à 276 lieues de Paris, & 67 de Vienne. |

CHANGE DES MONNOIES.

Noms des Monnoies.	Valeur en argent.			
	de France.	du Pays.		
		L.	S.	D.
Pistole d'Espagne.............	5 fl. ½ courans	14	13	4
Ducat d'Allemagne..........	4 Idem......	10	13	4
Ecu blanc...................	1 Idem. ½...	4	"	"
Rixdale ou thaler..........	30 Silvergros.	4	"	"
Florin.....................	20 Idem......	2	13	4
Silver-gros.................	3 Creutzers.	"	2	8
Creutzer...................	4 Fenins....	"	"	1 ½
Le fénin....................	"	"	"	⅖

Paris donne 100 écus pour environ 75 à 76 rixdales de 90 creutzers, & change avec cette Ville par la Hollande & Hambourg.

Poids, mesures & aunages comparés à ceux de Paris.

100 liv. de Paris font 125 liv. de Breslaw.

100 aunes de Breslaw font 46 aunes ⅞ de Paris.

Le bled se vend au *Malter* de 12 *scheffels*, il faut 4 ½ *scheffels* pour le *last* d'Hollande ou les 19 septiers de Paris.
Le vin se vend à l'*Eimer* de 20 *topfs*, chaque *topf* de 80 *quarts* qui forment 46-½ *mingles* d'Hollande ou 93 pintes de Paris.

Les écritures se tiennent en *rixdales, silver-gros, & fenins*, ou en *florins, creutzers & fénins.*
Cette Ville tire sur Amsterdam à 5 semaines de date, Hambourg à 4 semaines, Prague & Vienne à usance de 14 jours de vue après l'acceptation. Les lettres payables en Foire doivent être acquittées pendant les derniers jours de chaque foire, il y en a deux qui durent 8 jours chacune, la 1ere. commence après le 4e. Dimanche de Carême, & la 2eme. le Lundi avant la Nativité de la Vierge.

Commerce & Industrie.

Le lin de la Silésie étant le plus beau connu & y croissant en grande abondance, on en fait en quelque sorte le principal Commerce, on en fabrique de superbes fils, & toiles très-recherchés ainsi que de très-beaux linons. La seconde branche de Commerce est en laines, qui se vendent aux foires ci-dessus dites, Breslaw & plusieurs Villes de la Silésie ont des fabriques en étoffes de laine, d'autres en bas de toute espece, en marroquin, & divers cuirs à semelle & à la livre, en peaux de véau apprêtées à l'Angloise, & l'on y trouve plusieurs manufactures de verreries & ouvrages d'acier imitant ceux d'Angleterre, enfin on tire de Breslaw du suif, de la cire & de très-beau basin.

Son Courier part de Paris les Lundi, Mardi, Vendredi & Samedi à 10 heures du matin.

218. BRESME ou BREMEN.

Ville d'Allemagne au cercle de Basse-Saxe, sur la Riviere de Veser à 36 lieues de Brunswick, 170 de Vienne & 132 de Paris. Elle a un port situé à un mille ½ au-dessous de la Ville où l'on charge & décharge les marchandises attendu que les gros navires ne peuvent monter chargés jusqu'à la Ville même.

CHANGE DES MONNOIES.

Noms des Monnoies	Valeur en argent.			
	du Pays.	de France		
		L.	S.	D.
Rixdale ou thaler	3 marcs...	4	2	"
Marc....................	24 gros	1	6	8
Ducat.................	198 gros....	10	18	8
Gros...................	4 schwares.		1	1⅓

NOTA. Le gros se compte aussi pour 4 *fenins*.

Paris donne 100 écus de 3 livres pour 76 ¾ *rixdales* de Bresme & change avec cette ville par Amsterdam. Les lettres sur Bremen doivent être à 15 jours de vue, elles ont ensuite 15 jours de faveur.

Poids, Mesures & Aunages comparés à ceux de Paris.

100 livres de Paris sont 101 livres de Bresme, & 100 livres de Bresme 99 livres de Paris.

100 aunes de Paris sont 205 aunes ½ de Bresme & 100 aunes de Bresme font à Paris 48 aunes ¼.

La mesure des grains est le *last* qui se divise en 4 quarts. Le quart en 10 *scheffels*, & le *scheffel* en 4 *viertels*. Enfin le *last* d'Hollande forme 41 *scheffels* de Bremen, ce qui porte le *scheffel* de bled à environ 113 livres de marc.

Le vin se vend au *fuder* de 6 *ohms*, chaque *ohm* de 736 *mingels*. L'eau-de-vie se vend à la *barique*, ou *oxhoft* de 39 *veltes*, & la bierre de 48 *stubgens* ou 768 *mingels*.

Il est bon d'observer ici que le *last* du fret est de deux tonneaux ordinaires de fret, c'est-à-dire de 4000 livres.

Les écritures se tiennent en *rixdales* de 3 *marcs* de 24 gros chaque.

Le Commerce consiste en froment & autres grains, sur tout en seigles & haricots, laines, métaux, bois de construction pour les Vaisseaux & beaux bois de charpente bierre renommée par son excellence, & qui se débite dans toute la basse Saxe, la Hesse & le Duché de Brunswick ainsi que dans l'électorat d'Hanovre. Enfin cette ville est du second ordre pour le Commerce de l'Allemagne auquel elle procure une grande quantité de toiles dites Canamaros ou toiles écrues, Casserillos ou toiles de ménage, & une 3me sorte dite à la Rose ou toiles fines &c.

Son Courier part de Paris, les Lundi, Mardi, Vendredi, & Samedi à 10 heures du matin.

219 BREST.

Ville de France en Bretagne à 128 lieues de Paris. Son port un des plus beaux du Royaume sert de retraite aux vaisseaux du Roi. Son Commerce principal est en grains, farines & viandes salées pour les armemens, & par conséquent en tout ce qui est nécessaire à la construction & équipement des navires.

Son Courier part de Paris les Lundi, Mardi & Samedi.

220. BRISTOL.

Ville & Port d'Angleterre dans le Comté de Sommerset à 32 lieues de Londres ; il s'y fait un grand Commerce en marchandises des Indes & en productions de ses verreries les plus belles connues.

221. BRIVE LA GAILLARDE.

Ville de France dans le bas Limousin, sur la rivière de

Loreze à 116 lieues de Paris. Son Commerce eſt en vins dont la plupart eſt converti en eau-de-vie pour Bordeaux, huile de noix pour le Lyonnois & le Bordelois, bois de conſtruction & merrain pour Bordeaux, bœufs & porcs bien engraiſſés pour les ſalaiſons, fabriques de cire, cierges & bougies. Manufacture Royale de mouchoirs de ſoies de différentes qualités, grandeurs, deſſeins & couleurs, le tout façon d'Angleterre, ſiamoiſes en $\frac{3}{4}$ & $\frac{7}{8}$ en toutes couleurs & bon teint, mouchoirs de poche en fil & coton à fond rouge façon des Indes. Toutes ces marchandiſes ou étoffes s'expédient pour Paris & pour l'Etranger ſur les demandes qu'on en fait au directeur de cette manufacture. Il y a auſſi une fabrique de draps communs, une fonderie pour Bordeaux & l'Amérique, des mines d'ardoiſes & des carrieres de beau marbre, mais l'exploitation de ces derniers objets eſt difficile en ce que la riviere n'eſt navigable qu'à quelque diſtance de la ville, dont le Commerce ſeroit conſidérable, ſi l'on remédioit à cet obſtacle. Il ſe vend paſſablement de froment, ſeigle, mais & ſarrazin. Le *ſac* de froment eſt de 165 à 170 livres : l'aune & le poids ſont comme à Paris. Il y a foire tous les mois, où ſe trouvent toutes ſortes de marchandiſes & beaucoup de beſtiaux.
Le Courier part de Paris le Dimanche à 2 heures.

222. B R O C H N I A.

Ville de la Pologne, qui ainſi que celle de Wilitzlia, eſt célèbre par ſes fameuſes mines de ſel dont on tire un très grand produit. La vente s'en fait à Lublin & Lanberg, & ſur-tout à Cracovie.

223. B R O D Y.

Ville des Etats de l'Empereur d'Allemagne en Gallicie ; le Commerce y eſt très floriſſant depuis qu'il a été déclaré libre & franc comme à Trieſte : les articles qu'on y trouve ſont de la cire & du miel en grande abondance, du ſel, du ſalpétre, des peaux de lievre, du ſuif & autres marchandiſes du crû de la Pologne, de la Ruſſie & de la Turquie ; les peaux de lievres y ſont ſi recherchées qu'elles ſe payent juſqu'à 12 ducats les 100 en nombre.

224. B R O U A G E.

Ville & Port de Mer de France en Saintonge à 6 lieues

de la Rochelle ; Son Commerce eſt en ſalines conſidérables. *Il y a Courier les Mercredi, Samedi & Dimanche.*

225. BRUGES.

Ville des Pays-Bas dans la Flandre Autrichienne à
lieues d'Oſtende & 69 de Paris. Elle a un canal pour contenir 100 vaiſſeaux & qui communique à la Mer. Son Commerce eſt en grains, graines propres à l'huile, & ſur-tout
le colzat, toiles ſemblables à celles d'Hollande, d'autre
rayées & à carreaux, étoffes de laines, ſoyes & coton
très bien fabriquées, dentelles auſſi eſtimées que celles de
Malines Les étoffes qui s'y fabriquent ſont des baſins,
des ſerges, des ſiamoiſes pour l'Eſpagne & les Indes, de
camelots & campâtilles &c. Cette ville eſt moins riche par
le produit de ſes manufactures que par ſon Commerce
maritime qui ſe trouve étroitement lié avec celui d'Oſtende.
Son Courier part de Paris tous les jours.

226. BRUNSWICK.

Ville d'Allemagne dans le cercle de Baſſe Saxe, elle eſt
ſur l'Ocker à 22 lieues de Magdebourg, 35 de Brandebourg
81 de Lunebourg & 8 d'Hanovre. Comme toutes ces villes
ſuivent les meſures & monnoies de Brunswick, nous croyons
devoir rendre compte de divers uſages de Commerce de
cette derniere.

Les écritures ſe tiennent dans ces diverſes villes, ainſi
que dans une partie de la Weſtphalie en *thaler* de 36 ma-
rien-groſches, de 8 d. ou *pfenings* chacun.

CHANGE DES MONNOIES.

Noms des Monnoies.	Valeur en argent.	
	du Pays	de France
		L. S. D.
Carl	5 Thaler	18 15 2
Ducat	2 *Idem.* ½	10 6 4
Thaler	1 ½ florin	3 15 „
Florin	24 Marien-groſche	2 10 „
Marien-groſche	4 pfenings	„ 2 1

Il y a des doubles *carls*, des demis & des quarts de florin, & la *thaler courante* est au *pair* de 36 ½ sols argent courant d'Hollande.

Poids, Mesures & Aunages.

Il y a trois sortes de poids : *le marc* pour l'or & l'argent pese 7 onces 5 gros & 11 grains de France.

Le *schipon* & le *center* sont les poids de Commerce, le premier pese 280 livres du pays & le second 114 livres, la livre a 2 *marcs*, & les 100 livres répondent à 94 livres de Paris.

La Mesure des grains est le *wispel* qui contient 4 *scheffels* de 10 *himtens* chacun. L'*himten* pese en bled environ 48 livres de *marc*, il en faut près de 94 pour le *last* d'amsterdam.

Les *liquides* ont pour mesures le *fuder* ou *tonneau* de 6 *ams*, l'*am* de 40 *stubgens*, & le *stubgen* d'environ 3 *mingles* d'Amsterdam ou 6 *pintes* de Paris. l'huile seule se vend au poids.

L'aune porte 2 pieds de Brunswick, ou 253 lignes de France.

Usances.

Brunswick & les villes susdites tirent ordinairement à 14 jours de vue ou de la date de l'acceptation, elles changent avec Amsterdam, Hambourg, Londres & Leipsick, suivant les cours de Berlin & de Leipsick. Les lettres payables dans les deux foires de cette ville s'acceptent le Vendredi de la premiere semaine de la foire, & le payement s'en doit faire le Jeudi de la seconde semaine.

Commerce &c.

Le Commerce de Brunswick s'étend sur une partie des productions de l'Allemagne & particuliérement de celle de la basse Saxe, qui est fertile en grains, vins, houblon, liu, fenouil, coriandre, minéraux, fossiles dont Lunebourg en posséde une très renommée par son sel blanc & dur on y trouve diverses fabriques & manufactures en étoffes de laines, coton, fil, bas de soie, toiles, chapeaux, tabac à fumer & en poudre, & savon verd très estimé.

Son Courier part de Paris les lundi, Mardi, Vendredi & Samedi à 2 heures du matin, on ne peut point affranchir.

227 BRUXELLES.

Ville capitale du Brabant, résidence du Gouverne...
Général des Pays-Bas Autrichiens, du Ministre de l'...
pereur & des envoyés de plusieurs Cours de l'Europe...
est sur la Senne à 36 lieues d'Amsterdam, 65 de Lond...
60 de Paris, 10 de Gand & 9 d'Anvers; elle a un super...
canal qui communique à l'Escaut.

Monnoies, Poids, Mesures, Aunages & Usages c...

Pour les monnoies, *Voyez* Anvers. Son change est ord...
nairement en florins de 40 deniers de gros dont elle don...
de 57 à 58 de l'écu de 3 livres ,, ,, de France.

100 livres de Bruxelles n'en font que 95 de Paris;...
aunes ne répondent qu'à 58 ¼ de Paris; le *sac* de ble...
pese 182 livres de *marc*, & le *pot* particulier de Bruxell...
pour les liquides, ne forme qu'une & un tiers *pinte* d...
Paris: enfin 25 *sacs* de Bruxelles forment le *last* d'Hol...
lande ou les 19 *septiers* de Paris: quant à ses usage...
Bruxelles tire sur la France, l'Angleterre, la Flandre,...
Brabant & Geneve à usance d'un & deux mois; sur l'I...
lie, l'Espagne, & le Portugal à 2 mois; sur Dantzick à...
jours de date, sur Koenisberg à 41 jours, & sur France...
Vienne, Ausbourg, Nuremberg, Breslaw & toute l'Al...
magne à 14 jours de vue & 6 jours de grace, mais...
peut faire le protêt dès le 4me. jour, si l'on est a...
du défaut de payement pour le sixieme.

Industrie & Commerce.

Les marchandises que l'on porte à Bruxelles sont d...
étoffes d'or, d'argent, de soies & de laines, vins, épic...
ries, eaux-de-vie, sels, harengs, sucre, cassonade, toil...
peintes & mousselines.

Celles qu'on en tire, font de superbes dentelles, tapisse...
ries de haute-lisse dont les tableaux parfaitement bien exécu...
tés font des plus grands maitres; on y fait un assez gran...
Commerce en tableaux très recherchés particuliérement ceu...
de l'école flamande; on y fabrique des camelots très esti...
més, il y en a de jaspés, d'autres unis sans raies ni façon...
soit tout en poil ou mêlés de soie & de fil; les couleurs n...
changent pas, & la principale qualité de cette étoffe est d...
s'embellir en s'usant, leur largeur porte ½ de l'aune de Bra...
bant & leurs prix roulent de 8 à 14 escalins l'aune, selon...
la beauté, la finesse & le gout: outre ces fabriques & cell...
des dentelles, qui font les plus considérables de cette ville...

on y en trouve plufieurs autres en draps, bayes & autres étoffes de laines, en cuirs dorés, en tapis, en galons d'or & d'argent, en chapeaux & divers autres articles; la fellerie y eft fur-tout en grande réputation, au point que nombre de Seigneurs, quoique réfidens dans des grandes Capitales de l'Europe, font fouvent des commandes en équipages à Bruxelles : cette ville poffede deux fonderies de caracteres d'imprimerie & plufieurs imprimeries en activité.

Ordonnances relatives au Commerce.

1°. Pour la Marine.

L'ordonnance portant réglement maritime en date du 12 xbre, 1782; comprend quatre articles dont voici la fubftance.

L'article 1er. enjoint à tous fujets des Pays-Bas qui poffèdent des navires de Mer, d'en faire la déclaration au bureau d'Amirauté foit à Oftende, Bruges ou Nieuport, felon que les navires auront pris leurs lettres de Mer à l'un de ces bureaux. Quant à ceux dont les lettres de Mer feroient d'autres pays, leur déclaration devra être faite au bureau d'Oftende : cette déclaration doit dans tous les cas porter; 1°. le nom du navire. 2°. fa quantité & contenance de tonneaux de Mer. 3°. le lieu de fa conftruction. 4°. le nom du Capitaine. 5°. les lieux où il doit aller, ou s'il eft en Mer, les lieux ou parages, où l'on préfume qu'il peut être. 6°. la date & le lieu de l'expédition des lettres de Mer. Le tout fous peine de fl. 200 d'amende par navire. *Nota.* Cet article devoit être fatisfait fix femaines après la publication de cette ordonnance.

L'article 2me. prefcrit les mêmes regles à l'égard des navires achetés ou conftruits poftérieurement à la publication de la préfente ordonnance.

L'article 3me. veut que l'on faffe déclaration exacte à l'un des bureaux d'amirauté, quinze jours après la vente ou aliénation d'un navire qui fe trouvera changer de propriétaires, & que les lettres de mer données aux anciens foient exhibées aux dits bureaux pour y recevoir le changement convenable : fi la vente ou aliénation fe fait hors des ports & lieux des Pays-Bas, le terme de la déclaration fera prolongé d'un mois ou plus felon le gré des commiffaires de l'amirauté; mais ces déclarations font abfolument de rigueur fous peine de confifcation du navire & de quatre mille florins d'amende.

Enfin l'article 4me. prononce une amende de fix mil
florins contre ceux qui feront convaincus d'avoir prêté
nom pour couvrir ou mafquer une propriété étrangere
navire foit en tout ou en partie, ou qui en obtenant
lettres de mer dans les Pays-Bas Autrichiens, les auront
cedées, prêtées, ou laiffées fervir pour d'autres navires
ceux pour lefquels ils les auront obtenues; même amende
eft infligée fur ceux qui auront altéré, changé, ou fait
en maniere quelconque leurs lettres de mer obtenues pour
ne naviguer que fous le pavillon de ces Pays &c.

Au bas de cette ordonnance fe trouvent indiqués les bureaux & commiffaires d'amirauté ainfi qu'il fuit.

A OSTENDE　{ Le premier Juge de l'amirauté.
　　　　　　{ Le Bailli de la ville d'Oftende.

A BRUGES　{ Le Penfionnaire de la ville de Bru.
　　　　　　{ Le Penfionnaire & Greffier du pays
　　　　　　{ Franc de Bruges.

A NIEUPORT { Le Bourguemeftre de la ville.
　　　　　　 { Le Greffier de ladite ville.

2°. Pour la pêche.

Une ordonnance du 9 Juillet 1784 porte exemption
le *poiffon falé*, d'affujetiffement de *mingue*, c'eft à
droit de marché, & de tous les impots & droits de
& Provinces des Pays-Bas, pourvu que les transports de
poiffon foient accompagnés de certificats qui prouvent
provient des pêches faites par les habitans des Pays
& etampées, ou brulées, de la marque ordinaire de la pêche d'Oftende ou de Nieuport.

Liberté d'exportation.

Le Commerce des grains a été déclaré libre & fans
mite pour la fortie. Une ordonnance du 13 Août 178.
affranchit de tous droits & entraves de douane le Commerce
à Oftende.

Une autre ordonnance du 14 du même mois favorife
le Commerce d'Oftende par la liberté d'expédier le tabac
de fes fabriques fur Liege & l'Allemagne fans aucune fuje-
tion ni droit de tranfit.

Une 3me. ordonnance du 19 Août 1784, permet l'exportation en France du lin peigné en l'affujettiffant feulement à 20 fols, ou un florin, de droit de fortie par 100 liv.

pefant ; cette ordonnance indique les bureaux par lesquels
l'exportation peut s'en faire & veut que les acquits qui
feront levés à cet effet, prefcrivent le temps néceffaire pour
la fortie de cette denrée, ainfi que les routes par lefquelles elle paffera.

Foire, Marché & Courier.

Bruxelles a une très belle foire qui ouvre le 18. 8bre. &
dure jufqu'à la Touffaint : il y a grand marché tous les
Vendredis, courier tous les jours pour la France & de
même fon Courier part de Paris tous les jours à 10 heures
du matin.

Voitures publiques.

Cette ville, comme la plupart de celles des Pays-Bas,
a quantité de diligences & voitures publiques dont le fer-
vice eft régulier pour la communication d'une ville à une
autre. comme pour la France, le pays de Liege, la Hollande &c.

228. B U D E,

Ville d'Allemagne, capitale de la Hongrie, fur la rive
occidentale du Danube à 40 lieues de Vienne, 225 de
Conftantinople & 282 de Paris.

CHANGE DES MONNOIES.

Noms des Monnoies.	Valeur en argent.			
	du Pays	de France.		
		L.	S.	D.
Ducat.............	4 florins	10	10	,, ,,
Rixdale............	4 florins ½..	8	18	9 ,,
Florin.............	60 Creutzers.	2	12	6 ,,
Creutzer ou criche.......		,,	,,	10 ¼

Paris donne 100 écus de 3 livres pour environ 114 florins ¼ d'Hongrie.

Poids, Mesures & Aunages comparés à ceux de Paris.

100 aunes équivalent à 48 ½ de Paris.
100 livres de Bude en font 98 de Paris.
Le grain fe vend au Laft de 4940 livres poids de marc.

Les écritures se tiennent en florins & creutzers, les usages de payement sont comme à Vienne.

Son Commerce embrasse la plupart des productions de la Hongrie qui produit abondamment du bois, du safran, des herbes médicinales, du houblon, du millet, des vins délicieux dont la qualité la plus estimée est celle de Tokai qui dispute l'excellence à ceux de Canarie, & dont les prix vont de 47 à 50 *ducats l'anthal* qui contient environ 54 *pintes* de Paris. Les autres sortes de vins se vendent de 10 à 25 *ducats l'anthal* & la consommation s'en fait en Pologne, en Autriche & dans plusieurs cantons de l'Allemagne : on fabrique en Hongrie une sorte de feutre qui s'employe en chapeaux & en étoffes indissolubles à l'eau, on le mesure comme du drap ; l'on trouve à Bude & Presbourg des manufactures de cuirs à semelles & autres, & quelques fabriques de coton & de postache ou cendre gravelée dont la qualité est très-estimée.

Son Courier part de Paris les Lundi, Jeudi & Samedi.

229. BUENOS-AIRES.

Ville de l'Amérique méridionale, capitale de la Province de Rio-de-la-Plata, appartenante aux Espagnols, située à 2198 lieues de Paris. long. 319. lat. 34-34.

Les monnoies d'Espagne ont seules cours dans cette partie de l'Amérique, celle la plus connue est la *piastre* qui se divise en 8 *reaux* ; le *réal* vaut 10 sols de France.

Le Commerce est considérable, il consiste en sucre, tabac, cacao de Guayaguil, herbe du Paraguay, cuirs verts de taureaux sauvages, secs & en poils & beaucoup de lievres. Les habitans échangent ces marchandises contre celles d'Europe dont ils préferent clinquaillerie, rubans, taffetas, toile de Bretagne, fleurets de Rouen, bas de soie, flanelle d'Angleterre, étoffes de soies, chapeaux & draps.

NOTA. Les poids & mesures sont comme à Cadix. *Courier par Marseille.*

230. CACHEO.

Ville d'Afrique dans la Nigritie, ou le Sénégal, sur le bord de la riviere St. Dominique, elle a un bon port, & son Commerce est en cire, esclaves & ivoire.

231. **CACHAN** { Ville de Perse dans l'Iſaque à 12 lieues d'Iſpahan, ſon Commerce eſt en papier & étoffes de ſoye, d'or & d'argent. &c.

232. **CACHAO.** { Ville d'Aſie au Royaume de Tunquin, les Anglois & les Hollandois en tirent beaucoup de ſoies & de lacque. *Voyez* Checo, pour plus de détails.

233. CADIX.

Ville maritime d'Eſpagne dans l'Andalouſie, avec un très bon port, l'un des meilleurs & des plus grands de l'Europe à 18 lieues de Gibraltar, 100 de Madrid & 336 de Paris; cette ville eſt la réſidence des conſuls de toutes les nations commerçantes de l'Europe.

CHANGE DES MONNOIES.

Noms des Monnoies.	Valeur en argent.	
	du Pays	de France.
		L. S. D.
Petit écu d'or	20 réaux veillon.	5 ,, ,, ,,
Ecu d'or	35 & 22 maravédis.	8 17 10 ,,
Piſtole ou doblon.	75 } nouv. valeur.	{ 18 15 ,, ,,
Piſtole de 4.	150 } depuis la réf.	{ 37 10 ,, ,,
Quadruple	300 } des m. en 1772	{ 75 ,, ,, ,,
Réal mexicaine ou piaſtre forte.	20 rx. de veillon.	5 ,, ,, ,,
Réal de 1718.	16 *Idem.*	4 ,, ,, ,,
Réal de 4 colonnes.	10 *Idem.*	2 10 ,, ,,
Réal courante.	4 *Idem.*	1 ,, ,, ,,
Quarto	4 maravédis.	,, ,, 7 $\frac{1}{17}$
Piſtole d'or.	14 réaux. 9 mdis.	3 11 3 $\frac{1}{17}$
Ducat d'argent ancien.	10 rx. 26. mdis.	5 3 10 ,,
Dito nouveau.	16 rx. 17 mdis.	4 2 6 ,,
Dito de veillon.	11 rx. 1 mdis.	2 15 1 ,,
Ecu de veillon.		2 10 ,, ,,
Piſtole de change.	32 rx. bco. de ptta.	15 2 2 ,,
Piaſtre de change.	8 *Idem.*	3 15 ,, ,,
Réal de platta.	34 mdis. de platta.	,, 9 4 $\frac{1}{4}$
Ducat de change.	375 *Idem.*	5 3 6 $\frac{1}{4}$
Réal de platta vieille.	16 quarts.	,, 9 4 $\frac{16}{17}$
Réal de veillon.	8 *Idem.* $\frac{1}{2}$	,, 5 2 ,,

Paris donne 100 écus pour environ 20 pistoles de 4 pi*-
tres & change en droiture avec Cadix.

NOTA. On entend par *platta* la monnoie seule
laquelle on tient les écritures ; elle se nomme aussi *vieille*
est l'unique dont on se sert pour les comptes. La monnoie
de cuivre ou de billon se convertit en argent, en en di-
minuant 30 pour cent.

Poids, Mesures & Aunages comparés à ceux de Paris.

Le poids de Cadix est plus foible de 7 pour 100 que
celui de Paris.

Les 10 *varres* de Cadix font 71 aunes ⅔ de Paris.

Le *fanegas* de bled pese 91 liv. poids de *marc*.

Les mesures des *liquides* sont le *bota* de 30 *robas*,
robas de 30 liv. de Paris, le *broc* de deux *pintes* de Paris
& l'*arobe* de 25 liv. de Cadix, ou 23 liv. ⅓ de Paris. Les
huiles se vendent à la *pipe* de 34 *arobes*.

Le sel se vend par *lastres* de 4 *cahizes*, & le *cahize*
de 12 *fanegas*.

Observations.

Les écritures se tiennent en *reaux de plattes vieilles*
dont les 8 forment la *piastre courante* ou 3 liv. 15 sols
de France.

Cadix tire communément sur Amsterdam, Genes, Livourne, Londres & Paris à usance de 60 jours de date,
sur l'Italie à plusieurs jours de vue, Lyon en payement
& Lisbonne à 15 jours de vue. L'usance est absolument
comptée de 60 jours de date & non de deux mois. Il n'y
a que deux jours de faveur accordés pour le payement des
lettres de change.

Industrie & Commerce.

Les articles d'exportation qui se trouvent en cette ville sont
des vins, des eaux-de-vie, du sel, des huiles de la cochenille, de l'indigo, du quinquina, des cuirs de bœufs en
poils, de l'or & de l'argent en lingots & particuliérement
en piastres dont le Commerce est immense, puisqu'elles sont
répandues dans presque toutes les parties de l'Europe pour
alimenter les creusets de l'orphevrerie ; des émerandes superbes, du cacao, des laines de vigogne & autres très estimées : les vigognes sont sur-tout recherchées pour la chapellerie ; nous nous étendrons sur les qualités de ces laines &
leur choix au chapitre VII des productions dans la quatrieme partie de cet Ouvrage : les bois de Campêche,

de Gaillac ; le beaume du Perou , la falfepareille , la foude barille fi précieuse aux verreries & fabriques de favons , & dont les prix vont de 4 à 9 *piaftres* le *quintal*, les oranges , grenades , citrons & autres fruits verds & confits , & les marroquins forment enfemble le Commerce d'exportation de Cadix pour les diverfes places de l'Europe , quelques-unes de ces productions font auffi convenables au Commerce de l'Amérique , auquel on ajoute partie des articles fuivans provenans de diverfes contrées de l'Europe.

L'Efpagne tire communément de l'Etranger des vins de Bourgogne & de Champagne , des cordages , du goudron , des futailles , des planches , des mâtures , de la cire , des harengs , des morues & faumons , des farines économiques pour fes armemens & quelquefois pour l'aprovifionement de fes colonies , des étoffes d'or , d'argent , de foye & de laines , peu cependant de ces dernieres ; des dentelles , des bas de foie , chapeaux , velours , des toiles de Bretagne , de Rouen & de Laval , divers articles de merceries & clinquaillerie ; du papier , des cartes à jouer , de l'acier , du cuivre , des épiceries & drogueries , des huiles commues , des favons communs , des cuirs préparés , des vins de Xéres & de Tinto , & beaucoup de belles & riches bijouteries &c. Les François , les Anglois & les Hollandois font les nations d'Europe qui travaillent le plus avec cette ville de laquelle partent tous les ans les vaiffeaux Gaillons qui compofent le plus riche Commerce d'importation & d'exportation de l'Efpagne.

Les Droits de la Couronne fur les Colonies Efpagnoles viennent d'éprouver un heureux changement par un Decrèt Royal du 5 avril 1784. par lequel Sa Majefté affranchit de tous droits les denrées venans des Colonies Efpagnoles dans les terres de fon obéiffance en Europe , & diminue en même tems de 4 à 2 p. ? la taxe fur les effets étrangers qui feront apportés des ports d'Efpagne comme de diverfes colonies Efpagnoles , en laiffant feulement fubfifter les droits modiques qui fe perçoivent aux Indes fur la vente des marchandifes qu'on y change , foit pour l'Efpagne ou les Ifles qui lui font foumifes.

Son Courier part de Paris les Mardi & Samedi à 2 heures.

254. CAEN.

Ville de France Capitale de la Baffe-Normandie , au confluent de l'Orne & l'Odo à 3 lieues de la Mer , 26 de Rouen

& 51 de Paris. Elle a jurifdiction confulaire. Son Commerce eft en chevaux, beftiaux, drogues & plantes pour la teinture, cire, toiles de lin pour ferviettes, draps façon d'Hollande, ratines bonneteries, ferges d'une aune ½ de largeur & teintes en haute & baffe couleurs, bonneterie en laine, fil & coton, futaine à poil, toiles dites grenades & boccages, dentelles, coton filé, fer & papier.

Son Courier part de Paris tous les jours.

235 CAGLIARI.

Riche ville d'Italie, capitale de l'Ifle de Sardaigne, elle eft fur la mer où elle a un bon havre dans la partie méridionale de cette Ifle à 80 lieues de Palerme & 80 de Rome. Son Commerce eft particuliérement en fel que les étrangers en tirent en abondance, & des citrons. Le fel fe vend à la *falme* dont les 8 & ¾e. forment le *laft* d'Amfterdam.

Son Courier part de Paris les Mardi & Samedi à 10 heures du matin, il faut affranchir les lettres.

236 CAHORS.

Ville de France, capitale du Guercy fur la riviere de Lot, à 126 lieues de Paris. Son Commerce eft en bleds, vins très eftimés, quoique gros & noirs, & dont il fe fait un gros Commerce à Bordeaux, eaux-de-vie, (preuve d'Hoilande, qui fe vendent à la piece de 25 verges & pefent de 520 à 530 liv. poids de *marc*) truffles, gibier, draps fins, & fuperfins en ⅝ de large fupérieurs à ceux de Rouen par la beauté du lainage & de la frife. ratines ordinaires en ¼, autres en ⅞, autres fuperfines en ⅝ à l'inftar de celles de Vienne en dauphiné, autres façons d'Hollande & d'Angleterre très eftimées, & furpaffant celles de Sedan & Abbeville par la beauté de la frife.

Son Courier part de Paris tous les Dimanches à 2 heures.

237 CAIRE (LE)

Ville d'Afrique, capitale de l'Egypte, fituée fur le Nil à 50 lieues d'Alexandrie ; cette Ville eft une des échelles du Levant, & la réfidence d'un chancelier & d'un Conful pour le Commerce de France.

Monnoies, Poids & Mesures.

On compte en cette ville par *piastres* de 33 *médines*. Il y a deux sortes de *piastres*, l'une effective de 60 *médines*, & l'autre sorte, dite d'Espagne de 76 *médines*. *Voyez* Alexandrie pour la valeur en argent de France &c.

Les marchandises se vendent à différens poids ; savoir la plupart des marchandises, au *cantar* ou *quintal* de 100 *rotals*.

Le vif-argent & l'étain - - - - - - - - - - - *idem.* de 102.
Le café, le fil & le fer - - - - - - - - - - - *idem.* de 105.
L'épicerie & les dents d'Elephans - - - *idem.* de 110.
Les amandes & fruits - - - - - - - - - - *idem.* de 115.
Les bois de teintures - - - - - - - - - - *idem.* de 120.
L'arsénic & autres drogues - - - - - - - *idem.* de 125.
Le minium & le cinabre - - - - - - - - - *idem.* de 130.
La gomme, l'aloës & les aromates - - - *idem.* de 133.
L'archifeuille - - - - - - - - - - - - - - - *idem.* de 150.

La soie se vend à l'*Harsela* qui répond à 2 ⅞ liv. environ de marc. les 100 *rotals* forment 87 liv. environ de Paris.

L'aune, dite *pick*, porte 300 lignes de France.

Commerce & Productions

Les marchandises qu'on porte au Caire sont des draps, des papiers, des étoffes de soies, laines ordinaires, des droguets, des épiceries communes, des bonneteries, de la mercerie & de la clinquaillerie ; celles qu'on en retire par Alexandrie consistent en café, soies très belles, cuirs en quantité, drogueries, sur-tout en séné & safran, des épiceries fines, du lin, des laines, du coton filé, de la cire, des dattes, de l'aloës, de l'encens, de la mirrhe, des aigrettes, des dents d'Elephant & de la gomme laque. Les Marseillois sont presque les seuls qui commercent avec toutes les échelles du Levant.

Les lettres de France passent en cette ville par Marseille.

238. CAIENNE.

Ville de l'Amérique méridionale du même nom. long. 326. lat. 5 10 à 1544 lieues de Paris. Les François à qui elle appartient en retirent indigo, sucre, coton, cacao, vanille, canelle, rocou qui est une teinture, huile d'Ovara, tabac & bois précieux pour la marqueterie. Ils y portent

farines, vins, eaux-de-vie, toiles, étoffes, merceries, clinquailleries, viandes salées & noires. les divers ports de
France travaillent avec cette colonie.

239 CALAIS.

Ville maritime de France dans la Picardie, à 10 lieues
de Dunkerque, 7 de Boulogne, 7 de Douvres, ville de
l'Angleterre la plus proche de la France, & 61 de Paris.
Elle a un bon port où l'on s'embarque pour passer à
Londres, & est le siege d'une jurisdiction consulaire. ce
Port & celui de St. Valery sont les seuls par lesquels les
draperies, les drogueries & épiceries étrangeres doivent
entrer dans le Royaume, suivant l'ordonnance des fermes
de 1687. Le Commerce de cette ville est en sels de Brouage, vins & eaux-de-vie de Bordeaux, Nantes & la Rochelle & étoffes des fabriques de France qui se vendent sur
les côtes d'Angleterre, d'où cette ville nous procure des
beurres & cuirs salés d'Irlande.

Courier de Paris, tous les jours à midi.

240. CALBARIE.

Province d'Afrique dans la Guinée, les Hollandois y
ont un fort pour sûreté de leur Commerce qui consiste en
traite de Negres contre lesquels ils échangent de grosses étoffes de la quincaillerie & mercerie commune, particuliérement des bracelets & barres de cuivre brut en jaune.

241. CALICUT.

Ville Capitale d'un Royaume de même nom en Asie
dans les Indes, sur la côte de Malabar : le Royaume contient environ 25 lieues de longueur sur autant de largeur
& sa Capitale se trouve située au bord de la Mer sous le
93e. degré 10 minutes de longitude, & le 11e. degré 20
minutes de latitude.

Monnoies, poids & mesures.

Ses monnoies réelles sont des *fanoes d'or* de 16 *tarr*
d'argent, laquelle *tarr* se divise en 16 bises. la *fanoe
d'or* est d'environ 5½ sols courans d'Hollande, ou 11 s.
d. ⅔ de France.

Le poids de Commerce eſt le *kandil* de 20 *maons*, chaque *maon* de 40 *ſeiras* : le *kandil* eſt de 550 liv. de France, le *maon* de 27 ½ liv. idem & le *Seira* de 11 onces.

Il y a un poids particulier pour l'or & l'argent du Malabar. Ce poids eſt le *miſcal* qui contient 11-½ *fanoes* de Calicut. le *fanoé* eſt de 7-¼ *as* d'Hollande, & cet *as* ne forme que la 5120e. partie de l'once de *marc*.

Productions & Commerce.

Les Hollandois & les Portugais qui fréquentent cette contrée en tirent des pierreries, de l'or, de l'argent, du poivre, du gingembre de l'aloés, des dattes & quelque peu de vin & huile de Palmier ; productions qu'ils échangent contre des marchandiſes d'Europe.

242. CALMAR.

Ville & Port de Suede dans la Province de Smaland, proche la Mer Baltique à 50 lieues de Copenhague & 60 de Stockolm.

On y fait un fort Commerce pour l'étranger qui en tire annuellement 20000 planches, 600 barils d'alun, beaucoup de bois de conſtruction, des mâtures & une grande quantité de goudron ; on y trouve auſſi des draps de la Manufacture de *Weſterwick* & des armes de la fabrique de *Jönkioping* deux villes d'Etape de la même Province de Smaland.

Le Courier part de Paris pour la Suede, les Lundi & Vendredi à 10 heures du matin, il ne faut pas affranchir.

243. CAMBAYE.	Ville d'Aſie dans l'Indouſtan au Royaume de Guzarate, dans les Etats du Mogol, long 89 latit. 22-30.

CHANGE DES MONNOIES.

Noms des Monnoies.	Valeur en argent.			
	du Pays	de France		
		L.	S.	D.
Sequin de Veniſe........	5 Roupies....	12	,,	,,
Cheriffin de Turquie....	5 Idem........	12	,,	,,
Rixdale d'Empire........	1 & 36 pezas.	4	4	,,
Baſſi de Perſe..........	1 & 4......	2	12	,,

		l.	s.	D.
Ecu de 60 s. Tournois	1 & 10	2	18	»
Roupie Cambaye	48 pezas	2	8	»
Malmady	24 Idem	1	4	»
Roupie Surate	24 Idem	1	4	»
Pezas		»	1	»

Poids, mesures & usages, &c.

Les poids & mesures de longueur sont presque semblables à ceux de Perse, ainsi, voyez Ispahan.

Les écritures se tiennent de diverses manières, mais le plus souvent en roupies, bassis & pezas.

Le Commerce consiste en étoffes de soie d'or & de coton en grains, fruits secs, parfums, aromates, drogues, épiceries, pierres d'Agates, toiles peintes des Indes, toiles de coton aussi estimées que celles de Bengale, canasistes pour voiles de Navires, ceintures & écharpes de soie, tapis, couvertures de lit en coton, salpêtre, borax & gingembre, les Marseillois & les Hollandois portent en cette Ville des marchandises Européennes qu'ils échangent contre celles ci dessus.

244. CAMBRAY.

Ville de France, sur l'Escaut à 40 lieues de Paris. Son Commerce est en grains, lin, bestiaux, toiles, linons, batistes claires, demi-Hollande, truffettes, gazes unies & rayées & grosses toiles d'étoupes. On y trouve aussi quelques fabriques de draps, de savon & de cuirs, mais toutes d'un très-foible rapport. Ses toileries seules forment son principal Commerce en ce qu'elles jouissent d'une grande réputation particulièrement en Italie.

Son Courier part de Paris tous les jours à midi.

245. CAMENITZ.

Ville de la Haute Lusace, en Allemagne, située sur la rivière de l'Ister à 8 lieues de Dresde. Il s'y fabrique de beaux draps & toiles de Saxe très estimés. Voyez Dresde pour le Courier.

246. CAMPECHE.

Ville de la Nouvelle Espagne dans la Presqu'Isle de Jucatan sur la Côte Orientale de la Baie de Campéche, longitude 287. dégrés, latitude 19 dégrés 20 minutes. Elle fait un grand Commerce en bois de teinture sur-tout en campéche dont la qualité est précieuse pour le noir & le violet; ce bois se tire à 12. lieues de cette ville & ses environs sont couverts des belles forêts de bois de charpente dont on fait quelquefois des chargemens pour l'Europe; on tire aussi de cette ville des cuirs en poils, du miel, de la cire, de la casse, de la salseparcille & du sucre.

C'est ordinairement par la voie de l'Espagne que se fait le Commerce de cette Ville.

247. CANADA.

On a parlé dans la premiere partie de la situation & du Commerce de cette contrée de l'Amérique septentrionale, mais il reste encore à ajouter quelques détails : les voici.

Depuis long-temps on y fabrique des bas, des dentelles, des grosses toiles & des étoffes communes, qui y forment une branche particulière de Commerce, le castor, les pelleteries, le lin, le tabac, les éleves de chevaux que l'on transporte aux Indes orientales, & les pêches de la morue, du saumon, de la baleine & du loup-marin, ainsi que l'exportation des farines que depuis 1770 le Canada a commencé de fournir aux Indes orientales, ainsi que des grains au Portugal, à l'Italie, à l'Espagne & à l'Angleterre même, donnent lieu à un très grand Commerce en cette contrée par les ports & villes de Quebec, Montréal, & Trois Rivieres.

Quebec est à 260 lieues de Plaisance, dans l'Isle de Terre-Neuve, 200 de Louisbourg, 110 d'Halifax, 500 de la Nouvelle Orléans, 600 de l'Islande, 750 du Cap-François, & 90 du Port Royal, capitale de la Nouvelle-Ecosse.

248 CANARIES.

Isles de l'Océan Atlantique proche l'Afrique, vis-à-vis de Cap de Bon, dont la plus considerable a sa capitale du même nom située ainsi, long. 2 deg. 15 min. lat. 28 deg. 4 min. Elles sont aux Espagnols, mais les Anglois y sont le principal Commerce ; ils y portent des draps, des camelots, des bayettes, des bas de toutes fortes, des chapeaux, des toiles crues & de lin ; de la clinquaillerie, des meubles &c. & en retirent des vins auffi connus qu'eftimés. On y trouve de l'orge, du fucre, & quantité de fereins. *Voyez* pour plus de détails, l'article des Canaries, Première Partie, page 188.

C'eft à Téneriffe où fe fait le Commerce ; fa ville capitale fituée, comme ci-deffus, porte le nom de Canarie, elle eft à 626 lieues de Paris.

Monnoies, Poids & Mefures.

Les écritures de ces Ifles fe tiennent en *réales corrientes* de 8 *quartos corrientes*, & les monnoies d'Efpagne y ont cours de la maniere fuivante.

La piftole de change, dite *doblon de platta* eft évaluée à . . . . 40 *réales corrientes*.

Le ducat de change, dit *ducado de plata* eft de 13 ¼ *idem*.

La piaftre de change, dite *pefo de plata*, eft de 10 ,, *idem*.

La piftole d'or, dite *doblon de Oro*, eft de 53 ¼ *idem*.

Le réal corriente eft de 3 f. ¼ argent d'Hollande ou 7 fols 7 deniers ¹²⁄₃₅ de France.

100 livres de ces villes font 92 ½ l. de *marc*, ou de Paris.

L'aune eft *la Vare*, elle porte 381 lignes de France.

La mefure des liquides eft la *pipe*, plus grande que celle d'Efpagne, & qui contient 369 *mingles* d'Hollande.

249. CANDIE ET LA CANÉE.

Grande Ifle de l'Europe dans la Méditerranée au Midi de l'Archipel, à 500 lieues de Marfeille & 200 de Conftantinople. Elle eft aux Turcs. Les villes les plus commerçantes de cette Ifle font Candie fituée, long. 42-50 lat. 35-20, & la Canée port très fréquenté ; il eft fitué long. 41-43 & lat. 35-28. Les Marfeillois qui y font un gros Commerce, en tirent des vins de Malvoifie, des grains des miels, de la cire, de la gomme-adragant, du laudanum, des huiles que l'on employe aux favonneries de Marfeille ; les meilleures font celles de la Canée & de Retimo. Les autres étant noires & bourbeufes font fort peu eftimées. on y trouve cependant des huiles d'olive qui ne font pas fans réputation. Les François ont un conful à la Canée pour raifon de leur Commerce, c'eft à Marfeille qu'on s'embarque pour cette Ifle.

Monnoies, Poids, Mesures & Aunages.

On compte dans cette Isle, & particulierement à la Canée par *piastre* de 80 *paras*.

Le poids nommé *cantaro* est composé de 100 *rotoles* ou 44 *okes* qui répondent à 107 l. d'Amsterdam, ou 106 livres de *marc*.

L'*ocke* contient 400 *drachmes* & la *rotole* 176; l'huile se vend à la *mistale* qui pese 8 $\frac{3}{4}$ *okes*. L'*aune*, dite *pick*, contient 282 $\frac{1}{3}$ lignes de France.

250. CANISY.

Bourg de France en basse Normandie à 12 lieues de Constances. Il s'y fabrique beaucoup de coutils, toiles de toutes especes savoir: coutils en $\frac{5}{4}$ de laise bon teint; en $\frac{4}{4}$ bon & faux teint, en $\frac{5}{8}$ petit teint, en $\frac{2}{3}$ bon & petit teint, grand & petit barages fins & gros, autre de $\frac{2}{3}$ pour saros d'écurie, autre de $\frac{2}{3}$ damasés, bleus & rayés bons pour rideaux de lit, toile blanche d'une aune de large, autre à carreaux de diverses largeurs, autre pour tapisserie, emballage, & une surnommée quart de laine. Enfin toiles rayées pour serviettes & droguets en toutes couleurs & rayures.

Son Courier part de Paris les Lundi, Mercredi & Samedi, il faut adresser les lettres par St. Lo en basse Normandie.

251. CANTON.

Ville de la Chine avec un très bon port situé, par mer, à 350 lieues de Pekin. *Voyez* Pekin pour les monnoies, poids, mesures & usages divers. Son Commerce est en or, diamants, pierreries de prix, perles, soie, étoffes d'or, d'argent & de soie, étain, acier, cuivre ouvré & non ouvré, &c.

252. CANTORBERY.

Ville d'Angleterre, au comté de Kent, sur la riviere de Stoure à 8 lieues de Rochester. Le Commerce y est considérable en étoffes de soie, bijouterie & clinquaillerie.

Courier de Paris, Lundi & Jeudi.

253. CAP-DE-BONNE-ESPERANCE.

Lieu situé sur les côtes d'Afrique, appartenant aux Hollandois & précieux pour les rafraîchissemens qui trouvent tous les vaisseaux qui sont obligés d'y relâcher en allant aux Indes Orientales, on y trouve tout ce qui est nécessaire à la vie & sur-tout de très bons vins & de gras bestiaux.

Ce Cap est situé au 36me. dégré 10 minutes de longitude, 33 dégrés 45 minutes de latitude à 2227 lieues de Paris, 1342 du Cap verd, 660 de l'Isle de Madagascar, 580 de celle de Ste Helene, 1150 du Cap St. Augustin qui est le plus Oriental de l'Amérique méridionale.

254. CAP BRETON.

Isle royale dans l'Amérique septentrionale à l'entrée du golfe St. Laurent. Louisbourg en est la capitale située à 1010 lieues de Paris & 260 de Quebec. longitude 318-15. latitude 46-5. Le Commerce est en grains, légumes, sapins, bois de constructions pour les vaisseaux, pêche de morue, & exploitations de mines de charbon & carrieres de beaux marbres. Les Européens portent en échange de ces marchandises des mousselines, cottonades, huiles, beurres, vins de Bordeaux, liqueurs & eaux de-vie. Les embarquemens les plus fréquens de France pour cette Isle se font par Marseille

255. CAP FRANÇOIS.

Ville de l'Isle St. Dominique, appartenante aux François ; elle a un très bon port dont l'entrée est pourtant difficile, attendu les pointes de Rochers qui y sont à fleur-d'eau, mais que l'on voit indiqués par des signaux. *Voyez* pour son Commerce & ses usages l'Isle St. Domingue.

256. CAP-VERD.

Ce Cap est situé sur les côtes d'Afrique entre les rivieres de Gambie & du Sénégal qui sont les deux principales embouchures du Niger.

Le Commerce de ce Cap se fait à Cacheo, ville située au dégré 2 & 40 m. de longitude, & au 12me. dégré de latitude.

257. CAPO-D'ISTRIA.

Ville d'Italie, dans l'Istrie, fur le golfe & à 3 lieues de la ville de Trieste. longitude 31-35. latitude 45-48. Les Vénitiens à qui elle appartient en tirent beaucoup de fels & d'excellens vins.

Son Courier part de Paris les Mardi & Samedi à 10 heures du matin ; il faut affranchir toutes les lettres absolument.

258. CARAHISAR, *Voyez* APHIOM.

259. CARCASSONNE.

Ville de France dans le bas Languedoc fur la riviere d'Aude à 12 lieues de Narbonne, 14 de Toulouse & 177 de Paris. L'on y fabrique des draps de différentes especes & qualités, dites Londrins. 1re. & 2me. Londres larges & ordinaires, Mahons 1re. & 2me. & beaucoup de draps minces. toutes ces qualités fe vendent au Levant, dans l'Inde, l'Asie & l'Amérique. On en fabrique d'autres pour pour l'intérieur du Royaume au gré des acheteurs en façon de Sédan, Elbœuf, draps pour les livrées &c. Il fe fait auffi en cette ville beaucoup d'eaux-de-vie, de vin pour Bordeaux, & l'on y exploite de belles carrieres de marbres qui s'envoient également à Bordeaux par le Canal du Languedoc.

Son Courier part de Paris les Mardi, Jeudi & Samedi à 2 heures.

260. CARENTAN.

Ville de France, en baffe Normandie, fur les rivieres de Tente & de Douve proche l'embouchure de la Manche à 9 lieues des Bayeux & 65 de Paris.

Son Commerce eft en grains, groffes feves propres aux approvifionnemens de la Marine, pommes, cidre, chanvre, lin, bons chevaux & bêtes à cornes qui s'élevent pour Paris, beurre falé & demi falé en fel blanc, gibiers de mer & de terres, d'Indes, canards, bonnes poulardes, chapons gras, poiffon de mer & coquillages. L'hôpital de cette ville tient une affez belle fabrique de toiles de coton & dentelles, l'on peut s'adreffer aux directeurs ou adminiftrateurs de cet Hôtel dieu, pour s'en procurer.

On se propose de mettre en exploitation des mines de charbon de terre qui sont proches de cette ville, & dont le transport seroit aussi facile que peu dispendieux.
Son Courier part de Paris les Lundi, Mercredi & Samedi.

261. CARRARE, *ou* MASSA CARRERA

Ville d'Italie en Toscane, capitale d'un pays du même nom : elle est dans une belle plaine, à une lieue de la mer, 4 de Sarzana, 10 de Pise & 22 de Florence.

Son principal Commerce est en marbres de la plus grande beauté & dont elle a plusieurs carrieres renommées ; la vente s'en fait à la *palme* que l'on divise en 12 onces, cette *palme* répond à 108 16 lignes de France, 3 ½ *palmes* ou *palmis* forment un *yard* d'Angleterre ; & 100 *palmis* donnent 85 ½ pieds d'Amsterdam.

On compte en cette ville par *lire* de 20 *soldis* ou *soldos* & le *soldo* de 12 *denaris. Voyez* Florence pour la valeur de ces monnoies.

262. CARTHAGENE.

Ville de l'Amérique Méridionale sur la Côte de la Mer du Nord, Capitale de la Province du même nom avec un bon port appartenant aux Espagnols, longitude 302-10. latitude 10-50. Son Commerce est en or & argent du Pérou, de l'indigo de guatimala, du cacao, du sucre, de la cochenille, du coton, des cuirs, des perles & du tabac. C'est en cette ville que se transportent les revenus que l'Espagne tire de la Castille d'or.

263. CARTHAGENE.

Ville & port d'Espagne dans le Royaume & sur le Golfe de Murcie à 344 lieues de Paris, longitude 17-6, latitude 37-36, son port tient lieu de chantier pour la marine royale ; son Commerce est en laines, olives, huile, raisins secs, fruits, figues & amandes.

La *Soude de Barille*, plante qu'on emploie dans les manufactures de verres & de savon, se recueille abondamment dans le Royaume de Murcie, elle est très-recherchée des étrangers qui en tirent de fortes parties de Carthagene.

ainſi que de quelqu'autres ports d'Eſpagne, & ſon prix varie ſuivant les récoltes en allant de 4 à 9 *piaſtres* le *quintal* rendu à bord du navire.

Son Courier part de Paris les Mardi & Samedi.

264. CASAN.

Ville de la Ruſſie en Aſie, Capitale d'un Gouvernement de même nom ſur la Rivière de Caſanka & près du Wolga. Longitude 69, latitude 55-38. Son Commerce eſt en fruits, grains en très-grande abondance, légumes & beaucoup de pelleteries. Il y a en cette ville une vaſte fabrique de toiles pour l'uſage des troupes nationales, & pluſieurs autres fabriques de cuir de rouſſi & de marroquin très-eſtimés.

Le Courier part de Paris les Lundi & Vendredi, on ne peut affranchir.

265. CASSEL, ou CASSELLÆ.

Ville d'Allemagne, dans le cercle du haut Rhin, Capitale du Landgraviat de Heſſe & de tout le pays du même nom; elle eſt proche la rivière de Fulde, à 19 lieues de Marpurg, 11 de Waldeck & 16 de Paderborn.

Monnoies, poids & meſures, &c.

Les écritures ſe tiennent en *Thaler* du 32, *Albus Heſ-ſois*, l'*Albus* de 9 fénins ou 12 *hellers*.

Ses Monnoies ſont :

La *thaler* courante de 1-½ *florin* d'Empire.
La *reichsgulden* de . . . 24 . . . *bons gros.*
La *reichsgulden* de . . . 32 . . . *albus Heſſois.*
La *reichſtale* eſpece de 1-½ . . . *thaler courante.*
Et il y a des pieces de 8-4-2-1 & 2-½ *albus* & d'autres de 4 *hellers* ou 3 *fénins.*

Le poids commun eſt le *Cleuder* qui ſert aux laines, il peſe 21 livres de Caſſel & 100 livres de cette ville ne font que 65 livres ½ de *marc.*

Le grain ſe vend au *Viertel*, il en faut 20 ½ pour le *laſt* d'Hollande; ainſi ce *Viertel* peſe en bled environ 224 liv. de *marc.*

La meſure des liquides eſt le *Fuder* compoſé de 6 *ohms*, l'ohm de 20 *quartelins*, & le *quartelin* de 4 *maſſ* : 100 *maſſ* font 171-¾ *mingles* d'Hollande, ou 343 pintes de Paris.

L'aune, dite, *elle* porte 248-⅓ lignes de France.

Commerce & Industrie.

Son Commerce est en laines & fil, & quantité de fabriques considèrables en gants, chapeaux, étamines fines & communes & plusieurs étoffes de laine : le fil & la laine forment sur-tout la principale richesse.

266. CASTRES.

Ville de France dans le Haut Languedoc, sur la Rivière de l'Agoust, à 8 lieues d'Alby, 14 de Toulouse & 148 de Paris. Cette ville & ses environs sont remplis de manufactures d'étoffes de laines en ratines, couvertures, flanelles bordées d'un ruban, croisées & unies, molletons, façon de Rouen, croisés unis. londres unis, rayés, brochés, & étroits, beaucoup de bonneterie en laine & coton, étoffes d tes cordilats rodins, larges & étroits, molletons cordilats, cadis larges & étroits, frisons larges & étroits, cottonines larges & étroites, basins, teints, blancs & reblanchis, & autres basins rayés & façonnés. La mesure des étoffes est la *canne*, semblable à la varre d'Arragon en Espagne, elle est dans le Haut Languedoc d'une aune ⅕ de Paris & d'une aune ⅔ dans le Bas-Languedoc ; mais divers arrêts & réglemens ont obligé cette Province à ne vendre qu'à l'aune de Paris.

Le Courier part de Paris les Dimanche & Mardi.

267. CASTRO-VIRENA.	Ville de l'Amérique-Méridionale dans le Pérou, longitude 305. latitude Méridionale 13. Il y a dans ses environs de riches mines d'argent exploitées par les Espagnols.

268. CAUDEBEC.

Ville de France, en Normandie, Capitale du Pays de Caux à 7 lieues de Rouen & 11 du Havre. Elle est traversée par un Canal très navigable qui se communique à la Mer. Son Commerce est en tanneries, mégisseries, bleds, orges & avoines en quantité qui s'expédient pour Rouen. Il y a en cette ville une belle manufacture de toiles bleues & beaucoup de vinaigreries qui font de forts envois pour la Province.

Caudebec tient un fort marché tous les Samedis.
Son Courier part de Paris tous les jours à 8 heures.

269. CAUSSADE.

Ville de France en Guyenne, dans le bas Quercy, à une lieue de la Riviere de l'Aveiron.

Son Commerce est en beaux fromens que l'on y convertit en farines de minot, dont la blancheur & la bonté les font rechercher par les Bordelois ; safran, chapons fort estimés, prunes seches, chanvres, fils, toiles rousses, étamines rayées, & cadis assez bons quoique grossiers, mais ces communes étoffes se débitent dans le pays.

Son Courier part de Paris les Mardi & Dimanche à 2 heures.

270. CEFALONIE.

Isle de Grece, dans la Mer Jonienne, située aux degrés 38-20 m. de long. & 38-30 m. de latitude, elle appartient aux Vénitiens qui en tirent beaucoup d'huile & de vins excellens ainsi que des raisins de corinthe.

271. CEYLAN.

Isle de l'Asie dans la Mer des Indes. Les Hollandois en possèdent presque toutes les côtes desquelles ils tirent beaucoup de canelle la meilleure connue, gingembre, camphre, riz, étain, pierres précieuses, or & dents d'Eléphans. La situation de cette Isle est en longitude, 97 degrés 25 minutes & en latitude 6 degrés 10 minutes. Elle n'est éloignée que de 40 lieues du Cap Morin : Colombo & Negombo sont les ports principaux de cette Isle.

272. CELEBES.

Isle d'Asie dans la Mer des Indes, la plus considérable des Molucques appartenante aux Hollandois ; la Capitale est Macassar, située longitude 137 degrés 30 minutes, latitude Méridionale 5 degrés; on y porte des étoffes de soie, des draps, d'écarlate, de l'or & de l'argent monnoyés, des toiles de Cambaye, de l'étain, du cuivre & du savon : on en retire beaucoup d'or & d'argent en lingots, ivoire, bois de Calambouc & de Sandal, coton, riz, fruits, coco de Palmes, bétail, camphre, fer & quincaillerie de ce métal, armes propres aux Indiens, gingembre, poivre long & perles.

273. C E T T E, ou S E T T E.

Ville de France dans le Bas Languedoc sur la côte de la Mer. Elle est à proprement parler le Port de Montpellier dont elle a les mêmes poids, mesures & usages. Son Commerce particulier est en huiles vins & eaux de vie, dont l'exportatation est très-conséquente. Cette est le lieu où commence le fameux Canal du Languedoc qui va joindre la Garonne à Toulouse.

274. C E U T A.

Ville d'Afrique sur la côte de Barbarie, avec un bon port, elle est située sur le Détroit & vis-à-vis Gibraltar, longitude 17, 10, latitude 35-36. Elle est très-commerçante & suit pour tout généralement les usages d'Alger. *Voyez* Alger.

275. C H A B L I S.

Ville de France en Basse-Bourgogne à 4 lieues d'Auxerre. Elle est renommée par ses vins blancs dont elle fait un fort Commerce, ainsi que d'un peu de grains.
Courier Lundi, Mercredi & Vendredi.

276. C H A L O N S S U R M A R N E.

Ville de France en Champagne sur la Riviere de Marne à 36 lieues de Paris. Elle a une jurisdiction consulaire. Son Commerce principal est en bleds, seigles, orge, avoines & vins. Il s'y fabrique beaucoup de serges rases façon de Londres, estamettes, éverfins, serges drapées, étamines façon de Rome dont le débit se fait en Champagne, Soissonnois Flandre, Paris & Lyon; on y fabrique aussi des draps dans la qualité de ceux de Rheims, serges façon d'Angleterre, ratines & Pinchinats dont le débit est pour le Royaume, l'Italie & Liege. Enfin il se fait à Châlons des toiles de lin de & des chanvres de toutes largeurs; on y fabrique de la bonneterie en laines seulement; la chapellerie, la tannerie & la mégisserie y sont aussi fortes que renommées. Il est à re-

marquer qu'on fait en cette ville des fufils à 2 coups très
recherchés & dont le prix va jufqu'à 150 liv. La moutarde
de Châlons eft auffi fine que délicate, on y fait des vinaigres fins à odeur & fans odeur dont on expédie une grande
quantité à l'étranger. Il y a plufieurs foires qu'on trouvera
détaillées à l'état des foires.

La *Jaugé* de Champagne, ou la pièce, contient 200 pintes
de Paris.

Le feptier de cette Ville pefe en bled de 200 à 216 liv.
poids de *marc*.

La mefure de l'avoine eft double.

Les environs de cette ville ont de fuperbes verreries pour
bouteilles & cloches de jardinage.

Son Courier part de Paris tous les jours à midi, fauf le
Mercredi.

277. CHALONS SUR SAÔNE.

Ville de France en Bourgogne fur la Rivière de Saône à
14 lieues de Dijon & 80 de Paris; elle a une jurifdi ion confulaire. Son commerce eft en vins, grains & légumes. Les
vins font très abondans & paffent pour une des bonnes qualités de la Province. Les grains s'expédient pour le Lyonnois & la Provence.

Cette ville tient l'entrepôt des fers provenant des forges
de Bourgogne & de Franche Comté, il s'en vend confidérablement aux Foires des 4 février & 24 juin qui durent un
mois chacune.

Son Courier part de Paris les Lundi, Mardi, Mer-
credi & Vendredi à 2 heures.

278. CHAMBERY.

Ville Capitale de la Savoye & du Piémont fur les ruif-
feaux de Laiffe & d'Albans à 16 lieues de Geneve, 43 de
Turin & 142 de Paris. *Voyez* Turin pour les monnoies, poids,
mefures & ufages.

Paris donne un écu de 3 liv. pour 51 à 52 fols piémontois.

279. CHAMOND, (St.)

Ville de France dans le Lyonnois, fur la Rivière de Giez à

6 lieues de Lyon. Il s'y fabrique une quantité de rubans & paffemens qui y forment un Commerce affez conféquent.

Son Courier part de Paris tous les jours, fauf le Dimanche.

280. CHARENTE.

Bourg & Port de France en Saintonge, fur la Riviere de Charente à 1 lieue de Rochefort & 6 de Xaintes ; fon Commerce eft en fel, eaux de vie, & marchandifes du Nord qu'elle répand dans cette Province & celles de l'Angoumois & du Limoufin. Les chargemens de fel qui fe font à Charente vont annuellement à 7000 *muids* dont la valeur va de 8 à 12 liv. le *muid*. Ceux en eaux de vie qui proviennent des élections d'Angoulême & de Coignac vont à plus de 30000 bariques de 27 *veltes* chacune, toutes ces exportations fe font à l'étranger.

Son Courier part de Paris les Mardi, Mercredi, Samedi & Dimanche.

281. CHARITÉ SUR LOIRE. (la)

Ville de France dans le Nivernois proche la Loire & le Canal de Briare à 5 lieues de Nevers & 11 de Bourges.

Son Commerce eft en grains & fur-tout en avoines, chanvre, lin, noyers, ferges, tremieres de ½ aune de large, tiretaines fur fil en ¾ de large, laines. fer en quantité & dont on convertit une partie en acier, & en quincailleries fines & groffieres. On y fabrique de beaux boutons dorés, d'autres en argent pur & argentés, &c.

Sa mefure des grains eft le boiffeau qui pefe en bled 30 livres poids de *marc*.

Son Courier part de Paris les Mardi, Jeudi & Samedi.

282. CHARLEVILLE & MEZIERES.

Ville de France en Champagne, proche celle de Mézieres, fur la Meufe à 6 lieues de Sedan & 52 Paris. Le Commerce de cette Ville eft en armes à feu (dont il y a une manufacture confidérable) cloux, marbres travaillés pour garnitures de cheminées, deffus de commodes, ornemens d'églifes & autres, tanneries, merceries, ardoifes & grains ; il y a 3 foires par an ; la 1ere. le lundi de la Qua-

ſimodo , la 2eme. le lundi d'après la St. Remi. & la 3eme
le jour de la Ste. Catherine le 25. 9bre.
Son Courier part de Paris tous les jours à midi.

283. CHARTRES.

Ville de France , Capitale de la Beauce , ſur la Riviere
d'Eure à 15 lieues d'Orléans & 19 de Paris. Elle a une
juriſdiction conſulaire. Son Commerce en grains & farine d'une
extrême blancheur eſt conſidérable & précieux pour l'approviſionnement de Paris & de Verſailles. Il s'y fait beaucoup de bas de laines à l'aiguille , & il s'y vend beaucoup
de ſerges drapées à la Halle de cette ville , les Mardi , jeudi
& ſamedi , de 40 ſ. à 3 liv. 10 ſ. l'aune. Chartres a auſſi
pluſieurs tanneries dont les cuirs ſont très-eſtimés.
Le ſeptier de bled peſe 215 livres de Paris & les farines
ſe vendent par ſac de 325 livres.
Courier part de Paris tous les jours.

284. CHATEAU-GONTHIER.

Ville de France en Anjou ſur la Mayenne à 9 lieues d'Angers & 57 de Paris ; on y fabrique étamines en toutes couleurs , forces & qualités ; les pieces ſont de 2 aunes & les prix
de 2 liv. 10 ſ. à 4 l. l'aune. Celles en couleurs mêlées , ou
peigne , imitent les bouracans ; il s'y fabrique auſſi des raz
blancs & de couleurs , ſerges drapées & toiles dont les prix
vont de 1 liv. 10 ſ. à 6 liv. l'aune. Les étamines donnent
lieu à de forts envois en Italie. Il y a en outre en cette
ville une teinturerie & des blanchiſſeries de cire renommées.
Son Courier part de Paris les Mercredi & Samedi.

285. CHATEAU-LIN.

Ville de France en Baſſe-Bretagne , ſur la Riviere d'A-
vers à 6 lieues de Quimper & 115 de Paris , Elle a un petit Port.
Son Commerce eſt en bétail , chevaux , beurres & ardoiſes dont il y a beaucoup de carrieres. Les ardoiſes ſe vendent depuis 3 liv. le mille juſqu'à 45 liv. ce qui annonce
qu'il y a beaucoup de qualités différentes ; cette ville s'occupe de la pêche du ſaumon dont la Riviere d'Auzon abonde.

Il y a 4 foires par an ; la *premiere* le 12 mars., la *deuxieme*, le 6. mai , la *troisieme* le 18, 8bre. & la *quatrieme* le 23. 9bre. Il se vend beaucoup de chevaux bidets à ces foires, & d'autres pour le tirage, les rouliers & la poste, bœufs, vaches, cochons & beurres falés en pots.

Son Courier, par Quimper , part de Paris les Lundi, Mercredi & Samedi.

286 CHATEAU-SALINS,

Ville de France en Lorraine , fur la riviere de Seile, à 5 lieues de Nancy & 75 de Paris. Son Commerce est en grains, vins, légumes, bonneteries en quantité tant au métier qu'à l'aiguille en coton & laines & en salines considérables dont on vend beaucoup de sels & de cendres.

Le Courier par Metz , part de Paris tous les jours,

287 CHATEAU-THIERRY.

Ville de France en Champagne fur la riviere de Marne à 20 lieues de Paris & 14 de Rheims. Le Commerce y est en bled, avoine & vin, serges larges & drapées, beaucoup de toiles estimées & en faience.

Son Courier part de Paris tous les jours á midi.

288. CHATEAU-RENARD. } Ville de France en Gatinois à 3 lieues de Montargis. On y fabrique quantité de gros draps pour l'habillement des troupes. *Voyez* Montargis.

289. CHATEAU-RENAUD,

Ville de France en Touraine fur la Branle à 4 lieues d'Amboise & 55 de Paris ; le Commerce est en raz, serges, étamines, droguets, draps pour l'habillement des troupes, chapellerie & tannerie.

Son Courier part de Paris les Dimanche & Mardi,

290. CHATEAU-ROUX.

Ville de France en Berry , fur l'Indre à 7 lieues d'Issoudun & 70 de Paris. Il y a fabriques de draps communs,

serges, droguets, tiretaines & pinchinats, le tout en laines du pays.

Son Courier part de Paris les Dimanche & Mardi.

291. CHATELLERAUT,

Ville de France en Poitou, sur la Vienne à 7 lieues de
Poitiers, 14 de Tours & 67 de Paris. Elle a une jurisdiction consulaire.

Il s'y fabrique beaucoup d'étamines & de serges. Il s'y
fait de l'horlogerie ; la coutellerie y est belle & estimée, sur-
tout les rasoirs ; le principal Commerce est en grains de
la plus grande abondance, eaux-de-vie, anis, coriande,
gommes d'arbres, prunes, pruneaux, huile de noix & de
lin & salpêtre. Tous ces objets s'expédient à Nantes & la
Rochelle.

Le boisseau de cette ville pese en bled 30 livres.

Son Courier part de Paris les Mardi & Samedi à midi.

292. CHATILLON SUR MARNE,

Ville de France en Champagne à 5 lieues d'Epernay
& 7 de Rheims.

Son Commerce est en grains, bestiaux, & plus particulièrement en vins.

Courier de Paris tous les jours.

293. CHATILLON SUR SEINE.

Ville de France en Bourgogne, sur la Seine à 14 lieues
de Troyes, 10 de Langres & 40 de Paris.

Son Commerce est en bleds, vins, chanvres, plantes
médicinales, bois à bruler, fer, papier, fayence & glaces
qui sont passablement belles.

*Courier de Paris Lundi, Mercredi, Vendredi & Sa-
medi*

294. CHAUMONT EN BASSIGNY.

Ville de France en Champagne, sur la Marne à 7 lieues
de Joinville, 21 de Troyes & 57 de Paris.

Son Commerce est en droguets de laine & coton unis
& rayés de ½ aune de large, à 36 sols l'aune de Paris, beau-

coup de bonneterie & ganterie ; cette derniere fabrique a la plus grande réputation par fon apprêt, fa beauté & fes couleurs, le prix des gants eft de 15 à 16 fols la douzaine; coutellerie renommée, blanchifferie de cire & fabriques de bougies, beaucoup de fer de bonne qualité provenant des mines & forges voifines, & bois de chauffage pour Paris.

Il y a quatre foires peu conféquentes, la 1re. en Janvier, la 2me. à Pâques, la 3me. à la St. Jean & la 4me. à la St. Remi.

Son Courier part de Paris les Lundi, Mercredi & Vendredi.

---

295. CHAUNY.

Ville de France en Picardie, fur l'Oife à 2 lieues de Noyon & 23 de Paris.

Son Commerce eft en toiles de lin & chanvre, celles de lin font en batiftes, & façon d'Hollande pour St. Quentin qui les expédie à l'Etranger ; celles de chanvre fe confomment dans le Royaume ; *voyez* St. Quentin pour plus de détails. On fabrique auffi en cette ville, chapeaux, treillis & bas de peaux.

Courier de Paris Lundi, Mercredi & Samedi.

---

296. CHEBRECHIN.

Ville de Pologne dans le Palatinat de Ruffie, à 6 lieues de Tourobin, longitude 41-26. latitude 50-35.

Les Juifs font en cette ville un fort Commerce en cire de toute beauté.

---

297. CHECO.

Capitale du Tunquin, grand Royaume d'Afie dans l'Inde. longitude 123-32. latitude 22. Le Commerce eft en foies, tortues, musc, bois d'Aloes, laque, turbans (ou forte de toiles propre à faire des turbans & convenable au Commerce de la Guinée) & riz. Il ne fe fait guère que par les Hollandois

Les payemens fe font en morceaux d'or de 300 à 600 livres argent de France & en barres d'argent du Japon qui font données au poids. Quant aux poids & mefures ils font les mêmes qu'en Chine, ainfi *voyez* Pekin.

298. CHERBOURG.

Ville maritime de Normandie à 14 lieues de Constance avec un port de mer. Son Commerce est en pois, feves, beurres, lard de 22 à 25 livres le cent, jambon à 9 & 10 sols la livre ; Soude & salicot pour les verreries, belles glaces & draperies ordinaires, mais pour la consommation du pays. le boisseau de poids pese 55 livres poids de marc. Les plus forts vaisseaux qui entrent dans ce port ne doivent être que de 300 tonneaux.

Le Gouvernement fait actuellement faire en ce port d'immenses travaux pour le rendre un des plus beaux ports de l'Europe & susceptible de remplacer celui de Brest pour la Marine Royale,

Son Courier part de Paris Lundi, Mercredi & Samedi.

299. CHERSO.

Ville Capitale d'une Isle du même nom, située sur le golfe de Venise ; longitude 32-15. latitude 55-9. Les Venitiens auxquels cette ville appartient, en tirent beaucoup de bétail, de l'huile, du vin, & du miel excellent.

300. CHERSON.

Ville Neuve de la Russie à l'embouchure du Niéper & près l'endroit où cette riviere se réunit au Bog ; latitude 46 dégrés 38 minutes, & longitude (en partant du méridien de l'Isle de fer) 50 dégrés 19 minutes.

Cette Ville qui suit en tous points les usages, poids, mesures & monnoies de St Petersbourg, commence à devenir très florissante & d'un grand intérêt pour le Commerce auquel elle procure les diverses productions de la *Podolie* & de *l'Ukraine*, comme chanvre en grande quantité, cendre gravelée, grains, bois de construction & mâtures ; elle peut fournir de ces articles les villes du Danube ainsi que les ports qui avoisinent ce fleuve ; elle devient si peuplée qu'on y compte deja plus de 50000 ames & & nombre de maisons de Commerce.

301. CHESTER.

Ville d'Angleterre, capitale du Cheshire, à 5 lieues de Londres : elle est très commerçante par la réunion qui s'y trouve de diverses marchandises d'Angleterre & d'Irlande, par les foires qui sont considérables, & par la communication entre Londres & Dublin dont elle est le passage le plus fréquenté.

102. CHINE (la) } Voyez les pages 173 & 174 de la premiere Partie & l'article de Pekin au présent Dictionnaire.

303. CHINON.

Ville de France en Touraine, sur la Vienne à 10 lieues de Tours & 60 de Paris. Son Commerce est en vins, grains prunes & pruneaux recherchés, huile de noix, pois, seves, capres de geniets, étamines & tanneries. Les grains forment la principale branche de son Commerce & les vins la 2me. Ses mesures sont celles de Saumur dont cette ville n'est éloignée que de 5 lieues. *Voyez* Saumur.

Son Courier de Paris par Loches & Saumur part de Paris, les Mardi, Jeudi Samedi & Dimanche.

304 CHOLLET.

Ville de France en Anjou à 12 lieues de Saumur & 60 de Paris. Elle est recommandable par sa fabrique de toiles & mouchoirs de coton connus par toute l'Europe pour imiter celle des Indes. Il s'y vend du lin de toute beauté & qui va jusqu'à 24 sols la livre.

Son Courier part de Paris Mardi, Mercredi & Samedi.

305. CHRISTIANIA, ou ANSLO.

Ville de Norwege, sur la baye d'Anslo à 150 lieues de Stockolm & 120 de Drontheim. Elle a pour Commerce, assez considérable, les mêmes articles que ceux de Berghem, dont elle suit les usages; ce qu'elle y joint est de l'alun & du Vitriol qui y sont en grande réputation. *Voyez* Berghem.

Courier de Paris Lundi & Vendredi.

CRISTIANSAND

306. CHRISTIANSAND, STAVANGER, ARENDAHL, MANDAHL & FLECKEROEN.

Sont autant de Ports de la Norwege, dont le premier est situé à 40 lieues de Bergen.

Leur Commerce est en grande partie des productions indiquées à Bergen & Drontheim & ce qu'ils y joignent particulièrement est en saumon, maquereau salé, perles qui se pêchent dans les environs de Christiansand, homars vivans en quantité prodigieuse, & écrevisses de mer.

307. CIOTAT (LA.)

Ville maritime de France en Provence à 5 lieues de Marseille, 8 de Toulon & 205 de Paris; son Commerce est en grains, huiles, fruits secs & confits, amandes & vins muscats très recherchés dont on fait des envois chez l'étranger.
Courier de Paris, Mardi, Jeudi & Samedi à 2 heures.

308. CIVITA-VECHIA.

Ville maritime d'Italie, dans la mer Tirène à 14 lieues de Rome & 318 de Paris. Son Commerce est en grains, & légumes de toutes especes, bois de chauffage & de construction pour les vaisseaux, or, argent, plomb, fer, cuivre, diamans, alun, terre d'argile pour la porcelaine, cordages & cotonniers pour la navigation. Cette ville est la résidence d'un consul pour le Commerce de France.
Son Courier part de Paris le Mardi à 10 heures du matin.

309. CLERAC.

Ville de France en Guyenne sur le Lot à 3 lieues d'Agen. Son Commerce est très conséquent en vins, tabac & eau de vie.
Son Courier part de Paris les Mardi & Samedi.

310. CLERMONT.

Ville de France en bas Languedoc, située près la riviere de Largue à 3 lieues de Lodeve & 5 de Montpellier; son Commerce est en grains, vins, fruits, draps pour le Levant, autres draps pour la Province, chapellerie assez considérable & tannerie peu conséquente.
Son Courier part de Paris les Mardi, Jeudi & Samedi.

311. CLERMONT-FERRANT.

Ville de France, capitale de l'Auvergne à 88 lieues de Paris & 22 de Moulins ; elle a une jurildiction conlulaire.

Son Commerce eft en bleds, vins, chanvres, noix, fruits, bétail, fromage, charbon de terre, pâtes d'abricots & de pommes eftimées, cuirs, fabriques de ratines fines de ¾, droguets en laine & fil de ½ aune, cadis façon de Montauban & bergopzoom de ½ aune de large, camelots, étamines, draps pour le pays, étoffes de laines & de foies, dentelles de fil façon de Flandres & d'Angleterre, coutellerie, cartes à jouer, & papier qui pour l'impreffion palle pour le meilleur de l'Europe. L'hôpital de cette ville tient auffi une fabrique de toiles, rubans & bas de foie que l'on peut fe procurer à bon compte en s'adreffant au directeur dudit hôpital.

Courier part de Paris les Mardi, Jeudi & Samedi.

312. CLEVES.

Ville d'Allemagne au Cercle de Weftphalie, capitale d'un Duché du même nom ; elle eft fituée fur un ruiffeau qui fe jette dans le Rhin, à 5 lieues de Nimegue, 28 de Cologne & 28 d'Amfterdam.

Monnoies, Poids, Mefures &c.

On compte en cette ville, dans tout le Duché de Ju-liers, à Bergue, dans la Marche, & généralement dans tout le Cercle de la baffe Weftphalie, par *reichthalers* de 60 fols ou *ftuivers*, & le fol de 16 *hellers* ou 8 *fenings*.

Cette *reicthale*, que l'on nomme ordinairement, *courante*, vaut 2 *thalers* de Cleves ou 1¼ florin d'Empire : ce florin en vaut 2 de Cleves & le florin de Cleves fe divife en 2 *fchellings*. Le *fchelling* en 8 *guttens* ou *groschens*, le *groschen* en 2½ fols, le fol en 1½ *creutzer*. Le *creutzer* en 5 *fenings*, & le *fenin* en 2 *hellers*. Enfin le florin de Cleves eft de 13 fols 2 deniers argent d'Hollande, ou 1 liv. 6 fols 5 deniers ⅘ de France.

Le grain fe vend au *laft* compofé de 15 *malters*, chaque *malter* de 40 *fchettels* dont les 65 forment le *laft* d'Amfterdam ; ainfi le *fchettel* pefe 70 livres de marc.

Le pied de Cleves porte 131 lignes de France.

Commerce & Induftrie.

On trouve en cette ville une partie des productions de l'Allemagne & du Cercle de Weftphalie qui y font appor-tées par la Meufe & le Rhin qui traverfent le Duché de

Cleves, & les fabriques particuliéres confiftent en draps & diverfes étoffes de laine, ainfi qu'en une fabrique de foierie qui eft très confidérable.

313 CLUGNY.

Ville de France en Bourgogne ; elle eft fur le Grofne à 4 lieues de Macon & 70 de Paris. Son Commerce eft en grains, vins eftimés, fruits en abondance, laines, changes & fil qu'on y blanchit très bien, ouvrages d'ofier, fabriques de tiretaines & droguets qui fe vendent à Lyon & peaux de veaux & moutons préparées.

Courier, *Lundi*, *Mercredi*, *Vendredi*.

314. COBLENTZ.

Ville d'Allemagne dans l'Électorat de Trêves, au confluent du Rhin & de la Mozelle à 11 lieues de Bonn, 14 de Mayence & 96 de Paris.

On y compte en *thaler* d'un florin & demi d'Empire ; le florin fe divife en 36 *petermangers* courans. Ce *thaler* équivaut à 3 liv. 19 f. 5 d. de France : les autres monnoies, ainfi que les poids & mefures font comme à Cologne.

Le territoire & les environs de cette ville font fi abondans, en bois & en vin connu fous le nom de Mofelle que ces deux articles forment entre eux le principal Commerce de Coblentz.

315. COIGNAC.

Ville de France en Angoumois, fur la Charente à 7 lieues d'Angoulême. Son Commerce eft en grains, mais peu, efprit de vin au $\frac{2}{3}$, $\frac{3}{5}$, $\frac{4}{7}$, & moitié eau ; eaux de vie à 3 & 4 degrés, vins rouges de Saintonge & Angoumois, maïs, noix, marrons, genievre, graine de lin, confiture, & faience. Il y a foire tous les feconds mardis de chaque mois, & marchés tous les mercredis & famedis.

Les eaux de vie ne payent aucuns droits de fortie par terre, non plus que les vins. La vente s'en fait communément en barriques de 27 *veltes*, & le Commerce exporte de cette liqueur environ 40 milles barriques par année ; on compte qu'il faut brûler 4 barriques de vin pour en former une d'eau-devie ; celle de cette ville eft la plus renommée de toutes, &

vaut presque toujours 1 f. 3 d. par *velte* de plus que celle de
Bordeaux.

Son Courier part de Paris, les Mardi, Mercredi, Samedi & Dimanche.

316. COLBERG.

Ville d'Allemagne dans la Poméranie ultérieure sur la Persante à l'endroit où cette Rivière se jette dans la Mer Baltique; elle est à 24 lieues de Stetin & 12 de Camin. Sa position est très avantageuse au Commerce, son port est bon, est fréquenté par un grand nombre de navires de plusieurs nations qui tirent de cette ville du bled, des cendres calcinées & autres productions de la Pologne: elle a de belles manufactures d'étoffes de laines, principalement en bas, & l'on y fait des toiles dont le débit est considérable, cette ville est de plus renommée par ses sources d'eau salée, dont on tire le sel par la cuisson.

317. COLOGNE.

Ville d'Allemagne, sur le Rhin, à 6 lieues de Juliers, 20 de Munster, 184 de Vienne & 100 de Paris. Son Commerce est particulièrement en vins du Rhin & de Moselle; on y fond des canons, des bombes, des boulets & divers ouvrages de fer & ustenciles de ménage; on y trouve de beaux bois de charpente, des poteries de terre & grès, des ardoises & carreaux du cuivre & du tabac. Elle reçoit en échange de toutes ces marchandises, drogues pour médecine & teinture, sucre & cassonade, bois de teinture rapé & moulu, poissons secs & salés, huiles de toutes espèces, étoffes, rubans, dentelles, toiles de coton, mousselines, bijouterie, savons, fruits secs, fromages & toutes sortes de comestibles.

CHANGE DES MONNOIES.

Noms des Monnoies.	Valeur en argent.	de France.		
	du Pays.	L.	S.	D.
Ducat.	2 rixdales. . . .	10	16	»
Rixdale ou thaler.	78 albus.	5	8	»

Florin courant	56 ½ albus	3	18	"
Idem. de change	40 deniers de gros .	2	3	"
Albus ou sol	12 hellers	"	1	4 $\frac{8}{13}$

Paris donne 100 *ecus* pour environ 55 à 56 *rixdales* de 8 *albus* & change avec cette ville par Hambourg & Amsterdam.

Poids mesures & aunages comparés à ceux de Paris.

100 livres de Cologne en font 96 de Paris.
100 aunes en font 205-½ de Paris.
Ses mesures des liquides sont le *rodet* de 2 *feoders* ½, le *feoder* de 6 aunes, l'aune de 20 *fertels*, Le *fertel* 4 *masses* & la *masse* de 8 pintes de Paris.
Les écritures se tiennent en *rixdales* ou *thalers*, en *albus* & en *hellers*.
Cologne tire sur Amsterdam, Anvers, Auguste, Paris, Francfort, Leipsick, Nuremberg & Vienne à 14 jours de vue & encore sur Francfort & Leipsick en Foires.
Son Courier part de Paris tous les jours à 10 *heures du matin.*

318. COMMERCY.

Ville de France en Lorraine, sur la Meuse à 9 lieues de Nancy & 60 de Paris. Son Commerce est en grains de toute espèce, vins, foins, chanvres, toiles estimées à Paris, violons, liqueur très-recherchée & dont le débit est considérable, boucles de métaux de composition, bois, fer provenant de ses forges voisines, & beaucoup de bestiaux engraissés sur les excellents pâturages des environs de cette ville qui se vendent dans le Verdunois & le Clermontois. Ses foires sont 1° le 1er. lundi de Carême, 2°. le premier lundi de mai, 3°. le 15 7bre. & 4°. le 6 décembre, elles durent 15 jours chacune.

Courier de Paris, Lundi, jeudi & Samedi.

319. CONCHES.

Ville de France au Pays d'Onche en Normandie à 4 lieues d'Evreux, 13 de Rouen & 26 de Paris ; on retire de ses mines voisines un fer doux très estimé dont on fait beaucoup de marmites & divers ustenciles de cuisine, &c.

Courier de Paris tous les jours à 2 *heures.*

320. CONDAM.

Ville de France en Gascogne, sur la Beyre à 30 lieues de Bordeaux & 155 de Paris. Ses objets de Commerce consistent en quantité de vins & eaux de vie estimés des étrangers, draps pour la consommation du Pays, & tanneries dont les cuirs sont assez recherchés. Toutes ces marchandises se débitent aux foires de Bordeaux.

Son Courier part de Paris les Mardi & Samedi à midi.

321. CONDRIEU.

Ville de France dans le Lyonnois, située proche du Rhône à 7 lieues de Lyon & 107 de Paris. Elle est très-renommée par ses vins dont la qualité est recherchée des étrangers & même de tout le Royaume, ce qui lui procure un bon Commerce.

Son Courier part de Paris, les Mardi, Jeudi & Samedi à 2 heures.

322. CONSTANCE.

Ville d'Allemagne dans le cercle de Suabe sur le lac du même nom, à 25 lieues de Bâle, 135 de Vienne & 115 de Paris : elle est soumise à la maison d'Autriche ; on y fait un assez fort Commerce en toiles estimées & à l'instar des toiles Suisses, & l'on y trouve vins, fruits & diverses productions du cercle dont elle dépend.

323. CONSTANTINOPLE.

Ville de la Romanie, Capitale de l'Empire Ottoman, séparée de la Natolie par un détroit entre l'Europe & l'Asie. Elle est située à 45 lieues d'Andrinople, 350 de Moscow, 330 de Rome, 186 d'Ispahan 292 de Vienne, & 576 lieues de Paris. Son Port est le plus beau, le plus grand & le plus sûr de l'Europe. Cette ville est la résidence d'un chancelier pour le Commerce de France.

CHANGE DES MONNOIES.

Noms des Monnoies.	Valeur en argent.		
	du Pays.	de France.	
Sequin Fondonclu	465 à peu près	12 16 8
Gingerli, ou Zeramabouck	249	6 17 5
Touraly, ou Monstaphoncy	315	8 13 10
Piastre, ou Grouck de Turquie	120	3 6 5
Isolote vielle	90	2 9 9
dito neuve	80	2 4 3
Onlick	10	5 6
Belisck	5	2 9
Parat, ou Medine	3	1 7
Aspre	4 menkir	6

Monnoies étrangères.

Sequin de Venise	468 asp.	12 18 4
Ducat Cremnitz	468 asp.	12 18 4
Rixdale d'Allemagne	240	6 12 10
dito au Lion, ou Aslani	180	4 19 7
Thaler de Vienne (1758.)	210	5 15 11
Scudo, ou Ecu de Raguse	150	4 2 9

Monnoies étrangères.

Juc, ou Juck 100 mille aspres environ 2700 livres.
La Bourse . . . 500 piastres environ . . . 1660.

Paris, comme toutes les principales villes de France, ne change avec la Turquie que par la voie de Marseille.

Les négocians d'Europe font tirer des lettres de change sur Constantinople par leurs correspondans de Smyrne, Alep & autres échelles du Levant.

Les lettres de la Hollande se négocient en cette Capitale au cours de 28 sols courans d'Hollande pour la piastre de 100 aspres.

Les étrangers tiennent leurs livres suivant les usages de leurs pays, & les Turcs les tiennent en piastres, parats & aspres. La piastre est de 3 liv. » » de France.

Poids, mesures & aunages comparés à ceux de Paris.

Il y a deux poids; l'un dit le cheky servant pour l'or, l'argent & les marchandises fines. Les 100 livres cheky, forment

128 livres ½ de Paris : ce poids se divise en 100 *drachmes* ; la *drachme*, en 16 *karas* ou *chainos* & le *kara* en 4 *grains*.

L'autre dit, *cantar* ou *quintal de Turquie* est pour les marchandises ordinaires, il se divise en 100 *rotoles*, la *rotole* en 176 *drachmes* & les 100 *rotoles* sont égales 112 ⅗ l. de marc.

La mesure des bleds est le *quilot* qui se divise en 22 *ockes*, 83 *quilots* forment le *last* d'Hollande : ainsi *le quilot* pese en bled environ 55 livres de *marc*.

Il y a deux aunages. Le *Pic-Belledi* servant pour étoffes de fil & coton porte 287 ½ lignes de France.

Le grand *pic*, pour autres marchandises contient 296 ½ lignes de France.

Les liquides se vendent *à l'almé*, ou *meter* de 8 ⅜ pintes de Paris, & à la *mistache* de 5 *milleroles* ½ de Marseille qui pesent en huile, environ 21 ⅖ livres de Paris.

Industrie & Commerce.

On reçoit de cette ville œufs d'esturgeons salés, cire jaune, fil de poil de chevre, caviac, laines dites pelades & tresquilles dont l'exportation est de plus de 5000 balles par année, peaux de buffles, de bœufs & de vaches, en grande quantité pour la France & l'Italie, couteaux, cendres de la Mer-Noire nommées potaches, elles sont propres à dégraisser les draps ; enfin on en retire aussi en pierreries, or, argent, soieries, bleds & café venant de Mocka ; il est on ne peut plus estimé.

On y porte environ 10000 pieces de draps, *savoir* : ¼ de la Hollande, ⅓ de l'Angleterre & le reste de la France. Il faut qu'ils soient de la plus grande beauté & en bonne teinture ; toutes les couleurs fines, sauf le gris, le blanc, le noir, & le jaune y conviennent : à ces draps on joint des perpétuanes, ou cadis larges, des pinchinats de Marseille, vigans d'hiver, satins de Florence, tapis, damasquettes de Venise à fleur d'or & sans or, velours de Gênes à fleur d'or & sans or, brocards à fleur & à fond d'or & d'argent, papiers de Venise & de France, quincaillerie, rocailles de diverses couleurs, pierres de mine de Lyon, fer blanc, fer d'Hambourg & du Nord, fil d'or fin, d'argent fin, d'or & d'argent faux & de laiton, bonnets dits de fer de Tunis & de Marseille, verdet de Montpellier, huile d'Aspic, tartre, sucre de la plus grande beauté, camphre, vif-argent, plomb, cochenille, brésil, céruse, épiceries, & esclaves des deux sexes qui ne sont fournis par aucuns Européens.

Cette ville comme toutes les échelles du Levant ont des douanes où toutes les marchandises sont assujetties aux Droits portés dans le Tarif suivant :

TARIF, des Droits d'Entrée & de Sortie, qui se perçoivent aux Douanes de la Turquie & particulierement à celles de Constantinople & de Smyrne (*).

ENTRÉE.

Noms des Marchandises.	Prix évalués par poids & mesures.	Droits à payer sur le pied de l'évaluation ci-contre.
Acier estimé	à 14 Piastres le ⁰⁄₀	
Amandes	10 idem.	
Ambre travaillé	8 d. (**) l'Ocke	
Ambre brut	5 d. idem.	
Argent vif	2 d. idem.	
Arcenic	15 d. le quintal	
Baril de Fer blanc	1 d. l'Un.	
Bonets de France	5 Aspres la 12ne.	
dito, de Tunis	10 Piast. la 12ne.	
Bresil, Fernambouck	20 d. le quintal.	3 pour 100 de la valeur
Bois de toute autre qualité.	10 d. idem.	
Camphre	⅔ d. l'Ocke.	
Canelle	15 Piast. l'Ocke.	
Cassonade	15 d. le quintal.	
Cinabre	1 d. le quintal.	
Corail { Grosse	80 d. idem.	
dito, missanie	50 d. idem.	
dito, millarie	40 d. idem.	
dito, azazia	30 d. idem.	
dito, Brut	5 d. idem.	
Cochenille	20 d. l'Ocke.	2 pour 100.
Cloux	10 d. le quintal.	3 pour 100.
Cotonine de France	à 25 d. la peice.	3 pour 100.
Caffé de l'Amérique les 100 Ockes payent		3½ Piastres.

(*) Outre les Droits portés par ce *Tarif*, on exige encore un Agio de 2½ pour ⅔ sur le montant de ce qu'on doit payer de Droits à la Douane. (**) Le d. signifie Ducat.

Noms des Marchandises.	Prix évalués par poids ou mesures	Droits à payer sur le pied de l'évaluation ci-contre.
Draps Londrins seconds & Londres larges, de toutes qualités & façons d'Angleterre	. . . .	3 Piastres la pièce .
Draps de Carcassonne . .	. . . .	1 P. la pièce.
St. Pons & Paris.		1 P. le Quin.
Etain en verges.		
Géroffle	5 Piast. l'Ocke.	
Gingembre.	12 d. le Quintal.	
Gomme { Laque	75 d. l'Ocke.	
Cavacheus . .	4 d. idem.	
Guimbret. . . .	2½ d. idem.	
Huile d'Aspic	33 d. idem.	
Indigo. { de St. Domingue	2⅞ d. idem.	
Laure. . . .	3 d. idem.	
Manne	2 d. idem.	
Noix muscade	3 d. idem.	3 pour 100 de la valeur
Papier de 14 & 24 . . .	10 d. le balot.	
Perpétuane	2½ d. la pièce.	
Plomb	4 d. le Quintal.	
Poivre	à 3 d. le Sac	
Quina	1 d. l'Ocke.	
Souffre	5 d. le Quintal.	
Sublime	3 d. idem.	
Salse pareille	1½ d. idem.	
Sucre en Pain	25 d. le Quintal.	
Tasta	5 d. idem.	
Toiles de Troyes	10 d. la pièce.	
Verdet	1 d. l'Ocke	
Vitriol	7 d. le Quintal.	

SORTIE.

Noms des Marchandises	Evaluation &c.	Droits &c.
Alun en pierre	à 2½ Piast. le Quin	
dito, en Poussiere	¼ d. idem.	3 pour 100 de la valeur
Anis	4 d. idem.	
Alayat de coton	1 d. la pièce	

Noms des Marchandises.	Evaluation &c.	Droits, &c.
Bourre de Magnesie . . .	½ d. idem.	
Boucarin blanc	½ d. idem.	
Bus	½ d. idem.	} 1 d.
Buffle les 10 payent . .		
Cambraisine	5 Piast. la piece.	3 pour 100.
dito, masmerie	8 d. idem.	de la v. aleur
dito, grossiere	2½ d. idem.	
Camelots obscurs de 32 pics		
& de 13 payent à raison de.	4 Piast. la table	
Cafe d'Alexandrie par oc-		
te, d'une Piast. de 80. Asp.	paye 6. Aspres.	
Gre jaune, par Quintal . .		} de piastre.
Coton en Laine, par Balle		idem.
dito, filés de toutes sortes		
par Quintal		½ idem.
Cardamome en marroquin	½ Piast. la piece.	3 pour 100
Curs salés, la piece . .	1 Pi. de 80. Asp	paye 5 Asp.
Dinettes de Manesmens .	½ Piast. la piece	
Encens, le Quintal . .	22 Piastres . .	
Eponges, le millier . .	20 idem.	} 3 pour 100
Escamites, la piece . .	1 Piastre.	
Esramonée, l'Ocke . .	3½ Piastres.	
Fil de Chevre	l'Ocke paye	5 aspres.
Galbanum, l'Ocke . .	1 Piastre.	3 pour 100
Galles de toutes sortes .	le Quint. paye	15 Aspres.
Gomme, l'Ocke . . .	⅓ Piastre.	
Indiennes du Pays, ou Bou-		
cassins	¾ Piast. l'une.	} 3 pour 100.
dito, de Perse	3 Piast. la piece.	
Laine de Mouton . . .	le Quint. paye	12 Aspres
idem, de Chevron . .	idem.	25 Parats.
idem, de Rousse . . .	idem.	½ de P. astr.
Mastic	la caisse paye	3 Piastres.
Moncoyat, la table de .	40 Picks.	4 idem.
dito blanc, table de . .	20 Picks.	4 idem.
dito de Torsin, table de .	60 Picks.	4 idem.
Opium, le Tohequi . .	2½ Piastres.	3 pour 100
Rhubarbe	4 d. l'Ocke.	
Saffran	5 d. idem.	} 3 pour 100
Sel ammoniac	½ d. idem.	
Salpetre	2½ d. idem.	

Noms des Marchandises.	Evaluation &c.	Droits &c.
Semename, l'Ocke . . .	1 Piaftr.	
Sene	1 d. l'Ocke.	
Storax	1 d. idem.	
dito, Liquide . . .	½ de Piaft. idem	3 pour 100
Trem'entine, l'ock . .	1 Piaftre.	
Turbis . . . idem.	1 idem.	
Tutie . . . idem.	1 idem.	
Vacquettes, la piece .	paye. – – –	1 Afpre.

Les Soies ne payent pas de Sortie.

Son Courier part de Paris, les Mardi, Jeudi & Samedi.

324. COPENHAGUE.

Ville Capitale du Danemarck, fur la côte Orientale de l'Ifle de Zélande, fituée à 40 lieues d'Hambourg, 120 de Stockolm & 266 de Paris, elle a un beau & grand port fur la Mer Baltique.

CHANGE DES MONNOIES.

Noms des Monnoies.	Valeur en argent.		de France.			
	du Pays.		L.	S.	D.	
Anciennes Monnoies: Ducat d'or, efpece . .	7 marcs·lubz . . .		10	10	11	¾
Dito courant	5 dito		7	10	8	½
Ecu, efpece	1 rixdale 8 fchel .		5	10	6	¼
Rixdale courante . .	6 marcs danois . .		4	10	5	"
Schelin lubz	2 fchelins dito . .		"	2	6	10⁄12
Rixdale de banque . .	48 fchel. de banq.		5	16	"	"
Marck-lubz	16 Schelins lubz.		1	10	1	¾
Dito Danois	16 dito danois . .		"	15	"	"
Croon fimple ou thaler.	4 marcs & 4 fchel.		3	4	"	17⁄24
Schelin Danois . . .	12 fenins		"	1	3	¼
Nouvelles: Ducat de 1757 . . .			8	14	4	"
Rixdale, efp. de 1776.	59 lubz		5	9	1	"
Rixdale courante . .			4	8	10	"

Paris change avec cette ville par Hambourg.

Copenhague tire sur Amsterdam & Hambourg à 15 jours de vue, & sur Paris & Londres à 2 mois de date. Il y a 8 jours de faveur après l'échéance & les lettres à vue se payent à leur présentation.

Poids, mesures & aunages comparés à ceux de Paris.

100 livres poids de Commerce font à Paris 100 ¼ livres.

Il y a en cette ville un poids de *marc* pour peser l'or & l'argent dont le 100 ne forme qu'environ 95 ½ *marcs* de Paris.

L'aune est de 22 pouces 10 lignes de France.

Le bled se vend au *last* de 12 *tendes* dont les 12 forment le *last* d'Hollande ainsi le *tende* pese en bled 380 livres poids de *marc*.

La mesure des liquides en vins est le tonneau de 4 pieds 3 pouces cubes, il contient 136 pots, & le pot est d'un pied cube comme 1 à 32.

Ses écritures se tiennent en *rixdales, marcs danois* & *schellins*, & en *marcs schellins* & *fenins danois*.

Banque & assurance.

Il y a en cette ville une banque assez considérable, connue sous le nom de banque d'assignation de change & de prêt : elle prête à 4 p. ⅔ d'intérêt par an sur des gages suffisans & qui ne sont pas sujets à se gâter promptement ; elle se charge de la garde des matieres d'or & d'argent à 1 par mille pour droits de compte, d'entrée & de sortie, elle prête sur ces matieres à-peu-près la valeur à 2 p. ⅔ d'intérêt par année : une autre banque dite d'escompte prend les lettres de change & autres effets payables dans un temps préfix à 4 p. ⅔ d'intérêt par an, elle escompte soit en espèces, soit en ses propres billets payables au porteur depuis une jusqu'à 100 *rixdales*.

Enfin il y a à Copenhague une chambre d'assurance dont le Capital en 1748, fut porté à 600 milles *rixdales* dont elle ne peut assurer que 30000 par chaque vaisseau non appartenant à la compagnie des Indes de cette ville.

Industrie, Commerce & Compagnie de Commerce.

On compte en cette Capitale quatre grandes Compagnies de Commerce.

1°. Celle dite Royale Asiatique, dont le Capital est de plus de 3 millions de *rixdales*, fait le Commerce des Indes & de la Chine & entretient des comptoirs dans ces deux contrées.

2°. La Compagnie Asiatique dont le principal Commerce est celui du Bengale.

3°. La Compagnie d'Islande, qui fait presque seule le Commerce d'importation & d'exportation de cette Isle de l'Océan Septentrional dont nous avons parlé, quant aux productions & au défaltre, à la page 91 de la 1ere. Partie.

4°. La Compagnie générale qui dans son principe faisoit le Commerce du midi de l'Europe & ne s'en occupe presque plus aujourd'hui.

Cette ville reçoit de l'étranger beaucoup de sels d'Espagne & Portugal, vins & eaux de vie de France, papier, étoffes d'or, d'argent, de soie & de laine & drogues pour la médecine.

On en retire pelleteries de toutes fortes, juifs chanvres, cabillaud, stockfich, froment, seigles, orge & avoine, du poisson d'Islande, de l'huile de balcine, des peaux ou cuirs secs en poil de bœuf & de vache, des porcelaines de la Chine & du thé, qui s'achetent de la Compagnie Asiatique, des bêtes à corne maigres que les Hollandois y achetent pour les engraisser dans leurs pâturages, des mâtures du bois de chêne & de sapin, de l'ambre gris, de la cire, des potasses & Wedasses & laines communes.

Son Courier part de Paris les Lundi & Vendredi à 10 heures du matin.

325. CORBEIL.

Ville de l'Isle de France, sur la Seine qui y reçoit la riviere d'Estampes à 3 lieues de Melun & 7 de Paris. Cette ville n'est remarquable que par les immenses fabriques de farines économiques dont elle réunit 20 moulins. Sa situation au milieu de cantons aussi fertiles en grains que supérieurs en qualité, & dont tout le transport se fait par eau, en fait une ville de ressource pour l'approvisionnement de la halle de Paris & même pour les cargaisons en farines pour les Colonies; elle possède en outre plusieurs tanneries, quantités de moulins à tan, une célèbre manufacture d'indiennes à l'instar de celle de Joui si renommée; & dans les environs sont de forts moulins à poudre, d'autres à foulons pour les draps, sur-tout ceux de Gobelins & des moulins à cuivre; on y fait aussi quantité de chaux fort estimée.

Courier de Paris, Lundi, Mardi, Jeudi & Samedi.

326. CORCK.

Ville & Port de mer d'Irlande dans la Province de Munster, sur la Lée à 20 lieues de Waterford & 220 de Paris; son Commerce est en cuirs, suifs, beurres, viandes salées, sur-tout en harengs; elle fait sur ces articles un grand nom-

bre de chargemens par année , elle commerce auffi en fer ,
toiles & frifes , & eft , après Dublin , la ville la plus commerçante de l'Irlande
Son Courier part de Paris les Lundi & Jeudi matin.

327. CORDOUE.

Ville d'Efpagne dans l'Andaloufie inférieure , fur le Gua-
dalquivir à 34 lieues de Malaga & 70 de Madrid. On y fabrique des foieries , des tafetas fimples & doubles , des
velours & rubans ; il y a une belle filature , une manufacture de draps communs , & l'on y apprête du marroquin
très renommé & dont le débit eft confidérable.

328. CORÉE (LA)

Prefqu'Ifle d'Afie entre la Chine & le Japon ; elle à 100
lieues de longueur fur 40 de largeur ; elle eft abondante en
froment , riz , herbes médicinales & l'on y exploite plufieurs mines d'or dont la vente fe fait au Japon. Sior eft
la principale ville de cette contrée foumife à la Chine.

329. CORMEILLE.

Ville de France dans la Haute Normandie à 3 lieues de
Lifieux. Son Commerce eft en bleds , toiles en quantité
pour Rouen & Lifieux , cuirs pour Paris & papiers pour
la Province.

330. COROGNE (LA)

Ville maritime d'Efpagne , capitale du Royaume de Galice à 15 lieues de Compoftelle.
Le Port de cette ville eft un des plus confidérables de
l'Efpagne par les Paquebots - Couriers qui en partent chaque mois pour les Canaries , la Havane , les Ifles Philippines , la Nouvelle Efpagne , & tous les deux mois pour
Buenos-Aires ; Il eft de plus très commerçant par toutes
les productions d'outre-mer qui s'y trouvent comme or &
argent monnoiés , fucre , cuirs de bœuf fecs & en poils , de
la havane , bois de Goayacan & de Campêche , tabac en
poudre , & en cigares dont les marins font un grand ufage , eau-de-vie de fucre , fuif & quelques parties en cacao ,
riz & café.
Courier part de Paris les Mardi & Samedi.

331 COROMANDEL (CÔTE DE)

Pays de l'Inde en deçà du Gange, qui est le même que la Côte Occidentale du golfe de Bengale sur laquelle il y a plusieurs habitations Européennes. Les François y ont Pondichery, les Anglois Madras, les Danois Françobar, les Portugais St. Thomé & les Hollandois Paliacante, Mazulipatan & divers autres comptoirs jusqu'à Golconde même.

Cette Côte abonde en riz & millet, mais son Commerce avec les Européens consiste en toiles blanches, mouchoirs, acier, diamans, cotons, beurre, indigo & soies crues; *Voyez* pour plus de détails chacune des habitations ci dessus dénommées. Il y a cependant sur cette Côte un poids commun à toutes les nations : c'est le *kandil* ou *bar* qui est évalué comme suit; par les Hollandois à 450 liv. ½ d'Amsterdam; par les François à 20 *mons* d'environ 24 livres chacun de France, & par les Anglois en 20 *mons* d'environ 25 livres chacun d'avoir du poids d'Angleterre.

Les monnoies sont la *pagode* de 3 ½ *roupies*, *l'annas*, le *fanon* & la *cache*, dont les valeurs différencient suivant les lieux ou comptoirs de cette Côte.

332. CORSE (LA)

Isle d'Italie; *Voyez* Bastia ou Bastie; on y compte par livres, sols & deniers de France.

100 livres de cette Isle n'en font que 69 de Paris.

Le bled se vend au *stajo* de 12 *basinis*, il faut 29 ⅔ *stajos* pour le *last* d'Hollande qui est de 4560 livres de marc en bled.

Le vin se vend en baril de 2 *somes*, ou 108 *pintes*.

333. COUCHES.

Bourg de France en Bourgogne à 4 lieues de Châlons sur la Saone & 4 d'Autun. Son Commerce est considérable en vins rouges pour l'ordinaire, en bonne qualité & supportant bien les transports par eau & par terre, il s'y fait aussi beaucoup d'eau-de-vie assez estimée. La pièce de ce lieu est de 240 *pintes* de Paris.

Courier par Autun Lundi, Mercredi & Vendredi.

334. COURTRAY.

Ville des Pays-Bas dans la Flandre Autrichienne sur la Lys à 4 lieues de Lille, 5 de Tournay, & 58 de Paris.

Son Commerce est considérable en toiles dont la beauté

est au moins égale à celle d'Hollande & de Siléfie, la plupart des toiles qui se vendent en France sous le nom d'Hollande proviennent des fabriques de cette ville, où les prix sont modérés, les linges de table sont aussi très beaux à Courtray & Menin, & ce qui prouve la réputation de ces articles, c'est que la France seule en tire annuellement pour près de 3 millions de livres; il s'y fait aussi un peu de dentelles.

Son Courier part de Paris tous les jours à 10 heures du matin.

335. COUTANCES.

Ville de France en basse Normandie, proche la mer à 6 lieues de St. Lo, 9 d'Avranches & 68 de Paris.

Son Commerce est en grains, pommes, cidres, pastel, garance, gaude, laines, petits droguets appellés balinges composés de fil & laine, parchemin, dentelles, coton filé à l'hôpital de cette ville, & tannerie dont les cuirs s'envoyent à Paris.

Courier part de Paris les Lundi, Mercredi & Samedi.

336. CRACOVIE.

Ville de Pologne, qui dispute à Varsovie le titre de Capitale du Royaume sur la Vistule, à 32 lieues de Varsovie, cette dernière est située à 72 lieues de Breslaw, 58 de Koenisberg, 60 de Dantzick, 112 de Berlin, 116 de Dresde, 125 de Riga, 211 de Pétersbourg, 215 de Moscow & 344 de Paris. Le consul pour le Commerce de France fait sa résidence à Dantzick.

CHANGE DES MONNOIES.

Noms des Monnoies	Valeur en argent.	
	du Pays.	de France.
		S. L. D.
Ducat d'Hollande cordonné, estimé de 11 florins ½ à 12 florins	fait pour 12 florins.	13 18 ,,
Dito d'Hongrie cordonné, estimé de 11 florins à 11 florins	fait pour fl. 11 ½.	14 15 4 ½

Rixdale d'Hollande esti-mée de 5 florins ¾ à 6 flo-rins	fait par 6 florins.	7	16	4
Daldre, ou Daller du pays	3 florins - - - -	3	18	2
Tiers de Daldre - - - - -	1 dito - - - -	1	6	,,
Tempfe - - - - - - - - -	18 gros - - - -	,,	16	,,
Sechfer - - - - - - - - -	6 dito - - - -	,,	5	4
Dutier - - - - - - - - -	3 dito- - - -	,,	2	8
Florin - - - - - - - - -	30 dito - - - -	1	6	,,
Gros - - - - - - - - - -	18 pfenins - - -	,,	,,	10
Pfenins - - - - - - - - -		,,	,,	,,

La Pologne change avec la France par Amfterdam & Hambourg & elle donne à Amfterdam 420 à 430 gros pour une livre de gros banco, & à Hambourg 150 à 160 gros pour la rixdale de 3 marcs banco ; & Paris donne 100 écus pour 71 à 72 rixdales de Cracovie, ou un écu pour 64 à 65 gros de Pologne.

Poids, Mefures & Aunages comparés à ceux de Paris.

100 livres de Pologne font à Paris 88 livres ¾.

100 aunes de Paris font 195 de Pologne.

Le *laft* de bled eft de 4560 livres poids de *marc* ou de 19 *feptiers* de Paris.

La mefure des liquides eft le *Becka* péfant 325 à 350 liv. de Paris. Il y a auffi la *zorzec* qui contient 16 *hruskas* de Cracovie & qui forme environ 80 *mingles* d'Amfterdam.

Obfervations.

Les écritures fe tiennent en *florins*, gros & *pfenins*.

La Pologne tire fur Amfterdam & Hambourg à 40 jours de date. Sur Berlin, Breflaw, Koenisberg, Leipfick, Francfort & Nuremberg, à ufance de 14 jours de vue & encore fur Francfort & Leipfick en foires ; les lettres à une ou plufieurs ufances ont 10 jours de faveur, celles à quelques jours de vue n'en ont que trois & celles à vue doivent être payées 24 heures après la préfentation. L'ufance y eft comptée de 14 jours après l'acceptation. Le Commerce eft un diminutif de celui de Dantzick, ainfi *voyez* cette ville. Ce que Cracovie a de particulier dans fes fpéculations fe réduit à des opérations de banque & à la vente des vins d'Hongrie auxquels elle fert d'entrepôt.

Le *Courier part de Paris les Lundi & Vendredi* à 10 heures du matin.

337. CRAON.

Ville de France en Anjou, fur l'Oudun à 10 lieues d'Angers. Il s'y fait un Commerce confidérable en fil de toutes les façons.

Son Courier part de Paris les Lundi, Mercredi, & Samedi à 2 heures.

338. CREMONE.

Belle ville d'Italie, fur le Po à 11 lieues de Milan ; elle fuit en tous points les ufages de cette derniere ville, au Commerce duquel elle eft étroitement liée. *Voyez* Milan.

339. CREYFELD.

Ville d'Allemagne dans le Comtat de Meuds près le Rhin ; on y fabrique beaucoup d'étoffes d'or, d'argent & de foies qui donnent lieu à un Commerce affez confidérable.

Son Courier part de Paris tous les jours fauf le Mercredi. Il faut affranchir.

340. CREST.

Ville de France en Dauphiné à 6 lieues de Valence fur la Riviere de Drome. Il y a des fabriques de ferges, ratines, cadis, foies & papier.

Son Courier part de Paris les Mardi, Jeudi & Samedi.

341. CREVECŒUR.

Bourg de Picardie ; on y fabrique quantité de ferges fines & autres pour doublure en ⅝ de large, qui fe débitent dans les Villes d'Amiens, de Beauvais & d'Orléans.

Son Courier de Paris, par Beauvais, tous les jours à midi.

342. CROISIC. (le)

Port de Mer en France, Province de Bretagne au Pays Nantois & à l'embouchure de la Loire, à 102 lieues de Paris. Il s'y fait un fort Commerce de fels, vins, eaux de vie, grains, miels & beaucoup d'armemens pour le grand & le petit cabotage, les pêches de Sardines, harengs, maquereaux, & quelques-uns pour les Colonies Anglo-Américaines & la Corfe.

Il y a une manufacture de fel de foude égal à celui d'Alicante, & l'on y fabrique des serges à bazin & bouquets ; enfin l'on y trouve aussi de très beaux coquillages.

Son Courier part de Paris les Lundi, Mercredi & Samedi à 2 heures ; il faut adresser les lettres par Guérande.

343. CRONSTADT. Ville & Port de Russie dans le golfe de Finlande à 29 verts de St. Pétersbourg ; elle a trois Ports précieux aux divers armemens de la Couronne & du Commerce, & elle facilite particuliérement celui de St. Pétersbourg.

344. CUBA.

Grande Isle de l'Amérique-Septentrionale à l'entrée du Golfe du Mexique dont la Havane est la Capitale & le principal Port ; elle n'est séparée de St. Domingue que par un canal de 18 lieues.

Le Commerce est en or & cuivre provenans de ses mines, tabac très renommé, sucre, écailles de tortues, casse, aloès, canelle, sauvage & salsepareille ; il se fait par les Espagnols seulement.

345. CUENÇA.

Ville d'Espagne dans la Nouvelle Castille, sur la Rivière de Xucar à 51 lieues de Madrid. Elle est recommandable par ses fabriques de baracans, baies, fayettes, serges, tapis de Turquie, sempiterne & divers tissus de laines dont elle fournit plusieurs villes d'Espagne & dont les qualités se perfectionnent chaque année depuis l'établissement de ses fabriques qui ne datent que de 1774.

346. CURAÇAO.

Ville de l'Amérique, Capitale de l'Isle du même nom appartenante aux Hollandois ; elle a un bon port situé, longitude 310, latitude 10-40 à 1690 lieues de Paris. Son Commerce est en sucre, tabac, gingembre, citrons, indigo, coton, laines, bois de teinture, cuirs & sels ; la proximité de cette ville avec les possessions Espagnoles donne lieu aux Hollandois d'y faire un riche Commerce avec cette nation.

Ses monnoies sont le quadruple d'Espagne de 37 florins 16 sols. La *piastre* de 3 *florins*, le *florin* de 20 sols ou de 2 liv. 2 s. 9 d. de France & le sol de 2 s. 1 d. ½ de France.

les écritures s'y tiennent en *piaftres* de 8 *reaux* & le *real* de six fols. La *mœde* Portugaife y a auffi cours pour 6400 *rées* de Lisbonne. Le poids de 7 pour 100 de moins que celui de la Hollande ; quant à l'aune, ou *varro*, il en faut 141 pour 100 aunes de Paris.

Les lettres ne paffent à cette ville que par la Hollande.

347. D A M A S.

Ville d'Afie dans la Syrie, fituée fur la Riviere de Barady à 916 lieues de Paris, longitude 54-53, latitude 33. Son Commerce eft en vins, fruits excellens, étoffes de foies, acier très fin, fabres & couteaux très eftimés & quantité d'herbes aromatiques & médicinales.

On compte à Damas, comme à Alep, en *piaftres* de 80 *fpres*.

L'aunage, ou *pick*, porte 258 lignes de France.

Le poids eft le *rotole* dont les 100 pefent 363 livres d'Amfterdam.

548. D A M E R Y.

Bourg de France en Champagne, fur la Marne à une lieue d'Epernay. Son Commerce eft principalement en vins affez fames, grains, ferges, tanneries, mégifferie, bonneterie, chapellerie & tifferanderie ; mais il fe fait peu d'affaires en tous ces articles, le vin eft feul fon plus fort objet.

Courier part de Paris tous les jours excepté le Mercredi. Il faut adreffer les lettres par Epernay.

349. D A M I E T T E.

Ville & port d'Afrique en Egypte, fur le bord du Nil à 40 lieues du Caire, 50 d'Alexandrie & 755 de Paris.

Tout fon Commerce ne confifte qu'en toiles peintes que l'on fabrique, & dont la vente très confidérable fe fait au Caire. *Voyez* Caire (le) pour les ufages & monnoies.

350. D A M P I E R R E.

Village de Normandie près Dreux à 16 lieues de Paris. Il y a plufieurs forges à fer & à fonte, ainfi que dans les environs de Dreux à Berou, Sorét & au moulin Regnault.

Courier de Paris, par Dreux, les Lundi, Mercredi & Samedi.

351. DANAM ou DAMAN.

Ville Maritime des Indes, sur le Golfe de Cambaye, appartenante aux Portugais qui en tirent des étoffes d'or, de soie & de coton, diamans, perles, épiceries & toiles peintes. Cette ville est à 20 lieues de Surate & 80 de Goa.

352. DANTZICK.

Grande & considérable ville libre, Anséatique & Maritime de la Pologne, Capitale de la Prusse Royale & de la Pomerelle, sur les Rivieres de Rodaune & de Motlaw, proche la Vistule & le Golfe d'Angil; à 74 lieues de Varsovie, 105 de Cracovie 12 de Marienbourg & 300 de Paris. Elle est la résidence d'un consul pour le Commerce de France. Son port situé sur la baltique, est un des plus considérables de l'Europe, il communique à la ville par un canal dont la navigation est aussi sûre que facile.

Commerce & Industrie.

La ville de Dantzick a les plus beaux & les plus grands magasins de grains de l'Europe où elle fournit par année plus de 80 milles tonneaux de froment, ce qui forme la principale branche de son Commerce, les autres consistent en lins, chanvres, mâtures, bois de chêne & de sapin de toutes especes, ambre gris, cire jaune & blanche, soie de porc, potasse, wédasses, suif, laines, plomb, fer, cuivre, pelleteries, cuirs, bray, tartre, térébenthine, étain, salpêtre, acier, fil de laiton & douves pour barriques ou futailles. Outre ces marchandises il y a, tant dans l'enceinte de cette ville que dans ses fauxbourgs, plusieurs manufactures & fabriques d'étoffes de laines, de toileries, de cendres gravelées, de savon, de papier, de poudre à canon & à cheveux, d'amidon, de liqueurs, de tanneries, de teintureries & raffineries de sucre; tous ces articles forment le Commerce d'exportation de cette ville; ceux d'importation consistent en vins, sels, eau-de-vie, bierre, goudron, hareng & poisson secs, étain, charbon, briques, chaux, épiceries & diverses marchandises fines.

Monnoies, poids & mesures, &c.

Les monnoies sont :

Le ducat d'Hollande .... de 12 florins
La reichsthale .... de 6 idem.
Le schostack .... de 6 gros
Le dutgen .... de 3 gros

Le gros.......................... de 3 efcalins.
Le thaler ou écu.................. de 3 florins.
Le florin de Dantzick équivaut à 8 f. 11 d. argent d'Hollande ou 17 f. 10 d. ½ de France.
On compte en cette ville par thaler ou écu de 3 florins ou 90 gros. Le gros de 3 efcalins, & l'efcalin de 3 pfenings.

Poids & mefures.

Le marc pour l'or & l'argent eft de 7 onces 5 gros 5 grains de France. Les groffes marchandifes fe vendent au quintal ou centzenat de 120 l. poids de marc.
100 l. de Dantzick font 88 ½ de marc, ou de Paris.
Les grains fe vendent au laft de 19 feptiers de Paris.
100 aunes de Dantzick en font 52 ½ de Paris.
La mefure des liquides, & fur-tout du vin, eft le ftof dont les 100 forment 144 ¾ mingles d'Amfterdam, ou 388 ½ pintes de Paris.

Ufages divers.

Cette ville tire fur Amfterdam à 40 ou 70 jours de date & fur Hambourg à 3 ou 6 femaines de date. Les lettres ont 10 jours de faveur après leur échéance, à moins qu'elles ne foient à vue, alors elles doivent être acquittées dans les 24 heures. Son Courier part de Paris les Mardi & Vendredi à 10 heures.

353. DARNETAL.

Bourg de France en Normandie proche Rouen, & à 28 lieues de Paris. On y fabrique beaucoup de draps très confus, efpagnolettes en ⅝ croifées & rayées, ratines de 4 & ⅝ draps noirs de ⁵⁄₁₁, couvertures fines & ordinaires, autres nommées canadas que l'on envoye à Bofton.
Courier par Rouen tous les jours à 2 heures.

354. DAX, ou DACQS.

Ville de France en Gafcogne, fur la riviere de l'Adoux à 194 lieues de Paris. Le Commerce eft en draperies de France & d'Efpagne & en fer provenant de fes forges voifines.
Le Courier, par Bordeaux, part de Paris les Mardi & Samedi à midi.

355. DECIZE.

Ville de France dans le Nivernois, dans une Ifle de

Lairon à 8 lieues de Nevers ; son Commerce est en laïges, étamines, toiles & charbon de terre.

Son Courier part de Paris le Samedi à 2 heures.

356. DELFT.

Ville des Provinces-Unies, dans la Hollande méridionale, elle est sur la Schie à 2 lieues de Rotterdam. Elle a plusieurs fabriques en draps & autres marchandises détaillées sous le nom de fabrique d'Amsterdam ; elle fait de la fayence très renommée par sa beauté ; elle entretient des brasseries considérables qui exportent à l'étranger ; & elle a une chambre particuliere de la compagnie des Indes-Orientales.

357. DELY. { Ville d'Asie, dans l'Indoustan, Capitale de l'Empire du Mogol. Longitude 94 degrés, latitude 28 degrés 20 minutes.

CHANGE DES MONNOYES.

Noms des monnoies.	Valeur en argent.	de France.		
	du Païs.	L.	S.	D.
Roupie d'or du Mogol	496 Pezas	24	16	"
Louis d'or de France	468 dito	23	8	"
Pistole d'Espagne	300 dito	15	"	"
Ducat d'Allemagne	} 245 dito	12	5	"
Hongrie & Suede				
Sequin de Venise	245 dito	12	5	"
Ducat de Maroc	} 240 dito	12	"	"
Du Caire & Salé				
Sequin de Turquie	205 dito	10	5	"
Roupie d'argent	48 dito	2	8	"
Demie roupie dito	24 dito	1	4	"
Malmoudy	20 dito	1	"	"
Pezas				1

Paris donne 100 écus pour 125 *roupies* du Mogol : mais il est rare de faire d'échange en argent ; elles sont toutes en denrées ou matieres détaillées cy-après.

Poids & usages de Commerce de cette Contrée.

Le poids des denrées se nomme *faire* & répond à la livre de *marc.*

Le *faire* pour autres marchandises, est de 25 pour cent de moins que celui de Paris.

Le *tola*, poids pour l'or & l'argent, est de 3 *gros* 8 *grains* de *marc.*

On tire de cette contrée des toiles peintes de la plus grande beauté, des riches & magnifiques tapis, beaucoup de diamans, d'indigo, de soies & de coton; & l'on y porte d'Europe de l'or & de l'argent monnoyés, des épiceries, des cuirs, de l'étain, des draps & des chevaux, &c.

358.
la) DÉSIRADE. } *Voyez* page 216 de la premiere partie.

359.
DEVENTER. } Ville des Pays-Bas Hollandois, dans la Province d'Overissel sur l'Issel à 22 lieues d'Amsterdam. Son Commerce est en bestiaux, pierres, mertain, tourbe, bled, beurre, cire, fromages & laines.

---

360. DIENVILLE.

Ville de France en Champagne sur la riviere d'Aube à 15 lieues de Châlons & 7 de Troyes. Son Commerce est en grains pour Arcis & Bar sur Aube, vins d'une qualité ordinaire, bois de chauffage pour Paris, qui s'y envoye à flot, filature, toile de coton, salpêtre & fayences. Il y a 4 foires, la 1re. le 25 Janvier, la 2me. le Vendredi avant la Pentecôte, la 3me. le lendemain de la Nativité, & la 4me. le 29 8bre. On y vend les denrées ci-dessus & beaucoup de bestiaux.

Courier de Paris, par Brienne, Mardi, Jeudi & Samedi à midi.

---

361. DIEPPE.

Ville maritime de France dans la haute Normandie à 36 lieues de Paris. Elle a un bon port & une jurisdiction consulaire. Son Commerce consiste dans la pêche du hareng, maquereaux, morues de Terre-Neuve & d'Islande, cabotages de port en port, ocres, bray, goudron & sapin du Nord, toile, voiles de Bretagne & d'Abbeville, sers de diverses sortes du Royaume, bois de chêne & hau-

tes futaies de ses forêts voisines, boëtes de cornes dont il y a une manufacture considérable, ouvrages d'ivoire & délicatement faits, dentelles de tant de différentes qualités qu'elles se vendent de 10 à 20 sols l'aune, barbes pleines en dentelles qui vont de 30 à 120 livres la paire, verreries en vitres, verres & bouteilles, tabac dont la manufacture royale est établie à l'instar de celle de Paris, & cendres des côtes dudit tabac qui servent au blanchissage de toiles & se vendent pour toutes les Provinces du Royaume. Tous ces objets donnent lieu à un Commerce immense dont la principale branche est dans le produit de ses pêches, & la vente de ses poissons secs, frais, salés & fumés.

Cette ville a une foire considérable en Décembre dont la franchise & la durée sont de 15 jours.

Courier part de Paris tous les jours à 2 heures.

362. DIJON.

Ville de France, capitale de la Bourgogne, sur la riviere d'Ouche à 72 lieues de Paris; elle a une jurisdiction consulaire.

Son Commerce est en grains; vins fins très renommés, ingrédiens pour la teinture & sur-tout le pastel, muriers blancs, soies, pierres qui bien polies, imitent le marbre, toiles peintes, velours sur coton très beaux, glaces égales à celles de la célèbre manufacture de St. Gobin, & qui se vendent 30 p $\frac{o}{o}$ meilleur marché, sers, laines, fil & droguets, soit rayés, soit unis.

Enfin il s'y fait aussi un Commerce en papier des manufactures de cette Province, & en moutarde dont la réputation est très grande. Cette ville a 3 foires par an; la premiere le 10 Mars est de 5 jours. La deuxieme, la veille de la Fête-Dieu, dure 8 jours, & la troisieme le jour de la St. Martin est également de 8 jours. Il est à remarquer aussi que l'hôpital de cette ville a deux manufactures assez considérables, l'une en bonneterie & l'autre en dentelles qui se consomment dans le Dauphiné.

Son Courier part de Paris les Lundi, Mercredi & Vendredi à 2 heures.

363. DINAN.

Ville de France en Bretagne, avec un petit port de mer à 5 lieues de St. Malo & 70 de Paris. Son Commerce est en grains, fruits, miels, salaisons, chevaux, bestiaux,

fuifs, vanneries, cire de bonne qualité, lins, chanvres &
fils blancs, nombre de manufactures de toiles en toutes
largeurs & qualités très belles, autres toiles à voiles, fougeres, emballage, fils de lin blanc & de couleur, chanvre
écru & leffivé, cottonines à poil & unies, flanelles blanches
& rayées, peaux de vaches, géniffe & veaux corroyés en
blanc & noir dont le débit en veaux eft de plus de 80000
douzaines & dont le prix va de 20 à 30 livres la douzaine, &c.
*Son Courier part de Paris les Lundi, Mercredi & Sa-
medi.*

364. DINANT.

Ville des Pays-Bas dans l'Evêché de Liege, fituée fur
la rive droite de la Meufe à 5 lieues de Namur & 12 de
Liege. Elle fournit au Commerce beaucoup de marbre noir,
& de fer. On y fabrique auffi une grande quantité de chaudronnerie, furnommée *dinanderie*, dont il fe fait des envois
dans toutes les villes de l'Europe & fur-tout à Paris.
*Son Courier de Paris par Namur part tous les jours
à 10 heures du matin.*

365. DIU.

Ville des Indes foumife aux Portugais,
fon Commerce eft avec l'Ifle de Mozambique, & les ufages font ceux de Cambaye. *Voyez* cette derniere ville.

366. DOMINGUE. (St.)

Grande Ifle de l'Amérique feptentrionale, la plus riche
des Antilles, dont les principales villes de la Partie Françoife font: le Port au Prince, Léogane, St. Marc, les Cayes-
St. Louis, l'Ifle à Vache, le Grand & le petit Goave, le
Fort Dauphin, le Port de Paix, le Môle St. Nicolas & le
Cap François. Cette derniere eft confidérée comme la ca-
capitale; longitude 306 degrés. & latitude 20 degrés. Elle eft
fituée à 1598 lieues de Paris, fur le bord d'une grande plaine
qui a 20 lieues de long fur 4 de large. *Voyez* Cap-François, page 434 de cette Premiere Partie.

CHANGE DE SES MONNOIES,
d'après leur réduction en 1775.

Noms des Monnoies.	Valeur en argent.					
	du Pays			de France.		
	L.	S.	D.	L.	S.	D.
Portugaise au cordon - --	66	,,	,,	44	,,	,,
Quadruple d'Espagne - --	126	,,	,,	84	,,	,,
Double louis dito - - - -	63	,,	,,	42	,,	,,
Louis simple ou pistole --	31	10	,,	21	,,	,,
Piastre de Gourde - - - -	8	5	,,	5	10	,,
Demie ou Ecu - - - - - -	4	2	6	2	15	,,
Double Escalin - - - - -	1	10	,,	1	,,	,,
Escalin - - - - - - - -	,,	15	,,	,,	10	,,
Petite piece - - - - - -	,,	7	6	,,	5	,,

Toutes ces monnoies sont en or & argent. Celles de France y tiercent leur valeur ; c'est-à-dire le louis de France vaut 36 livres ,, ,, dans cette Isle ; & 36 liv. de cette Isle ne valent que 24 liv. de France.

Les Poids & Aunages sont semblables à ceux de Paris.
Les écritures se tiennent comme à Paris.

Commerce.

Les marchandises qu'on retire de cette Isle sont ; sucre, café, indigo, coton, cacao, vanille, gingembre, rocou, fruit, tabac, sirops délicieux sur-tout celui de charpentier, liqueurs estimées, cuirs verds provenant des bestiaux qu'on y éleve en quantité, blanc de baleine, bois de Gayac, Brésil, Acajou & Campêche, autres bois propres à la charpente, la teinture & la marqueterie : les Espagnoles tirent de cette Isle les mêmes productions que les François & ont en outre des mines d'or, d'argent, de cuivre, de fer, de charbon de terre, de soufre & d'antimoine, ainsi que des carrieres de marbre & des salines abondantes. Leur Commerce se fait en leur ville de St. Domingue & celle de San-Jago. Presque toutes les marchandises d'Europe conviennent à cette contrée & sur-tout les noirs qu'on y transporte en quantité pour la culture des terres ; ceux qui y sont préférés sont tirés de la Guinée, du Pays de Congo & de la Côte d'Or.

Les lettres passent à St. Domingue par nombre de Ports de France.

367. DONCHERY.

Ville de France en Champagne, fur la Meufe à une lieue de Sedan & 4 de Mezieres. On y fabrique differentes efpeces de ferges larges, drapées & façon de Londres où l'on employe des laines du Berry, de la Champagne & de la Brie. Il s'y fait auffi des dentelles en fils de Sedan fupérieurs à ceux d'Hollande, & l'on y tient une fabrique de chapeaux.

Courier de Paris tous les jours à midi.

368. DORAINVILLE.

Bourg de France en Normandie à 8 lieues de Rouen, il y a des forges confiderables & des mines de fer abondantes. On y fabrique en fonte, chaudieres, marmites, fourneaux, caignards ou poëles à feu, cloches à anîe pour cuire des fruits, gulfoires, mortiers, poulies, tugeres de gros foufflets, grilles de fourneaux, poiffonnieres, baffins de chapelier, foliveaux de fonte de toutes longueurs & groffeurs, & faumons de fonte pour lefter ; on y fabrique en fer, barres de toutes efpeces, placques pour carrettes & coutres de charrues, effieux de toutes fortes, fer de fonderies, bandes de roues, cloux de toutes façons, fers à cheval & coins à fendre bois & pierres, ils font trempés mais non acérés.

Courier par Rouen, tous les jours.

369. DORMANS.

Ville de France en Champagne fur la riviere de Marne, entre Epernay & Château Thierry. Le Commerce eft en grains & vins d'une qualité ordinaire.

Courier tous les jours, fauf le Mercredi.

370. DORT.

Ville des Provinces-Unies dans le Comté d'Hollande, dans une ifle fur la Meufe à 4 lieues de Rotterdam & 15 d'Amfterdam. Son Commerce eft en grains, bois, vins du Rhin, merrain d'Allemagne, fels d'Efpagne & Portugal, raffineries de fels, manufactures de fils, moulins en divers genres, & fur-tout à fcier du bois.

| 371. DORTMUND. | Ville libre & impériale du Comté de Lamarck, dans le Cercle de Weftphalie. Elle fait un fort Commerce en bleds & toiles. |

382. DOUAY.

Ville de France dans la Flandre, sur la riviere de Scarpe qui communique à la Deule par un canal, à 6 lieues de Cambray, 5. d'Arras & 45 de Paris. Le Commerce est en grains, graines de colsat & de lin, légumes farineux, houblons & escourgeons pour la bierre, lin en bottes, huiles de colsat & de lin, batistes & linons clairs, écrus & blanchis, dentelles, fil pour broderie & dentelles, blanchisseries de toiles au lait comme en Hollande, fonderie royale pour canons & mortiers, & cylindres pour les manufactures d'étoffes & glaces.

La mesure des grains pese 150 livres poids de 14 onces du pays, ou 130 livres 14 onces poids de marc. *Courier tous les jours.*

373. DOURDAN.

Ville de France sur la riviere d'Orge à 12 lieues de Paris. Il s'y tient tous les samedis un marché de bled très considérable, & les autres objets de Commerce sont des vins communs, beaucoup de foins, de luzerne, de bois, un peu de chanvres & lins; l'on y tient une forte fabrique de bas de soie de toutes sortes au tricot, quantité d'amadis en noir & blanc bien travaillé, bas de laines, destamets & drapés en tricot & à côtes.

Il y a deux foires franches par an; la premiere le 10 Août, & la deuxieme le 3me. lundi de 7bre. *Son Courier part de Paris tous les jours à 2 heures.*

374. DOUVRES.

Ville & Port de Mer d'Angleterre à 7 lieues de Calais & 72 de Paris. Son Commerce n'est que pour fournir à la consommation de 12 paquebots destinés au passage d'Angleterre en France.

Courier de Paris tous les jours à midi.

375. DRESDE.

Ville d'Allemagne Capitale du Cercle de la Haute-Saxe, sur la Riviere d'Elbe à 30 lieues de Prague, 16 de Leipsick & 213 de Paris. *Voyez* Leipsick pour ses monnoies & usages. Son Commerce est en froment en quantité, bons pâturages, chevaux estimés, exploitation de mines à charbon & de pierres à bâtir, porcelaine aussi estimée que recherchée. Ses manufactures font en teintureries fupérieures, belles étoffes pour habillement & ameublement en laine, foie, fil & coton purs mêlés, gingams, beau bleu de Saxe ou bleu d'Azur, dit *Smalt*, cuirs, maroquins; toiles peintes en coton & fil, ouvrages en acier & fer blanc, fil très-beau, bois de toutes pieces, potaffe & diverfes autres marchandifes, &c.

Courier part de Paris, Lundi, Vendredi & Samedi.

376. D R E U X.

Ville de l'Ifle de France, fur la riviere de Blaife à 7 lieues de Chartres & 16 de Paris. Cette ville & fes environs ont quantité de groffes étoffes de laines, favoir : ferges pour doublures en différentes largeurs & qualités, pinchinats, eftamettes & gros draps de ⅝ de large du prix de 7 l. l'aune fervant aux manteaux des troupes & doublures des voitures. Il y a auffi une fabrique confidérable en bas de laines.

Dreux a deux foires par an, la première à la St. Gille, la deuxième à la Pentecôte, & grand marché pour les chevaux le lundi des deux premieres femaines de chaque mois.

Courier part de Paris, Lundi, Mercredi & Samedi.

377. D R O N T H E I M.

Ville Maritime de Norwege à l'embouchure du Nider, où elle a un bon Port, longitude 28, latitude 63-15. Son Commerce d'exportation eft en petits mâts de Navires, cuivre en quantité qui provient de fes mines voifines, bois de charpente, cuivre, fer, poix, fourrures, morues feches, harengs & bas de laine; celui d'importation eft principalement en épiceries, vins, eau-de-vie, tabac & draperies, &c.

Courier de Paris Lundi & Vendredi; il ne faut pas affranchir.

378. D U B L I N.

Ville Capitale de l'Irlande, Province de Leinfter, fur la Riviere de Liffe, où elle a un bon Port à 88 lieues de Londres & 187 de Paris; fon Commerce eft en lin d'un très-beau filage, faffran, bourre, chairs falées, fuifs, cuirs verds, beurres, fer, poiffon fec & falé, chevaux, bœufs, moutons, fuperbes frifes, mais dont le débit eft pour les manufactures du pays, fil très-beau pour toiles, laines eftimées, fromage, fel, miel, cire, chanvre, toiles, douves, merrain, étoffes de laines, couvertures, peluches, ratines, fourrures, chandelles, étain & fer; de tous ces articles les préférés par les étrangers, & dont l'exportation est conséquente sont le beurre, la viande salée, sur-tout celle de bœuf & de cochon, le suif & les chandelles.

Les écritures se tiennent en *livres*, ou *pounds*, de 20 *schelings*, & le *scheling* de 12 deniers comme à Londres, mais cependant la valeur des monnoies y est différente.

La *guinée* de 21 *schelings sterl.* fait . . . 22 . . . *sch.* 9 *d.* d'Irlande.
La *couronne* de 5 *sch.* . . . . fait . . . 5 . . . . . 5 . . . *Idem.*
La *livre* de 20 *sch.* . . . . . fait . . . 21 . . . . . 8 . . . *Idem.*
Et le *schelin* de 12 *den. sterl.* fait . . . . 13 . . . *Idem.*

La *livre* d'Irlande est au pair de 10 *florins* 3 *sols* d'Hollande ou 20 l. 17 s. 9 d. ¼ de France.

Quant aux poids & mesures, &c. *Voyez* Londres dont l'Irlande suit entièrement les usages à cet égard.

Son Courier part de Paris tous les jours à midi.

379.
D U M F R E Y.　}　Ville & Port d'Ecosse, *Voyez* Glascow.

---

380. D U N D A L K E.

Ville maritime de l'Irlande, dans la Province d'Ulster à 3 lieues de Carlintfort. Elle est renommée par ses belles fabriques de toiles fines, batistes, cambrafines & toiles de ménage dont le Commerce est très important.

---

381. D U N K E R Q U E.

Ville maritime de France avec un Port franc très fréquenté sur la Manche à 60 lieues de Paris. Elle a une jurisdiction consulaire. Son Commerce est immense, il consiste en toutes denrées étrangeres, grains de la Flandre, étoffes communes des manufactures de cette Province, toiles & batistes, tabac dont la fabrication est estimée de la Hollande, la Suisse, l'Allemagne & l'Italie qui en procurent un grand débit; enfin en pêches de toutes especes, amidonneries & raffineries de sucre. Il s'y fait des armemens en tous genres & pour toutes les contrées fréquentées par les Européens.

Il y a en cette Ville Chambres & Compagnies de Commerce & d'Affurance que l'on regarde comme très folides.

Le poids n'est que de 14 onces poids de *marc.*

L'aune est celle de Paris. La mesure des grains est *la rasiere* pesant en froment 240 livres poids de *marc* celles des liquides est *le pot* formant 2 ½ pintes de Paris.

Dunkerque change directement avec Londres & Amſterdam.

Courier de Paris tous les jours.

382. DURTAL.

Ville de France en Anjou ſur le Loire, à 7 lieues d'Angers & 58 de Paris. On y fabrique des étamines, droguets & ſerges trémieres, le tout en laines & pour la conſommation de la Province.

Courier de Paris, par la Fléche, les Mercredi & Samedi, à 2 heures.

383. DUSSELDORF.

Ville d'Allemagne en Weſtphalie, au Duché de Berg, ſur un ruiſſeau qui communique au Rhin qui en eſt proche, à 5 milles de Cologne & 105 lieues de Paris. Son Commerce eſt en miroirs, draps, linges, plomb & teintures, fils, cordons & rubans de fil, fil de cordonniers, toiles blanches rayées & à carreaux, pluſieurs ouvrages de fer qui ſe fabriquent à Elbe-feld, ſur-tout de bonnes lames d'épées, & des armes de toutes eſpéces, vins du Rhin, & nombre de marchandiſes Hollandoiſes.

Courier de Paris tous les jours à 10 heures du matin.

384. ECOUCHAY.

Bourg de France en Normandie, ſur la Riviere d'Orne proche Argentan. Son Commerce eſt en ſerges de deux ſortes dites, *ſerges fortes* de ½, & trémieres de ¼. Il s'y fait auſſi beaucoup d'horlogeries très-eſtimées.

Courier de Paris Lundi, Mercredi & Samedi.

385. EDAM.

Ville des Pays-Bas Hollandois, ſituée ſur le Zuiderzée à 3 lieues d'Amſterdam; elle a un petit Port très ſûr, & un chantier ſur lequel on conſtruit beaucoup de Navires marchands, elle eſt renommée par ſes excellens fromages à croute rouge dont le débit eſt conſidérable.

386. ELBE, *ou* EVE.

Iſle d'Italie, ſur la côte de Toſcane, vis-à-vis la Ville de Piombino, latitude 42-50; elle eſt au roi de Naples & abonde en mines de fer & d'aimant.

387. ELBERFELDT.

Ville d'Allemagne en Westphalie, sur la Riviere de Wuper, à 7 lieues de Dusseldorff. Son Commerce est en fils dont on fabrique quantité de rubans, & dont on fait des envois par la voie de la Hollande, dans toutes les parties de l'Europe, &c. *Courier de Paris tous les jours, à 10 heures du matin.*

388. ELBEUF.

Bourg de France en Normandie, sur la Seine, à 24 lieues de Paris. Tout son Commerce est en draps de ses fabriques, dont la qualité est connue de tout le Royaume.

389. ELBING.

Ville de Pologne dans la Prusse Royale, sur la riviere d'Elbing, proche la Mer Baltique à 12 lieues de Dantzick. Le Commerce y est considérable & composé des mêmes articles que celui de Dantzick, à laquelle ville nous renvoyons le Lecteur.

390. ELSENEUR.

Ville du Danemarck dans l'Isle de Zélande sur le Sund, à 6 lieues de Copenhague & 275 de Paris. C'est en cette ville que se paye le droit de passage des navires dans le détroit du Sund. Son Commerce est en petits mâts, planches de sapin, goudron, suif, peaux de bœufs, de vaches & de boucs, chanvres, cabillauds, fromens & seigles; on y porte en échange les marchandises détaillées à Copenhague.

Elseneur a deux raffineries de sucre, une blanchisserie de toiles, & dans ses environs se trouvent diverses fabriques d'armes assez considérables, des papeteries, une verrerie, plusieurs manufactures de chapeaux & une fonderie de canons.

Les écritures s'y tiennent en *rixdales* de 4 orts, l'ort de 12 *sols lubz*, & le *sol lubz* de deux *sokelins* Danois; ces monnoies ont trois valeurs, dites, *valeur d'espece, valeur couronne, valeur courante* qui est celle de tout le Danemarck. La premiere vaut 2 florins 13 sols 1 denier; la deuxieme 2 florins 5 sols 14 deniers; & la troisieme 2 florins 5 sols 3 deniers, le tout argent courant d'Hollande. Il y a plusieurs sortes de poids & mesures, mais en général ceux de Copenhague y sont plus usités que les autres.

Son Courier part de Paris les Lundi & Vendredi matin.

391. EMBDEN.

Ville d'Allemagne dans la Westphalie, Capitale de l'Oost-Frise sur la riviere d'Ems, près de la mer où elle a un très grand & bon Port franc, à 10 lieues de Groningue. Son Commerce est en pêches de harengs & baleine, graines, fromages, chevaux & toiles d'une grande finesse qui se blanchissent à Harlem en Hollande. Cette ville change avec Amsterdam, & lui donne de 140 à 150 florins d'Oost-Frise pour 100 florins courans d'Hollande. Elle a divers poids & mesures, mais elle se sert presque toujours de ceux qui équivalent aux poids & mesures d'Amsterdam, ainsi *voyez* cette derniere ville.

Courier part de Paris tous les jours à 10 heures du matin.

392. ENCLOISTRE.

Bourg considérable de France dans le Poitou, à 3 lieues de Châtelleraut, 5 de Poitiers & 80 de Paris. Il abonde en froment & grains de toutes especes, vins blancs, poix, haricots blancs & rouges, chanvres en quantité, & il se rassemble à ses foires beaucoup de bœufs, mules, mulets, chevaux, cochons & anis dont on fait un fort Commerce. Son boisseau pour bled pese 30 livres de Paris. Sa futaille pour liquide est de 35 à 36 *veltes*; & ces foires sont: 1°. le premier lundi de Carême, 2°. le troisieme lundi de Carême, 3°. le lundi Saint, 4°. le 6 Mai, 5°. le 16 Août & 6°. le 28 8bre. Il y a en outre un fort marché tous les lundis.

Courier de Paris, par Châtelleraut, les Mardi & Samedi à midi.

393. ENKUYZEN.

Ville de la Hollande septentrionale, avec un Port sur le Zuiderzée, à 3 lieues de Horn & 10 d'Amsterdam. Cette ville & celle de Horn ont une chambre de Commerce où la Compagnie des Indes Orientales fait la vente de ses marchandises, & elles s'occupent beaucoup de la pêche du hareng.

394. EPERNAY.

Ville de France en Champagne, sur la riviere de Marne, à 30 lieues de Paris. Cette ville, étant le centre de la Champagne est aussi l'entrepôt de ses vins dont elle fait un Commerce considérable, ainsi qu'en poteries & ouvrages de terre plombée & cuite, sur-tout en poëles de fayence de toutes façons & grandeurs qui se vendent ferrées de 24 à 100 livres, les autres objets de Commerce sont en papiers de toutes sortes, échalats, lattes, bois écaris pour les bâtimens & la marine (ils se vendent jusqu'à 300 livres le grand cent), bois de cordes pour chauffage & charbon de bois à 30 sols le poinçon ou 3 liv. la queue prise sur les lieux.

Courier part de Paris tous les jours, sauf le Mercredi.

395. EPINAL.

Ville de France en Lorraine, sur la Mozelle, à 12 lieues de Nancy & 80 de Paris. Son Commerce est en grains & légumes de toutes especes, bois, huiles, planches, toiles, fils blancs connus sous le nom d'*Epinal* & très estimés, fayences fines & curieuses, papier imitant celui de la Hollande, verreries, forges & usines, merrains, ou douves de futailles, de toutes dimmensions & pour tous jaugages de Bourgogne, Dauphiné, Languedoc, Provence, Anjou & Champagne.

Le *réal*, mesure pour le bled, pese 22 à 23 livres poids de marc, & sa mesure des liquides contient 46 à 50 pintes de Paris.

Il y a 6 foires dans l'année; 1°. le second mercredi d'après la Purification, 2°. le premier mercredi d'après Pâques, 3°. le premier mercredi d'après l'Ascension, 4°. le lendemain de l'Assomption, 5°. le lendemain de la St. Remi, & 6°. le lendemain de la St. André. Outre ces foires, il y a un marché tous les samedis.

Son Courier part de Paris les Lundi, Jeudi & Samedi à midi.

396. ERFORD.

Ville d'Allemagne dans la Thuringe, sur la Gere, à 5 lieues de Weimar, 10 de Mulhausen & 212 de Paris. Son principal Commerce est en fil, pastel & soufre; il s'y trouve aussi des articles semblables à ceux de Leipsick.

100 livres de cette ville en font 95 de marc.

La grande aune, dite, *grosse-elle* porte 243 ½ lignes de France.

La petite, dite, *kleme-elle* porte 179 idem.

Le bled se vend au *malter* de 4 *viertels* & le *viertel* pese environ 264 livres de Paris.

Quant aux monnoies elles font les mêmes qu'à Leipfick.
On compte en *thaler* de 24 *bons gros*, & en *bon gros*
de 12 *fenins*.

Son Courier part de Paris tous les jours, fauf le Mer-
credi ; il faut affranchir jufqu'aux frontières du Royaume.

397. ERVERVELT.

Ville d'Allemagne en Weftphalie, fur la riviere de Wuper, à 2 lieues de Dulfeldorff. Son Commerce eft en fils &
ouvrages qu'on en fabrique, comme toiles, rubans de toutes fortes, fils écrus, coutils & foies de cochon ; il n'y
a que la Hollande qui y faffe le Commerce.

Courier part de Paris tous les jours, fauf le Mercredi ;
il faut affranchir.

398. ERZEROM,

Ville de la Turquie Afiatique, capitale de l'Arménie, long.
57-51, latitude 40. & diftance de 660 lieues de Paris. L'on
y fait un grand Commerce de vaiffelle de cuivre, fourrures,
noix de Galle, caviac, garance, œufs falés d'efturgeons &
toutes fortes de marchandifes des Indes, dont cette ville eft
un des forts entrepôts. Ce Commerce fe fait pour la France
par les Provençaux.

399. ESTAMPES.

Ville de France dans la Beauce, fur la riviere de Juine,
abondante en bonnes écreviffes, à 14 lieues de Paris.

Le fort de fon Commerce eft en grains dont elle tient
marché toutes les femaines & fournit celui de Montlhery,
farines blutées qu'on exporte dans divers Ports de France
pour les armemens, & dont elle fournit beaucoup à la
halle de Paris, laines pour Orléans & Beauvais, cuirs de
diverfes fortes pour Paris, particuliérement celui d'Hongrie, tannerie, chamoiferie & mégifferie ; il y a foire à la
St. Michel & à la St. Gilles.

Son fepter de bled pefe 255 livres.

Son Courier part de Paris tous les jours à 2 heures, &
paffe par cette ville pour fe rendre à Orléans.

400. ETATS-UNIS DE L'AMÉRIQUE.

Ces Etats (détaillés, page 200. & fuivantes de la première Partie, tant pour leurs fituations que pour leurs pro-

ductions locales & d'industrie, & par conséquent leur Commerce en général) ont pour monnoie une monnoie de papier, dite *dollar*, dont la valeur a cours pour 4 *schellins* 6 *deniers sterlings* qui équivalent à 5 livres 8 sols de France.

Quant aux poids, mesures & aunages, on se sert de ceux de Londres, de Paris & d'Amsterdam. *Voyez* Boston & Philadelphie.

401. EU.

Ville de France dans la Haute-Normandie, sur la Rivière de Bresle, à 38 lieues de Paris.

Le Commerce y est en dentelles, qui approchent celles de Valenciennes, manchettes d'hommes & belles barbes pour coëffures de femmes, laines filées très-recherchées, serrures en grande quantité & de tant de choix qu'il s'en vend depuis 10 sols jusqu'à 150 liv. la piece, morues d'Irlande & de Terre-Neuve dont les armémens se font à Tréport, distante d'une demi lieue de cette Ville, lins, fils & toiles de lins. La toile ne va que de 15 à 40 sols l'aune; & le fil de 20 s. à 3 l. la livre. Il y a foire le 10 Août dont la durée & la franchise sont de 15 jours.

Son Courier part de Paris les Mardi, Jeudi & Samedi à 2 heures.

402. EVREUX.

Ville de France dans la Haute-Normandie, sur la Rivière d'Iton, à 22 lieues de Paris & 10 de Rouen.

Son Commerce est en grains en assez grande quantité, flanelles, serges blanches de demie aune de large & d'une qualité supérieure dont le prix est de 50 s. à 3 l. 10 s. l'aune, velours de soie, cannelés de France & Anglois, le velours est de 15 à 18 l. l'aune, Le cannelé Anglois 12 l. & le François 7 à 8 l., coutis façon de Bruxelles de 6 à 8 liv. l'aune, & bas de laine au métier de 50 s. à 3 liv. 10 s. la paire, ils sont assez estimés.

Son Courier part de Paris tous les jours à midi.

403. FALAISE.

Ville de France en Basse-Normandie, sur la Rivière d'Ante, à 44 lieues de Paris.

Son Commerce est en serges sur étaim d'une aune de large & en trémieres de ⅞, coton en soie filé, coutellerie & menue d'inanderie, chapellerie, tisseranderie ou toiles tres-fines & fort estimées, & dentelles façon de Dieppe.

Courier part de Paris les Lundi, Mercredi & Samedi à 2 heures.

404. FALUN ou KOPERSBERG.

Ville de Suede, dans le Dalécarlie, à 12 lieues de Gevali & 8 d'Hedemora : son Commerce est en exploitation de riches mines de cuivre, & celle d'une fabrique de poudre à canon très renommée.

405. FAYAL.

{ Isle de l'Océan Atlantique dans les Açores, long. 350, latitude 39-30. Les Anglois en tirent beaucoup de pastel.

406. FÉCAMP.

Ville de France en Normandie dans le Pays de Caux, à 8 lieues du Havre, 12 de Dieppe, 14 de Rouen & 42 de Paris. Le Commerce est en lin, toiles de lin blanches & grises de diverses sortes & largeurs dont les prix vont de 20 s. à 4 liv. l'aune en en donnant 28 aunes pour 20, armeniens pour la pêche de la morue, marée & harengs, frocs connus sous le nom de *Frocs de Fécamp* fabriqués en laines du Pays & dont la largeur est de $\frac{3}{2}$. Thé dont le débit est considérable, dentelles comme celles de Dieppe, & tannerie peu conséquente.

Courier part de Paris tous les jours à 2 heures.

407. FÉEZ.

Ville Capitale d'un Royaume du même nom en Afrique, sur la Côte de Barbarie, long. 13-50, lat. 33-40. Le Commerce est en grains, fruits, miel & légumes, *voyez* Alger & Maroc pour les monnoies & usages.

408. FER-EN-TARTENOIS.

Bourg de France en Champagne, à 28 lieues de Paris. Son Commerce est en grains & bestiaux qui se vendent à Soissons, cuirs & bouteilles à 24 liv. le cent qui se vendent pour Paris & s'expédient par Soissons.

Courier part de Paris tous les jours à midi.

409. FER. (Isle de)

Isle d'Afrique, une des Canaries & la plus Occidentale de ces Isles, elle appartient aux Espagnols : on en retire des vins très-estimés. C'est par cette Isle que les François font passer leur premier Méridien. Lat. 27-39. *Voyez* Canaries pour plus de détails.

410. FERE. (la)

Ville de France en Picardie, à 4 lieues de St. Quentin & 34 de Paris, au confluent de la Serre & de l'Oise. Il y a une artillerie immense ; on y fabrique des toiles pour St. Quentin, & l'on y prépare passablement les cuirs qui y forment le principal Commerce.

Son Courier, par St. Quentin, part de Paris les Lundi, Mercredi & Samedi à midi.

411. FERNEY.

Bourg proche Geneve, à 114 lieues de Paris.

Il y a une manufacture royale d'horlogerie qui est très-considérable, & dont les exemptions permettent aux entrepreneurs de fournir leurs ouvrages à bon compte.

Voyez Geneve pour tous usages & plus de détails sur son Commerce.

Courier de Paris, par Geneve, Lundi, Mardi, Jeudi & Samedi.

412. FERROL.

Port d'Espagne, dans la Galice, à 5 lieues de la Corogne. Il y a un chantier superbe pour la Marine Royale & la plus belle manufacture de toiles à voiles connue, ses toiles sont les meilleures & les plus renommées de l'Europe, mais elle travaille moins pour le Commerce que pour le compte du Roi.

413. FERSHAM.

Isle de l'Arabie heureuse, à 3 lieues de Géseon en Asie. On y fait une riche pêche de Perles, & elle fournit des bleds dans presque toutes les parties de l'Arabie. C'est par Marseille que les Européens, & sur-tout les François, commercent avec cette Isle.

414. FERTÉ-BERNARD. (la)

Ville de France dans le Maine sur l'Huisne, à 6 lieues du Mans.

On y fabrique beaucoup de serges & d'étamines en pure laine & laine mêlée de soie, & du gros treillis en quantité.

Courier de Paris, Mercredi & Samedi à 2 heures. Il passe par la route d'Angers.

FERTÉ-

415. FERTÉ-GAUCHER. (LA)

Ville de France dans la Brie, sur la Rivière du Morin, à 5 lieues de Château-Thierry. On y fabrique des serges drapées d'une aune de large, façon du Berry, & l'on y fait un peu de Commerce en grains & vins.

Courier de Paris, Mercredi, Vendredi & Dimanche, par la route de Coulommiers en Brie.

416. FERTÉ-SOUS-JOUARRE. (LA)

Ville de France dans la Brie Champenoise, on la surnomme *Ferté au col*, elle est située sur la Marne, entre Meaux & Château-Thierry, à 14 lieues de Paris. Le Commerce y est en bleds, avoines en abondance, petits vins & un peu de serges drapées d'une aune de large.

Courier, par Châlons en Champagne, part de Paris tous les jours, sauf le Mercredi.

417. FEUILLETIN.

Ville de France dans la Haute-Marche, à 2 lieues d'Aubusson & 18 d'Argenton, sur la Rivière de Creuse. On y fabrique quantité de tapisseries, de haute-lisse & de gros draps de Bure pour les habitans des campagnes & du menu peuple. On y fait aussi un fort Commerce en gros & menu bétail pour les Provinces & Paris même, & sur-tout en excellens bœufs & moutons, dont il y a marché une fois par mois.

Son Courier part de Paris les Mardi & Samedi.

418. FEUQUIERES.

Bourg de France en Picardie, à 4 lieues de Beauvais. Il y a une manufacture considérable en serges, façon de Crevecœur & de Londres, dont le débit se fait à Beauvais & Paris même.

Courier, par Beauvais, part tous les jours à midi.

419. FIASCONE.

Ville d'Italie, près le lac de Bolsena, à 5 lieues de Viterbe. long. 29-40, lat. 42-34.

Le Commerce ne consiste qu'en vins muscats, mais qui sont délicieux.

420. FIGEAC.

Ville de France dans le Quercy, sur la Rivière de Célé, à 9

lieues de Cahors. Elle n'est à considérer que par ses foires, qui rassemblent toutes les productions locales & d'industrie de la Province.

Courier part de Paris les Dimanches à 2 heures.

---

421. FIUM.

Ville d'Egypte, sur un canal qui joint le Nil, à 27 lieues du Caire. Son Commerce est en lin, toiles & figues. Long. 49-4, lat. 29.

Les lettres passent par Marseille.

---

422. FLECHE. (LA)

Ville de France en Anjou, sur le Loir, à 10 l. d'Angers & 58 de Paris. Son Commerce est en grains, (dont le boisseau pèse 29 liv.) vins blancs de bonne qualité & rouges médiocres, (dont la buze est de 32 *veltes* ou 240 pintes de Paris,) huile de noix, fruits communs, tanneries où se préparent des peaux de toutes especes sur-tout en cuirs d'Irlande, étamines, voiles de différentes qualités, largeurs, finesses & couleurs fort estimées, gibiers & poulardes préférables à celles du Mans, pour la finesse & dont le débit est considérable. Cette Ville a 4 foires franches par an, de 8 jours chacune ; 1°. le Mercredi d'avant le Carême ; 2°. le Mercredi d'après la Quasimodo, 3°. Le Mercredi d'avant la Pentecôte & 4°. le Mercredi d'après la Toussaint, marché franc tous les Mercredi.

Courier de Paris Mercredi, Jeudi & Samedi Dimanche.

---

423. FLÉSSINGUE.

Ville & Port de mer des Provinces-Unies dans la Zélande, à l'embouchure de l'Escaut & une lieue de Middelbourg. *Voyez* cette ville pour tous usages. Le Commerce de Fléssingue est particuliérement en armemens pour la côte de Guinée, & cabotage pour l'Angleterre. Les articles qui s'y vendent aux Interlopes Anglois sont du thé, de l'eau-de-vie de grains, & quelques marchandises du crû & des fabriques de la Hollande, qui ne sont introduites que clandestinement en Angleterre.

Son Courier part de Paris les Lundi & Vendredi à 10 heures du matin.

---

424. FLORENCE.	Grande Ville d'Italie, Capitale de la Toscane, sur l'Arno, à 19 lieues de Boulogne, 50 de Rome & 273 de Paris.

CHANGE DES MONNOIES.

Noms des Monnoies.	Valeur en argent.				
	du Pays.	de France.			
		L.	S.	D.	
Piastre Florentine	5 15	"	4	17	"
Ecu d'or	7 10	"	6	6	8.
Ecu de 10 Jules	6 13 4		5	5	"
Jule ou paule	" 13 4		"	10	6
Livre courante	20 sols		"	16	"½
Pistole de Florence	30 paules		15	15	"
Séquin	20 dito		10	10	"
Ducat	10 dito ½		5	10	3
Teston	3 " "		1	11	6
Livre d'or			5	1	2½
Sol d'or			"	5	"½
Sol courant, 10 deniers de France, grace			"	1	3½

Paris donne 100 écus pour 62 à 63 ducats de 140 soldis, & change avec cette ville par Livourne.

Poids mesures & aunages, comparés à ceux de Paris.

100 liv. de romaine font à Paris 71 liv. ⅛ & 100 liv. de balance font à Paris 70 livres.

100 cannes font 200 aunes de Paris.

Le sac de grains pese en bled 120 l. poids de marc.

La mesure des liquides est le starro de 3 barils de 20 fiasques, & la fiasque d'environ une pinte de Paris, c'est-à-dire, qu'on peut compter 100 pintes pour 105 fiasques.

Cette Ville tire sur Rome & Ancone à 10 jours de vue, Lyon en foires, Bologne 3 jours de vue, Livourne au porteur, Venise & Naples 20 jours de date, tout l'étranger & Paris aux mêmes termes que Livourne, & Novy en foires. Les païemens ne se font à Florence que le samedi d'après les écheances.

Le Commerce est en vins excellens, soies crues & préparées, laine de la pouille en suin & lavée, draps, brocards d'or, d'argent & de soies, satins de toutes couleurs & dont les blancs sont fort estimés, raz de soie, armoisins, taffetas, ratines légeres, & or en trait filé & en bobines, la plus grande partie de ce Commerce se fait par la Ville de Livourne.

Son Courier part de Paris le Mardi à 10 heures du matin.

425. FOIX.

Ville de France, Capitale du Comté du même nom, dans le Haut-Languedoc, sur la Riviere de l'Ariege, à 163 lieues de Paris.

Le principal Commerce est en bestiaux, résine, poix, térébenthine, liege, marbre, jaspe, & sur-tout en fer & cuivre qui se transportent par terre à Hauterive, pour passer de-là par eau à Touloufe & autres Villes conféquentes : on y fabrique des draps forts & durs & d'autres nomm és *doux*, burats & razes, & l'on y prépare des cuirs dont le débit est affez confidérable.

Son Courier part de Paris les Dimanche & Mardi à 2 heures.

426. FONTAINE.

Bourg de France fur la Saône, à une lieue de Lyon. Il y a une manufacture d'étoffes imprimées, en deffins du meilleur goût, imitant les plus belles indiennes.

Courier comme à Lyon, tous les jours, fauf le Dimanche.

427. FONTENAY-LE-COMTE.

Ville de France en Poitou, à 5 lieues de la Mer, 5 de Marans, 10 de la Rochelle & 122 de Paris.

Le principal Commerce eft en bled dont les chargemens confidérables fe font à Marans. On y fabrique des draps communs en bleu, gris-bleu, argenté, brun & noir, à 5 liv. & 5 liv. 5 f. l'aune, étamines en diverfes couleurs fur ½ aune de large à 2 & 3 liv. l'aune au comptant, l'ufage en eft très bon, tiretaines, carizets & molletons en laine du Pays, & dont les prix font de 36 à 40 f. l'aune.

Il y a Foires le 25 Juin, le 1er. Août & le 11 8bre., où il fe vend quantité de grains & beftiaux, & fur-tout des mules. La mefure du bled eft celle de Châ ellerault.

Son Courier part de Paris, les Mardi, Mercredi, Samedi & Dimanche.

428. FORST.

Ville d'Allemagne, en Luface, elle eft dans une Ifle formée par la Neiffe, à 6 lieues de Corbus : on y fabrique d'excellente bierre, & fon Commerce eft affez confidérable en toiles blanches & en couleurs, rubans de fil, mouchoirs de po che en fil pur, & autres en fil & foie, draps ordinaires, & quelques autres articles de moindre néceffité.

429. FORTA-VENTURA.

Ifle d'Afrique dans l'Océan Atlantique, une des Canaries appartenante aux Efpagnols, latitude 28-30. Entre cette Ifle & celle de Lencerota, qui en eft voifine, les plus grandes flottes peuvent y trouver une retraite fûre, mais il faut éviter les côtes qui en font dangéreufes. Pour le Commerce, *voyez* Canaries.

430. FRANCFORT-SUR-LE-MEIN.

Ville d'Allemagne, dans la Franconie, fur le Mein qui la partage en deux, à 110 lieues de Paris & 30 de Cologne. Il s'y tient 2 Foires confidérables : la premiere, la feconde fête de Pâques ; la deuxieme à la Nativité de la Vierge, elles ont chacune 3 femaines de durée & 3 jours de franchife feulement, & font célebres dans toute l'Europe.

CHANGE DES MONNOIES.

Noms des Monnoies	Valeur en argent.				
	du Pays.	de France.			
		L.	S.	D.	
Reichtaler ufité	90 Creutzers . .	3	5	5	$\frac{1}{2}$
Florin	60	2	3	7	$\frac{1}{2}$
Batz	4	,,	2	11	,,
Creutzer	4 Fénins	,,	,,	8	$\frac{8}{11}$
Fénin	. . . .	,,	,,	2	$\frac{2}{11}$

Nota. 11 *florins* de cette Ville font 24 *livres* de France. Paris donne 100 *écus* pour 140 à 141 *florins* de 60 *creutzers*, & change en droiture avec cette Ville, & par Amfterdam.

Poids, mefures & aunages, comparés à ceux de Paris.

100 liv. de cette Ville font 102 l. de Paris.

100 aunes de Paris font 205 aunes $\frac{3}{?}$ de Francfort.

Le *Malder* de bled, pefe 169 liv. de Paris.

Ufages.

Les écritures fe tiennent en *rixdales*, *creutzers* & *fenins*. Francfort tire fur la Hollande, Ausbourg, Hambourg, Leipfick, Nuremberg & Vienne à 14 jours de vue. Londres & Paris à 2 ufances de 30 jours de date; Lyon en paiemens & encore fur Leipfick en Foires. L'ufance eft de 14 jours de vue qui commencent le jour de l'acceptation. Les Foires de cette Ville y raffemblent des marchandifes & denrées de toutes les parties de l'Europe. Son Commerce particulier eft en librairies, tabac dont il y a une manufacture confidérable; cette Ville eft d'ailleurs l'entrepôt du Commerce & des marchandifes de l'Allemagne, & d'une forte partie de celles de la Hollande.

Son Courier part de Paris tous les jours; il faut affranchir jufqu'à la frontière.

---

431. FRANCFORT fur l'ODER. *Voyez* Berlin.

---

432. FRESNE.

Ville de France en Normandie, Généralité de Caen. On y fabrique les mêmes étoffes qu'à Caen, & d'autres en fil & laine du Pays, le débit s'en fait autant en Normandie qu'en Bretagne. *Courier, par Caen, voyez* cette ville.

---

433. FRONTIGNAN.

Ville de France dans le Bas-Languedoc, à 173 lieues de Paris. Elle eft célèbre par fes vins & fes raifins en caiffe que l'on envoye à Paris & chez l'Etranger.

Courier part de Paris les Mercredi, Jeudi & Samedi à 2 heures.

---

434. FUNE.

Ifle du Danemarck dans la Mer Baltique, dont Odenfée eft la capitale. longitude 27-28. latitude 55-6. Les Danois en retirent quantité de fronent & orge, bœufs & très bons chevaux.

Courier les Lundi & Vendredi à 10 heures du matin.

---

435. GABIAN.

Village de France en Languedoc au Diocèfe de Beziers. Il eft célèbre par fes carrieres de marbre; mines de charbon de terre & de vitriol, & par une huile qui appaife les dou-

leurs de la goutte fciatique. Cette huile furnage fur l'eau
d'une fontaine appellée *Petrolle*.
Courier, par Beziers, les Mardi, Jeudi & Samedi.

	Ville de France dans le Haut-Langue-
436.	doc, fur le Tarn. On y fait de bons vins
GAILLAC.	blancs affez eftimés. *Courier comme à*
	Gabian.

437. GALAM.

Royaume d'Afrique, le long du Sénégal, les François y
ont des établiffemens & en tirent beaucoup de Negres,
or, & moril, argent, cuivre, fer, acier, aimant, falpetre,
criftal de roche, pierres fines, marbres, & bois rares par
leurs couleurs & odeurs. Le tout s'achete aux Negres.

438. GALL (St.)

Ville de la Suiffe, dans la Haute-Thourgaw, à 2 lieues
du Lac Conftance, 15 de Zurich & 48 de Berne. Son
Commerce eft confidérable, en toiles & opérations de change,
on y fabrique de petites étoffes de laines, & fa pofition
fur la route d'Allemagne & d'Italie lui fait tenir lieu d'entrepôt aux marchandifes que ce pays tire de la Suiffe, &
que la Suiffe tire à fon tour defdits pays.

439. GALLIPOLY.

Ville d'Italie au Royaume de Naples dans la terre d'O-
trante, longitude 35-45, latitude 40-12. Le Commerce eft
en huile, fuperbes moufielines, & bas pour les Ifles très
eftimés. *Courier. Voyez* Naples.

	Province de l'Ecoffe, en Enrope, dont
	les laines & fes chevaux font auffi efti-
440.	més que recherchés. *Courier par Lon-*
GALLOWAY.	*dres. Voyez* cette ville.

441. GAND.

Ville Capitale de la Flandre Autrichienne, au confluent
de l'Efcaut, la Lieve, la Lys & la Moere, à 10 lieues
d'Anvers, 9 de Malines, 9 de Bruxelles, & 65 de Paris;
elle eft traverfée de Canaux qui fe repandent dans toute

la Flandre, la Zélande, le Brabant, & vont se perdre dans la Mer. Son Commerce est en grains, vins de la France & du Rhin; graine & huile de colzat, dentelles nommées *fausses valenciennes*, petites étoffes de laines & diverses toiles, savoir: toiles bleuâtres en $\frac{5}{4}$ de large & de la valeur de 5 à 10 sols l'aune, leur usage est pour vêtemens d'été & doublure diverses, il s'en envoye beaucoup aux Isles.

Toiles de fil bleu & blanc, rayées, à carreaux & différens dessins, mais toutes sur $\frac{5}{4}$ de large & dont les prix vont de 5 à 10 sols l'aune. Leur usage est pour matelats, chemises de matelots & gros linge de ménage.

Toiles écrues toutes d'étoupes, dites, *Prezilles*, en $\frac{6}{4}$ de large, prix de 4 à $5\frac{1}{2}$ sols l'aune; la consommation s'en fait pour l'Espagne.

Autres toiles d'étoupes, dites, *brabantilles*, largeur de $\frac{5}{4}$ prix de 5 à $6\frac{1}{2}$ sols l'aune, consommation pour l'Espagne.

Toiles moitié étoupe & lin, dites, *bitres, ou brabantes crudos*, sur $\frac{13}{8}$ de large, prix de 7 à 9 f. l'aune: le débit s'en fait pour l'Amérique & l'Espagne.

Toiles écrues, supérieures & demi blanchies, dites, *brabantes gantes*, de $\frac{4}{5}$ à $\frac{13}{8}$ de large, & de la valeur de 8 à 10 sols l'aune, elles se vendent pour la Hollande & l'Espagne, & servent communément pour de petits voiles de navires: lorsqu'on veut ces toiles blanchies, on en ordonne le blanchissage qui se fait sur le lieu même.

Outre les toiles ci-dessus, il s'en fabrique de bien plus fines, celles de lin portent de 5 à $\frac{7}{4}$ de large, & sont blanchies au lait; d'autres, dites, *brabantes florettes superfines*, sont de même largeur & blanchies à trois laits; & celles nommées *hollandas finas* sont blanchies & lavées dans la derniere perfection, elles portent depuis 4 jusqu'à $\frac{7}{4}$ de large, & malgré leur beauté elles se vendent à un prix très avantageux au spéculateur, qui peut acheter de la premiere main au marché de cette ville qui se tient tous les vendredis; presque toutes les nations Européenes tirent de ces dernieres toiles, dont on fait aussi de forts envois aux Isles: l'aune de ces toiles, vendues sur le marché de Gand, est de 10 p % plus grande que celle de Brabant, dont les 100 ne font que $58\frac{1}{8}$ de Paris.

Toutes ces toiles se fabriquent dans les campagnes qui avoisinent cette ville, & les manufactures particulieres de Gand consistent en moulins à papier, manufactures d'indiennes, raffineries de sel & de sucre, savonneries, tanneries, brasseries d'eau-de-vie de grains, fabriques de gazes, galons d'or & d'argent, différentes étoffes de coton à l'inftar de celles d'Angleterre, des fayettes, toiles rayées ci-deffus dites, cartes à jouer, crayons de plomb, terre à pipe, amidonnerie, fayenecrie façon d'Angleterre, plufieurs teinturiers en draps & foies, mais dont quatre ne teignent qu'en bleu, & blanchifferies de cire, de toiles & de fil, ces dernieres font au nombre de vingt-fept. Il y a de plus, un moulin à foulon pour les draps.

Cette ville poffede une Chambre de Commerce qui fe tient tous les mardis à 10 heures du matin dans la douane, au marché aux grains.

Gand eft très heureufement fitué pour les tranfports par eau, & le Commerce maritime auquel cette ville prend beaucoup de part; on y trouve des meffageries & voitures publiques de terre, qui partent chaque jour pour toutes les villes des Pays-Bas, & des voitures par eau, dites barques, qui font auffi commodes que peu difpendieufes.

Pour autres détails fur les ufages, monnoies & poids, Voyez Bruxelles & Anvers.

Courier part de Paris tous les jours à 10 heures du matin.

442. GANGARA.

Royaume d'Afrique dans la Nigritie, d'où les Turcs tirent beaucoup d'or, de féné & d'Efclaves.

Les Provençaux font les feuls Européens qui y commercent d'après les Turcs.

443. GANGES.

Ville de France en Bas Languedoc, fur la riviere d'Ande à 7 lieues de Montpellier & 182 de Paris.

Son Commerce eft en vins, huile d'olive, foies en très grande quantité, bas de foie de la plus grande réputation tant en France que chez l'Etranger, & dont le débit eft très confidérable, tannerie en peaux de vaches & moutons de très bonne qualité, petits draps, toiles, indiennes, mouffelines & moutons eftimés.

Son Courier part de Paris les Mardi, Jeudi, & Samedi à 2 heures.

444. GAIMAT.

Ville de France dans le Bourbonnois, à une lieue de Montpensier. Le Commerce y est en bleds, vins, noix, huiles de noix fort estimée, & dont le débit est conséquent. *Courier, par Moulins, part de Paris les Mardi, Jeudi & Samedi à 2 heures.*

445. GARNESEY *ou* GUERNESEY.

Isle de la Manche, sur la Côte de France, & vis-à-vis la Normandie, à 15 lieues de St. Malo. Elle est aux Anglois qui ont pour chef-lieu la ville de St. Pierre.

On trouve dans cette Isle la pierre d'émeril dont se servent les orphevres & les vitriers.

Cette Isle n'est qu'à une lieue de celle de Jersey, dont elle fait le même Commerce, ainsi *voyez* Jersey.

446. GEMINIANO.

Bourg d'Italie en Toscane, dans le Florentin. Il est remarquable par l'excellent vin muscat qu'on y fait, & par une mine abondante de vitriol.

447. GENES.

Ville d'Italie, Capitale de la République du même nom, sur le bord de la Méditerranée où elle a un Port célèbre, à 27 lieues de Milan, 25 de Turin, 88 de Rome & 200 de Paris. Elle est la résidence d'un consul pour le Commerce de France.

CHANGE DES MONNOIES.

Noms des Monnoies.	Valeur en argent.				
	du Pays.		de France.		
			L.	S.	D.
Pistole de Gênes, d'Espagne, Naples, Venise, &c.	23	12	18	2	8 4/25
Pistole de 8.	188	16	145	1	5 5/25
Dito de 4.	94	8	72	10	8 10/25
Dito de 2.	47	4	36	5	4 5/25
Demie pistole	11	16	9	1	4 5/25
Séquin de Gênes, Venise & Florence.	13	10	10	8	10 1/25

Genonine, ou écu	9	10	»	7	6	11 $\frac{3}{5}$
Demi écu	4	15	»	3	13	5 $\frac{4}{5}$
Quart dito	2	7	6	1	16	8 $\frac{9}{10}$
Livre de banque	1	5	»	»	19	» $\frac{4}{9}$
Livre courante	1	»	»	»	15	5 $\frac{3}{5}$
Livre de deux	2	»	»	1	10	11 $\frac{1}{3}$
Terzo de livre	»	6	8	»	5	2
Soldino, ou sol	»	1	»	»	»	9 $\frac{1}{3}$
Seino, ou sixain	»	»	8	»	»	6 $\frac{1}{9}$
Piece de	»	4	»	»	3	1 $\frac{1}{3}$
Parpaiole	»	2	»	»	1	6 $\frac{2}{3}$
Da-otto	»	»	8	»	»	6 $\frac{1}{9}$
Monnoies de change.						
Piastre banco de 5 l. ou 20 s. d'or				4	16	»
Croisat	7	12	»	7	5	11
Ecu de marc	9	6	»	8	18	7 $\frac{1}{2}$
Livre	»	10	sols.	»	19	3

Nota. La *piastre* banco varie de 95 à 98 sols tournois, & lorsque les pieces d'or n'ont pas leur poids on paie 3 s. 8 d. pour chaque grains manquans. Paris change en droiture avec Gênes.

Nota. 100 liv. *banco* font 115 liv. hors *banco*.

Les écritures se tiennent par le gouvernement en *piastres*, *sols* & *deniers banco*, & par le Commerce en *livres*, *sols* & *deniers* hors banco.

Poids, mesures & aunages, comparés à ceux de Paris.

100 liv. de Gênes, *poids de* 18 *onces* font à Paris 98 liv. & 100 liv. de *petit poids*, ne font que 65 l. $\frac{1}{3}$, de Paris.

100 *cannes* de 8 *palmes* font à Paris 165 aunes $\frac{1}{2}$ & 100 *cannes* de 10 *palmes* font 206 aunes $\frac{5}{8}$ de Paris.

L'*émine* de bled, pese 198 liv. poids de *marc*.

La *brinte* de vins est de 36 *pintes* & la *pinte* d'une livre 2 onces petit poids. L'huile se vend au baril composé de 7 *rubs* & le *rub* de 25 liv. petit poids ou 16 liv, $\frac{1}{3}$ de Paris.

Usages.

Gênes tire sur Amsterdam à usance de 2 mois de date, Cadix & Madrid à 60 & 90 jours de date, Lisbonne & Londres à usance de 3 mois de date, Messine, Rome, Palerme & Naples à tant de jours de vue ou de date, Milan à 8 jours de vue, Novy en foires, Paris, Lyon & Marseille, à 30 &

60 jours de date, Venise à 15 jours de vue. Ausbourg & Vienne à usance de 14 jours de vue, Livourne à 8 jours de vue & encore Lyon en paiemens.

Les marchandises ne payent de droits en cette Ville qu'à proportion de la vente, mais rien à leur entrée, on les depose dans des magasins inspectés lors des ventes.

Le Commerce consiste en limons, oranges, olives, figues, amandes, confitures de toutes sortes, seches & glacées, crème de tartre d'Italie, fromage de Parme, huile, savons, tartre d'Italie, crème de tartre, alun de Rome, bas, gants, rubans, parfums, café, drogues pour la medecine & la teinture, marbre blanc & corail.

Il consiste aussi en soies, greges & matasses, velours noirs & de couleurs très-estimés, ainsi que les satins & damas, fil, filosel, coton, bruts & ouvrés en bas & gants, & papier pour l'impression & l'écriture.

Son Courier part de Paris, le Mardi à 10 heures du matin.

448. GENEVE.

Ville Capitale de la République de même nom, sur le Rhône, à 142 lieues de Paris.

Son Commerce est en bijouterie à l'instar de celle de Paris, librairie qui fournit à toute l'Europe, toiles peintes, ou indiennes, mousselines, dentelles d'or, d'argent de soie & de fil, horlogerie dont le débit est immense, elle tient des montres de toutes sortes & façons en or, argent, cuivre, unies, guillochées, émaillées & dont la bonté est égale à celles de Londres & de Paris; on y travaille beaucoup en banque, & il y a quelques fabriques de bas de soie & de velours.

CHANGE DES MONNOIES.

Noms des monnoies.	Valeur en argent.			
	du Pays.	de France.		
		L.	S.	D.
Livre courante	20 sols	1	13	4 ,,
Sol courant	12 deniers	,,	1	8 ,,
Ecu courant, Patagon	3 l. courantes	5	,,	,, ,,
Louis d'or, Mirliton	11 liv. 5 sols	18	15	,, ,,
Anciennes Pistoles d'or	19 liv. 10 sols	19	8	4 ,,

Piftoles de 1752-53 *&* 54 ..	10 liv.	15	13	8	,,
Bajoirs d'argent	3 15	6	5	,,	,,

Petites Monnoies.

Florin de Geneve	,, 12 fols . .	,,	9	6 $\frac{1}{2}$
Livre . . . . , . . .	,, 20 fols . .	,,	15	10 $\frac{1}{2}$
Sol	,, 12 deniers.	,,	,,	9 $\frac{21}{46}$

Nota. Geneve donne 100 liv. argent courant pour 166 liv. 10 f. à 168 liv. argent de France, & Paris change en droiture avec cette ville. *Nota*, 21 fols petite monnoie ne font que 19 fols argent courant.

Les écritures fe tiennent en liv, fols & den. courans.

Poids, mefures & aunages, comparés à ceux de Paris.

100 liv. de Geneve font 112 liv. $\frac{1}{2}$ de Paris.

100 aunes du détail de Geneve font à Paris 96 aun. $\frac{2}{3}$.

100 aun. en gros de Geneve font à Paris 90 aun. $\frac{10}{11}$.

Le fac de bled pefe 121 liv. poids de marc.

Les vins fe mefurent au *char* de 12 feptiers, le feptier 24 *quafterons*. Le *quafteron* de 2 pots qui forment environ 4 *pintes* de Paris. Les eaux de vie & les huiles fe vendent au *quintal* net ou brut, & le *quintal* eft de 104 liv. de Geneve.

Ufages.

Geneve tire fur Amfterdam & Londres à 2 ufances. Sur Ausbourg, Francfort & Nuremberg à ufance de 14 jours de vue. Paris & Lyon à vue & à courts jours, Leipfick à ufance & en foires, Turin, Gênes & Livourne à 8 jours de vue & encore Lyon en paiemens, & Francfort en foires. L'ufance des lettres fur Geneve eft de 30 jours de la date.

Son Courier part de Paris les Lundi, Mardi, Jeudi & Samedi, à 2 heures après-midi.

**449.
GÉSEON.** } Ville de l'Arabie heureufe dont le Commerce n'eft floriffant que par la riche pêche de perles qu'on y fait.

---

450. GÉSULA.

Province d'Afrique au Royaume de Maroc, fur la côte de Barbarie. Elle eft abondante en mines de fer & de cuivre, ce qui donne lieu à ce qu'on y faffe beaucoup de chaudronnerie. On en tire auffi de la dinanderie.

451. GEVE où GESVE.	Ville d'Afrique dans la Nigritie, sur la Riviere du même nom, d'où les Portugais tirent des esclaves, de l'ivoire & de la cire.
452. GHILAN.	Province d'Asie dans la Perse, au bord de la Mer Caspienne, *Reschst* en est la Capitale, son Commerce est en citrons, olives, orangers, figues, vins, tabac & soie.

453. GIBRALTAR.

Ville d'Espagne, sur le Détroit du même nom, qui, communique l'Océan à la Méditerranée, elle appartient aux Anglois & est située à 16 lieues de Cadix, 9 de Ceuta, & 447 de Paris : cette Ville est l'entrepôt du Commerce des Anglois avec la Barbarie, il y a quantité de cire, de cuivre & d'amandes.

454. GIEN.

Ville de France, sur la Loire, à 33 lieues de Paris. Son Commerce est en grains en abondance, serges de différentes especes, drapées, blanches, grisses, frisons blancs, étamines, bonneterie au tricot, laines bien nettoyées & blanchies qui se vendent en quantité pour Amiens, Beauvais, & Paris.

Son Courier part de Paris les Mardi, Jeudi & Samedi à 2 heures.

455. GILOLO.

Isle de l'Asie, l'une des Moluques, appartenante aux Hollandois qui en tirent beaucoup de cloux de gérofle & différens vivres pour la nourriture de leurs autres Isles Moluques.

456. GIODDA.

Ville d'Asie, dans l'Arabie au bord de la Mer Rouge, c'est à ce Port que se fait le Commerce de la Mecque, dont il est éloigné de 40 milles. Il consiste en cuirs, café & gomme connue sous le nom d'Arabie.

457. GIRONS.	Ville de France, à une lieue de Conferans en Gascogne. On y vend beaucoup de bestiaux, & sur-tout des mules & mulets.

458 GISORS.

Ville de France en Normandie, fur la riviere de l'Epte, à 16 lieues de Paris. Son Commerce eft en bleds en abondance, draps fins, façon d'Angleterre & d'Hollande, blonde, rubans & coëffures de blondes.
Courier part de Paris tous les jours à 2 heures.

459. GLARIS

Chef-lieu d'un canton Suiffe, à 6 lieues de Coire & 9 de Switz. Il eft renommé par fes excellens fromages verds, on y fait des toiles & des étoffes pour l'ufage du Pays, & l'on y file une très grande quantité de coton qui s'employe dans les manufactures Suiffes.

460. GLASCOW.

Ville de l'Ecoffe méridionale, fur la Clyde, à 5 lieues d'Unbarton, & 15 d'Edimbourg, fon Port en fait une ville très commerçante, fur-tout en charbon de terre & fabriques de diverfes étoffes de laines, manufactures de toiles, rubans, bas, mouchoirs, raffineries de fucre, moulins à fcier, une belle tannerie de cuirs verds d'Irlande ; l'on y fait toutes fortes d'ouvrages de fer, de verre & de fayence, enfin l'on y fait d'affez forts armemens pour la pêche de la baleine. *Courier. Voyez* Edimbourg, ainfi que pour tous ufages.

461. GLACAW.

Ville d'Allemagne en Siléfie, fur l'Oder, à 200 lieues de Paris. Tout fon Commerce ne confifte qu'en bled qu'elle fournit aux Provinces voifines.
Courier de Paris, Lundi, Mardi, Vendredi & Samedi.

462. GLUCKSTADT.

Ville d'Allemagne, dans le Cercle de Baffe Saxe : au confluent des rivieres du Rhin & de l'Elbe, à 12 lieues d'Hambourg, & 22 de Brême. Son Port, déclaré franc en 1768, eft le rendéz-vous des vaiffeaux d'Iflande, de Jutlande & de Norwege, qui y dépofent leurs marchandifes pour être enfuite transportées à Hambourg & Altona qui les répandent dans toute l'Allemagne.

463. G O A.

Ville d'Afie dans la prefqu'Ifle de l'Inde, en deçà du Gange, long. 91-25, lat. 15-31. C'eft le chef lieu de toutes les poffeffions Portugaifes aux Indes.

Les monnoies font en pieces de 4 *roupies* ou 10 liv. de France & la *roupie* 2 l. 10 f. de forte que 100 ecus de 3 l. de France, valent 120 *roupies* de cette Ville & de St. Thomé. Le poids pour pefer les rubis fe nomme *fano*, il vaut 2 *kafats* Vénitiens. Le Commerce eft en diamans, perles, épiceries & coco; il ne fe fait que par les Portugais.

464. G O L C O N D E.

Ville Capitale du Royaume de ce nom, en Afie, dans la prefqu'Isle de l'Inde en-deçà du Gange. Ses monnoies font de la même valeur que celles de la Chine, leurs noms font, la *pagode*, le *fanon*, le *larin* & le *ferafin*. Ses poids & mefures fe trouvent indiqués aux Tables du fecond Volume de cet Ouvrage. Le Commerce confifte en toiles de coton, toiles peintes, batilles fines, indigo, riz, cryftal, grenades, topazes, améthyftes, bézoard, acier, fer, & toutes fortes de rafraîchiffemens pour les vaiffeaux qui viennent y trafiquer.

465. G O M E R A.

Isle des Cannaries, dans l'Océan, appartenante aux Portugais; elle a un bon Port où les flottes des Indes peuvent aller prendre des rafraîchiffemens qu'on y trouve toujours prêts. Le Commerce eft en vins excellens & raffinerie de fucre.

466. G O R D O N.

Ville de France, en Perrigord, à 6 lieues de Cahors & 4 de Sarlat. On y fabrique de groffes étoffes de laines, comme burats, cadis, ferges & droguets; on y fait auffi des toiles & des chapeaux: le tout fe vend à fes foires, dont il y en a 6 par an; *voyez*, à cet égard l'état des foires. *Courier de Paris, par Peyrac, part le Dimanche à 2 heures.*

467. G O R É E.

Isle de l'Océan, fur la Côte d'Afrique, les François y tiennent des comptoirs pour les fortes traites des Nègres, qu'ils y font ainfi que celle des cuirs qui eft confidérable.

468. GÖRLITZ.

Ville d'Allemagne dans la Haute-Lusace, sur la Neifs, à 20 lieues de Dresde & 28 de Prague. Elle est renommée par son excellente bierre, ses fabriques de napes & serviettes à fleurs, & son commerce en toiles & fil blanc; on y fabrique aussi des draps & autres étoffes de laine pour la consommation de la province.

469. GOURNAY.

Ville de France en Normandie, sur l'Epte, à 8 lieues de Rouen. Elle est renommée par son excellent beurre, dont le débit est très grand, & il y a une fabrique de serges, façon de Londres, mais dont la laine, est peu estimée.
Courier de Paris tous les jours à 2 heures.

470. GRAINVILLIERS.

Bourg de France, frontiere de Picardie, à 25 lieues de Paris. Il s'y vend quelque peu de grains; mais le principal Commerce est en manufacture de serges, d'aumale pour tenture, de lits & doublures d'habillemens de draps; blicourt, autre espece de serge moins forte, bonneterie en laine au métier & à l'aiguille; on y fait aussi un cidre excellent.
Son Courier, par Amiens, part de Paris tous les jours à midi.

471. GRAY.

Ville de France en Franche-Comté, sur la Saône, à 85 lieues de Paris. Le Commerce est en fers de toutes especes, provenans des fourneaux & forges des environs; ces fers sont en blancs, noirs, taule, verges, fonte, fils, clouterie, cercles & acier; à cette branche de Commerce se joint celle du bois de chauffage & de construction pour la marine de Toulon & Marseille: on y tient aussi beaucoup de merrain pour les futailles; enfin, il s'y fait un fort Commerce de grains qu'on y rassemble des Provinces voisines pour les porter dans d'autres.
Courier part de Paris, les Lundi, Mercredi & Vendredi.

372. GRANVILLE.

Ville de France en Normandie, aux confins de la Bretagne, elle a un Port, & est située à 55 lieues de Paris. Son Commerce est en granit blanc, ou pierre propre pour chambranles de cheminées, morues feches & vertes dont on fait beaucoup de débit, & d'huîtres marinées.

Courier part de Paris Lundi, Mercredi & Samedi.

573. GRAVELINES.

Ville maritime des Pays-Bas, dans la Flandre Françoife, à 60 lieues de Paris. Elle a un affez bon Port. Son Commerce eft en féves, poix, beurre, fromages & toiles crues, prefque tout le débit de ces objets fe fait par Dunkerque, qui les enleve pour les armemens de l'Amérique.

Courier, par Boulogne, part de Paris tous les jours.

474. GRENADE.

Ville d'Efpagne, Capitale du Royaume du même nom, fur la riviere d'Oro, à 367 lieues de Paris. Son Commerce eft en vins, grains, oranges, olives, grenades, figues, amandes, raifins, huiles, lins, chanvre, fruits faumurés & en foies dont le débit eft immenfe en ce qu'ils font fort eftimés; on y trouve auffi des fruits délicieux.

Voyez Cadix, pour les monnoies, poids & ufages, ainfi que Valence. *Courier part de Paris les Mardi & Samedi à 10 heures du matin.*

475. GRENADE.

Ville de France en Gafcogne, fur la Garonne, à 3 lieues de Touloufe. On y fabrique cordelats, ferges, façon de Seigneur, ferges communes, razes, cadis & un peu de tannerie & chapellerie.

Son Courier part de Paris, les Dimanche & Mardi à 2 heures.

476. GRENADE.

Ville de l'Amérique Efpagnole, province de Nicaragua. Le Commerce fe fait à Carthagene & Guatimala, *voyez* ces Villes, il confifte en argent, indigo, cochenille, fucre & cuirs.

Il y a une Ifle de même nom dans l'Amérique-Septentrionale: elle eft une des Antilles & appartient aux François qui en retirent, café, coton, fucre & fruits, & dont le Commerce fe fait par la Martinique.

477. GRENADE. (NOUVELLE)

Province de l'Amérique Méridionale, dans la terre ferme.

Il y a beaucoup de mines d'or, de cuivre & d'acier, on y fait un fort Commerce de chevaux & mulets, & l'on y engraisse quantité de bestiaux.

Santa-Fé de Bogota en est la Capitale, lat. 12.

478. GRENOBLE.

Ville de France en Dauphiné au confluent de l'Isere & du Drac, à 10 lieues de Chambery, 15 de Vienne & 120 de Paris. Elle a une jurisdiction consulaire. Son Commerce est en draps pour la Province & ganterie très estimée dont le débit est considérable. Il y a aussi une tisseranderie, chapellerie, tannerie & d'excellens fromages de sassenage.

Son Courier part de Paris, les Mardi, Jeudi & Samedi à 2 heures.

479. GRUYERE.

Ville de Suisse au canton de Fribourg & à 6 lieues de cette Ville. Son Commerce est en fromages excellens connus sous le nom de *Gruyere*, & en pâturages qui forment de bons engrais.

Courier part de Paris, les Lundi, Mercredi & Vendredi. Il faut affranchir jusqu'à Pontarlier.

480. GRYPSWALDE.

Ville Maritime de Suede dans la Poméranie citérieure, à 6 lieues de Stralsund, dont elle a le même Commerce, ainsi *Voyez* Stralsund.

481. GUADALCANAL.

Ville d'Espagne dans l'Estramadure à 12 lieues de Séville, long. 11-50, lat. 38-8. Elle est remarquable par son abondante mine d'argent qui produit tous les jours plus de 600 *écus*.

482. GUADELOUPE, (la)

Voyez page 215, de la premiere Partie.

483. GUAGIDA.

Ville d'Afrique, au Royaume de Termecen.

Son Commerce consiste en mules de la plus haute & la plus belle taille.

484. GUAMANGA.

Ville de l'Amérique-Méridionale dans le Pérou, long. 306-40, lat. Méridionale 13. Le Commerce est en cuirs, confitures, marmelades, gelées, mines d'or, de vif-argent & d'aimant.

485. GUATIMALA.

Ville de l'Amérique-Septentrionale, dans la Nouvelle-Espagne, long. 286-4, lat. 14.

Le Commerce est en or, argent, cochenille, indigo, cacao, cuirs, salsepareille, jalep, coton, pastel & beaume qui est une espece d'huile pétrole.

486. GUAXACA.

Province de l'Amérique-Septentrionale dans la Nouvelle-Espagne, elle abonde en froment, maïs, cacao, cochenille, caffe, mines d'or, d'argent & de crystal.

487. GUERANDE.

Ville de France en Bretagne, au Comté & à 13 lieues de Nantes : elle est remarquable par ses salines qui y forment le principal Commerce, on y vend aussi beaucoup de chevaux.

Courier de Paris, par Nantes, les Lundi, Mercredi, Jeudi & Dimanche.

488. GUIBRAY.

Bourg de France en Normandie attenant la Ville de Falaise : Il est célebre par sa fameuse foire du 16 août, dont la durée & la franchise sont de 15 jours : on y trouve toutes les marchandises est denrées possibles, mais la plus grande renommée de cette foire est pour sa vente de chevaux de toutes especes & en très-grande quantité.

489. GUINÉE, (la)

La page 181, de la premiere Partie, indique les productions que les Européens tirent de cette Contrée dans laquelle ils portent, particuliérement pour la traite des Negres, diverses marchandises, comme manille de fer, savonettes, de cuivre, étamines, toiles communes & fines, taffetas de Java blancs & rouges, cuirs dorés, habits de Chypre, draps rouges à fran-

ges larges, fer, réchaux de cuivre rouge, bracelets de mé-
me métal, corail, queues blanches de cheval, chapeaux noirs,
toiles de Cambray, miroirs dorés, eau-de-vie, habits de coton, ou nanquin, indiennes, soies, damas des Indes à fleurs
blanches, fusils, poudre à tirer, & diverses merceries & quincailleries communes.

490. GUISE.

Ville de France en Picardie, sur la riviere d'Oise à 33
lieues de Paris. Son Commerce est en batistes, toiles façon d'Hollande, & toiles de chanvre, le tout s'envoye
à St. Quentin. *Voyez* cette ville.
*Courier part de Paris les Mardi, Jeudi & Samedi à
midi.*

491. GUYANE. (LA)   {   *Voyez* page 22 de la premiere Partie

492. GUZARATE.

Province de l'Empire du Mogol, dans l'Indoustan, dont
la capitale est Amadabath. On y fabrique des marchandises
précieuses en étoffes & brocards d'or & d'argent, superbes étoffes de soies, belles toiles de coton & orphévrerie.
Voyez Cambaye & Surate pour plus de détails.

493. HALMSTADT.

Ville maritime de Suede, Province de Halland, à l'embouchure de la Nissa, proche la Mer Baltique à 22 lieues
de Copenhague & 22 de Gothembourg. Son Commerce est
en tabac, poissons secs & salés, de belles manufactures de
draps & serges, diverses marchandises du crû de la Suede.

494. HAMBOURG.

Grande Ville Anséatique d'Allemagne, au Cercle de
Basse-Saxe, sur l'Elbe, à 168 lieues de Paris. Elle est la
résidence d'un Commissaire pour la marine de France & son
Commerce. Les plus gros vaisseaux remontent dans son Port
par l'Elbe.

CHANGE DE MONNOIES.

Noms des Monnoies.	Valeur en argent.			
	du Pays	de France		
		L.	S.	D.
Ducat d'or - - - - - -	6 marcs banco -	10	13	6
Rixdale courante - - - -	3 Idem. - - - -	4	10	5
Dito, banco - - - -		5	6	8
Daelder imaginaire - -	2 Idem. - - -	3	″	3
Dito, banco - - - -		3	11	″
Marc-lubz dito - - - -	16 schelings lubz -	1	15	6
Idem courant - - - -		1	10	1
Sol-lubz ou scheling banco	12 deniers lubz -	″	2	2
Dito courant - - - -		″	1	10
Livre de gros ou flo- misch - - - -	20 schel. de gros	15	7	11
Scheling ou sol de gros -	12 deniers gros - -	″	13	4
Denier de gros - - - -	6 Idem. lubz - -	″	1	1

Paris donne 100 *écus* pour environ 188 à 189 *marcs* de 16 *sols lubz*. *Nota*. L'argent courant est de 20 à 25 pour cent de moins que celui de Banque : cette ville change en droiture avec toutes les places de l'Europe.

Les écritures se tiennent en *rixdales*, *daeldars*, *marcs*, *sols* & *deniers lubz*.

Poids, Mesures & Aunages comparés à ceux de Paris.

100 livres d'Hambourg font à Paris 98 livres.

100 aunes font à Paris 48 aunes ½.

Le *last* de bled pese 4952 liv. poids de *marc*.

Les mesures des liquides sont 1°. la *barrique* de 6 an-kers. 2°. l'*anker* de 10 *stubgens*. 3°. le *feoder* de 6 *ohms* ou *ams*, l'*ohm* 20 *viertels*, le *viertel* 2 *stubgens*, le *stubgens* 4 *bouteilles*, & la *bouteille* 2 *chopines*. L'huile se vend à la mesure de 820 liv. & les eaux-de-vie aux *viertels*. Le *viertel* est de 3 *pots*, le *pot* 2 *pintes*, & la *pinte* pese 2 livres ½ poids de *marc*.

Hambourg tire sur Amsterdam à un ou deux mois & tant de jours de vue, ou de semaines de dates : sur Ausbourg & Nuremberg à 33 jours de date : sur Breslaw, Prague & Vienne à 4 semaines de date : sur Coppenhague à tant de semaines de date. Francfort sur le Mein & Lepsick en foire & hors de foires à quelques semaines de date.

Cadix, Lisbonne & Venise à 60 jours de date. Londres & Paris à 2 usances de 30 jours de date. l'usance de Hambourg est comptée du mois tel qu'il se trouve être.

Commerce & Industrie

On y fabrique des serges de Seigneur, flanelles, étoffes de soie, galons d'or & d'argent, bas de soie & de laine, toiles de coton imprimées, moulins à soies, raffineries de sucre, & pêche de baleine.

Marchandises que l'on en tire.

Grains en quantité venant de la Pologne, bois de construction pour les vaisseaux, mierrain pour les futailles, fil de laiton, fer-blanc de Saxe, & chaudronneries de toutes especes, ainsi que toutes les marchandises du Nord.

Marchandises que l'on y envoie.

Vins blancs, eaux-de-vie, sels & vinaigre, épiceries, drogueries, prunes & diverses fruits secs, draperies & soieries de France, mercerie d'Italie & papiers de diverses nations.

Son Courier part de Paris les Lundi & Vendredi à 10 *heures du matin. Il ne faut pas affranchir.*

495.
HANOVRE: } Grande & belle Ville d'Allemagne, capitale de l'Electorat de ce nom, sur la riviere de Leyne, à 5 lieues de Brunswick, 6 de Neustads & 168 de Paris

MONNOIES.

Noms des Monnoies.	val. en France.		
	L.	S.	D.
Ducat de George I.	11	4	10
dito de George II.	10	17	1
Florin double d'or	16	10	3
Bon florin	2	14	4
Florin ordinaire	2	16	2
Pièce de 4 bons gros	..	14	4
dito de 2 mariengros	..	4	1
dito de 2 bons gros	..	6	11
dito de 6 fénins	..	1	2
dito de tiers	..	..	10

Ecu d'argent............................	5	13	9
Florin faux............................		11	2
Ecu, espece............................	5	11	3

Usages, Poids, Mesures, Commerce & Fabriques.

100 livres d'Hanovre font 98 livres de *marc.* Le bled se vend au *last* de 96 *himtens*, qui pese 48-½ livres de *marc.* La mesure des liquides est le *stubgens* qui se divise en 8 *nœssels*, chaque *nœssel* de 81 ½ *pintes* de Paris, l'aune porte 298 *lignes* de France.

Le Commerce est en grains, liqueurs, excellens pâturges qui donnent lieux de bonnes éleves en bestiaux, & sur-tout en chevaux qui sont fort estimés, bierre excellente & fabriques de diverses étoffes de laines, mais qui se consomment presque toutes dans l'Electorat.

Les écritures se tiennent en *florins, bons gros & sénins.* Il y a 4 foires par an qui y attirent nombre d'Etrangers, particuliérement pour les chevaux.

Courier part de Paris tous les jours à 16 heures.

496. H A R F L E U R.

Ville de France en Normandie, au pays de Caux, proche la Mer, à une lieue du Havre, & 44 de Paris. Son Commerce est en grains, chanvre, bierre, dentelles façon de Dieppe & blanchisseries de toiles.

Courier de Paris tous les jours.

497. H A R L E M.

Ville des Provinces-Unies dans la Hollande à 4 lieues d'Amsterdam & 5 d'Alcmaer. Son Commerce & en fleurs des plus rares & de toutes especes, gazes, velours, pluches, tripes, petites étoffes de laines, rubans de fil, coton, fleurets, cordons de toutes especes, fil très estimé par sa bonté & sa blancheur, toile de couleur à carreaux & blanchisseries de toiles de la plus grande réputation. L'aunage est comme à Amsterdam.

Courier part de Paris les Lundi & Vendredi à 10 heures du matin.

498. H A R L I N G E N.

Ville maritime des Pays-Bas, dans la Frise Hollandoise;

fur le Zuiderzée. Son Commerce est en bled, poix, goudron, bois à brûler, & toiles à voiles dont le débit est considérable.

499. HAVANE. (LA)

Ville principale de l'Isle de Cuba, dans l'Amérique-Septentrionale, elle a un port très-renommé : les Espagnols à qui elle appartient en tirent des cuirs en poil, du sucre, du tabac, du suif, des confitures seches, du gingembre, de la casse, du mastic, de l'aloës, de la salfepareille & beaucoup d'écailles de tortues. C'est dans ce Port que touchent à leur retour les navires qui font le Commerce du Continent & des Isles de l'Amérique Espagnole, avant de débouquer le canal de Bahama.

500. HAVRE DE GRACE. (LE)

Ville maritime de France dans la Haute-Normandie à l'embouchure de la Seine & 45 lieues de Paris. Elle a un très-bon Port & est une des plus commerçantes du Royaume, en ce quelle communique avec tous les étrangers.

Commerce, Productions, Industrie.
Les Productions sont :

En grains de toutes especes, cidre ; poix & légumes pour l'approvisionnement des Navires ; lins dont la culture est considérable, & fruits de toutes especes qui se vendent pour la Hollande, le Nord & Paris.

Industrie.

Manufacture royale de tabac, si considérable qu'elle employe communément 500 ouvriers, manufactures de fayence en brun, blanc & à desseins dont les envois se font en majeure partie pour l'Amérique, briquetterie & thuillerie très considérables & dont les débouchés sont aussi pour les Isles, taillanderie de toutes especes, raffineries de sucre, broderies sur batistes, mousselines & filets ; elles sont très recherchées, dentelles dont les prix annoncent leurs différentes qualités en allant de 5 sols à 50 livres l'aune, corderie considérable particulièrement pour les agréts de vaisseaux, enfin construction de navires pour la Marine Royale & le Commerce.

Commerce.

Il est de la plus grande étendue & sur tous les genres

il confomme les productions locales & d'induftrie indiqués ci-deffus auxquelles il joint : 1°. le Commerce des Colonies. 2°. celui de la traite de Negres. 3°. la pêche de la morue, & 4°. la réception de toutes les marchandifes du Levant.

Il y a deux chambres d'affurance de toute folidité, l'une de 50000 liv. de rifques fur chaque navire, & la feconde de 30000.

Cette Ville eft la réfidence de deux confuls étrangers, l'un pour le Commerce d'Efpagne, & l'autre pour celui de Suede.

Il y a un Bureau d'Amirauté & un Confeil de Marine Royale : Le Roi y a fait conftruire deux tours fur le Cap-la-Have à une demie lieue du Port, où l'on allume des feux toutes les nuits pour guider les vaiffeaux.

Le poid de cette ville eft de 8 pour cent de plus que celui de *marc*. L'aune eft de 3 pieds 8 pouces, & le *boiffeau* de bled pefe 45 livres poids de *marc*. Les liquides fe vendent à la *barique* de 245 *pintes* de Paris, au *frifon* de 2 *gallons*, & le *gallon* de 4 *pintes* de Paris.

Son Courier part de Paris tous les jours à midi.

501. H E I D E L B E R G.

Ville d'Allemagne, capitale du Bas-Palatinat, fur le Necker; à 16 lieues de Francfort, 15 de Mayence, 140 de Vienne, & 110 de Paris.

On y compte, comme dans tout le Bas-Palatinat en florin *gulden* de 60 *kreutzers*, & le *kreutzer* de 4 *pfenings* : le florin fe divife auffi en 15 *batzes*, 20 *groschen*, *ou* 30 *albus*.

100 liv de cette ville en font 101 ¾ de Paris, 100 aunes en font 121 d'Amfterdam. Les grains fe vendent au *malter* qui pefe en bled environ 163 livres de *marc*. La mefure des liquides eft le *maas* qui contient 386 *pintes* de Paris.

Son Commerce eft en toutes denrées & marchandifes du crû, & des fabriques d'Allemagne.

502. H E L E N E. (S T E.)

Ifle de la Mer Atlantique, appartenante aux Anglois, lat. mérid. 16. Elle abonde en fruits excellens, oranges, citrons & limons.

503. H E L S I N G F O R S.

Ville de Suede en Finlande, dont le Port eft un des meilleurs du Royaume. Le Commerce y eft conféquent en potion, bled, toiles communes, fer & autres articles détaillés à Stockholm : *Voyez* cette ville pour tous usages.

504. HELVOET-SLUYS.

Petit Port de l'Isle de Voorn, dans la Hollande méridionale, il n'est remarquable que parce que c'est le lieu du départ & de l'arrivée des Paquebots Anglois pour la Hollande.

505 HENNEBOND.

Ville de France en Bretagne, sur la riviere de Blavet, à 2 lieues de l'Orient & 100 de Paris ; elle a un Port où il ne peut remonter que de petits bâtimens.

Son Commerce est en granis, fruits, bestiaux, & tannerie dont les cuirs se vendent, ainsi que les grains (dont on fait des chargemens considérables) tant aux foires & marchés de cette ville que dans celles voisines.

Courier, par l'Orient, Lundi, Mercredi & Samedi.

506. HERISSON.

Ville de France en Bourbonnois, sur la riviere d'Œuil, à 5 lieues de Bourbon l'Archambaut. Le Commerce est en chataignes en abondance, étamines, serges, crêpons & toiles en quantité. Ces objets se vendent aux foires des villes voisines.

Courier, par Montluçon, part de Paris les Mardi & Samedi à 2 heures.

507. HIRSCHEBERG.

Ville de la Basse-Siléfie au confluent du Bober & du Zach, à 8 lieues de Javer ; elle est l'entrepôt de grandes quantité de toiles, lins & linons qui se fabriquent dans l'intérieur de la Siléfie, & dont elle fait un très grand Commerce.

508. HODECDA.

Isle d'Asie, dans l'Arabie heureuse, avec un bon Port de toute commodité pour la construction des vaisseaux. Le Commerce y est en café de Juda, Mocka & divers lieux du Levant.

509. HONFLEUR.

Ville de France en Normandie, à l'embouchure de la Seine

où elle a un bon Port, à 7 lieues de Lisieux, 16 de Rouen & 48 de Paris. Son Commerce est en grains, cidre en abondance, dont la consommation est pour Rouen & le Havre, bois de construction qui se tire de la forêt de Touques, voisine de cette ville, qui donne lieu à beaucoup de construction de navires, dentelles de fil de 20 s. à 12 liv. l'aune; papeterie, huiles de lin & de noix, & armemens pour la pêche de la morue de Terre-Neuve, & pour la traite des Noirs; on y fait des pacotilles pour les Colonies. Les denrées qu'on en retire, se vendent au quintal de 108 livres poids marc, & les morues se vendent au cent de 136 morues pour celles de 24 pouces de longueur; celles de moindre longueur, le cent est 272 pour le même prix de celui de 136; & celles au-dessous de 19 pouces de longueur sont d'un prix inférieur, quoique le cent soit de beaucoup au-dessus de celui de 272.

Courier part de Paris tous les jours à 2 heures.

510. HONGRIE.

Voyez page 33 de la premiere Partie, & Bude, page 421 de ce Dictionnaire.

511. H O R N.

Ville des Pays-Bas Hollandois, dans la West-Frise, avec un Port sur le Zuiderzée, à 5 lieues d'Amsterdam. Son Commerce est en beurre, & fromages; l'on s'y occupe de la pêche de la baleine, & cette Ville possède une de six chambres de la Compagnie des Indes-Orientales.

512. H O U D A N.

Ville de France dans la Beauce, à 12 lieues de Paris. Il y a une manufacture considérable de bas de laine fort estimés.

513. H U D S O N.

Baye de l'Amérique-Septentrionale vers les Terres arctiques, au Nord de la Terre de Labrador. Les Anglois y ont plusieurs établissemens, où ils font un fort Commerce par la pelleterie en toutes especes de peaux qu'ils tirent des sauvages de cette Contrée en échange d'armes, munitions, menues merceries, quincailleries, grosses étoffes, & denrées nécessaires à la vie.

514. H U L L.

Ville d'Angleterre dans l'Yorck-Hire, à l'embouchure de l'Hull & de l'Umber à 10 lieues d'Yorck, il y a un bon Port

& un bel arfenal, & elle eft très commerçante dans les diverfes denrées & productions locales & d'induftrie de ce Royaume.

515 JAMAÏQUE, (LA)

Colonie Angloife. *Voyez* page 214 de la premiere Partie.
Les Anglois en retirent , fucre, cacao, coton , indigo ,
tabac fort eftimé, drogues pour épiceries , bois pour la teinture
la marqueterie & la conftruction des vaiffeaux, cuirs verds ,
fuifs & écailles de tortues : ils y portent des étoffes de leurs
manufactures en foies & laines , dentelles , vins & eaux de
vie de France. Ses poids & monnoies font comme à Londres, & les efpeces d'Efpagne y ont les mêmes valeurs qu'à
la St. Domingue Françoife.

516. JANVILLE.

Ville de France dans la Beauce, à 8 lieues d'Orléans, 8
d'Eftampes & 20 de Paris. Le Commerce y eft en froment
d'une qualité fupérieure , & en bas, gants & chauffons de laines drapés , fins, communs, brochés & au tricot dont le
débit eft fi confidérable qu'il s'étend jufqu'en Amérique.
*Courier, par Thoury , part de Paris tous les jours à 2
heures après-midi.*

517. JAPON. (LE)

Ayant rendu compte à la page 166 de la Premiere Partie ,
des productions de cet Empire d'Afie , on fe bornera à ne
parler ici que de fes monnoies, poids & mefures.
Les monnoies de compte font le *taël* , de 10 *mas* , & le
mas de 10 *kanderines* , ou *conderies* : ce *taël* eft d'environ
3½ *florins* d'Hollande , ou 7 liv. 4 f. de France.
Les monnoies réelles font l'*oban* de la valeur de 75 *florins*
6 f. d'Hollande ou 154 liv. 18 f. de France.
Le *coban* de. 25 florins, 2 *fols* d'Hol. ou 51 l. 12 f. 8 d. *idem.*
Le *jehebo* de 5 *florins*, - - - - - - - - - - ou 10 5 8¼ *idem.*
Le *fchuitz* de 14 *florins*, 13 *fols* - - - - - - ou 30 29. *idem.*
Et la cache de cuivre , qui repréfente la 600eme. Partie du
taël. Le poid de Commerce eft le *pikul* , il eft compofé de
100 catis qui font environ 118 liv. de France. L'aune, dite,
tattamy , porte 842 lignes de France.

518. JAPPANTRIN.

Ville de Ruffie dans la Sibérie, fur la Riviere de Tura. Elle est le dépôt des plus belles fourures qui se débitent dans cet Empire.

Courier part de Paris les Lundi, Mardi, Jeudi & Vendredi : il faut affranchir jusqu'à la frontiere de France.

519. JARGEAU.

Ville de France, à 4 lieues d'Orléans & 27 de Paris, sur le bord de la Loire. Le Commerce y est en grains, serges drappées blanches & gris de fer, & vins dont le débit est considérable.

Courier, par Orléans, part de Paris tous les jours.

520. JARNAC.

Ville de France au pays d'Aunis, sur la Charente, à 2 lieues de Coignac & 100 de Paris. Il s'y fait un Commerce considérable en grains, vins, lins, & eaux de vie fort estimés dont l'exportation est communément de 1500 à 2000 pieces par an. La piece contient 60 *septiers* & le *septier* 8 *pintes* de Paris, & la mesure du bled est comme à la Rochelle.

Courier part de Paris, les Mardi, Mercredi, Samedi & Dimanche.

521. JAROSLAW, ou JEROSLAW.

Ville de Russie, sur le Volga, à 60 lieues de Moscow. Il y a un grand nombre de fabriques : 50 en cuirs de Roussi, 3 en soieries, 1 de toiles, 1 de draps de plus de 900 métiers, & d'autres en linge de table, tant de lin que de chanvre, en teintures fines, & des moulins à huile, à papier & à scier des planches, lesquelles fabriques ont rendu cette ville aussi peuplée que commerçante.

Courier part de Paris les Lundi & Vendredi matin.

522. IDRIA.

Ville d'Allemagne dans la Haute-Carniole, à 9 lieues de Trieste. Elle est remarquable par une abondante mine de vif-argent qui en est voisine. *Courier part de Paris tous les jours, sauf le Dimanche ; il faut absolument affranchir.*

523. JEAN PIED-DE-PORT (ST.)

Ville capitale de la Basse-Navarre, sur la Nive, à 8 lieues de Bayonne & 176 de Paris ; ses environs lui procurent pour commerce un vin clairet, léger, fain & abondant, & il s'y trouve d'avantageufes mines de fer.

524. JEAN DE LUZ. (ST.)

Ville & Port de France, fur la frontiere d'Efpagne, à 4 lieues de Bayonne, dont elle fait un Commerce abfolument femblable en denrées & ufages, mais d'une bien moindre importance que celui de Bayonne.

525. JERSEY.

Petite Isle de la Mer Britanique, fur les côtes de France, à 10 lieues de celles de Bretagne & 5 de celle de la Normandie. Le Commerce y eft en cidre à vil prix, & en quantité de bas d'Eftamets : la contrebande y fait la principale richeffe, ce qui ne donne aucune confidération aux habitans de cette Isle, qui pourroient s'occuper d'un commerce plus honorable.

Guernefey, autre Isle très voifine de celle-ci, fuit le même genre d'occupations.

526. ILA.

Isle d'Europe en Ecoffe, on y exploite d'abondantes mines de plomb, dont le métal eft fort eftimé des Anglois & autres Nations.

527. ILKUSCH.

Ville Royale de la Pologne, entre Cracovie & Varfovie, long. 37-34, lat. 50-25. Son Commerce principal confifte dans l'exploitation des mines d'argent qui l'avoifinent.
Courier, *Voyez* Cracovie.

528. ILLIERS.

Ville de France, à 5 lieues de Chartres & 5 de Château-Dun. Le Commerce y eft en froment très-beau, cidre en quantité, & fabriques de ferges de diverfes largeurs, fupérieures à celles de Beauvais.
Courier de Paris, *Lundi*, *Mercredi & Vendredi à* 2 *heures*.

529. INSPRUCK.

Ville d'Allemagne, Capitale du Tirol, fur l'Inn, à 11 lieues de Brixen, 25 de Munich & 95 de Vienne.

Le Commerce y eft affez conféquent par fes fabriques de gants très bien travaillés, quantité de bonets noirs en foie, fil pur & mêlé, & plufieurs autres articles.

530. JOAL.

Fort & Port (appartenant aux François) fur la Côte Occidentale d'Afrique, fur la Rivière de Rio de la Gracia. On en tire beaucoup d'efclaves, de cuirs, de cire, & de dents d'Eléphants.

531. JOAR.

Ville d'Afrique au Royaume de Burfali, à 2 milles de la Rivière de la Gambra, les Anglois y ont des comptoirs pour le Commerce femblable à celui de Joal, mais plus confidérables, en ce que les Mandagors y viennent de Galam & Tombut pour y trafiquer avec les Européens.

532. JOIGNY.

Ville de France en Champagne, fur l'Yonne, à 7 lieues de Sens & 30 de Paris. Le Commerce y eft en grains & vins eftimés, draps communs & droguets de demie aune de large.
Courier de Paris, Lundi, Mercredi & Vendredi.

533. JOINVILLE.

Ville de France en Champagne, fur la Marne, à 4 lieues de St. Dizier & 45 de Paris.

Le Commerce confifte en ferges larges, droguets dont les fabriques font confidérables, toiles de chanvre & treillis en fils du pays & de la Lorraine. *Courier part de Paris les Lundi, Jeudi & Samedi à midi.*

534. JONSAC.

Bourg de France en Saintonge, où fe fabrique quantité de groffes draperies dont les prix ne paffent pas 50 fols à 3 livres l'aune, & dont le débit fe fait aux foires de Bordeaux.
Courier de Paris. Voyez Bordeaux.

535. IRKUTZK.

Ville de la Tartarie Ruffienne, fur la rivière d'Angara, proche le Lac Baikal. Le Commerce eft dans les mêmes articles que celui de Tobolsk, que l'on peut consulter, & n'a de vigueur que parce que cette ville est le passage des Caravannes qui vont & reviennent de la Russie en Chine.

536.
ISADAGAS.
} Ville d'Afrique en Barbarie, au Royaume de Maroc dans la Province d'Escure, le Commerce s'y fait avec la Numidie, & consiste en huile d'olive, miel & cire.

537. ISIGNY.

Ville de France en Basse-Normandie, à 6 lieues de Bayeux & 50 de Paris; elle a un Port & un siege d'amirauté: son Commerce est en cidre, eaux-de-vie, beurre excellent & très fin, dont on fait des envois en petits pots par tout le Royaume; il y a aussi de gros beurre que l'on sale pour les armemens.

Courier de Paris, Lundi, Mercredi & Samedi.

538. ISLANDE.

Isle d'Europe, appartenante aux Danois. Son Commerce est considérable: On en tire poissons secs, beurre, suif, draps grossiers, soufre, & peaux de renards, d'ours & de loups cerviers.

On y porte en échange tabac, toiles, farines, vin, bierre, eaux-de-vie, fer, draperies & toutes choses nécessaires à la vie. Le chef-lieu de cette Isle est *Besestat*, situé en long. 353-5 & en lat. 63-15-67.

539. ISPAHAN.

Ville d'Asie, Capitale de la Perse, sur le fleuve Zenderouh, à 140 lieues de Bagdad, 585 de Constantinople, 630 de Moscow, 320 d'Alep, 450 de la Mecque, & 1163 de Paris. Elle est le centre du Commerce de toute la Perse, & la résidence des facteurs de toutes les Nations de l'Europe.

CHANGE DES MONNOIES.

Noms des Monnoies	Valeur en argent.	
	du Pays.	de France.
		L. S. D.
Bolse de Perse	1000 tomans	75000 ,, ,,
Toman	16 ducats	75 ,, ,,

		L. S. D
Laek	1000 roupies. . .	2705 " "
Louis de France	9 abassis	24 " "
Roupie d'or	13 dito.	33 2 "
Pistole d'Espagne . . .	5 dito.	14 19 "
L'or de Perse	5 dito . .	13 " "
Ducat d'Hongrie . . .	4 dito .	12 7 "
Sequin de Venise . . .	4 dito .	11 5 "
Seraf de Perse	4 dito . .	10 8 "
Cherifin de Turquie . .	3 dito .	9 13 "
Ducat de Venise . . .	3 Laris.	4 15 0
Dito, de Perse	3 dito .	4 8 "
Roupie d'argent		2 14 "
Bassy ou Abassy de Perse .	4 schay . . .	2 12 "
Laris	4 bisis . . .	1 6 "
Schay	2 dito . .	" 13 "
Bissi	2 Calobéques . .	" 6 6
Cabeche double		" 1 "
Dito, simple		" " 6

La France donne 100 *écus* pour environ 115 *abassis* de Perse. Mais il y a peu de change, & tout s'y fait en troc de marchandises.

Poids & mesures comparés à ceux de Paris, & observations sur le Commerce & ses usages.

Poids.

Le Batman, appellé *Chaky* est le poids du Roi, il est de 12 livres ½ de *marc*, & ne sert qu'à peser les denrées.

Aune.

La *gueze* pour les étoffes est d'un cinquième de moins que l'aune de Paris. *Voyez* la table des aunages. Les tapis se mesurent à l'aune carrée en prenant la largeur pour le multipliant & la longueur pour multiplier, ce que les Persans appellent mesures d'aune à aune.

Mesure.

Pour les liquides c'est la *mistache* qui équivaut à 13 *pintes* de Paris.

Observations.

Les écritures se tiennent en *tomans*, *abassis* & *bisis*.

Le Commerce consiste en vins délicieux, dits, de Shiras & d'Yerd (mais qui ne peuvent se conserver qu'en vaisseaux de terres vernissés en dedans, ou frotés de graisse de queue de mouton,) étoffes de toutes efpeces, tapis riches & communs, foieries, coton filé & non filé, fourrures, bonneterie, peinture d'étoffes, cordonneries, porcelaines, cryftaux, verres, chagrin & maroquin de toutes efpeces, nattes très-fines, paniers dofiers & de joncs, ouvrages de buïs, d'acier & de fer, perles, pluines, tabac, parfums, mufcs, ambre gris, eaux diftillées, épiceries, noix de galle, & fafran très-eftimé. Les billets doivent être faits en préfence de témoins qui confirment la fincérité par leurs fignatures.

540. ISSOUDUN.

Ville de France dans le Berry, fur la Riviere de Théol, à 34 lieues de Paris. Le Commerce y eft en beftiaux, droguets, pinchinats, groffes ferges, chapellerie, bonneterie & beaucoup de parchemins d'une très bonne qualité.
Courier de Paris, Mardi, Jeudi, Samedi & Dimanche.

541. JUAN DE PORTO RICO. (SAN)

Ville d'une Ifle de même nom dans l'Amérique-Septentrionale, long. 312, latitude 18-30. Les Efpagnols, à qui elle appartient en tirent cuirs de bœufs, caffe, fucre & or.

542. JUDA.

Royaume d'Afrique dans la Guinée, dont le principal Commerce fait par les Anglois & les François confifte, dans la traite des Négres dont on fait grand cas en ce qu'ils font forts & robuftes.
Ce Pays abonde en bled d'Inde, patates & autres fruits.

543. JULIERS.

Ville d'Allemagne, dans un Duché du même nom en Weftphalie fur la Roer, à 6 lieues d'Aix-la-Chapelle & 9 de Cologne : elle eft renommée par fon Commerce affez conféquent en fil & toiles blanches.

544. JURENÇON.

Ville de France dans le Bearn, proche celle de Pau. Elle eft renommée par la qualité fupérieure de fon vin, qui eft fon feul Commerce.

545. JUTHAIA ou JUDIA.

Ville d'Afie, Capitale du Royaume de Siam, fur la Riviere

du Menam. Les Européens en tirent étain, bois de construction, peaux de cerfs, bœufs, buffles & tigres essentielles au Commerce du Japon, gomme lacque, plomb, bois de sapin, miel, cire, calembace, riz, sel, vernis, ambre gris, bois de senteur, salpêtre, morfil, cannes, gomme gutte, coton, musc, ivoire, benjoin, soie, argent & or provenans de ses mines, bétel & araque. Ils y portent en échange des étoffes de soies européenes, pannes, ouvrages vernissés, porcelaines & orphevrerie du Japon, toiles de surate, corail rouge, ambre jaune, vif-argent, sandal & draperies : les Hollandois y font le plus d'affaires, ensuite les Anglois & les François.

546. JUTLAND. (LE)

Presqu'Isle d'Europe en Danemarck, dont les principales Villes font Albourg, Arbus, Ripen & Vibourg. Le Commerce de ce pays est en bœufs & autres bestiaux pour la Hollande, seigle, orge & avoine pour la Norwege : *Voyez* d'ailleurs les Villes ci-dessus nommées.

547. IVICA.

Isle de la Méditerranée, entre le Royaume de Valence & l'Isle de Majorque, long. 39.

Cette Isle, qui appartient aux Espagnols, leur procure une grande abondance de sel très blanc & très estimé des étrangers.

548. IVOGASIMA.

Isle du Japon, dans la Province de Saxuma, sa principale production est en soufre, dont les Japonnois tirent un grand profit.

549. IVOIRE (ISLE D')

Isle d'Afrique, formée par deux Bras de la Rivière du Sénégal, on la surnomme *Isle Morfil*, les François en tirent des Negres & quantité de dents d'Eléphants.

550. KAMTCHATKA,

Grande presqu'Isle de l'Asie, de 300 lieues de longueur sur 100 de largeur, elle est située à l'extrémité orientale de la Russie, à laquelle elle est soumise, sous le 51e. degré 6 min. de latitude. Il y a une Compagnie de Commerce du nom de Kamtchatka, qui fournit aux Peuples qui habitent le Continent & les Isles de l'Amérique , des chaussures qui se font à Casan & Tobolsk , des toiles de coton de la Buckarie , des filets & ficelles , des instrumens de fer , un peu de vin , du sucre , des miroirs , des peignes , des fausses perles , des grains de verre , & quelqu'autres articles en échange desquels elle retire des fourrures superbes en peaux de castors , de renards noirs , de zibelines , de loutres , &c. Le principal Port de cette presqu'Isle est Awatcha , ou St. Pierre & St. Paul , il est situé au midi de la Côte , à environ 1400 lieues de Moscow.

551.
KARLSHAMM.
Ville de la Province Bleckinge en Suede : on y fait un Commerce considérable de tabac en feuilles , dont on recueille plus de 300,000 liv. par année.

---

552. KARLSKRONA.

Autre Ville de la Province Bleckinge en Suede. Elle n'est pas importante au Commerce , mais elle est remarquable par la sûreté & l'étendue de son Port , qui peut contenir toute la flotte royale : aussi est-ce en ce Port que se trouve le principal arsenal de la Suede.

---

553. KARLSTADT.

Ville de Suede, Province de Warmeland ; le Commerce y est conséquent en fer & en cuivre , il y a une assez belle manufacture en étoffes de laine & une en toiles.

---

554. KENDAL.

Ville d'Angleterre dans le Westemorland , sur la riviere de Ken à 56 lieues de Londres & 156 de Paris.
Elle a de superbes manufactures de draps, serges , de bonneteries & chapelleries dont le débit est considérable.
Son Courier part de Paris , les Lundi & Jeudi à 10 heures du matin.

535.
KERMAN.
Province de Perse en Asie , au Nord du Golfe Persique. On y fait un très grand débit de laines colorées très recherchées.

	Province de la Chine. On y fabrique
556.	la plus belle porcelaine dont le débit se
KIANSI.	fait à Canton ou Quanton. *Voyez* Canton.

557. KILY.

Ville de la Turquie Européene, sur le Danube, à 8 lieues de la Mer Noire. Elle est très commerçante par l'entrepôt des marchandises qu'on y apporte du Levant & sa grande exportation chez l'Etranger. Son Commerce est comme à Smyrne; elle y joint la vente de la cire, du beurre, du caviac, du froment & de l'orge.

Courier de Paris, par Marseille & Toulon.

Voyez Smyrne pour plus de détails.

558. KEIN-TETCHIM.

Bourg de la Chine, dans la Province de Kiansi, sur le bord d'une riviere très navigable. On y fabrique une si grande quantité de porcelaine de la plus grande beauté qu'elle donne lieu à ce qu'on en tienne une foire continuelle.

559. KINGIANG.

Ville de la Chine, capitale de la Province de Xansi, latitude 37-27. On y travaille une plante abondante appellée *kinsu*, qui produit une filasse de la plus grande finesse, dont on fait une toile très estimée & d'un grand prix, attendu sa vertu de tenir la peau fraîche en été. On y fait en outre un grand Commerce de riz, & d'étoffes appellées *baffetes, foucis & ferfukern.*

	Ville d'Etape en Suede, Province de
560.	Westmanie, à 7 lieues de Westeras; elle
KIOPING.	fait un très grand Commerce en fer brut
	de la meilleure qualité.

561. KIOVIE.

Ville de Russie, capitale de l'Ukraine, sur le bord occidental du Niéper. longitude 49-25. latitude 50-12, à 460 lieues de Paris.

Le Commerce y est en grains en abondance, fourrures, suif, miel & cire.

Courier part de Paris les Lundi & Vendredi.

562. KIRMANT.

Une des échelles du Levant, fur la Mer Nôire, à 550 lieues de Conſtantinople. Son principal Commerce eſt en beurre, cuirs, & diverſes marchandiſes du Levant. *Voyez* Smyrne pour plus de détails.

563 KISMICH, KISCH, *ou* QUESOMO.

Iſle d'Aſie, ſur le Golfe Perſique, à 4 lieues de Gorom, & proche celle d'Ormus. On y pêche les perles les plus belles, que l'on vend dans la capitale du même nom.

564. KISNOKUNI.

Province du Japon, dans l'Iſle de Niphon, ſur la Mer du Japon. Elle eſt renommée par ſes mines de cuivre le plus fin & le plus malléable connu.

565. KLINGENTHAL.

Ville de France en Alſace, proche Bersch, à 90 lieues de Paris. Il y a une manufacture royale pour les armes, où l'on en fabrique conſidérablement : elle eſt établie du 20 Avril 1765, & a 30 années de privilege.
Courier de Paris tous les jours à midi, ſauf le Mercredi.

566. KŒNISBERG.

Ville de Pruſſe, autrefois capitale de ce Royaume, ſur & proche l'embouchure de la riviere de Prégel, à 8 lieues de la Mer Baltique, 30 de Dantzick, 26 d'Elbing, 60 de Warſovie, 168 de Péterſbourg & 327 de Paris. Elle eſt très commerçante.

CHANGE DES MONNOIES.

Noms des Monnoies.	Valeur en argent		
	du Pays.	de France.	
		L. S. D.	
Ducat d'or	270 *gros*	12 12 ”	
dito, de Dantzick	180	8 8 ”	
dito, de Kœnisgberg	36	1 13 $7\frac{1}{3}$	
Ecu d'argent	180	8 8 ”	
Tallard de 6 florins	ou 180	8 8 ”	
dito, de Pologne	36	1 13 $7\frac{1}{3}$	
l'Ort de Dantzick	180	8 8 ”	

dito, de Pologne , 5 *tallards* de 36 *gros*		8	8	»
Rixdale	90 *gros*	4	4	»
Daelder de Koenisberg	60	2	16	»
Tallard de Dantzick	60	2	16	»
Florin, ou *Tinf*, une livre de 30 *Gros*		1	8	»
Storax de Pologne	10 gros	»	9	4
Six gros de Dantzick en font 10 *de Pologne qui valent*		»	9	4
Sol du Pays	1 gros			
Gros	18 pfenings.	»	»	11

Paris donne 100 *écus* pour 35 *ducats* ½ de 180 *gros* de Dantzick environ , & 100 *écus* pour environ 214 florins de 30 *gros* Polonois. Paris change en droiture avec ces villes & quelquefois par Hambourg.

Poids, Mesures & Aunages.

100 livres poids Bourgeois de cette ville font 76 ¼ liv. de Paris.

100 livres poids Etranger de Kœnisgberg, font 80 livres de Paris.

L'aune porte 254 ½ lignes de France.

Le bled se vend au *laft*, composé de 60 *scheffels* ou 240 *viertels* ; chaque *viertel* pesant en bled 19 livres poids de marc.

Les mesures des liquides font comme à Dantzick.

Usages divers.

Les écritures se tiennent en *rixdales*, *florins* & *gros* & en *florins*, *gros* & *pfenins*.

Pour ses usances & ses traites de places en places. *Voyez* Cracovie , en observant que Konisgberg tire sur Cracovie comme cette derniere tire sur Konisgberg.

Industrie & Commerce.

Le Commerce de cette Ville est comme à Dantzick. On en tire grains en abondance, lin, bois de chêne pour les tonneliers, planches de sapin , cuirs, pelleteries, chanvre, cire , miel , potasses, vedasses & suifs. On y porte draps & sels de France qui y font préférés à ceux des autres nations, fer , plomb , étain , vins , eaux-de-vie , vinaigres , fromages, sucrés , tabac , épiceries , & beaucoup de rixdales d'Allemagne & divers lieux de la Pologne , parce qu'elle font rares en cette ville.

Il y a quelques fabriques de bas de laines , d'autres en

cuirs estimés, & l'on vient d'en établir une superbe de toiles à voiles.

Son Courier part de Paris les Lundi, Mardi, Vendredi & Samedi à 10 heures du matin.

567. KONSBERG.

Ville maritime de la Norwege, dans le diocèse de Christiania : elle est célèbre par ses mines d'argent qui en font la principale richesse ; elle commerce d'ailleurs en sels & autres productions de la Norwege.

568. KOUNSAR.

Ville de Perse dans l'Irak-Agemi, à 28 lieues d'Ispahan : l'on recueille dans ses environs une grande quantité de manne très estimée.

569. KOWER.

Ville d'Afrique au Royaume de Bursali, à 5 milles de Joar, Province de Gambra, dont elle est la principale Ville & la plus commerçante. On y fabrique de très bonnes étoffes de coton.

570. KUTTENBERG.

Ville de Bohême, à 7 milles de Prague : elle est remarquable par ses mines d'argent dont l'exploitation est d'un très gros produit.

571. LAAR.

Ville de Perse, Capitale de la Province du même nom. Les Hollandois en tirent beaucoup de soies d'oranges & de citrons.

572. LAHIGAN ou LAHDIAN.

Ville de Perse, située en long. 68 d. 30 min. & en lat. 37 d. 15 min. On y fabrique quantité d'étoffes rayées moitié soie & moitié coton dont il se fait un grand débit.

573. LAHOR.

Ville d'Asie dans l'Indoustan, au Royaume de Lahor, long. 102-30, lat. 32-40. On y fabrique de superbes toiles fines & étoffes de soies de toutes couleurs.

574. LAY.

Ville de France en Beaujolois, à 80 lieues de Paris. On y fabrique quantité de toiles en fil, autres toiles en fil & coton, & beaucoup de coton en tous genres. Il y a 5 foires par an : 1°. le 2 Janvier : 2°. le lundi gras : 3°. le lundi de la Quasimodo : 4°. le lundi avant la St.-Jean & 5°. le 30 7bre.

Courier de Paris, par St. Simphorien de Lay, Mardi, Jeudi & Samedi à 2 heures.

575. LAMBALLE.

Ville de France dans la Haute-Bretagne, à 5 lieues de St. Brieux & 15 de Rennes. On y fabrique serges, étamines, droguets, molctons, crêpons & petits draps de laines.

Son Courier part de Paris les Lundi, Mercredi & Samedi à 2 heures.

576. LAMPY.

Royaume d'Afrique dans la Guinée, on en tire beaucoup de Nègres en échange de fusils, poudre & étoffes légères d'Europe.

577. LANCEROTE.

Isle d'Afrique, l'une des Canaries appartenante aux Espagnols. *Voyez* Canaries pour le Commerce.

578. LANDERNAU.

Ville de France & Port de Mer en Bretagne, à 5 lieues de Brest & 125 de Paris. Son Commerce est considérable, il consiste en beurre & suifs pour Bordeaux, Marenne, Bayonne & surtout Brest, miels d'une qualité supérieure, cuirs verds pour Bayonne & Dunkerque, tannés & corroyés pour Bordeaux, Lisbonne & Bilbao, papier commun pour la Hollande, fils blancs écrus, plats & tournés pour Paris & Lyon, toiles de différentes qualités & largeurs, mais toutes en fil blanc : on les nomme extraits, (se sont les plus fines) fleurets de 1e., 2e., 3e. & 4e qualité. Toutes les toiles s'expédient pour Nantes, Brest, Bordeaux, Bayonne, Bilbao & l'Amérique.

Courier part de Paris, les Lundi, Mercredi & Samedi à 2 heures.

579 LANGON.

Ville de France en Gascogne, sur la Garonne, à une lieue de Cadillac. Elle est renommée par les fameux vins blancs dont Bordeaux fait un fort Commerce.

Courier par Bordeaux.

580. LANGRES.

Ville de France, à 13 lieues de Dijon & 63 de Paris. Elle a une jurisdiction consulaire. Son Commerce est en grains, vins en seconde qualité de Bourgogne, & qui se débitent pour Paris, la Flandre & la Lorraine, chanvre, navette, moutons, fromages, exploitation de mines, fourneaux & forges de fer, coutellerie considérable & très estimée, manufacture de mules de cordes avec semelles de cuirs pour hommes & femmes, couvertures de cordes de chanvre peignées & nattées, en 3 & 4 brins assemblées par l'aiguille, & doublées de molleton, filature de co n tant pour toiles que pour bas à 2-3 & 4 fils, filasse de chanvre, dont le débit est immense pour Paris, la Suisse & l'Orléanois &c., serges & petites draperies en laines du pays, fayencerie très belle & de bonne qualité, dont la finesse & la beauté des couleurs la fait approcher de la porcelaine, verrerie pour vitres, verres, gobelets, caraffes &c., pierres pour meules de coutelliers & taillandiers; enfin, à quatre lieues de cette ville est une manufacture de glaces de moyenne grandeur, mais fort estimées. Le territoire de ce pays, est si bon que ses pâturages donnent lieu à beaucoup d'engrais en bœufs & moutons pour Paris, & procure un laitage très gras, dont on fait d'excellens fromages très recherchés pour Paris & les grandes Villes du Royaume.

Son Courier part de Paris les Lundi & Vendredi à midi.

581. LAON,

Ville de France en Picardie, à 8 lieues de Soissons, 12 de Rheims & 28 de Paris. Son Commerce est en grains, vins en abondance, lin & chanvre. On y fabrique beaucoup de toiles en lin & chanvre & toutes en fils du pays, les premieres sont façon d'Hollande de ¾ de large & batistes d' aune pour St. Quentin, les dernieres sont de toutes largeurs; l'on y vend aussi beaucoup de laines & d'artichaux, ce légume est d'un gros produit par les envois considérables qu'on en fait à Paris. Enfin, l'hôpital de cette Ville y tient une bonneterie en laine affez conféquente.

Courier de Paris tous les jours à midi.

582. LAPONIE SUÉDOISE.

Partie Méridionale d'un grand pays, fitué au Nord de l'Europe & de la Scandinavie, entre la Mer Glaciale, la Norwege, la Suede & la Ruffie : il n'y a ni Villes ni ports, fon Commerce fe fait par les ports de Suede, qui y envoyent des pelleteries de diverfes fortes, fur-tout en peaux de Rennes, de la viande fumée, des fromages, des peliffes, des bottes & fouliers, & du poiffon ; marchandifes qui y font échangées contre du tabac, de la farine, du fel, des chaudieres, du chanvre & divers uftenciles de ménage, de chaffe & de pêche.

583. LAUBACH.

Ville d'Allemagne, Capitale de la Carniole Supérieure, à 62 lieues de Vienne. Le Commerce y eft en huile, vins, ouvrages de fer & d'acier, marbres très beaux, vif-argent dont il y a une mine célèbre proche Idria, Ville de la même province.

584. LAUSANNE.

Ville de la Suiffe au Canton de Berne, à 20 lieues de cette Ville & 100 de Paris. Le Commerce y eft en horlogerie, bijouterie, paftels excéllens, fleurs artificielles, thé baltanique des Alpes, fang de bouguetin, bran de Francfort, confection d'yacinte, beaume & thériaque de Venife. *Voyez* Berne pour tous ufages.

Son Courier part de Paris, les Lundi, Mercredi & Vendredi. Il faut affranchir jufqu'à Pontarlier.

585. LAVAL.

Ville de France dans le Bas-Maine, fur la Mayenne qu fe perd dans la Loire, à 6 lieues de Mayenne, 20 du Mans & 60 de Paris.

Le principal Commerce y eft en toiles de plufieurs fortes : favoir, toiles blanches non battues de 1e., 2e. & 3e. qualités, toiles, dites, Laval ou Senlis afforties, autres dites royales afforties, Pontivy fur fines, toiles gris-teint, crues & gris-naturel, toiles façon de Rouen : toutes ces toiles s'expédient en blanc & en crû pour diverses Villes du Royaume & l'étranger. On y fabrique aussi d'autres toiles en fil & coton, blanches, écrues & teintes en ⅜ & ⅞ de large; mouchoirs en fil & coton de couleurs en ⅜ & ⅞, étoffes de laines communes, serges, droguets, trémieres, flanelles & étamines, ces dernieres se font à l'hôpital royal St.-Louis : Il y a en outre blanchisseries pour le blanc commun & blanc d'azur, teinturerie, blanchisserie pour la cire & ciriers, forges à fer assez considérables & carrieres en marbre noir, noir jaspé de blanc, gris de lin, rouge & rouge veiné : & on y vend aussi beaucoup de bois de mairain, de charpente & de construction pour la Marine.

Ses productions sont en lin, chanvre, seigle & sarrasin, mais peu de grains puisque les Lavalois s'approvisionnent souvent par l'Anjou en grains & toujours en vins. *Nota*. Il est à observer que pour les toiles on donne 43 aunes pour 40, l'aune est la même que celle de Paris.

Courier part de Paris les Lundi, Mercredi & Samedi.

586. LECTOURE.

Ville de France en Gascogne, proche la Riviere de Gers, à 8 lieues d'Auch. On y fabrique quantité de serges, raz, bures, & gros draps qui se vendent à ses foires & marchés: les foires sont au nombre de 9 par an, & les marchés tiennent les Mercredi & Samedi.

Courier de Paris, Mardi & Samedi.

587. LEEDS.

Ville d'Angleterre dans l'Yorck-Shire, sur la Riviere d'Are, à 10 lieues d'Yorck. Elle est très connue par sa manufacture de beaux draps du même nom, qui y donne lieu à un fort Commerce.

Courier part de Paris, les Lundi & Jeudi matin.

588. LEICESTER.

Ville d'un Comté du même nom, en Angleterre, elle est sur la Sture à 30 lieues de Londres. Son Commerce consiste dans l'exploitation de plusieurs fabriques en draps, gants, bonnets recherchés des Hollandois, & bas au métier fort estimés.

Courier, Voyez Londres.

589. LEYDE.

Ville des Provinces-Unies dans la Hollande, sur le Rhin, à une lieue de la Mer, 10 d'Utrecht & 8 d'Amsterdam. Cette Ville est en grande réputation par ses superbes manufactures de draps fins & ratines les plus estimées de la Hollande.

Son Courier part de Paris, les Lundi & Vendredi matin. Il ne faut pas affranchir.

590. LEIPSICK.

Ville d'Allemagne dans la Misnie, au confluent de la Pleysse, de l'Elster & de la Barde, à 15 lieues de Dresde, 16 de Wirtemberg & 185 de Paris.

CHANGE DES MONNOIES.

Noms des monnoies.	Valeur en argent.				
	du Pays.	de France.			
			L.	S.	D.
Auguste d'or - - - - - - - - - -	5 rixdales - - -	20	»	»
Ducat - - - - - - - - - - - - - -	2 dito. - - - - -	8	»	»
Rixdale, ou thaler - - - - - - -	24 silvergros - -	4	»	»
Piece de 16 - - - - - - - - - - -	- fénins - - - -	»	4	5⅕
Silvergros - - - - - - - - - - - -	12 fénins - - - -	»	3	4
Nota 6 *silvergros* - - - - - - - -	- font - - - - -	1	»	»

Paris donne 100 *écus* pour environ 59 à 60 *rixdales* de 24 *gros* & change avec cette Ville par Amsterdam. *Nota* toutes les monnoies détaillées à Berlin, ont cours en cette Ville. Les écritures se tiennent en *rixdales, silvergros* & *fénins*.

Poids mesures & aunages, comparés à ceux de Paris.

100 liv. de Leipsick, font 95 livres de Paris.

100 aunes font à Paris 46 aun. ⅘.

Le *vispel* de bled pese 320 liv. poids de marc.

Les vins & eaux-de-vie se vendent au *fuder* de 4 *oxhoffs*, l'*oxhoff* de 4 *eymers*, l'*eymer* 64 *kannes* & la *kanne* de 2 *pintes* de Paris; les autres liquides se vendent au poids.

Cette Ville tire sur Amsterdam, Ausbourg, Vienne, Francfort, Prague & Hambourg, à 14 jours de vue; sur Londres & Paris à 2 usances d'un mois de date : l'usance de Leip-

fick est de 14 jours de vue qui ne se comptent que du lendemain de l'acceptation, ainsi une lettre acceptée le 1er. jour
du mois, doit être payée le 15. Cette Ville a 3 foires franches dans l'année ; 1°. le premier janvier : 2°. le lundi de
la troisieme semaine après Pâques & 3°. le jour de la St. Michel.

Productions, Commerce & Industrie.

Les productions sont en froment, seigle, orge, avoine
lin, chanvre, navets & tabac.

Son Commerce est de vendre à l'étranger beaucoup de
porcelaines de Saxe, toiles cirées & peintes en fleurs pour
tapisseries, autres toiles de Lusace, en basins & mouchoirs
chemnitz, quantité de librairie qui se répand particulierement
dans tous les pays du Nord & les Villes d'Allemagne ; elle
vend aussi des articles de ses manufactures & fabriques en
étoffes d'or, d'argent, de soie pure & mêlée, des velours,
des bas de soies, quelques autres étoffes en laine & fil, des
ours estimés ; on y fait de belles teintures, & dans les tems
de foires, on y trouve réuni de toutes les productions des
divers pays de l'Europe.

Les étrangers y portent des étoffes riches, des draps fins
de France, d'Angleterre & d'Hollande, de petites étoffes de
laines des mêmes fabriques, des dentelles d'or, d'argent,
de soie & fil, des toiles peintes & indiennes, des toiles de
coton, des mousselines & toiles de Cambrai, des modes,
bijouterie, mercerie & quincaillerie de Paris, des verreries
de Bohême, de l'argenterie d'Ausbourg, du marroquin &
du safran d'Hongrie, des soieries d'Italie, & des épiceries
& drogueries de la Hollande.

On y fait aussi des opérations de banque, mais en général le Commerce se fait plus en échange de marchandises
qu'en argent comptant. Il y a trois foires par an de 8 jours
chacune, la premiere au nouvel an, la deuxieme le troisieme
dimanche d'après pâques, & la troisieme à la St. Michel,
l'une de ces foires (en 1784,) a été très brillante & très
considérable. Les circonstances ayant ouvert au Commerce de
nouveaux débouchés, & sur tout des routes faciles pour le
transport des marchandises, par le Danube & par la Galicie,
tant dans les Provinces-Ottomanes que dans la Russie Méridionale, il ne sera plus nécessaire de les expédier à grands
fraix par des routes longues & couteuses, elles reviendront
à meilleur marché à ceux qui en ont besoin, les demandes
augmenteront en conséquence, & il en résultera de plus grands

avantages pour les manufactures qui feront occupées.

Son Courier part de Paris, les Lundi, Mardi, Vendredi & Samedi. Il ne faut pas affranchir.

591. LEITH.

Ville Maritime d'Ecoffe dans la Province de Lothian, à un mille d'Edimbourg, dont elle est comme le Port. Cette Ville est renommée par les immenses verreries dans tous les genres & fur-tout en bouteilles; il y a de plus, une belle raffinerie à fucre, des moulins à fendre le fapin & à fcier le bois.

592. LEMBERG, ou LEOPOL.

Grande & belle Ville de Pologne, Capitale de la Ruffie Rouge, & des nouvelles poffeffions de la Maifon d'Autriche en Pologne; elle est fituée fur la Riviere de Pietewa, à 64 lieues de Cracovie & 70 de Varfovie; le Commerce y est très conféquent en toutes marchandifes du cru de la Pologne & fur-tout en laines, fel, vins d'Hongrie & autres denrées détaillées à l'article de Libau.

593. LÉOGANE.

Ville de l'Amérique-Septentrionale, dans la partie de l'Ifle St. Domingue, appartenante aux François, longitude 305. latitude 18-40. Son terroir produit cacao, indigo, rocou, tabac, beaucoup de fruits, & peu de fucre & café.

594. LESQUEMIN.

Ifle & Port de l'Amérique Septentrionale, dans le Canada, fur le fleuve St. Laurent; c'est là que fe rendent les vaiffeaux bafques pour la pêche de la baleine.

595. LESSINES.

Ville des Pays-Bas dans le Hainaut, fur le Deure, à 8 lieues de Bruxelles. Son Commerce y est en toiles & lins de toutes beautés & qu'on y fabrique en quantité.

Son Courier part de Paris tous les jours à 10 heures du matin.

596. LIBOURNE.

Ville de France dans la Guyenne, fur la droite de la Dorgogne, à 6 lieues de Bordeaux. Son Commerce est en lins, eaux-de-vie & fels en quantité. Il y a auffi une ma-

nufacture

nufacture d'affez bons draps, mais qui fe confomment dans le pays.

Courier part de Paris les Mardi & Samedi.

597. LIBAU.

Ville Maritime d'Allemagne dans le Duché de Courlande, elle eft fur la Baltique, à 30 lieues de Mittaw, & 24 de Memel; elle procure au Commerce du froment, du feigle, de l'orge, de l'avoine, des poix, de la drefche, forte d'orge germée très propre pour la bierre, du beurre en barils, de la viande & des cuirs falés, divers cuirs & peaux fecs de bœufs, vaches, boucs, chevreaux & lièvres, diverfes fortes de lins, étoupes & chanvre, de la cire, du tabac en feuilles, de l'ambre jaune & quelques partis de fer & de cuivre des mines de Courlande.

Windau, autre Ville Maritime du même Duché, fuit en tous points le Commerce de Libau, fans approcher cependant de fon importance.

On compte dans ces Villes & tout le Duché de Courlande en *rixdales* d'Albert de 3 *florins,* le *florin* de 30 *gros,* & le *gros* de 3 *efcalins.* 100 liv. de ce Duché en font 83 de *marc.* Le grain fe vend au *laft* de 48 *loofs,* & *loof* pefe en bled environ 90 liv. de *marc,* ou de Paris.

498. LIEGE.

Ville d'Allemagne dans la Weftphalie, fur la Meufe, à 5 lieues de Maeftricht, 12 de Namur, 25 de Mons & 76 de Paris. Elle eft très commerçante.

CHANGE DES MONNOIES.

Noms des Monnoies.	Valeur en argent.			
	du Pays.	de France.		
		L.	S.	D.
Ducat	8 ¼ florins	10	12	6
Patagon				
Ou écu	4 2f. 6 d.	5	3	1
Florin d'or	5 courans	6	5	″
Ecu	3 ⅗	4	″	″
Florin	20 patars	1	5	″
Patar ou fol	16 fénins	″	1	3
Fénin				15/16

Paris donne 100 *ecus* de 3 liv. pour environ 78 à 80 *ecus* Liégeois, & change en droiture avec cette Ville. Les écritures s'y tiennent en *livres*, *fols*, & *deniers*.

Poids, mefures & aunages, comparés à ceux de Paris.

100 liv. de Paris, font 105 liv. ⅓ de Liege.

100 aunes de Paris, font 92 aunes de Liege.

Le *feptier* de bled pefe 47 liv. Il y a 96 *feptiers* au *laft* qui eft prefqu'égal à celui d'Amfterdam.

Cette Ville n'a point d'échéances fixes, on tire fur elle à un ou deux mois de date le plus fouvent.

Commerce, Induftrie & Tranfports.

Les marchandifes qu'on tire de cette Ville confiftent en toutes fortes d'armes offenfives & défenfives, fer, clouterie & divers ouvrages de fer & acier, charbon de terre & alun. On y fabrique de gros draps, frifes, camelots, ferge de Liege, rubans de fil, boutons de crins, étoffes & teintures de diverfes fortes, pelleterie & cuirs affez recherchés. L'armurerie, ou l'arquebuferie de cette Ville eft auffi belle qu'on la puiffe défirer ; il y a des fufils qui fe vendent jufqu'à 20 louis la piece. Celles qu'on y portent font des vins, eaux-de-vie, draps de France, d'Angleterre & d'Hollande, foieries de Lyon, de Tours & d'Italie, toiles de coton, mouffelines, épiceries & toutes fortes de drogues pour la médecine, la peinture & la teinture.

Cette Ville, qui n'avoit qu'une route de communication indirecte & fouvent impraticable avec la France, vient de faire terminer la nouvelle route qui, paffant par Givet, Mezieres, &c. peut conduire promptement à Paris ; en conféquence de cette communication, on vient d'y établir des coches & des diligences publiques qui arriveront & partiront de Liege pour Paris deux fois la femaine : les entrepreneurs de ces voitures fe chargent des commiffions réciproques de la France & l'Allemagne, ainfi que des tranfports des marchandifes pour ces Etats au Commerce duquel la Ville de Liege peut tenir lieu d'entrepôt.

L'Imprimerie & la Librairie forment auffi une branche affez conféquente du Commerce de cette Ville.

Son Courier part de Paris tous les jours.

499. LILLE. } Ville de France, capitale de la Flandre, fur la Deule, à 50 lieues de Paris. Elle a une jurifdiction confulaire.

CHANGE DES MONNOIES.

Noms des Monnoies.	Valeur en argent			
	du Pays	de France.		
		L.	S.	D.
Livre de gros..............	6 florins	7	10	»
Florin.....................	20 patars.........	1	5	»
Skalin, ou Schelin........		»	14	»
Skalin courant............	6 patars	»	7	6
Patar.....................	2 deniers de gros	»	1	3
Denier de gros	8 fénins	»	»	7 ½

Paris donne 100 *écus* pour 240 *florins* de 20 *patars*, & change en droiture avec Lille.

Nota. La monnoie ci-dessus n'est qu'imaginaire, & celle de France est la seule qui y ait cours.

Poids, Mesures & Aunages comparés à ceux de Paris.

100 livres de Lille font 88 liv. de Paris,
100 aunes en font 58 ⅘ de Paris.

La *raziere* de bled pese 120 liv. poids de *marc*. L'eau-de-vie se vend au *lot*, ou *pot* de 4 *livres* du pays, l'huile fine à la *pipe* de 206 *pots*, la commune à la *tonne* de 30 *lots*, & les vins suivant les pieces & jauges des lieux de leurs productions.

Usages & Commerce.

Les écritures se tiennent comme à Paris : Lille tire aux mêmes usances que Paris, & les usances se comptent par mois, tels qu'ils se trouvent. Son Commerce en importation est en vins, eaux-de-vie, confitures, fruits secs, huiles, étoffes de soies, gazes, galons d'or, d'argent & de soie, rubans, étoffes de fines laines, clinquaillerie, mercerie, livres, papiers, cire d'Espagne, bougies, fayences & verreries ; tous ces objets lui viennent de France : l'Espagne & le Portugal lui fournissent de l'or, de l'argent, des huiles, des vins, sels, oranges, citrons & divers fruits confits. L'Angleterre & l'Irlande lui envoyent des draps & étoffes de laines, beurre, viandes salées, suif, cuir, plomb, étain, charbon de terre & pelleteries. Elle tire du Nord, des bleds, chanvres, cuivre, miel, cordages, mâture pour Dunkerque, & fanons de baleine. De l'Italie & la Savoye, des huiles, soies, savons, oranges, citrons & fruits secs.

Enfin de l'Allemagne & Pays-Bas Autrichiens, des laines, du cuivre, fer, plomb, fil d'archal, de laiton, & toiles blanches & bleues.

Son exportation par Dunkerque & Calais est en étoffes & productions de ses manufactures, comme draps, serges, ratines, pinchinats, callemandes, camelots fort estimés, bouracans, polimites, bechs, couvertures, velours, pannes façon d'Utrech, moires, mocquettes, toiles unies & ouvrées, coutils, basins, tirebottes, lacets, rubans de fil, soie & coton, indiennes, molletons, toiles à carreaux, dentelles & filets, amidonneries & huiles de grains. Elle répand aussi une partie de ces marchandises dans l'intérieur du Royaume, & fournit à la Flandre beaucoup de grains de toutes espèces, lin, tabac, garance, bois, bestiaux, verreries, laines peignées, sucre dont elle a plusieurs raffineries, savon, sels, épiceries & beaucoup de toiles blanches, dont il se tient marchés francs les Mercredi & Samedi de chaque semaine.

Elle a une foire franche & très considérable, elle dure 9 jours, & ouvre le premier Septembre de chaque année.

Nota. Comme cette Ville & sa Province sont réputées étrangères, tout ce qu'elles expédient dans le Royaume, paye des droits d'entrée. *Voyez*, à ce sujet le tarif contenu au second Volume de cet Ouvrage, si les envois se font par transit, il faut se munir d'acquits à caution.

Son Courier part de Paris tous les jours à midi.

600. L I M A.

Ville de l'Amérique méridionale, capitale de l'Audience de ce nom, & de tout le Pérou, proche la Mer. Elle appartient aux Espagnols, & est située à 3640 lieues de Paris. latitude méridionale 12-15.

Son Commerce est immense, cette ville étant l'entrepôt des richesses du Perou, du Chily, des Postes de la Conception & d'Arica, ainsi que de toutes les marchandises d'Europe, il s'étend jusqu'à Buenos-Ayres & Carthagene, & consiste particuliérement en or, argent, perles, pierreries, & tout ce qu'offre l'Europe en denrées, étoffes, bois de construction pour la Marine & les bâtimens & agrêts de navires. Son Port appellé Callao en est éloigné de 2 lieues. On y équipe 2 flottes par an, l'une pour Sanama, & l'autre pour Arica.

Ses monnoies sont celles d'Espagne, ainsi que ses poids

& mesures. *Voyez* Cadix à cet égard. La *piastre* de 8 *reaux* y est très usitée, elle équivaut à 4 livres de France, & le *réal* à 10 sols Tournois.

601. LIMMERICK.

Ville d'Irlande, dans la Province de Munster, elle est sur le Shanon, à 17 lieues de Cork & 32 de Dublin ; elle est remarquable par une fameuse manufacture de salpêtre que l'on vient d'établir dans ses environs, & dont on espere tirer un grand parti.

602. LIMOGES.

Ville de France dans le Limousin, sur la Vienne, à 20 lieues de Périgueux, 45 de Bordeaux & 95 de Paris. Elle a une jurisdiction consulaire. Son Commerce est en bois de merain pour futailles qui s'expédie à Bordeaux, Bergerac & la Saintonge, exploitation des mines d'antimoine dont le débit est très grand, filature de coton très forte, forges estimées par la ductilité de leurs fers, clouterie pour des cloux de chevaux, eleves de bestiaux, & sur-tout en chevaux très beaux, & dont le Commerce est fort considérable, tannerie, cirerie, teinturie, mais peu de ces articles, fabrique très conséquente de cuivre jaune fort estimé, tréfillerie de fer, ou préparation de fer pour les chaudronniers, cardeurs, épingliers & chainetiers, tous métiers fort en activité dans cette ville, sur-tout pour les épingles, papeterie dont les envois se font à Paris & pour la Hollande, porcelaine dure très belle & recherchée, pâte pour fabriquer la porcelaine que l'on vend toute prête à diverses manufactures du Royaume, & pour l'Etranger.

Enfin on y fabrique aussi diverses étoffes en soie & coton, fil & laines très bien faites, mais dont la consommation est pour la Province.

Courier part de Paris, les Mardi & Dimanche à midi.

603. LIMOUX.

Ville de France dans le Bas-Languedoc, sur l'Aude, à 29 lieues de Toulouse & 176 de Paris. On y fabrique des draps & ratines en laines du Pays, qui se consomment à Paris, Lyon & partie de l'Italie, il y a des tanneries considérables en gros cuirs, basanes & marroquin, & plusieurs forges & martinets à cloux.

Son Courier part de Paris, les Mardi, Jeudi & Samedi

604. LINDAU.

Ville libre & Impériale du Cercle de Baſſe-Saxe, ſur le Lac Conſtance, à 12 lieues de Berlin. Son principal Commerce eſt en vins & ſel, elle vend auſſi des étoffes de laines tant de ſes manufactures que celles de quelqu'autres Villes de l'Allemagne.

605 LINTZ, ou LINZ.

Ville Capitale de la Haute-Autriche, ſituée, ſur le Danube & le grand chemin de Vienne & de la Hongrie, à 46 lieues de Munich & 40 de Vienne. Il s'y fabrique une quantité prodigieuſe de poudre à canon, dont on fait de forts envois, & il y a diverſes manufactures & fabriques, dont les articles lui procurent un honnête Commerce.

606. LIPARY.

Iſle de la Méditerranée au Nord de la Sicile, dont la Capitale du même nom eſt ſituée en long. 33 d. & lat. 38 d. 35 min. On en tire du Bithume, du ſouffre, de l'alun & des figues & raiſins en grande abondance.

607. LISA.

Isle du Golfe de Veniſe, ſur la Côte de Dalmatie, lat. 43-20. Elle appartient aux Vénitiens qui en retirent de fort bon vin, & y font une pêche, de ſardines & d'anchois, conſéquente.

608. LISBONNE.

Ville capitale du Portugal, près l'embouchure du Tage, ſituée à 106 lieues de Madrid, 63 de Séville, 100 de Compoſtelle & 387 de Paris; elle a un des plus beaux & des plus ſûrs Ports de l'Europe, & eſt la réſidence d'un conſul pour le Commerce de France.

CHANGE DES MONNOIES.

Noms des Monnoies.	Valeur en argent.			
	du Pays.	de France.		
		L.	S.	D.
Les 5 monnoies d'or de	4800 rés ch.	150	”	”
La piece d'or de	4800 rés.	30	”	”
La demi piece.	2400	15	”	”
Le quart de piece.	1200	7	10	”
Piece d'une monnoie ⅓	6400	40	”	”
Double Portugaiſe, ou Dobraon.	2800	80	”	”
Croiſade neuve, or & ar-				

monnoies d'or.

	gent	480	3	"	"
	Croisade de change	400	2	10	"
	Pataque	240	1	10	"
	Demie Croisade neuve	240	1	10	"
	Dito, de change	200	1	5	"
	Teston	100	"	12	6
	Piece de	20	"	2	6
	Dito, de	10	"	1	3

Paris donne un *ecu* de 3 livres pour 450 à 480 *rés*, & change avec cette ville par Amsterdam.

Nota. Tous les payemens se font en or, & l'on ne peut donner que la dixieme partie en argent & cuivre.

Poids, Mesures & Aunages, comparés à ceux de Paris.

100 liv. de Lisbonne font 89 liv. de Paris.

100 aunes de Paris valent 172 *corredos* de Lisbonne, & 100 *varras* de cette ville valent 100 aunes de Paris.

L'*alguierre* de bled pese 21 livres poids de marc.

La mesure des liquides est la *botte*, ou *pipe* de 26 *almudes* & l'*almude* est évaluée 18 *pintes* de Paris, & pese en huile 35 liv. ¾. poids de marc.

Les écritures se tiennent en *rés* que l'on sépare comme suit :

37 . . . . . 275 . . . . . 850 . . } *rés.*
compte,   mille, ...

Cette ville tire sur Paris, Amsterdam & Londres à usance de 60 jours de date, sur Cadix & Madrid à usance de 15 jours de vue & sur Gènes & Livourne à usance de 3 mois de date. Les lettres tirées sur Lisbonne sont, de France, à 60 jours de date ; de Londres, à 30 jours de vue ; d'Amsterdam, à 2 mois courans de date ; de l'Italie, à 3 mois de date, & de l'Espagne à 15 jours de vue.

Commerce d'importation & exportation.

Lisbonne tire de France, d'Hollande, d'Angleterre & d'Italie la majeure partie des marchandises qu'elle envoie au Brésil & dans ses Colonies, & vend à ces Etats étrangers & à l'Espagne les trois quarts des objets qu'elle retire de ces mêmes Colonies & du Brésil, en y ajoutant beaucoup de ses productions locales, qui consistent en bled dont il est rare qu'elle fasse des exportations ; vins, eaux-de-vie, huile, anis, raisins, figues, oranges, citrons frais & confits, sels, tabac, laines, lin & bois pour la teinture. On y fait aussi un assez fort commerce en Diamants : mais il n'est presque que pour le compte du Roi. Le poids du diamant est le *quilates*; on se sert aussi du *karat*, qui le divise en 4 grains.

Ses Envois aux Isles sont:
Au Bréfil.

Serges d'Angleterre, de France & d'Hollande, toiles de lin blanches appellées *panicos*, écrues, aniages, ou grega de Bretagne, taffetas, tapis, bas & soie en fil, chapeaux, papier d'Italie, platines & fonds de cuivre pour les engins & moulins à sucre.

A Goa.

Mêmes marchandises que ci-dessus, & en outre, du corail ouvré & non ouvré, tabac de Portugal, écarlate d'Hollande & argent monnoyé.

Les Retours sont:
Du Bréfil.

Indigo, huile & fanons de baleine, coton, huile ou baume de copahu, ipicacuana, canelle, poivre long, tabac, sucres commun & candi, gingembre, cuivre, dents d'éléphans, soies, cuirs, bois pour la teinture & les parfums, cocos pour la tabletterie, crystal de roche améthystes, ambre gris, & quantité de fruits confits secs & liquides, ananas, citrons, limons & oranges.

De Goa.

Salpêtre, indigo, musc, ambre gris, diamants bruts, toiles & étoffes de toutes espèces des fabriques de la Chine & des Indes.

Les lettres acceptées à Lisbonne ont 6 jours de faveur, & celles qui ne le sont pas n'en ont aucun, & doivent être protestées le jour même de l'échéance.

Son Courier part de Paris les Mardi & Samedi à 10 heures du matin. Il ne faut pas affranchir.

---

609. LISIEUX.

Ville de France dans la Haute-Normandie, au confluent de l'Orbec & du Gassey qui y prennent le nom de *Tonques*, à 18 lieues de Rouen, 40 de Paris & 10 de Caën. Son Commerce est en bled, fruits, cidre, chanvre, lin, bois de construction & de chauffage; quantité de bœufs & moutons engraissés dont les laines s'emploient aux fabriques de frocs & flanelles de cette ville & dont le débit est considérable; le Commerce des toiles, la tannerie & les fabriques de couvertures de bourre y occasionnent aussi un grand débit. Le poids est égal à celui de Paris; la mesure des grains est comme à Rouen, & l'on donne 21 aunes pour 20 de Paris. Foires; *voyez* l'état des Foires. *Courier de Paris tous les jours.*

| 610. LIVADIE. | Ville de la Turquie Européenne, dans la Livadie, à 24 lieues d'Athènes. On y fait un grand Commerce de laines, de bleds & de riz. |

611. LIVERPOOL.

Ville maritime d'Angleterre, dans le Comté de Lancastre, son Port est à l'embouchure de la Mersy, à 50 lieues de Londres.

Cette ville fait beaucoup d'armemens pour les côtes de Guinée & d'Angola, ainsi que pour les Colonies Angloises, son Commerce, très considérable, est dans les mêmes articles que celui de Londres, & la principale exportation est en sel, dont elle fait d'immenses envois.

612. LIVOURNE.

Ville d'Italie dans la Toscane, au Pisan, sur la Méditerranée, où elle a un très bon Port, à 4 lieues de Pise, 18 de Florence, 59 de Rome & 324 de Paris. Elle est la résidence d'un consul pour le Commerce de France.

CHANGE DES MONNOIES.

Noms des Monnoies.	Valeur en argent.	de France.		
	du Pays	L.	S.	D.
Pistole de change	6 l. communes	5	1	2
Ducaton	7 dito	5	18	»
Livre d'or	20 sols d'or	5	1	2
Ecu d'or		5	10	3
Teston		1	11	6
Livre commune		»	16	»
Piastre de 8 réaux		4	17	»
Sol d'or	12 deniers d'or	»	5	»
Sol commun		»	»	10
Denier d'or		»	»	5
dito commun		»	»	»
Jule, ou Paule	8 graces	»	10 6	»
Grace 1 s. 8 d. communs &		»	1 3	

Paris donne 94 à 99 *sols Tournois* pour la *piastre* de change de 8 *reaux*, & change en droiture avec cette ville

Poids, mesures & aunages comparés à ceux de Paris.

100 livres de Romaine font 71 $\frac{3}{4}$. liv. de Paris.

100 livres de Balance font 70 livres de Paris.

100 branes font 56 aunes de Paris.

Et 100 cannes font 200 aunes de Paris.

Le *sac* de bled pese 120 livres poids de *marc*.

Les mesures des liquides font la *bassée*, ou sixieme partie de la *brinte*.

La *rube* de 7 bocals $\frac{1}{2}$, le *bocal* un peu plus fort que la *pinte* de Paris. La *brinte* ou *braute* est de 13 rubes $\frac{1}{2}$, & la *fiasque* d'environ la *pinte* de Paris. Les huiles se mesurent à Livourne au *baril* pesant 85 livres poids de Romaine, ou environ 60 livres $\frac{1}{2}$ de Paris.

Les écrittures se tiennent en *piastres* de 8 *réaux*. Livourne tire sur Amsterdam & Hambourg à usance de deux mois de la date des lettres. Ausbourg à usance de 15 jours après l'acceptation. Bologne & Florence à 3 jours de vue. Cadix & Madrid à usance de 60 jours de date. Gênes, Milan & Turin à 8 jours de vue. Lisbonne & Londres à usance de 3 mois de la date des lettres, Lyon, Marseille & Paris à usance de 50 jours de date, Palerme & Messine à un mois de vue & encore Lyon en payemens. Naples, Rome & Venise à tant de jours de vue ou de date, Novy en foires, Vienne à usance de 14 jours de vue, & les Cantons Suisses à 8 jours de vue. L'Etranger tire sur cette ville aux mêmes échéances que celles ci-dessus.

Commerce d'Importation & Exportation.

Les marchandises que Lisbonne fournit à l'Etranger sont des huiles, olives & autres denrées de son crû, des brocards d'or, d'argent & de soie, satins, damas, velours, fines étoffes de laines en ratines légeres de toutes couleurs, serges drapées, coton filé, laines, café, alun, anis de Rome, lacque fine, marbres blancs, noir & rouge, corail rouge, savons, vins de Florence, & soies en très grande quantité.

Elle reçoit des Etrangers, sçavoir:

Des Anglois & des Hollandois, quantité de draperies & toutes sortes de marchandises du Levant, des Indes & d'une partie de l'Amérique. Et des François, quelques draperies fines, beaucoup de bled & de farine, vins, eaux-de-vie, tabac, étoffes de Lyon, clincaillerie, savon, ca-

pres, verd-de-gris, gaudron, bas d'Ettamets, modes, chapeaux & beaucoup de chevaux.

Nota. Le payement des lettres fur Livourne fe fait en
féquins de Florence que l'on pefe plutôt qu'on ne les
compte.

Il n'y a point de jours de faveur pour le payement des
lettres de change. Les payemens fe font ordinairement les
Lundi, Mercredi & Vendredi, s'il y a fête, l'un des deux
derniers jours, on acquite la veille, & fi le Lundi eft fête,
on acquite le Samedi qui le précede.

Son Courier part de Paris les Mardi & Samedi à 10
heures du matin. Il faut abfolument affranchir.

613. LOANDA.

Ville d'Afrique, capitale du Royaume d'Angola, dans
la Baffe-Guinée, vis-à-vis l'Ifle de Loanda, longitude 31
latitude méridionale 8-45. Le principal Commerce de cette
ville (fait par les Portugais) eft en traite de Nègres pour
le Bréfil, & enfuite en morhl, cire, miel & civette. On y
porte en échange des étoffes d'or, d'argent, velours, draps
galons, ratines, tapis, baffins de cuivre, chapeaux, ba-
gues, corail, armes à feu & munitions, vins, farines, &
eaux-de-vie.

614. LOANGO.

Ville capitale d'un Royaume du même nom en Afrique
dans la Baffe-Guinée, fituée à une lieue & demie de la
Côte. longitude 32 latitude méridionale 4-30.

Les Européens en tirent beaucoup de Nègres pour leurs
Colonies, cuivre & dents d'Elephans, & y portent en
échange armes à feu, fabres, taffetas, falempouris bleus,
poudre à tirer, baffins de cuivre, canette d'étain, clinquaillerie, petits miroirs, corail, eaux-de-vie, draps rouges & bleus, tabac, pipes & toiles peintes. Toutes les
nations d'Europe y commercent, mais particuliérement les
François, les Anglois, les Portugais & les Hollandois qui
y font attirés par la bonne conftitution de nègre de cette
Côte.

615. LOCHES.

Ville de France en Tourraine, à 8 lieues de Tours & 66
de Paris, fur la Riviere de l'Indre. Le Commerce y eft en
draps d'une aune de large, étamines & ferges d'une demi aune
le large qui fe débite à Tours & aux foires de la Province.

ainfi que la chapellerie, qui y eft affez conféquente.
Courier part de Paris, les Mardi & Samedi, à 2 heures.

616. LODEVE.

Ville de France en Bas-Languedoc, au pied des Cévennes, fur la Riviere de Lergue, à 10 lieues de Montpellier, 18 de Narbonne & 145 de Paris. Le Commerce eft en fabriques confidérables de draps pour les troupes. Les gris fe vendent de 6 liv. à 7 l. 10 f. l'aune, le bleu 10 liv. le verd 10 liv., le chamois de 7 liv. 10 à 8 liv., l'écarlate de 11 à 11 liv. 10 f. ; tous les draps portent une aune de large, tricots qui fe vendent de 55 à 3 liv. l'aune, draps de-paylans & pinchinats de 6 à 7 liv., ratines communes de diverfes qualités & couleurs, elles vont de 4 à 10 liv. l'aune. On y frife très bien les ratines.
Courier de Paris, Mardi, Jeudi & Samedi.

617. LODI.

Ville d'Italie dans le Milanés, fur l'Adda, à 24 lieues de Creme, 6 de Pavie, & 8 de Plaifance. Elle eft très renommée pour fes langues de veau parfumées, & fes fromages dits parmefans.

618. LONDRES.

Ville confidérable de l'Europe, Capitale de l'Angleterre, fur la Tamife, à 99 lieues d'Edimbourg, 88 de Dublin, 79 de La Haye, 350 de Rome, 290 de Vienne, & 98 de Paris. Son Port eft un des plus grands & des plus beaux de l'Europe.

CHANGE DES MONNOIES.

Noms des Monnoies.	Valeur en argent.		L.	S.	D.
Jacobus - - - - - - - - -	23 fols fterlings -		25	17	″
Livre fterling - - - - - -	20 f. ou fchelins -		22	10	″
Sols ou fchelin - - - - - -	12 deniers - - - - -		1	1	9 4/3
Guinée neuve - - - - - -	21 fchelins - - - - -		24	5	″
Crown ou écu - - - - - -	5 dito. - - - - - -		5	12	6
Schelin - - - - - - - -	12 deniers - - - - -		1	2	6
Denier fterling - - - - - -			″	1	10 5/3

11 *deniers sterlings font* - - - - - - - - -	1	”	”
1 *livre* 17 *deniers sterlings font* - - - - - -	24	”	”
4 *schellins* 17 *deniers* ½ *font* - - - - - - -	6	”	”

Paris donne 1 *écu* pour 31 à 32 *deniers sterlings*, mais le change varie depuis 30 jusqu'à 34 *deniers*, pour 3 livres de France. Cette Ville change en droiture avec toutes les fortes places de l'Europe. Ses écritures se tiennent en *livres*, *sols* & *deniers sterlings*.

Poids, mesures & aunages, comparés à ceux de Paris.
Observations sur les usages & le Commerce.

100 liv. *avoir* du poids font 91 liv. ½ de Paris, & 100 liv. du *quintal* font 102 liv. de Paris.

100 aunes de Paris, font 128 verges ½ d'Angleterre.

La mesure des grains est le *quarteau* ou *quartierre*, elle pese en bled 444 liv. poids de marc.

Les mesures des liquides font le *firkin* de 8 *gallons*, le *gallon* de 8 *pintes* de Londres, & la *pinte* d'une *chopine* ou demie *pinte* de Paris. Ensorte que le *firkin* est égal à 32 *pintes* de Paris.

Londres tire sur la Hollande & la France à 2 usances de 30 jours de date, sur Edimbourg & Dublin, à 21 jours de vue, sur Hambourg à 2 usances d'un mois chacune. Sur Cadix & Madrid, à usance de 60 jours de date, sur Gênes, Livourne, Naples & Venise, à usance de 3 mois de date & sur Lisbonne à 30 jours de vue. L'usance des lettres de l'étranger sur Londres est comptée pour 30 jours de date. Les lettres à vue doivent être payées à leur présentation, sinon protestées sur le champ, celles à termes quelconques ont 3 jours de grace, qui commencent le lendemain de l'échéance.

Cette Ville a une banque considérable qui a le privilege exclusif d'escompter tous billets & lettres de change dont les termes d'échéances font au-dessous de 6 mois. Tous particuliers peuvent y déposer leur argent, dont elle se rend volontiers gardienne, mais elle ne leur en paie aucun intérêt & ne reçoit en dépôt que des especes angloises. Tous billets sur cette banque font reçus en paiement comme du comptant.

Il y a à Londres de fortes compagnies de Commerce dont les principales font celles des Indes-Orientales & Occidentales, l'on y assure sur tous armemens quelque fortes que soient leurs cargaisons, & le prix est très modéré, sauf les tems de guerre.

Commerce, Industrie, & Productions Locales.

Les productions locales sont en grains & laines très estimés par leur extrême beauté. Mines de fer, charbon de terre, plomb, cuivre, étain, (celui de Cornouailles est le meilleur) alun, mine de plomb, litarge, larquisoux, céruse, couperose & beaucoup d'engrais de bestiaux, & éleves de chevaux sins renommés pour les courses.

L'industrie consiste en tous ouvrages de luxe & de nécessité.   Savoir :

Draps sins recherchés de toute l'Europe, serges, carrisées & d'Excester, kersays blanches & de couleurs, bayettes, perpétuanes, frises., molletons, sianelles très estimées, couvertures fines, légeres & chaudes, soieries moërées, ondées & tabisées en toutes couleurs, taffetas de diverses qualités, bas de soie, fils & laines également recherchés, dentelles en soies & fils, surnommées points d'Angleterre, admirables par leur extrême beauté, rubans de toutes especes, horlogerie de la plus grande réputation, jouaillerie finé & fausse très bien travaillée, toiles de lin fort estimées, batistes & clairs presqu'égales à celles de la France, chapellerie dont le débit est immense chez l'étranger, sauf la France, basins & velours de coton de tous genres, couleurs & mélangés de soie, toiles peintes en lin & coton dans la derniere perfection, ouvrages de fer & d'acier d'une beauté rare & qu'on imite difficilement ailleurs, enfin fer blanc dont la qualité & la beauté surpassent celles de tout autre Pays.

Importation.

L'Angleterre reçoit de l'Afrique & de ses Colonies, pelleteries, bois de construction, huiles de divers poissons, potasses, cire, bray, goudron, fer, riz, tabac, douves ou merrain, indigo, bois pour la teinture & la marqueterie, drogues, café, cacao, sucre, poivre, gingembre, aloës, plumes d'autruches, amandes, dents d'éléphants, coraux, gomme, poudre d'or, or & argent.

Des Indes, café, thé, géroffle, canelle, muscade, & soie en abondance, — de France des grains de toutes especes, vins, eaux-de-vie, coton, huile, fruits secs, cuirs écrus, amandes, raisins, prunes, chataignes, eaux distillées, indigo, drogueries & épiceries & beaucoup d'ouvrages de ses fabriques en tous. genres. — De l'Espagne, laines, soude, raisins, amandes, liege, vins, soies greges, cochenille, indigo, cuirs en poil, quinquina, salap, &c. or & argent.— Du Portugal bois du brésil, laines, vins, fruits, cuirs, drogues, pierres précieuses, or & argent. — De l'Italie & du Levant, soies greges, organsins, coton, laines, vins, huiles, essences, parfums, mouches cantharides & chapeaux de paille, &c. D'Hollande, cloux de gérofle, muscade, canelle, toiles, lins, non ouvré & diverses marchandises d'Allemagne & Suisse. — Du Nord & d'Hambourg, mâtures, bois de construction, suifs, potasse, fer en barres, soie de sangliers, cire jaune & colle de poisson.

Exportation.

Elle est en grains, pour le Portugal seulement, charbon de terre pour tous étrangers, plomb, étain, cuivre, fer, acier ouvré de toutes les sortes, morues, draps, serges, flanelles & dentelles, & partie de toutes les Productions d'Industrie détaillées ci-dessus.

Ce détail suffit pour faire connoître l'importance du Commerce de cette Capitale qui est facilité beaucoup par les médiocres droits qui se perçoivent sur l'exportation en tems de paix, droits que les autres couronnes portent quelquefois à un taû aussi préjudiciable au Commerce que l'émulation qui en est le nerf. Cette Ville réunit un corps assez considérable de banquiers, quantité de négocians commissionnaires en tous genres, & un nombre infini d'armateurs : elle a deux foires par an, l'une de 3 jours & l'autre de 15. Elles sont toutes deux considérables. La premiere s'ouvre le 24 août & la deuxieme le 28 du même mois, aussi-tôt la fermeture de la premiere.

Ordonnance sur les importations des Etats-Unis de l'Amérique.

Par un Ordre du Roi d'Angleterre, (de 1784) tout ouvrage de manufactures & marchandises non prohibées dans le Royaume (excepté l'huile) poix, goudron, térébenthine, indigo, mâts vergues, beau-prés, étant du produit des Etats-Unis d'Amérique, pourront être importés jusqu'à nouvel ordre, dans tous les Ports d'Angleterre, soit par des Anglois, soit par des Américains, ou toute autre personne ressortissant aux Etats Unis, à condition de payer les mêmes droits que les mêmes choses payeroient si elles étoient importées par des Anglois sur des vaisseaux Anglois, des Isles Angloises ou des plantations Angloises en Amérique & non d'ailleurs, quoique lesdits vaisseaux ne soient pas munis de certificats ou d'autres documens requis en pareil cas.

Son Courier part de Paris, Lundi & Jeudi, à 11 heures du matin.

619. LORCK.

Ville du cercle du Bas-Rhin, célèbre par une manufacture de glaces de miroirs, dont l'entrepôt est à Francfort sur le Mein.

620. LOUDUN.

Ville de France en Poitou, à 12 lieues de Poitiers & 68 de Paris. Le Commerce y est considérable en grains dont le *boiffeau* pese en bled 17 à 18 liv. poids de marc, il en faut 12 pour le *septier* & 21 *septiers* pour la fourniture, en vins blancs qui se vendent à la pipe de 29 à 30 *veltes* de 8 *pintes* de Paris, noix, amandes, huile de noix, lin, chanvre, anis, coriandre, suif, carmin, fenouil, graines pour le jardinage, miel, cire jaune, gomme d'arbres, plumes d'oyes, fruits que l'on vend à livre, chanvre fort estimé soit écru ou en fil, étamines, serges en laines du pays, dentelles communes de 20 à 40 s. la piece de 12 aun. Tanneries & tisserandéries affez considérables, & grand Commerce de bestiaux sur-tout aux foires indiquées à l'état particulier des foires. Toutes les marchandises ci-dessus peuvent s'expédier par la Loire & la Vienne, dont cette Ville n'est éloignée que de 4 à 5 lieues, c'est-à-dire, de la Vienne.

Courier part de Paris, les Mardi, Jeudi & Dimanche à 2 heures.

621. LOUVAIN.

Ville des Pays-Bas Autrichiens, sur la Dyle, à 4 lieues de Malines avec laquelle elle communique par un beau canal, 5 lieues de Bruxelles & 69 de Paris.

Son Principal Commerce est en bierre dont elle exporte tant pour les Villes Autrichienes que pour la Hollande, environ 150 000 tonnes par année : cette bierre est de deux fortes, la premiere est appelée *peetermane* blanche, & l'autre *peetermane* brune. La tonne contient 130 *pots* de Bruxelles, & les 100 *pots* de Louvain forment 108 *pintes* de de France. On y vend beaucoup de cendres de tourbes, & de la terre à pipe.

Outre un nombre de 42 brasseries répandues dans cette ville, il y a plusieurs fabriques d'eaux-de-vie de grains, d'autres d'eaux-de-vie de bierre, quelques fabriques de laineries en couvertures de lit, & une sorte de flanelle que l'on nomme *direnteyn*, fabriques de savon, une célèbre verrerie pour vitres & bouteilles, une raffinerie de sel, & quelques

fabriques

fabriqués d'huile commune qui ne font que pour la confommation du Pays.

Son Courier part de Paris tous les jours à 2 heures du matin.

622. LOUVIERS.

Ville de France dans la Normandie à 4 lieues d'Evreux, 6 de Rouen & 22 de Paris. Le Commerce y eft en grains, bois à brûler, gaude, charbon & étoffes très recherchées de fes manufactures où fe fabriquent des draps fuperfins en laines de Ségovie, ils fe diftinguent en tête & queue des pieces par les marques des fabricans & du mot Louviers qui y eft joint. Ils fe vendent en couleurs ordinaires de 20 à 22 liv., & en couleurs vertes & bleues, ils vont de 22 à 26 liv. l'aune; il s'en exporte confidérablement pour la Province & l'étranger. Il eft bon de fe munir d'acquit à cautions à Rouen pour alléger les droits. Il eft bon auffi de faire attention, pour n'être pas trompé fur la qualité de ces draps, que leur marque en plomb a pour infcription manufacture de draps fins de Louviers.

On donne à l'acheteur 21 aunes ¼ qu'il ne paie que pour 20. Il y a auffi en cette Ville des buanderies renommées pour le bon blanchiffage qu'on y fait des toiles & mouffelines, & l'on y commerce beaucoup en tannerie.

Courier de Paris tous les jours à 2 heures.

623. LUBECK.

Ville libre, impériale & hanféatique d'Allemagne dans la Baffe-Saxe, fur la Riviere de Traves qui fe perd dans la Mer Baltique, dont elle eft très proche. Cette Ville eft auffi à 10 lieues de Lawembourg, 16 d'Hambourg & 198 de Paris. Elle eft après Hambourg, (dont elle fuit tous les ufages en monnoies, ufances &c.) une des plus commerçantes de l'Allemagne. Elle reçoit des François beaucoup de fels bruts qu'on y rafine, chairs falées qu'elle revend en Livonie & Courlande, vins, eaux-de-vie, vinaigre, papier, fucre, merceries & étoffes de foies; elle tire des Anglois & des Hollandois quantité de draperies, drogues pour la teinture, l'épicerie & la médecine, divers objets d'épiceries & fur-tout en poivre; elle fournit aux étrangers, lins, chanvres, cuirs de vaches de Ruffie, fer ouvré & non ouvré, ancres de Navires, bois de charpente & de marine, quantité de grains & de laines. 100 liv. de Paris font 104 liv.

de Lubeck, 100 aunes de Paris font 205 aun. $\frac{5}{7}$ de Lubeck, & le *Schepel* de bled de cette Ville pefe 48 liv. poids de marc. Il y a 96 *fchepels* au *laft*. L'huile & le miel fe vendent au baril, celui du miel pefe 280 liv. & celui de l'huile, dit *pipe*, pefe 820 liv. le tout poids de Lubeck, l'eau-de-vie fe vend par tonne de 30 *veltes* & les autres liquides à la tonne de 48 *ftubgens*, le *ftubgen* eft d'environ 6 *pintes* de Paris.

Le Droit des Villes Hanféatiques, dont on fixe l'origine en 1254, eft que leurs comptoirs en Pays étrangers font dirigés par un principal Marchand qui, avec un feul Grétier, ou commis à fon choix, juge en premiere inftance des différens de Commerce, dont les appels reffortiffent enfuite aux Magiftrats des Villes Hanféatiques, qui en décident fouverainement & fans qu'aucune autre jurifdiction en connoiffe, elles jouiffent en outre de ce privilege, de l'affranchiffement de tous droits de tributs & péages pour leurs marchandifes, ce qui leur a été confirmé par plufieurs fouverains, & que Louis XV a reconnu par un traité du 28 7bre. 1716, à l'égard des Villes d'Hambourg, Lubeck, Bremen, Dantzick, Brunfwick & Cologne feules, Villes reftantes d'un grand nombre qui étoient autrefois Hanféatiques. C'eft à Lubeck que fe confervent les titres de ces Villes & où fe tiennent les affemblées des députations de ces Villes affociées.

Courier part de Paris les Lundi & Vendredi. Il ne faut pas affranchir.

624. LUCERNE.

Ville Capitale d'un Canton du même nom. en Suiffe, elle eft fur le lac Lucerne, à l'endroit où la Ruff fort de ce lac, à 12 lieues de Zurich, 14 de Berne & 19 de Bâle.

Cette Ville eft remplie de manufactures en toiles de chanvre, de lin, de coton, de futaines, de limoges & cotonines, on y fait des bas de laine tricotés & drapés, & l'on y file une prodigieufe quantité de coton. Son territoire abonde en grains & pâturages qui donne lieu à quelques envois de beftiaux ; enfin, elle eft le grand paffage pour aller en Italie, par le Mont St. Godard, d'où les marchandifes, après avoir traverfé les Alpes fur des bêtes de fomme, fe transportent par la Ruff jufqu'au Rhin, qui peut les rendre enfuite à l'Océan.

625. LUCQUES.

Ville d'Italie, Capitale de la République de ce nom, fur

le Serchio, à 5 lieues de Pise, 15 de Florence, 7 de Livourne & 531 de Paris.

CHANGE DES MONNOIES.

Noms des Monnoies	Valeur en argent.		
	du Pays.	de France.	
		L. S. D.	
Ducat d'or, ou Ecu....	105 soldis.....	4 ” ”	
Livre............	20 dito.....	” 15 3	
Soldis ou Sol........	12 deniers....	” ” 9 $\frac{1}{7}$	

Paris donne 100 *ecus* pour environ 75 *ducats* de 105 *soldis* & change avec cette Ville par Livourne.

Les écritures se tiennent en *livres*, *sols* & *deniers*.

Poids, Mesures & Commerce.

100 liv. de Lucques, font 69 liv. de Paris.

100 *brasses* font 50 aunes de Paris.

La mesure des liquides est le *copo* qui pese environ 171 liv. $\frac{1}{2}$ de Paris.

Cette Ville fournit au Commerce quantité d'huile délicate, lin, faseoles, millet, soies greges & en matasses, étoffes de soies en velours, damas, satins, taffetas & olives très estimées.

Son Courier part de Paris les Mardi & Samedi. Il faut affranchir.

626. LUNEBOURG.

Ville d'Allemagne, au Duché du même nom, à 14 lieues d'Hambourg, dont elle suit les usages, & 31 de Brunswick.

On y compte par *thaler* de 24 bons *gros*, & le bon *gros* de 12 deniers : les monnoies font comme à Hanovre. Son poids est semblable à celui d'Hambourg ; sa mesure en bled est le *wispel* composé de 20 *scheffels*, & le *scheffel* de bled est d'environ 97 liv. de marc. L'aune porte 258 lignes de France ; & le Commerce d'exportation n'est qu'en sel très blanc & très dur dont elle expédie pour plus de 100 milles *thalens* par année : le *thaler* est d'environ 4 liv. 6 s. de France.

627. LUNEL.

Ville de France en Bas-Languedoc, proche la Vidourle.

à 4 lieues de Montpellier. Elle est en réputation par ses excellens vins muscats dont elle fait beaucoup d'envois dans le Royaume & chez l'étranger : ils se vendent au muid de 90 verges.

Courier de Paris Mardi, Jeudi & Samedi.

628. LUNEVILLE.

Ville de France en Lorraine, sur la Vezouze, à 6 lieues de Nancy, 24 de Strasbourg & 80 de Paris.

Le Commerce y est en grains de toutes especes, & en abondance, vins, lentilles, poix, fèves, chanvres, navettes, lins, fruits, bois, serges, estamettes, bas, fayance, poterie, pipes, papier & tapisserie.

Les manufactures de fayence font des ouvrages de la plus grande beauté ; l'une d'elles approche de la porcelaine, & est très estimée par la variation & la délicatesse de ses desseins & ses couleurs & dorure même au pinceau. Il y a aussi une plantation de garance qui a assez de succès.

Courier de Paris Lundi, Jeudi & Samedi.

629. LUSIGNAN.

Ville de France dans le Poitou, sur la Vonne, à 6 lieues de Poitiers & 100 de Paris. On y nourrit quantité de chevaux & mulets dont on fait un fort commerce. Il s'y fait quelques affaires en grains, vins, serges razes & drapées, en laine du pays, de demie aune de large, & encore en chapellerie & tannerie qui y sont assez occupées.

Courier part de Paris les Mardi & Samedi à midi.

630. LYON.

Ville considérable de France, Capitale du Lyonnois, au confluent du Rhone & de la Saône, à 100 lieues de Paris ; elle a une jurisdiction consulaire & une autre supérieure appellée Conservation de Lyon ; cette derniere est tenue par les Prevôt des marchands & Echevins, ainsi que par les assesseurs des consuls ; elle connoît des privileges des foires & de tout le Commerce de cette ville en matiere civile & criminelle, tandis que les consuls ne font que pour les causes ordinaires indiquées à l'article de Paris.

Les audiences de cette jurisdiction se tiennent les Lundi, Mercredi & Vendredi de chaque semaine depuis une heure jusqu'à trois, les sentences sont exécutoires par corps

& tellement que pour les effets payables en payemens, les dites sentences donnent la liberté d'arrêter les débiteurs Fêtes & Dimanches à toutes heures & en tous lieux, mais les Juges de la conversation ne connoissent que des effets payables dans les quatre payemens.

Commerce, Industrie & Productions.

Les fabriques les plus considérables sont celles des étoffes d'or, d'argent & de soies ; étoffes moins précieuses par la richesse des matieres que par la perfection de la main d'œuvre, la finesse, le goût & le jeu des nuances des desfins. Les noms de leurs étoffes sont draps d'or & d'argent, gros de tour brochés en or & argent, cirsakas ou étoffes dorées & argentées, puis passées au cylindre, taffetats brochés en or & argent, satins en soies & dorures, cannelés & carrelés, velours frisés à triple & double corps & lisérés, taffetas façonnés, triples doubles & simples, chinés, brillantés ; autres taffetas chinés, rayés, unis, & en toutes couleurs, droguets satinés & simples en double corps appellés *dauphines*, & en dorures moeres & damas de toutes especes & couleurs, gros de naples & de tours, unis, jaspés, rayés & en toutes couleurs ; taffetas noirs de toutes qualités, serges satinées, croisées & en toutes largeurs & couleurs ; fabriques de superbes galons en or & argent, autre en soie, bonneterie en soie, tireurs d'or, chapellerie, draperies en laines de belles qualités, Imprimerie & Librairie considérable.

Les riches étoffes détaillées ci-dessus sont recherchées de tous les étrangers qui en consomment la majeure partie, & le surplus se vend dans le Royaume.

Indépendamment des manufactures indiquées ci-dessus, il y a à Lyon toutes les productions d'Industrie qui se trouvent à Paris, & autant de communautés d'arts & metiers qui se régissent & se gouvernent comme à Paris. *Voyez* le Tableau de ces Communautés à l'article de Paris.

Poids & Mesures.

Le poids de ville servant aux denrées est de 14 onces, celui servant aux soies est de 15 onces. L'aune est d'un 99me. de moins que celle de Paris. *L'asnée* de bled pese 300 livres poids de *marc*. Les liquides se vendent à *l'asnée* de 88 *pots* ou *pintes* de Paris, & les eaux-de-vie & huiles se vendent au 100, ou *quintal* du poids de ville indiqué ci-dessus.

Usages divers & foires.

Cette ville suit les usages, & correspond avec les mêmes places que Paris : quant à ses payemens en foires, ils se font les jours ci-après, sçavoir : le premier Mars pour la foire des Rois, le premier Juin pour la foire de Pâques, le premier Septembre pour la foire d'Août, & le premier Décembre pour la foire des Saints.

L'ouverture des Foires ci dessus est comme suit, celle des Rois, le Lundi d'après les Rois, celle de Pâques, le Lundi d'après la Quasimodo, celle d'Août, le 14 Août jour de St. Dominique, & celle des Saints, le jour de St. Hubert en Novembre. Leur durée est de 15 jours pour chacune.

Les lettres & billets payables en foires doivent être protestés à defaut de payement le dernier jour de chaque payement ; les lettres hors des payemens & des foires doivent être absolument acquittées le jour même de leurs échéances, n'y ayant dans cette ville aucun jour de grace, chaque payement dure depuis le premier jour du mois, ou il est ouvert jusqu'au dernier, & trois jours du mois suivant pour le comptant. Les lettres en payement ne peuvent être protestées faute d'acceptation avant le sept, & les écritures de virements de parties, qui se font à la loge du change, ne commencent que le seize.

Observation essentielle.

Il existe en cette ville un privilege tout particulier en faveur des Négocians domiciliés, contre leurs débiteurs, qui ne sont point résidens en la dite ville, & n'y ont aucun domicile. Ce privilege connu sous le nom de *pied à pied* consiste dans la liberté qu'un domicilié a de faire arrêter sur le champ son débiteur non domicilié sur la simple présentation d'une requête, aux Prevot des marchands & échevins, qui expose que tel débiteur, soit par compte ou par engagement, est dans la ville de Lyon, qu'il n'y a aucun domicile, & qu'il est à craindre qu'en le laissant maître d'en sortir sans avoir satisfait son créancier, il ne puisse en obtenir aucun payement, le Juge ordonne sur le champ que ce débiteur comparoisse devant lui en personne pour y discuter sa défense contre le demandeur, & si la créance est reconnue légitime, le débiteur doit y satisfaire à l'instant pour éviter à son emprisonnement.

Franchises des Foires.

Pendant les foires de cette ville, les marchandises qu'elle

expédie hors du Royaume font exempts des droits de fortie, fauf celles de la traite domaniales, pourvu que les balles & ballots foient marqués fous l'emballage des armes de Lyon & accompagnés de certificats de Franchife. Après chaque 15ne. des foires, il y a encore 15 jours de franchife, mais pour les Suiffes & les Allemands feulement infcrits à l'hôtel de ville de Lyon, pendant lefquels 15 jours ils jouiffent des mêmes exemptions que dans le temps des foires.

Lesdits marchands Suiffes & Allemands infcrits à la douane de Lyon font exempts en tout temps de droits d'entrée pour les marchandifes provenantes de leurs pays feulement, pourvu qu'elles n'entrent en France que par le buréau de Colonges, ou celui de St. Jean de Laune, ils ont auffi le droit de faire fortir des efpeces monnoyées du Royaume au prorata du produit des marchandifes qu'ils y ont vendu.

Les Pays étrangers avec lefquels cette ville négocie, font l'Efpagne, le Portugal, l'Italie, la Suiffe, l'Allemagne, la Ruffie, la Hollande, l'Angleterre, les Echelles du Levant & une partie de l'Amérique.

Renfeignemens divers.

Cette ville eft la réfidence d'Agents de différentes Cours étrangeres pour le Commerce, l'Efpagne, Gênes, la Tofcane, Rome, la Sardaigne, Naples & les deux Siciles, la Ruffie, la Pologne, les Duchés de Modene, de Saxe, des Deux Ponts, & les Pays-Bas Autrichiens ont tous de confuls fixes en cette ville.

Lyon a un corps de banquiers très confidéré, ainfi que celui des Agents de change. Elle a en outre de compagnies de Commerce maritime & beaucoup de Négocians qui fe chargent d'affurer fur tous les genres d'armemens : on y trouve des commiffionnaires en tous genres dont la réputation, les connoiffances & l'activité font également eftimées.

Son Courier part de Paris le Mardi à 10 heures du matin, & les Lundi, Mercredi, Jeudi, Vendredi & Samedi à midi.

631. MACON.

Ville de France en Bourgogne, fur la Saône, à 46 lieues de Lyon, & 85 de Paris. Elle eft renommée par fes vins furtout en blancs, eftimés de toute l'Europe. On y fabrique des droguets, & elle tient auffi des draperies foraines. *Courier de Paris Lundi, Mercredi & Vendredi à 2 heures.*

632. MADAGASCAR.

Isle considérable des Côtes de l'Afrique, d'où les Européens tirent des fruits en abondance, légumes, riz, coton, poivre blanc, bois d'ébene, de Brésil, de Sandal, cuirs verds, cire, sucre, ambre gris, gingembre, benjoin, encens, huile de Palma-Christi, baume verd pour les plaies, civette, alpêtre, crystal de roche & diamants. Ils y portent en échange, toiles peintes, menilles, menues merceries, clincailleries, verrerie, bijoux & espèces d'or & d'argent.

633. MADERE.

Petite Isle de l'Océan Atlantique, appartenante aux Portugais, lat. 32-31 à 504 lieues de Paris, 190 de Lisbonne & 170 des Açores : les Anglois & Hollandois en tirent quantité de bled, sucre, gomme, miel, cire, cuirs, fruits frais secs & confits, planches d'if & cèdre, & beaucoup de vins très estimés. Ils y portent en échange, chapeaux, chemises, bas, grosses étoffes, draps fins sur-tout en noirs, provisions de bouche, vaisselle d'étain, clincaillerie, écritures, papier & chaises. La route est par le Cap Finistère. *Voyez* ce Cap.

634. MADRAS.

Ville des Indes, sur la Côte de Coromandel, à une lieue de St. Thomé, long. 98-8. lat. 13-13. Elle appartient aux Anglois, & est le rendez-vous de leurs vaisseaux pour le Commerce des Indes. Toutes les marchandises qui entrent à Madras & n'appartiennent pas à la Compagnie des Indes, payent 5 p $\frac{0}{0}$ d'entrée de leur valeur.

Le Commerce de cette ville est en diamants & perles : les diamants se tirent des mines du Royaume de Bengale, du Brésil & du Mogol ; ces derniers sont les plus beaux. Les perles se pêchent dans les Mers d'Orient & d'Occident ; celles d'Orient se trouvent autour de l'Isle Bahein dans le golfe Persique, & vis-à-vis Balnen, sur les Côtes de l'Arabie heureuse, proche la ville de Califa ; & celles d'Occident se pêchent particuliérement à l'Isle Ste. Marguerite le long de la Côte de la Nouvelle Espagne dans le grand Golfe Mexique. Nous n'entrerons pas ici dans le détail de la connoissance du diamant & des perles, dont traitent plusieurs Auteurs, parce que l'habitude de la vue de ces objets est plus instructive pour en déterminer le choix que tout ce qu'on peut écrire pour le faciliter.

L'aune, ou cobde de cette Ville a 17 pouces ½ de France : les poids sont, le candille & le quintal, ou hundred. Le candille pese 450 liv. de France, & 109 liv. de hundred, forment 108 ¼ liv. de France.

On compte en cette Ville en pagodes de 36 Fanames, ou fanons ; la pagode est d'environ 9 livres 5 s. 1 d. de France.

635. MADRID.

Ville d'Espagne, à 106 lieues de Lisbonne, & 246 de Paris, sur le Torrent de Manzanares.

Elle renferme diverses manufactures d'étoffes de soie & de laines, de superbes toiles en mousselines & coton, une belle fabrique de porcelaine à l'instar de celle de Saxe, une fabrique de glaces très-renommées : elle a une Compagnie de Marchands qui est très puissante & se trouve associée aux meilleures maisons de commerce de l'Espagne tant d'Europe que de l'Amérique. Il vient de s'y former une Compagnie des Indes qui se trouve liée avec celles de Caracas, de la Havane & de Gremios, existantes depuis long-temps en cette Ville dont le Commerce principal se fait à Cadix.

100 livres de Madrid font 87 ½ livres de Paris.

100 varres son 78 aunes de Paris, & le quintal de Madrid est composé de 4 arobes qui pese chacune 25 livres de cette Ville.

Quand aux monnoies, voyez Cadix, en observant que Madrid donne souvent 2 sols de plus par pistole pour changer avec la France.

Courier de Paris les Mardi & Samedi à 10 heures.

636. MAGDEBOURG.

Ville d'Allemagne, Capitale du cercle de Basse-Saxe, elle est sur l'Elbe à 16 lieues de Brandebourg, 50 d'Hambourg & 122 de Vienne.

Son Commerce consiste dans l'exploitation de nombre de fabriques & manufactures de draps & autres étoffes de laine, de coton & de fil, ainsi qu'en bas de soie, toiles, chapeaux, tabac à fumer & à raper, & savon verd. Ses usages sont en tous points comme à Berlin.

637. MAGNIÈRES.

Bourg de Lorraine entre Luneville & Rembervillier, à 72 lieues de Paris. Tout son Commerce est en chanvre & toiles qui méritent d'être estimées par leurs bonnes qualités, mais qu'on connoit peu.

Courier de Paris par Lunneville. V. cette Ville.

---

638. MAGNY.

Ville de France, généralité de Rouen, à 12 lieues de Paris.

Le Commerce y est en froment, cidres, blondes, rubans & cordonnerie considérables pour les troupes de Rouen: il y a marché pour les froment & cidres tous les Samedis.

Courier de Paris, route de Rouen, tous les jours à 2 heures.

---

639. MAHALIEU.

Grande Ville d'Egypte, dans la Garbie, proche la mer. longitude 49-55 latitude 31-6. Il s'y fait un grand Commerce en toiles de lin, coton, & sel amoniac; & il y a des fours pour faire éclorre les poulets.

---

640. MAJORQUE.

Isle de la Méditerranée, appartenante aux Espagnols qui en tirent quantité d'oliviers, du vin délicieux & du très bon froment.

Cette Isle est située entre celles d'Ivica & de Minorque.

---

641. MALABAR.

Partie Occidentale de la Presqu'Isle en deçà du Gange, depuis le Royaume de Canara jusqu'au Cap Comorin. Les François, Anglois & Hollandois y ont des comptoirs, surtout à Cananor qui est le meilleur Port de cette Côte, d'où ils tirent poivre, sucre, gingembre, cardamome, café, miel, batel, arécque, caneile, toiles blanches & peintes, ambre gris, grenats, saphirs, topases, rubis, hyacintes, & une pierre singuliérement recherchée, appellée *pierre de Cacanor*. On y portent en échange toutes marchandises Européenes, indiquées en divers articles de cet Ouvrage pour les envois aux Indes.

---

642. MALACA.

Grande Ville des Indes, Capitale du Royaume de même nom, avec un très-bon Port appartenant aux Hollandois;

lat. 2-20. Le Commerce y est en toiles de Bengale, Surate & toutes autres Productions locales & d'Industrie de cette Partie de l'Inde, dont elle fait l'échange contre diverses marchandises Européens, & en outre contre de l'or & de l'étain. C'est en cette Ville que se rendent les vaisseaux qui apportent du Japon les marchandises destinées pour l'Europe, Batavia & les divers comptoirs des Compagnies Européennes des Indes.

643. MALAGA.

Ville d'Espagne au Royaume & à 25 lieues de Grenade, 100 de Madrid & 385 de Paris ; elle a un bon Port sur la Méditerranée. Le Commerce y est en laines, huiles, olives, raisins secs, figues & excellens vins.

Courier part de Paris les Mardi & Samedi matin.

644. MALAGUETTE.

Côte d'Afrique dans la Guinée le long de la Mer. Les Européens en tirent beaucoup de poivre, d'ivoire, d'or & d'esclaves. Les habitans de cette Côte font une taillanderie qui mérite d'être considérée, & dont les Européens font peu de cas.

645. MALDIVES.

Isle des Indes-Orientales en deçà du Gange, les Hollandois en tirent des balannes, cocos, petits coquillages blancs appellés Cauris qui servent de menue monnoie aux Indes-Occidentales & pour la traite des Negres en Afrique, & donnent en échange de grosses toiles de coton & des denrées essentielles pour la vie. La principale de ces Isles se nomme Malle & est située au 4eme. deg. 30 min. de lat.

646. MALINES.

Ville des Pays-Bas Autrichiens, à 4 lieues de Bruxelles & 12 de Gand, au confluent de la Dyle & de l'Escaut.

Il s'y fait un grand Commerce de grains pour la Hollande, beaucoup d'huile pour l'Allemagne, des cuirs dorés d'un grand débit, de la colle à draps pour diverses manufactures de France, sur-tout celles de Rouen, des toiles peintes recherchées pour Paris, & des dentelles recherchées de tous Pays par leur beauté, leur solidité & le bon goût des desseins ; on y tient aussi une chapellerie considérable,

On vient d'y établir depuis peu une maison très considérable pour la filature du coton qui s'y fait à très bon compte.

Les monnoies sont celles d'Anvers & Bruxelles, 100 liv. de Paris font 205 liv. de cette Ville : 100 aunes de Paris en font 174 de Malines, & 34 *viertels* & ½ de cette Ville font 19 *septiers* de Paris ou le *last* d'Hollande.

Courier de Paris tous les jours à 10 heures du matin.

647. **MALO,** (St.) *Voyez* aux Saints.

648. MALTHE.

Isle de la Mer Méditerranée, entre l'Afrique & la Sicile, à 15 lieues de cette derniere & 228 de Paris, elle a un Port bien défendu.

CHANGE DES MONNOIES.

Noms des monnoies.	Valeur en argent.			
	du Pays.	de France.		
		L.	S.	D.
Ducat - - - - - - - - - - - -	3 piastres - -	12	10	»
Piastre - - - - - - - - - - - -	10 tarins - - -	4	3	4
Tarin - - - - - - - - - - - -	20 grains - - -	»	8	4
Grain - - - - - - - - - - - -	- - - - - - - -	»	»	5

Paris donne 100 *ecus* pour environ 72 *piastres* de 10 *tarins*, & change directement avec cette Ville. *Nota.* La monnoie d'argent vaut à Malthe 50 p. ½ de plus que celle de cuivre.

Poids, Mesures, Usages & Commerce.

100 liv. *rottolis* ou *quintal* de Malthe font à Paris 160 liv. ½ & 142 liv. ¼ de Geneve.

Les écritures se tiennent en *piastres*, *tarins* & grains.

Son Commerce est en coton filé, cire, miel, cumin & fruits secs, elle a souvent besoin de grains, qu'elle tire de la Sicile.

Son Courier part de Paris les Mardi, Jeudi & Samedi à midi.

649. MALVASIA ou MALVOISIE.

Ville de la Grece, Capitale de l'Isle de même nom, à 30

lieues d'Athenes. C'est d'elle que se tire l'excellent vin de
Malvoisie si connu & recherché de toute l'Europe.

650. MAMERS.

Ville de France dans le Maine, sur la Dive, à 36 lieues de
Paris. Le Commerce y est en toiles écrues, toiles de chanvre en ⅞ & ¾ de large, toiles d'étoupes idem, tretuys en
⅘. Les pieces vont de 87 à 102 aunes, toutes ces toiles sont
en roux, il y en a une autre espece dite courtaille pour torchons dont les pieces sont de 60 aunes.
*Courier de Paris, par Belesme, les Mercredi & Sa-
medi,*

651. MANCHESTER.

Ville d'Angleterre dans le Lancashire, sur le Spelden,
à 45 lieues de Londres. Son Commerce est en fabriques considérables de laines, toiles & coton très estimées.
*Courier part de Paris, les Lundi & Jeudi, à 11 heu-
res du matin.*

652. MANHEIM.

Ville d'Allemagne dans le Bas-Palatinat, au confluent du
Neker & du Rhin, à 3 lieues de Spire. Son Commerce est
en tabac, draps & toiles de lin, dont elle a plusieurs manufactures. On y compose aussi un métal en cuivre qui joue
l'or pour peu de tems; il s'y fait beaucoup de modes &
s'y tient beaucoup de librairie, pour ses monnoies, &c. *Voyez*
Heidelberg.
*Courier part de Paris tous les jours, sauf le Mercredi;
il faut affranchir.*

653. MANILLE.

Ville des Indes, une des Philippines, avec un Port grand
& sûr appartenant aux Espagnols. Elle est un entrepôt des
marchandises des Indes & de la Chine, & fournit de son
sol au Commerce, étoffes d'écorces d'arbre, cire, riz,
sagù, noix de cocos de sesame & de lin, fer, acier, safran, or, quantité de bois de charpente, plusieurs milliers
de peaux de cerfs, bufles & autres animaux, & beaucoup
de cacao & de poivre. Les marchandises Indiennes & chi-
noises qu'on y trouve, & qu'elle reverse à Acapulco &
au Mexique, sont, des étoffes de soies, toiles de coton peintes & imprimées, épices, fer, porcelaines & tontenacq.

654. MANS. (LE)

Ville de France, capitale de la Province du Maine, au confluent des rivieres d'Huisne & de la Sarte, à 44 lieues de Paris. Elle a une jurifdiction confulaire. Il eft à remarquer que les deux rivieres qui traverfent cette ville, ne font pas navigables, & que la Sarte ne la devient qu'à Malicorne, diftance de 5 lieues du Mans, d'où elle continue de l'être jufqu'à Angers, où elle fe perd dans la Loire. Le Commerce de cette ville eft en grains & légumes farineux de toutes efpeces, chataignes, marrons, noix & fruits cuits qui s'enlevent pour la Normandie, bétails gras & maigres pour la Normandie & Paris, fur-tout en cochons, moutons & bœufs, gibier délicieux, poulardes, chapons & oyes graffes très recherchées pour Paris, graines de Trefle & Luzerne qui fe débite par tout le Royaume & dans la Hollande, la Flandre & l'Angleterre, chanvres & lins en grande quantité qui fe confomment en grande partie dans les manufactures de toiles, & canevas de cette ville & fes environs, & le furplus à Alençon, Laval & Mayenne, bois de conftruction pour la Marine & les bâtimens, dont le Commerce eft fort étendu, pinades de la moyenne efpece, & la plus raifineufe dont on exporte la graine dans beaucoup de Provinces, pierres de grais & autres pour les pavés & bâtimens, marbres noirs & rouges, veinés du Bas-Maine, mines de fable blanc pour le cryftal, autres en pure glaife & terre de poterie, tuille & carreaux, forges affez confidérables, dont l'exportation s'étend jufque chez l'Etranger, verreries affez fortes, enfin Commerce immenfe en cire, bougies très renommées, étamines très belles & très fines, & de toutes couleurs en laines du Pays, teintureries confidérables, blanchifferies de toiles en écru, dites *rochelles*, cayenne, communes, bâtardes & caneras de toutes largeurs & qualités d'autant plus eftimées que le blanc du Mans, & auffi beau que durable, bougrans, écritoires de cuirs bouillis, poires à poudre, étuis, facs à plomb, tanneries, mégifferies, corroyeries & ganteries toutes affez renommées; & fur-tout la ganterie dont on fait des envois jufque chez l'Etranger : pour fes foires. *Voyez* l'Etat des foires. Ses marchés fe tiennent les lundis & vendredis, le *boiffeau* de froment y pefe 30 livres. Le poids & l'aune font comme à Paris.

Son Courier part de Paris les Mercredi & Samedi à midi.

655. MANTOUE.

Ville d'Italie, Capitale du Mantouan, à 14 lieues de Parme, 15 de Modene, 87 de Rome & 220 de Paris. Elle est à la Maison d'Autriche, ainsi que le Duché.

CHANGE DES MONNOIES.

Noms des Monnoies.	Valeur en argent.			
	du Pays.	de France.		
		L.	S.	D.
Rixdale	90 creutz.	3	16	6
Florin	60 dito. . . .	2	11	"
Creutzer	. . . .	"	"	10

Paris donne 100 *ecus* pour environ 117 *florins* ⅔ de 60 *creutzers*, & change avec cette ville par Parme.
100 liv. de Paris font 175 liv. de Mantoue.
100 *brasses* de Mantoue font 53 *aunes* ⅓ de Paris.
Les écritures se tiennent en *rixdales*, *florins* & *creutzers*.
Le Commerce est en bled, fruits & vins excellens.
Courier part de Paris le Mardi matin. Il faut affranchir.

656. MARACAIBO.

Ville de l'Amérique méridionale, Capitale de la Province de Venezuela sur le bord occidental du lac du même nom, lat. mérid. 10. Le Commerce y est en grande activité; les Espagnols y portent des toiles en soie & lin, vins, outils pour la culture des terres, mercerie & beaucoup de clincaillerie, ils en tirent tabac, sucre, cacao, indigo, cuirs verds, or, argent & pierreries. Les habitans du pays bâtissent, arment & chargent quantité de vaisseaux pour leur compte.

657. MARAGNAN.

Province de l'Amérique méridionale au Brésil, qui a pour Capitale St. Louis de Maragnan, où est un bon Port situé en long. 333 d. 55 m. & en lat. mérid. 2.
Les Portugais, à qui elle appartient, en tirent beaucoup de cloux de gérofle.

658. MARANS.

Ville de France dans le pays d'Aunis, frontiere du Poi

tou, près la Sevre Nortoife, dans les marais Salans, à 1 lieue de la Mer & 104 de Paris. C'eft là que s'embarquent les grains du bas Poitou pour paffer à la Rochelle & autres lieux; on y fait un Commerce immenfe en grains & vins; le tonneau de bled pefe 2160 liv. poids de marc.

Courier part de Paris Mardi & Dimanche.

659. MARMANDE.

Ville de France en Agenois, fur la Garonne, à 6 lieues d'Agen & 12 de Bordeaux. On y fait un affez fort Commerce en froment, eaux-de-vie & un peu en vins des meilleurs crûs des environs.

Courier part de Paris les Mardi & Samedi à midi

660. MARENNES.

Ville de France en Saintonge, proche la mer, à 10 lieues de Xaintes & 104 de Paris. Son Commerce eft en grains en abondance, vins, fels & eaux-de-vie.

Courier part de Paris les Mercredi, Samedi & Dimanche.

661. MARIE-GALANDE. *Voyez* page 216, Ire. Partie.

662. MARIE. (STE.)

Isle de l'Océan, aux environs de l'Afrique, à 2 lieues de Madagafcar. On y trouve beaucoup de corail blanc & de l'ambre gris.

663. MARIE. (STE.)

Ville d'Efpagne dans l'Andaloufie, fur le Guadalette, fur la Côte de la Baye & à 4 lieues de Cadix. Il y a des Négocians François, Anglois, Hollandois & Génois en quantité, qui y font le même commerce qu'à Cadix, dont cette ville fuit tous les ufages. *Voyez* Cadix.

664. MARILAND. *Voyez* page 205, première Partie.

665. MARINGUES.

Ville de France en Auvergne, proche l'Allier & à un quart de lieue du port de Vial, à 78 lieues de Paris. On y fait un grand Commerce de bled, peaux de chèvres & de marroquin noir dont le grain, très beau, vient d'une préparation d'eau tiède, où fe délaye diverfes drogues, entr'autres de la noix

de

de galle, du fumac & de l'alun. On y fabrique auffi des draperies & diverfes étoffes de laine.

Courier part de Paris les Mardi, Jeudi & Samedi.

666. MAROC.

Ville d'Afrique en Barbarie, Capitale d'un Empire du même nom, à 100 lieues de Fez & 50 de Sus. Son Commerce,
dans l'efpece de celui de Tunis, ne fe fait gueres qu'avec
les Echelles du Levant. *Voyez* Tunis.

Voici les monnoies, poids & mefures ufités dans cet Empire.

Monnoies :

Xérif ou *ducat* 48 *blanquilles* ou 10 *l.* 5 *f.* 8 *d.* ¼ de France.
Blanquille... 20 *Fluces,* ou   » .. 4 .. 2 ...⅝ idem.
Fluce . . . .   » ... » . 2 .. 20/35 idem.

Le poids eft le *quintal* de 100 liv. d'Efpagne qui ne font
que 93 liv. de Paris. --- La *canne,* pour les aunages, porte
224 *lignes* de France. On s'y fert d'ailleurs de la *fanegue*
& de diverfes autres mefures d'Efpagne, auquel Royaume
l'Empire de Maroc fournit quelques fois des comeftibles.

667. MARSEILLE.

Ville Maritime de France en Provence, fur la Méditerranée, à 6 lieues d'Aix, 15 d'Arles & 168 de Paris. Son
Port eft très commerçant, très grand & très fûr. Il y a une
jurifdiction confulaire, & nombre d'états étrangers y ont des
confuls pour leur Commerce, favoir; l'état Eccléfiaftique,
l'Autriche, la Tofcane, l'Efpagne, Naples & les Deux-
Siciles, la Sardaigne, la Suede, le Danemarck, Malthe,
Venife, Gênes & Ragufe.

Commerce, Induftrie & Productions.

Les fabriques de cette Ville, font en étoffes d'or & de
foies, favons marbrés, rafineries de fucre, ouvrages de corail dont le prix eft de 5 liv. l'once. (On fait une pêche
de corail rouge dans le Golphe de la Méditerranée fur les
bords de la Provence,) tanneries en divers genres fur-tout
en marroquin & veaux de toutes couleurs, chapellerie confidérable, vitriol dont la préparation eft très bien faite en cette
Ville, liege de toutes qualités; il y a plufieurs fabriques
de bouchons, faïence émaillée dont la beauté, la fineffe &
le bon goût des formes la rendent prefqu'auffi belle que les plus
belles porcelaines du Royaume, tapifferies peintes à l'huile,
fur toiles, imprimées ou finies au pinceau, on les fabrique
au gré des demandeurs : il y en a de toutes couleurs & dans

une infinité de deſſins, les unes font façon de damas, latinades & étoffes à raz, d'autres en camayeux de diverſes fortes, d'autres enfin en payſages marinées avec figures Européenes, Chinoiſes, &c. On y emploie toutes toiles de Lyon les plus fines pour éviter en partie au droit de ſortie qui ſe perçoit ſur le poids, ce qui évite auſſi une partie du tranſport. On peut s'adreſſer pour ces objets à l'entrepreneur de la manufacture de l'arſenal de Marſeille, en lui envoyant les dimenſions de ce qu'on déſire.

Le poids de cette Ville, appellé poids de table, n'eſt que de 13 onces environ ; les 100 liv. de cette Ville n'en font que 80 ¾ de Paris, & 100 liv. de Paris y font 123 liv. ⅝.

La meſure des étoffes eſt la *canne*, les 100 font 166 aunes ⅔ de Paris.

La meſure des grains eſt la *charge*, elle peſe en bled 245 liv. poids de marc.

Les eaux-de-vie ſe vendent au *quintal* ; les huiles à la *millerole* qui peſe 144 liv. de Marſeille & environ 116 livres de Paris.

Le *laſt* de Commerce pour les affrétemens ſe compte à Marſeille pour 28 *milleroles* de vin ou d'huile, & pour 5000 liv. peſant d'eau-de-vie, ou autres marchandiſes ſeches ou liquides.

Les monnoies, les écritures & les traites ſur les places étrangeres ſont comme à Paris, *voyez* cette Ville.

Les lettres à vue ſur Marſeille ont 10 jours de grace après leur préſentation, celles à échéances doivent être acceptées ou proteſtées ſur le refus d'acceptation comme au défaut de paiement. Les billets à ordre valeur en marchandiſes n'ont que 10 jours de faveur, mais on a 3 mois pour en faire les diligences & pourſuites de paiemens.

Les marchandiſes venant du Levant directement & ſans avoir été entrepoſées en Italie, ſont exemptes en ce Port du droit de 20 pour cent, dont le détail eſt aux impoſitions indiquées au 2eme. volume de cet ouvrage.

Le Commerce eſt immenſe, il s'étend ſur la Méditerranée aux Echelles du Levant, & celles des côtes de Barbarie, dont les places les plus fréquentées ſont le grand Caire, Acre, Alexandrie, Seyde, Alep, Tripoly, Smirne, Satalie, pluſieurs Iſles de l'Archipel, Conſtantinople, pluſieurs Ports de la Morée, Tunis, Alger, le Baſtion de France, Tétuan & Salé ; & dans pluſieurs Villes d'Eſpagne, d'Italie, du Portugal, aux Iſles Françoiſes & à pluſieurs Port de l'Océan.

Le Levant.

L'exportation pour le Levant confifte :

En fruits fecs de Provence, *piaftres* en quantité, caffonnade, cochenille, corail taillé, papier, bonnets de laine rouge, draps de toutes fortes fins & communs, étoffes de foies, quincaillerie & mercerie. L'on en rapporte, laines, lin, coton filé & non filé, cuirs, peaux de chagrin, poil de chévre, foies & tapis de Perfes, momies d'Egypte, toiles blanches & teintes, café délicieux & connu fous le nom de Mocka, féné, gomme arabique, fafran, noix de galle, drogues pour l'épicerie & la teinture, piftaches, encens, opium, cire, & ftorax.

La Barbarie.

Les envois en Barbarie font dans les mêmes objets que ci-deffus, auxquels on joint des vins, laines, plumes d'autruche & féné, & les retours font en bled & cire.

La Morée.

La Morée reçoit les mêmes marchandifes que la Barbarie, fauf les laines, & donne en échange, huile, laines, foies blanches, coton & toiles.

L'Italie.

On porte en Italie des fruits fecs, miel & marchandifes du Levant, & on en retire de l'alun & des foies de Meffine & autres lieux.

L'Efpagne & le Portugal.

On y porte les mêmes marchandifes qu'en Italie, où l'on joint des objets des plus riches manufactures de France, & le retour eft en or & argent, vins délicieux, & bois du Bréfil, &c.

Les Ifles Françoifes de l'Amérique.

Reçoivent de ce Port quantité de farines, eaux-de-vie, liqueurs, vins, chapeaux, fouliers, bijoux, modes, quincaillerie, faience, porcelaine, argenterie, meubles légers mais beaux, bas de foies & de Galipoly, toiles des Indes, habillemens & toutes fortes d'ajuftemens d'hommes & de femmes. Elles fourniffent en retour, fucre brut, indigo & cacao, &c.

Ce détail fuffit pour faire connoître l'immenfité du Commerce de cette Ville, dont le principal objet pour l'intérieur du Royaume eft d'y fournir confidérablement d'épiceries & drogueries.

Cette Ville change comme Paris directement avec nombre de places étrangéres, elle a un corps de Banquiers de haute réputation, un autre d'Agents de change, plusieurs chambres & Compagnies de Commerce & d'Assurances pour toutes les parties de la terre & sur tous les genres d'armemens, & elle réunit une quantité de maisons considérables de Commerce & des commissionnaires très considérés.

Son Courier part de Paris les Mardi, Jeudi & Samedi à 2 heures.

668. MARSTRAND.

Ville maritime de Suede dans le Westrogothland. Elle est considerée comme l'entrepôt de Gothenbourg, dont elle fait le même Commerce. *Voyez* Gothenbourg.

669. MARTABAN.

Ville capitale d'un Royaume du même nom en Asie, dans la Presqu'Isle en deçà du Gange, sur le Golfe de Bengale. longitude 115-24 latitude 15-36. Elle a un Port très commode, & l'on y fait un grand Commerce en rubis & lacque dont ce Royaume a plusieurs mines.

670. MARTINIQUE (LA)

Isle de l'Amérique Septentrionale, une des Antilles, appartenante aux François, située en longitude 316 - 317. & en latitude 14. 20. 15. Ses principales places sont le Fort Royale & le Fort St. Pierre. On en retire sucre rafiné, indigo, café, rocou, coton, cacao, poivre, gingembre, écailles de tortues très belles, cuirs verds, drogues & gommes médecinales, & bois d'Accajou, & autres pour la teinture & la marqueterie; & l'on y porte toutes sortes d'étoffes de France en soyeries, à fleurs d'or & d'argent, & brodées en soies, marchandises de modes, bijouterie en quantité, meubles, ustenciles de ménage & pour la culture des terres, huiles fines, fruits secs, vins, eaux-de-vie, farines, & toutes marchandises de luxe & de nécessité: on y conduit aussi beaucoup de Negres de l'Afrique & du Congo. Cette Isle est à 1540 lieues de Paris.

671. MASBAT.

Isle des Philippines dans la Mer des Indes. Elle appartient aux Espagnols qui y ont des mines d'or très abondantes, mais d'une exploitation si dangereuse qu'elles sont preſqu'abandonnées. Son Commerce eſt en ambre gris qu'on trouve abondamment ſur la Côte, elle a des Ports très commodes aux vaiſſeaux qui y vont faire de l'eau

672. MASCAREIGNE. *Voyez* première Partie, page 187

673. MASULIPATAN.

Ville des Indes, ſur la Côte de Coromandel, dans les Etats du Mogol, à l'embouchure de la Criſma. latitude 16-32. Pluſieurs Nations Européenes y ont des comptoirs attendu le grand Commerce qui s'y fait, & la ſûreté de ſon Port On en tire toiles de coton, ſuperbes mouchoirs ſi connus ſous le nom de Maſulipatan, criſtal, grenat, indigo, toiles peintes eſtimées, ſur-tout celles au pinceau, topazes & autres pierreries, ceci pour l'Europe; & pour porter de cette partie de l'Inde en d'autre, on en tire auſſi, tels, ſerges, beaucoup de riz & diverſes étoffes légères. Les Nations qui y font le plus d'affaires ſont les Anglois, les François & les Hollandois.

On y compte par *pagodes* & *roupies* de 16 *atnas*. Il y a 2 *roupies*, celle d'or en vaut 14 d'argent. La *roupie* d'argent vaut 22 ſols $\frac{1}{8}$ d'Hollande, ou environ 2 liv. 7 ſols 5 deniers de France. Le poids eſt la *ſeyra*. 100 *ſeyras* ſont 56 liv. de Paris environ.

674. MATARO.

Ville d'Eſpagne dans la Catalogne, ſur la Méditerranée, à 6 lieues de Barcelonne.

Elle n'eſt remarquable au Commerce que par ſes verreries qui ſont très renommées.

675. MAUVESIN.

Ville de France, au Comté d'Armagnac, à 7 lieues d'Agen & 9 d'Auſch. Il s'y fabrique quantité de raz, droguets, burats & crêpons, dont le débit ſe fait à Montauban, Bayonne & Bordeaux.

Courier de Paris, par Auſch, Mardi & Dimanche.

676. MAYENCE.

Ville d'Allemagne au Cercle du Bas-Rhin; elle eſt ſur la rive gauche du Rhin, à 13 lieues de Worms, 8 de Francfort, 35 de Strasbourg, 34 de Cologne & 150 de Vienne.

Son territoire est très fertile en grains, & produit un des meilleurs vins du Rhin, qui y forme la principale branche de Commerce : cette ville est le passage par Transit de toutes les marchandises qui passent du Meyn dans le Rhin, & du Rhin dans le Meyn. A quelques distances de Mayence (dans le Rhyngau.) on a découvert une très bonne mine de fer, qui procure aussi de l'étain, de l'argent, quelqu'autres minéraux, & sur-tout du charbon de très bonne qualité, l'exploitation de cette mine (ouverte en May 1783) forme pour cette Ville un nouvel objet de Commerce très lucratif.

Pour ses monnoies & usages. *Voyez* Francfort sur le Meyn.

677. MAYENNE.

Ville de France dans le Mayne, sur la riviere du même nom très navigable, à 16 lieues du Mans, 20 d'Angers & 48 de Paris. On y fabrique quantité de toiles, dont les qualités sont égales à celles de Laval, & les prix vont de 20 sols à 3 livres 10 sols l'aune. On y fait aussi des serges, tremieres & des droguets de fil. L'aune la plus usitée est celle de Paris, qui est d'un 6me. plus foible que celle de cette ville.

Son Courier part de Paris les Lundi, Mercredi & Samedi.

678. MAZAMET.

Ville de France en Languedoc, au diocèse de Lavaur, entre Castres & Carcassonne. Le Commerce y est en fabriques de cordelats en blanc & musc, papier de toutes especes & de bonne qualité, & carton pour l'apprêt des moulins à draps.

Courier de Paris, par Carcassonne, les Mardi, Jeudi & Samedi.

679. MEACO,

Ville du Japon dans la Presqu'Isle de Hiphon, lat. 36. Elle est le centre du Commerce du Japon, & le rendez-vous de toutes les marchandises. On y trouve des étoffes d'or & d'argent de toutes especes, quantité de bijouteries, & autres objets des productions du Japon. Mais les Hollandois sont les seuls Européens qui ayent le droit d'y commercer, l'entrée de cette ville & de toute l'Isle étant défendue à toutes autres Nations.

680. MEHUN.

Ville de France en Berry, sur la riviere d'Yerc, à 4 lieues de Bourges & 46 de Paris. Le Commerce y est en grains de toutes especes, poix, foins, vins communs, laines en blanc, chanvre propre à fester & aux cordages qui est de 7 à 10 liv. la livre. Bestiaux, toiles communes, plins en quantité que les Festeurs vendent à Issoudun, Pologne & Orléans, fil écru gros & commun, de 10 f. à 26 f. la livre, bois pour chauffage, charpente & autres ouvrages, exploitation de plusieurs mines de fer & manufactures de papier de toutes sortes. *Courier, par Bourges, part de Paris les Mardi, Jeudi, Samedi & Dimanche.*

681. MEISSEN.

Ville d'Allemagne dans l'Electorat de Saxe, au confluent de l'Elbe & de la Meisse, à 4 lieues de Dresde & 12 de Leipsick. Il y a une belle manufacture de porcelaine de Saxe, très renommée & dont on fait un grand débit ; cette ville s'occupe aussi du Commerce de vin qui est assez conséquent.

682. MELINDE.

Ville d'Afrique dans le Zanguebar, Capitale du Royaume du même nom, près l'embouchure du Quilmancy. Son Commerce ne se fait que par les Portugais, qui en tirent de l'or, de l'ivoire, du vif argent & des esclaves. Ils y portent en échange diverses cottonades d'Europe & des Indes, toiles peintes, mouchoirs de Cambaye & quelques épiceries & denrées nécessaires à la vie.

683. MEMEL.

Ville & Forteresse de la Prusse Brandebourgeoise, avec un Port sur la riviere de Tangé, près de la Mer Baltique, à 48 lieues de Dantzick & 81 de Varsovie.

Le Commerce y est considérable en lins & chanvres de diverses qualités, graine de lin pour huile & sémence, mairain, douves, mâts & bois de sapin sciés & non sciés, de toutes beautés, quelque peu de froment de seigle & divers autres articles.

Comme le lin & les planches forment les plus fortes branches du Commerce de Memel, voici quelques renseignemens à leur égard.

Qualités & prix des Lins en argent d'Hollande.

Lin *Droyaner* & *Kupitzer Rakitzer* fin, de 8 à 9 Fl. la pierre de 33 livres.

dito, *Pompejaner Rakitzer* . . . . de 7 à 8. idem.

dito, Vier-brande, ou de 4 marques . . . . de 5½ à 6½ idem.

dito, de Pater-noster. . . . . de 4 à 5 idem.

dito, de Drey brande, ou de 3 marques . . de 3 à 4 idem.

Le fapin & furtout les planches fe payent en proportion de leur grandeur qui fe fuppute de la maniere fuivante.

On multiplie la longueur de la planche par fa largeur & fon épaiffeur, & le produit fe divife par 12 pour avoir des pouces cubes, ou par 144 pour avoir des pieds cubes, que l'on divife enfuite par 60, pour former un *Schock*, forte de terme fur le pied duquel les planches fe vendent, & qui contient toujours 60 pieds cubes.

Cette Ville fuit en tous points les ufages, monnoies, poids & mefures de Kœnisberg, par laquelle elle change avec les autres places de Commerce, mais en perdant toujours 1 p 8 pour prix du change & courtage.

---

684. MEUDE.

Ville de France, Capitale du Gévaudan, fur le Lot, à 12 lieues de Puy & 120 de Paris. Elle a plufieurs manufactures de ferges de différentes qualités.

Savoir :

Soies en $\frac{7}{16}$ dans les prix de 33 à 44 liv. la piece.

Dito, ½ aune *idem* ------ de 48 à 52 liv. *idem.*

Dito, dites efcots $\frac{2}{3}$ *idem* -- de 60 à 75 liv. *idem.*

Toutes les pieces de ces étoffes portent 34 à 35 aunes de largeur. On y tient auffi des Malbruck, qui ne cèdent en rien à ceux d'Angleterre ; il ne faut pour s'en procurer que s'adreffer au Directeur de cette manufacture, fans autre indication : il fatisfait à toutes demandes.

Son Courier part de Paris les Mardi & Samedi.

---

685. MENIN.

Ville des Pays-Bas, dans la Flandre Autrichienne, fur la Lis, à 6 lieues d'Armentierres, 3 de Lille, & 55 de Paris.

Les écritures s'y tiennent en *livres, fols* & deniers de *gros* comme à Bruxelles & Anvers. Le change ordinaire y eft de 56 deniers pour 3 liv. de France.

L'ufance eft d'un mois tel qu'il fe trouve être, les négociations fe font en argent de change & le Commerce en argent courant.

60 aunes de cette Ville pour dentelles n'en font que 35 de Paris, & 60 aunes pour toiles 36 de Paris.

Le Commerce consiste en colzat, toiles & dentelles dont le débit est considérable, grains de toutes espèces, scorion, pommes de terre, tabac, foin, bêtes à cornes & à laines, chevaux très beaux & de haute taille, & roues de voitures, &c.

Les poids & mesures sont comme à Lille. *Voyez* cette Ville & celle d'Anvers pour les monnoies.

Son Courier part de Paris, tous les jours à 10 heures du matin.

686. MERIDA.

Ville d'Espagne dans l'Estramadure, sur la Guadiana, à 55 lieues de Madrid. Elle est renommée par les engrais de bestiaux que procurent les pâturages de ses environs, où l'on trouve abondamment d'une herbe très utile pour la teinture de l'écarlate, on la nomme *coccum emaritense*.

687. MERVILLE.

Ville de France dans la Flandre, sur la Lis, à 3 lieues de Cassel, 7 de Lille & 50 de Paris. Elle est très commerçante par la navigation, de la Lis & de la Bourre. Le Commerce est en bois, bled, fèves, lins estimés, engrais de bêtes à cornes, manufacture de linge de table de toute beauté, qualité & façon ; on n'y fait rien en commun tout est en fin & demi lin, cette manufacture est la plus considérable de l'Europe en ce genre. L'on fabrique dans ses environs beaucoup de toiles qui se vendent aux foires & marchés de cette Ville & des Bourgs d'Etaire & de la Gourgne. *Voyez* l'état des foires & marchés.

Courier de Paris, par Bethune, tous les jours à midi.

688. MESCHED, ou THUS.

Ville de Perse dans le Korasan, à 20 lieues de Hichabone, lat. 37. On trouve dans une montagne près cette Ville de très belles turquoises d'un haut prix.

689. MESSINE.

Ville d'Italie dans la Sicile, sur le détroit du même nom, à 42 lieues de Palerme, 72 de Naples & 400 de Paris. Elle eſt la réſidence d'un conſul pour le Commerce de France, la ſûreté & commodité de ſon Port y attirent quantité d'étrangers.

Voyez Palerme, pour ſes monnoies, poids, meſures, aunages & uſages, &c.

Son Commerce eſt en ſoies très eſtimées, & dont le débit eſt conſidérable pour divers états de l'Europe & particuliérement la France, toiles de différentes eſpeces, lingeries communes pour la table, draps de pluſieurs qualités mais preſque toutes fines, fruits d'Italie & de toutes eſpeces & froment en abondance.

Son Courier part de Paris le Mardi, à 10 *heures du matin.*

690. METELIN.

Ville Capitale de l'Iſle de même nom, une des Archipels, à l'entrée du Golphe Guereſto. Le Commerce eſt en vins excellens, froment, figues, mâtures & planches de ſapin, & quantité d'huile très fine.

Courier de France, par Marſeille & Toulon.

691. METZ.

Ville de France, Capitale du Pays Meſſin, au confluent de la Moſelle & de la Seille, à 10 lieues de Toul, 10 de Nancy, 12 de Verdun & 70 de Paris.

Elle a une juriſdiction conſulaire : le Commerce conſiſte en grains, ſur-tout en orge & avoine, vins dits de Moſelle, eau-de-vie pour Liege & pluſieurs Villes d'Allemagne, ſels, confitures liquides, dont les mirabelles & framboiſes blanches ſont les plus eſtimées, liqueurs dont les huiles de café & d'anis ſont les préférées, ſerges de pluſieurs ſortes, droguets, étamines, ratines, draps façon de pinchinats, manufacture de lainage, bonneterie en laine à l'aiguille & au métier, elle eſt très renommée & les bas ne s'y vendent que de 30 ſ. à 3 l. la paire, ouvrages de bois de Ste. Lucie très recherchés, plomb, étain & épicerie d'Hollande. La carte de froment eſt de 100 livres de Paris, les poids & aunage comme à Paris, & la meſure des liquides eſt la *hotte*, qui contient 44 *pintes* de Paris ou 22 *pots*.

Son Courier part de Paris tous les jours à midi, ſauf le Mercredi.

692. MEXICO.

Ville de l'Amérique-Septentrionale, Capitale de la Nouvelle-Espagne, sur le bord d'un Lac du même nom, à 80 lieues de la Vera-Cruz & à 22 de la Puebla, long. 274, lat. 20 & 2167 lieues de Paris. Les Espagnols y font seuls le Commerce : ils en tirent, or, argent, pierres précieuses, laines, coton, sucre, cacao, soies, cochenille, plumes d'autruche, miel, beaume, ambre, sel, suif, cuirs, drogues médicinales & pour teinture & tabac ; ce qui rend ce Commerce un des plus riches de l'Univers.

693. MEXIQUE. (NOUVEAU)

Pays de l'Amérique - Septentrionale, dont Santa-Fé de Grenada, est la Capitale, située à 360 lieues de Mexico, 300 de la Nouvelle Orléans, 600 de Quebec & 2190 de Paris, long. 270-50, lat. 36-30. Il appartient aux Espagnols qui en retirent beaucoup d'or, d'argent, de turquoises, d'émeraudes, de crystal & de Perles, &c. La monnoie courante est la *piastre* d'Espagne. On y compte cependant par *Pesos* de 8 *réales* & le *réal* de 34 *maravedis*. Quant aux poids, aunages & mesures, *Voyez* Cadix.

694. MEZIERES.

Ville de France en Champagne, sur la Meuse qui la sépare de Charleville, à 5 lieues de Sédan, & 50 de Paris.

Il y a quantité de fabriques de serges, savoir, serges croisées en $\frac{4}{4}$, serges dites de Londres en $\frac{3}{4}$, serges demi Londres en $\frac{5}{8}$, serges communes drapées en $\frac{8}{9}$, & serges en 2 étamets en $\frac{6}{8}$. Leurs prix sont ; première qualité, de 4 l. 10 s. à 5-12 s. l'aune ; deuxieme, de 3 l. 5 à 3 l. 16 s. ; troisieme de 40 à 50 s. ; quatrieme, de 36 s. à 40 & cinquieme, de 30 à 35 s. Outre ce Commerce qui est très conséquent, on y fabrique des toiles de lin & de chanvre en toutes largeurs, dentelles en points & engrailures, façon d'Angleterre, bonneterie au tricot en gros bas de laine, chapellerie ordinaire & tannerie en cuirs forts.

Courier de Paris tous les jours à midi.

695. MEZIN.

Ville de France en Coudomois, à 3 lieues de Nerac. Son Commerce est en froment très beau, vins en quantité dont on fait beaucoup d'eau-de-vie, liege que l'on vend en nature ou en bouchons, cire, miel & cochons gras, dont la vente est considérable sur-tout à la foire qui se tient en cette Ville le 9 décembre de chaque année.

Courier de Paris (par Nerac,) les Mardi & Samedi à midi.

696. MIDELBOURG.

Ville des Pays-Bas, capitale de la Zélande, à 11 lieues de Gand, 30 d'Amsterdam & 80 de Paris : elle est au milieu de l'Isle de Walcheren, & a deux Ports dont l'un est fort bon.

CHANGE DES MONNOIES.

Noms des Monnoies	Valeur en argent.			
	du Pays.	de France.		
		L.	S.	D.
Florin	40 den. de gros	2	2	″
Livre de gros	20 sols de gros.	12	12	″
Sol de gros	6 f. communs.	″	12	4 4/5
Denier de gros	8 d. communs.	″	1	″ 5/11
Sol commun		″	2	″
Denier commun		″	″	2

La livre de gros est de 6 florins, ou 240 deniers de gros, le florin se divise en 20 *stuivers* ou *sols communs*, & le *stuiver* en 16 *penings*, le *sol de gros* est de même valeur que le *schelin*. Toutes les monnoies réelles sont comme à Amsterdam. Le change y est le même aussi, & Paris ne change avec cette ville que par Amsterdam.

Poids, Mesures, Usages & Commerce.

100 livres de cette ville font 95 1/4 de Paris.
100 aunes font 62 aunes 1/3 de Paris.

Les mesures des grains & liquides font comme à Amsterdam, & les usances de même.

Les écritures se tiennent en *florins, sols & penings*, & en *livres, sols & deniers de gros*.

Cette ville a une banque à l'instar de celle d'Amsterdam, mais qui ferme à Pâques & la Pentecôte pendant huit jours, & du 2 ou 15 Décembre au 2 Janvier.

Il y a deux fabriques de garances très bien préparées,

& en toutes qualités comme fines, groffes, communes, non robées & mulles, trois moulins à poudre, un à fcier les pierres, une fonderie de canons, plufieurs falines pour purifier le fel, & plufieurs fabriques d'amidon, favon, papeteries & verreries. Enfin fon Commerce eft fur toutes les branches de celui d'Amfterdam, & ce qu'elle à de particulier eft en vin & fel, elle tient divers articles en draps & autres marchandifes d'Angleterre, & elle fait nombre d'armemens en tous genres, tant par les Négocians que par fes Compagnies de Commerce qui font, 1°. Compagnie générale des Indes Orientales. 2°. Compagnie des Indes Occidentales. 3°. autre Compagnie pour le Commerce de la Côte de Guinée. 4°. Société de navigation pour les Colonies de Dimmerari & d'Effequebo. & 5°. Une forte Compagnie d'affurance.

Son Courier part de Paris les Lundi & Vendredi matin. Il ne faut pas affranchir.

697. MIGNE.

Fleuve d'Efpagne, dans la Galice, il eft d'un grand produit à cette Province par la pêche de Vermillon qu'on trouve fur fes bords. Il eft auffi abondant en efturgeons délicieux.

698. MILAN.

Ville d'Italie, capitale du Milanès, fur deux canaux qui communiquent à l'Adda & au Téfin, à 26 lieues de Gênes, 27 de Parme, 29 de Turin, 30 de Mantoue, 106 de Rome & 184 de Paris.

CHANGE DES MONNOIES.

Noms des Monnoies.	Valeur en argent.			
	du Pays	de France.		
		L.	S.	D.
Ecu - - - - - - - - -	117 fols. impériaux	5	19	9
Philippe - - - - - - -	106 - - - - - - -	5	8	6
Piftole de change - - - -	24 liv. courantes	18	6	„
Livre impériale - - - - -	20 fols impériaux	1	„	5 $\frac{1}{4}$
Sol dito, - - - - - - -	12 deniers dito - -	„	1	„ $\frac{1}{4}$
Livre courante - - - - -	20 fols courans - -	„	15	3

		L.	S.	D.
Sol courant - - - - - - - -	12 deniers dito, -	9	„	9 $\frac{1}{8}$
denier impérial - - - - -	- - - - - - - -	„	„	1 $\frac{4}{171}$
Dito courant - - - - - - -	- - - - - - - -	„	„	$\frac{61}{86}$

Paris donne 100 *ecus* pour environ 51 à 52 *ecus* de 116 *foldis*. Toutes les monnoies étrangeres ont cours en cette ville. *Nota*. Il faut (fuivant les réglemens du 14 Novembre 1750.) 156 fols courans pour 106 de change ; Paris change avec cette ville par Livourne & Genes.

Poids, Mefures & Aunages comparés à ceux de Paris.

100 livres de cette ville, *poids fubtil* font à Paris 65 livres $\frac{3}{4}$, & 100 livres *gros poids* font 153 livres $\frac{11}{13}$ de Paris.

100 *braffes* à foies font 43 aunes $\frac{11}{12}$ de Paris, & 100 *braffes* pour étoffes font 57 aunes $\frac{11}{12}$ de Paris.

Le *muid* de bled pefe 175 livres poids de *marc*.

Les mefures des liquides, *voyez* Livourne, & Rome.

Ufages & Commerce.

Les écritures fe tiennent en *livres fols & deniers* foit impériaux ou courans.

Cette Ville tire fur Amfterdam à ufance de deux mois de date. Sur Augufle ou Ausbourg & Vienne à ufance de 14 jours de vue. Sur Genes & Livourne à 8 jours de vue. Sur Paris & Lyon à ufance de 30 jours. Rome à ufance de 3 femaines après l'acceptation. Venife à ufance de 20 jours après la date. Londres à ufance de 3 mois après la date, & Naples à ufance de 15 jours. *Nota*. Il n'y a pas de jours de faveur à Milan, cependant le porteur peut accorder quelques jours fans protefl, pourvu qu'il ait eu foin de faire mettre le *vû* par un notaire, vû qui indique le jour de la préfentation d'une lettre à vue, ou tant de jours de vue, ou l'échéance fixe d'une lettre à ufance. L'Etranger tire fur cette ville aux mêmes échéances que ci-deflus.

Productions locales & d'Induftrie.

Milan fournit au Commerce quantité de fromages de Parmefan, appellés auffi *Lodi*, (ils font d'une qualité eftimée de toute l'Europe, mais les préférés font ceux dont la pâte eft jaune, ferrée & fans yeux) de fuperbes étoffes d'or & d'argent, du trait d'or, d'argent & de foie.

des soies filées & ouvrées en trame & organsin destinées pour Lyon, & plusieurs autres productions de l'Italie indiquées à Livourne.

Son Courier part de Paris les Mardi & Samedi matin. Il faut affranchir toutes les lettres.

699. MILO.

Isle de l'Archipel dont la Capitale du même nom de Milo, est située à 42 dégrés 44 min. de long. & 36 dégrés 33 min. de lat.

Elle est fertile en vins & fruits excellens, on y éleve quantité de bestiaux & surtout des chêvres, & l'on y exploite beaucoup de mines de fer & de soufre.

700. MINDEN.

Ville d'Allemagne au cercle de Westphalie, elle est sur le Weser, à 15 lieues d'Hanovre. Son Commerce est conséquent en fils, toiles de lin & surtout en toiles pour les napes.

701. MINORQUE.

Isle de la Méditerrance au Nord de celle de Majorque, sa Capitale est Citadella, située en lat. 39-40 à 333 lieues de Paris, elle est aux Anglois qui y ont établi l'entrepôt de leur Commerce du Levant. Ils en tirent bleds, vins, oranges, fruits & bestiaux, mais le Commerce est moins dans la Capitale qu'au Port Mahon, dont le port est aussi commode que sûr.

702. MIRANDE.

Ville de France en Gascogne, sur la Bayze, à 5 lieues d'Auch & 158 de Paris. Le Commerce y est en beau froment, vins en abondance, mais si mal façonné qu'il ne convient qu'aux habitans des Pyrenées, perdrix très recherchées, cochons dont la vente aux Bayonnois est considérable, laine, duvet, & plumes d'oye, bestiaux de toutes sortes, bas de laines au tricot, & mules qui se tirent de Poitou pour vendre aux Espagnols : cette Ville tient marché tous les lundis, & foires à la St. Denis & la Ste. Geneviéve, elle sont toutes deux très conséquentes.

Courier part de Paris les Mardi & Dimanche.

703. MIRECOURT.

Ville de France en Lorraine, chef-lieu du Pays de Vosge,

fur la Riviere de Maudon, à 10 lieues de Nancy, 12 de Toul & 72 de Paris. Son Commerce est en grains de toutes especes, eau-de-vie, navette, dentelles pour l'Allemagne, quantité d'instrumens de musique, orgues & serinettes, & ébenisterie.

Courier de Paris (par Metz) les Lundi, Jeudi & Samedi.

704. MITTAW.

Ville du Duché de Courlande, sous la protection de la Pologne, sur la Riviere de Boldereau, à 8 lieues de Riga & 96 de Varsovie.

Elle travaille un peu dans les articles de la Russie & de la Pologne, mais son principal objet est de faire des spéculations en especes pour la Russie, où elle en introduit de fortes quantités.

705. MOCKA.

Ville de l'Arabie heureuse, avec un bon port à l'entrée de la Mer Rouge, & à 15 lieues du détroit de Babelmandel.

Son Commerce est très considérable en café sur-tout mirrhe, diverses gommes, encens, baume, casse, aloës, sang de dragon & manne, ces marchandises s'échangent contre d'autres Européenes & sur-tout l'épicerie. Plusieurs nations d'Europe ont des comptoirs en cette Ville.

On y compte par *piastres* de 80 *cabirs* ou *carattes* : cette *piastre* équivaut à 4 liv. 6 f. 3 d. ½ de France environ.

Le poids est le *bokar* qui pese 405 liv. de France & se divise en 7 *farcelles* ou 10 *betels faguy*.

La mesure des liquides est le *teman* qui contient 40 *memecdas*, & le *memecda* 3 *chopines* de France.

L'aunage est la *queze* dont les 100 ne font qu'environ 50 aunes de Paris.

706. MODENE.

Ville Capitale du Duché de même nom en Italie, sur un canal entre le Panaro & la Sachia à 7 lieues de Boulogne, 10 de Parme, 36 de Milan, 74 de Rome & 252 de Paris : cette Ville a les mêmes usages que Boulogne & l'on en tire comme de cette ville, des étoffes de diverses sortes, velours, & organsins.

Son Courier part de Paris le Mardi matin ; on n'est pas obligé d'affranchir.

707. MONCONTOUR.

Ville de France en Poitou, fur la Dive, à 10 lieues de Saumur, 4 de Loudun & 65 de Paris. On y fabrique quantité de toiles de lin, dites Quintin, il y en a dont la finesse approche de la batiste de Picardie, il s'en débite beaucoup à Paris, dans plusieurs Provinces du Royaume, & il s'en fait des envois en Espagne & en Amérique, l'aune de cette ville est de 50 pouces.

Son Courier, par Loudun, part de Paris les Mardi & Jeudi.

708. MONDIDIER.

Ville de France en Picardie, à 7 lieues d'Amiens & 24 de Paris. Le Commerce n'est qu'en tricots & bonneteries de laine très confidérable, & dont les qualités des bas font si variées qu'il s'en vend depuis 9 livres jusqu'à 50 la douzaine.

Courier part de Paris tous les jours à midi.

709. MONTAGNAC.

Ville de France dans le Bas-Languedoc, au diocèse d'Agde, à 190 lieues de Paris.

Tout son Commerce est en étoffes de laine, dont les qualités font : 1°. Montauban étroit, piece de 40 aunes fur 18 pouces de largeur. 2°. Mêmes serges, piece de 40 aunes fur 20 pouces de largeur. 3°. Cordelats, piece de 40 aunes fur 26 pouces de larg. 4°. Ratines étroites, piece de 40 aunes, largeur $\frac{5}{7}$. 5°. Grandes ratines, piece de 20 aunes, largeur $\frac{5}{4}$. 6°. Razes communes, longueur de 40 aunes, largeur 18 pouces. 7°. Razes fines, piece de 40 aunes, largeur 22 pouces. 8°. Droguets façon d'Angleterre, largeur 19 pouces. *Nota.* Ces étoffes font en diverses qualités, façon & couleurs, & parties ratinées. 9°. Bergopzom croisés & communs. 10°. Serges de Gênes communes & fines en toutes couleurs & bien croisées. 11°. Raz de St. Cyr en soie, supérieurs à ceux de Lyon & Tours, & en toutes couleurs. 12°. Serges de soies idem, & 13°. Gros de Montauban idem. La vente de ces étoffes ne se fait, pour ainsi dire, que pendant la foire de cette ville. *Voyez* l'Etat des foires.

Courier, par Pezénas, part de Paris les Mardi, Jeudi & Samedi à 2 heures.

710. MONTARGIS.

Ville de France en Gâtinois, fur le Loing, à 6 lieues de Nemours & 31 de de Paris. Son Commerce eft en grains, vins, beurre la plus grande partie fondu, laine, beftiaux & diverfes manufactures, favoir, en draps d'une aune, ferges, trémieres de ½ aune, chapellerie, tannerie, corroyerie, papeteries confidérables & une manufacture royale d'acier fin.
Courier part de Paris les Mardi, Jeudi & Samedi.

711. MONTAUBAN.

Ville de France dans le Quercy, fur le Tarn, à 14 lieues de Cahors, 7 de Touloufe & 150 de Paris, elle a une jurifdiction confulaire.

Son Commerce eft en grains de toutes efpeces, fur-tout en froment & bled de Turquie, vins, & légumes le tout en abondance, farines de Minots propres aux armemens, étoffes de laine croifées appellées *cadis* de Montauban en diverfes largeurs & qualités, bas de foie dont il y a plufieurs fabriques, étoffes de foie en ferges, raz de St. Cyr, gros de Montauban, foies ouvrées en organfin, trame, poil, cordonnets, points de fil, & toutes efpeces de grenadines.

Le *fac* de bled de cette ville pefe 150 livres de Paris.

La mefure de longueur eft la *canne* plus forte de moitié de *l'aune* de Paris. 10 *cannes* font 15 *aunes*.

Le poids eft celui de *marc* ou de Paris.
Son Courier part de Paris les Mardi & Dimanche.

712. MONTBELLIARD.

Ville capitale d'une principauté du même nom, fituée au Nord-Ouest de la Franche Comté, elle eft proche les rivieres d'Alaine & le Doux, à 15 lieues de Bâle, 18 de Befançon & 85 de Paris. On y fabrique quantité de toiles de lin, bleues & blanches, rayées & à carréaux, très bonnes pour matelas, & qu'on nomme communément toiles de Montbelliard : elles fe vendent par pieces de 20 aunes de longueur fur ⅝ & ⅔ de largeur, le tout à l'aunage de Paris.

713. MONTELIMAR.

Ville de France en d'Auphiné, à 2 lieues de Viviers, 10 de Valence & 140 de Paris.

Le Commerce y eft en ratines & fergettes dont on fabrique près de 4000 pieces par an, & l'on y fait aussi une mégisserie & une ganterie qui sont tous deux en grande réputation.

Son Courier part de Paris tous les Mardi, Jeudi & Samedi à 2 heures.

714. MONTPELLIER.

Ville de France en Bas-Languedoc, sur la riviere de Lez qui est navigable, à 2 lieues de la Mer, 10 de Nismes, 20 de Narbonne, 15 d'Arles & 156 de Paris. Elle a une jurisdiction consulaire.

Industrie, Productions & Commerce.

Le Commerce est très considérable en épiceries & drogueries, & il ne l'est pas moins en vins que cette Province produit en abondance ; à ces objets se joignent le débit de verd de gris pour la peinture, la teinture & les médicamens, liqueurs & parfums de la plus grande réputation, soies en quantité pour Lyon & Marseille, bayette ou étoffe de laine qui imite la flanelle, tannerie dont les cuirs estimés passent en grande partie en Espagne, couvertures de laine d'un grand débit pour l'intérieur du Royaume & l'Etranger, étoffes de laine gauffrées fort estimées, cottonnades de bonnes qualités, & à l'instar de celles de Rouen, & toiles peintes assez belles.

Enfin, la situation de cette ville, voisine du Port de Cette & du Canal de Languedoc, où communique la riviere du Lez, l'a rendue la plus commerçante de cette Province. plusieurs de ses Négocians prennent des intérêts dans les armemens du Port de Cette & dans ceux de Marseille, surtout pour ce qui concerne l'importation des objets d'épiceries & drogueries.

Il y a plusieurs Banquiers & un petit nombre d'Agens de change, & elle est la résidence d'un consul pour le Commerce de Suède.

Poids, Mesures & Usages.

100 livres de cette ville font 83 livres ½ de Paris, & 100 livres de Paris font 120 livres de Montpellier.

100 *cannes* font 166 *aunes* ⅔ de Paris, & 100 *aunes* de Paris font 60 *cannes* de Montpellier.

Le *septier* de bled y pese 100 livres du Pays, & se divise en 2 *emines*.

Le *muid* de vin est composé de 100 *verges* ou 18 *septiers*, le *septier* 32 *pots*, & le *pot* est égal à la *pinte* de Paris.

Les huiles se vendent à tant de livre la charge de 4 *barals*, la *baral* est de 2 *emines*, l'*emine* de 2 *quartals*, & le *quartal* de 8 *pots* pesant 21 livres de cette ville : l'eau-de-vie se vend au *quintal*, ou *cent pesant*.

Cette place ne tire guère que sur Paris, Lyon & Marseille, & les lettres qu'on tire sur elle ont 10 jours de grace.

Pour les Foires. *Voyez* l'Etat au deuxieme Volume.

Son Courier part de Paris les Mardi, Jeudi & Samedi à 2 heures.

715. MONTRÉAL.

Ville de l'Amérique-Septentrionale dans le Canada, Capitale de l'Isle de même nom, sur le bord du fleuve St.-Laurent, long. 305-34, lat. 45-36. Il s'y fait un grand Commerce de pelleteries ou fourrures, sur-tout en peaux de castors & d'ours.

716. MONTRICHARD.

Ville de France en Tourraine, proche le Cher, à 10 lieues de Tourset & 64 de Paris.

Le Commerce y est en fabriques de toiles blanches toutes de lins du Pays, & en tannerie de gros & menus cuirs en quantité. La vente de ces objets se fait aux foires de cette Ville au nombre de cinq par année. *Voyez* l'état des foires.

Courier part de Paris les Mardi & Samedi.

717. MONTIVILIERS.

Ville de France en Normandie, sur la Lezarde, à 2 lieues du Havre & 44 de Paris. Son Commerce est en dentelles, toiles & petites étoffes de laine & beaucoup de tannerie pour le Havre & Rouen.

Courier de Paris, par Harfleur, tous les jours à midi.

718. MORLAIX.

Ville de France en Bretagne, sur la Riviere de même nom, à 12 lieues de Brest & 116 de Paris. Sa Riviere communique à la Mer. Il y a un Port aussi grand que commode, le ministere ayant eu soin de faire mettre des balives pour faire éviter tous écueils & dangers, & qui reçoit les plus gros vaisseaux. Elle a une jurisdiction consulaire & est la résidence d'un consul d'Espagne.

Productions, Industrie & Commerce intérieur & extérieur.

Espagne.

Cette Ville expédie en Espagne quantité de toiles crées & diverses autres marchandises telles qu'a Nantes; & elle en reçoit en retours, fers, vins, & fruits secs & verds.

Portugal.

L'exportation est aussi en toiles & en cuirs tannés, papier, & fil ouvré; on prend en retour fruits secs & verds, & quelques vins dont celui de Stuval est le plus estimé.

Hollande.

L'exportation s'y fait en cidre, miel, beurre, suif, graisse, toiles & papiers; le retour est en fromages, planches, fer, acier fin, gaudron, bray, chanvres, papier fin, lin à filer, bierre & grains de lin.

Angleterre.

L'on n'y exporte pour ainsi dire que de l'eau-de-vie & du thé, mais en grande quantité, & l'on en retire, laine & étain.

Irlande.

Charbon de terre, or monnoyé, chairs salées & tabac en quantité pour la manufacture royale de cette Ville, qui occupe plus de 700 ouvriers.

Indépendamment de ce Commerce, il s'en fait un très considérable en armemens pour les Colonies Françoises & les Indes, la pêche de la morue, la traite des Noirs & le cabotage dans tous les Ports de France, c'est ce cabotage sur-tout, qui est la principale branche de ce Commerce, les autres ne font que rarement en activité.

Poids, Mesures, Aunages & usages divers.

Poids mesures & aunages comme à Paris.

Le tonneau de grains de cette Ville pese en froment 2280 liv. poids de marc, le quartier ou boisseau pese 136 liv.

Cette Ville change avec l'étranger par Nantes & Paris dont elle suit les usages en toutes choses.

Il y a une Foire considérable qui s'ouvre le 15 8bre. & dure 3 jours francs. Il y en a 3 autres indiquées à l'état des foires mais elle font peu conséquentes.

Productions locales & d'Industrie.

L es productions de cette Ville & ses environs consistent

en grains & fruits, pierres & moëlons pour les bâtimens, ardoises d'une qualité médiocre, bêtes à cornes qui se vendent pour la Normandie, quantité de volailles pour les armemens, chevaux choisis pour les haras, lin de toute beauté, chanvre en abondance pour les cordages, beurre, suif, graisse, miel & cire qui se tirent par-tout l'intérieur de ce Royaume & particuliérement Nantes, Orléans & le Mans; il s'en vend beaucoup aussi pour la Hollande sur-tout le miel, huile de lin, tanneries considérables, papier qui se vend de 18 s. à 5 liv. la rame, & plomb provenant d'une mine située à 4 lieues de cette Ville & dans laquelle il se trouve un peu d'argent. Il y a ensuite nombre de fabriques de toiles de lin, dont le débit est immense, leurs diverses qualités sont crées larges en ¾ & ⅔ de large, pieces de 100 aunes. Rosconne & Gratienne en ½ aune de large, piece de 50 aunes. Toiles à carreaux, façon de Gingos en ⅞, elles se vendent à l'aune & non en pieces. Toiles à torchons & emballage. Toiles dites de ménage en ⅔ & ⅚ & mouchoirs de fil. Toutes les toiles portent la marque de la Ville & ne peuvent s'exporter à l'étranger que par le Port de cette Ville & celui de Landerneau.

Le Courier de Paris, pour cette Ville, part les Lundi, Mardi & Samedi à 2 heures.

719. MORTAGNE.

Ville de France dans le Perche, à 10 lieues d'Alençon & 35 de Paris. On y fabrique quantité de toiles de chanvre de toutes qualités & largeurs, & dont les prix sont très variés. L'on y trouve beaucoup de Poliveaux, toiles à paillasses & pour la peinture, serviettes en demi aune ½ quart de large & dont la piece de 4 douzaines ne se vend que 30 liv & l'on y prépare beaucoup de basanes tannées & en couches qui sont enlevées pour Paris, & les toiles pour Paris, Elbeuf, Rouen & en partie pour les Isles.

Le droit sur ces toiles est de 13 s. 9 d. par piece. On trouve en cette Ville quantité de rouliers qui se répandent par tout le Royaume.

Courier part de Paris les Lundi, Mercredi & Samedi.

720. MOSAMBIQUE.

Ville & Royaume d'Afrique, où les Portugais ont des Comptoirs. Ils tirent de ce Pays, or, argent, bois d'ébene, ivoire, esclaves, nattes, bétail, volailles, & diverses rafraichissemens pour leurs vaisseaux ; & ils donnent en échange, vins d'Espagne & de Canarie, huiles, étoffes de soie, laine, coton & corail taillé & brut.

721. Moscow.

Ville de Russie, Capitale de la Moscovie, sur la Moska qui se rend dans le Wolga, grande riviere qui se perd dans la Mer Caspienne, à 225 lieues de St. Pétersbourg, 200 de Bender, 330 d'Astracan, 356 de Constantinople, 630 d'Ispahan, 1200 de Pékin, & 660 de Paris, elle a un canal magnifique qui va se rendre à St. Petersbourg. Il y a en cette ville un consul pour le Commerce de France.

CHANGE DES MONNOIES.

Noms des Monnoies	Valeur en argent.			
	du Pays.	de France.		
		L.	S.	D.
Ducat d'or.............	2 roubles	10	"	"
Ducaton.................	12 grifs........	6	"	"
Rouble................;	10 grifs........	5	"	"
Rixdale...............	5 dito ...$\frac{2}{3}$....	2	14	"
Grif................	10 copecks	"	10	"
Copeck..............	2 moscoques...	"	1	"
Moscoque..............	2 souploka	"	"	6
Souploka..............	.........,	"	"	3
Altin...............	3 copecks	"	3	"

Paris donne 100 *ecus* pour environ 60 *roubles moscowites*, mais le change se fait par St. Pétersbourg où Moscow fait ses remises pour l'Etranger.

Poids, Mesures & Aunages comparés à ceux de Paris.

100 livres Moscovites valent 873 livres de France, & 100 livres de France valent 11 liv. 7 onces 2 gros & 15 grains de Moscow. Enfin la livre de Moscovie pese 8 liv. 11 onces 5 gros & 36 grains de France.

L'aune est de 28 pouces de France, 100 aunes de France n'en font que 156 de Moscowie.

100 livres particulieres de Moscow sont 64-14 de France.

Les écritures se tiennent en *roubles, grifs & copeckes*.

Pour les usances & usages de payemens. *Voyez* St. Pétersbourg, ainsi que pour son Commerce. Il y a nombre de superbes fabriques en soies, laines & cuirs de Roussi.

Son Courier part de Paris les Lundi & Vendredi. Il ne faut pas affranchir.

---

722. MOSUL.

Ville d'Asie, dans le Dierbeck, sur la droite du Tigre, longitude 59-20. latitude 35-30. Elle appartient aux Turcs qui y font un grand Commerce de mousselines qu'ils fabriquent en quantité dans cette ville, & qui y sont fort estimées.

---

723. MOULINS.

Ville de France, Capitale du Bourbonnois, sur l'Allier, à 14 lieues de Nevers & 70 de Paris. Son Commerce est considérable : il consiste en grains, vins, fruits, fourrages en quantité, exploitation de carrieres de marbre, pierres de grès, mines d'antimoine & charbon de terre, soies provenans des eleves de vers qu'on y fait fabriques de serges, étamines, droguets, ratines & crépons, cottonnades qui se font à l'hôpital de cette Ville, fil à coudre, bonneterie en laine, soie & coton, coutellerie rénommée, quincaillerie & moutarde assez recherchée. Les poids, mesures & aunages sont comme à Paris, dont le *Courier part pour cette Ville les Mardi, Jeudi & Samedi à 2 heures.*

---

724. MOUY.

Ville de France en Picardie, dans le Beauvoisis. On y fabrique quantité de serges dites de Mouy en demie aune deux quart & $\frac{3}{4}$ de large, & d'autres serges à lisieres bleues, & ces étoffes se vendent aux foires de Beauvais, St.-Denis, Paris, Amiens & Rouens, ainsi que la foire de cette ville, & les marchés qui se tiennent toutes les semaines.

Courier, par Clermont en Beauvoisis, part de Paris tous les jours.

---

725. MOYEN.

Ville de France en Lorraine, à 3 lieues de Luneville, & 78 de Paris. Tout son Commerce est en fayence, dont il y a plusieurs manufactures : sa solidité, sa blancheur, la beauté de son émail, la finesse, le goût, la variété de ses couleurs, formes, dessins, & l'avantage qu'elle a de ré-

sister

fifter au feu, font les qualités qui l'ont mife en grande réputation, & la font généralement rechercher de toutes les Provinces du Royaume & même de l'Etranger. *Courier par Luneville, part de Paris les Lundi, Jeudi & Samedi à midi.*

726. MOYENVICK.

Ville de France en Lorraine, à une lieue de la Seille & de Vic, & 6 de Nancy. Tout fon Commerce eft en fels qui coulent dans des fources fouterraines, & qui fe tirent par nombre de puits pratiqués à cet effet.

100 livres de cette eau falée rendent net 16 à 17 livres de fel, mais blanc & moins fort que le gris. Ces falines appartiennent au Roi, & ce fel fe vend au *muid* de 12 *minots*, pefant de 110 à 120 liv. l'un.

Courier de Paris, par Toul, les Lundi, Jeudi & Samedi.

727. MULHAUSEN.

Ville d'Allemagne dans la haute Alface, Capitale d'une petite République alliée des Suiffes. Elle eft fur l'Ill, à 5 lieues de Bâle & 6 de Colmar; elle contient plus de 60 manufactures de draps & droguets en laine, & quantité de fabriques en bas de galette, de foie, & de laine tant au métier qu'au tricot & drapés; & l'on y fait auffi beaucoup de couvertures de laine.

728. MULHEIM.

Ville d'Allemagne, fur le Rhin, au Duché de Berg, vis-à-vis la ville de Cologne, à 102 lieues de Paris.

Le Commerce confifte en diverfes fabriques de gros draps, une en draps fins, une en foie & velours, une en tabac, une en rubans, une en favon noir; & l'on y vend beaucoup de vin du Rhin.

Son Courier part de Paris tous les jours à 10 heures du matin. Il faut adreffer les lettres par Cologne.

729. MUNICK.

Ville d'Allemagne, Capitale de la Baviere, fur la riviere de l'Ifer, à 10 lieues d'Ausbourg, 20 de Ratisbonne & 180 de Paris.

CHANGE DES MONNOIES.

Noms des Monnoies.	Valeur en argent.			
	du Pays.	L.	S.	D
Ducat	4 florins. . .	10	"	"
Rixdale	1 ¼ florin	3	15	"
Florin, ou Gulden.	60 creutzers . .	2	10	"
Creutzer, ou Criche	. . . .	"	"	10

Paris donne 100 *ecus* pour environ 120 *florins* de 60 *creutzers*, & change avec cette ville par Ausbourg.

Poids, Mesures & Aunages comparés à ceux de Paris.

100 livres de Munick font 97 livres de Paris.
100 aunes de Munick font 49 aunes & demie de Paris.
Le *muid* de bled pese 160 livres poids de *marc*.
Les écritures se tiennent en *rixdales, florins & creutzers*. Les usages & échéances sont comme à Ausbourg, ainsi que le Commerce qui consiste principalement en orphévrerie & bijuterie. *Voyez* Ausbourg.
Son Courier part de Paris tous les jours. Il faut affranchir les lettres.

730. MUNSTER. *voyez* Osnabruck.

731. NAJAC.

Ville de France dans le Rouergue, sur la riviere d'Aveyon, proche Vil'efranche. Son Commerce consiste dans l'exploitation d'une mine abondante de cuivre rouge qui est dans son voisinage, & dans ses excellens Jambons.

732. NAMUR.

Ville des Pays-Bas Autrichiens, Capitale d'un Comté du même nom, au confluent de la Meuse & de la Sambre, à 12 lieues de Liege, 13 de Bruxelles & 60 de Paris; on y fait un très fort Commerce en fer dont il y a plus de 30 fourneaux en activité & quantité d'affineries, les environs de cette ville ont de belles carrieres de marbre, d'un gris bleu & noir au poli, ce marbre est connu sous le nom de marbre de Namur & se vend en grande partie aux Hollandois : on y fait de plus, un Commerce assez conséquent en pierres de Calamine, qui est une espece de *Zinc*, sorte de substance métalilque bleuâtre plus dure que le Bismuth , qui a la propriété de s'allier avec le cuivre & dont l'alliage forme le cuivre jaune.

Le plomb forme aussi une partie du Commerce de cette Ville, il est aussi estimé que recherché : enfin les terres pour creusets & pipes qui s'y vendent, sont aussi en réputation, la derniere est sur tout estimée des Hollandois qui en font de très belle faïence.

Les Etats de ce Comte ont supprimé, par une Ordonnance du 21 Juin 1783, le Droit de 60me. que toutes les marchandises & denrées étrangeres payoient à leur entrée

---

733. NANCY.

Ville de France , Capitale de la Lorraine , sur la Meuse , à 24 lieues de Luxembourg , 30 de Strasbourg & 66 de Paris.

CHANGE DES MONNOIES.

Noms des Monnoies.	Valeur en argent.			de France.		
	du Pays			L.	S.	D.
Louis de France - - - - - - -	31 liv,	»	»	24	»	»
Ecu de 6 liv. - - - - - - - -	7	10	»	6	»	»
Ecu de Lorraine - - - - - - -	3	»	»	2	5	»
Ecu de France - - - - - - -	3	15	»	3	»	»
Livre de Lorraine - - - - - -	20 sols - - -			»	15	»

Paris donne 100 ecus pour 129 à 130 ecus de Lorraine, & change en droiture avec cette Ville.

Poids , Mesures, Aunages & Usages divers.

100 liv. de Paris font 106 liv. de Nancy, & 100 aunes de Nancy, font à Paris 189 aunes ⅞.

100 aunes de Paris font 52 aunes ⅞ de Nancy.

Le *rézal* de bled pese 192 liv. de Paris , & le *sac* pese ordinairement 200 liv.

Les liquides se vendent à une mesure de 18 *pots* qui reviennent à 45 *pintes* de Paris , & les huiles se vendent au *quintal.*

Les usances font comme à Paris; il n'y a point de jours de grace. Les écritures se tiennent comme à Paris , & le Commerce consiste en bleds, orges, avoines, vin abondamment mais qu'on ne peut transporter, marbre, fer, alun , bois, aine, draps de ses manufactures de moyenne qualité, & bonneterie au métier, au tricot & en laine.

Son Courier part de Paris les Mardi , Jeudi & Samedi à midi.

734. NANKIN.

Ville de la Chine, Capitale de la Province du même nom, lat. 32-40. Elle est sur le fleuve du Kiang, partagée en plusieurs canaux pour la facilité de son Commerce qui consiste en toiles de coton, soies, porcelaines de la plus grande beauté, perles & diamans.

Pour les monnoies & usages, *voyez* Pekin.

735. NANTES.

Ville de France en Bretagne, sur la Loire & sur l'Erdre, à 90 lieues de Paris. Elle est une des plus commerçantes du Royaume par la proximité de la Loire, qui se perd dans la Mer à St. Nazaire, distance de 11 lieues de cette Ville. Elle est la résidence de plusieurs Consuls pour le Commerce d'Espagne, de Suede, de Prusse, de Pologne & du Danemarck, enfin il y a une jurisdiction consulaire, & une chambre de Commerce très considérée.

Poids, Mesures, Aunages & Usages divers.

100 liv. de cette Ville font 101 liv. de Paris.

100 liv. de Paris font 99 liv. de Nantes.

100 aunes de Nantes font 116 aunes ½ de Paris, & 100 aunes de Paris 85 aunes ½ de Nantes.

La mesure des grains est le tonneau qui pese 2200 liv. & revient à 9 *septiers* ½ de Paris.

Le tonneau de vin contient 2 *pipes*, la *pipe* 2 *bariques*, & la *barique* 120 *pots*. Les eaux-de-vie se vendent au *baril* de 29 *veltes*, la *velte* de 3 *pots* & le *pot* évalué 2 *pintes* de Paris. Les huiles se vendent au poids.

Les usages de paiemens protests & échéances de traites font comme à Paris.

Il y a deux foires assez conséquentes, la premiere s'ouvre le 2 Février & dure 5 jours, & l'autre est le 24 dudit. Il y en a aussi une troisieme appellée la foire Nantoise en Juin, dont la durée est de 15 jours.

Productions, Industrie & Commerce Intérieur & extérieur.

Le Commerce est de trois classes, savoir, l'intérieur, l'extérieur & l'importation. L'*Intérieur.*

Consiste à fournir aux Villes de France toutes les marchandises qu'elle tire de l'étranger, des Isles, & de ses productions locales & d'industrie, ce Commerce se fait presque tout par la voie d'Orléans, qui est considérée comme l'entrepôt de cette Ville. L'*Extérieur.*

S'étend chez presque toutes les Nations Européennes,

plufieurs Villes de l'Allemagne & aux Ifles, où s'exportent quantité de marchandifes de fes productions particulieres défignées ci-après & autres de l'intérieur du Royaume, & l'on y fait auffi beaucoup d'armemens pour la traite des Nègres.

Importation.

Nantes tire *des Ifles* : des fucres bruts, blancs & terrés qu'elle rafine, cacao, gingembre, caffe, indigo, café, rocou, coton en laine, cuirs de bœufs, bois de gayac, écailles de tortues, morues vertes & feches. De l'*Efpagne* : or, argent, fer laine, coton, huile & cochenille. Des *Ifles Canaries & Ports de Barbarie* : vins & étain. De *la Hollande* : harengs, poivre, gérofle, mufcade, canelle, amidon, colle forte, plomb, cérufe, cuivre, fil de laiton & de fer, fapin en planches, mâts, fuif, goudron, pipes à fumer, chanvre, cordages, huiles & favons de baleine & cuirs de roufly. De l'*Angleterre* : plomb, étain, couperofe & charbon de terre. De l'*Irlande* : chairs falées en barils, harengs, faumons, beurre, cuirs tannés & verds & quantité de fuifs. De la *Suede*, la *Pologne*, du *Danemarck*, d'*Hambourg* & des *Etats-Unis de l'Amérique* : des pelleteries, bois de conftruction, huiles de divers poiffons, potaffes, cire bray, goudron, fer, riz, tabac, bois pour mairain & autres en chêne & fapin, chanvres, cuirs verds, miel, fuif, vedaffes, tartre, térébenthine, lins & grains quelques fois, fchumach pour la teinture & la tannerie. Et des *Côtes de l'Afrique*, notamment la *Guinée*, *Gorée* & le *Sénégal* : quantité de Nègres pour les Colonies Françoifes, & pour l'Europe, poivre, civette, ambre gris, dents d'éléphents & morfil; l'on fait auffi en cette Ville des armemens pour les Indes dont les retours font détaillés à l'article de l'Orient.

Productions locales & d'Induftrie.

Elles confiftent en cercles de Chataigniers pour les tonneliers, fer & charbon de terre, provenans de fes mines voifines, grès très durs qui fe tirent de fes carrieres également voifines, toiles peintes dont il y a trois manufactures, étoffes & velours de coton, cottonades diverfes, couvertures, faiences, cordages, bonneterie, fergerie, tannerie, corroyerie, chapellerie, fonderie de canons, pioniers, & boulets de moyens & petits calibres, fels & farines de Minots de la meilleure qualité & plus eftimée aujourd'hui pour les armemens que les anciennes farines de Nérac, Moiffac & Montauban, la manufacture de ces farines eft la mieux établie du Royaume, toiles à voiles & autres, armurerie, arquebuferie & quincaillerie, &c. Tous ces objets occupent un grand nombre de manufactures & d'ouvriers en tous genres & rendent cette Ville une des plus mouvantes du Royaume.

A toutes les parties de Commerce ci-dessus on doit ajouter que Nantes fait aussi beaucoup d'affaires en banque & assurances sur tous les genres d'armemens.

Son Courier part de Paris tous les jours à 2 heures, sauf le Mardi & le Vendredi.

736. NAPLES.

Ville d'Italie, Capitale du Royaume de même nom, sur le bord de la Mer, où elle a un bon Port, à 44 lieues de Rome, 86 de Florence & 462 de Paris. Elle est la résidence d'un Consul pour le Commerce de France.

CHANGE DES MONNOIES.

Noms des monnoies.	Valeur en argent.				
	du Pays.	L.	S.	D.	
Ducat	10 carlins . . .	4	3	4	
Tarin	2 dito	"	16	8	
Carlin	10 grains . . .	"	8	4	
Ecu de Sicile	12 carlins . . .	5	"	"	
Once dito	30 dito	12	10	"	
Pièce de 6 Ducats	60 dito	25	"	"	
Dito . . . . de 4	40 dito . . .	16	13	4	
Dito . . . . de 2 . . .	20 dito . . .	8	6	8	
Dito . . . . de 6 carlins . .	60 grains . .	2	10	"	
Dito . . . . de	26 dito . . .	1	1	8	
Puplica	1 dito $\frac{1}{4}$ . .	"	1	3	
Pataque ou demi ducat	5 carlins . . .	2	1	8	
Grain		"	"	10	
Nota 24 grains font		1	"	"	

Paris donne 100 *ecus* pour environ 71 à 72 *ducats* de 10 *carlins. Nota.* Les banquiers de Naples ne donnent que 23 grains pour la livre de France, & ils exigent en paiement 24 à 28 *gros.* Paris change en droiture avec cette Ville, & Naples change aussi en droiture avec les principales places de l'Europe.

Poids, Mesures & Aunages, comparés à ceux de Paris. 100 liv. poids de 12 *onces,* font à Paris 65 liv. $\frac{5}{8}$

100 liv. poids de 33 *onces* font à Paris, 182 liv. ½.

100 *cannes* de Naples font à Paris 177 aunes ⅞, & 100 aunes de Naples, font à Paris 94 aunes ²⁄₇.

Le *tomoli* de bled pese 80 liv. poids de marc.

Le vins fe vendent au baril eftimé 40 *pintes* de Paris, & les huiles à la *falme* qui pefe 51 liv. ¾ de Paris ou de marc.

Les écritures fe tiennent en *ducats*, *carlins* & *grains*.

Naples tire fur Livourne & Rome à ufance de 20 jours de date; fur Venife, à ufance de 15 jours après l'acceptation; Gênes à ufance de 22 jours de vue; Palerme & Meffine, à ufances de 3 femaines, &c. Toutes ces Villes tirent aux mêmes échéances fur Naples, & les lettres fur cette Ville au-deffus de 10 *ducats* fe font fur les banques du St. Efprit, des Pauvres, du Mont de Piété, de St. Elifée & de St. Jacques, où les paiemens fe font le Samedi de chaque femaine pour les lettres à ufance; quant a celles à vue elles fe paient à la préfentation, les autres ont trois jours de faveur.

Commerce d'Importation & Exportation.

Cette Ville reçoit de l'Etranger, fucre & café de l'Amérique en grande quantité, toiles de Siléfie & d'Allemagne, ouvrages de modes de France de toutes efpeces, petites étoffes françoifes & étamines du Mans, quincaillerie d'Allemagne & de France, merceries &c. Elle donne en retour huile & favon eftimés, coriande, fleur de romarin, anis, tartre, raifin & fruits verds, fecs & confits, fouffre, manne de Calabre, diverfes foieries en étoffes, bas & camifoles au trico & à l'aiguille & quantité de foies gréges & mataffes, elle reçoit quantité de grains de la Sicile, mais plutôt pour fa confommation que pour exporter à l'étranger.

Son Courier par de Paris le mardi à 10 *heures du matin.*

707. NARBONNE.

Ville de France dans le Bas Languedoc, fur un canal tiré de la riviere d'Aude & qui fe rend à la mer, qui n'en eft éloignée que de 2 lieues. Cette Ville eft fituée à 20 lieues de Montpellier, 12 de Perpignan, 30 de Touloufe & 170 de Paris. Elle à une Jurifdiction Confulaire.

Son Commerce, eft confidérable en grains qui fe raffemble de tout le Languedoc en cette ville par le Canal Royal, (& qui fe répand dans la Provence, le Rouffillon & quelques fois l'Italie.) miel fort eftimé, bonneterie de laine & foie plus à l'aiguille qu'au métier, cuirs-forts & peaux légeres assez recherchés.

Son Courier part de Paris les Mardi, Jeudi & Samedi à 2 heures.

738. NAXOS.

Isle de l'Archipel, une des Cyclades, dont la Capitale du même nom est située en long. 43-25 lat. 37-10, elle appartient aux Turcs, & fournit au Commerce vins, figues, orge, coton, lin, soies, sels, bœufs, fromages, moutons, mulets, huiles, ladonum, marbre estimé & éméril, c'est par Marseille que la France commerce avec cette Isle & autres lieux du Levant.

739. NAY.

Ville de France dans le Bearn, à 5 lieues de Paû. On y fabrique beaucoup de bonneterie & de couvertures fines bien travaillées & qui ne se vendent que 17 à 18. liv. la piece.
Courier de Paris, par Paû, les Mardi & Samedi à midi.

740. NEGAPATAN.

Ville & établissement des Hollandois dans les Indes, au Royaume de Tanjaour, sur la côte de Coromandel, à 24 lieues de Pondichery, long. 97-48 lat. 11. Le Commerce y consiste comme à Bengale, en soie, riz, poivre, salpêtre, bois de teinture, cire, indigo, diamants & étoffes des Indes &c. *Voyez* Bengale.

741. NEGREPELISSE.

Ville de France dans le Quercy, sur l'Aveiron, à 4 lieues de Montauban, & 148 de Paris. Le Commerce est en quantité de fabriques de toiles ou futaines, chaîne en lin filé à la main & trame en coton filé au rouet, la vente s'en fait à Montauban & aux foires de Bordeaux : elles sont marquées en tête & queue où se lit d'un côté : *Toiles de coton de Negrepelisse*, leur largeur apprêtée est de 4 pans ½ ou $\frac{10}{12}$ de l'aune de Paris, & la longueur 40 aunes, & leurs prix est de 35 à 50 sols l'aune, elles se vendent communément en blanc, mais on en fait teindre en jaune, citron, bleu & verd.
Courier part de Paris les Lundi, Mercredi & Samedi.

742. NEGREPONT.

Ville de Grèce, Capitale de l'Isle de même nom, dans l'Archipel, long. 42-4 lat. 38-52.

Le

Le Commerce y est très conséquent en bled, vins & coton. *Voyez* Smyrne pour plus de détails.

743. NEMOURS.

Ville de France en Gatinois, sur la riviere du Loing, à 5 lieues de Fontainebleau & 18 de Paris. Son Commerce est en bled, avoine, menus grains, volailles, beurre, fromages, œufs, gibier, bœufs, veaux, vaches, porcs, moutons, chevaux, ânes, dont les engrais sont considérables ainsi que les envois à Paris, pépinieres nombreuses en ormes, peupliers, frênes, sicomore, caroline & autres arbres dans les grosseurs de 4, 5, 6 & 7 pouces, talons de bois pour souliers d'hommes & femmes, cuirs dont la tannerie est estimée, chapellerie commune mais considérable pour les troupes, & verrerie pour bouteilles. Il y a plusieurs foires, *Voyez* l'état des foires. *Son Courier part de Paris les Lundi & Jeudi à 2 heures.*

744. NERA.

Isle d'Asie dans les Indes, la deuxieme de Banda, à 24 lieues d'Amboine. longitude 146-48. latitude mérid. 4-29.

Les Hollandois y ont un Fort appellé *Nassau*, où ils font leur Commerce, qui consiste à tirer de cette Isle beaucoup de noix muscade & des fruits.

745. NERAC.

Ville de France en Gascogne, dans le Condomois, sur la riviere de Baize, à 3 lieues de Condom, 4 d'Agen & 156 de Paris. Le Commerce y est considérable en grains, farines de Minots, & fabrication de biscuits pour les armemens, vins rouges & eaux-de-vie en quantité, tannerie de cuirs, fabriques de bonneterie, & chaudronnerie assez conséquente.

Le *sac* de bled de cette Ville pese 130 à 135 livres, & le *baril* de farine, dite de *Minots*, pese net 180 livres poids de *marc*, seul poids que cette Ville connoisse ainsi que l'aune de Paris.

Le *baril* de vin est de 4 *barriques*, le *barrique* 32 *veltes*, & la *velte* de 6 *pintes* de Paris.

Nota. Toutes les marchandises de cette Ville expédiées pour les Colonies Françoises ne payent aucun droit de sortie.

Son Courier part de Paris les Mardi & Samedi.

746. NERICIE.

Province de Suède dans les Terres, fur le Lac Watel.
On y exploite des mines de fer, d'alun, de foufre &
d'argent, mais les dernieres font peu en activité. Orebro eft
la capitale de cette Province, elle eft fituée fur la riviere
de Trofa, à 4 lieues d'Arboga. longitude 33-28. lat. 59-10.

747. NERVA.

Ville de Ruffie, dans la Livonie, fur la riviere du même
nom, à 30 lieues de Riga.
Pour les monnoies & autres ufages. *Voyez* Revel.
On tire chaque année par la Druina plus de 1000 batteaux
chargés en bois de chênes pour les bordages, mâts, chanvre, lin, diverfes graines, grains, froment en très grande
quantité, goudron, braye, poix, cendres pour les favonneries & verreries, cire, fuif, bourdillon & beaucoup de
planches de fapin ; & l'on y porte en échange beaucoup
d'épiceries, vins de France & du Rhin, fels dont le débit
eft très confidérable en ce pays, tabac, fucre, vinaigre,
mercerie, papier, & quelques étoffes communes en laine.
*Son Courier part de Paris les Lundi & Vendredi
matin. Il ne faut pas affranchir.*

748. NEUFCHATEL.

Ville de Suiffe, capitale de la Principauté, & fur le Lac
du même nom, à 16 lieues de Laufanne, 8 de Fribourg
& 96 de Paris. Ses monnoies & ufages font les mêmes qu'à
Berne. *Voyez* cette Ville.

Poids, Aunages & Mefures.

Il y a deux poids en cette ville, celui de *fer* & celui de
marc. Le poids de *fer* eft de 17 *onces*, & fert pour les
groffes marchandifes, & celui de *marc* eft de 16 *onces*
comme à Paris, & ne fert qu'aux marchandifes fines. Il eft
bon en achetant, comme en vendant en cette ville, de s'ex-
pliquer fur la nature du poids.
L'aune eft de 3 pieds 9 pouces 4 lignes 8 points. *Voyez*
fur celà la table des *aunages*.
Les mefures des liquides font le *muid* de 12 *fepiers*, ou
260 *pintes* de Paris, le *fepiers* de 16 pots ⅖, & le *pot* de 4
pouces de diamètre fur 10 *pouces* 5 *lignes* 3 *points* de hauteur.
Celle des grains eft comme à Berne.

Productions, Industrie & Commerce.

Le Commerce & les productions de cette Ville & ses environs consistent en vins blancs & rouges, à-peu-près semblables aux Bourgognes, gros pâturages, bestiaux dont on fait beaucoup d'élèves & d'engrais ; toiles peintes très estimées de ses manufactures, fil de fer, fonderies en cuivre, papeteries, dentelles, horlogerie & imprimeries qui fournissent considérablement à l'étranger.

Il y a trois Foires par an : la premiere à la Chandeleur ; la deuxieme à la St. Jean, & la troisieme à la Toussaint, elles ont chacune 12 jours de durée. Il y a aussi marché tous les Jeudis.

Nota. Tous les Sujets de cette principauté sont exempts de tous droits, impôts & péages, tant pour l'entrée que pour la sortie de leurs marchandises.

Courier de Paris, pour cette Ville, part les Lundi, Mercredi & Vendredi à 2 heures. Il faut affranchir jusqu'à Pontarlier.

749. NEUILLE-PONT-PIERRE.

Bourg de France, proche la ville de Tours, sur le bord des Routes de Bretagne & du Mans. Il est renommé par ses droguets & serges, tiretaines dont la chaîne est de fil & la trame de laine ; il y en a de toutes couleurs, & les largeurs sont en ½ aune & ¾. Il s'y fait en outre, des couvertures de laine, beaucoup d'étamines de toutes couleurs, & serges croisées de Seigneur, à carreaux, & d'Agen en différentes qualités ; & il s'y tient toutes les semaines un fort marché de veaux, moutons, étamines blanches, toiles canevas, faience, toiles de coton & cotonades qui se fabriquent dans les environs, & se revendent aux marchés de ce Bourg, ainsi qu'à ceux de Neuvy, ville distante d'une lieue, qui se tiennent tous les Lundis. *Voyez* l'état des Foires pour celles de ce Bourg. *Courier de Paris, par Tours, par tous les jours à 2 heures.*

750. NEUILLY ST. FRONT.

Ville de France dans le Soissonnois, à 6 lieues de Soissons. On y fabrique quantité de serges, façon du Berry, & autres drapées de 3 aunes ¼ de large ; il s'y fait aussi de la bonneterie, de la chapellerie, tannerie & tisséranderie.

Son Courier part de Paris tous les jours à midi.

751. NEVERS.

Ville de France dans le Nivernois, sur la Loire, à 13 lieues de Moulins, 9 de Bourges & 57 de Paris. Elle a une jurisdiction consulaire. Son Commerce est en froment, vins, fourrages, exploitation de fortes mines de fer & de carrieres de pierres blanches de la plus grande beauté, fabriques de draps & serges communs, tanneries de cuirs assujettis aux réglemens de ceux de la halle de Paris, où ils sont envoyés, manufactures de belle faience & ouvrages de crystal & d'email très estimés. Sa mesure pour le bled est le *boisseau*, huit forment le *septier* de Paris, le *boisseau* de Nevers étant estimé, peser en bled 30 liv. de Paris.
Son Courier part de Paris les Mardi, Jeudi & Samedi.

752. NEWCASTLE.

Ville d'Angleterre, Capitale du Northumberland, sur la Tine, à 7 milles de la Mer & 212 de Londres. Elle a un très bon Port toujours rempli de vaisseaux chargés de charbon de terre, qu'elle expédie à plusieurs Nations de l'Europe & particulièrement la France & la Hollande.
Son Courier part de Paris les Lundi & Jeudi à 10 heures du matin.

753. NEWZOLL.

Ville de la Haute-Hongrie, sur la Riviere de Gran. Long. 37-25, lat. 48-32. Elle renferme plusieurs mines abondantes de cuivre très estimé, & dont elle fait un très grand Commerce.
Son Courier part de Paris tous les jours, sauf le Mercredi; il faut affranchir.

754. NICARAGUA.

Province de l'Amérique-Septentrionale, dans l'Audience de Guatimala dans la Nouvelle-Espagne. On en tire quantité de cacao & de sucre, & le poisson qui fournit la pourpre. Léon de Nicaragua, est la Capitale de cette Province, située sur un grand lac à 12 lieues de la Mer du Sud, long. 291-24, lat. 12-26.

755. NICE. *Voyez* Turin.

756. NICHEBOURG.

Ville de Perse dans le Korassan, à 20 lieues de Mesched, long. 74-50, lat. 35-22. Elle est remarquable par une riche mine de turquoises, qui ne s'exploite que par ordre du Roi de Perse, qui seul dispose de ces riches pierres.

757. NIEUBOURG.

Ville d'Allemagne, sur le Vefer, à 10 lieues d'Hanovre. On y fait un fort Commerce en bled, laine, lin, miel & beftiaux, dont le débit n'eft qu'en Allemagne.

758. NIEUCHEN.

Ville de la Chine, dans la Province de Chekiang, lat. 29-33. Elle fait exploiter de fortes mines de cuivre & fait un grand Commerce de papier de foie.

759. NIEUPORT.

Ville des Pays-Bas Autrichiens, fur un Canal qui communique à Furne, Oftende, Dunkerque, Bruges, &c. & va fe jetter dans la Mer à un quart de lieue de la Ville. Son Commerce, qui fe fait prefqu'en entier avec les contrebandiers Anglois, ne confifte, ainfi que celui de Blankenberg, qu'en pêche, de divers poiffons & fur-tout du hareng & de la morue : cette pêche vient d'être affranchie par l'Empereur de tous Droits fur le poiffon falé.

760. NIEVES.

Ifle de l'Amérique-Septentrionale, une des Antilles appartenante aux Anglois, elle eft à 10 lieues de St. Chriftophe lat. 17, & produit beaucoup de fucre, tabac, coton & gingembre.

761. NIGRITIE. *Voyez*, page 179 de la première Partie.

762. NIORT.

Ville de France en Poitou, fur la Sevre, à 15 lieues de Poitiers, 15 de la Rochelle & 92 de Paris. Elle a une jurifdiction confulaire. Son Commerce eft en bled dont on fait beaucoup de chargemens pour Bordeaux & Nantes, farines qui fe fabriquent à 4 lieues de cette Ville, quantité de beftiaux, fabriques de diverfes peaux pour gants, culottes, veftes de cavaliers, peaux de moutons, dont le dégras très renommé eft recherché de plufieurs autres fabriques. Siamoifes en coton de Rouen, diverfes étoffes de laines communes de Montauban, de Languedoc & Lille, laine non filée, & ferges du Pays dites Pinchinats, molletons carifés, boulangés & tiretaines. Le boiffeau de bled de cette Ville pefe 30 liv. en bled.

Niort a plufieurs foires indiquées à l'état de la quatrieme Partie de cet ouvrage.

Son Courier part de Paris les Lundi & Samedi à midi.

763. Nismes.

Ville de France dans le Bas-Languedoc, à 6 lieues d'Arles, 10 de Montpellier & 148 de Paris. Elle a une jurisdiction consulaire. Le Commerce y est considérable en graines de jardins & végétaux de toutes especes, vins, huiles, liqueurs, fruits, velours, pluches, serges, gros de tours & taffetas, le tout en soie & très recherché, autres étoffes mêlées de coton & fil, dites *fleurettes*, rayées, cadrillées, moërées, façonnées & rayées, burats mêlés de laine & filosel, bas de soie au métier, & autres tricotés en soie, bonneterie en laine & coton, tannerie & chamoiserie ; tous ces objets sont du plus grand débit pour l'intérieur du Royaume & les Etrangers, ainsi que les filatures de soie qui se font supérieurement en cette ville.

Nismes tient aussi beaucoup d'autres étoffes & marchandises, mais qu'elle tire de diverses manufactures de France pour répandre en partie dans sa Province. C'est à la foire de Beaucaire que s'enleve la majeure partie de ses marchandises ; cette foire, déjà indiquée à l'article de Beaucaire, commence le 22 Juillet.

Son Courier part de Paris les Mardi, Jeudi & Samedi.

764. Nogent-le-Roi.

Ville de France en Champagne, sur la Marne. Le Commerce y est en grains de toutes especes, & foins pour l'approvisionnement de Paris ; & on y fait de la bonneterie en laine & coton, mais cet objet est peu conséquent.

Son Courier part de Paris les Lundi, Mercredi & Vendredi.

765. Nogent-le-Rotrou.

Ville de France dans le Perche, sur l'Huisne, à 12 lieues d'Alençon, 12 du Mans & 28 de Paris. Il y a beaucoup de fabriques en toiles ou treillis de $\frac{3}{4}$ & $\frac{5}{8}$ de largeur, fils d'esmets qui s'emploie presque tout à Mortagne, cuirs tannés dont les $\frac{3}{4}$ sont pour Paris, & quantité d'étamines & droguets en laine & soie, & en fil & laine dont le débit est considérable pour Paris, Lyon, Rouen, Orléans, & partie en Angleterre & Hollande.

Courier de Paris tous les Mercredi & Samedi.

766. NOIRMOUTIER.

Ville de France, Capitale d'une Isle de même nom, sur les Côtes du Poitou : elle est fertile en bons pâturages & marais salaus qui lui procure un fort Commerce de sel.

767. NORWEGE. *Voyez* Bergen.

768. NOVOGOROD.

Ville de Russie, Capitale du Duché du même nom, sur la riviere de Wolchowa, à 5 lieues de Pleskow, 100 de Moscow & près du Lac Imen. Cette Ville est très commerçante par l'entrepôt dont elle sert à toutes les marchandises du Levant, ainsi que par les cuirs très estimés qu'on y trouve.

769. NOVY.

Ville d'Italie dans l'Etat, & à 12 lieues de Gênes, 5 de Tortone & 192 de Paris. Cette ville a les mêmes monnoies, poids, mesures & aunages qu'à Gênes. *Voyez* cette ville. Mais sa monnoie de change est l'*ecu* d'or *marc*, évalué à 9 livres de France, il ne varie jamais, & sert à la teneur des livres. On le divise en 20 *sols*, & le *sol* en 12 *deniers*. Cette ville n'a d'autre Commerce que celui de Gênes qui trouve un débit immense dans les Foires de Novy les plus considérables de l'Italie. Il y en a quatre par an ; la premiere de la Purification, s'ouvre le premier Fèvrier ; la deuxieme de Pâques s'ouvre le premier Maî ; la troisieme s'ouvre le premier Août & la quatrieme dite des Saints s'ouvre le premier Novembre ; elles durent 8 jours chacune. Les affaires de banque ont beaucoup de part à ces foires. On n'y paie ni ne peut protester contre le défaut de payement les lettres de change qui ont des endossemens, il faut qu'elles retournent à leurs endosseurs, ainsi il est essentiel de n'avoir pour cette ville que des lettres tirées sur ses foires au profit direct du porteur, qui ne doit les transporter à d'autres que sur la confiance de son acquit.

Nota. Quoique les foires de Novy se tiennent quelquefois à Sestri-di-Levanti, Stè. Margueritte, Rappalo & Bisenzonne, les lettres ne se tirent cependant que sur les foires de Novy & Bisenzonne.

Son Courier part de Paris le Mardi matin. On affranchit à la volonté.

770. N O Y O N.

Ville de France en Picardie, fur la Vorfe, à 10 lieues de Soiſſons & 25 de Paris, la Vorie communique à l'Oiſe dont elle n'eſt éloignée que d'un quart de lieue.

Son Commerce principal eſt en grains en quantité, toiles des lin, dites *demi-Hollande* en $\frac{3}{4}$ de large, trufette en $\frac{9}{16}$ & batiſte dont le plus grand débit ſe fait à St. Quentin. Il s'y fabrique auſſi des toiles de chanvre, toiles de coton à l'inſtar de celles de Troyes en $\frac{7}{8}$ de largeur & 16 aunes de longueur, beaucoup de bonneterie en laine, fil & coton, ſur-tout à l'hôpital, chapellerie commune, & tanneries aſſez conſidérables, dont les cuirs ſe débitent dans le Cambraiſis, le Hainault & la Flandre Françoiſe & Autrichienne.

Le *feptier* de bled de cette ville peſe communément 290 livres poids de *marc*.

Son Courier part de Paris tous les jours à midi.

771. N U B I E.

Royaume d'Afrique, dont la capitale eſt Dangala, ſituée ſur le Nil, longitude 52-10 latitude 15-6. Son Commerce & ſes productions conſiſtent en bled, ſucre, or qui ſe trouve le long des rivieres, musc, ivoire, bois de ſandal, chevaux & peaux de divers animaux. Ces marchandiſes ſe tranſportent en grande partie de Dangala au Caire, où s'en fait la vente.

772. N U I T S.

Ville de France en Bourgogne, ſur le ruiſſeau de Muzin, entre Dijon & Beaune, proche la premiere de ces villes, à 70 lieues de Paris.

Tout ſon Commerce eſt en vins très recherchés par leur bonne qualité, & dont on fait des envois chez toutes les Puiſſances & Nations de l'Europe.

Son Courier part de Paris les Lundi, Mercredi & Vendredi à 2 heures.

773. N U R E M B E R G.

Ville d'Allemagne, Capitale de la Françônie, ſur le Pegnitz, à 20 lieues de Ratisbonne, 24 d'Ausbourg & 160 de Paris. Elle eſt très commerçante, & travaille beaucoup avec la Hollande.

Change.

CHANGE DES MONNOIES.

Noms des Monnoies.	Valeur en argent.			
	du Pays	de France.		
		L.	S.	D.
Rixdale	1 florin ½	4	„	„
Florin	30 ſchellins . . .	2	13	4
Schellin	2 creutzers . . .	„	1	9 ⅓
Creutzer	4 fénins	„	„	10 ⅔
Ecu d'Empire	2 florins	5	6	8
Louis blanc de France.	2 dito	5	6	8
Fénin		„	„	2 ⅓

Paris donne 100 *ecus* pour environ 79 à 80 *rixdales* de 90 *creutzers*, & change avec cette ville par la Hollande.

Poids, Meſures & Aunages.

100 livres de Nuremberg ſont à Paris 104 livres.

100 aunes de Paris font 178 aunes de Nuremberg.

Le *ſimmera* de bled peſe 460 livres de Paris.

La meſure des liquides eſt l'*eymer* de 64 *pots* du Pays, chaque *pot* d'environ 8 *pintes* de Paris.

Les écritures ſe tiennent en *rixdales*, *creutzers* & *fénins*. Cette Ville tire ſur Amſterdam, Hambourg & Francfort à uſance de 14 jours de vue; ſur Ausbourg & Veniſe à uſance de 15 jours après l'acceptation; ſur Londres, Paris & Lyon à uſance de 30 jours de date; ſur Vienne à uſance de 14 jours de vue, & encore ſur Francfort & Lyon en foires. L'uſance des lettres ſur Nuremberg eſt comptée de 14 jours de vue, y compris les Fêtes & Dimanches. Les lettres à uſance ont 6 jours de faveur, & celles à vue n'en ont point.

Cette ville a une foire franche tous les ans, elle commence à Pâques, & dure trois ſemaines, aucunes marchandiſes ne payent de droits d'entrée & de ſortie pendant cette foire, & ceux qui ſe perçoivent hors ce temps ſont très modiques, ſur-tout à la ſortie.

Commerce, ou Productions locales & d'Induſtrie.

On tire de cette ville quantité de mercerie & clinquaillerie, dont le Commerce eſt conſidérable, & ſe répand dans toutes les parties de la Terre, cuivre en plaques & ouvrés en toutes ſortes d'uſtenciles de néceſſité & commodité, fer ouvré & non ouvré, & de toutes fortes ; taillanderie, ouvrages de tour, en bois & ivoire, très délicats & recherchés, automates & machines mouvantes très curieuses, chaines en divers métaux de la plus grande finesse, filagrammes & fils d'or, d'argent & en traits, & joujoux d'enfans de toutes les façons imaginables & dans une quantité surprenante.

On lui porte de l'Etranger, sur-tout la Hollande, épiceries de toutes fortes, gingembre, poivre, sucre, indigo, cassonnade, bois rapés & moulus pour la teinture, cuirs forts de Russie & autres, dents d'Elephans, camelots, draps, serges, carisets, flanelles & diverses étoffes de laines légeres ; enfin toiles peintes des Indes, autres fines d'Hollande, mousselines & batistes.

Son Courier part de Paris tous les jours à 10 heures du matin, sauf le Mercredi ; il faut avoir soin d'affranchir jusqu'à la frontiere de France.

774. N Y O N.

Ville de Suisse, au Canton de Berne, près du Lac, & à 4 lieues de Geneve & 6 de Lauzanne.

Le Commerce est en horlogerie de toutes especes de montres, & en tanneries considérables dont les cuirs & peaux font fort estimés par la supériorité de leurs apprêts ou préparations. Il s'en exporte en France, en Hollande & en Angleterre. *Voyez* Berne pour les usages.

Courier de Paris, par Berne, les Lundi, Mercredi & Vendredi.

775. O L E R O N.

Isle de France, sur la Côte d'Aunis & celle de Saintonge, à 129 lieues de Paris.

Cette Isle, qui se trouve dans les parages de la Riviere de Bordeaux, produit des sels de Mer les plus beaux & les plus purs possibles, à raison des soins de la fabrication. Des vins, des eaux-de-vie, qui s'enlevent pour le Nord & pour la Manche.

La Côte Méridionale de cette Isle étant bordée de rochers périlleux, écueils des Navires qui entrent & sortent de la Riviere de Bordeaux, le Roi a ordonné d'après le projet de Mr. Comperelaubier, négociant de ladite Isle, un établissement des deux Balizes, élevées sur les dunes de sables, indicatives de sept petites anses ou enfoncemens entre ces ro-

chers, ou on peut fauver les équipages, les cargaifons &
quelques fois les navires que la tempête force à faire côte.
Ces anfes & ces balizes qu'il faut prendre l'une par l'autre
font bien indiquées par la carte de cette partie de côte le-
vée par ordre du Miniftre, & qui fe trouve dans les Villes
Maritimes de France.
*Son Courier part de Paris les Mercredi, Samedi &
Dimanche.*

776. OLERON.

Ville de France dans le Béarn, fur le Gave, à 4 lieues
de Paû & 188 de Paris. Le Commerce confifte en papier,
dont il y a 4 manufactures, & en quantité de cordillats,
qui occupent une forte fabrique.
Son Courier part de Paris les Mardi & Samedi.

777. OLIERGUES.

Ville de France dans la Baffe-Auvergne, fur la Dore, à 7
lieues de Montbrifon & 107 de Paris. Il y a une forte manufacture de camelots qui en fait tout le Commerce.
Courier de Paris Mardi, Jeudi & Samedi.

778. OLONITZ.

Ville de Ruffie, entre les Lacs d'Onega & de Ladoga,
long. 51-54, lat. 61-28. Il y a d'abondantes mines de fer &
des eaux minérales.

779. OMER (ST.)

Ville de France dans l'Artois, fur Laa, qui communique
par d'autres Rivieres en plufieurs Villes de Flandre, du
Hainaut & de l'Artois, à 3 lieues d'Aire, 7 de Bethune,
& 55 de Paris. Le Commerce y eft en grains de toutes efpeces, tabac, lin, chanvre, laine, colzat, foin, beftiaux,
beurre & chevaux, &c. & divers étoffes, comme draps,
pinchinats, ferges, toiles de coton, & autres de fil à carreaux, amidon, quantité de papier gris & bois de conftruction pour les Ports voifins. A Blandecque, proche St. Omer,
Il y a depuis peu une manufacture de fer-blanc, façon d'Angleterre, l'intelligence de cette découverte & des dépenfes
qu'elle a occafionné ont mérité du Gouvernement une exemption de tous droits fur les objets qui s'y fabriquent lesquels
confiftent; 1°. en fer-blanc de toutes épaiffeurs pour batte-

rie de cuisine & autres usages, fer étamé pour servir au lieu de cuivre & tolle unie semblable à celle d'Angleterre, dont l'usage est commun aux serruriers, chaudronniers & ferblanctiers. 100 liv. de cette Ville font 112 liv. poids de marc, 5 aunes en font 3 de Paris. La razière pese 200 liv. poids de marc. Les liquides se mesurent au *pot*, 2 *pots* font 7 *veltes*. On y parle de florin de compte comme dans une partie de la Flandre, mais il n'est qu'imaginaire, on le divise en 20 *patars*, & le *patar* est d'un *sol* trois *deniers* Tournois.

Voyez ses foires à l'état particulier. *Son Courier part de Paris tous les jours à midi.*

---

780. ORCADES.

Isles au Nord de l'Ecosse, elles font au nombre de 28, dont les principales font Mainland, Pornona, Hoy, Stronsa & Ronsa. Leur Commerce est en poissons salés, bœufs, beurre & porcs salés, sels, laines, jambons, peaux, cuirs & étoffes de laine, d'une moyenne qualité.

---

781. ORBIGNY.

Bourg de France en Tourraine, distant de 3 lieues de Montrichard. Il est à remarquer par une forte fabrique d'étoffes en grand & petit drap, blanc rayé, & de diverses couleurs dont la vente se fait par les foires de Montrichard.

Courier de Paris, par Montrichard, part les Mardi & Samedi.

---

782. ORFA.

Ville d'Asie dans le Diarbeck, à 12 lieues de l'Euphrate, & 30 de Diarbeck, long. 55-18, lat. 36-24. Elle est remarquables par la qualité & la quantité de cuirs de Roussi qu'on y prépare.

---

783. ORIENT. (L')

Ville & Port Maritime de France, en Bretagne au fond de la Baye de Port Louis, à 30 lieues de Nantes & 110 de Paris. Elle est l'entrepôt de toutes les marchandises des Indes, du Bengale & de la Chine, & la résidence d'un consul pour le Commerce d'Espagne, il y a une jurisdiction consulaire & un bureau de Classes & d'Amirauté. On y fait quantité d'armemens pour l'Inde, depuis la suppression de cette Compagnie, & pour les Isles de France, de Bourbon,

Pondichery, la Chine, Chandernagor, Mocka, Mahé, le Sénégal, les côtes d'Afrique & les nouveaux Etats-Unis de l'Amérique, pour lesquels il y a des paquebots établis en ce Port qui a été déclaré franc en 1784. On porte en ces divers lieux des vins, eaux-de-vie, farines, huiles, liqueurs, cuivre, fer, plomb, chapeaux, étoffes en draps & camelots, souliers, bas en soie & fil, horlogerie, bijouterie, modes, quincaillerie, faïence cloux & cordages.

On apporte en retour de ces marchandises, beaucoup de café de Bourbon & Mocka, toiles de coton, mousselines, soieries de divers cantons de la Chine, mouchoirs, porcelaine de la plus grande beauté, thé, rhubarbe, aloés, bois d'ébene & rouge, cauris, salpêtre, encens, camphre, benjoin, gomme gutte & arabique, borax, lacque, vermillon, coton filé, cinabre, nacre de perles, cardamome, cannes ou joncs, & toutes sortes de drogueries pour la médecine, l'épicerie & la teinture. Ces marchandises se vendent, tant pour le Royaume que pour l'étranger, au mois de 7bre. ou d'8bre. au plus tard. Les nouveaux Etats de l'Amérique lui fournisse des mâtures, bois, poix, chanvres, cordages & tous agrêts nécessaires pour construction de navires.

La nouvelle franchise de son Port, l'établissement des paquebots susdits, l'étroite liaison de cette place avec les Etats-Unis, & sa fameuse vente annuelle & réguliere des marchandises des Indes, concourrent ensemble à placer cette Ville presqu'au rang d'une des meilleurs Villes commerçantes & maritimes de la France.

Son Courier part de Paris les Lundi, Mercredi & Samedi à 2 heures.

784. ORIVAL.

Bourg de France sur la Seine, proche Elbeuf. On y fait quantité de cidre de bonne qualité & qu'on enleve pour les armemens. Ce Bourg sert d'entrepôt au Commerce des vins étrangers qui s'importent par le Havre & remontent la Seine.

785. ORLEANS.

Ville de France, Capitale de l'Orléanois, sur la rive droite de la Loire, à 12 lieues de Blois, 22 de Tours, 28 de Paris, 54 d'Angers & 74 de Nantes. Elle a une jurisdiction consulaire.

La situation de cette Ville presqu'au milieu du cours de

a Loire, en a fait l'entrepôt de toutes les marchandises qui le voiturent sur cette Rivière ; elle amene en descendant les productions du Languedoc, la Provence, le Dauphiné, le Lyonnois, la Suisse, l'Auvergne, le Bourbonnois, le Berry, le Nivernois & les marchandises qui entrent en France par les Ports de la Méditerranée ; elle emporte en remontant, celles de l'Océan, l'Anjou, la Brétagne, la Tourraine & le Poitou.

Le principal Commerce de cette ville est en bleds, farines de la Beauce, grains de l'Anjou, de l'Auvergne, du Poitou & de la Tourraine, vins de France & de l'Etranger, eaux-de-vie de France, épiceries & drogueries des Ports de Bretagne & de Provence, toiles, merceries, draperies, poëlleries de toutes sortes en fer & acier, laines d'Espagne & de France, plantes & pépinieres de toutes sortes d'arbres, safran, graines à fleurs & potageres ; elle ajoute à ces objets ses productions d'industrie qui consistent en un nombre de fabriques & manufactures, dont deux en toiles peintes pour l'habillement, l'une desquelles est royale, une autre en toiles peintes pour tapisserie & meubles, une de bonnets, façon de Tunis, une de couvertures de laines, plusieurs blanchisseries de cire, une manufacture de faience, une de poteries, une de papiers peints, un fameux magasin de glaces, plusieurs tanneries & chapelleries, une fabrique de mégisserie en peaux de veaux & moutons teintes & à dessins, teintureries, papeteries, verreries, quelques manufactures en étoffes de laines, mais communes & peu conséquentes ; on y fait d'excellentes confitures, dites de *coing*, & l'on y tient la bonneterie en laine, au tricot & à l'aiguille. Toutes ses fabriques jouissent de la plus grande considération autant par leur importance que par la beauté & la solidité de leurs productions & ses rafineries de sucre au nombre de 20, ne sont pas moins en réputation, on peut même dire qu'il en est d'entre elles qui fournissent l'affinage le plus beau du Royaume. On trouve en cette ville des Commissionaires en tous genres dont les connoissances sont très étendues pour les choix des marchandises, & qui jouissent de la plus grande confiance. Quant aux usages de Commerce, poids, mesures & aunages, tout est égal à Paris, excepté le bled qui se vend au *muid* évalué à 600 livres, & la *mine* à 50 livres. Les vins à la *queue* de 480 *pintes*, ou *demi queue* de 240 *pintes* de Paris, & encore en *septier* de 8 *pintes*.

Son Courier part de Paris tous les jours à 2 heures.

786. ORTES.

Ville de France dans le Bearn, sur le Gave, à 7 lieues de Paü & 186 de Paris. Il y a plusieurs fabriques en draperies assez estimées, huit tanneries, & proche cette ville, un martinet pour le cuivre, les envois de ses marchandises & productions sont pour Bayonne & l'Espagne.

Son Courier part de Paris les Mardi & Samedi à midi.

787. OSNABRUK.

Ville d'Allemagne dans le Cercle de Westphalie, sur l'Hase, à 20 lieues de Brême, 15 de Munster & 124 de Paris. Le Commerce est en jambons, lards, & saucisses fort estimées. On y fabrique beaucoup de toiles en écru que les Hollandois y font acheter, & qu'ils passent ensuite à leurs blanchisseries.

Son Courier part de Paris les Vendredi & Samedi matin ; on ne peut pas affranchir.

788. OSTENDE.

Ville des Pays-Bas dans la Flandre Autrichienne, avec un bon & grand Port, sur le bord de la Mer, à 3 lieues de Nieuport, 4 de Bruges, 10 de Dunkerque & 74 de Paris. C'est par cette ville & ses armemens que se fait le Commerce du Brabant & de la Flandre avec l'Etranger, c'est aussi en cette ville que sont les paquebots de l'Angleterre & de la Hollande, quand la France est en guerre avec ces puissances.

Son Commerce est semblable à celui d'Anvers & Bruges, dont elle suit les usages, poids, mesures & monnoies. *Voyez* ces villes.

Par un édit du Conseil des Finances du 26 août 1784, il est accordé la franchise en cette Ville pour tout le sel qui y entrera & qu'il y sera raffiné, c'est-à-dire, pour le sel brut de Roche, & s'il s'en fait une réexportation par Mer, il n'en sera non plus payé aucuns droits, non plus que pour la réexportation par Mer, du sel blanc raffiné en ce Port : quant à celui qui sera, quoique blanc & raffiné à Ostende, destiné pour l'intérieur du Pays, il sera sujet aux droits d'entrée & autres, & s'il passe à l'étranger, il devra pour jouir de la franchise de cet édit, être accompagné d'acquits à caution, & ne passer que par les entrepôts de Malines & Louvain : les sels blancs destinés pour les Provinces du

Luxembourg & de Limbourg, feront affujettis feulement aux acquits à caution comme ceux deftinés pour l'étranger : ceux raffinés qui fe confomeront à Oftende, feront fujets aux mêmes droits d'entrée que le fel blanc qui fe tire de l'étranger, & la livraifon ne pourra s'en faire aux débitans que par une rafiere au moins, encore faudra-t-il que ces débitans produifent un acquit du bureau principal des droits de S. M. pour conftater le paiement des droits fur la quantité qu'ils auront l'intention d'approvifionner leur débit.

Son Courier part de Paris tous les jours à dix heures du matin.

789. OUCHY.

Gros Bourg de Suiffe, près Laufanne, fur le lac de Geneve. Il y a plufieurs entrepreneurs en horlogeries, & qui fe chargent de toutes les commiffions qu'on peut leur adreffer pour toute la Suiffe. On peut leur écrire fous le titre de *Commiffionnaires expéditeurs à Ouchy, près Laufanne.*

Courier de Paris par Laufanne, Voyez cette Ville.

790. PAIMBEUF.

Bourg de France en Bretagne, à 6 lieues de Nantes, fur le bord de la Loire, c'eft là que fe font les chargemens & déchargemens des navires Nantois, dont les marchandifes fe tranfportent par gabarres à Nantes. Il n'y a aucun Commerce, que des fortes corderies & des engrais de volailles pour les approvifionnemens des armemens.

Courier de Paris, par Nantes, les Mercedi & Samedi.

791 PALIACATE.

Ville des Indes, fur la Côte de Coromandel, au Royaume de Carnate, longitude 100-30. latitude 13-30. Elle eft aux Hollandois qui en tirent les fuperbes mouchoirs rouges fi connus fous le nom de Paliacate.

792. PALICE. (LA)

Ville de France dans le Bourbonnois, fur la Berbre, à 15 lieues de Moulins. Elle n'eft remarquable que par la folidité des bottes fortes, qu'on y fait en grande quantité & dont la partie s'envoie à Paris.

793. PALME.

Ifle d'Afrique, une des Canaries, à 12 lieues de Gomera,

elle

elle eſt fertile en ſucre & en vins, dont ceux du canton de Brenia ont la même qualité que le Malvoiſie, & en produit environ 12000 barils par année. La Capitale de cette Iſle & du même nom eſt ſituée vers le 28 d. 32 min de latitude.

794. PALERME.

Ville de Sicile dans la valée de Mazare, au fond d'un golphe de même nom, à 45 lieues de Meſſine, 100 de Rome, 69 de Naples & 499 de Paris. Elle eſt la réſidence d'un conſul pour le Commerce de France.

CHANGE DES MONNOIES.

Noms des Monnoies	Valeur en argent.			
	du Pays.	de	France.	
		L.	S.	D.
Once	30 tarins	24	″	″
Ducat	13 dito	10	8	″
Ecu courant d'argent	12 dito	9	12	″
Piaſtre courante de Sicile . .	10 dito	8	″	″
Florin ordinaire	6 dito	4	16	″
Ducat de change	5 dito	4	″	″
Piaſtre imaginaire	4½ dito	3	12	″
Tarin	2 carlins . . .	″	16	″
Carlin	10 grains	″	8	″
Grain	6 picolis . . .	″	″	9 3/5
Picolis	. . . .	″	″	1 3/5

Paris donne 1 *ecu* pour environ 75 grains de Sicile, & change avec cette Ville par Novy & Livourne. *Nota.* Les monnoies de Naples valent 4 p⅔ de plus que celles ci-deſſus.

Poids, Meſures, Aunages & Uſages divers.

100 liv. petit poids font à Paris 65 ⅔ & 100 liv. *gros* poids font 158 liv. ⅛ de Paris.

L'aune eſt comme à Naples, mais les 100 *cannes* font 177⅞ aunes de Paris.

Le *ſimmera* de bled peſe 450 liv. gros poids de Sicile.

Les liquides ſe vendent au *caffis* qui peſe 15 liv. ¾ d Paris & au *cantero* de 110 *rotolis* eſtimés à 174 de liv. de Paris.

Les écritures ſe tiennent en *onces, tarins, grains* & *picciolis.*

Palerme & Meſſine tirent ſur Livourne & Gênes, à uſance d'un mois après l'acceptation, ou de deux mois de la date ou de tant de jours de vue & de date ; ſur Rome, Veniſe & Naples à 8 ou 15 jours de vue ; ſur Londres, Paris & Amſterdam, à 3 mois de date ou 90 jours. L'uſance des lettres tirées de l'étranger ſur ces Villes eſt à 20 jours de vue. Il n'y a point de jours de faveur.

Le Commerce conſiſte à vendre pour l'Italie & la Provence, ſoieries de toutes eſpeces, crûes & greges, ſoufre crud, manne, éponges, fruits, légumes, vins, & grains en abondance, dont l'exportation n'a lieu qu'après avoir réſervé 3 années de la conſommation de cette denrée pour les Royaumes de Naples & des Deux-Siciles ; Sage précaution qui devroit être ſuivie à rigueur par toutes les puiſſances.

Son Courier part de Paris, les Mardis à 10 heures du matin ; on affranchit ſi l'on veut.

795. PAMIERS.

Ville de France dans le Haut Languedoc, ſur l'Ariège, à 4 lieues de Foix, 16 de Toulouſe & 168 de Paris. Elle eſt très commerçante par la quantité de ſes fabriques d'étoffes, & la bonté des laines qu'elle y emploie. Ces étoffes ſont toutes en ſerges, dites, 1°. razes, de 2 pans ½ de largeur à 4 liv. 10 ſ. la *canne* ; 2°. *cadis* de même largeur à 3 l. 12 ſ la *canne* ; 3°. *burats* à Cadrilles, à 2 liv. *burats au net* au même prix, & *burats en gras*, dans lequel il entre par *canne* 1 liv. deſtain, à 2 liv. 10 ſ. ; 4°. *ſargue*, partie fil & laine cardée, au même prix de 2 liv. 10 ſ. la *canne*. Toutes ces étoffes portent la même largeur & n'ont de débit que pour cette Ville & ſes environs.

Courier de Paris les Mardi & Dimanche.

796. PARA.

Ville de l'Amérique Méridionale au Bréſil, ſur le bord de la Riviere de Muju, lat. Mérid. 2, elle appartient aux Eſpagnols qui en retirent quantité de cacao, (dont les habitans font une monnoie courante) vanille, ſucre & café, cette dernière denrée n'eſt pas bien cultivée.

797. PARAGUAY. Voyez page 227, de la 1ere. partie.

798. PARIS.

Ville immenſe & ſuperbe, Capitale du Royaume de France,

située sur la riviere de Seine, long. 20 dégrés lat. 48 dégrés 50 minutes, à 98 lieues de Londres, 97 de la Haye, 109 d'Amsterdam, 105 de Bâle, 117 de Génève, 246 de Madrid, 387 de Lisbonne, 318 de Rome, 402 de Naples, 186 de Turin, 273 de Florence, 266 de Venise, 200 de Gênes, 231 de Parme, 356 de Warsovie, 324 de Cracovie, 285 de Vienne, 212 de Dresde, 220 de Berlin, 660 de Mosvow, 495 de Pétersbourg, 385 de Stockholm, 576 de Constantinople & 266 de Copenhague, &c.

Comme cette Ville exige beaucoup de détails, nous croyons devoir les distribuer par articles, pour éviter toutes recherches aux Lecteurs, savoir. 1°. Détails sur les Juridictions, 2°. Détails sur les monnoies, 3°. Change & usages, 4°. Finances, 5°. Industrie & manufactures, 6°. Etat des six corps & communautés d'arts & métiers, 7°. Commerce, voitures par eau & par terre, roulage & messageries, 8°. Foires & Marchés, 9°. Renseignemens sur les poids, mesures & aunages; & 10°. Extraits d'arrêt du Conseil & Déclaration du Roi, tant sur quelques Droits de cette Capitale, que sur un encouragement pour le Commerce des principales places du Royaume.

Article Ir. *Jurisdictions.*

Le Conseil, le Parlement, le Châtelet, les Consuls, sont les seuls Tribunaux qui connoissent des affaires du Commerce.

Les Consuls suivent en tous points les dispositions de l'art. Ir. du titre 12 de l'Ordonnance du Commerce de 1673. Ils jugent en dernier ressort & sans appel pour toutes causes de commerce dont la condamnation n'excède pas 500 liv. Leurs sentences s'exécutent par saisies de biens, meubles & immeubles & emportent la contrainte par corps, mais ils ne connoissent que des différens de marchand à marchand & non de bourgeois à bourgeois.

Le Châtelet ne connoit des causes du Commerce que par les évoquations, qui y sont faites par des particuliers qui prouvent ne faire aucun négoce, & sont actionnés par des marchands. Ils évoquent au châtelet, l'action qu'on leur intente aux consuls, pour détruire l'effet de la contrainte par corps, mais souvent le demandeur en appelle au Parlement qui juge en dernier ressort à cet égard.

Le Parlement ne juge sur les objets de Commerce que par appel des consuls pour toutes causes au dessus de 500 liv.; &

le Conſeil ne connoît de ces cauſes qu'en cas de conflit de juridiction & par des évoquations extraordinaires.

Article II. *Monnoies & Ecritures.*

La monnoie de change eſt la livre tournois qui ſe diviſe en 20 ſols, & le ſol en 12 deniers. On comptoit autrefois par livre pariſis, qui étoit d'un 5me. de plus que celle tournois, & avoit les mêmes diviſions, mais elle n'eſt plus uſitée que dans d'anciens contrats. Les Monnoies réelles ſont en *or*, le double louis de 48 liv. le louis ſimple de 24 liv. le demi-louis de 12 liv. en *argent*, l'ecu de 6 liv. l'ecu de 3 liv. la piece de 24 ſols, celle de 12 ſols, celle de 6 ſols. En *métal* la piece de 2 ſols, celle d'un ſol 6 d. & en *cuivre*, le gros ſol la piece de 6 d. ou demi-ſol & le liard ou piece de 3 d. Les payemens ſe font en argent blanc & les appoints en pieces de 2 ſols ou de 1 ſol 6 d.

Les écritures ſe tiennent à Paris & dans toute la France, ſauf quelques villes des provinces conquiſes, en livres ſols & deniers, diviſés comme ci-deſſus.

Article III. *Changes & uſages.*

Plac. avec leſquelles Paris échange.	Uſances auxquelles Paris tire ſur les places ci-contre.	Change de Paris avec les Villes de la 1ere. colonne.			
		Certain.		Incertain.	
		Paris don.	Pour	Paris don.	Pour
Amſterdam { à 2 uſan. de 60 jrs. de date }		1 écu de 3 l.	57½ d. de gros B.	....	....
Anvers ..... idem		1 écu ..	57 d. de gs. de ch	....	....
Londres .. idem		1 écu ..	31 drs. ſterlings	....	....
Cadix ..... 60 jours de date.		....	....	15 l. 3 ſ. 5 d.	1 piſt. de ch.
Lisbonne .. idem		1 écu ..	497 Rès	....	....
Livourne .. idem		....	....	95 ſols ...	1 pia. de 8 ré.
Veniſe ..... idem		100 écus	100 duc. banco	....	....
Gênes ..... idem		....	....	94 ſols ..	115 ſ. banco.
Rome ..... idem		....	....	104 ſsls.	1 écu rom.
Hambourg { 2 uſan. d'un mois de date }		....	....	180 liv.	100 mc.-l. b.
Milan ..... 3 jours certains		1 écu ...	56 ſols Impér	....	....
Turin ..... idem		1 écu ...	54 ſ. de piémon	....	....
Bâle, Berne à courts jours		....	....	164 ſols.	100 rixdales.
Genève ... { à uſan. de 30 jours de date }		....	....	165 livre	100 l. cour.
Lille ...... { à uſan. d'un mois ... }		....	....	98 dito ..	100 l, ou 8 oſ.

Art. 4. *Finances.*

Les opérations de Finances pour le Commerce ſe font partie à la bourſe de cette Ville, qui ſe tient rue Vivienne, Hôtel de la Compagnie des Indes, & qui eſt autoriſée par Arrêt du Conſeil du 24 7bre. 1724. Elle eſt le rendez-vous des Négocians, Banquiers, Financiers, Agents & Courtiers de Change pour les négociations de billets, lettres de change, contracts & effets royaux de toutes natures ; & ces négociations s'opèrent ſoit en échange de papier pour de l'argent ſoit en viremens & reviremens de papiers contre d'autres. La bourſe ſe tient journellement depuis midi juſqu'à une heure, & les conteſtations qui peuvent s'y paſſer ſont référées au jugement de M. le Lieutenant-général de Police de cette Ville. Pour la ſûreté & la confiance publique, autant que pour la bonne police de cette bourſe, il y a toujours un Commiſſaire, un Inſpecteur de police & trois Gardes qui s'y tiennent pendant la durée.

Quoiqu'il ſe faſſe beaucoup d'affaires en bourſe pour les négociations, il s'en fait encore plus chez les différens Banquiers établis en cette Ville au nombre de plus de 50, qui jouiſſent de la plus haute conſidération & du plus grand crédit, mais il faut que les négociations leurs ſoient propoſées par les Agents de change, ou des Courtiers les plus fâmés.

Les Agents de change, qui ont les titres de Conſeillers du Roi, Agents de change, Banque, Commerce & Finances, ſont toujours au nombre de cinquante, ce corps n'eſt pas moins conſidéré que celui des Banquiers.

Les Courtiers ſont preſque ſans nombre & ſans titres, mais il y en a toujours dix de choiſis par M. le Lieutenant de Police & enrégiſtrés en ſes bureaux pour ſuccéder aux Agents de change, & ce choix tombe ordinairement ſur ceux dont la réputation eſt la mieux établie, il en eſt d'entr'eux qui font d'auſſi fortes affaires que les Agents de change les plus répandus.

Art. 5. Induſtrie & Manufactures.

On peut dire que tous les objets d'Induſtrie ſont portés en cette Ville à la plus grande perfection, les principaux ſont la ſculpture, la peinture, la broderie, la dorure, l'orphévrerie, la bijouterie, la jouaillerie, la marquetterie, l'horlogerie, les ameublemens, les équipages, ou la ſcellerie, & la teinture.

Les principales manufactures ſont : celle des tapiſſeries de haute & baſſe liſſe, celle des riches tapis de laine & de ſoie qui égalent les véritables perſes pour la beauté des couleurs & les ſurpaſſent par le goût & la fineſſe des deſſins, celle des glaces, où ſe poliſſent les ſuperbes glaces de St. Gobin. La manufacture royale, où ſe fabriquent les meubles & tapiſſeries de la Couronne, dont la beauté, la magnificence & la richeſſe font l'admiration de l'Europe, la manufacture royale de drap écarlates, dites des *Gobelins*, & des ratines dont la fineſſe & l'éclat des couleurs ſurpaſſent celles de Hollande, les étoffes de cette manufacture portent le plomb doré, on y teint auſſi toutes ſortes d'étoffes de laine, ainſi qu'à une autre manufacture de teinture voiſine de celle ci-deſſus qui a le plomb d'argent à ſes étoffes; diverſes teintureries, dont les teintures en étoffes de ſoies, laines, draps & fils égalent preſque celles de ces manufactures. Il y a auſſi pluſieurs manufactures de porcelaines dans les environs de cette ville, ſavoir celle du Roi à Sèves dont les ouvrages ſont ſupérieurs à tous autres, & le goût flate plus que celui des porcelaines de la Chine & du Japon, auſſi y en a-t-il d'un prix excéſſif. La manufacture de *Monſieur*, & celle de Mgr. le Comte d'Artois, elles ont toutes deux des ouvrages fort eſtimés, mais au-deſſous de celle de Sève. Les autres manufactures ſont une pour uſtenciles de cuiſine en fer battu d'Alſace & étamé, une fameuſe verrerie à Sèves; une ſeconde manufacture de batteries de cuiſine, dont l'étamage réſiſte au feu le plus ardent, & dure autant que le métal; une manufacture de toiles (pour tapiſſeries, paravans & écrans) peintes en huiles, en camayeux, liſerées en or & argent, & imitant les plus riches étoffes de la Chine, elles ont la propriété de détruire les inſectes des murailles & boiſeries, & conſervent leur fraîcheur en nombre d'années, en les lavant une ou deux fois par an à l'eau chaude; une manufacture de raſoirs & de cuirs pour les repaſſer, ils ſont de bonne qualité, quoique d'un prix modique; une manufacture de tapiſſeries ſoufflées dont le fond eſt de toile, & les fleurs, perſonnages & deſſins de laine hachée; une manufacture conſidérable de faïences & cryſtaux de toutes eſpeces, ou plutôt un magaſin où ſe trouve réunit tout ce qu'il y a de plus beau & de plus rare en ce genre; pluſieurs fabriques de galons en or, argent fin & faux les plus eſtimés du Royaume, & même de l'Europe; pluſieurs fabriques de chapeaux de la plus grande réputation; une fabrique en chapeaux, plats à barbe, boëtes à ſavonette & diverſes ouvrages en cuirs bouillis, & feutre verniſſé à l'épreuve de l'eau; une manufacture conſidérable de ſparteries ou ouvrages de joncs pour paillaſſons, tapis d'appartemens, tapiſſeries d'antichambres, & tapis de voitures, le tout en diverſes couleurs, formes & deſſins, & l'on y fait des cordages eſtimés; une manufacture de vaiſſelles & batteries de cuiſine en cuivre doublé d'argent, &

dont les ouvrages ont la valeur du quart de l'argenterie ;
une autre manufacture en couverts unis & a filets en métal,
non changeant, qui a la blancheur & le poli de l'argent,
& dont les prix vont de 3 livres à 4 liv. 10 fols le couvert.
Enfin plufieurs manufactures de couvertures de laine, plufieurs tanneries, corroyeries & hongroieries de toutes efpeces,
dont les cuirs en tous genres font très recherchés ; & quantité de fabriques de gazes eftimées de toute l'Europe, rubanneries de toutes fortes & bonneteries en foie, laine,
fil & coton du plus grand débit, &c.

Il y a près de cette ville, au lieu dit *Bercy*, une raffinerie de fucre qui (dans l'année 1783.) a trouvé le fe-
cret de réduire la mélaffe en fucre d'une affez bonne qualité ; cette heureufe découverte eft confidérée, avec raifon,
comme très importante au Commerce.

Art. 6. *Détails fur les fix Corps & Communautés d'Arts & Métiers.*

Nous rendrons compte au mot *Statuts*, dans notre 3me.
Partie des principaux réglemens & anciens ftatuts par lefquels lefdits fix Corps & Communautés fe gouvernent par
tout le Royaume, & comme fous le nouveau regne de
Louis XVI, ils ont éprouvés diverfes fuppréffions, création
& réglemens tant pour Paris que pour toutes les villes qui
reffortent de fon Parlement. Nous croyons devoir donner
ici en fubftance, les difpofitions des Edits, & Déclarations
rendus à cet égard, ainfi que des Tableaux, Etats & Tarifs qui y font annexés.

Le premier de ces Edits, du mois d'Août 1776, rendu
pour la Ville de Paris feulement, porte nouvelle création des
Six Corps de Marchands & Communautés d'Arts & Métiers
qui, par l'Edit du mois de Mars 1673, étoient au nombre
de 124, réduits par ce nouvel Edit à 44, attendu la réunion qu'on y a faite des Etats analogues entr'eux, & dont
les droits & exercices font indiqués par le Tableau fuivant,
formé fur les Etats, Liftes & Tarifs annexés, tant au fufdit Edit du mois d'Août 1776, qu'à un Edit poftérieur
en date du 30 Août 1782, portant augmentation aux droits
de réception defdits Six Corps & Communautés, permiffion
à ces Corps de former un emprunt de 1500000 livres pour
les remplir de leur offre au Roi, de pareille fomme &
fixant la répartition des augmentations des droits de Réception ; augmentations particuliérement affectées au rem-
bourfement des rentes créées à l'occafion de ces emprunts,
defquels nouveaux droits nous rendons compte à la derniere colonne du Tableau fuivant.

PAR.

TABLEAU des Six Corps de Marchands & quarante-quatre Communautés d'Arts & Métiers réunis, leurs Attributions ou Exercices, & leurs divers Droits de Réception, Confirmation, Réunion, Admission & Augmentation aux Droits de Réception.

OBSERVATIONS. SUR LES COMMUNAUTÉS D'ARTS ET MÉTIERS CI-CONTRE.	NOMS DES SIX CORPS ET COMMUNAUTÉS.	DROITS PAR L'ÉDIT D'AOUT 1776.				Augmentation aux Droits de Réception suiv. l'Édit du 30 août 1782.
		Réception.	Confirmation, ou 5me. de la Réception.	Réception par tiers, ou quart de la Réception.	Admission aux 6 Corps par tiers de la Réception.	
		L.	L.	L.	L.	L.
	Six Corps.					
Attributions accordées par l'Édit de 1776. Le Drapier-Mercier pourra vendre & tenir en gros & en détail, toutes sortes de marchandises en concurrence avec tous les Fabricans & Artisans de Paris, même ceux compris dans les six Corps; mais il ne pourra fabriquer, ni mettre en œuvre aucunes marchandises sous quelques prétextes que ce soit.	II. Drapiers & Merciers.	1000	". " ".	250	". ". ".	200
Les objets de Commerce réunis à ce Corps, en concurrence avec quelques Communautés, sont: 1°. Le Commerce des Drogues simples. 2°. Le Vinaigre indéfiniment en concurrence avec le Vinaigrier. 3°. L'eau-de-vie & les li-	2. Epiciers.	800	160	". ". ".	". ". ".	200

N°	Communautés						Attributions accordées par l'Édit 1776. Statuts.
							...queurs, sans pouvoir les donner à boire dans leurs boutiques & magasins. 4. Le Café brûlé en grain & en poudre. Et 5°. La Graineterie indéfiniment.
3	Bonnetiers..........	600	,, ,, ,,	2oo	200	,, ,, ,,	2oo	Ils pourront, seuls, exercer la profession de Coupeurs de poil.
	Pelletiers..........	,, ,, ,,	,, ,, ,,	200	,, ,, ,,	200	
	Chapeliers.........	,, ,, ,,	,, ,, ,,	,, ,,	,, ,, ,,	,, ,, ,,	
4	Orphèvres.........	,, ,, ,,	266-13-4	,, ,, ,,	,, ,, ,,	200	Ils peuvent faire mettre en œuvre les pierres fines, seulement en concurrence avec les Lapidaires.
	Batteurs-d'Or.....	800 ,, ,,	266-13-4	,, ,, ,,	,, ,, ,,	200	
	Tireurs-d'Or......	,, ,, ,,	,, ,, ,,	266-13-4	266-13-4	,, ,, ,,	
5	Fabricans d'étoffes & de gazes......	6co	150	290	,, ,, ,,	2oo	La peinture des gazes & des rubans, en concurrence avec les Peintres.
	Tissutiers, ou Rubaniers.......	,, ,, ,,	,, ,, ,,	,, ,, ,,	,, ,, ,,	200	
6	Marchands de vins..........	600	120	,, ,, ,,	,, ,, ,,	200	Nuls changemens aux anciens Statuts.

Quarante-quatre Communautés.

N°	Communautés						Attributions accordées par l'Édit 1776.
1	Amidonniers.........	300	60	,, ,, ,,	,, ,, ,,	100	Point de changemens aux statuts.
2	Arquebusiers, Fourbisseurs...... Couteliers.......	400	160 ,, ,,	,, ,, ,,	133-6-8	50	Faculté de Fabriquer & polir, concurremment, tous les ouvrages d'acier.
3	Bouchers..........	800	160 ,, ,,	,, ,, ,,	,, ,, ,,	200	Nuls changemens aux statuts.
4	Boulangers.........	500	190	,, ,, ,,	,, ,, ,,	1oo	Faculté d'employer, en concurrence avec les Patissiers, le Beurre, le Lait & les œufs dans leur pâte.
5	Brasseurs..........	600	120	,, ,, ,,	,, ,, ,,	2oo	Ni ls changemens aux statuts.

N°	NOMS des Communautés	DROITS, &c.					NOMS, &c.
		Réception.	Confirmation, &c.	Réunion, &c.	Admission, &c.	Augmentation, &c.	
		L.	L.	L.	L.	L.	
6	Brodeurs..... Passementiers.... Boutonniers....	490	„ „ „	100	„ „ „	100	Point de changemens aux Statuts de chaque ancien Corps, mais seulement faculté de Réunion.
7	Cartiers.....	400	80	„ „ „	„ „ „	„ „ „	Point de changemens.
8	Chaircuitiers....	600	120	„ „ „	„ „ „	100	Point de changemens. Chaque Communauté se gouverne selon les anciens Statuts, sans aucune innovation.
9	Chandeliers....	500	100	„ „ „	„ „ „	100	
10	Charpentiers....	800	160	„ „ „	„ „ „	200	
11	Charrons.....	800	160	„ „ „	„ „ „	100	
12	Chaudronniers.... Balanciers..... Potiers d'étain....	350	„ „ „	100	„ „ „	100	Point de changemens à leurs anciens Statuts.
13	Coffretiers.... Gainiers.....	400	„ „ „	100	„ „ „	50	Ils peuvent travailler en concurrence avec le Sellier, pour faire & garnir les vaches ou malles des impériales des chaises & cabriolets.
14	Cordonners.....	200	40	„ „ „	„ „ „	50	Point de changemens.
15	Couturieres.... Découpeufes....	100	„ „ „	25	„ „ „	„ „ „	Permis de travailler en concurrence, pour les robes, avec les Ouvrieres en modes, & pour les corps de femmes & enfans, avec les Tailleurs.
16	Couvreurs..... Plombiers..... Carreleurs..... Paveurs.....	500	„ „ „	166-13-4	„ „ „	100	Nota. Le Commerce de Posier de terre est réuni au Fayancier. Voyez Fayancier.
17	Ecrivains.....	200	40	„ „ „	„ „ „	„ „ „	Point de changemens.

№	Profession					
18	Faisseufes & Marchandes de modes. Plumassieres.	300	" " "	100	200	Elles peuvent faire la Broderie, en concurrence avec les Brodeurs, & la Découpure en concurrence avec les Coutrieres.
19	Fayenciers. Vitriers. Potiers de terre.	500	" " "	166-13-4	100	Ils ont la concurrence avec le Mercier pour la vente des porcelaines & des poteries de terre. Quant à la profession de Carreleur, elle est réunie aux Paveurs.
20	Ferailleurs. Cloutiers. Epingliers.	100	" " "	33-6-8	50	Le Commerce de petite Clinquaillerie en échope ou étalage feulement & non en boutique n'y magasin, & ce en concurrence avec le Mercier.
21	Fondeurs. Doreurs. Graveurs. — _Sur tous métaux_	400	" " "	133-6-8	100	Les fontes garnies, en concurrence avec le Mercier.
22	Fruitiers. Orangers. Grainiers.	400	" " "	100	100	Le Commerce des graines en concurrence avec l'Epicier.
23	Gantiers. Boursiers. Ceinturiers.	400	" " "	133-6-8	100	Point de changemens aux Statuts.
24	Horlogers.	500	100	" " "	100	Point de changemens.
25	Imprimeurs en taille-douce.	300	60	" " "	100	Point de changemens.
26	Lapidaires.	400	30	" " "	" " "	Il leur est permis de faire la mise en œuvre en fin & faux en concurrence avec les Orphièvres.

PAR.

OBSERVATIONS, &c.		NOMS, &c.	DROITS, &c.			
			Réception, &c.	Confirmation, &c.	Réunion ou &c.	Augmentation, &c.
			L.	L.	L.	L.
Il leur est attribué, 1°. la profession de Confiseur, en concurrence avec l'Epicier & le Pâtissier. 2°. La vente du Vinaigre concurremment avec l'Epicier. 3°. Le Commerce des liqueurs & eaux-de-vie, en gros & détail, en concurrence avec l'Epicier, pour la vente en gros. Et 4°. Le détail de la bierre, en concurrence avec les Brasseurs, & le cidre exclusivement ainsi que le Droit de fervir & donner à boire dans leurs boutiques l'eau-de-vie & les liqueurs.	27	Limonadiers.... Vinaigriers....	600	,, ,, ,,	..150	100
Point de changemens.	28	Lingeres........	500	100	,, ,, ,,	100
Point de changemens.	29	Maçons..........	800	100	,, ,, ,,	200
	30	Maîtres d'Armes..	200	40	,, ,, ,,	,, ,, ,,
Le Maréchal est réuni au Taillandier - Serrurier.	31	Maréchaux-Ferrants.. Eperonniers......	600	,, ,, ,,	150	100
Chacun de ces Corps se gouverne suivant ses anciens Statuts & Réglemens.	32	Menuisiers........ Ebénistes......... Tourneurs......... Layetiers.........	500	,, ,, ,,	166-13-4	100
Point de changemens.	33	Paulmiers........	600	120	,, ,, ,,	200
Ils peuvent travailler en bâtimens, voitures & meubles, comme Vernisseurs; Doreurs sur bois & Sculpteurs marbriers, & exercer le Commerce	34	Peintres.......... Sculpteurs........	500	100	,, ,, ,,	100

N°	Métiers	Observations				
35	Relieurs............ Papetiers........... Couleurs en meubles..	Point de changemens.	200	,, ,, ,,	50	100
36	Selliers............. Bourreliers.........	Point de changemens.	200	,, ,, ,,	200	200
37	Serruriers.......... Taillandiers........ Ferblantiers........ Maréchaux-grossiers...	Chacun des ces corps se gouverne selon les anciens statuts. Nota. Le Marechal ferrant est indiqué au N°. 31. cy-dessus.	200	,, ,, ,,	266-13-4	100
38	Tabletiers......... Luthiers........... Evantaillistes......	L'usage de la Peinture & du Vernis leur est attribué en concurrence avec le peintre sculpteur.	400	,, ,, ,,	133-6-3	100
39	Tanneurs........... Hongroyeurs........ Corroyeurs......... Peaussiers......... Mégissiers......... Parcheminiers......	Ils se gouvernent tous selon leurs anciens statuts particuliers.	600	,, ,, ,,	200	100
40	Tailleurs........... Fripiers d'habits de vêtemens, soit en boutique, ou échopes.	Ils ont la faculté de fuir des boutons d'étoffe en concurrence avec le passementier & le boutonnier. Les fripiers brocanteurs achetans & vendans dans les rues sont libres en observant, les reglemens de police Sa Majesté se réservant d'en fixer le nombre s'il y a lieu. Les fripiers en meubles font éunis aux Tapissiers	400	,, ,, ,,	100	100

P A R.

OBSERVATIONS, &c.	NOMS, &c.	DROITS, &c.			
		Réception, &c. L.	Confirmation, &c. L.	Réunion, &c. L.	Augmentation, &c. L.
Ils se gouvernent tous selon leurs statuts particuliers auxquels il n'y a point eu de changemens.	**41** Miroitiers........ Tapissiers........ Fripiers en divers.. Meubles & Ustenciles...... Nota. Les Fripiers d'habits sont réunis aux Tailleurs.	600	39 39 39	26.?	100
Point de changemens a leurs anciens statuts.	**42** Teinturiers en Soye du grand teint & du petit teint, tondeurs & foulons pour draps........	500	39 39 39	166.13.4	100
Point de changemens.	**43** Tonneliers........ Boissiers........	300	39 39 39	25	50
Ils peuvent exercer la profession de confiseur concurremment avec l'Epicier & le Limonadier.	**44** Traiteurs........ Rotisseurs........ Patissiers........	600	39 39 39	200	100

Avant de rendre compte des nouveaux Réglemens, rélatifs a ces Communautés, nous croyons devoir observer que c'est par les mains des Marchands & Artisans, détaillés dans le Tableau ci-dessus, que passe une forte partie du Commerce de cette Capitale, & que l'Imprimerie & la Librairie, dont ce Tableau ne fait pas mention, est une branche de Commerce très importante & la plus célèbre de l'Europe en ce genre, autant par les excellens ouvrages qui s'y composent & s'y impriment, que par la beauté des caractéres & du papier que l'on employe a leurs impressions, & par les soins avec lesquels l'on traite la composition des planches, pour éviter les fautes dont fourmillent toutes les impressions étrangères : il est bon d'observer aussi, que par une suite de la considération dont jouissent les Libraires de cette Ville, il ne peut se faire aucune vente de livres par des particuliers, que préalablement les livres n'ayent été visités par des Libraires, choisis à cet effet, & que leur examen n'en ait approuvé la vente publique ; on trouve dans cette Capitale tout ce qu'il est possible de désirer en Librairie

NOUVEAUX RÉGLEMENS

relatifs aux Communautés ci-dessus.

Par l'Edit d'Août 1776, où est annexé le Tableau que nous venons de donner, & un autre du mois d'Avril 1777, il est dit qu'il sera pourvû incessamment à de nouveaux réglemens pour tenir lieu de statuts aux communautés d'Arts & Métiers & c'est en conséquence que Sa Majesté a rendu une Déclaration sous la date du Ier. May 1782. régistrée en Parlement le 28. Juin de la meme année ; laquelle porte réglement 1°. des apprentissages, 2°. des receptions, 3°. des tableaux des Maitres & aggrégés, 4°. des sindics & adjoints, 5°. des assemblées, 6°. des visites, 7°. des présens, 8°. des saisies & contestations, 9°. des depenses, 10°. des emprunts, 11°. des comptes, 12°. de la police des apprentifs, 13°. du Commerce en gros, & 14°. des colporteurs ; desquels réglemens voicy les dispositions.

1°. Des Apprentissages.

Les Brevets seront valables, quoique faits sous signature privée pourvu qu'ils soient enregistrés par les sindics & adjoints des communautés, & le temps de l'apprentissage ne commencera a courir que du jour de l'enregistrement du Brevet, pour lequel enregistrement lesdits sindics & adjoints ne pourront exiger que 6.liv. dans les villes de la Ire. classe, & 4. liv. seulement dans celles de la seconde classe, moitié de ce droit sera versé dans la Caisse de la Communauté, & l'autre sera partagée entre les sindics & adjoints.

Dans le cas ou le Brevet se trouveroit annullé du consentement des parties par le décès du maître ou par jugement, l'apprentif sera libre d'achever son apprentissage chez un nouveau maître de qui il prendra un nouveau brevet qui sera alors inscrit sans frais, sur le registre de la communauté.

Les apprentissages ne pourront se faire que chez les maîtres des communautés créés & établies par lettres Patentes duement enregistrées, lesquels maîtres, auront seuls le droit de faire des apprentifs.

Les peres ou meres, maîtres ou aggrégés qui feront travailler avec eux leurs enfans, dans la vue de les faire recevoir maîtres, seront tenus de les faire inscrire à cet effet sur le registre de la communauté, laquelle inscription sera faite gratuitement.

2°. Des Réceptions.

Ceux qui auront fait 4 ans d'apprentissage pourront être reçus maîtres dès l'age de 20 ans accomplis ; mais s'ils veulent être reçus maîtres dans une autre ville que celle ou ils auront fait leur apprentissage, ils ne pourront y être admis, qu'en justifiant de leur dit apprentissage par un extrait du registre de la communauté, & par un certificat du maître chez lequel ils ont appris, le tout duement légalisé par le juge de police, & après avoir travaillé pendant un an chez un des maîtres de la dite Ville.

Les enfans des maîtres ou maîtresses qui auront été inscrits sur le registre de la Communauté, pourront être reçus maîtres dès l'age de 18 ans, lorsqu'ils auront travaillé avec leurs peres ou meres au moins pendant deux ans ; les aspirans qui ne rapporteront pas de brevet d'apprentissage, & qui auront atteint l'age de 25 ans accomplis seront tenus, avant de pouvoir être reçus maîtres, de travailler pendant un an chez un des maîtres de la Communauté dans laquelle ils voudront être reçus.

Les filles & femmes pourront être reçues dans la Communauté d'hommes ; mais elles ne pourront assister aux assemblées de la dite Communauté.

Les aspirans à la maîtrise seront tenus de justifier de leur capacité en présence des sindics & adjoints de la Communauté, & des trois autres maîtres tirés au sort, lesquels les interrogeront sur les métiers & professions qu'ils se proposent d'embrasser, & les feront travailler devant eux, si c'est un Art méchanique.

Dans le cas, où les aspirans à la maîtrise, n'auroient pas été jugé capables, il leur sera loisible de se retirer devant le Juge de police pour obtenir un nouvel examen.

Il sera payé par l'aspirant à chacun des examinateurs pour leur vocation, trois livres dans les principales villes, & deux dans les villes du second ordre.

Les aspirans qui seront jugés capables, seront présentés au Juge de police par l'un des sindics ou adjoints, & ils seront par lui reçus, après qu'il sera assuré de leurs bonnes vies & mœurs, par le témoignage de deux ou trois domiciliés dignes de foi.

Le Juge de police se fera représenter les quittances des droits ordinaires de Réception & du droit des pauvres, s'il est d'usage d'en payer dans ladite ville.

Le droit des lettres de maîtrise sera perçu conformement au Tarif & à l'Edit d'Août 1776.

Les sindics & adjoints retiendront le cinquième du quart pour leurs honoraires.

Les droits des Officiers de police demeureront fixés, savoir : ceux du Juge à 6 livres ; ceux du substitut du Procureur général du Roi à 4 livres, & ceux du Greffier à 2 livres, non compris le droit de scel & de signature.

Les Sindics procederont seuls, sans frais comme sans délai, à l'enregistrement de la lettre de maîtrise du nouveau maître, sur le registre de la Communauté, & à son inscription sur le Tableau des maîtres.

3°. Tableau des Maîtres & Agrégés.

Il sera formé tous les ans dans chaque Communauté, deux Tableaux qui seront arrêtés sans frais par le Juge de police.

Le premier contiendra les noms des maîtres par ordre d'ancienneté & ceux de leurs apprentifs.

Le deuxième contiendra les noms des anciens maîtres qui n'ayant pas acquittés les dits droits, ne seront qu'aggrégés.

Les maîtres qui feront reçus à l'avenir feront inscrits à la suite du premier Tableau.

Les aggrégés ne feront point admis aux assemblées de la Communauté, ils feront tenus de se renfermer dans les bornes de leur ancien Commerce, profession ou métier : & ils feront foumis à l'inspection des Sindics & adjoints de la Communauté à laquelle ils feront aggrégés, tant par rapport à l'exercice de leur ancien Commerce que pour le payement des charges & impositions.

Les maîtres ou maîtresses ne pourront cumuler plusieurs professions qu'après en avoir obtenu la permission du Juge de police, & avoir acquitté les droits de Réception dans chaque Communauté.

Ceux qui auront obtenus la permission de cumuler, feront affujetis aux charges de deux Communautés.

4°. *Des Sindics & Adjoints.*

Il sera établi dans chaque Communauté, un Sindic & un Adjoint pour veiller conjointement à l'administration des affaires, à la recette & emploi des revenus communs, & à la police intérieure de la Communauté, & ils exerceront lesdites fonctions pendant deux années, la premiere en qualité d'Adjoint, la deuxieme en qualité de Sindic.

5°. *Des Assemblées.*

Les Communautés qui ne feront pas composées de plus de 25 maîtres, pourront s'assembler en commun, tant pour la nomination de leurs Sindic & Adjoints que pour les affaires importantes.

Les Communautés plus nombreuses feront représentées par dix Députés, qui feront choisis par la voye du scrutin dans une assemblée générale.

Les assemblées générales ne pourront être convoquées que par permission du Juge de police, lequel indiquera les jours, lieux, & la forme en laquelle elles feront tenues.

Lesdites permissions feront accordées fans aucuns droits ni autres frais.

Les Députés qui auront été nommés en l'assemblée générale, représenteront l'entiere Communauté, & les délibérations qui feront par eux prises, obligeront tous les Corps. Les assemblées des Communautés & de leurs Députés, feront présidées par les Sindic & Adjoints, & les délibérations y feront prises à la pluralité des voix.

Les membres des Communautés se comporteront dans leurs assemblées avec décence & circonfpection ; au cas de contravention il y fera pourvu fur le requifitoire du fubftitut du Procureur Général du Roi, par voie de police & fans frais.

Les Députés s'affembleront dans la huitaine après leur nomination, en préfence du Juge de police à l'effet de procéder par voie de fcrutin à l'élection de l'Adjoint qui devra remplacer celui qui deviendra Sindic & ainfi d'année en année.

Dans les Communautés qui feront dans le cas de nommer des Députés, les Adjoints ne pourrout être choifis que dans le nombre de ceux qui auront été députés.

Lefdites affemblées feront tenues en préfence du Juge de police, du fubftitut du Procureur Général du Roi, affiftés du Greffier : il fera payé au Juge 6 livres, au Subftitut 4 livres, & au Greffier 2 livres, y compris le coût & les déboursés du procès verbal d'affemblée.

La nomination des Sindics doit être inscrite fur le regiftre de la Communauté par un ancien Sindic & fans aucun befoin de procès verbal.

6°. *Des Vifites.*

Ces Vifites tendantes à connoître fi les réglemens font fuivis avec exactitude, doivent fe faire quatre fois l'année, par les Sindics & Adjoints, chez tous les maîtres & aggrégés, & en cas de faute reconnue chez ces derniers, les citer à la premiere affemblée de Communauté.

S'il fe rencontre des récidives de contravention fuscéptible d'intéreffer l'ordre public, on en dreffera procès verbal qui fera remis au Subftitut du Procureur Général du Roi pour y être pourvu à fa requête.

Chaque vifite fera payée aux Sindic & adjoints, par les maîtres & aggrégés à raifon de 20 fols dans les Villes de la Ire. claffe & 10 f. feulement dans celles de la feconde.

Les trois quarts de ce droit de vifite feront au profit de la caiffe de la communauté, & l'autre quart fe partagera entre les Sindics & adjoints, qui auront fait les vifites.

7°. *Défenfes de Préfens.*

Il eft expreffément défendu à aucun membre ou afpirans d'une Communauté de faire aucuns préfens à leurs Sindic & adjoints, & à ces derniers de ne rien recevoir fous quelque prétexte que ce foit.

Tout repas d'affemblée, de réception, & de confrairie, ainfi que les vifites & faifies relatives aux confrairies, font auffi pareillement défendus.

8°. *Contestations de Saisies.*

Aucunes de ces causes ne peuvent s'effectuer valablement, par les Sindics & adjoints, qu'en vertu d'une délibération de la Communauté ou de ses représentans, laquelle doit être homologuée en la forme ordinaire de justice : & lorsqu'il existe une saisie, ou amende quelconque, il est défendu d'entrer dans aucun accord ou accommodement, sans consentement du substitut du Procureur général du Roi.

9°. *Des dépenses.*

Aucune dépense extraordinaire ne peut être faite sans autorisation de la Communauté ou de ses représentans, sous peine de radiations dans les comptes des Syndics & Adjoints qui feroient alors tenus personnellement des dépenses qu'ils auroient voulu faire supporter à leur Communauté.

10°. *Des Emprunts.*

Ils ne pourront avoir lieu qu'en vertu de lettres patentes duement enregistrées, & non autrement.

11°. *Des comptes.*

Les Sindics & Adjoints doivent chaque année rendre compte de leur gestion, deux mois au plus tard après l'expiration de leur exercice sous peine d'y être contraints, par les substituts du procureur général & d'une amende de 20 liv. par 15ene. de retard, après lesdits deux mois & cent en faveur de la Communauté.

Ces comptes doivent être brefs & en forme d'états soumis à l'examen des substituts susdits, sans qu'il soit besoin d'aucun procès-verbal à cet effet, mais ces comptes seront arrêtés par les représentans de la Communauté, & les droits à payer pour leur révision seront de 10 liv. au profit du substitut qui les aura visés & de 6 liv. seulement lorsque leur visa aura été fait par un procureur fiscal d'une justice subalterne, mais ressortissante d'une Ville du second ordre.

Ces comptes seront faits triples, pour les copies, toutes revêtues de signature & de visa, être déposées, savoir : l'une au coffre de la Communauté avec les pieces justificatives, l'autre ès mains du Sindic, en exercice & la troisième pour rester dans celles du comptable pour lui tenir lieu de décharge.

Si les comptables sont reliquataires par l'arrêté de leurs comptes, ils doivent sur le champ en compter le solde entre les mains des successeurs de leurs fonctions, sous peine d'y être contraints, & si au contraire ils étoient en avance envers la Communauté, ils doivent sur le champ être rembourfés par leurs dits succeffeurs : dans les cas cependant ou ces avances feroient trop fortes & excéderoient les revenus ordinaires de la Communauté, les remboursemens ne pourront s'en effectuer qu'à l'aide d'une répartition sur tous les membres & aggrégés de ladite Communauté, comme sur tous ceux qui exerceront la même profession sans qu'il y ait lieu de prétendre a aucune exemption.

Le rôle de cette répartition se fera par les Sindics & adjoints en exercice, au marc la livre de la capitation & en présence du juge de police.

Cet article regle de plus que les maîtres & aggrégés ne pourront louer leur maîtrise, ni prêter leurs noms directement ou indirectement, à qui que ce soit, sous peine de déchéance de la maîtrise & de tels dommages & intérêts que la Communauté prétendra avoir à son profit.

12°. *De la police des apprentifs.*

Cet article veut que les apprentifs ouvriers ou garçons compagnons, qui auront pris engagement avec un maître, ne pourront le quitter que par un congé écrit, à moins qu'ils ne foyent pas payés de leurs maîtres, mais dans ce cas ils feront tenus de se pourvoir devant le juge de police qui leur procurera justice fans aucuns frais.

Ne pourront lefdits sujets s'affembler en corps sous aucuns prétextes que ce soit, même de confrairie, & encore moins cabaler contre leurs maîtres pour les changer ensuite à leur gré, & par la même raison il est défendu à tous maîtres de chercher a retirer à leurs confreres, les ouvriers qui y font employés & même d'en recevoir aucuns de ceux qui s'offriroient à leurs services fans aucuns congés, certificats, ou confentemens des derniers maîtres qu'ils auront servis, & ce fous peine de contravention aux ordonnances de police.

13°. *Du Commerce en gros.*

On n'entend pas ici parler des négocians, mais seulement des marchands en gros, c'est-à-dire; ceux qui font leur Commerce sous balles & fous cordes, par pieces entieres fans détails, boutiques, & enseignes aux portes & fenêtres de leur domicile. Il est dit à l'égard de ces marchands qu'ils ne feront pas contraints à se faire recevoir dans les Communautés d'arts & métiers, mais bien à se faire inscrire fans frais, aux greffes soit de jurifdiction confulaire, foit de

la police des Villes de leurs domiciles, fous peine de déchéance de tous privileges.

14°. *Et enfin, des Colporteurs.*

On entend par ce mot les marchands merciers, colporteurs
& porte-balles qui font dans l'ufage de parcourir les campagnes, & il eſt dit à leur égard qu'ils ne pourront vendre, étaler & débiter leurs marchandiſes dans aucunes des
Villes où font établis des Communautés, ſinon dans les
tems des foires.

Quand aux marchands forains, il leur eſt permis d'ap-
porter en tous tems dans leſdites Villes, telles marchandiſes en gros qu'ils voudront, fous balle & fous corde, mais
à la charge par eux de les dépoſer au bureau des Communautés, pour être vendues & loties en leur préſence entre
les maîtres des communautés analogues auxdites marchandiſes & ce fous peine de 100 liv. d'amende.

Cette clauſe relative aux marchands forains, ne l'eſt nullement aux habitans des villages qui viennent vendre leurs
denrées aux jours & heures des marchés des Villes qui les
avoiſinent : il eſt au contraire enjoint aux Communautés de
ne les troubler en rien fous aucuns prétextes, tant pour le
débit de leurs denrées en fruits coméſtibles & filatures, que
pour les menus ouvrages en bois, ozier & autres natures qui
ſe font dans les campagnes.

Art. VII. *Commerce, Voitures par eau & par terre, Roulage & Meſſageries.*

Le Commerce de cette Ville eſt d'autant plus conſidérable qu'il s'étend fur tous les objets de néceſſité & de luxe,
& que tous les arts y font perfectionnés au point de faire
rechercher ſes productions d'induſtrie par toute l'Europe.
La banque y donne lieu auſſi à un Commerce d'argent en
traites & remiſes, comparable à celui des plus fortes Villes
de l'Europe & d'Amſterdam même ; & ce qui ajoute encore
a l'importation du Commerce de cette Capitale, eſt l'étendue de ſa correſpondance avec toutes les places commerçantes, la facilité de ſes tranſports par eau & par terre,
celle que les voitures & les meſſageries publiques procurent
aux négocians pour voyager promptement, commodement
& à bien moins de frais que par la poſte.

Les voitures par eau font les coches montans & deſcen-
dans la Seine tous les jours de la ſemaine.

Savoir :

JOURS DE LA SEMAINE.	MONTANS.	DESCENDANS.
Le Dim. le Coche de	Nogent	Auxerre . . . .
Le Lundi . . idem.	Sens	Montreau . . . .
Le Mardi . . idem.	Briare	Melun & Corbeil
Le Mercredi idem.	Auxerre & Corbeil	Auxerre . . . .
Le Jeudi . . idem.	Montreau	Nogent . . . .
Le Vendredi idem.	Melun	Corbeil & Sens
Le Samedi . . idem.	Auxerre & Corbeil	Auxerre . . . .

Et lorsque la Cour est à Fontainebleau, il y a tous les jours un Coche montant est un descendant, qui ne font que pour les voyages de la Cour.

Il y a ensuite des diligences par eau pour le service de la basse Seine, & qui dependent du roulage de France. Voyez à ce sujet l'article du Roulage, à la quatrieme Partie de cet Ouvrage. L'on trouve dans la même Partie, le Tableau des diligences de France pour toutes les villes de ce Royaume, & même l'étranger, & un Tableau particulier du service de ce Roulage par lequel se font tous les transports des marchandises par terre, avec une exactitude qui ne s'étoit jamais observée avant cet établissement. Indépendamment du roulage de France pour les transports par terre, il y a des Bureaux de Rouliers qui se chargent également des envois pour la Province & l'Etranger; ils sont situés, savoir:

Rue St. Denis, à la Croix Blanche, chez le Sieur Abraham.

Rue St. Denis, à l'ancien grand Cerf, chez la veuve Glot.

Rue Grenetal, au Charriot d'or, chez le Sr. Ronceray.

Rue St. Denis, au Renard rouge, chez les Sieurs Lefevre & Hemery.

Rue de la Verrerie, à l'Hôtel Notre Dame, chez le Sr. Brebion.

Rue Montorgueil, au Compas, chez le Sr. Guillain.

Rue d'Enfer St. Michel, à l'image St. Louis, chez le Sr. Chartria.

Rue des deux Ecus, proche la halle, à la Ville de Rennes, chez le Sr. le Chêne.

Rue Tireboudin, au bon Conducteur, chez le Sr. Legreh.

Rue & près l'abbaye St. Martin, au grand St. Martin, chez le Sr. Bugey.

Rue de Grenelle St. Honoré, vis-à-vis l'Hôtel des Fermes. chez le Sr. Pitra.

Rue Geoffroy Lanier, à la clef d'Argent. chez le Sr. Penat.

Rue Thevenot au Charriot Rouge, chez le Sr. Preße.

Rue du petit Lion, faubourg St. Germain, au petit Lyon, chez le Sr. Broyar.

Rue & vis-à-vis le petit St. Antoine, chez le Sr. Viot.

Rue Coqueron, maison du Notaire, chez le Sr. Hubert Pitra.

Article VIII. *Foires & Marchés.*

Paris a trois Foires franches par année. La première, qui se tient au faubourg St. Germain, ouvre a la chandeleur; la seconde, qui se tient à la Foire St. Laurent, & dans le faubourg du même nom, ouvre le 15 juillet, & la troisieme, dite St. Ovide, qui se tient au même emplacement de celle de St. Laurent, ouvre après la fermeture de celle du 15 juillet, c'est-à-dire le 25 du même mois, elles ont chacune 12 jours de franchise pour les marchands de la province, mais ceux de Paris y restent près d'un mois & 5 semaines.

Il y a trois marchés par semaine à halle a la farine, les Lundi, Mercredi & Samedi.

Deux à la vieille halle, les Mercredi & Vendredi, ou plutôt elle est un marché continuel.

Deux marchés pour les chevaux les Mercredi & Samedi, marché continuel au Port la Greve.

Autre marché continuel a la halle au Vin.

Deux marchés à pains sur diverses places, les Mercredi & Samedi.

Marché aux veaux tous les Vendredis.

Marché aux bœufs. *Voyez* Poissy pour celui du Jeudi, il y en a un aussi à Sceaux du Maine, qui se tient tous les Lundis, même les jours de Fêtes, sauf celles de Vierges.

Marché continuel à la vallée pour la volaille.

Article IX. *Renseignemens sur les Mesures & Aunages.*

La livre de Paris, est de deux marcs, le marc de 8 onces; l'once de 8 gros, le gros de 3 deniers, & le denier de 24 grains.

L'aune est de 3 pieds 7 pouces & 8 lignes; le pied de 12 pouces, le pouce de 12 lignes, & la ligne de 12 points.

Les mesures des grains sont: le muid de 12 septiers, le septier de 12 boisseaux, le boisseau de 16 litrons; le boisseau

de bled

de bled pefe communément 20 livres, l'avoine a la double mefure de celle du bled.

Les vins & eaux-de-vie fe vendent au muid, compofé de 36 feptiers, le feptier de 8 pintes, la pinte de 2 chopines, la chopine 2 demi feptiers, & le feptier 2 poiffons. les huiles fe vendent a la livre.

Le muid de charbon de bois eft de 20 mines ou charges, la mine 2 minots, & le minot 8 boiffeaux.

Le charbon de terre fe mefure comble & fe vend à la voye de 30 demi-minots, le demi-minot 3 boiffeaux & le boiffeau quatre quarts.

Le muid de chaux eft de 48 minots, chaque minot de 2 boiffeaux, le muid de platre eft de 38 voyes, la voye de 12 facs, le fac d'un feptier, le feptier deux minots, & le minot 2 *boiffeaux*, le fel fe vend au minot, demi minot, quart de minot & en *livre* poids de marc.

Le bois à brûler fe vend à la corde compofée de 4 pieds de haut fur 8 de longueur. La buche doit porter 3 pieds ½ de hauteur. La voie de falourde doit en contenir 50, fur la hauteur de 3 pieds ½ & de 26 pouces de pourtour. Les fagots même hauteur & 17 à 18 pouces de circonférence. Enfin les cotterets ont auffi 17 à 18 pouces de pourtour fur 2 pieds de hauteur, tous ces bois & celui de corde, fe vendent le plus fouvent au cent qu'on excéde de 4, ou plutôt on livre 104 pour cent & 26 pour un *quarteron* &c.

Art. 10. *Droits & Encouragemens pour le Commerce.*

Droits fuivant la Déclaration du Roi, le 8 juillet 1784.

Par cette déclaration, la mefure à l'anneau, fervant au mefurage des bois communément appellés bois de compte, ceffera d'avoir lieu dans les chantiers de Paris. Le prix de chaque voie de bois neuf fera augmenté de deux livres dix *fols* neuf *deniers*; & le prix de chaque voie de bois flotté ou de bois blanc au-deffus de fix pouces, de une livre quatorze *fols* quatre *deniers*. Enforte que le prix de la premiere efpece fera de vingt quatre *livres*, & celui des deux autres efpeces de vingt-deux *livres* dix *fols*. Le prix de chaque voie de charbon de bois fera augmenté de trois *fols* neuf *deniers*; & les droits fur le charbon de terre qui avoient été modérés de vingt une *livres* à huit *livres* font réduits à trois *livres* feulement tant pour la Ville de Paris que pour la Banlieue.

Encouragemens pour le Commerce Maritime.

Il paroît un Arrêt du Conseil d'Etat du Roi, qui accorde des primes aux négocians, armateurs ; qui enverront leurs navires, faire le Commerce dans le Nord. Les primes de la première année seront de 10 *livres* par tonneau, si l'on navigue dans la Mer de Russie, & de 5 *livres* si c'est pour la Mer d'Allemagne. La seconde année accordera des primes de 8 *livres* & 4 *livres*, la troisieme de 5 *livres* 10 sols, la quatrieme de 4 *livres* & de 2, & la cinquieme de 3 *livres* & d'une *livre* 10 *deniers*, pourvu toutes fois que les marchandises soient adressées à des maisons françoises, établies à Hambourg, à Gothembourg, à Riga, à Moscow, à Pétersbourg, &c. Les cargaisons, venant du Nord, jouiront dans tous les Ports de France, du droit franc d'entrepôt pendant six mois, & les marchandises, exportées dans le Nord, ne payeront en France, aucuns droits de sortie. Chaque homme des équipages aura une bouteille de vin, ou deux bouteilles de bierre ou de cidre, à boire chaque jour, sans qu'elles payent aucuns droits, car les vins & les liqueurs sont exemptés de cet affranchissement.

Nota. Nous indiquons pour les étrangers que l'Hôtel royal de la Poste aux lettres est rue Plattiere, & la Poste aux chevaux rue Contrescarpe, Fauxbourg St. Germain.

799. PARME.

Ville d'Italie, au Duché de même nom, sur la Riviere dite de Parme, à 15 lieues de Mantoue, 14 de Cremone, 10 de Milan & 230 de Paris.

On compte en cette Ville par *lire* de 20 *soldis*, & le *soldi* de 12 *denaris*. 100 *livres* de Parme en forment environ 67 d'Hollande, & la *brasse* porte 242 lignes de France. Le Commerce y est en grains, vins & bestiaux pour les Villes de ses environs, & soies crues & fromages estimés qu'elle vend à l'étranger.

Son Courier part de Paris les Mardis matin.

800. PARTHENAY.

Ville de France en Poitou, sur la Thoué, à 6 lieues de Thouars. Son Commerce est en bleds, bestiaux en abondance & fabriques de droguets en toute laine, & autres en fil & laine dont le débit est assez étendu dans le Royaume.

Son Courier part de Paris les Mardi & Samedi à midi.

801. PAROS.

Isle de l'Archipel, une des Cyclades, entre celles de Naxie & d'Antiparos, dont la Capitale du même nom est située, long. 43-12, lat. 37-4. Cette Isle est aussi fertile que bien cultivée. Son Commerce est en bleds, légumes, toiles de coton, éleves & engrais de bestiaux.

802. PASSARVAN.

Ville des Indes dans l'Isle de Java, sur une belle Riviere, à 6 lieues de Panarucan, lat Mérid. 7-30.

On y fabrique beaucoup de toiles de coton qui se vendent à Bantam.

803. PATRAS.

Ville de la Morée sur la Mer, à 7 lieues de Lépante, elle appartient aux Turcs qui en tirent quantité de soies, cuirs, miels, fromages, citrons & oranges en abondance : long. 39 30, lat. 38-20.

804. PAU.

Ville de France, Capitale du Bearn, près la Riviere du Gave; à 40 lieues de Bordeaux & 160 de Paris.

Son Commerce est assez considérable en vins, connus sous le nom de Juranson, (on l'embarque pour l'étranger, à Bayonne, par barriques de 300 *bouteilles* ou *pintes* de Paris) jambons & cuises d'oies fort recherchés, sels, mouchoirs, très-connus sous le nom de Bearn, dont les prix vont de 18 liv. à 144, la 12e. ils sont fort estimés, toiles pour linge de table & chemises, cadis façon de Montauban, & chapellerie commune pour le pays seulement.

Courier part de Paris les Mardi & Samedi.

805. PECHERIE. (COTE DE LA)

Nom donné à la Partie Méridionale de la Peninsule de l'Inde, elle s'étend, du Cap Commorin à la pointe de Ramanancor, l'espace de 40 lieues. Il s'y fait tous les ans au mois d'avril une pêche de perles inestimable, les Hollandois y ont à cet effet plusieurs établissemens.

806. PECK. (LE)

Lieu de France proche St. Germain en Laie, sur la Seine, à 4 lieues de Paris. C'est un dépôt de toutes les salines en

morue, macquereau, hareng & faumons venans des Ports
de la Normandie, d'où ces marchandiſes ſe répandent à Paris & divers heux du Royaume. Il y a depuis peu une manufacture de ſpalme incorruptible, ou eſpece de goudron pour
enduire es vaiſſeaux & bâteaux, & l'on y exploite auſſi une
manufacture de cuirs de Hongrie.

Courier de Paris tous les jours.

807. PEGU.

Ville d'Aſie au Royaume de même nom, ſur la Riviere
de Pegu, long. 114-30. lat. 17. On y fait un grand Commerce en porcelaine, laque, muſc, or, argent, pierreries
& riz : on y compte en *ticals* d'argent de 16 *toques*, dont
la valeur eſt de 3 *liv.* 5 *ſ.* 10 *deniers* de France. La meſure
du riz eſt la *corbeille*, il en faut 40 pour le *laſt* d'Hollande.

808. PEKIN.

Ville Capitale de la Chine, ſituée par Terre, à 1868
lieues de Paris. latitude 50. Elle eſt une des plus commerçante de l'Inde.

CHANGE DES MONNOIES.

Noms des Monnoies.	Valeur en argent.			
	du Pays	de France.		
		L.	S.	D.
Tahes	600 takers	30	12	″
Staerck	150 dito	7	13	″
Maſſe	15 dito	″	15	3 $\frac{3}{5}$
Condrinck	5 dito	″	5	1 $\frac{1}{3}$
Taker		″	1	″ $\frac{1}{4}$

On eſtime que 100 *ecus* de France peuvent aller à 39
ſtaercks $\frac{1}{5}$.

Poids, Meſures & Uſages.

100 livres de la Chine ſont eſtimées faire 125 livres de
France, ainſi 100 liv. de France ne ſont que 75 liv. de Chine.
100 *coudées* de Pekin ſont 39 *aunes* $\frac{1}{2}$ de Paris, & 100
aunes de Paris donnent 328 *coudées* Chinoiſes.
Les écritures ſe tiennent en *ſtaercks* de 10 *maſſes*, &
les monnoies ne ſe donnent qu'au poids, toutes celles Eu-

ropéenes en or & argent ont un cours en cette contrée proportionnée à la réduction ci-deſſus des monnoies Chinoiſes en argent de France.

Les marchandiſes & objets qui ſe portent d'Europe en cette contrée ſont des monnoies, draps fins & camelots, toiles fines d'Hollande, batiſte de France, horlogerie, miroirs, papier de toutes ſortes, inſtrumens de mathématique, bijoux pour hommes & femmes, & vins : la majeure partie des marchandiſes s'employe en préſens aux Mandarins, & l'argent eſt pour acheter les diverſes Productions de ce pays qui conſiſtent en or en lingots, ſoie crue, damas & autres étoffes de ſoie, quantité de toles & mouſſelines auſſi connues que recherchées en Europe, badiannes, cannes, porcelaines, thé-verd & boui, & ouvrages de vernis.

Les François & les Hollandois ſont les Nations de l'Europe qui y commercent le plus. Ce n'eſt preſqne qu'à l'Orient que la France fait ſes armemens pour cette partie de l'Inde.

809. PENSILVANIE. *Voyez* page 204 de la premiere Partie.

810. PERA.

Ville des Indes, à l'embouchure d'une grande riviere, entre Queda & Malacca, elle eſt dépendante du Royaume d'Achem.

Ses environs abondent en étain qui ſe trouve dans les ſables & au fond des rivieres, ce qui fait préſumer qu'on peut y découvrir quelques mines en ce genre.

811. PERIGUEUX.

Ville de France, Capitale du Perrigord, ſur la riviere Lille, à 16 lieues d'Angouleme, 18 de Limoges, 29 de Bordeaux & 110 de Paris.

Le Commerce eſt en vins, eaux-de-vie, fer dont le débit eſt immenſe, cette ville ayant plus de 36 forges dans ſes environs; fils teints, truffes, & dindes farcies de cette denrée, dont on fait des envois conſidérables pour Paris & diverſes Provinces.

Courier part de Paris les Mardi & Samedi.

812. PERONNE.

Ville de France en Picardie, ſur la Somme, à 12 lieues d'Amiens, 10 de Cambray & 32 de Paris.

Le Commerce y eſt conſidérable en grains qui ſe vend

au *septier* pesant en bled 290 à 295 livres, & l'on y fabrique des toiles dites, *batistes & linons* clairs pour St. Quentin, & d'autres toiles de lin de même qualité que celles de la dite Ville.

L'aune est celle de Paris. *Son Courier part de Paris tous les jours à midi.*

813. PERPIGNAN.

Ville de France, capitale du Roussillon, sur la riviere du Tet qui n'est qu'à une lieue de la Mer, à 12 lieues de Narbonne, 30 de Montpellier, 50 de Toulouse & 180 de Paris.

Son Commerce est en bleds & millet assez abondans pour en exporter, vins dont le débit ne se fait que par le passage des troupes : c'est à tort qu'on attribue à ce vin la vertu de donner de la couleur & de la liqueur aux vins foibles & de légeres couleurs, cette vertu n'appartient qu'aux vins du Haut-Languedoc.

Cette ville fait un gros débit en huiles d'olives, laine, bétail, fer, & l'on y tient quelques fabriques en gros draps de Bures, & toiles grossieres.

Courier part de Paris les Mardi, Jeudi & Samedi.

814. PERSE.

Grand Royaume d'Asie, dont la Capitale est Ispahan. *Voyez* cette Ville.

On y recueille d'excellens vins, du riz, des fruits & grains de toutes especes, sauf le seigle & l'avoine, & l'on y trouve des mines d'or, d'argent, de fer & de sels minéraux.

Il y a en outre diverses Productions d'industrie détaillées à Ispahan.

815. PERSIQUE.

Golfe d'Asie entre la Perse & l'Arabie heureuse, on y fait une pêche considérable en perles aussi belles qu'estimées.

816. PETAGUEY.

Pays de l'Amérique méridionale au Brésil, appartenant aux Portugais qui y font exploiter d'abondantes mines d'argent.

817. PETERSBOURG (St.)

Ville Capitale de l'Empire de Russie, sur la Nerwa, près

de fon embouchure, dans le Golfe de Finlande, à 225 lieues de Moscow, 300 de Vienne & 495 de Paris. Elle est la résidence d'un consul & d'un vice consul pour le Commerce de France.

CHANGE DES MONNOIES.

Noms des Monnoies	Valeur en argent.			
	du Pays.	de France.		
		L.	S.	D.
Impériale.................	10 roubles......	41	5	”
Ducat....................	200 copicks.....	8	5	”
Rouble....................	100 dito.........	4	2	6
Grive ou grif...........	3 Altins $\frac{1}{3}$.....	”	8	3
Altin...................	3 Copicks......	”	2	$5\frac{7}{10}$
Copick ou Copeck........	2 Moscoks....	”	”	$9\frac{9}{10}$
Moscock................	....	”	”	$4\frac{19}{20}$

Paris donne 100 ecus pour 54 à 60 roubles, & change avec cette ville par Amsterdam & Hambourg.

Poids, Mesures, Aunages & Usages divers.

100 livres de cette ville font à Paris 81 livres $\frac{5}{}$.

100 aunes de Paris font 164 ½ archines de Russie.

Le lopens de bled pese 99 livres de Paris.

La mesure des liquides est lancre qui contient, ou est évalué contenir 188 pintes de Paris.

Les écritures se tiennent en roubles & copecks.

Cette ville ne change qu'avec Amsterdam & Hambourg, sur lesquelles elle tire à 65 jours de date. On parle beaucoup d'établir un change direct de cette place avec la France.

On trouve en cette Ville, des manufactures de tapisseries, bas de soie, chapeaux, glaces à miroirs &c.

Les marchandises qu'on y porte, consistent en vins rouge & blanc, eau-de-vie, épiceries en toutes sortes, indigo, souffre, encens, plomb, étain, bois pour la teinture, bijouterie des toutes espéces, mercerie, fils d'or & d'argent, peaux de castor du Canada, papier pour l'écriture & l'impression, cartes & carton, étoffes d'or, d'argent & de soie, draps & étoffes de laines de toutes sortes, marchandises de modes & galons de toutes espéces.

On en tire en échange, forment & seigle, chanvre, étoupes, cordages, mâts de navires, saumon salé & fumé, vaches de Russie, goudron, cuirs forts, secs & salés, lin & étoupes de lin de plusieurs sortes, tabac de l'Ukraine dont la quasité approche de celui de Virginie, huiles de baleine & autres poissons, colle de poissons, juis, chandelles, cire jaune, nattes pour emballer, poil de porc, & riches fourrures & pelleteries. La colle de poisson est un des articles essentiels du Commerce de la Russie, l'espece de poisson appellé *Stwtage*, fournit la meilleure ; elle se vend 10 *roubles le pond* à Astracan, c'est-à-dire, un *rouble* la *livre* : la colle d'esturgeon est de 30 à 50 *roubles* ; & celle de *bélugar* de 12 à 18 *roubles le pond* : en 1781 on en a exporté de la derniere qualité 3604 *ponds* dont 2721 ont passé en Angleterre, la vente de la colle de *bélugar* rend à la Russie environ 80 mille *roubles*, l'envoi s'en fait par l'*asts & ponds*.

Notá. le poids de cette de Ville s'appelle *pond*, il se divise en 40 liv. Russiennes, dont les 100 rendent ce qu'il est dit ci-dessus.

Prix de diverses Marchandises, & particuliérement des Fourrures qui se tirent de la Russie.

NOMS DES MARCHANDISES.	QUANTITÉS, MESURES, POIDS, OU PIECES.	PRIX.	MONNOIES.
Lin de premiere qualité.....	Le berckowitz de 10 ponds.	... 22 $\frac{1}{2}$ ...	Roubles.
dito, deuxieme...	..idem....	... 19 $\frac{1}{2}$ ..	idem....
dito, troisieme...	..idem......	..16 $\frac{1}{2}$	idem....
Fer.........	Le pond de 40 liv.	de 70 à 100	Copecks.
Cuirs........	Le pond varie de	400 à 900	idem....
Fourrures & Peaux.			
De lièvre, la piéce se vend........	$\frac{1}{2}$ - $\frac{2}{3}$. & jusqu'à	... 1	Rouble.
d'Hermine.....	Les 40 pieces..	.. 15	Roubles.
de Renard blanc.	La piece.......	..1 $\frac{1}{2}$....	Roubles.
Fourrures, petit gris à ventre noir	.idem......	... 4	Roubles.
dito petit gris clair	..idem......	... 2 $\frac{1}{2}$ ...	idem....
dito, Dos de petit gris noir.......	..idem........	... 12	idem....

La martre Zibeline, tuée en hyver, se vend la piéce jusqu'à 150 florins d'Hollande, les peaux de taupes, se vendent au 100 de 35 à 40 florins d'Hollande, celles de castor de Kamtchatka se vendent ; aux Chinois, de 140 à 250 florins d'Hollande le 100.

Celles

Celles de Renards très noires, vont jufqu'à 2500 florins le 100.

Toiles à voiles premiere qualité	La piéce est de	... 8 ...	Roubles.
dito, deuxieme...	.. idem	.. 7½ ..	... idem.
dito, troisieme...	.. idem	... 6 ...	... idem.
Tabac d'Ukraine.	Le pond est de ..	... 170 ...	Copecks.

La douzaine de planches de sapin, portant l'une 12 pieds de long, 11 pouces de large, & 1.½ pouce d'épaisseur, coute rendue à bord du navire 80 sols courans d'Hollande. } 8 liv. 4s. 5d. de France.

Courier part de Paris les Lundi & Vendredi à 8 heures du matin, on ne peut affranchir.

818. PEZENAS.

Ville de France dans le Bas-Languedoc, sur la Peyne, à 3 lieues d'Agde, 4 de Besiers, 8 de Montpellier & 186 de Paris.

Son Commerce est en vins muscats, autres vins blancs & rouges qui se vendent au *muid* de 90 verges estimées, peser 1800 livres poids de marc, eau-de-vie qu'on vend au *quintal* poids de table qui est de 2 p. ⅜ plus foible que celui de marc, huiles dont la *charge* est de 6 mesures, & pese 37 livres poids de table ; olives, raisins, figues, amandes, dures & ameres, ces objets se vendent au *quintal* poids de table, & les amandes en coques à la carte de 15 livres, les anchois se vendent en *barils* & à la livre, & draperies qui se tirent de diverses villes de France, où que l'on portent à ses foires auxquelles cette ville fait presque tout son Commerce. *Voyez* l'Etat des Foires.

Courier part de Paris les Mardi, Jeudi & Samedi.

819. PHILADELPHIE.

Ville de l'Amérique septentrionale, Capitale de l'Etat de Pensilvanie, l'un de treize Etats-Unis, elle est sur la Delaware à 30 lieues de la mer. Elle très Commerçante & suit en tous points les usages de Boston.

On s'occupe d'élever dans cet Etat, des manufactures de fer & d'acier, dont on se promet les plus grands succès, on trouve dans ce Pays, tout ce qui peut les faire prospérer ; des mines abondantes, le bois nécessaire pour fondre & couler le minerai & des rivieres navigables. Philadelphie fait en outre un fort Commerce en farines de minots, qui ne sont pas sans réputation, elle en fournit beaucoup en Amérique & dans quelques Port d'Italie, elle a une Banque publique, assez considérable, établie depuis deux ans. *Voyez* Bolton pour plus de détails.

820. PHILIPPINES.

Isles de la Mer des Indes au delà du Gange, dans l'Archipel de St. Lazare. Elles appartiennent aux Espagnols qui en tirent des peaux de cerfs, de sangliers, du poil de chèvre, de lambre gris, du coton, de la civette, de la poudre d'or qui se trouve dans les sables, de l'or en lingots de diverses mines, & des perles dont la pêche la plus favorable se fait du côté de Mindanas, l'une de ces Isles, situées ensemble en longitude 132-45 & en lat. 5-20.

821. PICO.

Isle de l'Océan, une des Açores, située à 3 lieues de Fayal, 5 de St. George & 12 de Tercere, elle appartient aux Portugais qui en tirent un vin très estimé, & qu'on y recueille en abondance.

822. PINGEN.

Ville d'Allemagne, sur le Rhin, à 4 lieues de Mayence & 110 de Paris. Son fort Commerce est en clinquaillerie qu'elle fait elle-même, elle tient aussi diverses marchandises de la Hollande qu'elle répand dans diverses villes de l'Allemagne. Ses monnoies, poids, mesures & aunages sont comme à Francfort. *Voyez* cette ville.

Son Courier, par Mayence, part de Paris tous les jours. Il faut affranchir jusqu'à la frontiere.

823. PISAN.

Pays d'Italie dans la Toscane, dont Pise est la capitale, située sur l'Arno à une lieue de la Mer, 5 de Livourne, 3 de Lucques & 18 de Florence.

Le principal Commerce est en liége que l'on y trouve en quantité au tour des arbres.

824. PITHIVIERS.

Ville de France en Gastinois, à 8 lieues d'Estampes & 22 de Paris. Le Commerce y est en grains, vins, légumes pour Paris, safran très estimés, patés d'allouettes désossées très renommés, miel blanc en grande réputation, & bois qui se tire de la forêt d'Orléans.

Son Courier part de Paris les Mardi, Jeudi & Samedi.

825. POISSY.

Petite Ville de France, fur le bord de la Forêt de St.-Germain, à 2 lieues de cette Ville & 7 de Paris.

Elle n'eſt remarquable que par les marchés de bœufs, qui s'y tiennent tous les Jeudis pour l'approviſionnement de Paris. Ces bœufs y ſont amenés de la Normandie, la Flandre, la Poitou, la Picardie, le Berry, la Champagne, l'Anjou, la Maine & de l'Auvergne même, & ils ne ſont achetés que par les bouchers de Paris.

826. POITIERS.

Ville de France, Capitale du Poitou, ſur la Riviere de Claiu, à 20 lieues de Tours, 45 d'Orléans, & 76 de Paris. Elle a une juriſdiction conſulaire.

Le Commerce y eſt aiſez conſidérable, il conſiſte en grains en abondance, farines de *minot*, dont la qualité eſt fort inférieure à celles de Bordeaux, Nantes & de Beauce, & le prix bien plus modique, vins rouges d'une mediocre qualité, tanneries conſidérables en cuirs forts & peaux pour la chamoiſerie, eau-de-vie, bonneterie commune en laine mais renommée par ſa ſolidité, étamines en laines rayées & unies, beaucoup de beſtiaux dont les bœu s & mulets ſont eſtimés, bois de conſtructions, fer provenans de pluſieurs forges voiſines, draperies communes, toiles de lin & laines en quantité, tous ces objets ſe réuniſſent du haut & bois Poitou; pour être vendus aux foires de cette Ville, & à celles de Chatellerault, St. Maixant, Niort, Vivonne, Fontenay, Parthenay, Moncoutaut & Luſignan, qu'on trouve indiquées à l'état des foires, *Voyez* cet état.

La meſure de cette Ville pour les grains eſt comme à Châtellerault, *voyez* ce mot.

Son Courier part de Paris les Mardi & Samedi.

827. PONDICHERY.

Ville des Indes Orientales, ſur la Côte de Coromandel en de-çà du Gange, au Royaume de Gingy; c'eſt le plus bel établiſſement François dans l'Inde. Il eſt ſitué à 105 lieues de Goa, 22 de Karikal, 44 de Madras, & 1892 de Paris, par terre : longitude 97-31, & latitude 11 deg. 55 min. 42 ſecondes.

CHANGE DES MONNOIES.

Noms des Monnoies.	Valeur en argent.			
	du Pays.	de France.		
		L.	S.	D.
Pagode d'or	41¼ Fanos . . .	8	5	»
Roupie de Surate	11¼ dito	2	5	»
Roupie d'argent de Pondichery	11 dito	2	4	»
Fanos d'argent	5⅓ caches . . .	»	4	»
Quadruple cache	4	»	3	»
Cache simple		»	»	9

La France donne communément 100 *écus*, pour 36 à 36½ *pagodes* des Indes, mais il n'y a point de change en argent, tout se fait en échange de marchandises.

Poids, Mesures & Usages.

Les *poids & aunages*, font semblables à ceux de France, on s'y sert cependant d'un *poids* particulier, dit *candil* qui pese 480 liv. de France, & se divise en 20 *mons*, ou 160 *bis*. La mesure des grains & surtout du riz, est le *mercal* qui pese en froment 12 liv. l'argent se vend au *seyras* qui est de 13 1/7 pour cent de moins que le marc de France.

Les écritures se tiennent comme à Paris.

Les François retirent de cet établissement, quantité de mousselines, dite *betille*, un peu grosse, en ⅝ de large piece de 20 aunes, organdy en 3 4/5 de large piece de 12 aunes ½, tarnatane fort clair en ⅞ de large, piece de 12 à 13 aunes, diverses toiles de coton, dite guinées blanches en ⅞ de large sur 28 à 30 aunes de longueur. Percales moris d'une aune ⅓ de large sur 7 aunes¼ de longueur. Salampouris longueur de 72 cabidos des Indes, sur 2¼ de large, étoffes de soies, mouchoirs de coton & de soie, cotons filé & en bourre, indigo, serges de Masulipatan, toiles peintes du même lieu, & mouchoirs les plus estimés des 4 parties du Monde, fruits confits, riz, sucre, café, cacao, acier, diamans & diverses pierreries des mines de Golconde.

Les Européens ne sont point assujettis sur cette côte, au droit de *chappa-dellela*, que payent les naturels du Pays, & qui est de 12 p 8 de la valeur des marchandises. Les entrées de toutes ces marchandises en étoffes, toiles & coton en France, sont de 3½ à 4 p 8.

On vient d'établir en cette Ville une caisse d'escompte, sous la protection du gouvernement, & dont les principaux réglemens sont :

1°. Que le fond Capital sera de 3 millions.

2°. Que l'on y escomptera tous billets solvables au Taù d'un pour 100 par mois, mais à condition qu'il n'y en en aura pas pour plus de 4000 *livres* d'un seul & même débiteur.

3°. Que les billets pour être reçùs a escompte seront au moins chargés de deux endosseurs, & qu'ils n'auront pas plus de 3 mois de date à courir.

4°. Que la caisse sera ouverte depuis 8 heures du matin jusqu'à 11 heures, tous les jours de la semaine, sauf les samedi, dimanche & jours de fêtes.

C'est par les Ports de Roi & celui de l'Orient que la France fait ordinairement son Commerce avec cette Côte.

828. PONS.

Ville de France en Saintonge, à 4 lieues de Saintes, elle envoie par terre quantité de grains & d'eau-de-vie au Port du Lie, situé sur le bord de la Charente, à une lieue de Coignac, d'où les négocians de divers Ports, les font prendre & transporter par cette Riviere pour diverses Villes Maritimes.

Son Courier part de Paris les Mercredi & Dimanche à 2 heures.

829. PONT ST. MAXENCE.

Ville de France sur la Riviere d'Oise, à 3 lieues de Senlis & 13 de Paris. Le Commerce y est en grains, dont il se tient un marché considérable toutes les semaines & en treillis pour sacs assez estimé pour cet usage.

Le *septier* de bled pese 300 *liv.* poids de marc & l'aune est celle de Paris.

Courier de Paris tous les jours.

830. PONT-AU-DE-MER.

Ville de France en Normandie, sur la Rille, à 12 lieues de Rouen, 7 de Lisieux & 36 de Paris. Le Commerce est en bled, laines & tanneries pour Rouen.

Courier part de Paris tous les jours à 2 heures.

831. PONT-L'EVEQUE.

Ville de France en Normandie, sur la Tonque, à 10 lieues de Caen, 4 lieues de Lisieux & 3 de Honfleur. Le Commerce y eft en partie comme ci-deffus, & particuliérement en fromages très eftimés.

Courier comme ci-deffus à Pont-Au-demer.

832. POPAYAN. (LE)

Province de l'Amérique-Méridionale au nouveau Royaume de Grenade. Les Efpagnols en tirent du baume, du fang dragon, de l'agathe, du jafpe, de l'or & des pierres précieufes.

833. PORTO-RÉ.

Ville Maritime & Autrichienne d'Italie, dans la prefqu'Ifle de l'Iftrie.

Son Port eft conféquent, on y conftruit beaucoup de Navires, & l'on vient d'y établir tout récemment une manufacture de foie.

Il y a en Portugal une Ville du même nom, de *Porto*, fituée dans la Province entre Duero-e-Minho, à une lieue de l'embouchure du Duero & 58 de Lisbonne, on y fait un fort Commerce en vins qu'elle fournit aux Pays Septentrionaux de l'Europe.

834. POTOSI. (LE)

Ville du Pérou, dans la Province de Lofcharcas, proche la Riviere de la Plata, long. 312, lat. Mérid. 20-40. Ses environs renferment les plus riches mines d'argent de l'univers dont elle tire un produit immenfe.

835. PRAGUE.

Ville Capitale du Royaume de Bohême, fur la Muldaw, à 60 lieues de Berlin, 28 de Drefde, 56 de Vienne, 70 de Munick, 48 de Breflaw & 224 de Paris.

CHANGE DES MONNOIES.

Noms des Monnoies.	Valeur en argent.			
	du Pays	de France.		
		L.	S.	D.
Ducat	240 creutzers. . . .	10	12	"
Rixdale	90 dito.	3	19	6
Florin ou gulden	60 dito.	2	13	"
Gros fchoch bohemien . .	3 florins	7	19	"
Creutzer		"	"	10⅔

Paris donne 100 *écus* pour environ 113 à 114 *florins* de 60 *creutzers*, & change avec cette Ville par Hambourg, Breflaw & Amfterdam.

Poids, mefures aunages & ufages divers.

100 *livres* de cette Ville font 112 *livres* de Paris.

100 *aunes* de Prague font 58 *aunes* ⅝ de Paris.

Les écritures fe tiennent en *rixdales*, *florins* & *creutzers*. Les ufances & ufages de traités font comme à Vienne, *voyez* cette Ville.

Le Commerce confifte en pierres de compofition, grenats, alun, foufre, beaux bleus, divers minéraux, eau forte, cuivre rouge & jaune, toiles crues & blanchies, autres peintes de diverfes façons, mouchoirs de toutes efpéces, fichus, fils de la plus grande fineffe, chapellerie commune, verreries recherchées pour les garnitures de tables, fourbiflerie très eftimée & bijouterie affez confidérée; l'on y trouve auffi des cuirs de vaches, qui différent peu du cuir dit Rouffi, qui fe fabrique en Mofcovie.

Cette Ville a deux foires par an de 3 femaines chacune, la premiere à la mi-carême, & la feconde à la St. Wenceflas. *Son Courier part de Paris tous les jours, fauf le Mercredi, il faut affranchir.*

836. PROVINS.

Ville de France dans la Brie Champenoife, fur la Vouzie, qui communique à la Seine, à 12 lieues de Meaux & 20 de Paris. Le Commerce y eft confidérable en grains, furtout en froment d'une qualité fupérieure dont le *feptier* pefe de 255 à 260 livres, & la confommation fe fait à Paris. Les feuilles de rozes qu'on confervent très bien en cette Ville forment auffi une petite branche de Commerce par leur grande réputation, & l'on y tient une manufacture de tiretaine, étoffe de laine très connue.

Courier part de Paris tous les jours.

837. PULO-DINDING.

Ville de la Mer des Indes, fur la Côte de Malaca, avec un bon Port, entre Queda & Pera, lat. 6-30. Les Hollandois auxquels elle appartient, en tirent beaucoup de riz & d'étain dont les environs ont plufieurs mines.

838. PUTANGE.

Ville de France en Normandie, à 48 lieues de Paris.
Il y a des fontes considérables en canons & pierriers.
Courier, par Falaise, les Lundi, Mercredi & Samedi à
deux *heures.*

839. PUY. (LE)

Ville de France dans le Languedoc, Capitale du Valay,
près la Riviere de Loire à 14 lieues de Mende, 60 de Toulouse & 115 de Paris. On y fabrique considérablement de
dentelles de fils & soies, & diverses étoffes de soies, cuirs
de chevaux & mulets apprêtés, dont les ventes se font aux
foires de cette Province, *voyez* à ce sujet l'état des foires,
Nota. Ces marchandises ont le droit de passage par tout le
Royaume.
Courier part de Paris les Mardi, Jeudi & Samedi.

840. QUANTON ou CANTON.

Province de la Chine, dont Quangehen est la Capitale,
elle à un bon Port, appellé Vanton situé lat. 23-15. Le Commerce y est très considérable en toutes sortes de marchandises de la Chine, & particulierement en or, diamants, pierres
de prix, perles, soies, fer, étain, cuivre & acier. *Voyez*
Pekin pour les usages.

841. QUEBEC.

Ville de l'Amerique septentrionale, Capitale de la Nouvelle France, sur la rive sept. du fleuve St. Laurent, à
120 lieues de la mer. Elle appartient au Anglois, qui y ont
un Commerce considérable en castors & autres pelleteries du
Canada, cette Ville est située à 46 dég. 40 min. de lat. Elle
à un très bon Port sur le fleuve St. Laurent qui communique à la mer.

842. QUEIDA.

Royaume d'Asie dans la Presqu'Isle au de-là du Gange,
dont la Capitale du même nom, est située à l'embouchure
d'une riviere qui communique à la mer, par le 6me. dég. 10
min. de lat. Cette Ville à un très bon Port, & le Commerce
qu'on y fait est en bois de construction, buffles, tigres,
dents d'elephants & étain que l'on tire de plusieurs mines
abondantes.

843. QUEI

843. QUEICHEU.

Province de la Chine, dont Queiyang est la Capitale située sous le 26me. dég. de lat.

Le commerce y est en vif argent & chevaux très estimés des Chinois.

844. QUENTIN. (St.)

Ville de France en Picardie, Capitale du Vermandois, sur la Somme à 8 lieues de Cambray & 32 de Paris. Il y a une jurisdiction consulaire. Elle est extrêmement commerçante en toileries, gazes, linons, bastistes & claires. Les bastistes fortes portent ⅔ de large, sur 14 aunes ½ de long. Les linons ⅔ de large sur 14 aunes ½ de long. Les gazes rayées sont de diverses longueurs, sur ¼ auns de large. Les toiles fortes dites demi-Hollande, ont ¾ de large, les trusslettes pour mouchoirs, ont ½ aune ½ de large & les grosses toiles en étoupes de lin, sont de diverses largeurs & longueurs. Toutes ces toiles sont d'un débit immense, les fines & gazes pour l'Espagne, le Portugal l'Italie & les Isles, & les autres pour Paris & l'intérieur du Royaume. On y fait aussi un Commerce en froment de bonne qualité, qui se vend au sac, dont le poids commun est de 275 à 280 liv. le poids de cette Ville est celui de *marc*, l'aune celle de Paris. Les négocians en toileries de cette Ville, ont entr'eux une monnoie imaginaire pour leur Commerce de toiles, on l'appelle *pite*, il y en a de deux sortes, l'une de 15 sols & l'autre de 18 sols, c'est par *pites* qu'ils indiquent les prix de leurs toiles, au lieu de parler de la livre tournois &c. Cette Ville a une foire considérable tous les ans, elle s'ouvre le 9 Octobre jour de la St. Denis & a 9 jours de franchise.

Son Courier part de Paris tous les jours à midi.

845. QUINTIN.

Ville de France dans la haute Bretagne, à 3 lieues de St. Brieux, sur la rivière de Goy. On y fabrique quantité de toiles, savoir, toiles de lin si belles & si fines quelles s'employent en manchettes, toiles ordinaires pour chemises & mouchoirs, & toiles pour tamis & bluteaux de boulangers, elles sont bleues & connues sous le nom de *quintin*, elles ont un apprêt presque aussi fort que celui du Bougran, & qui est nécessaire pour faciliter le tamisage.

Son Courier part de Paris les Lundi Mercredi & Samedi à 2 heures.

846. R A M A.

Ville de la Paleſtine, entre Jaffa & Jéruſalem., à 3 lieues de la premiere & 8 de la derniere. Il s'y fait un fort commerce en coton filé qui y attire nombre de marchands françois & flamans.

847. R E G G I O.

Ville d'Italie au Royaume de Naples, ſur le Phare & à 6 lieues de Meſſine. On y tient une manufacture de laine de poiſſons, appellé *lana ſucida*, dont on fait des camiſoles, des gants & des chauſſons d'une grande légèreté, & qui cependant garantiſſent du plus grand froid, le débit en eſt conſidérable. Le poiſſon qui produit cette laine eſt une eſpèce de moule très fréquente au bord de la mer qui baigne le Port de cette Ville, Port depeu de ſûrêté.

Courier de Paris part le Mardi matin.

848. R E I C H E I N S T E I N.

Ville d'Allemagne dans la Siléſie, à 2 mille de Glatz. Elle fait exploiter pluſieurs mines, dans ſes environs, en fer, cuivre & une d'or, mais peu abondante. Cette Ville eſt ſituée par 24 dég. 32 min. de long. & 27 de lat.

849. R E I M S.

Ville de France en Champagne, ſur la Veſle, à 12 lieues de Châlons, 38 de Nancy, 26 de Troyes & 35 de Paris. Elle a une juridiction conſulaire.

Elle eſt très renommée par ſes vins rouges & blancs, les plus recherchés en rouges ſont : ceux des cantons de Verſeney, Verſy, Mailly, Taiſſy, Ludes, trois Puits & Sillery ; en blancs les Cantons d'Ay, Cumierres, Pierry, Damery, Hautvilliers, & ſurtout ceux de la montagne dite de Reims ; de ces derniers vins, il y en a beaucoup de monſſeux, qui s'exportent en tous Pays, même aux Iſles, quand aux rouges ils ne ſe conſomment que dans l'intérieur du Royaume, où l'on les préferent à ceux de Pomar, Nuits & Vougeau. Outre le Commerce immenſe en vins de cette Ville, on y fait un grand débit de pain dépice ſingulierement eſtimé, poires ſeches de rouſſelet qu'on exporte au Levant & juſqu'aux Iſles, cette Ville a en outre pluſieurs fabriques, où ſe font des croiſés primes, ſégovies de toutes couleurs, viltons, croiſés ſeconds, maroc primes, dauphines, draps dit de Reims, flanelles façon d'Angleterre & quantité de couvertures de laine ; ces étoffes s'envoyent en Suisse, Italie, Portugal, Espagne, Liege, la Flandre &c. ; & aux foires de Lyon, Bordeaux, Beaucaire, Paris, Caën & Quibray. On y fait aussi beaucoup de toiles de lin en ¾ de large & de chanvre en toutes largeurs, étamines pour les bluteaux des boulangers & meuniers, autres en couleurs pour habits, toiles ou canevas à moulins, & burats de diverses sortes, bonneterie d'un grand débit en laine, chapellerie commune assez considérable, & de la tannerie & un foible Commerce en grains, mais beaucoup de chandelles très belles.

La futaille de cette Ville, ou demie-queue, est de 230 pintes de Paris, le poids & l'aune comme à Paris.

Cette Ville à 4 foires franches par an, *Voyez* à ce sujet l'État des foires.

Son Courier part de Paris tous les jours à midi.

850. REMBERVILLIERS.

Ville de France en Lorraine, à 4 lieues de Toul & 74 de Paris. Le Commerce est en grains, qu'on enleve pour l'Alsace, la Suisse & les Voges, le transport peut se faire par la Moselle, forte riviere dont elle est peut éloignée, & qui se communique au Rhin. Cette Ville a une manufacture très distinguée par la beauté de son émail, la finesse des teintures & le bon goût des dessins.

Son Courier part de Paris les Lundi Jeudi & Samedi.

851. RENNES.

Ville de France, Capitale de la Bretagne, au confluent de Lille & de la Dille, a 22 lieues de Nantes, 18 de St. Malo & 76 de Paris. Elle a une juridiction consulaire.

Le Commerce y est en grains de toutes especes, lin, chanvres, cidre, bestiaux, beurre de provision, autre très délicat, dit de Pacé & Prévalais, qui s'envoie en petits pots, salé, par tout le Royaume, bois de marine & de charpente, exploitation de mines d'argent, d'étain & de plomb, autre de fer doux & pliant, & quantité de toiles, dont il y a plusieurs manufactures savoir ; toiles à voiles en 36 portées, 4 fils en 30 portées, 6 fils à 4 brins, 4 fils communs, rondelettes fortes & fines, courtes fortes & fines, dites réformées en 21 pouces, toiles royales, autres dites cargaison en St. George. Ire. & 2me. fortes ; combourges sur ¾ de laise, fougeres, hauts brins de halles & bretagnes. Toutes ces toiles se vendent à l'aune de

Bretagne dont les 100, font 116 aunes ½ de Paris, filés en quantité, & de toutes qualités, propriétés, forces, finesses & couleurs, dont partie s'employe en bas & chaussettes, bonneterie, bas & chaussettes de fil de Paimpont tricoté, chapellerie commune, pelleterie, cirerie, coutellerie & broderie en assez grande activité, faïancerie ordinaire, papeterie pour le timbre, cartes, carton & l'imprimerie, c'est-à-dire papier commun blanc, & fabriques en serges de Rome, perpétuanes, bayettes, callemandes damassées, flanelle façon d'Angleterre, très bonne & sempiternelle ; ces étoffes ont toutes de laines. Cette Ville tient en outre diverses autres marchandises de Suede, d'Hollande, d'Espagne & de diverses villes de la France, en étoffes, mercerie, quincaillerie, jouaillerie & bijouterie.

Ces transports en cabotage de France, se payent pour Cherbourg. Honfleur & Rouen, de 16 à 20 liv. le *quintal* de 100 liv. pour Caën 12 liv. & pour St Malô & Nantes 25 à 30 liv.

Son Courier part de Paris les Lundi Mercredi & Samedi à 2 heures.

---

852. R E N D A N N A Y.

Bourg de France en Normandie, à 13 lieues de Rouen. Il y a plusieurs forges en fer & fontes, qui donne lieu à ce qu'on y fasse des chaudieres, depuis 1 jusqu'à 150 points, marmites, soliveaux, saumons, & cloux dits Normands : tous ces objets se rendent à Rouen, & le transport se paie de 11 à 15 liv. du cent pesant.

Courier, par Rouen, part de Paris tous les jours.

---

853. R H É. (ISLE DE)

Isle de l'Océan au Pays d'Aunis, à 3 lieues de la Rochelle. Son Commerce est en sels, vins, peu de grains & beaucoup d'eau-de-vie & vinaigre en bonne qualité. Les rades de cette Isle sont de toute sûreté. St. Martin un des principaux lieux de l'isle est la résidence d'un consul Suédois, il y a en outre bureau des classes & greffe d'Amirauté.

Courier part de Paris les Mardi, Mercredi, Samedi & Dimanche.

---

854. R H O D E S.

Ville de France Capitale du Rouergue, sur l'Aveiron, à 128 lieues de Paris. Il y a plusieurs fabriques en serges dites de Rhodez, pour les troupes, dont le prix en fortant dn Foulon va à 3 liv. la *canne* de 8 *pans* formant 6 pieds 4 lignes ; ferges façon d'Agen , à 4 liv. 2 f. burats 3 liv. étamines 3 liv. 5 f. razes fines 3 liv. 10 f. ferges de Seigneurs 6 liv. & fergettes reblanchies 3 liv. 5 f.

On y fabrique auffi des toiles d'une grande durée pour nappes & ferviettes, étoffes dites cadiffons, burats & tiretaines en laine & fil, & chapellerie fort eftimée. Il y a une forte foire en Carême.

Son Courier part de Paris les Mardi & Dimanche à midi.

855. RIBADAVIA.

Ville d'Efpagne dans la Galice, au confluent du Migno & de l'Avia, à 8 lieues d'Orenfe, fon Commerce eft en vin, un des plus recherchés de l'Efpagne.

856. RICHEMOND.

Ville d'Angleterre dans l'Yorckshire, fur la Salwe, à 10 lieues de Londres. Elle fait exploiter dans fon territoire plufieurs mines de plomb, de cuivre & de charbon de terre également eftimés.

Courier & ufages comme à Londres.

857. RIGA.

Ville de Ruffie, Capitale de la Livonie, fur la Dwina, à 2 lieues de fon embouchure dans la Mer Baltique, 10 de Mittaw, 84 de St. Pétersbourg & 394 de Paris, elle eft la réfidence d'un conful pour le Commerce de France. Cette Ville fuit en tous points les monnoies & ufages de St. Pétersbourg, *voyez* ces mots.

Le Commerce de Riga eft en martres, zibelines, loups cerviers, cuirs tannés & crûs, poix, goudron, fuif, bray, & grains en affez grande abondance, dont elle expédie par année plus de 1000 bateaux. Elle exporte en outre beaucoup de chanvre, de lin, d'étoupes & codilles, de cire jaune, de potaffe, ou cendres; de tabac en feuilles, de mâtures & divers agréts de vaiffeaux, des poutres, des planches de fapin, du merrain ou douves à futailles, des lattes à lambris, & des graines de lin & de chevenis pour femer & pour faire de l'huile : tous ces articles donnent lieu à une exportation annuelle de plus de 700 navires pour les principaux Ports de l'Europe.

La mesure des grains est le *leopens* qui pese en bled 99 liv. poids de marc.

100 *livres* de Riga, font 85 de France.

100 *stofs* pour liquides font 203 *pintes* de Paris.

L'aune, dite-*elle*, porte 243 lignes de Paris.

Son Courier part de Paris les Lundi & Vendredi à 8 heures du matin, on ne peut pas affranchir.

858. R I O M.

Ville de France dans la Basse-Auvergne, à 2 lieues de Clermont, 20 de Moulins & 90 de Paris. Elle a une jurisdiction consulaire. Cette Ville a plusieurs fabriques d'étoffes en siamoises & cotonnades pour meubles en $\frac{8}{9}$ & 10 quarts de largeur, autres siamoises pour habillement en $\frac{3}{4}$ $\frac{7}{8}$ & $\frac{5}{9}$ de largeur, siamoises chinées idem, damas satinés pour meubles, chaine en fil & fleurs en coton ; toiles de coton de $\frac{1}{2}$ aune de large, serges de coton unies & de toutes couleurs pour rideaux, autres rayées & satinées en toutes couleurs pour lits & meubles, toutes ces serges portent $\frac{7}{8}$ de largeur. Coutils d'une aune & $\frac{3}{4}$ & demi de largeur, mouchoirs de différentes qualités en $\frac{2}{3}$ $\frac{5}{8}$ & $\frac{9}{16}$ de large & basins fins & rayés. On peut s'adresser au directeur de l'Hôpital de cette Ville pour se procurer de ces étoffes, dont l'aunage est celui de Paris.

Courier part de Paris les Mardi, Jeudi & Samedi.

859. R I P E N.

Ville de Danemarck dans le Jutland, long. 26-25, lat. 55-20. C'est au Port de cette Ville que s'embarque pour la Hollande tous les bœufs du Jutland & autres lieux du Danemarck.

860. R I P P O N.

Ville d'Angleterre dans la Province d'Yorck, sur l'Youre, à 72 lieues de Londres. Il y a en cette Ville des fabriques de draps & manufactures d'éperons les plus estimés de l'Angleterre.

Courier part de Paris les Lundi & Jeudi matin.

861. R O C H E F O R T.

Ville de France, au Pays d'Aunis, sur la Charente, à une lieue & demi de son embouchure, 3 de Brouage, 6 de la Rochelle & 120 de Paris. Quoique cette Ville ne soit qu'un Port pour les vaiſſeaux de Roi, le Commerce y fait auſſi des armemens comme à la Rochelle, & y tient à-peu-près le même genre d'affaires, *voyez* la Rochelle.

Courier part de Paris les Mardi & Samedi à midi.

862. ROCHEFOUCAULT. (LA)

Ville de France dans l'Angoumois, ſur la riviere de Tardouere, à 6 lieues d'Angoulême.

Son Commerce eſt en grains, vins, fruits, légumes, ſerges & ganterie aſſez eſtimée.

Courier part de Paris les Mardi & Samedi

863. ROCHELLE. (LA)

Ville de France, Capitale de l'Aunis, ſur l'Océan, où elle a un très bon Port à 34 lieues de Bordeaux, & 120 de Paris. Elle eſt la réſidence de Conſuls Etrangers pour le Commerce d'Eſpagne & du Danemarck, & elle a une juriſdiction conſulaire, & des chambres de Commerce & d'Aſſurance très ſolides.

Ses productions ſont en vins, eaux-de-vie, ſels, chanvres & chevaux dont on fait beaucoup d'éleves.

Son Induſtrie conſiſte en quatre rafineries de ſucre, une manufacture de faience, & une verrerie royale

Son Commerce eſt en armemens de tous genres, & compoſés comme ſuit.

Pour les Colonies Françoiſes.

Vins, eaux-de-vie, ſels, farines en quart, bœufs d'Irlande, papiers, & toutes autres marchandiſes de luxe & de néceſſité.

Pour le Canada.

Mêmes denrées que pour les Colonies Françoiſes, habillements, clinquaillerie, mercerie, haches, fuſils, poudre, plomb & couteaux.

Pour la Hollande & l'Angleterre.

Vins, eaux-de-vie, ſirops, indigo de St. Domingue, papiers d'Angoulême, farines en quarts de Nerac & Moiſſac, ſerges & toiles du Poitou.

Elle fait auſſi beaucoup d'armemens, ſur les Côtes d'Afrique pour la traite des Nègres pour les Colonies Françoiſes, & d'autres pour la pêche de la morue de Terre-Neuve.

Et elle rapporte en retour de ſes armemens, cochenille, indigo, cacao, vanille, ſucre, tabac, gingembre, rocou, coton, cuir, ſaumon, morue, huile de poiſſon, pelleteries de toutes especes, viandes & poissons salés, beurre, bierre, étain, plomb, fromages, drogueries, épiceries, lins, fils de lin & de chanvre, toiles, planches, mâts, brai, goudron, fil d'archal, de caret & d'étoupes, clinquaillerie, chaudronnerie, mercerie, fer, acier, cuivre en plaque, bois de construction, olives & huiles fines, savons. capres & fruits confits, anchois, noix de galles, riz, soies, tuiles, briques & poteries de terre; diverses marchandises de la Bretagne, denrées de Bayonne en huile de baleine, jambons, régliffe &c, laines, piastres fortes, & fers d'Espagne, diverses denrées du Portugal, sur-tout en huiles d'olives, cassonade, tabac & bois du Brésil & de Marignan; & diverses marchandises du Levant qu'elle tire de Marseille.

Poids, Aunages & Usages de Commerce comme à Paris.

Le *tonneau* de bled pese 2160 livres, & forme 9 *septiers* de Paris.

Le sel se vend au *muid* de 24 *boisseaux*.

Les liquides se vendent savoir : le vin à la *barrique* de 28 *veltes*, & l'eau-de-vie *à la barrique* de 27 *veltes* chaque *velte* de 3 *pintes* de Paris : le vin se vend aussi au *tonneau* de 256 *pintes* de Paris.

Son Courier part de Paris les Mardi, Mercredi, Samedi & Dimanche.

---

864. ROCHELIZ.

Ville d'Allemagne dans la Saxe, au Cercle de Leipsick, à 10 lieues de cette ville, sur la riviere de Muldaw.

Son Commerce ne consiste que dans l'exploitation des mines de cuivre de ses environs.

Courier & Usages. Voyez Leipsick.

---

865. ROMAGNE.

Province d'Italie dans l'Etat de l'Eglise, dont Ravenne est la Capitale, située à 3 lieues de la Mer, 16 de Bologne, 15 de Ferrare, & 68 de Rome.

Le Commerce y est en grains abondamment, vins, huiles, fruits, salines abondantes & gibiers. Il se fait par Bologne en grande partie. *Voyez* cette ville pour son Courier & ses Usages.

---

866. ROMANIE.

Province de la Turquie Européene, dont Sophie est la Capitale. Elle renferme des mines d'argent, de plomb & d'alun assez mal exploitées par l'inactivité des Turcs.

877 Rome

867. R O M E.

Ville Capitale de l'Italie, fur le Tibre, à 155 lieues de Turin, 300 de Madrid & 312 de Paris. Elle eft la réfidence d'un conful pour le Commerce de France.

C H A N G E D E S M O N N O I E S.

Noms des Monnoies	Valeur en argent.			
	du Pays.	de France.		
		L.	S.	D.
Sequin Romain	20 jules ½. . .	10	15	"
Quartiny d'or	5	2	12	6
Ecu Romain	100 bayoques.	5	5	"
Piece neuve d'or de	3 ecus. . . .	15	15	"
Dito , de	6 dito	31	10	"
Dito , de	" ½ dito. . .	2	12	6
Ecu d'eftampes	15 jules. . . .	7	17	6
Jule ou Paule	10 bayoques.	"	10	6
Teſton	3 jules. . . .	1	11	6
Carolin double & de compofition	15 bayoques	"	18	9
Carlin ancien	7 ½ idem. . . .	"	7	10½
Bayoquelle.	4 idem. . . .	"	5	"
Bayoque.	5 quatrins . .	"	1	3
Quatrin		"	"	3

Paris donne 100 *ecus* pour 59 à 60 *ecus* du Pape de 10 Jules, & change avec cette ville par Livourne, & en droiture.

Poids, Mefures, Aunages & Ufages divers.

100 livres de Rome font à Paris 71 liv. ½.

100 *braffes* à draps font 57 *aunes* ⅓ de Paris.

100 *braffes* à toiles font 174 aunes ⅘ de Paris.

Le *rube*, ou *rubio* de bled pefe 640 liv. poids de marc.

Les vins fe vendent au *baril* de 32 *bocals*. L'huile au *baril* de 28 *boccaly*. Le *boccaly* de 4 *flogiettes*, & la *flogiette* de 4 *cartocy*.

Le *boccaly* eft un peu plus fort que la *pinte* de Paris.

Les écritures fe tiennent en *Ecus Romains* que l'on divife en 20 *fols*, ou bayoques, & le *fol* en 12 *deniers*.

Rome tire fur Amfterdam, Ancone, Bologne, Florence, Livourne, Milan & Venife à ufance de 3 femaines après l'acceptation, & fur Paris & Londres à 35 & 40 jours de date. Il n'y a point de jours de faveur.

Le Commerce confiste en grains, sur-tout du froment, vins, eau de-vie, épiceries, huiles, fruits, drogueries, laines, draps de toutes qualités, velours, damas, satins, toiles, dentelles, chapellerie, mercerie, clinquaillerie & bijouterie : & il s'y fait aussi beaucoup d'affaires en banque qui a une correspondance fort étendue.

Son Courier part de Paris les Mardi à 10 heures du matin.

868. ROMORANTIN.

Ville de France en Sologne, au confluent du Morantin & de la Saudre, à 16 lieues de Tours & 42 de Paris. Le Commerce y est très vif en grains de toutes espèces, (sauf le froment) vins, fruits, bois, bestiaux, belles pierres à bâtir & fabriques assez considérables en draps savoir : draps fins pour habits d'Officiers d'une aune de large, autres communs pour les soldats même largeur ; bleu de Roy en $\frac{5}{8}$; verds en une aune, & $\frac{5}{8}$; draps blancs de toutes qualités de $\frac{3}{4}$ de largeur, autres verds & blancs pour tapis de billards en $\frac{1}{2}$ de largeur.

Tous ces draps ne portent d'aunage les uns dans les autres que 26 à 27 aunes à la pièce.

Il est à observer que sur la vente de ces draps, on donne 17 aunes pour 16.

Courier part de Paris les Mardi, Jeudi & Samedi.

869. RONDA.

Ville d'Espagne au Royaume de Grenade, à 8 lieues de Gibraltar. Son Commerce est vins & fruits exquis, jambons délicieux, beaucoup de soies & étoffes de soieries.

870. ROTTERDAM.

Ville des Pays-Bas dans la Hollande, sur la Meuse, à 3 lieues de la Haye, 2 de Delft, 5 de la Brille & 101 de Paris ; elle est très commerçante par la facilité des transports que lui procurent les sept Canaux qui la traverse.

Son Commerce est semblable à celui d'Amsterdam, & ce qu'il a de particulier consiste en garances robées & non robées, buches, espèces de petits bâtimens pour la pêche de hareng. *Voyez* Amsterdam pour plus de détail, & surtout pour les Usages & Courier.

Cette ville possède une banque assez considérable, où l'on compte en argent de banque & argent courant, dont les valeurs font déterminées par *l'agio* qui eft d'environ 4-½ p 8 un peu plus, un peu moins.

Le *laft* de Rotterdam eft d'environ 3 p 8 plus fort que celui d'Amfterdam : l'eau-de-vie fe vend par futaille de 30 *wiertels*, ou *veltes* ; les huiles d'olives & de baleine fe vendent par *tonne*, ou piece de 340 *ftoopens*, de 5 *liv.* chacun poids leger de cette ville, qui eft de 5 p 8 de moins que le poids ordinaire égal à celui d'Amfterdam.

Le pied de cette ville porte 138-½ lignes de France.

On trouve à Rotterdam quantité de rafineries de fucre, des fabriques d'eau-de-vie de grains, dite *genievre*, des brafferies renommées, des manufactures de tabac en carrotes, & des moulins à papier &c.

871. R O U E L L E.

Bourg de France en Bourgogne, proche Langres.

Il n'eft remarquable pour le Commerce que par la manufacture de glaces qu'on y a établie depuis quelques années, & qui donne de belles efpérances.

Courier, par Langres, part de Paris les Lundi & Vendredi à midi.

872. R O U E N,

Grande Ville de France, Capitale de la Normandie, fur la Seine, à 18 lieues de fon embouchure & 28 de Paris. Elle eft une des plus commerçantes du Royaume, & a une jurifdiction confulaire, il y a auffi des confuls étrangers pour le Commerce d'Efpagne, de la Suede, de la Pruffe & du Danemarck.

Poids, Mefures & Ufages.

Il y a en cette Ville trois fortes de poids, le poids ordinaire égal à celui de Paris, celui de Vicomté qui eft de 4 p° plus fort que celui de Paris, & le poids des laines qui eft de 8 p° plus fort auffi que celui de Paris.

L'*aune* pour étoffes eft femblable à celle de Paris, & celle pour les toiles appellée *aune* de crochet eft de 11 p° plus foible que celle de Paris.

La mefure des grains eft le *feptier* que l'on divife en 2 mines, le *feptier* pefe en bled 280 liv. & la *mine* 120.

La mefure des liquides eft la *barrique* de 120 *pots* & le *pot* de 2 *pintes* de Paris.

Les vins fe vendent le plus fouvent à la piece, telle quelle vient des lieux de fes productions. L'huile à la livre & le miel au *quintal*.

Les écritures fe tiennent comme à Paris. Ufages de payemens & échéances de traites de même.

Cette Ville à trois foires par an, la premiere ouvre le 3 février, la deuxieme le Mercredi de la Pentecôte, elles durent 15 jours chacune, & la troifieme qui ne dure qu'une femaine, s'ouvre le 2 8bre. on l'appelle foire St. Germain.

Les deux premieres font affujetties à payer moitié des droits de fortie du *tarif* de 1664, ainfi que moitié des droits de la traite domaniale pour les marchandifes qui y font fujettes, *voyez les tarifs* à la quatrieme partie de cet ouvrage.

Induftrie, Productions & Commerce d'Importation & d'Exportation.

Cette Ville eft remplie de manufactures, on y fabrique velours, draps de coton, cirfacas, draps façon d'Ebeuf d'Uffeau, & d'Angleterre, droguets fins & communs en toutes couleurs, & en fil & laine. Les blancs appellés efpagnolettes portent ½ aune de large, les communs appelés verluches portent ⅝ de large. Baracans communs en fil & laine de ⅔ de large, paplines & ferrandines en foie & laine, ratines blanches en ¾ de large. Etoffes pour la traite des Negres, dites Bajutapeaux, chaffelas, guinée bleue, coupis, cutéas ou cachelis en pieces de 11 *aunes*, Néganapeaux pieces de 14 *aunes*, Nicaneas en broches pieces de 4 *aunes*, Phoras pieces de 9 à 11 *aunes*, petites nuances, pieces de 7 *aunes* ½; korots doubles & traverfés, pieces de 7 *aunes*, Chilas, Batavia, mêmes pieces de 7 *aunes*, Tapeil fimple, piece de 11 *aunes* ½, & Tapeil 4 broches, piece de 11 *aunes*. Les demandes qui font faites en ce genre, payent en frais 3 f. de courtage par piece, 1 f. de calandre idem, 12 liv. par balle de 5 à 600 pefant, tant pour toile cirée que pour embalage & 2 p⁰ de commiffion. Les toiles qu'on fabrique en cette Ville font des toiles fines, blanches, grifes & brunes, blancards, fleurets, toiles cirées & de coffres en quantité, cotonnades de toutes efpeces, unies, brochées, rayées qui fe vendent pour les pays étrangers & fur-tout pour l'Efpagne. Tapifferies connues fous le nom de brocatelles & ligatures en fil & laine; autres tapifferies, efpece de Bergame en 3 fortes, les fines compofées de foies, belle laine & fil; les moyennes la chaine en fil, & la trame en laine; & les communes dont la trame eft en poil de chevre & de vaches. Tapifferies de fiamoifes à fleurs pour tentures & meubles, autres imitant la haute lisse en verdures, & personnages en jus d'herbe & laine hachée, velours cizelés & gauffrés fur papier & toile, façon d'Angleterre, en toutes couleurs. Coton filé & cardé très estimés & dont le débit est immense, chapellerie en laine très considérable, manufacture de mouchoirs très renommés en bon & faux teints, les premiers imitent singuliérement ceux des Indes; papeteries en papiers pour l'Imprimerie & autres communs pour enveloppe; bonneterie considérable fur-tout en coton de toutes especes. Pelleteries, quincaillerie, mercerie, ouvrages de cornes d'un grand débouché ainsi que les robinets de cuivre & clochettes de métal, manufactures de faience très estimée par la beauté des couleurs, du goût des dessins, & la vertu de résister au feu; en faience commune très solide quoique légere, il y en a de la brune & de la blanche.

Toutes ces fabriques & manufactures auxquelles se joignent, la tannerie, l'amidonnerie, la distillation des liqueurs, la fabrication des confitures, dont la gelée de pomme est renommée dans toute l'Europe, & les abondantes productions locales de cette Province, en grains de toutes especes, eaux-de-vie, cidres & graines de jardins, procurent à cette Ville le Commerce d'exportation le plus conséquent : les armémens qu'on y fait en tous genres, pour les Colonies Françoises, la traite des Négres, la pêche de la morue, le cabotage, le Commerce des *piastres*; enfin les compagnies d'assurance de cette Ville au nombre de sept composées chacune de 12 à 15 des premiers négocians de Rouen, solidaires les uns pour les autres, & qui souscrivent ensemble près de 300.000 liv. fur chaque navire; l'importation qui s'y fait en tous genres tant de diverses parties du Royaume qu'en toutes productions étrangeres & des colonies, les fortes raffineries de sucre qui sont en cette Ville, ses diverses fabriques de farines, de minots, ou économiques si essentielles pour les armémens, tous ces détails réunis forment en cette Ville le Commerce le plus considérable & le plus étendu du Royaume. Cette Ville à tous les jours une diligence par terre pour Paris, & plusieurs par eau chaque semaine, *voyez* l'état des messageries, & le roulage à la quatrieme partie de cet ouvrage.

Courier de Paris arrive & part tous les jours.

873. ROZIERES.

Ville de France en Lorraine, fur la Meurte, à 2 lieues

de Nancy & 4 de Luneville. Elle n'est remarquable au Commerce que par ses salines qui sont très considérables, & produisent un gros revenu.

874. ROZIERS. (LES)

Ville de France en Anjou, à 6 lieues d'Angers, 4 de Saumur & 70 de Paris. On y fait un fort Commerce en grains, pois, arricots & bestiaux, mais *voyez* Saumur pour plus de détail, & sur-tout pour les mesures & courier de Paris. Cette ville, quoique petite est très commerçante, & l'on y trouve des commissionaires qui y réunissent toutes les productions du Poitou & de l'Anjou.

875 RUFISQUE.

Ville d'Afrique, située sur sa Côte Occidentale, à 3 lieues & vis-à-vis l'Isle de Gorée, elle a une assez bonne radé, mais où l'on ne peut mouiller qu'entre 6 & 7 brasses d'eau. Son Commerce est en peaux diverses, gommes, ivoire, indigo, coton, plumes d'Autruches, & quelques étoffes de coton : toutes les Nations Européenes peuvent commercer en cette contrée.

876. RUGLES.

Bourg de France en Normandie, sur la Rille. On y fabrique beaucoup d'épingles, rubans en fil d'Hollande & d'Allemagne de toutes especes. Ces objets sont achetés aux marchés de ce Bourg, & fournissent beaucoup aux foires de l'Aigle & Couches. Il y a en outre plusieurs forges & fonderies en ce Bourg, distant de 4 lieues de l'Aigle, où se fabriquent beaucoup d'ouvrages de fontes & de grosses clincailleries.

Courier de Paris, par l'Aigle, les Lundi, Mercredi & Samedi.

877. SAADAH.

Ville d'Asie dans l'Arabie heureuse, à 120 lieues de Sanaa, longitude 62-30 latitude 17-14. Son Commerce consiste dans ses manufactures de marroquin & ses teintures de peaux qui sont très renommées.

878. SABA.

Ville de Perse dans l'Irac Agemi, entre Sultanie & Com. latitude 35.

Le Commerce n'eſt preſque qu'en peaux d'agneaux griſes dont on fait des fourrures aſſez recherchées.

879. S A B A.

Iſle de l'Amérique Septentrionale, une des Antilles, appartenante aux Hollandois qui en retirent beaucoup de cordonnerie, d'indigo & de coton. Elle eſt ſituée en longitude 314 & latitude 17-35.

880. S A I N T E S.

Ville de France, Capitale de la Saintonge, ſur la Charente à 16 lieues de la Rochelle, 25 de Bordeaux & 105
de Paris. Elle a une juriſdiction conſulaire.

Cette ville a nombre de fabriques en étamines qui approchent des camelots de Lille, molletons & cadis fort eſtimés,
laines teintes en bleu & rouge, ſerges & droguets ſur ſil,
petits draps communs, bonneterie aſſez conſidérable & bas
fins, drapés à la broche & en toutes couleurs, & tanneries
en cuirs blancs & chamois : tous ces objets joint aux productions de la Province en bled, & autres grains en abondance, bled de Turquie, vins & eaux-de-vie en quantité,
bois, fer, plomb, faience ordinaire & quincaillerie ; forment en cette Ville un Commerce aſſez conſidérable, & dont
le débit ſe fait à la Rochelle & Bordeaux. La meſure des
liquides de cette Ville, eſt la *wirte* ou *welte* qui contient 8
pintes ½ de Paris.
Courier, part de Paris, les Mardi Mercredi Samedi &
Dimanche à heures.

881. S A I N T - A I G N A N.

Ville de France dens le Berry, ſur le Cher, à 2 lieues de
Bourges & 30 de Paris. On y fabrique des cordats ou gros
draps pour les habits des capucins, des ſerges, griſes, blanches, brunes, drapées & gris de fer, toutes d'une aune de
large ; pour Paris, Orléans & Tours, & l'on y fait auſſi de
la chapellerie aſſez bonne. *Voyez* à ſon ſujet l'Etat des foires.
Son Courier (par Bourges) part de Paris les Mardi Jeudi
Samedi & Dimanche.

882. S A I N T - A N T O N I N.

Ville de France dans le Rouergue, généralité de Montauban, ſur le bord de l'Aveiron.

On y fait un Commerce en faffran affez abondant, prunes feches très renommées, ferges dites de Seigneurs, razes, cadis & baracans, quantité de toiles de chanvre & papeteries pour l'écriture & l'impreffion.

Son Courier part de Paris les Mardi & Dimanche.

883. St. Aubin la Riviere.

Bourg de France en Normandie près Rouen : Il y a une
fuperbe manufacture royale en draps, façon d'Hollande &
d'Angleterre, dont le débit fe fait prefque tout à Rouen.

Courier comme à Rouen.

884. Saint-Denis.

Ville de France, à une lieue de la Seine, & 2 de Paris.
On y tient plufieurs tanneries pour Paris, dont l'apprêt
des cuirs eft renommé. Elle a deux foires confidérables,
où fe trouvent nombre de marchandifes de la Picardie, la
Champagne, le Poitou, & des Villes de Beauvais, Rouen
& Paris, fur-tout beaucoup de toiles, d'indiennes, mouchoirs
& cotonnades de Rouen. La premiere, de 15 jours, s'ouvre le *Landi* en juin, c'eft-à-dire, le lundi d'après la St.
Barnabé, & la deuxieme dure 8 jours. Il s'y vend auffi beaucoup de beftiaux.

885. Saint-Dizier.

Ville de France en Champagne, fur la Marne, à 6 lieues
de Vitry le François & 46 de Paris.
Le Commerce de cette ville eft en froment & grains de
toutes efpeces, vins, bois pour Paris & la Marine, fer,
pierres de tailles pour la bâtifle, fourneaux & forges pour
fontes de bombes & boulets, conftruction de forts & petits
bateaux, & fabriques de tonneaux, feceaux, cloux, broches, clinquaillerie, taillanderie & ferrurerie. Cette derniere
eft renommée pour les portes & grilles de fer. Enfin on fait
aux environs de cette ville des pêches très abondantes de
poiffons pour l'approvifionnement de Paris.
Il y a trois foires par an, la premiere le 3 Mai, la feconde le 22 Juillet & la troifieme le 25 Novembre, il s'y
vend beaucoup de beftiaux.

*Son Courier part de Paris les Lundi, Jeudi & Samedi
à midi.*

886. SAINT-ETIENNE.

Ville de France dans le Forez, sur le ruisseau de Furens, à 2 lieues de la Loire & 12 de Lyon. Elle est remarquable par la quantité d'ouvrages de fer & d'acier qu'on y trouve savoir : armurerie, clinquaillerie, coutellerie, fer non ouvré, acier bon à employer; ferrurerie, exploitation de carrières en pierres à aiguiser, & autres mines de charbon de terre. L'exploitation de ces marchandises pour diverses villes du Royaume se fait par la Loire. Il se fait aussi aux environs de cette ville une rubannerie considérable qui passe pour être de Lyon qui l'achete en entier.

Son Courier part de Paris les Mardi, Jeudi & Samedi à 2 heures.

887. SAINT-FLOUR.

Ville de France dans la Haute-Auvergne, à 18 lieues de Clermont & 108 de Paris. Son Commerce est considérable en seigle, mules & mulets les plus estimés de l'Auvergne. On y fait des petites draperies en raz & serges, quantité de couteaux, ciseaux & rasoirs, & l'on y tanne des cuirs forts pour Lyon.

Courier part de Paris les Mardi & Samedi à 2 heures.

888. ST-GALL.

Ville de Suisse, à 2 lieues du Lac de Constance, 14 de Zurich & 132 de Paris. Elle est une des plus commerçantes des Treize-Cantons.

CHANGE DES MONNOIES.

Noms des monnoies.	Valeur en argent.			
	du Pays.	de France.		
		L.	S.	D.
Florin, espece	.. vaut	2	14	6 $\frac{1}{7}$
idem courant ou de change..	60 kreutzers ..	2	5	3
Creutzer courant.	8 hellers	»	» 9	$\frac{1}{20}$
Louis neuf de France est évalué pour.	} 8 fl. 3 k. espece	. . . . . .		
Ducat.	3 40 $\frac{1}{2}$ idem.	7	5	10 $\frac{1}{7}$
Ecu neuf de France évalué pour	2 6			
Carolin d'or	10 8 courans.	22	13 6	$\frac{3}{20}$
Rixdale à la Croix	2 16 idem ..	5	4 6	$\frac{16}{20}$

Nota. Le florin de change eſt fort uſité dans l'achat des toiles crues.

Paris donne un *ecu* pour 72 *kreutzers courans* plus ou moins, & change avec cette ville par Bâle, Berne & Geneve.

Poids, Meſures, Aunages & Uſages divers.

100 livres de cette Ville font 98 liv. de Paris.

100 *aunes* à toiles de St. Gall en font 49 ½ de Paris.

Et 100 *aunes* à draps n'en font que 51 ¼ de Paris.

Les meſures des grains & des liquides ſont comme à Zurich. *Voyez* cette ville ainſi que Basle & Berne.

Les écritures ſe tiennent en *florins & creutzers*.

Cette ville tire ſur Amſterdam, Londres & Hambourg, à 2 & 3 mois de date, ſur Geneve à 8 jours de vue, ſur Bolzam en foires, ſur Francfort, Leipſick, Nuremberg & Vienne à uſance, ſur Milan, Gênes, Livourne & Veniſe à un mois de date, Paris & Lyon à 2 uſances ou à tant de jours de vue ; & encore ſur Francfort, Leipſick & Lyon en foires. *Nota.* L'uſance des lettres de change ſur St. Gall eſt de 15 jours de vue, Fêtes & Dimanches compris.

Le Commerce de cette ville eſt principalement en toiles de toutes eſpeces, mouſſelines, indiennes & perſes auſſi connues qu'eſtimées, baſins, bonneterie en laines & diverſes petites étoffes de laines dont le débit eſt très conſéquent.

Son Courier, part de Paris les Lundi, Mercredi & Vendredi à midi.

889. St. Galmier.

Ville de France en Forez, à 8 lieues de Lyon. Son Commerce eſt en chamoiſerie, mégiſſerie & pelleterie qui ſe conſomment à Lyon.

Son Courier, par Chazelles, part de Paris les Mardi, Jeudi & Samedi à 2 heures.

890. Saint-Gobin.

Chateau de France près la Ferre en Picardie, à 35 lieues de Paris : Il eſt célebre par la manufacture des glaces qui y eſt établie, & qui ſont les plus belles de l'Europe. Elles ne ſont que coulées en cette manufacture, & reçoivent leur poly à Paris, ainſi que nous l'avons dit à cet article.

891. SAINT-GENIEZ.

Ville de France dans le Rouergue, sur la riviere de Lot non navigable, à 7 lieues de Rodés, ou Rhodés. Elle a plusieurs fabriques en étoffes de laines dites *cadis* ou *croisés* de ½ aune de large, en toutes sortes de couleurs, cadis razes, flanelles non croisées en ⅝ & en ⅚, impériales ou perpetuanes de la largeur des flanelles, & cordelats drapées en larges & étroits. Ces étoffes, ainsi que la garance, les vins & partie des grains & fruits de ce Pays se vendent à Rhodes, d'où l'expédition s'en fait en d'autres villes.

Courier, par Castelnau de Montalier en Languedoc, part de Paris les Dimanches à 2 heures.

892. SAINT-GEORGES.

Village de France en Anjou, à 3 lieues de Saumur & 70 de Paris.

Il n'est remarquable au Commerce que par ses abondantes mines de charbon de terre, aussi estimé que celui d'Angleterre, & dont on fait un Commerce assez considérable.

Courier de Paris, par Angers, les Mardi, Jeudi & Dimanche.

893. SAINT-GERMAIN EN LAYE.

Ville de France, sur la Seine, à 4 lieues au-dessous de Paris.

On y tient plusieurs tanneries en gros cuirs de bœufs, & l'on y apprête, façon de Liege, des peaux de chevres & de veaux qui imitent parfaitement le maroquin.

Courier de Paris tous les jours.

894. SAINT-HYPPOLITE.

Ville de France en Bas-Languedoc, sur la Vidourle, à 2 lieues d'Anduse & 175 de Paris. L'on y fabrique quantité d'étoffes de laines, dites flanelles & pessots. Les laines sont travaillées à l'huile, la chaine est étaim, & le tissu de trame. Les pessots sont de 3 sortes, en façon de Montauban, demi-londres, petits molletons ou espagnolettes, façon d'Angleterre, ces étoffes s'employent pour habits d'hiver : le reste du Commerce de cette Ville est en soies fort estimées & tanneries en réputation.

Courier, par Anduse, part de Paris les Mardi & Samedi.

895. St. Jean-d'Angely.

Ville de France dans la Saintonge, fur la Boutonne, qui communique à la Charente, à 6 lieues de Saintes & 110 de Paris. Le Commerce y eft très conféquent en vins & eaux-de-vie, les eaux-de-vie font très eftimées pour les armemens. *Son Courier part de Paris les Mardi, Jeudi & Samedi.*

896. St. Just.

Bourg de France en Picardie, au diocefe & à 3 lieues de Béauvais & 18 de Paris. Il y a une fabrique confidérable de férges drapées, & draps façon de Troyes, ces étoffes, faites en laines du pays, portent communément une *aune* de largeur.

Courier part de Paris tous les jours.

897. Saint-Leonard.

Ville de France dans le Limoufin, fur la Vienne, à 5 lieues de Limoges, & 90 de Paris. Le Commerce y eft très vif, il confifte en papeterie de toutes fortes, dont il y a plufieurs moulins, tannerie confidérable en cuirs de bœufs, vaches & moutons, ces cuirs font préparés à la chaux & au tan, ceux de bœufs & de vaches s'employent pour bottes & fouliers, & les autres pour culottes & gands, dinanderie ou chaudronnerie en tous genres, dont le cuivre fe tire d'Hambourg & divers lieux de l'Allemagne & du Nord, engrais de bœufs pour les marchés de Sceaux & Poiffy près Paris, & draperie commune en laine, favoir, raz, étamines, droguets en toute laine & autres de moitié laine & moitié fil. Le prix des droguets eft de 20 à 25 f. l'aune, & celui des autres étoffes va de 35 à 40 fols. L'aune eft égale à celle de Paris.

Courier, par Limoges, part de Paris les Mardi & Samedi.

898. Saint-Lo.

Ville de France en Baffe-Normandie, fur la Vire, à 5 lieues de Conftances, & 66 de Paris. Il s'y fabrique quantité d'étoffes de laine dites ferges fortes de St.-Lo, finettes & raz : ces étoffes font très renommées par leur durée & la bonne qualité des laines, où les vers ne fe mettent pas On y tient en outre plufieurs tanneries en cuirs d'empeignes, dont la fineffe & le mollet les rendent égaux à ceux d'Angleterre.

Courier part de Paris les Lundi, Mercredi & Samedi à 2 heures.

899. SAINT-MAIXENT.

Ville de France dans le Poitou, sur la Savre Niortoise, à 12 lieues de Poitiers & 88 de Paris, Son Commerce est en étoffes & bonneterie de laines du Pays & du Limousin. Les bas & bonnets sont drapés. Le prix des premiers est en bas cadets de 21 à 23 liv. la 12e. bas de femmes de 16 à 18 liv. & petits bas cadets, de 13 à 14 liv.

Les étoffes sont de plusieurs sortes ; savoir, serges fines les plus estimées du Royaume, razes en blanc & petites couleurs qui se vendent de 36 à 37 sols l'aune, en bleu & noir, 38 à 39 s. & serge beige appelée ainsi par la couleur de la laine qui ne reçoit aucune teinte. Ces étoffes s'expédient en grande partie pour le Portugal.

On a en cette Ville le secret de teindre à froid, secret qui non-seulement évite à ce que les étoffes soient brûlées, mais qui semble en accroitre le lustre à mesure que l'on les porte.

Courier part de Paris les Mardi & Samedi.

900. SAINT-MALO.

Ville considérable de France dans la Haute-Bretagne, à 8 lieues de Dol, 38 de Nantes & 80 de Paris. Elle a un Port très fréquenté, une jurisdiction consulaire & est la résidence de Consuls étrangers pour le Commerce d'Espagne & du Danemarck. Le principal Commerce de cette Ville est en armemens considérables pour la Guinée, l'Amérique, l'Espagne, le Danemarck, l'Angleterre, la Hollande & le cabotage dans les Ports de France. Il s'y fait aussi des armemens pour la pêche de la morue & très peu pour celle de la baleine.

Cette Ville tire de l'Angleterre du hareng-soret, du charbon de terre, du plomb, de l'étain, & quelques provisions de chairs salées. De la Hollande, fromages, épiceries, mâts, cordages & goudrons. De l'Espagne de la cochenille, des laines, de l'indigo, des cuirs & de l'or & argent en lingots.

Elle fournit en échange à l'Angleterre, vins, eaux-de-vie, huile, miel, savons, plumes, peaux de veaux & de chevres en poil, diverses étoffes en laine & toiles de Normandie & de Bretagne. A la Hollande, miel, savons & huiles du Languedoc & de la Provence. A l'Espagne diverses étoffes de laines & soies de plusieurs Villes du Royaume & particuliérement de Lyon, Tours, Reims & Amiens. A ce Commerce, très étendu, se joint celui des manufactures de cette Ville en faïences très renommées, bonnetterie considérable en coton, laine & fil, à l'aiguille & au métier. Les grains y forment aussi une branche de Commerce assez conséquente, ils se vendent au tonneau qui pese en bled 2280 liv. poids de marc. Il y a en cette Ville une compagnie d'assurance, mais pour les armemens seulement de ce Port.

Son Courier part de Paris les Lundi, Mercredi & Samedi à 2 heures.

901. SAINTE-MENEHOUD.

Ville de France en Champagne, sur la Riviere d'Aisue, à 10 lieues de Châlons, 9 de Verdun, & 45 de Paris.

Le Commerce y est très vif en chanvres, ganterie en réputation, chapellerie, tannerie, mégisserie & serges drapées, façon de Châlons en estamets & Frisés. On y vend aussi considérablement de pieds de cochons délicieux & très connus sous le nom de pieds à la Ste. Menehould, les os en sont si bien cuits qu'ils se mangent comme la chair.

Courier part de Paris les Dimanche, Mardi & Vendredi.

902. SAINT-MICHEL.

Ville de France en Lorraine, sur la Meuse, à 15 lieues de Nancy, 6 de Bar-le-Duc, 10 de Verdun & 65 de Paris.

Le Commerce y est considérable en grains, vins de son crû & de Bar, huille de navettes, dentelles assez estimées, papeteries en tous genres, & quantité de forges & de fontes, on y coulent des bombes, des affuts à canons & des taques. Les transports se font par la Meuse, qui Communique à la Mer, & par la Moselle, la Marne & la Saône. Pour les mesures, *voyez* Nancy.

Son Courier part de Paris les Lundi, Jeudi & Samedi.

903. SAINT-PAUL-DE-LEON.

Ville de France en Basse-Bretagne, Généralité de Rennes à 118 lieues de Paris & une de la mer. Son Commerce est en eaux-de-vie, cuirs, suifs, toiles rousses & blanches à carreaux en fil blanchi & ourdi, fils blancs dits de Cologne très-estimés; manufacture de papiers communs, forts chevaux pour l'attelage, dont on fait beaucoup d'eleves en ce Pays, miel qu'on recueille en abondance & lin dont le débit est considérable.

Courier part de Paris les Lundi, Mercredi & Samedi.

904. ST. PAUL TROIS CHATEAUX.

Ville de France dans le Dauphiné, à une lieue du Rhone, 3 de Viviers, & 5 de Montelimart. Le Commerce de cette Ville est en soies, petites étoffes de laine, charbon de pierre bon à la filature de la soie, huile fine très estimée & vins assez renommés. Ces marchandises se vendent aux deux foires qui se tiennent en cette Ville, l'une le premier mai & l'autre le 18 8bre.

Son Courier, par Viviers, part de Paris les Mardi, Jeudi & Samedi.

905. S.-PONS DE TOMIERES.

Ville de France dans le Bas-Languedoc, à 9 lieues de Narbonne, près la Riviere de Jaur, & a 171 lieues de Paris.

On exploite près cette Ville diverses carrieres de beaux marbres, & l'on y fabrique des draps dits Londrins larges, Londrins seconds, draps Vingtains qui se teignent & se frisent à Lyon & autres draps communs en gris naturel & d'une aune de large qui s'employent aux capôtes des soldats.

Cette Ville a foires le 30 Avril, le 11 août & le 13 décembre, ou se vendent la majeure partie de ces étoffes.

Courier, par Narbonne, part de Paris le Mardi Jeudi & Samedi.

906. ST. PUY.

Ville de France en Gascogne, sur la petite riviere de Géle, à 2 lieues de Condom & 156 de Paris. Son principal Commerce est en froment dont la mesure pese 106 livres poids de marc, il s'employe aux moutures de Nérac & Moissac où se fabrique quantité de farines de Minot, vins rouges pour le Pays, vins blancs qu'on y convertit en eau-de-vie pour Bordeaux, jeunes chevaux, mulets & ânes dont on fait quantité d'éleves, ainsi que du gros bétail, faiences grises & blanches fort estimées, sur-tout la grise par sa vertu de résister au feu. Toutes ces marchandises se vendent aux foires de cette ville qu'on trouve indiquées à l'Etat des foires & marchés.

Son Courier, par Condom, part de Paris les Mardi & Samedi à midi.

907. SAINT-SAVINIEN.

Bourg de France en Saintonge, sur la Charente, à 3

lieues de Saintes. Le Commerce y est considérable, & consiste en bois de construction pour la Marine, le chauffage & les bâtimens, foin d'une très grande abondance, vins d'assez bonnes qualités, dont les blancs se convertissent en eau-de-vie, noix, geniévre & pommes en quantité, beaucoup d'orge, de baillarge, de bled d'Espagne, d'avoine & de graine de lin, on y exploite plusieurs carrieres de belles pierres pour les bâtimens. Tous ces objets s'exportent par une infinité de barques, (dont cette ville est remplie) à Rochefort, la Rochelle, Bordeaux, l'Isle de Rhé, Oleron, l'Angoumois, la Saintonge & le Limousin, Enfin on éleve aussi aux environs de cette ville quantité de bestiaux; dont la vente se fait aux foires indiquées à l'Etat particulier des foires. Pour les mesures. *Voyez* Saintes.

Courier, par Saintes, les Mercredi & Dimanche.

908. SAINT-SÉBASTIEN.

Ville d'Espagne dans la Province de Quipuscoa, à l'embouchure de la Gurmnea dans l'Océan, à 18 lieues de Bilbao & 184 de Madrid. Ellle a un très bon Port.

Le Commerce y est conséquent en grains, fruits & poissons excellens.

909. ST.-SÉBASTIEN.

Ville de l'Amérique Méridionale dans le Brésil, sur la côte du Golfe formé par le Rio-Janeiro. latitude méridionale 23-46. Elle est soumise aux Portugais qui en retirent quantité de coton & de bois, dit du *Brésil*, fort estimé en Europe.

910. SAINT-SYMPHORIEN.

Bourg de France dans le Beaujolois, à 10 lieues de Lyon & 90 de Paris. Il est remarquable par ses fabriques d'étoffes dites *velours de gueux* ou *panne*, diablement forts, basins unis en $\frac{5}{12}$ piéce de 20 aunes, & prix de 18 à 20 livres, & basins rayés, même largeur, & prix de 25 à 40 sols l'aune.

Courier, par Lyon, part de Paris tous les jours, sauf le Dimanche.

911 SAINT TIBERY.

Ville de France en Bas Languedoc, située près la rivière d'Eraut entre Agde & Pezenas. Son Commerce est peu vif,

quoiqu'elle

quoiqu'elle recueille beaucoup de grains, vins & huiles, & qu'il s'y fabrique d'assez bonne eau-de-vie.

Cette Ville a une Foire d'un jour qui se tient le 18 Octobre, où se réunissent quantité de marchands de Paris & Geneve pour l'achat de ses vins & ses huiles.

Son Courier, par Pezenas, part de Paris les Mardi, Jeudi & Samedi.

912. SAINT-VALLERY SUR SOMME.

Ville de France en Picardie, à l'embouchure de la Somme où elle a un petit Port, à 4 lieues d'Abbeville & 40 de Paris.

Le Port de cette Ville est un de ceux par lesquels s'importent en France les draperies étrangeres, ainsi que des épiceries & drogueries sauf les cires & sucres, son Commerce est en cabotage.

Les expéditions de cette Ville, sont pour *la Flandre*, poisson salé, *pour la Hollande & l'Angleterre*, vins de Champagne & de Bourgogne, safran & soieries de Lyon, *pour l'Espagne & le Portugal*, toiles à voiles & emballage, grains lorsque l'exportation en est permise, étoffes légeres en laine, soies & melées de l'une & l'autre & fils de Caret.

Elle reçoit de l'étranger savoir : *de la Hollande*, fromages, morue & hareng salés, huile de Baleine & autres poissons, épiceries & drogueries, potasse pour la fabrique des savons, camelots & draps, clinquaillerie, cornes à peignes & à lanternes & cuivre jaune.

D'Angleterre & d'Irlande, charbon de terre, beurre & suifs, taillanderie, alun, couperose, étain & plomb.

De la Mer Baltique, ou du Nord, bois, planches, laines & fanons de Baleine.

Du Danemarck, cendres pour les blanchimens.

D'Hambourg, de la Hongrie & la Suede, fers ordinaires, fer-blanc, mâts & aciers.

De l'Espagne & du Portugal, laines, savons, bois de Campêche & du Brésil.

Elle répand ces marchandises étrangeres, ainsi que quelques autres, qu'elle tire de divers Ports de France, dans la Picardie, la Flandre, l'Artois, la Champagne, partie de la Normandie & à Paris.

Son Courier part de Paris tous les jours à midi.

913. SAINT-VALLERY EN CAUX.

Ville de France en Normandie au pays de Caux, à 7 lieues de Dieppe, 15 de Rouen & 43 de Paris.

Son Commerce eſt en poiſſons ſecs & ſalés, qu'elle ſe procure de ſes armemens pour les pêches de la morue & du
hareng, & en manufactures, ou fabriques de draperies, frocs
& toiles.

Il y a marché le Lundi & Vendredi, & une Foire par an
les Lundi & Mardi de la Pentecôte.

Courier part de Paris les Lundi, Mercredi & Samedi.

914. SALLERNES.

Village de France en Provence, près Barjols petite Ville
ſituée à 10 lieues d'Aix. Ce lieu eſt très remarquable au Commerce, par la quantité de vins, d'huile d'olive très-eſtimée,
(& qu'on vend à la coupe peſant 70 livres) de figues
excellentes, (qui ſe vendent au *quintal* depuis 6 juſqu'à 24
livres Tournois) d'olives en grains, & de ſoie qu'on y re-
cüeille : on eſtime qu'il ſe vend environ 25 *quintaux* de filature de ſoies.

Ces marchandiſes jointes à une fabrique de ſavon, & une
de mégiſſerie qui ſont en ce village, l'ont rendu un des plus
commerçans de la France.

*Son Courier, par Barjols, part de Paris les Mardi
& Samedi à 2 heures.*

915. SALFELD.

Ville d'Allemagne au cercle de la Haute-Saxe, ſur la Sala,
à 7 lieues d'Iene. Elle eſt très commerçante par l'exploitation qu'elle fait faire de pluſieurs mines d'argent, de cuivre, de plomb & de vitriol, qui ſe trouvent dans ſon voiſinage.

916. SALHBERG.

Ville de Suéde dans la Weſtmanie, ſur la riviere de Salha,
elle eſt remarquable par l'exploitation qu'elle fait de pluſieurs
mines d'argent qui ſe trouvent dans une montagne dont elle
eſt voiſine.

917. SALIEZ.

Ville de France au Comté de Comminges, ſur la Garonne.
Il s'y fait un Commerce en ſel blanc, provenant d'une ſource d'eau ſalée qui eſt fort eſtimée dans ſon voiſinage.

918. SALINS.

Ville de France en Franche Comté, ſur la riviere la Fu-

rieufe, à 6 lieues de Beiançon. Son Commerce eſt auſſi en
ſel dont elle a de belles ſalines.

Son Courier part de Paris, les Lundi, Mercredi &
Vendredi à 2 heures.

---

919. SADRAMANCHI.

Iſle de l'Archipel vers les côtes de la Romanie près la
Thrace, lat. 40-30. On y fait un Commerce de maroquin,
& de diverſes peaux de chévres.

---

920. SAMOS.

Iſle de la Méditerranée, ſur la Côte de la Natolie.
On y exploite quantité de mines de fer, & pluſieurs car-
rieres de ſuperbes marbres blancs.
Sa Capitale eſt Cora, ſituée au 37e. dégré de latitude.

---

921. SAMARCANDE.

Ville d'Aſie dans la Grande Bucharie, ſur la Riviere de
Sogde, long. 83-34, lat. 39-6.
Le Commerce eſt en divers métaux ſur-tout en or & argent dont cette contrée à pluſieurs mines, fruits ſecs & verds
pour les états du Mogol, ſoies & papier de ſoie, le plus
beau & le plus eſtimé du monde entier.

CHANGE DES MONNOIES.

Noms des Monnoies.	Valeur en argent.			
	du Pays	de France.		
		L.	S.	D.
Tolerdack - - - - - - - - - -	10 ſpinacks- -	6	5	″
Spinack - - - - - - - - - - -	6 onguls- - -	″	12	6
Ongul- - - - - - - - - - - -	5 ſackis- - - -	″	2	1
Sächi - - - - - - - - - - - -		″	″	5

Uſages Divers.

L'argent ne ſe prend qu'au poids, il n'y a pas de change,
n'y de troc en marchandiſes ; mais l'on eſtime que 100 *ecus*
de France valent 48 *tolerdack* de Samarcande.

---

922. SANDECZ.

Ville de Pologne au Palatinat & de Cracovie, & 10 milles

de la Ville de ce nom. Tout son Commerce est en cuivre quelle tire abondamment de ses mines voisines.

---

923. SAN SALVADOR. *Voyez* Brésil & la page 229, première partie.

---

924. SANTORIN.

Isle de l'Archipel, à 2 lieues de celle de Candie, dont la Capitale est Scaro, située, long. 43-30 ; lat. 36-12.

Le Commerce y est en orge & vins en abondance, le vin est fort estimé, & toiles de coton dont on fait assez de cas attendu leur finesse & leur blancheur.

---

925. SAPTES. (LE)

Village près Carcassonne en Languedoc. Il est remarquable par sa manufacture considérable de draps, dits Londrins qui sont enlevés par les Marseillois pour leur Commerce du Levant.

---

926. SARAGOSSE. *Voyez* Aragon, page 361, deuxieme partie.

---

927. SARDAIGNE.

Isle d'Italie dans la Méditerranée, dont Cagliary est la Capitale sur le bord de la Mer, où elle à un bon Havre, à 76 lieues de Palerme, 98 de Rome, 90 de Bastia en Corse, 132 de Gênes & 331 de Paris. Le Commerce y est en grains, olives, huiles, citrons, oranges, laines, bêtes à cornes, peaux, fromages, chevaux estimés, or, argent & plomb provenant de quelques mines que cette Isle renferme, thon & corail, qui se trouvent sur les Côtes.

---

928. SARRÉAL.

Ville d'Espagne dans la Catalogne sur le Francoli.

Elle est remarquable au Commerce par ses carrieres d'Albâtre, si transparent qu'on en fait des glaces pour les fenêtres.

---

929. SARGUEMINES.

Ville de la Lorraine Allemande, sur la Riviere de la Saze, entre Saralbe & Sarbruck, à 84 lieues de Paris.

Son Commerce est en grains, bois de construction, de

charpente & de menuiſerie, & tanneries en cuirs forts, qui ſe vendent aux foires de Francfort.

La meſure des grains eſt la *quarte* de 40 liv. poids de marc, 100 liv. de cette ville en peſent 106 de Paris. L'aune eſt de moitié de celle de Paris.

Courier, par Sar-Louis, part de Paris les Mardi, Vendredi & Dimanche à midi.

930. SASSENAGE.

Bourg & Baronnie de France dans le Dauphiné, ſingulièrement renommé par ſes excellens fromages très recherchés, & fort connus ſous le nom de Saſſenage.

931. SAUMUR.

Ville de France en Anjou, Capitale du Saumurois, ſur la Loire, à 3 lieues du confluent de la Vienne dans cette Riviere, 10 d'Angers, 16 de Tours, 30 de Nantes & 80 de Paris. Elle a une juriſdiction conſulaire & eſt très-commerçante.

Uſages & meſures diverſes.

Le poids eſt celui de Paris.

L'*aune* & la *pinte* ſont auſſi celles de Paris.

Les grains ſe vendent à la fourniture compoſée de 21 *ſeptiers*, ou 210 *boiſſeaux*, le *boiſſeau* peſe en bled 20 liv. Cette fourniture égale 19 *ſeptiers*, ras meſure de Nantes.

L'eau-de-vie ſe vend à la *velte* de 8 *pintes* de Paris.

Les vins ſe vendent à la buſſe, futaille qui jauge 29 à 30 *veltes*.

Cette Ville a un fort marché tous les Samedis. Il y a deux foires conſidérables de 5 jours chacune, l'une ouvre le troiſième mardi d'après Pâques, & la ſeconde le mardi d'après la St. Nicolas : ce qu'on y vend le plus eſt en grains, aricots, pois, fêves, & beſtiaux en quantité, ſur-tout des bœufs.

Productions, Induſtrie & Commerce.

La ſituation de cette Ville ſur la Loire, à laquelle communique nombre d'autres Rivieres, lui ouvre un Commerce très vif avec l'Orléanois, l'Anjou, le Poitou, le Maine, la Tourraine & la Bretagne, & ſa correſpondance avec Nantes, lui procure des relations avec la Hollande, la Flandre, Bordeaux & la Rochelle.

Son Commerce conſiſte en grains de toutes eſpeces, ſurtout en froment quelle peut fournir en abondance, vins d'Anjou & autres, eaux-de-vie, légumes, huiles de noix, farines de minots pour les armemens, autres farines brutes, chenevis, millet, maïs, bled de Turquie, noix, chanvres, prunes & pruneaux singuliérement estimés, lins, soies pour lesquelles elle éleve quantité de vers, bœufs pour le tirage, peaux de veaux très recherchées pour l'Espagne, miel, cire, inis, amandes douces, cuirs forts, charbon de terre, dont elle fait exploiter une mine abondante située à 4 lieues de distance de cette Ville, salpêtre & raffineries de poudre & salpêtre, merrain pour futailles, mouchoirs de chollet, fabriques de chapelets, manufacture de mouchoirs de fil très conséquente, raffineries de sucre, tisseranderie en toiles de chanvres écrues dites de Beaufort, verreries en divers ouvrages de crystaux & émaux de la plus grande beauté, bois de chauffage, charpente & construction, pierres blanches pour les bâtimens, indiennes fort estimées dont elle a une manufacture considérée, ouvrages & ustenciles de fonte, cuivre & étain provenans de ses fonderies en chaque genre, peignes de corne, cizelure & bosselerie, tous ces objets réunis en cette Ville, ainsi que diverses denrées des Isles & marchandises des Pays-Bas & du Levant, lui procurent un Commerce considérable & extrémement étendu. Ses négocians prennent des intérêts dans divers armémens & se chargent des commissions en tous genres, &c.

Son Courier part de Paris les Jeudi & Dimanche à 2 heures.

932. SAVONE.

Ville d'Italie dans l'Etat de Gênes, sur la Méditerranée, où elle a un Port, à 8 lieues de Gênes, 5 de Noly & 220 de Paris.

Elle suit en tous points les usages de Gênes. *Voyez* cette ville page 498 de ce Volume. Elle est très commerçante en soies, diverses manufactures en soieries & riches étoffes, ouvrages d'écorces de citrons & d'oranges, fruits abondans en ce genre & en limons & bergamotes.

Son Courier part de Paris les Mardis matin, on af franchit, si l'on veut.

933. SCOLA-NOVA.

Ville de la Turquie Asiatique, dans la Natolie, elle a un assez bon Port, & est située à 3 lieues d'Ephese. longitude 45-8. latitude 37-52.

Son Commerce est très conséquent, il consiste en vins rouges & blancs, raisins secs, & peaux de marroquins très recherchées par leur bonne préparation. Cette ville est aussi renommée par ses melons.

934. SCHAFFOUSE.

Ville de Suisse, Capitale du Canton du même nom, sur le bord du Rhin, à 10 lieues de Zurich, 15 de Bâle & 120 de Paris,

On y fabrique des draps, étoffes de soies & indiennes de toutes espèces & couleurs, bas de soie & pelleteries. Les usages, poids, mesures, aunages & Courier sont comme à Berne. *Voyez* cette ville page 393 de ce Volume.

935. SCHIRAS.

Ville de Perse, Capitale du Farsistan, longitude 70-30. latitude 29-35. Le Commerce y en verreries, pour l'Orient seulement, fruits confits dans le vinaigre, opium, capres, & quantité de roses qui entrent dans la médecine.

936. SCHONGAW.

Ville d'Allemagne dans la Haute-Baviére, sur le Lech, à 12 lieues au-dessus d'Ausbourg. Son Commerce est en instrumens de musique que l'on y fait en très grande quantité.

937. SCHOONOVE.

Ville des Pays-Bas dans la Hollande, sur le Leck, à 3 lieues de Gonda & 3 de Gorcum. Elle a un Port commode, & fait un gros Commerce de saumons qu'on y pêche en quantité, & qui y sont excellens.

938. SCHRAMBECK.

Ville d'Allemagne dans le Duché de Brême : on vient d'y établir une belle manufacture de toiles à voiles à l'instar de celles Hollandoises, & la même ville en posséde une en toiles ordinaires fort estimées.

939. SCIO.

Isle de l'Archipel, entre celles de Samos & de Mételin près des côtes de la Natolie. Le Commerce est assez conséquent en oranges, olives, citrons, grenadiers, figues, huiles, vins fort estimés, miel, cire, laines, & quantité de soies. Sa Capitale du même nom a un Port peu sûr. Elle est située en longitude par 33 dég. 44 min. & en lat. 38 dég.

940. SCOPELO.

Ville de l'Archipel, Capitale de l'Isle de même nom, elle a un très bon Port, où se tient un Consul François. Tout son Commerce est en grains & vins que l'on y trouve abondamment.

Cette Ville est située en longitude 42-10. lat. 39-32.

941. SEDAN.

Ville de France en Champagne, frontiere du Luxembourg, sur la Meuse, à 12 lieues de Charlemont, 18 de Luxembourg & 56 de Paris. Elle a une jurisdiction consulaire.

Son Commerce est considérable, il consiste en fabriques d'étoffes, dont le détail est ci après, plantes médicinales, également détaillées après les étoffes, bestiaux de toutes especes dont les moutons sont très estimés, fruits, chanvre, lin en grande quantité, bois de chauffage & de charpente dont il se fait un grand débit, pommes de terre en abondance, chardon, sorte de plante nécessaire aux apprêts des draps, exploitation de carrieres de pierres aussi dures que le marbre, & autres plus tendres faciles à travailler, autre exploitation de plusieurs ardoisieres dont on fait un grand débit, & d'une mine de fer située à Raucourt, fabriques de bonneterie commune au métier, & dont le débit est pour les gens de campagne & les troupes, serges larges d'une aune, drapées & à deux étaines, autres dites *Londres* en $\frac{7}{8}$, & demi *londres* en $\frac{5}{8}$. Ces étoffes sont propres aux Communautés de Religieuses, pour tenture de lits, pour les paysans & les troupes. Les pieces portent 40 à 44 aunes de longueur ; fabriques de draps communs largeur d'une aune, & de jarretieres de laines communes, teintures très bonnes, fines & en toutes couleurs, armurerie très estimée, tanneries & corroyeries dont les cuirs fort estimés passent & sortent en exemption de droits de France, forges considérables qui procurent un grand Commerce de fer, usines où se fondent poëles, pelles, bouchoirs de four &c., fourneaux, rafinerie & fonderie où se coulent des bombes & boulets, verrerie où l'on fait glaces, reverbers, crystaux & bouteilles, ses ouvrages sont exempts de droits d'entrée & sortie du Royaume, papeterie en papiers communs, & briqueterie considérable. On y fait aussi de la dentelle en divers genres, mais qui n'est pas en réputation.

Détails

Détails sur ses Draps fins.

Ils font tous fabriqués en laines d'Espagne & les mieux choifies, on en fait de huit qualités favoir :

Deux qualités dites 1re. & 2me. d'une aune ¾ de large non compris les liziéres. 2 dites 1re. & 2me. de ⅝ de large non compris les lizieres. 2 Autres qualités dites auffi 1re. & 2me. un peu inférieures à celles de ⅝ ci-deffus & même largeur de ⅝, & 2 autres qualités en 1re. & 2me. de ⅞ de large toujours non compris les liziéres.

Tous ces Draps font renommés dans l'Europe entiere par leurs fineffes, leurs moleffes & la beauté & folidité de leurs couleurs dont les principales font, l'écarlate. le pourpre, le cramoifi, le violet, le bleu, le verd, le chamois, la noifette & le noir ; cette derniere couleur eft fi belle & les Draps dits épagnons auxquels, on la donne, font fi fupérieurement fabriqués que leur réputation l'emporte fur la célébrité des fines draperies de cette Ville.

Détails sur les Plantes Médicinales qui se trouvent en cette Ville.

Dans les Bois. Caro foliata, erezimum, fcrofulaire, bugle, fanique, milpertuis, racine de fraifier, véronique, vergé d'or, parvange, fcolopante, reine des bois, pulmonaire, racine de fougère, corne de cerf, valérianne, muguet des bois, aigremoine, lierre terreftre & centauré.

Dans les champs. Turquettes, bardannes, chardons roulants, camamomé fauvage, mille feuilles, vervaine, petite confoude, arrête de bœuf, marjolaine fauvage & franche, fcordium, nénuphar, fume terre, laroife, ferpolet fauvage, œuil de bœufs, langues de chiens, mélilot, marul blanc & cignes de cinq fortes.

Dans les rochers. eclair ou célidoine, bec de grue, ariftoloche, pariétaire & bouillon blanc en quantité &c.

Les Ville & principauté de Sedan & Seigneurie de Raucourt, jouiffent du privilege de tirer de l'étranger tout ce qui eft néceffaire à leurs fabriques (& non prohibé.) & d'en exporter les marchandifes en tous genres fans aucuns droits d'entrée & de fortie du Royaume.

Les poids & aunages font comme à Paris. Les liquides fe vendent en mefures ou futailles de tant de pots, chaque pot contenant trois pintes de Paris.

Son Courier part de Paris, tous les jours à midi.

942. SÉGORSE.

Ville d'Efpagne au Royaume de Valence fur le Morvedro, à 12 lieues de Valence & 56 de Madrid.

Le Commerce est en grains, surtout du froment, vins excellens, & exploitation de carrieres de beau marbre. Pour les monnoyes, mesures & usages & courier. *Voyez* Valence au présent Dictionnaire.

943. SÉGOVIE.

Ville d'Espagne dans la Vieille Castille, près la riviere d'Atayada, à 15 lieues de Madrid & 25 de Salamanque. Son Commerce est en laines recherchées de toute l'Europe par leur beauté & leur finesse, & en papier de toute beauté, en ce qu'il imite le papier de soie.

Pour les monnoyes, mesures, usages & courier. *Voyez* Madrid & Cadix.

944. SÉNÉGAL.

Nous avons parlé, page 179 premiere partie, de la situation du Sénégal, mais il nous reste à dire ici quelques mots de son Commerce.

On y porte papier, masses & rassades blanches & de toutes couleurs, grelots gros & petits, crystal, corail, verroterie de toutes couleurs, Bonnets rouges, futaines & toiles de coton en couleurs, toiles de Rouen bleues & brunes, épées & couteaux, clinquaillerie, épicerie, piques, poudre à tirer, ustenciles de cuivre & de fer, mèche, couvertures de lit eaux-de-vie, & petites monnoyes d'argent dites escalins & demi escalins, & l'on en retire des negres pour les diverses Colonies de l'Amérique.

945. SENLIS.

Ville de France, Généralité de l'Isle de France, sur la petite riviere de Nonette, à 3 lieues de Pont & 10 de Paris.

Son Commerce est en grains, dont partie se vend au marché & à la mesure de Pont Ste. Maxence, & l'autre se convertit en farines économiques dans la ville & ses environs pour l'approvisionnement de Paris. Il s'y vend en outre beaucoup de bois de charpente, qui se voiture jusqu'à Pont, où on l'embarque sur l'Oise ; pierres de tailles très grandes & recherchées pour les bâtimens, blanchisserie de toiles en gros, tisséranderies, mégisserie, & dentelles communes.

Son Courier, part de Paris, tous les jours à midi.

946. SENS.

Ville de France en Champagne, Capitale du Sennonois, au confluent de l'Yonne & de la Vanne, à 12 lieues d'Auxerre, 13 de Troyes & 28 de Paris. Elle a une jurisdiction consulaire.

Son Commerce est en grains, vins assez estimés, chanvres, laine prête à employer, bestiaux, chevaux, pépinieres d'arbres de toutes especes, diverses fabriques de velours de coton pleins & cannelés, draps mi-fins & communs, sur une aune de large, ils se vendent 7 à 8 livres l'aune, serges drapées de ½ aune de large, tiretaines, estamets, velours d'Utrecht (ces étoffes sont de toutes couleurs) bonneterie assez considérable en bas de soie, coton & laine, elle se tient à l'hôpital de cette ville, blanchisserie royale pour toutes sortes de toiles, on lui donne tel dégré de blanc qu'on désire, autre blanchisserie de cire & fabriques de bougies, tanneries très conséquentes, corroyerie & mégisserie dont les cuirs & peaux s'enlevent pour Paris, orphévrerie en en petits joyaux de campagne, montres à eau, & autres ouvrages en étain, teinturerie mi-fine & commune, moulins à ratiner les étoffes, bois & charbon à brûler dont le débit pour Paris est immense.

La mesure des grains est le *sepeier* qui pese 280 livres en bled.

Le *muid* de vin est de 300 *pintes* de Paris.

L'aune & le poids sont comme à Paris. Cette ville a une forte foire le 17 Octobre.

Son courier part de Paris tous les jours.

947. SERFO.

Isle de l'Archipel, entre celle de Sifanto & Delos. latitude 36-50. Cette Isle est fertile en safran, mines de fer & d'aimant.

948. SERONGE.

Ville des Indes aux Etats du Mogol, entre Surate & Agra, latitude 24-18. Il s'y fabrique quantité de toiles peintes très fines & fort estimées.

949. SEURE.

Ville de France en Bourgogne, sur la Saône, à 7 lieues de Dijon & 77 de Paris.

Son Commerce, aſſez conſequent, eſt en grains & légumes de toutes eſpèces, vins, chanvres en quantité, dont on fait des toiles, fils & cordages, gros & menu bétail, chevaux, huiles de navette & de colſat, ſuifs, chandelles, laines, chapelleries communes, & fer de la Franche Comté.

Son *bichet* de bled pèſe 325 livres de Paris, les poids & meſures de longüeur ſont comme à Paris.

Foires au carnaval & tous les Mardis de Carême de 15ne. en 15ne. On n'y vend que des grains, chevaux & autres beſtiaux, & quelque peu de vins.

Courier, par Dijon, part de Paris les Lundi, Mercredi & Vendredi à 2 heures.

---

950. SEVILLE.

Ville d'Eſpagne, Capitale de l'Andalouſie, ſur le Quadalquivir proche la Mer, où elle a un bon Port à 6 lieues de Grenade, 88 de Madrid & 330 de Paris.

Les François & Hollandois en tirent oranges, citrons, fruits ſecs & groſſes olives confites en ſaumure, vins, laines en quantité, cuirs, marroquins & huiles d'olive, ils y portent en échange toiles de France, d'Allemagne & de Flandre, & diverſes étoffes de laines d'Angleterre.

Il n'y a en cette ville aucuns jours de grace ſur les lettres & billets. 100 livres de Paris font 108 liv. de cette ville, & 100 aunes de France en font 140 de Séville. *Son Courier part de Paris les Mardi & Samedi.*

---

951. SIAM.

Ville d'Aſie, Capitale du Royaume de même nom, elle eſt ſituée dans une Iſle formée par la riviere de Menam, long. 118-30. lat. 14-15.

CHANGE DES MONNOIES.

Noms des Monnoies	Valeur en argent.			
	du Pays.	de France.		
		L.	S.	D.
Tical d'argent..........	4 majous......	1	17	6
Majou................	2 fouang.......	"	9	4 $\frac{1}{2}$
Fouang...............	4 ſompayes....	"	4	8 $\frac{1}{4}$
Sompaye.............	, ...	"	1	2 $\frac{1}{16}$

Paris donne 100 *ecus* pour environ 160 *ticals* de Siam.

Poids, Mesures & Usages.

L'aune de ce Pays est la longueur du bras. Les poids sont par évaluations arbitraires.

Les mesures des grains & liquides sont de *cocos* inégaux, chaque vendeur ayant ses *cocos* à son choix, ainsi c'est encore une mesure d'évaluation arbitraire.

Les écritures se tiennent en *ticals*, *majons*, *fouang* & *sompayes*.

Le Commerce est très conséquent. Les Européens (surtous les Hollandois qui y ont des comptoirs) tirent de cette contrée quantité de peaux de cerfs, bœufs, buffles & tigres, bois de sapan & autres pour la teinture, cire, miel, sucre, riz, coton, laque, gomme gutte, bétel, aréque, étain, plomb & argent. Ils y portent en échange des toiles de Bengale & de Surate, des draperies d'Europe, beaucoup d'épiceries, poivre, corail rouge, bois de Sandal, bijoux, miroirs & vif argent, &c. La ville de Siam est à 260 lieues de Malaca, 100 de Camboye, 320 de Borneo, 500 de Méaco, 600 de Nanquin, 660 de Pekin, 450 de Batavia, 620 de Delhi & 2343 de Paris.

952. SIBÉRIE.

Vaste contrée de la Russie, dans sa partie la plus Septentrionale, dont Tobol est la Capitale située sur les Rivieres d'Irlis & de Tobol, à 400 lieues de Pétersbourg & 160 de Beresow, long. 85, lat. 57.

Son Commerce est conséquent en pelleteries & exploitations de mines de fer, de cuivre & d'argent.

953. SICILE.

Isle de la Méditerranée, dépendante du Roi de Naples, & dont Palerme & Messine se disputent le titre de sa Capitale. Ses productions locales fournissent au Commerce du bled en très grande abondance, du vin, de l'huile, du safran, du miel, de la cire, du coton, de la scie, du fer, de l'or & de l'argent, métaux dont elle a plusieurs mines, *voyez* Palerme & Messine pour plus de détails. Cette Isle infortunée a été presque totalement ruinée par les tremblemens de terre de 1783 ; mais les soins & les secours de son Souverain y ont en grande partie rétabli son ancien Commerce.

954. SIDEROCAPSA.

Ville de la Turquie Européene, dans la Macédoine, près du Golfe Contesse, long. 31-20, lat. 40-32.

Elle est riche par la quantité d'or qu'elle fournit au Commerce, & qu'elle tire de ses mines voisines.

955. S I V E N.

Ville de la Chine dans la Province de Peking. Lat. 40. 30, son terroir abonde en marbre blanc, porphyre & cristal superbe.

956. S M Y R N E.

Ville de la Turquie Asiatique dans la Natolie, sur l'Archipel, au fond d'une Baye où elle a un Port très vaste, à 85 de Constantinople, & 690 de Paris. Elle est la résidence d'un consul pour le Commerce de France. Les Anglois, les Hollandois, les Vénitiens & les Génois y ont pareillement des consuls pour leur Commerce.

CHANGE DES MONNOIES.

Noms des Monnoies	Valeur en argent.			
	du Pays.	dé France.		
		L.	S.	D.
Pistole d'Espagne	208 parats. . .	15	5	"
Sequin d'or fondoncly. . . .	146 ⅔	11	"	"
Chériffin.	133 ⅓	9	15	"
Séquin de Venise	dito.	9	15	"
Dito, d'or ou sermonpond. . .	110.	8	5	"
Caragrouch.	53 ⅓	4	"	"
Piastre de Smyrne.	44 ⅞	3	6	8
Dito, d'Espagne forte . . .	76 ⅙	5	14	3
Dito, courante, ou de change	40.	3	"	"
Ecu de France.	40.	3	"	"
Isselotte	30.	2	15	"
Dalers.	5.	"	7	6
Asselain	5.	"	7	6
Parat.	3 aspres . . .	"	1	6
Aspre	"	"	"	6

Poids, Mesures, Aunages & Usages Divers.

Le batman de cette Ville pèse 6 liv. ¼ de France, & 100 batmans font 625 liv.

La mesure des grains est le quilot, 4 quilots ½ font la charge de Marseille qui pèse 245 liv. poids de marc.

La mesure des étoffes est le *pic*, il en faut 1¾ pour l'aune de Paris.

Le café se vend par 100 *okes*, & l'*oke*, pese 2 liv. ⅞ de marc.

Les écritures de Smyrne se tiennent en *piastres* de 120 *aspres*, & les usages de traites ou échéances sont comme à Constantinople, *voyez* cette Ville.

La France donne 100 *écus* de 60 *sols* pour 90 *piastres* de Smyrne. Le change & le Commerce de France avec cette Ville se fait par Marseille.

Commerce d'Importation & Exportation.

Les marchandises que l'on porte à Smyrne font des étoffes de laines dites, impériales, Londres larges & Londrins seconds, ces dernières s'y consomment en quantité, camelots d'Amiens & de Lille assortis en toutes couleurs ainsi que les étoffes ci-dessus, satins & diverses étoffes de soies, bonneterie en laine rouge, elle est presque toute en bonnets, quincaillerie, mercerie, dorures, glaces pour miroirs & vitres, éguilles, épingles, rasoirs, coûteaux, ciseaux, sucre raffiné en pain, casfonade, indigo, cochenille, papier pour le pliage & l'écriture.

Celles qu'on en retire, ainsi que de tout le Levant, consistent en huiles pour la fabrique du savon, riz, bled de Turquie, bois de buis, alun, cire, noix de galle, scamonée, opium, rhubarbe, safran, sel amoniac, & quantité d'autres drogues, gommes d'adragant & d'agaric, rubis, diamans, émeraudes, perles & autres pierres précieuses, soies en quantité, laines, coton filé & non filé, poil de chameau filé & non filé, buffles, autres cuirs en poil & apprêtés, maroquins, diverses toiles de coton blanches & peintes, mousselines des plus belles, il y en a avec des broderies en or, argent & soies, tapis de diverses especes très estimés, (mais moins recherchés en France depuis qu'on y en fabrique de supérieurs à ceux du Levant.) *piastres* & *sequins* d'Espagne, Venise & Gênes dont on y fait de fortes ventes, mais qu'on a soin de ne recevoir qu'au poids

C'est par le Port de Marseille que la France commerce avec cette Ville & toutes les Echelles du Levant.

957. SOCOTERA.

Isle d'Asie, entre l'Arabie heureuse & l'Afrique, à 20 lieues du Cap de Guardafuy, dont Tamara est la Capitale fituée à l'entrée de la Mer-Rouge où elle a une bonne rade, lat. 12-30.

Elle commerce en bétail, fruits, dattes, riz, encens & aloës qu'elle vend pour les Indes.

958. SOFATA.

Ville d'Afrique au Royaume du même nom, fituée fur le bord de la Mer, lat. Mérid. 20, fon Commerce confifte en exploitation de mines d'or & vente d'éléphans qui fe trouvent en quantité dans cette contrée.

959. SOISSONS.

Ville de France, Capitale du Soiffonnois en Picardie, fur la riviere d'Aifne qui eft très navigable, elle eft à 12 lieues d'Amiens & 22 de Paris. Il y a une jurifdiction confulaire. Son Commerce eft confidérable en grains, (furtout en froment pour l'approvifionnement de Paris & dont le pichet pefe 38 liv. poids de marc) laines & chanvres. Il y a en outre plufieurs fabriques en ferges de très peu de chofe, chapellerie affez confidérable, bonneterie, tifféranderie, tannerie en petits cuirs, & rubannerie affez conféquente.
Courier part de Paris tous les jours.

960. SOLINGEN.

Ville d'Allemagne dans le cercle de Weftphalie, au Duché de Berg, fur la riviere de Wiper. lat. 51 5.
Le Commerce eft en fourbifferie de toutes fortes très rénommée pour les lames d'épées, couteaux de chaffe, baguettes de fufils, efpontons, couteaux de poche de toutes efpeces, forcets, cifeaux & divers ouvrages de fer & d'acier, dont cette Ville a plufieurs forges. *Courier part de Paris, les Lundi, Mardi, Vendredi & Samedi.*

961. SORLINGUES (LES)

Ifles fur la côte de la grande Bretagne, à 8 lieues de Cornouaille. Elles abondent en paturages très gras, & ont des mines d'étain fort eftimé.

962. SOURDEVAL.

Bourg de France en Normandie près Vire, à 13 lieues de Caen & 61 de Paris. Son Commerce eft en papiers de toutes fortes, dont Il y a de fortes manufactures. *Courier de Paris (par Vire), part les Mercredi & Samedi.*

963. STOCKOLM.

Ville Capitale du Royaume de Suede, à l'embouchure du Lac Meller dans la Mer Baltique, elle a un Port très vaste & est située à 120 lieues de Coppenhague, 120 de Saint Petersbourg, 100 de Dantzick, 136 de Berlin & 285 de Paris. Elle est la résidence d'un Consul pour le Commerce de France.

Son importation par la France, l'Angleterre & la Hollande, consiste en grains de toutes espèces, beurre, fruits, sels, vins & eaux-de-vie, chair & poisson salés, huiles, épiceries & drogueries, draperies de toutes sortes en laines, bois de reinture, tabac, étain, plomb, lin, chanvre, laine, soie filée & non filée, poil de chèvre, batistes & toiles de Cambray, autres toiles de coton des Indes, sucre brut & cuirs tannés & non tannés.

Les marchandises que l'on retire de cette Ville, consistent en cuivre rouge & jaune, fer, alun, vitriol, soufre, goudron, panches de sapin, résine, bray, pelleteries, matures & bois de construction. Les Anglois sont ceux qui y font le plus d'affaires.

CHANGE DES MONNOIES.

Noms des Monnoies.	Valeur en argent.	de France		
	du Pays	L.	S.	D.
Ducat d'Or de	19 à 21 d'al. de cuiv.	18	18	"
Daller d'argent	3 dito	2	14	"
dito, debanque	6 dito	5	8	"
dito, de cuivre	4 marcs de cuivre	"	18	"
dito, courant	4 dallers	4	1	1
Ploete ou rixdale	6 dito d'argent	5	8	"
Stuyver d'argent	9 oeis de cuivre	"	2	6
dito de cuivre	3 dito	"	"	10
Mark d'argent	3 marcs de cuivre	"	13	6
dito, de cuivre		"	4	6
dito, suédois		"	13	6
Oer d'argent		"	1	8
dito, de cuivre		"	"	3
Carolin		"	11	7
Zwolffoer		1	6	9

Paris donne 100 écus, pour environ 56 à 57 Rixdales, & change avec cette Ville par Hambourg.

Poids, Mesures & Aunages, comparés à ceux de Paris.

100 livres de Paris, font 117 livres poids de marchandises de Stockolm, & 100 livres de Paris en font 146 ½ poids des métaux de Suéde.

100 aunes de Suéde, font 50 aunes ½ de Paris.

La mesure des grains se nomme grande tonne ou last, qui se divise en 23 petites tonnes. La grande tonne est égale au last d'Hollande & aux 19 septiers de Paris, & la petite pese en bled 198 livres poids de marc.

Les mesures des liquides font le *Fuder* de 6 Ahms, l'*Ahms* de 60 Kannas & le *Kannas* de 2 Stops: 100 Stops font égales à 220 pintes de Paris.

Nombre de marchandises seches se vendent au *last*: celui d'huile de baleine, est de 13 barils. Celui de sel de 18 barils, celui d'harengs & autres poissons, est de 12 barils de 1000 harengs chacun; & celui de lin, de chanvre, de cordages, de suif & d'houblon, est de 6 *Skippunds* de 40 livres chacun, poids de marchandises de Suéde, ou 344 livres poids de marc.

Usages divers.

Les écritures se tiennent en *rixdales*, *dallers* & *stuyvers*.

Stockolm tire sur Amsterdam à 40 jours de date, sur Hambourg à 37 jours, sur Londres & Paris à 45 jours, sur la Poméranie à 30 jours & sur Dantzick & toute la Pologne à 40 jours. Les lettres sur Stockolm font à jours certains, elles ont ordinairement 6 jours de faveur.

Son Courier part de Paris, les Lundi & Vendredi matin, il ne faut pas affranchir.

984. STOLBERG.

Bourg d'Allemagne, à 2 lieues d'Aix la Chapelle, 11 de Liege & 13 de Cologne. Il est on ne peut plus commerçant, il y a plusieurs fabriques de Draps communs, de tabac, de chaudronnerie & divers ouvrages de cuivre, quantité de fils, planches & dez de laiton, une raffinerie de cuivre & laiton, une fabrique considérable d'étoffes & rubans de soie & velours, une savonnerie conséquente & plusieurs métiers à bas; ses environs abondent en mines de calamine, charbon de terre & houille, & plusieurs villes, à 4, 5 & 6 lieues à la ronde telles que Montjoie, à 6 lieues d'Aix la Chapelle, Galdbach dans le Duché de Juliers & Heinsberg, ont plusieurs fabriques de draps de laines de toutes façons, largeurs, longueurs & couleurs, celles de Montjoie surtout imitent par

leurs draps, les façons & figures des étoffes de soies, de camelots, calemandes & bouracans. Galdbach, joint au Commerce de draps, celui des bleds, seigles, orges, vinaigre,
toiles blanches & autres peintes en figures.

*Courier, par Aix la Chapelle, part de Paris tous les
jours à dix heures du matin.*

965. STRASBOURG.

Ville de France, Capitale de l'Alsace, sur la rivière d'Ill
proche le Rhin, à 20 lieues de Basle. 46 de Mayence &
104 de Paris.

CHANGE DES MONNOIES.

Noms des monnoies.	Valeur en argent.			
	au Pays.	de France.		
		L.	S.	D.
Goulde, ou Florin	10 schellins . . .	2	"	"
Schellin	6 creutzers . . .	"	4	"
Balzen	4 dito	"	2	8
Creutzer	4 fenins	"	"	8
Fenin	. . . .	"	"	2

Nota. Les monnoyes ci-dessus ne font qu'imaginaires, les
réelles font celles de France. Paris donne un écu pour environ 65 à 66 Creutzers d'Allemagne.

Poids, Mesures & aunages.

Le poids est de 15 onces ½ de marc, ensorte que 100 liv.
de cette ville n'en font que 97 de Paris.

100 aunes de Paris, font 208 aunes de Strasbourg.

Le sac de bled pese 173 liv. de Paris.

Le baril pour les liquides est de 24 pots ou 48 pintes du
pays qui en forment plus de 58 liv. de Paris.

Usages divers.

Les écritures se tiennent comme à Paris ; Strasbourg tire
sur Paris & Lyon, à une & 2 usances & à courts jours,
sur Amsterdam & Hambourg à jours nommés, sur Francfort à courts jours & encore sur Lyon en paiemens ; l'usance
des lettres tirées de l'Allemagne & de Strasbourg, est à 15
jours de vue, & celle des lettres tirées de la France est à
30 jours de date ; les jours de faveur ne s'accordent qu'à

la volonté du porteur, qui en donne communement dix, ou qui peut protester le jour même de l'écheance au défaut de paiement.

Commerce.

Le Commerce de cette Ville est en grains de toutes especes, choux pommés très renommés, vins d'Allace en quantité & fort estimés, eau-de-vie en réputation, tabac de toutes sortes & qualités, dont le débit est confidérable surtout pour la ferme générale; chanvres, fafran, garance, écarlate, nuifs, faiences dont les ouvrages font auffi beaux que folides & recherchés, cuirs tendres en peaux de chamois, boucs, chèvres & moutons, acier de fonte auffi eftimé que celui de Suede & d'Allemagne, toiles à facs & à voiles, dont il y a une manufacture royale; fabrique de bougie & de cire. Il y a deux foires par an, l'une à la St. Jean, l'autre à Noël, elles font peu conféquentes.

Courier de Paris tous les jours, fauf le Mercredi.

966. S U B E Y T.

Ville d'Afrique au Royaume de Maroc, Province de Duquela, fur la Riviere l'Omirabi. Il s'y fait un Commerce très conféquent en cire & miel.

967. S U C C A D A N A.

Ville des Indes Orientales, située dans l'Isle de Borneo, à l'embouchure de la Riviere de Lavi, à 160 lieues de Bantam, fon Commerce eft en diamans qui font des plus eftimés & s'y trouvent en abondance.

968. S U C C U I R.

Ville d'Afie dans la Grande Tartarie, au Royaume de Tangut. Il s'y fait un fort Commerce de rhubarbe très eftimée des Hollandois.

969. S U I P P E S.

Ville de France en Champagne, à 5 lieues de Chalons, 8 de Reims, & 41 de Paris. Son Commerce eft principalement en grains de toutes efpeces & en vins. Il s'y vend auffi beaucoup de chanvre, de laine & de beftiaux de toutes efpeces fur-tout en bœufs, vaches & moutons, & il s'y fabrique quantité de ferge appellée St. Nicolas de Suippes, dont la filature eft au plus haut point de perfection, jarretieres en foie & laine très estimées, & tannerie en cuirs tendres, dont on fait affez de cas. Cette Ville à les mêmes poids & mefures qu'à Châlons. Elle a 4 foires par année ; 1°. le 9 mai ; 2°. le 29 août ; 3°. le 21 feptembre & 4°. le 3 novembre. Elles font renommées par la quantité de bêtes à laines qui s'y trouvent.

970. SUISSE. (LA) *Voyez* pag. 85 de la premiere partie.

971. SUMATRA. *Voyez* pag. 168 de la premiere partie.

972. SURATE.

Ville des Indes dans les Etats du Mogol, au Royaume de Guzurate, fur la Riviere de Tapty proche l'entrée du Golfe de Camboye, long. 90 , lat. 21-12. Elle eft très fréquentée des Anglois, des Portugais, des Hollandois & des François, qui y font un Commerce confidérable qui confifte en étoffes de foies, de coton & d'or, des épiceries, des perles, diamans, rubis & autres pierres précieufes.

Voyez Cambaye pour les monnoies & ufages page 429 de ce volume.

973. SURINAM.

Pays de l'Amérique Méridionale dans la Guiane : les Hollandois y ont deux colonies dont ils tirent , firops , eaux-de-vie ou taffias, fucre, café, cacao, coton, gomme, bois de teinture & tabac en quantité. Ils y portent toutes efpeces de denrées d'Europe, uftenciles de ménage, meubles, bijoux, linge, étoffes & armes à feu. Les monnoies qui ont cours en Hollande, l'ont également en ce Pays où elles acquierent un cinquieme de valeur de plus qu'en Hollande, enforte que le *florin* de 20 *fols* d'Hollande eft de 24 fols à Surinam, & 2 *liv.* 11 *fols* 4 *den.* de France.

Les poids, mefures & aunages font comme à Amfterdam.

974. TACATALPO.

Ville de l'Amérique-Septentrionale dans la Province & fur la Riviere de Tabafco.

Son terroir produit un cacao blanc d'autant plus eftimé qu'il ne s'en trouve pas ailleurs.

975. TAFILET.

Ville d'Afrique, Capitale d'un Royaume, & fur une Riviere de même nom, fituée long. 16-5. lat. 28-39.

Il s'y fabrique de belles étoffes de soies rayées, & l'on y vend quantité de dattes excellentes.

976. TALLANDRE.

Bourg de France, dans la Limagne, près St. Amand en Auvergne, à 3 lieues de Clermont Ferrand, & proche la Rivière de l'Allier. Son Commerce est en grains, vins, chanvre & fruits en assez grande abondance, & l'on y tient une manufacture assez considérable de boutons de toutes espèces, qui s'envoyent en grande partie à Paris, & le reste se débite dans la Province.

Son Courier, par Thiers, part de Paris les Mardi & Samedi à 2 heures.

977. TANNAY.

Ville de France en Nivernois, à un quart de lieue de la Rivière d'Yonne, & 12 de Nevers.

Son Commerce est en grains, vins blancs de bonne qualité & bestiaux engraissés sur ses paturages. Cette Ville a plusieurs foires, savoir le 27 janvier, 22 février, 8 mai, 27 juin, 6 août, le lundi d'après le 8 septembre, & le 25 novembre.

Courier, par Clamecy, part de Paris le Lundi & Vendredi.

978. TARASCON.

Ville de France en Provence, sur le Rhône, vis-à-vis Beaucaire, avec lequel elle communique par un Pont, à 5 lieues d'Arles & 150 de Paris. Le Commerce y est en étoffes de filoselle pur, filoselle mêlé de laine, & en laines peignée & cardée; elles se débitent en Provence, Languedoc, Dauphiné, Vivarais, Bretagne, Normandie, & s'envoyent jusqu'en Catalogne; à cette vente d'étoffes se joint celle des eau-de-vie, huiles, amidon en grains & en poudre qu'on y fabrique.

Courier de Paris, part les Mardi, Jeudi & Samedi

979. TARASCON.

Ville de France dans le Haut-Languedoc, sur l'Ariége, au Comté de Foix, & à 175 lieues de Paris.

Le Commerce y est en fabriques d'étoffes dites burats & cordelats, (dont le débit se fait à Toulouse, Bordeaux &

Montauban) & en exploitation d'une quantité de forges de fer.
Courier part de Paris les Mardi & Dimanche.

---

980. TENEDOS.

Isle de l'Archipel, dans la Natolie, dont la Capitale du même nom à un très bon Port situé, lat. 39-50.

Le Commerce y est en vins muscats les plus délicieux de tout le Levant.

---

981. TENERIFFE.

Isle d'Afrique, une des Canaries, dont San-Christoval-de-la-Laguna est la Capitale.

Son Commerce est aussi en vin excellent qu'on y recueille en quantité, ainsi qu'en orangers, citronniers & grenadiers. Ce sont les Portugais seulement qui y font le Commerce.

---

982. TERRE-NEUVE.

Isle de l'Amérique-Septentrionale à l'entrée du golfe St. Laurent. Elle est remarquable par le fameux banc du même nom, qui en est éloigné de 60 lieues, & qui fournit par année des cargaisons en morue, à plus de 600 navires Anglois, François & Hollandois. Il s'y pêche aussi de la baleine mais peu; pour les morues elles font si abondantes qu'un seul pêcheur en prend jusqu'à 300 par jour.

---

983. THIERS.

Ville de France dans l'Auvergne, sur la Durolle, à 10 lieues de Clermont & 88 de Paris. Elle a une jurisdiction consulaire.

Le Commerce y est très vif, il consiste en fabriques de toutes sortes de clinquailleries, couteaux, rasoirs, ciseaux, graines, écritoires, étuis, poires à poudre, teinture en fil de toutes couleurs, tanneries & papeteries, ces dernieres font considérables.

Son Courier part de Paris les Mardi & Samedi à midi.

---

984. TOKAY.

Ville de la Haute-Hongrie, au confluent du Bodrog & de la Teisse, à 16 lieues au midi de Cassovie, longitude 38-42. latitude 48-12. Elle est très renommée par la qualité & la grande réputation de son fameux vin si connu par le nom de Tokay.

985. TOLEDE.

Ville d'Espagne, dans la Nouvelle Castille, sur le bord du Tage, à 16 lieues de Madrid, 45 de Merida & 269 de Paris, cette ville suit en tout les usages de Madrid. *Voyez cette Ville page 591.*

Le Commerce y est considérable, il consiste en manufactures d'étoffes en laines & soies, & en soies & laines non ouvrées, ainsi qu'en lames d'épées très estimées, & qu'on y fabrique en quantité. *Voyez* la table des aunages.
Courier part de Paris les Mardi & Samedi matin.

986. TONNERRE.

Ville de France en Champagne, sur la rivière d'Armançon, à 9 lieues d'Auxerre & 50 de Paris.

Le Commerce y est en grains & sur-tout en vins très renommés, & dont le débit est immense pour Paris & pour l'Etranger.
Courier de Paris, les Lundi, Mercredi & Vendredi à 2 heures.

987. TOUL.

Ville de France en Lorraine, (l'un des trois Evêchés) sur la Moselle à 5 lieues de Nancy, 12 de Metz & 63 de Paris. Les affaires de Commerce se jugent aux consuls de Metz.

Le Commerce y est assez conséquent. Il consiste en quantité de fabriques de bas de laine, mi-fins, communs & au tricot, filature de coton assez considérable, établie en l'hôpital de cette ville, verreries en carasses, gobelets, huiliers & verres, faience très estimée, & dont on tient des assortimens en tous genres, grains, vins, eau-de-vie, légumes, fruits confits, liqueurs fines & dragées.

Les grains se vendent au *bichet* qui pese en bled 140 liv. poids de marc égal à celui de Toul.

Les liquides se vendent à la *charge* qui contient 42 pintes de Paris. Il y a une foire le 4 7bre. Elle dure 3 jours & est assortie en tous genres. *Son Courier part de Paris les Lundi, Jeudi & Samedi à midi.*

988. TOULOUSE.

Ville de France dans le Haut-Languedoc, & Capitale de toute la Province, elle est située sur la rive droite de la Garonne, à l'extrémité du Canal Royal, à 56 lieues de Mont-

pellier,

pellier, 14 d'Auch & 159 de Paris. Elle a une jurisdiction consulaire. Son Commerce est considérable en bois, eau-de-vie, grains, vins & fruits excellens, huiles, laines & savons du Languedoc & de la Provence, marbre, fer, chaux & autres marchandises des Pyrénées, graines de toutes sortes, drogueries de Montpellier, cuirs, draperie fine, petite draperie, couvertures de laines, mignonettes, merceries, clinquaillerie, bijouterie & librairie du Pays.

100 *aunes* de Paris font 66 *cannes* de cette ville.

100 *livres* de Paris font 118 *liv.* de Toulouse. La mesure des grains est le septier qui pèse en bled 175 *liv.* de Paris. *Son Courier part de Paris les Dimanche, Mardi & Jeudi à 2 heures.*

989. TOURNAY.

Ville des Pays-Bas Autrichiens, sur l'Escaut, à 5 lieues de Lille, 7 de Douay, 10 de Mons, 12 de Gand & 54 de Paris. Son Commerce est assez conséquent : il consiste en tabac, manufacture de moquettes & haute-lisse, tapis de Turquie très beaux, indiennes, faïence, porcelaine en grande réputation, & qui a la vertu de résister à un feu modéré, les dessins, la beauté de l'émail, & la modicité de son prix la font rechercher de l'Etranger.

Cette ville a plusieurs fabriques de belles toiles fines pour chemises, d'autres rayées à carreaux & en diverses couleurs; il y en a en fil & coton, basins, coutils, siamoises, diverses étoffes de coton & mouchoirs à l'instar de ceux de Rouen, on y fabrique aussi du filet, des baracans, des camelots, des calmandes, des serges & failles, des molletons rayés & unis, des cordons & rubans de fil, des dentelles, des gallons en poil de chèvre pour la livrée, quantité de bonneterie en bas, gands, bonnets & camisoles tant au métier qu'à l'aiguille; quantité de gazes dont la consommation se fait jusqu'en Hollande; la ville de Tournay, outre ces objets d'industrie, fait un Commerce étendu en chaux, pierres bleues, & cuirs de ses tanneries, dont l'apprêt est estimé des Etrangers. L'orphevrerie & les meubles en marqueterie de cette ville sont également recherchés dans tous les Pays-Bas Autrichiens.

100 aunes de cette ville en font 55 ½ de Paris.

100 livres idem font à Paris 80 liv. & demi.

Courier de Paris tous les jours à 10 heures du matin.

990. TOURNUS.

Ville de France en Bourgogne, fur la Saône, entre Mâcon & Chalons, à 84 lieues de Paris. Le Commerce eft en grains, vins, chanvres, draperies communes & mi-fines, & tanneries en gros & menus cuirs. *Courier part de Paris les Lundi, Mercredi & Vendredi.*

991 TOURS.

Ville de France, Capitale de la Touraine, fituée entre les Rivieres du Cher & de la Loire, à 30 lieues d'Orleans & 60 de Paris. Elle a une jurifdiction confulaire.

Son Commerce eft confiderable en vins, grains, foieries, bois, draps, toiles, carrieres à pierres, tanneries, faience, fil, fer & eaux-de-vie.

Les grains, confiftent en bleds, feigles, orges, avoines, poix blancs & verds, & feves que l'on expedie à Nantes pour les armemens.

Les fruits & autres denrées font des anis, de la Coriandre, fenegres, poires, pruneaux, mille prunes, marrons, chenevis, chanvre, lins & noix dont on fait une quantité d'huile.

Les vins font de divers choix, les plus eftimés en blancs fe recueillent fur les côtes de Vouvray, Rochecorboy, & St. Georges, ils s'enlevent pour la Hollande & la Flandre. Les rouges fe tirent des Côtes de Joué, St. Avertin, St. Cire, Belland & du canton des Nobles, ces derniers font très eftimés, & tous ces vins s'expedient pour divers lieux du Royaume. Les petits vins fe brûlent pour faire de l'eau-de-vie, qui fe tire autant pour l'étranger que pour Paris.

Les foies fe vendent en partie non ouvrée pour Paris & les trois quarts s'employent dans le Pays en étoffes en plein & à fleurs en $\frac{5}{8}$ & $\frac{4}{4}$ & en gazes de toutes qualités, deffins & couleurs. Il s'y fait quantité d'eleves de vers à foies qui y réuffiffent à fouhait, ces foieries, font portées à diverfes foires particulierement celles de Guibray, Caen, Angers & Nantes. Les draperies confiftent en draps communs & diverfes étoffes de laines, en etamines, ferges & droguets fur fil, ferges tremieres & londres; ces étoffes fe vendent toutes à un bureau particulier à cet effet appartenant aux négocians de Tours, & la majeure partie fe débite à diverfes foires & s'expedie à l'étranger.

Les toiles fe tirent du château du Loir & Diffay, leurs diverfes largeurs font en $\frac{5}{8}$, $\frac{3}{4}$ & $\frac{7}{8}$. Il s'en exporte en Efpagne & en Amerique.

Les bois, dont partie eſt en merrain, & l'autre en bois de chauffage, de bâtiſte & de conſtruction ſe tirent des forêts de Chinon, Montrichard & Amboiſe & ſe chargent ſur le Cher & la Loire : on y tient auſſi des pepinieres précieuſes de muriers blancs.

Les carrieres, voiſines de cette Ville, fourniſſent de bonnes pierres, pour la bâtiſte, dures & tendres, & des pierres à meules pour moulins à grains que l'on eſtime beaucoup, & dont on fait des expéditions à Nantes & chez l'étranger même. Les tanneries tant de cette Ville que d'Amboiſe, château-Regnault & Azin-ſur-Indre, ſont toutes fort eſtimées par le bon apprêt de leurs cuirs & ſur-tout la bonté de leurs baſanes & veaux. *Les manufactures de faïence* peuvent être auſſi conſidérés que celles de Rouen & Nevers, par la variation & la beauté de leurs ouvrages dont, ſur-tout, les ſtatues de jardins ont la vertu de réſiſter à l'impreſſion de la gelée, & les poêles au feu le plus ardent.

Enfin la manufacture de fil fer, ſituée à près de 3 lieues de cette Ville ſur la Riviere d'Indre, eſt ſuſceptible auſſi de réputation. Les grains ſe vendent au *ſeptier* de 12 *boiſſeaux* chaque *boiſſeau* peſe en bled 17 à 18 liv. poids de marc, qui eſt celui de cette Ville. L'aunage, y eſt comme à Paris. Les vins ſe vendent au poinçon d'aumoins 33 *veltes* de chacune 8 *pintes* de Paris.

Son Courier part de Paris tous les jours.

992. TRAPANY.

Ville de Sicile ſur ſa Côte Occidentale, elle a un Port aſſez vaſte & ſûr, ſituée à 20 lieues de Palerme.

Son Commerce conſiſte autant dans les ſalines que dans ſes abondantes pêches de Thons & de Corrail.

Courier & uſages voyez Palerme.

993. TRANSILVANIE.

Principauté d'Europe en Hongrie, dont Hermanſtad eſt la Capitale ſituée ſur la Riviere de Ceben, à 8 milles de Weiſſembourg & 120 de Vienne, long. 41-14, lat. 46-24.

Elle abonde en bled, excellent vin, & renferme pluſieurs mines d'or, d'argent, de fer & de ſel.

994. TRÉGUIER.

Ville de France dans la Bretagne, à 16 lieues de St Brieux,

23 de Brest & 100 de Paris, il s'y fait un fort Commerce en bled, lin & papier. Son Port, quoique petit la rend très commerçante.

Son Courier part de Paris les Lundi, Mercredi & Samedi.

995. TREMBLADE. (LA)

Bourg de France en Saintonge sur la Riviere de Seudre. Le Commerce y est considerable en sels, vins & eau-de-vie. Les sels fournissent la majeure partie des Gabelles de France & les Ports de la Manche & de la Hollande, la Mer Baltique, la Suede, le Danemarck & autres Pays du Nord. Ces sels sont estimés ils sont en toutes couleurs blancs, gris, rouges de chaudieres & verds Les vins & eau-de-vie sont expedrés pour la Bretagne, Hambourg, Bremen, Lubeck & autres Villes du Nord.

Les sels se vendent au muid qui en forment 12 & ¼ parties, chaque muid est de 12 *boisseaux* & le *boisseau* de 80 liv. Les liquides se vendent en futailles, celles du vin sont de 29 *veltes*, & la *velte* de 8 *pintes* de Paris. Celle de l'eau-de-vie n'est que de 27 *veltes*.

Courier, par Marennes, part de Paris les Mercredi, Samedi & Dimanche.

996. TRÉPORT.

Bourg de France en Normandie, au Pays de Caux, à une de ie lieue de Dreux. Il a un petit Port où se fait des armemens pour la pêche du hareng & de la morue, qui procure à ce Bourg un assez bon Commerce en ce genre, c'est-à-dire, en poissons secs & salés.

Son Courier part de Paris les Dimanche, Mardi, Jeudi & Samedi à 2 heures.

997. TRICOT.

Bourg de France en Picardie, à 10 lieues d'Amiens & 20 de Paris. Il s'y fabrique, ainsi que dans les environs, quantité de serges fortes, & autres tirées à poil qu'on nomme serges drapées, leur consommation est pour les troupes & le menu peuple. *Son Courier, par Mondidier, part de Paris tous les jours à midi.*

998. TRIESTE.

Ville Autrichienne & Maritime d'Italie, dans l'Istrie, à 3 lieues de Capo d'Istria & 29 de Venise. Son Port déclaré

franc, par S. M. l'Empereur Joseph II. est sur le Golfe de Venise ; son mouillage est peu sur, mais le Commerce y est conséquent en armemens pour les Indes, & le cabotage des diverses Nations de l'Europe, & particuliérement des Pays-
Bas Autrichiens, auxquels cette ville portent des productions
de l'Italie en échange de celles desdits Pays. On y construit
beaucoup de navires, il y a une compagnie & une chambre de Commerce, une autre d'assurance affectée au Commerce particulier de la Méditerranée, & la plus belle rafinerie de sucre connue.

On compte en cette ville par *florin* de 60 *creutzers*, ou
par *livre* de 60 *soldis* & le *soldi* de 12 *denaris*. La monnoie la plus forte est le *ducat* de 4 florins $\frac{1}{3}$ de Trieste, ce
florin vaut 2 *liv*. 7 *sols* 4 *deniers* de France.

Les poids de Commerce sont ceux de Vienne & de Venise : la mesure des grains est le *staro* qui pese en bled 117
liv. poids de marc. Celle des liquides est *l'orne* qui contient 36 *boccalis*. Le *boccali* est d'environ 3 *pintes* de Paris.

L'aune pour étoffes de laine porte 299 lignes de France,
& pour étoffes de soies 234 lignes.

999. TRIPOLY.

Ville d'Afrique dans la Barbarie, sur la Côte de la Méditerranée, où elle a un bon Port, à 465 lieues de Paris.

Son Commerce est à peu-près comme à Tunis, & ce que
cette ville a de particulier, est en safran très estimé, & diverses étoffes de soies, bled de Turquie, & beaucoup d'huile.

On y compte par *piastre* de 52 *aspres*. Le poids est le
cantaro, il pese 100 *rotolis* qui forment 103 *liv*. d'Amsterdam. L'huile se vend au *mataro* de 42 *rotolis*. Le *pick*,
ou *aune*, porte 244 *lignes* de France, enfin le *caffiso* de
bled se divise en 20 *tiberis* dont chacun pese en bled 25 *liv*.
de marc.

1000. TROYES.

Ville de France en Champagne, sur la Seine, à 15 lieues
de Sens, 26 de Reims & 36 de Paris. Elle a une jurisdiction
consulaire. Cette ville a plusieurs manufactures très renommées. Plusieurs en toiles de lin, chanvre à voiles & coton,
futaines & basins tant unis que rayés, dont le débit est
immense : une en bas de coton au metier : une en serges,
dites de St. Nicolas : une en toiles d'orange de la plus
grande beauté, elles sont très fines & ont le teint le plus
supérieur : une en Draps Wilton façon d'Angleterre. Plusieurs

tanneries, amidonneries, parfumeries, teintureries & papeteries en papier de toutes fortes, & une manufacture de plomb pour les bâtimens & la chasse. Ces objets joints aux productions du territoire, & de ses environs, qui consistent en laines, chanvres, fromages aussi estimés que ceux de Brie, quelque peu de grains & de vins, procurent en cette ville un Commerce assez conséquent.

Troyes a deux foires franches par an, la première de 8 jours, s'ouvre le deuxieme Lundi de Carême, & la deuxieme, aussi de 8 jours, s'ouvre le premier Septembre. Il une troisieme foire non franche qui commence le premier Mai & finie à la Pentecôte.

Le poids est égal à celui de Paris. 100 aunes de Troyes en font 66-½ de Paris. La mesure des grains est le septier qui pese en bled 280 liv. poids de marc.

Son Courier part de Paris tous les jours à midi.

1001. TUNIS.

Ville d'Afrique dans la Barbarie, Capitale du Royaume du même nom, sur le Lac de la Gouellette, à 4 lieues de la Mer, 145 d'Alger, 180 de Marseille & 375 de Paris.

Cette ville est d'un très grand Commerce avec le Levant, elle y fait passer par des vaisseaux Européens, qu'elle frete à cet effet, quantité de bonneterie, cordonnerie, étoffes de laines, poudre d'or & plomb; & reçoit en échange des toiles de coton, étoffes de soies, fer, alun, vermillon, café, chanvre, coton & riz, ces quatre derniers objets viennent de l'Egypte, à laquelle Tunis fait passer quantité de bonnets, de poudre d'or, d'huile, savon & piastres de Séville.

Son Commerce avec l'Europe est d'en tirer des draps d'Espagne, diverses étoffes en laines, & des riches étoffes de soies d'or & d'argent. La France y porte draps du Languedoc, toiles de Bretagne & de Rouen, mousselines pour les Turbans, vermillon, poivre, sucre, tabac, papier, gérofle, mercerie & fer. Les retours font des huiles, du bled de la cire, des laines & quantité de cuirs, & sur-tout des maroquins.

La principale monnoie est la *piastre* qui se divise en 52 *aspres*. Il y a nombre de droits à acquitter en cette ville par les Etrangers, ce qui préjudicie beaucoup au Commerce.

La mesure des grains est le *caffi* qui pese en bled 560 livres poids de marc. Il y a en cette ville plusieurs Consuls Européens.

1002. TURIN.

Ville d'Italie, Capitale du Piémont & des Etats du Roi de Sardaigne, elle est située au confluent du Pô, & de la Doria Riparia, à 43 lieues de Chambery, 46 de Parme, 32 de Gênes & 186 de Paris.

CHANGE DES MONNOIES.

Noms des Monnoies.	Valeur en argent.				
	du Pays		de France.		
			L.	S.	D.
Carlin neuf de 5 pistole	120	" "	132	"	"
Dito, demi	60	" "	66	"	"
Pistole neuve	24	" "	26	8	"
Dito, demi	12	" "	13	4	"
Sequin	9	15 "	11	9	6
Quadruple sequin	39	" "	42	16	"
Ecu neuf	6	" "	6	12	6
Ottava	"	15 "	"	16	6
Ducatton	5	10 "	6	1	"
Ecu vieux	5	10 "	6	1	"
Ecus de 1733 à 1753	5	" "	5	10	"
Livre effective	20 sols		1	2	"
Sol	12 deniers		"	1	1½
denier			"	"	1 1/10

Paris donne 3 livres pour 51 à 52 sols Piémontois.

Poids, Mesures & Aunages comparés à ceux de Paris.

100 livres de Turin font 75 liv. de Paris.
100 *ras* font 50 *aunes* de Paris.
L'*emine* de bled pese 396 liv. poids de marc. Les huiles se vendent au rub qui pese 25 liv. de Turin & 18 liv. ⅔ de Paris, le même rub à Nice ne pese que 15 liv. ½ de Paris. Les vins se vendent à la brinte qui est de 36 pintes, chaque pinte du poids de 3 liv. 6 onces de Paris.

Usages divers.

L'évaluation des monnoies ci-dessus est faite au change de 54 sols Piémontois pour 3 livres de France, mais il descend quelquefois jusqu'à 52, ce qui augmente la monnoie du Piémont d'environ un vingtieme de sa valeur. Paris change en droiture avec cette ville.

Turin tire fur l'Angleterre à 3 mois de date, fur la Hollande à 2 mois, fur la France à un mois de date, fur Geneve, Milan & Genes à 8 jours de vue, fur Venife, Florence, Livourne & Rome à 10 jours de vue, & fur Vienne, Ausbourg & autres places d'Allemagne à 15 jours de vue Les lettres à vue fur Turin, doivent être payées à leur prefentation & les autres le lendemain de leur échéance.

Les écritures fe tiennent en livres, fols & deniers de Piémont.

Commerce intérieur & extérieur.

La France & l'Italie, tirent de cette ville des grains, vins excellents, huiles, toiles, foies en organfin ou trames, qui font très recherchées & dont le débit va à près de 500,000 livres pefant par année, quantité de bas de foie ou fleuret & riz. Turin reçoit de ces deux nations, diverfes marchandifes qu'elle répand enfuite dans les Etats de la Sardaigne & les diverfes Villes du Piémont.

Son Courier part de Paris, les Mardi & Samedi matin. Il faut abfolument affranchir.

1603. VALAQUIE.

Principauté d'Europe, partagée entre l'Empereur & le Grand Seigneur, dont la Capitale eft Tergowitz, fituée fur le Jalonicz, à 75 lieues de Belgrade, 140 de Conftantinople, 166 de Vienne & 452 de Paris.

Elle fournit au Commerce, quantité de chevaux très eftimés, bled, vins, cire, miels & cuirs; & l'on y trouve diverfes mines en métaux de tous genres.

1604. VALENCE.

Ville d'Efpagne, Capitale de la Province du même nom, fur le Guadalaviar, à 3 lieues de la mer, 65 de Barcelone, 45 de Murcie, 67 de Madrid & 319 de Paris.

CHANGE DES MONNOYES.

Noms des Monnoies.	Valeur en argent.		
	du Pays.	de France.	
Livre...........	20 fols.......	3 17	5
Réal............	2 fo's.......	„ 7	8 $\frac{9}{20}$
Sol............	12 deniers....	„ 3	10 $\frac{9}{20}$
Sifon..........	6 dito......	„ 1	11 $\frac{9}{10}$
Piftole de Change......	32 réaux......	....	

Voyez

Voyez Barcelone pour l'égalité du change avec Paris, qui ne change avec cette ville que par celles de Livourne, Lyon, Marseille, Barcelone & Cadix.

Poids, Mesures & Aunages, comparés à ceux de Paris.

100 livres de Valence, font à Paris 63 livres.

100 barres font 77 aunes de Paris.

Le caffis de bled pese 335 livres de Paris.

Pour les liquides & les échéances des traites, *voyez* Barcelone & Cadix.

Usages & Commerce.

Ler écritures se tiennent en livres, sols & deniers.

Le Commerce est en laines, huiles, soies, fruits, vins & soude, que la France tire en quantité de cette ville.

Son Courier part de Paris, les Mardi & Samedi matin.

1005. VALENCIENNES.

Ville de France, Capitale du Haynaut, sur l'Escaut, à 8 lieues de Cambray, 12 de Lille & 48 de Paris. Elle a une jurisdiction consulaire.

Son Commerce est en toiles dites batistes les plus estimées de la France, claires dites de Cambray, linons en fil & coton, & gazes de différens desseins, toutes ces toiles ont 15 aunes de Paris de longueur à la piece, ou 12 aunes ½ de Valenciennes, & font de différentes largeurs, qualités, desseins & prix. Savoir :

Batistes de ⅗ se vendent de....24 à 190 livres la piece.

Claires de Cambray idem de..26 à 190........idem

Claires communes en ⅗ idem de 28 à 200........idem

Linons à fleurs en ¾ idem de 40 à 200........idem

Dito à jour......... idem de 48 à 160........idem

Dito en mouchoirs rayés & blancs idem de 44 à 120 idem

Dito en manchettes pour hommes, piece de 45 garnitures de 100 à 190 livres.

Dito pour femmes, idem de 100 à 190 la piece.

Dito gazes & mignonettes, unies, rayées, en mouchoirs & à carreaux, piece comme ci-dessus en longueur & de ¾ de large, elles se vendent de 50 à 120 livres.

Dito gazes & mignonettes en bandes, de 110 à 120 l. la piece.

Dito, demi-mousselines à mille mouches, & autres gouts, mêlées de coton & fil, de 40 à 180 livres la piece.

Dito, travaillées & brochées pour tabliers, fonds unis & à jour, les pieces en ¾ de large & portant en longueur 15 à 16 tabliers, se vendent de 100 à 200 livres.

Dito, demi-mousselines en ⅞ de large, piece de 16 aunes

de Paris, au lieu de 15 que portent toutes celles ci-deſſus, ſe vendent de 50 à 200 livres.

Toutes ces toiles ſont auſſi généralement eſtimées que recherchées, ainſi que les dentelles de cette ville les plus eſtimées de l'Europe, par leur beauté & leur ſolidité : il s'y en fabrique de toutes ſortes pour manchettes d'hommes, de femmes, ajuſtemens & garnitures de robes. Cette Ville fait en outre un Commerce de ſes productions locales en grains de toutes eſpeces, colzat, lin, tabac, houblon, houille en quantité, & fayence dont elle a une manufacture aſſez conſéquente. 100 livres de cette ville en font 95 de Paris, 8 aunes en ſont 5 de Paris & la meſure de grains eſt le mancaud qui peſe en bled 45 livres.

Il y a une foire aſſez conſidérable chaque année, elle eſt de 12 jours, & commence le 8 Septembre. Il y a en outre deux marchés francs d'un jour chacun, le premier le lendemain de la Saint Gery, & le deuxieme le 4 8bre. Enfin il s'y tient un fort marché aux chevaux & beſtiaux le 10 de chaque mois.

Son Courier part de Paris tous les jours à midi.

1006. VARSOVIE.

Ville Capitale de la Pologne, ſur la Viſtule à 24 milles de Lublin, 40 de Cracovie, 50 de Dantzick, 70 de Berlin & 356 de Paris. Son Commerce eſt une petit diminutif de celui de Dantzick. On s'y occupe plus de la banque que d'autres objets, & ſes uſages ſont abſolument ceux de Cracovie. *Voyez* cette Ville. *Son Courier part de Paris les Lundi & Vendredi matin.*

1007. VDSI.

Ville du Japon dans l'Iſle de Niphon, & proche Meaco, elle eſt célebre au Commerce des Indes par l'excellent thé qu'elle procure en abondance.

1008. VEGLIA.

Iſle du Golfe de Veniſe, dont la capitale du même nom eſt ſituée ſur le bord de la Mer, où elle a un bon Port, long. 32-27. lat. 45-12.

Le Commerce eſt en chevaux fort eſtimés, vins & ſoies en aſſez grande abondance.

1009. VENDOME.

Ville de France dans la Beauce, ſur la Loire, à 7 lieue

de Blois, 15 de Tours & 40 de Paris. Le Commerce y eft en grains de toutes fortes, vins en abondance, étoffes de laines dites, eftamets, ferges à 2 envers d'une aune de large, ferges trémiéres de demie aune, ganterie auffi confidérable que renommée, chapellerie commune & mi-fine, & tannerie en cuirs forts pour Paris. *Son Courier part de Paris les Dimanche, Mardi & Jeudi à 2 heures.*

1010. VENISE.

Ville d'Italie, Capitale de la République, & fur le Golfe du même nom, à 45 lieues de Florence, 62 de Milan, 93 de Turin, 97 de Rome, 100 de Vienne & 266 de Paris. Elle eft la réfidence d'un conful pour le Commerce de France.

CHANGE DES MONNOIES.

Noms des Monnoies	Valeur en argent.				
	du Pays.	de France.			
			L.	*S.*	*D.*
Séquin de Venife	22		11	″	″
Ducat d'or	15		7	10	″
Dito d'argent	8		4	″	″
Ecu de la Croix	12	8	6	4	″
Juftine	11		5	10	″
Liarraza	1	10	″	15	″
Lirette	1	2	″	11	″
Piéce de	″	15 fols	″	7	6
Livre courante	20 fols		″	10	″
Sol	12 deniers		″	″	6
Denier			″	″	″ 1/2
Bezo	6 dito		″	″	3
Ducat de plate, ou courant	6	4	3	2	″
Ducat, banco	24 grosdebanque		4	16	″
Gros banco			″	4	″
Livre banco de 20 fols ou	4 ducats banco		19	4	″
Sol banco	12 deniers bco.		″	19	2 2/5
Denier banco			″	″	10 11/12
Séquin de Florence	21 10 fols		10	15	″
Dito de Rome	21		10	10	″
Hongre d'Empire & d'Holl.	21		10	10	″

Paris donne 100 *ecus* pour 62 $\frac{1}{2}$ à 63 *ducats* de 25 gros banco, mais le change ne se fait que par Lyon, Gênes & Amsterdam. *Nota*. Les *ducats courans*, ou *banco* se divisent en 24 *marchetis ou grossis*.

Nota. 100 *ducats banco* font 154 *ducats courans* & 19 *grossis*.

Poids, Mesures & Aunages comparés à ceux de Paris.

100 livres poids subtil font à Paris 63 liv. $\frac{3}{4}$. 100 livres gros poids font égales à 100 liv. de Paris. 100 brasses à draps font à Paris 56 aunes $\frac{13}{41}$, & 100 brasses pour étoffes d'or & d'argent font à Paris 52 aunes $\frac{4}{15}$. Le siarro de bled pese 120 liv. environ poids de marc.

Les mesures des liquides font le migliarro de 40 mirres, la mirre d'environ 18 liv. de Paris, & le quarto, ou quarte de 2 pintes de Paris.

Usages divers.

Les écritures se tiennent en ducats, livres, sols & deniers banco, & en ducats, livres, sols & deniers courans, dont les divisions & valeurs sont indiquées ci-dessus.

Venise tire sur Amsterdam, Anvers & Hambourg à usance de 2 mois de date; sur Ancône & Rome à usance de 10 jours de vue, sur Ausbourg & Vienne à usance de 14 jours de vue; sur Florence, Livourne, Naples & Gênes à usance de 15 jours de vue; sur Londres à usance de 3 mois de date; sur Bolzam en foires, Lyon en payemens & à jours fixés, & sur Milan à usance de 20 jours après la date. Il y a à Venise 6 jours de faveur qui doivent être de banque ouverte, c'est-à-dire 6 jours sans fête, & dans lesquels jours le vendredi n'est pas compté, parce qu'il est destiné à faire les balances de la banque qui est fermée ce jour-là : les lettres tirées sur cette banque aux dates ci-dessus, & en argent banco, ne doivent avoir aucun endossement, elles doivent être envoyées à un correspondant avec procuration du tireur pour en recevoir le payement. Mais les lettres sur des particuliers & tirées en argent courant peuvent être endossées & protestées comme ailleurs.

Son Commerce est considérable avec diverses Places de l'Europe, les Echelles du Levant, les Etats du grand Seineur sur la Méditeranée & la Morée.

Elle tire de cette derniere contrée quantité de soies, laines, cire, galles, huiles, coton, grains & miels.

De *l'Espagne* de l'indigo, de la cochenille, des laines & de la soude.

De l'Angleterre du plomb, de l'étain, du poivre, fucre, gingembre, cuirs & diverſes étoffes de laines.

La Hollande, *Hambourg* & *diverſes Places du Nord* lui fourniſſent poivre, canelle, muſcade, gérofle, laiton, fer, goudron, bray, mâtures, réſine, bois de conſtruction, pelleteries & cuirs, dits vaches de Ruſſie.

Les marchandiſes que l'étranger peut tirer de cette Ville conſiſtent en draps de toutes qualités, étoffes de ſoies & en or & argent, velours en ſoies & en dorure, dentelles de fil, très eſtimées & connues ſous le nom de points de Veniſe, glaces de miroirs ſouſflées de la plus grande beauté, verres, cryſtaux, lunettes, inſtrumens d'optiques & diverſes verroteries, maſques, vernis ſuperſins, brocatelles ou étoffes pour ameublemens, papiers très eſtimés & dont il y a une manufacture conſidérable : Cette Ville tient auſſi des blanchiſſeries de cires très renommées, & pluſieurs raffineries de ſucre en grande réputation ; enfin l'Imprimerie & la Librairie y ſont auſſi très conſéquentes.

Son Courier part de Paris les Mardis, il faut abſolument affranchir les lettres.

1011. VERNEUIL.

Ville de France en Normandie, ſur la gauche de la Riviere de l'Aure à 17 lieues de Rouen & 26 de Paris.

Son Commerce eſt en grains de toutes eſpeces, poix-gris, cidre & vin en petite quantité. On y fabrique des bouracans de fil & bourre, flanelles de bourre & fil, imitant celles de fine laine, & d'un prix médiocre, droguets en fil & laines, & bonneterie auſſi en fil & laine dont les bas & chauſſons ſont eſtimés. Cette Ville à pluſieurs foires indiquées à l'état particulier des foires.

Courier part de Paris les Lundi, Mercredi & Samedi.

1012. VERSAILLES.

Ville de France, ſéjour ordinaire du Roi & de ſa cour, à 4 lieues de Paris.

On y trouve toutes ſortes de marchandiſes de luxe & de néceſſité comme à Paris & aux mêmes prix de celles de cette Capitale. Les manufactures particulières de Verſailles & de ſes environs ſont : 1°. La célebre manufacture d'indiennes & toiles peintes de Joüy renommée de preſque toute l'Europe: 2°. Une fabrique de velours de foie qui commence à se faire une réputation. 3°. Diverses fabriques en étoffes de foies effilées après avoir servies. 4°. Autres fabriques de bas de foies & autres. 5°. Quelques fabriques de chapeaux fins & autres, & 6°. Plusieurs parfumeries renommées.

Cette ville a trois foires franches. La premiere, le premier Mai, la deuxième à la St. Louis & la troisieme à la St. Denis : elles durent 4 jours chacune. *Son Courier part de Paris tous les jours à 9 heures du soir, & pendant les voyages de la Cour, il part à 2 heures après midi.*

1013. VERTUS.

Bourg de France en Champagne, à 6 lieues de Chalons. Il s'y fait un Commerce de vins blancs mousseux, dont les crus supérieurs font ceux du Menil, Oger, Avise & Cramant : il s'en expédie beaucoup par Reims & Chalons, pour la Flandre & l'Etranger, particuliérement l'Angleterre.
Courier, par Chalons, part de Paris les Lundi, Jeudi & Samedi à midi.

1014. VIANDEN.

Ville des Pays-Bas, dans le Duché de Luxembourg, fur la riviere d'Our, à 10 lieues de Luxembourg. Il s'y fait beaucoup de draperies mi-fines & communes, & l'on y tient plusieurs bonnes tanneries en cuirs forts.

1015. VICENTIN. (LE)

Contrée d'Italie dans l'Etat de Venise (dont Vicence est la Capitale située sur le Bachiglionne, à 18 milles de Padoue, 30 de Veronne & 40 de Bresse.) Elle est abondante en vins très estimés, élèves de bestiaux recherchés, & l'on y exploite des mines d'argent & de fer, & des carrieres de très belles pierres.

1016. VIENNE.

Ville d'Allemagne, Capitale de l'Autriche sur la droite du Danube, à 15 lieues de Presbourg, 100 de Venise ; 55 de Prague, 85 de Munich, 87 de Dresde, 127 de Berlin, 120 Varsovie, & 285 de Paris.

CHANGE DES MONNOIES.

Noms des Monnoies	Valeur en argent.			
	du Pays.	de France.		
		L.	S.	D.
Monnoies de change.				
Rixaale,............	2 florins......	5	6	8
Florin............	20 gros d'empire.	2	13	4
Gros d'Empire.........	3 creutzers....	»	2	8
Creutzers............	4 fénins.....	»	»	$10\frac{2}{3}$
Monnoies réelles.				
Ecu..............	90 creutzers...	4	»	»
Goulde ou florin........	60 dito.....	2	13	4
Demi dito............	30 dito........	1	6	8
Pièce de., ...	17 creutzers....	»	15	$1\frac{1}{3}$
Dito, de............	7 dito......	»	6	$1\frac{1}{3}$
Dito, de 1776......	de 30 gros....	4	»	»
Dito, de...........	15 dito......	2	»	»
Dito, de...........	8 dito......	1	1	4
Dito, de..........	4 dito......	»	10	8
Souverain d'or.......	12 florins 40 creut.	33	13	$6\frac{2}{3}$
Ducat, ordinaire......	4 dito, 16 dito...	11	7	$6\frac{2}{3}$
Dito, Kremnitz.......	4 dito, 18 dito..	11	9	4
Thaler...........	1 dito, 30 dito..	4	»	»
Fénin............	2 hellers.....	»	»	$2\frac{4}{8}$
Heller..........		»	»	$1\frac{1}{3}$

Paris donne 100. Ecus pour environ, 119-à-120. Florins de 60. creutzers, & change avec cette ville par Amsterdam.

Poids, Mesures & Aunages comparés à ceux de Paris.

La livre de cette ville est de 16 onces, ou 32. loths, mais elle est plus forte d'un 16eme. environ que celle de Marc, de sorte que 100. liv. de cette ville font 114. $\frac{1}{2}$. liv. de Paris.

L'aune a $\frac{1}{4}$. demoins que celle de Paris. 100 aunes de Vienne n'en forment que 66. $\frac{2}{3}$. de Paris.

Le *viertel* de bled pèse 141. liv. de marc.

Les mesures des Liquides sont le *féoder* de 32. eimers, *l'eimer* 32 achtelings, *l'achteling* 4. seiltens, & *l'ame* de 80. *masses*, chaque *masse* de 8. pintes de Paris.

Les écritures se tiennent en florins, creutzers & fénins.

Vienne tire sur Hambourg & Amsterdam à 4. semaines de date, sur Bolzain, Francfort & Leipsick en Foires & à jours certains & sur toutes les autres places à usance de 14. jours qui ne commencent à compter que du jour de l'acceptation.

L'Etranger ne tire sur cette ville qu'à usance aussi de 14. jours comme ci - dessus. Les lettres ont communément 3. jours de faveur.

Cette Ville a nombre de manufactures en etoffes, armurerie, Arquebuserie, Bijouterie, Broderie en Or, Argent, perles & Soies, Mégisserie & Tannerie fort estimées, les Peaux de Bœufs, Vaches & Moutons y etant très bien préparées & à l'Angloise: il y a en outre plusieurs fabriques en ouvrages de cuivre jaune & laiton de toutes espéces, une en fils dorés & argentés pour galons, une en fil de laiton & d'archal, plusieurs en dentelles à l'instar des Pays-Bas & autres en or, argent, soies, blondes, entoilages & points d'Espagne, plusieurs en draperies, soieries, indiennes & Perses très estimées: elle fournit à l'étranger (& sur-tout à la Turquie) des *piastres* d'Espagne, des *ecus* d'Autriche, des miroirs, des glaces, des verres & cristaux, des gros ouvrages de clinquaillerie, ainsi que des vins, grains, safran, sel, soufre, vis-argent, chanvre, acier, cuirs & laiton: elle en retire partie des productions du Nord, indiquées à Hambourg, & plus encore du Levant, indiquées à Smyrne, ainsi que des denrées & diverses marchandises des Isles qu'elle se procure par la voie de la Hollande & par les Ports de Fium, & de Trieste en Italie.

On vient d'ériger près de cette Capitale une nouvelle fabrique de sel ammoniac, qui, d'après les essais qu'on en a faits, est d'une qualité sinon supérieure, du moins égale à celui qu'on tiroit ci-devant d'Egypte: enfin Vienne possède une des plus belles manufactures de velours de coton de l'Europe, on y compte 70 métiers dans une activité continuelle & ses étoffes sont tellement estimées que cette fabrique vient de faire récemment un envoi de plus de 450 pieces à Constantinople.

Il y a deux foires franches par an, dont la durée est d'un mois pour chacune. La première ouvre le Lundi de Pâques & la deuxieme à la Toussaint.

Son Courier part de Paris tous les jours à 10 heures du matin, sauf le Mercredi, il faut absolument affranchir les lettres jusqu'à la frontiere de France.

NOUVEAU

NOUVEAU TARIF, *des Droits à acquitter fur les marchandifes d'importation étrangere.*

Le Fard, 36 Kreutzers par florin.

Rubans de foie, unis, brochés à fleurs & rayés, 12 flor. par livre peſant.

Baſin blanc, cordonné, piqué &c. 2 florins, 15 kreutzers par livre.

Toiles de coton, 3 florins, 36 kreutzers par livre.

Fer blanc, *fer en feuilles* ou *tolés*, 8 flor. 24 kr. par quintal.

Plomb en maſſe, 6 flor. par quintal.

Peluche, faite de poil de chèvre, 3 flor. 34 kr. par livre.

Blondes, 36 kr. par florin.

Caractères pour l'Imprimerie, 18 flor. par quintal.

Confitures, 27 kr. par livre.

Harengs, 9 flor. par tonne.

Cabiliau & Morue, 9 flor. 36 kr. par quintal.

Merluche & autres poiſſons ſecs, 6 flor. par quintal.

Ouvrages de modes, coeffures, panaches, étuis. 36 k. au fl.

Boucles, poignées d'épée, tabatieres &c. 36 kr. par flor.

Galons d'Or, crêpines &c. 33 flor. 36 kr. par livre.

Chapeaux de caſtor, pour homme ou femme, 3 flor. par piece.

Glaces, luftres &c. 36 kr. par flor.

Cuivre en maſſe, 30 florins par quintal.

Coutils, & autres toiles pareilles, 4 flor. 48 kr. par livre.

Linge damaſſé, pour la table, 3 flor. par livre.

Huile de Provence, &c. 18 kr. par livre.

Poudre à canon, 3 florins par quintal.

Étoffes ou veftes de foie, demi-foie, ou de velours, 24 flor. par livre.

Bas, *bonnets*, &c. *de coton*, 1 flor. 12 kr. par douzaine.

Bas, *bonnets & gants de foie*, 14 flor. 24 kr. par livre.

Draps & demi-draps, ceux qu'on appelle vigogne de caſtor, le droguet, la ratine, &c. 3 flor. par livre.

Montres, *pendules*, &c. 36 kr. par flor.

Vins d'Eſpagne, 24 flor. par eimer.

Dito de France, 30 florins par eimer.

Dito du Rhin, *de la Moſelle*, *de Neckar & de Franconie*, 18 flor. par eimer.

Poudre à cheveux, 4 kr. 2 den. par livre.

Peignes d'ivoire & d'écaille, 2 flor. 24 kr. par livre.

Dito de corne, 18 kr. par douzaine.

Fromages d'Italie, 9 kr. par livre.

Dito d'Hollande, *de Suiſſe*, *de Lunebourg*, &c. 4 kr. 2 den. par livre.

Cartes à jouer pour le tarot, &c. 1 flor. 30 kr. par douzaine de fixains.

Dito de piquet, 36 kr. idem.

Vétemens à vendre tant vieux que neufs, 36 kr. par flor.

Lames d'épées venant d'Espagne, 36 kr. par piece.

Dito de Solinges, &c. 18 kr. par piece.

Dito de couteaux, 36 kr. par florin.

Boutons travaillés en or, ou en argent pour les habits, 18 flor. par livre.

Dito de soies mêlées de fils d'or ou d'argent, 9 flor. par livre.

Dito de métal doré, 15 kr. par douzaine.

Liqueurs spiritueuses, 54 kr. par pot.

Vases de fayance, 36 kr. par florin.

Ouvrages d'argent haché, 36 kr. par florin.

Aiguilles à coudre, 36 kr. par mille.

Tapis de papier, 1 flor. 48 kr. par rouleau.

Parfums & pommades, &c. 36 kr. par florin.

Fausses perles, 36 kr. par florin.

Porcelaine, 36 kr. par flor.

Cire d'Espagne, 1 flor. 48 kr. par livre.

Etoffes de soie, brochées, peintes, brodées & façonnées, 14 flor. 24 kr. par livre.

Etoffes de soie unies, rayées & piquées, gros de tour, damas, velours, ras & mouchoirs de soie, 10 flor. 48 kr. par livre.

Etoffe en demi-soie, 3 flor. 36 kr. par livre.

Tapis peints, tissus, &c. 36 kr. par florin.

Ouvrages en acier, 36 kr. par florin.

Broderies en or & en argent, 36 kr. par florin.

Vins de Canarie, muscat, vin santo, de samos, dicipro, & tous les meilleurs vins d'Italie, 15 flor. par eimer.

Autres vins d'Italie, tels que le *marcimino*, *resosco*, *vin de ré*, &c. 6 flor. par eimer.

Vins du Cap, 1 flor. 48 kr. par bouteille.

Toutes les étoffes de laines en général, 5 flor. 24 kr. par livre.

L'étain en masse, 27 flor. par quintal.

Vases, plats, assiettes, &c. du même métal, 42 flor. par quintal.

1017. VIENNE.

Ville de France dans le Dauphiné, sur le bord du Rhone, à 5 lieues de Lyon, 15 de Grenoble & 120 de Paris. Elle a une jurisdiction consulaire.

Son Commerce est dans le genre de celui de Lyon, il consiste en fabriques d'étoffes de soies de toutes especes, sauf celles mêlées & brochées en or & argent, & ces étoffes sont pour le Commerce de Lyon, qui lui en procure le débouché. Cette Ville a des forges pour les ancres des vaisseaux de Roi d'où l'on les tirent presque toutes.

1018. VIERZON.

Ville de France dans le Berry, fur les Rivieres d'Evre & du Cher, à 8 lieues de Bourges & 45 de Paris. Elle eſt remarquable au Commerce, par les fabriques de parchemine-ries provenantes des peaux de moutons, dont elle fait un fort Commerce ainſi que de la vente conſidérable de ce bé-tail le plus eſtimé du Royaume.

Courier, par Bourges, part de Paris les Mardi & Di-manche à 2 heures.

1019. VILLAVICIOSA.

Ville de Portugal dans la Province d'Alentejo, à 8 lieues d'Elvas & 35 de Lisbonne. Son Commerce eſt en marbre verd auſſi rare que recherché.

1020. VILLEDIEU-LES-POELES.

Ville de France en Normandie, à 7 lieues de Conſtances.

Son Commerce eſt conſéquent en poëles, poëleries & di-vers ouvrages en ce genre en fonte & fer ; le débit de ces ob-jets ſe fait à Coutances qui les expédie enſuite en divers autres lieux.

Son Courier part de Paris les Mercredi & Samedi,

1021. VILLEFRANCHE.

Ville de France, Capitale du Beaujolois fur le Morgon, à 6 lieues de Macon, 5 de Lyon & 97 de Paris. Son Com-merce eſt en grains, vins, toiles & draperies de pluſieurs eſpeces, quantité de beſtiaux pour l'approviſionnement de Lyon, & dont elle a un marché conſidérable tous les Lundis.

Courier part de Paris les Lundi, Mercredi & Vendredi.

1022. VILLEFRANCHE.

Ville de France dans le Rouergue, fur l'Aveiron, à 8 lieues de Rhodés 12 de Cahors & 149 de Paris. Son Com-merce eſt en truffes, mouſſerons, champignons, lins, toi-les, papeteries non renommées, blanchiſſeries de cire, fabriques de cierges & bougies, & dinanderie conſidérable où ſe compoſent des pieces de chaudronneries en tous gen-res & toutes grandeurs.

Son Courier part de Paris les Dimanche & Mardi.

1023. VIMOUSTIERS.

Bourg de France dans la Normandie, situé à 6 lieues de Lisieux, sur la riviere de Vie. Il s'y fait un fort Commerce en gros bétail d'une belle espece. *Courier, par Lisieux, part de Paris tous les jours.*

1024. VINCENT. (St.) *Voyez* page 222 de la premiere Partie.

1025. VINTAIN, ou BINTAM.

Ville d'Afrique dans le Royaume Fonie, & sur la riviere du même nom. Elle procure au Commerce des Anglois & des Portugais quantité de cire, de cuirs & d'ivoire.

1026. VIRE.

Ville de France dans la Basse-Normandie, à 12 lieues de Caen, 9 de St. Lo & 58 de Paris. Elle a une jurisdiction consulaire. Son Commerce assez conséquent, consiste en fabriques de 7 à 8000 pieces par année, de draps communs d'une aune de large sur 14 à 16 de longueur, & dont les prix vont de 3 liv. à 8 liv. l'aune. On y tient plusieurs papeteries estimées, serges pour la Bretagne, dentelles dites neiges, ou passemens à 2 sols l'aune, dinanderie renommée par la bonté des forces à tondre les draps, & l'on y vend un peu de grains de toutes qualités en bled, seigle, orge, sarrazin ou bled noir. Cette ville a quatre foires par an. La premiere le Vendredi d'après Pâques. La deuxieme à la St. Michel. La troisieme à la Ste Catherine, & la quatrieme à la St. Nicolas. Poids & aunages comme à Paris. *Son Courier part de Paris les Mercredi & Samedi à 2 heure.*

1027. VIRGINIE. *Voyez* page 206 de la premiere Partie.

1028. VITRÉ.

Ville de France dans la Bretagne, sur la Villaine qui n'est navigable qu'à Rennes, dont elle est éloignée de 7 lieues. Elle est à 25 lieues de Nantes, 22 de St Malo & 69 de Paris. Elle est très commerçante par ses diverses fabriques qui consistent en bonneterie considérable, & toute en fil & au tricot, elle est fort estimée, voilà les Prix des marchandises de cette bonneterie. Chaussons à 2 fils de 4 liv. 10 sols, à 6 liv. la douzaine. Dito, à 3 fils de 4 liv. 10 sols, à 12 liv. Bas d'enfans de 5 liv. à 15 liv. la douzaine. Chauffettes à 2 fils de 12 liv. à 15 liv. Il y en a jusqu'à 22, mais c'est par commande. Celles à 3 fils de 15 liv. à 52 liv. la douzaine. Bas à côtes, ils sont tous à 3 fils, & se vendent de 24 à 52 livres la douzaine. On tient en ce genre des assortimens pour les Colonies qui vont de 20 liv. la douzaine à 72 & 80 livres. Fabriques de fil écru au gré des demandeurs, flanelles & tiretaines unies & rayées de différentes couleurs, chaîne en lin & trame en laine, elles sont de différentes largeurs comme de différens prix, toiles dites *vitrées*, largeur de 28 à 30 pouces, toiles en brin sur brin, largeur de 24 à 25 pouces, elles font bonnes pour serviettes & chemises communes. Toiles à voiles, autres dites *peltres* de 31 pouces de larges, chaîne en gros brin blanc & trame blanchie au lait; enfin toiles blanches nommées *requets* en ⅞ de largeur, elles font bonnes pour gros draps, linge de cuisine & sarots de rouliers & palfreniers, elles se vendent de 21 à 25 sols l'aune. Toutes ces toiles s'y fabriquent en grande quantité, & sont vendues en diverses villes & foires de Bretagne : tannerie & corroyerie considérable en peaux de veaux qui se tirent pour l'Italie, Marseille, Lisbonne & plusieurs villes d'Allemagne & du Nord. L'aune de cette ville est d'un 13me. de plus qu'à Paris pour les toiles, & d'un pouce seulement de plus par aune pour flanelles.

Son Courier part de Paris les Lundi, Mercredi & Samedi à 2 heures.

1029. VITRY LE FRANÇOIS.

Ville de France en Champagne sur la Marne, à 6 lieues de Chalons, 12 de Bar-le-Duc & 48 de Paris.

Le Commerce y est en grains de toutes espèces, vins, bois, charbon, bonneterie assez conséquente en laine, fil & coton, galons en fil & soie, & bords de chapeaux, chapellerie commune, tisseranderie en toiles de lins blanches, tannerie, mégisserie & fabriques d'étoffes de laines en serges razes, drapées, droguets, estamets & autres façon de Londres.

La mesure des grains est le septier qui pese en bled 260 livres. *Son Courier part de Paris, les Lundi, Jeudi & Samedi à midi.*

1030. VITTORIA.

Ville d'Espagne dans la Biscaye, Capitale de la Province d'Alava, entre Miranda & Talava, à 60 lieues de Madrid, long. 14-42 lat. 42-50. Il s'y fait un fort Commerce en fer ouvré & non ouvré & furtout en lames d'épées fort eftimées, & qu'on y fabrique en quantité.

1031. VIVIERS.

Ville de France en Languedoc, Capitale du Vivarais fur le Rhone, à 4 lieues du Saint-Efprit & 9 de Valence.

Le Commerce y eft en grains, vins, olives, laine, fruits & fabriques de draperies croifées, façon d'hollande en $\frac{7}{11}$ de large & propres à l'habillement des troupes. Elles font d'un bon ufage & fi bien compofées, que lorfqu'elles font en grande partie ufées, on n'en apperçoit la corde que très difficilement. Cette Ville tient auffi plufieurs filatures en foies du pays, qui fe vendent en écru pour Lyon.

Courier, part de Paris, les Lundi, Jeudi & Samedi.

1032. VNDERWALD.

Canton Suiffe, le 6me. en rang. Il procure au Commerce quantité de beau marbre noir dont il a plufieurs carrieres les autres productions font femblables aux autres Cantons.

1033. VOUVRAY.

Bourg de France dans la Tourraine fur la Cliffe, à 7 lieues de Tours. Il procure au Commerce les meilleurs vins de cette Province & en abondance.

1034. WAGENINGEN.

Ville des Pays-Bas, dans la Gueldre fur le Rhin, à 2 lieues de Nimégue. Elle a plufieurs fabriques de tabac, dont elle fait fon principal Commerce.

Son Courier part de Paris, tous les jours à 10 heures du matin.

1035. WIPERFIERTH.

Ville d'Allemagne dans le Comté de Berg, fur le Wipper. Son Commerce eft en fer brut & divers ouvrages de forges & de fer, & en tannerie en cuirs forts, & chapellerie pour les troupes & matelots.

Son Courier part de Paris, les Lundi Mardi, Vendredi & Samedi.

1036. WONSIDEL.

Ville d'Allemagne dans la Saxe, fur L'égra. Son Com-

merce eft en étain, fer, cuivre & marbre, dont elle a plufieurs mines & carrieres dans les environs.

Son Courier part de Paris, comme ci-deſſus.

1037. WORMS.

Vllle d'Allemagne, dans le Palatinat du Rhin & proche
de ce Fleuve, à 4 lieues de Mayence & 3 de Spire. Son
principal Commerce, eft en vins, auſſi connus qu'eſtimés.

*Son Courier part de Paris, tous les jours, ſauf le Mer-
credi, il faut abſolument affranchir.*

1038. XACCA.

Ville fituée fur la Côte méridionale de la Sicile dans la
Vallée de Mazare, elle a un bon Port. long. 30-35 lat. 37-32.
Son Commerce principal, eft en grains, dont elle a d'immenſes magaſins toujours bien approviſionnés. Pour ſes meſures & uſages, *Voyez* Palerme & Meſſine.

*Son Courier part de Paris, les Mardi à 10 heures du
matin.*

1039. XOAUU.

Ville de la Chine, dans la Province de Fokien, ſur la
Cuyun, lat. 27-10. On y fabrique quantité d'étoffes, de chanvre crû, ſingulierement eſtimées.

1040. XENSI.

Province de la Chine, dont Sigan eft la Capitale, ſituée
fur le bord de la riviere de Guey. lat. 35-50.

Elle eft abondante en mines d'or, & en rhubarbe, que
les Européens achète en quantité.

1041. XINCHEU.

Ville de la Chine dans la Province de Huquang, lat. 29-
6. Elle eft remarquable au Commerce par les mines d'or,
d'argent & de pierres précieuſes qu'elle a dans ſes environs.

1042. XINGU.

Riviere de l'Amérique-Méridionale, qui a ſa ſource aux
mines du Bréſil & ſe perd dans l'Amazone entre les forts
de Paru & Curupa.

Elle eft précieuſe au Commerce par les plantes aromatiques
& médicinales qui ſe trouvent ſur ſes bords.

1043. YAMIAMAKUNDA.

Ville d'Afrique au Royaume de Tomanie, elle a un Port où les Anglois ont un comptoir pour le Commerce confidérable qui s'y fait en ivoire & efclaves.

1044. YESD.

Ville de Perfe fur la Route, & entre Ifpalian & Kerman, long. 74-6, lat. 32. Elle a plufieurs manufactures d'étoffes de foies, & en or, argent & laines pures dont le Commerce eft très-conféquent.

1045. YORCK-SHIRE.

Province d'Angleterre, dont Yörck eft la Capitale fituée fur la Riviere d'Youre, à 20 lieues de Pincoln & 50 de Londres. Le Commerce eft en grains, bétail, gibier & poiffon en abondance, & on en tire auffi des chevaux très eftimés du jayet, de l'alun & de la pierre de chaux en quantité.

1046. YPRES.

Ville des Pays-Bas dans la Flandre Autrichienne, fur le ruiffeau d'Yper, à 7 lieues de Newport, 9 de Dunkerque, 13 de Gand, 6 de Lille & 56 de Paris.

Son Commerce eft confidérable en belles toiles blanches fort eftimées & en cordons, paffemens & dentelles. *Voyez* la table des aunages.

1047. YVETOT.

Bourg de France dans la Normandie, au Pays de Caux, à 2 lieues de Caudebec & 6 de Rouen. Il eft franc de taille, Aydes & Gabelles. Le Commerce y eft très vif par fes diverfes manufactures de fiamolfes fines, larges, flammées & blanches, fon coton, & fes laines filées dont le débit eft confidérable. Il y a marché en cette Ville tous les Mercredis où fe trouve beaucoup de grains; & 4 foires par an, indiquées à l'état particulier des foires.

Son Courier part de Paris tous les jours à 2 heures.

1648. ZURICH.

Ville de Suiffe, Capitale du Canton & à l'extrémité du Lac de même nom à 18 lieues de Conftance, 15 de Bafle, 23 de Berne & 110 de Paris.

CHANGE DES MONNOIES.

Noms des Monnoies.	Valeur en argent.				
	du Pays	de France.			
	Courans.	L.	S.	D.	
Ducat poids de la demie Piftol	4 flor. 15 creutz.	10	12	6	
Ducat à 2 tetes...........	4 dito, 18 dito.	10	15	〃	
Ecu, ou thaler.............	2 dito...........	15	〃	〃	
Florin	60 creutzers	2	10	〃	
Dito, demi.	30 dito...........	1	5	〃	
Dito, quart	15 dito...........	〃	12	6	
Le florin, comme deffus, eft de	16 bâches	2	10	〃	
Bâche.	3 creut. 6 hellers	〃	3	1	
Schellin, ou fol	1 dito, 4 dito ..	〃	1	3 $\frac{1}{2}$	
Creutzer	8 hellers	〃	〃	10	
Louis d'or de France	9 fl. 36 creutzers.	24	〃	〃	
Piftole d'Efpagne	7 dito , 42 dito.	〃	〃	〃	
Piaftre d'Efpagne	2 dito, 8 dito ..	5	6	8	

Nota. Ces monnoies ont deux valeurs, dites courante & de change, la derniere eft plus forte de 10 p 8. que la valeur courante.

Paris & Lyon changent en droiture avec cette Ville & donnent 100 liv. pour environ 40 fl. ½ courans de 60 *creutzers* chacun.

Poids, Mefures & aunages, comparés à ceux de Paris.

100 liv. de Zurich en font 107. de Paris.
100 *braches* font 54 aunes ½ de Paris.
Le *viertel* de bled pefe 33 liv. poids de marc : les mefures des liquides font l'*eimer* de 4 *viertels*, & le *viertel* de 16 *maas* ; le *maas* pour l'huile eft de 2 $\frac{1}{16}$ *pintes* de Paris, & pour autres liquides de 3 $\frac{1}{10}$ *pintes* de Paris.

Ufages Divers.

Les écritures fe tiennent en *florins, creutzers & hellers*, qui fe divifent, favoir ; le *florin* en 60 *creutzers*, & le *creutzer* en 8 *hellers*.

Ufances.

Zurich tire fur Amfterdam à 2 ufances, fur Augufte, Paris, Bergame, Nuremberg & Vienne à ufance fimple, fur

Lyon, à uſance ſimple & en paiemens, ſur Francfort &
Leipſick à uſance & en foires, ſur Geneve à courts jours
ſur Milan & Veniſe, à tant de jours de vue : l'uſance y eſt
comptée de trente jours.

Induſtrie & Commerce.

Cette Ville eſt très renommée par ſes manufactures en étoffes & mouchoirs de ſoies & mi-ſoies, crêpons ſoies & laines,
diverſes étoffes en ſoie & filoſelle, ſoie & coton, ſoie & laine,
ſoie & fil, toiles de coton très fines & belles mouſſelines,
bas & bonnets en fil & coton, indiennes imprimées & très
recherchées, fleurets, trames de ſoies, or & argent en traits,
& mouchoirs façon des Indes en toutes grandeurs & couleurs. Ces marchandiſes ſont expédiées pour l'Angleterre,
la Hollande & partie de la France, ainſi que l'excédent des
ſoies que cette Ville tire de l'Italie & le Piémont pour ſes
fabriques, & quelle revend organſinées.

*Son Courier part de Paris les Mardi, Jeudi, Vendredi
à 10 heures du matin : on affranchit ſi l'on veut.*

FIN DU TOME PREMIER.

TABLE SOMMAIRE

Des Matieres contenues en ce Volume.

Fin de la Table.

APPROBATION.

J'Ai lu par ordre de Monseigneur le Garde des Sceaux, un Manuscrit ayant pour titre *LA PARFAITE INTELLIGENCE DU COMMERCE*, je n'y ai rien trouvé qui m'ait paru en empêcher l'impression. Paris 15 Septembre 1783.

Signé Cadet DE SAINEVILLE.

PRIVILÉGE DU ROI.

LOUIS, par la Grace de Dieu, *ROI DE FRANCE ET DE NAVARRE*; A Nos Amés & Féaux Conseillers, les Gens tenans nos Cours de Parlement, Maître des Requêtes Ordinaires de notre Hôtel, Grand Conseil, Prévôt de Paris, Baillifs, Sénéchaux, leurs Lieutenants Civils & autres nos Justiciers qu'il appartiendra : Salut notre Amé Le Sr. MALISSET, nous a fait exposer qu'il desireroit faire Imprimer & donner au Public *LA PARFAITE INTELLIGENCE DU COMMERCE* de sa Composition. S'il nous plaisoit lui accorder nos Lettres de Privilége pour ce nécessaires. A ces Causes, voulant favorablement traiter l'exposant, nous lui avons permis & permettons de faire Imprimer le dit Ouvrage autant de fois que bon lui semblera, & de le vendre, faire vendre par tout notre Royaume. Voulons qu'il jouisse de l'effet du présent Privilége pour lui & pour ses hoirs à perpétuité, pourvu qu'il ne le rétrocede à personne; & si cependant il jugeoit à propos d'en faire une cession, l'Acte qui la contiendra sera enregistré en la Chambre Syndicale à Paris, à peine de nullité, tant du Privilége que de la cession; & alors par le fait seul de la cession enregistrée, la durée du présent Privilége sera réduite à celle de la vie de l'exposant, ou à celle de dix années à compter de ce jour, si l'exposant décede avant l'expiration des dites dix années : le tout conformément aux Articles IV & V de l'arrêt du Conseil du 30 Août 1777, portant Reglément sur la durée des Priviléges en Librairie. Faisons défenses à tous Imprimeurs, Libraires & autres personnes de quelque qualité & condition qu'elles soient, d'en introduire d'impression étrangere dans aucun lieu de notre obéissance, comme aussi d'imprimer ou faire imprimer, vendre, faire vendre, débiter, ni contrefaire le dit Ouvrage sous quelque prétexte que ce puisse être, sans la permission expresse & par écrit du dit exposant, ou de celui qui le représentera, à peine de saisie & de confiscation des Exemplaires contrefaits, de six mille livres d'Amende, qui ne pourra être moderée, pour la premiere fois, de pareille amende & de déchéance d'état en cas de récidive, & tous dépens, dommages & intérêts, conformément à l'Arrêt du Conseil du 30 Août 1777, concernant les contrefaçons, à la charge que ces présentes seront enrégistrées tout au long sur le Régistre de la Communauté des Imprimeurs & Libraires de Paris, dans trois mois d'icelles; que l'impression dudit ouvrage sera faite dans notre Royaume & non ailleurs, en beau papier & beaux caracteres, conformément aux Réglemens de la Librairie, à peine de déchéance du présent Privilége : qu'a-

PRIVILEGE DU ROI.

vant de l'expofer en vente, le manufcrit qui aura fervi de copie à l'impreffion dudit ouvrage fera remis dans le même état où l'Approbation y aura été donnée ès mains de notre très cher, & féal Chevalier, Garde des Sceaux de France, le fieur *HUE DE MIROMESNIL*, Commandeur de nos Ordres; qu'il en fera en fuite remis deux exemplaires dans notre Bibliotheque publique, un dans celle de notre Chateau du Louvre, un dans celle de notre très cher & féal Chévalier, Chancelier de France, le fieur *DE MEAUPEOU*, & un dans celle dudit fieur *HUE DE MIROMESNIL*. Le tout à peine de nullité des préfentes; du contenu defquelles vous mandons & enjoignons de faire jouir ledit expofant & fes hoirs pleinement & paifiblement, fans fouffrir qu'il leur foit fait aucun trouble ou empêchement. Voulons que la copie des préfentes, qui fera imprimée tout au long au commencement ou à la fin dudit Ouvrage, foit tenue pour duement fignifiée, & qu'aux copies collationnées par l'un de nos amés & féaux Confeillers-Sécrétaires foi foit ajoutée comme à l'original, *COMMANDONS* au premier Huiffier ou Sergent fur ce requis, de faire pour l'éxécution d'icelles, tous Actes requis & néceffaires, fans demander autre permiffions, & nonobftant clameur de Haro, Charte Normande, & Lettres à ce contraire. Car tel eft notre plaifir. Donné à Verfailles, le quatorzieme jour du mois de Janvier, l'an de grace mil fept cent quatre-vingt quatre & de notre Regne le dixieme, Par le *ROI*, en fon Confeil.

Signé LE BEGUE.

Regiftré fur le Regiftre *XXII* de la Chambre Royale & Syndicale des Libraires & Imprimeurs de Paris, *N°.* 3085, *folio* 28, conformement aux difpofitions énoncées dans le préfent Privilége; & à la charge de remettre à ladite Chambre, les huit exemplaires prefcrits par l'article *CVIII.* du Réglement de 1723. A Paris ce vingt-fept Janvier 1784.

Signé LE CLERC, Syndic.